普通高等教育“十一五”国家级规划教材配套教辅

量子力学习题精解

（第二版）

张鹏飞　吴　强　柳盛典　编著

科 学 出 版 社

北　京

内 容 简 介

本书与科学出版社2015年出版的普通高等教育"十一五"国家级规划教材《量子力学》(第3版，张永德著)配套，涵盖教材中全部习题的解答，内容包括量子力学物理基础、算符公设与 Schrödinger 方程公设的讨论、一维问题、中心场束缚态问题、量子力学的表象与表示、对称性分析及应用、电子自旋角动量、定态微扰论、电磁作用分析和重要应用、势散射理论、含时问题与量子跃迁、量子态描述与操控. 我们力求解答详尽，叙述清晰. 同时注重启发，激发学生学习主动性，积极引导学生活学活用，引导学生思考以深入发掘物理内涵.

本书适合作为量子力学课程的学习辅导书或者教学参考书，并可供教师及研究人员教学科研参考.

图书在版编目(CIP)数据

量子力学习题精解/张鹏飞，吴强，柳盛典编著. —2版. —北京：科学出版社，2016

普通高等教育"十一五"国家级规划教材配套教辅

ISBN 978-7-03-048830-5

Ⅰ. ①量… Ⅱ. ①张… ②吴… ③柳… Ⅲ. ①量子力学-高等学校-题解 Ⅳ. ①O413.1-44

中国版本图书馆 CIP 数据核字(2016) 第 134169 号

责任编辑：昌 盛 罗 吉 陈曰德／责任校对：张凤琴
责任印制：赵 博／封面设计：迷底书装

科学出版社出版
北京东黄城根北街16号
邮政编码：100717
http://www.sciencep.com

保定市中画美凯印刷有限公司印刷
科学出版社发行 各地新华书店经销
*

2003年8月第 一 版 开本：720×1000 1/16
2016年6月第 二 版 印张：24 1/4
2025年11月第七次印刷 字数：489 000

定价：60.00元

(如有印装质量问题，我社负责调换)

前　言

趁科学出版社计划出版《量子力学》第三版，我除了对原书进行全面修改外，同时也请张鹏飞博士对配套的《量子力学习题精解》(以下简称《精解》) 进行修改，以便出版《精解》第二版。征得《精解》原作者吴强、柳盛典两位教授同意，受科学出版社支持，以及吴盛俊教授的帮助，现在修订完成了《精解》(第二版)。修订过程中，《精解》作者和我就《量子力学》中部分题目进行了一些讨论。新版《精解》在充分保留原有精彩解答和精华的基础上，对解答和叙述做了全面改写和补充，《精解》原有的插图也全部重新绘制。新版书包括了对新增习题的解答，对陆续发现的原先版本的不足之处也做了改进。

新版的《精解》在参考了国内外一些相关的优秀论著，充分吸收它们精华之后，作者结合自己的体会，对一些题的物理实质和内涵作了更多的剖析和发掘，解答更为详尽。对于部分典型题，给出了不止一种解答，或是进一步讨论说明，或是提供相关的背景材料。这些都使这本新版《精解》内容更为丰富。与第一版相比，尽管习题数量只增加 20 余道 (总计为 278 题)，但总篇幅却增加了大约一倍。

我们真诚希望本书能够对教师和学生有所助益，发挥应有作用。真诚希望初次接触量子力学的同学们能够正确使用此书。这里把我主编的《物理大题典》(科学出版社，2005 年) 前言中的一段话录在下面：

> ……
>
> 这里要强调指出，对于学生，确实有一个如何正确使用习题集的问题，有的同学，有习题集也不参考，咬牙硬顶，一个晚上自习时间只做了两道题，这种精神诚应嘉勉，但效率不高，也容易挫伤学习积极性，不利于培养学习兴趣；也有的同学，逮到合适解答提笔就抄，这样做是浮躁的、不踏实的。这两种学习方法都不可取。我们认为，正确使用习题集是一个“三步曲”过程：遇到一道题，先自己想一想，想出来了自己做最好；如果认真想了一些时间还想不出来，就不要老想了，不妨翻开习题集找答案，看懂之后，合上书自己把题目做出来；最后一步，要是参考习题集做出来的，就用一两分钟时间分析解剖一下，找找自己存在的不足，今后注意。如此“三步曲”下来，就既有效率又踏实了，本来，效率和踏实是一对矛盾，在这类“治学小道”之下，它俩就统一起来了，总之，正确使用之下的习题集肯定能够成为学生们有用的“爬山”工具。

虽然我们希望做到最好并且也尽了力，但限于我们的水平，估计本书不当之处在所难免。我们敬请同行专家和读者热心指正。

张永德
中国科学技术大学
2015 年 9 月 25 日

第一版前言

物理习题是锻炼物理思维的体操。做物理习题是学习物理课程中必要而又重要的环节。通过做习题，可以巩固、丰富已经掌握的东西，发现一些你还不懂或懂得不够的地方，或是某些问题的某些侧面；它有助于深化对基本概念、基本原理的理解，使学到的知识更加融会贯通；它能进一步锻炼处理问题的技巧，提高运用所学知识的能力；此外，它还有助于进一步拓宽知识面等。所以许多著名物理学家都十分重视习题，要求勤奋地做习题，多做习题，将它看成学习是否踏实的一种标志。一般地说，在四大力学的学习中，量子力学的学习有一种特殊的困难，这不仅在于量子力学中基本概念、基本原理和初学者的日常宏观观念差距很大，不容易理解，也在于量子力学的方法有时很新颖，其中包含不少物理和数学新技巧。于是，这种情况常常会造成：学生听课还都能懂，但做起题来有时却是“老虎啃天 —— 无从下嘴”。这说明在学习量子力学中，做习题和上习题课的重要性，要求教师和学生必须更加重视做习题和上习题课这个环节。

在我写的《量子力学》中，吸收了美国一些著名大学研究生入学考试材料，参照书中内容也部分地拟定了一些，同时又参考了以往国内教学积累，一共编集了 251 道习题。出书后，一些老师提出，为教学方便，希望出版一本相应的习题解答。与此同时，科学出版社鄢德平先生也这样建议。于是我们便产生了针对那本《量子力学》的习题编写一本题解的想法。

这本题解是供同行老师们在教学中参考用的，它也适合于研究生作为复习量子力学之用。对于正在学习量子力学的本科同学，如能正确使用，它也很有益处。这里，我们向使用本书的本科生郑重建议：做习题时，千万不要不经思索就抄这本题解中的答案，应当有个小小的三部曲：第一，看到题目之后一定要思考几分钟，但也不必苦苦思索很长时间；第二，如仍不得要津，径直去看题解；第三，做完这道题后，反思几分钟，对自己做个分析和小结。这样，学习既踏实了，也有了高效率。本来，在看书、做题，以至阅读文献中，踏实和速度 (效率) 是一对矛盾。采用此类 (以及其他合适的) 方法是能够将两者统一起来的。这些无非是想说明：讲究学习方法 (广义而言，讲究治学之道) 至关重要。

成书期间，我的几位研究生：赵梅生、杨洁、赵博、张强承担了几乎全部求解任务和大部分计算机输入任务。烟台师范学院王立志同学也做了部分输入工作。经过吴强和柳盛典两位教授辛勤审校、修改和补充，终于完成了全书。为了尽力保证质量，审改补充工作是彼此交换、反复进行的；其中第十二章曾由我另一位学生郁司夏博士协助审校；陈增兵教授也参加过题解的讨论；我则断断续续地参加了求解和讨论的全过程。

由于成书时间短促和我们见识所限，书中错误或不当之处在所难免，敬请同行专家和使用者们热心指正。我们真诚希望这本题解能有助于教学和学习，得到大家的认可。

张永德
中国科学技术大学
2002 年 11 月 15 日

目　　录

第 1 章　量子力学的物理基础

题 1.1　在宏观世界里, 量子现象常常可以忽略. 对此就下列诸情况, 在数值上加以证明:

(1) 长 $l=1\text{m}$, 质量 $m=1\text{kg}$ 的单摆的零点振荡的振幅;

(2) 质量 $m=5\text{g}$, 以速度 10cm/s 向一刚性障碍物 (高 5cm, 宽 1cm) 运动的子弹的透射率;

(3) 质量 $m=0.1\text{kg}$, 以速度 0.5m/s 运动的钢球被尺寸为 $1\times 1.5\text{m}^2$ 的窗子所衍射.

解答　(1) 单摆的小幅摆动为简谐振动, 其频率为

$$\omega=\sqrt{\frac{g}{l}}$$

谐振子的零点能为 $E=\dfrac{\hbar\omega}{2}$. 设单摆作零点振荡, 其振幅为 A. 当单摆振荡位移达到振幅对应的位置时, 势能达到最大等于振荡能量, 则

$$\frac{1}{2}m\omega^2A^2=\frac{1}{2}\hbar\omega$$

这给出

$$A=\sqrt{\frac{\hbar}{m\omega}}=\sqrt{\frac{\hbar}{m}\sqrt{\frac{l}{g}}}=0.58\times 10^{-17}\text{m}$$

可见宏观振子的零点振荡实际上是不可能观测到的 (零点振荡的振幅也可通过波函数来计算).

(2) 如果把障碍物的宽度看成是势垒的厚度 a, 把子弹透射看成是越过障碍物所设置的重力势垒, 则透射概率 (公式参见第 3 章)

$$T\approx\exp\left\{-\frac{2a}{\hbar}\sqrt{2m\left(V_0-E\right)}\right\}$$

这里 $V_0=mgH$, $E=mv^2/2$, 则

$$\begin{aligned}T&\approx\exp\left\{-\frac{2a}{\hbar}\sqrt{2m\left(mgH-\frac{mv^2}{2}\right)}\right\}=\exp\left\{-\frac{2ma}{\hbar}\sqrt{2gH-v^2}\right\}\\&\approx\exp\left\{-\frac{2\times5\times10^{-3}\times10^{-2}}{1.054\,571\,726(47)\times10^{-34}}\sqrt{2\times9.8\times5\times10^{-2}-0.1^2}\right\}\\&\approx\mathrm{e}^{-9\times10^{31}}\end{aligned}$$

可见透射概率可以忽略.

(3) 入射钢球的 de Broglie 波长为

$$\lambda = \frac{h}{p} = \frac{h}{mv} \approx 1.3 \times 10^{-30}\text{cm}$$

方形窗的水平和垂直方向的衍射角分别为

$$\theta_h \approx \frac{\lambda}{D} \approx 1.3 \times 10^{-30}\text{rad}$$

$$\theta_l \approx \frac{\lambda}{L} \approx 0.9 \times 10^{-30}\text{rad}$$

可见衍射可以忽略.

题 1.2 用 $\hbar$, e, c, m_e(电子质量), m_p(质子质量) 凑出下列每个量, 给出粗略的数值估计:

(1) Bohr 半径 (cm);
(2) 氢原子结合能 (eV);
(3) Bohr 磁子;
(4) 电子的 Compton 波长 (cm);
(5) 经典电子半径 (cm);
(6) 电子静止能量 (MeV);
(7) 质子静止能量 (MeV);
(8) 精细结构常数 α;
(9) 典型的氢原子精细结构分裂 ΔE.

解答 (1) Bohr 半径①

$$a_0 = \frac{[4\pi\epsilon_0]\hbar^2}{m_\text{e}e^2} = 0.529 \times 10^{-8}\text{cm}$$

(2) 氢原子结合能

$$E = \frac{m_\text{e}e^4}{2[(4\pi\epsilon_0)^2]\hbar^2} = 13.605\text{eV}$$

(3) Bohr 磁子

$$\mu_\text{B} = \frac{e\hbar[c]}{2m_\text{e}c} = 9.273 \times 10^{-21}\text{erg} \cdot \text{Gs}^{-1}/[5.788 \times 10^{-11}\text{MeV} \cdot \text{T}^{-1}]$$

(4) 电子的 Compton 波长

$$\lambda_\text{c} = \frac{h}{m_\text{e}c} = 2\pi\alpha a_0 = 2.426 \times 10^{-10}\text{cm}$$

(5) 经典电子半径

$$r_\text{e} = \alpha^2 a_0 = \frac{e^2}{[4\pi\epsilon_0]m_\text{e}c^2} = 2.818 \times 10^{-13}\text{cm}$$

① 这里看上去不必要的中括号用以对电磁学量同时列出 Gauss 单位制与 SI 制两种表达式, 对前者忽略中括号, 对后者式中包含中括号中的因子, 下面一些地方均与此相同. 在微观物理中, 很多时候用 Gauss 单位制更方便.

(6) 电子静止能量

$$E_{\mathrm{e}} = m_{\mathrm{e}}c^2 = 0.511\mathrm{MeV}$$

(7) 质子静止能量

$$E_{\mathrm{p}} = m_{\mathrm{p}}c^2 = 938.272\mathrm{MeV}$$

(8) 精细结构常数

$$\alpha = \frac{e^2}{[4\pi\epsilon_0]\hbar c} = 7.297 \times 10^{-3} \approx 1/137$$

(9) 典型的氢原子精细结构能级分裂

$$\Delta E = \alpha^4 m_{\mathrm{e}}c^2 = 1.8 \times 10^{-4}\mathrm{eV}$$

题 1.3　导出教材式 (1.12), 验算三个公式中的系数数值.

解答　对非相对论性自由粒子

$$E = \frac{p^2}{2m} \tag{1.1}$$

这里 p, E 分别是其动量和能量, m 为质量. de Broglie 关系

$$p = \frac{h}{\lambda} \tag{1.2}$$

式中 h 为 Planck 常量. 由上两式可以导出

$$\lambda = \frac{h}{\sqrt{2mE}} \tag{1.3}$$

利用组合常量

$$\begin{aligned} hc &= 6.626 \times 10^{-34}\mathrm{J \cdot s} \times 2.998 \times 10^{8}\mathrm{m \cdot s^{-1}} \\ &= 1.241 \times 10^{4}\mathrm{eV \cdot \mathring{A}} = 12.41\mathrm{keV \cdot \mathring{A}} \end{aligned} \tag{1.4}$$

容易验算

$$\frac{h}{\sqrt{2m_{\mathrm{e}}}} = \frac{hc}{\sqrt{2m_{\mathrm{e}}c^2}} = 12.26\mathrm{\mathring{A} \cdot eV^{1/2}}$$

$$\frac{h}{\sqrt{2m_{\mathrm{n}}}} = \frac{hc}{\sqrt{2m_{\mathrm{n}}c^2}} = 0.286\mathrm{\mathring{A} \cdot eV^{1/2}}$$

这样

$$\lambda_{\mathrm{e}} = \frac{12.26}{\sqrt{E}}, \quad \lambda_{\mathrm{n}} = \frac{0.286}{\sqrt{E}} \tag{1.3'}$$

对于光子而言

$$\lambda_\gamma = \frac{c}{\nu} = \frac{hc}{E} \tag{1.5}$$

同样利用组合常量 (1.4), 给出

$$\lambda_\gamma = \frac{1.241 \times 10^4}{E} \tag{1.5'}$$

上面式 (1.3′) 与 (1.5′) 合起来就是教材式 (1.12), 其中 E(对 $m \neq 0$ 的实物粒子, E 为其动能) 的单位为 eV, λ 的单位是 Å.

题 1.4 室温 ($T \sim 300\text{K}$) 下中子速度为 2200m/s, 计算它的 de Broglie 波长; 求出同温度下电子速度, 计算电子的 de Broglie 波长.

解答 由于题给中子速度远小于光速, 故可以用非相对论公式计算其动能

$$\begin{aligned}E_{\text{n}} &= \frac{1}{2}m_{\text{n}}v_{\text{n}}^2 = \frac{1}{2} \times 1.674\,927\,351 \times 10^{-27} \times 2200^2\text{J}\\ &\doteq 4.05 \times 10^{-21}\text{J} \doteq 2.53 \times 10^{-2}\text{eV}\end{aligned}$$

其中用到能量单位换算关系, $1\text{eV} = 1.602\,176\,565 \times 10^{-19}\text{J}$. 将上面结果代入教材中式 (1.11), 可得

$$\lambda_{\text{n}} = \frac{0.286}{\sqrt{E_{\text{n}}}} = \frac{0.286}{\sqrt{2.53 \times 10^{-2}}} \doteq 1.8(\text{Å})$$

同温度下由能量均分定理知电子动能为

$$\begin{aligned}E_{\text{e}} &= \frac{1}{2}m_{\text{e}}v_{\text{e}}^2 = \frac{3}{2}kT = \frac{3}{2} \times 1.380\,6488(13) \times 10^{-23} \times 300\text{ J}\\ &\doteq 6.21 \times 10^{-21}\text{J} \doteq 3.88 \times 10^{-2}\text{ eV}\end{aligned}$$

其中 $k = 1.380\,6488(13) \times 10^{-23}\text{ J} \cdot \text{K}^{-1}$ 称为 Boltzmann 常量. 由上式也可算得电子的速度为

$$v_{\text{e}} = \sqrt{\frac{2E_{\text{e}}}{m_{\text{e}}}} = \sqrt{\frac{3 \times 1.380\,6488(13) \times 10^{-23} \times 300}{9.109\,382\,91 \times 10^{-31}}} = 1.17 \times 10^5(\text{m} \cdot \text{s}^{-1})$$

由式 (1.11), 可得电子的 de Broglie 波长

$$\lambda_{\text{n}} = \frac{12.26}{\sqrt{E_{\text{e}}}} = \frac{12.26}{\sqrt{3.88 \times 10^{-2}}} \doteq 62(\text{Å})$$

题 1.5 指出下列实验中, 哪些实验表明了辐射场的粒子性? 哪些实验主要证明能量交换的量子性? 哪些实验主要表明物质粒子的波动性?

(1) 光电效应; (2) 黑体辐射谱; (3) Franck-Hertz 实验;

(4) Compton 散射; (5) Davisson-Germer 实验.

简述理由.

解答 光电效应和 Compton 散射说明了光场的粒子性. 光电效应表明每个光子的能量为 $\hbar\omega$, Compton 散射更进一步说明光子的动量为 h/λ, 并且说明光子与物质相互作用时, 满足动量守恒与能量守恒.

黑体辐射谱与 Franck-Hertz 实验说明, 黑体 (常描述为一谐振子体系) 与辐射场的能量交换过程、电子与原子的碰撞过程, 能量交换是量子化的, 即原子的能级是量子化的.

Davisson-Germer 实验 (电子在晶体中发生衍射), 则主要表现出电子的波动性, 验证了 de Broglie 波长与动量的关系, $\lambda = h/p$.

题 1.6 考虑如下实验：一束准平面波电子射向刻有 A、B 两缝的平板，板外是一装有检测器阵列的屏幕. 利用检测器能定出电子撞击屏幕的位置. 在下列各种情形下，画出入射电子强度随屏幕位置变化的草图，给出简单解释.

(1) A 缝开启，B 缝关闭；

(2) B 缝开启，A 缝关闭；

(3) 两缝均开启.

解答 三种情形电子强度随屏幕位置变化的示意图分别如下面图 (1)~(3)[为了视觉上明显起见，图中缝宽和双缝间距都大大夸大了；同时为了视觉上谐调起见，第 (3) 图双缝干涉随屏幕位置变化图的强度坐标与其余两个强度随屏幕位置变化图相比缩小了 4 倍].

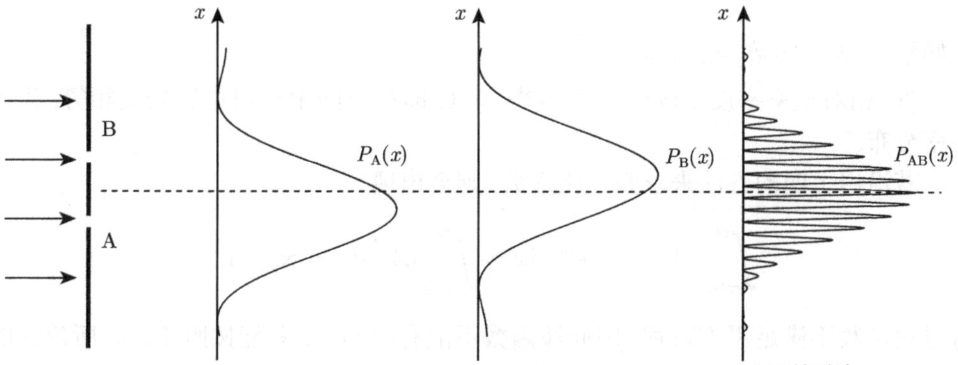

图 1.1 单缝衍射与双缝干涉的强度分布

当 A 缝单独开启时，屏幕上的电子强度分布 $P_A(x)$ 为电子 de Broglie 波在 A 缝的单缝衍射强度分布；同理，B 缝单独开启时，屏幕上形成 B 缝的电子单缝衍射强度分布 $P_B(x)$；两缝同时开启时，屏幕上的电子强度分布 $P_{AB}(x)$ 并非前两种情况强度分布的简单叠加，而是出现了干涉效应，即 $P_A(x)+P_B(x)+$干涉项，从而显示出电子的波动性.

题 1.7 讨论以下波函数的归一化问题：

(1) 粒子在一维无限深势阱中运动，设 $\psi(x)=A\sin\dfrac{\pi x}{a}(0\leqslant x\leqslant a)$，求 A 使波函数归一；

(2) 设$\psi(x)=A\exp\left\{-\dfrac{1}{2}\alpha^2x^2\right\}$，$\alpha$ 为已知实常数，求归一化常数 A；

(3) 设 $\psi(x)=\exp\{\mathrm{i}kx\}$，粒子的位置概率分布如何？能否归一？

(4) 设 $\psi(x)=\delta(x)$，粒子的位置概率分布如何？能否归一？

解答 (1) 由于在全空间 (一维) 发现粒子的概率为 1, 应有

$$\int \psi^*(x)\psi(x)\,\mathrm{d}x=\int_0^a |A|^2\left(\sin\frac{\pi x}{a}\right)^2\mathrm{d}x=1$$

由此可得 $|A|^2=\dfrac{2}{a}$. 不妨取 A 为正实数, 则 $A=\sqrt{\dfrac{2}{a}}$.

(2) 同理有

$$\int_{-\infty}^{+\infty}|A|^2\exp\left(-\alpha^2x^2\right)\mathrm{d}x=1$$

完成 Gauss 积分得

$$|A|^2=\sqrt{\frac{\alpha^2}{\pi}}$$

不妨取 A 为正实数, 则 $A=\sqrt[4]{\dfrac{\alpha^2}{\pi}}$.

(3) 相对概率密度 $p(x)=\mathrm{e}^{-\mathrm{i}kx}\mathrm{e}^{\mathrm{i}kx}=1$, 即在空间中任何位置处处相等, 为等概率分布.

若沿用上面的方法来求归一化系数, 则会出现

$$\int_{-\infty}^{\infty}|A|^2\,\mathrm{e}^{-\mathrm{i}kx}\mathrm{e}^{\mathrm{i}kx}\mathrm{d}x=\int_{-\infty}^{\infty}|A|^2\,\mathrm{d}x=\infty\cdot|A|^2$$

可见波函数不满足平方可积. 因此波函数不能有限归一, 只能按照 Dirac 所建议的如下归一到 δ 函数

$$\int_{-\infty}^{+\infty}\frac{1}{2\pi}\exp\left(-\mathrm{i}k'x\right)\exp\left(\mathrm{i}kx\right)\mathrm{d}x=\delta\left(k-k'\right)$$

(4) $\psi(x)=\delta(x-x_0)$ 是粒子的位置本征函数, 此波函数描述的粒子的位置概率分布为

$$P(x)=\begin{cases}1, & x=x_0\\ 0, & x\neq x_0\end{cases}$$

即, 在 $x=x_0$ 处可测得粒子, 在其他位置测不到粒子. 位置本征函数复数平方在全空间的积分

$$\int_{-\infty}^{+\infty}\delta\left(x-x_0\right)\delta\left(x-x_0\right)\mathrm{d}x=\delta\left(0\right)\to\infty$$

可见波函数不满足平方可积. 因此波函数不能有限归一, 也只能如下归一到 δ 函数

$$\int_{-\infty}^{\infty}\delta\left(x-x_0\right)\delta\left(x-x_0'\right)\mathrm{d}x=\delta\left(x_0-x_0'\right)$$

题 1.8　设在球坐标中, 粒子波函数为 $\psi(r,\theta,\varphi)$, 试求:

(1) 在球壳 $(r,r+\mathrm{d}r)$ 中找到粒子的概率;

(2) 在 (θ,φ) 方向的立体角 $\mathrm{d}\Omega$ 中找到粒子的概率.

解答　(1) 设题目所给的波函数 $\psi(r,\theta,\varphi)$ 在全空间平方可积, 也就是

$$\iiint |\psi(r,\theta,\varphi)|^2 r^2\mathrm{d}r\mathrm{d}\Omega = \mathscr{N}^2 < +\infty$$

这里 $\mathscr{N}^2$ 为题给波函数的模平方. 这样在球壳 $(r,r+\mathrm{d}r)$ 中找到粒子的概率为

$$\mathrm{d}p(r) = \frac{1}{\mathscr{N}^2}\left(\int_0^{\pi}\int_0^{2\pi}|\psi(r,\theta,\varphi)|^2\sin\theta\mathrm{d}\theta\mathrm{d}\varphi\right)r^2\mathrm{d}r$$

(2) 在 (θ,φ) 方向的立体角 $\mathrm{d}\Omega$ 中找到粒子的概率为

$$\mathrm{d}p(\theta,\varphi) = \frac{1}{\mathscr{N}^2}\left(\int_0^{\infty}|\psi(r,\theta,\varphi)|^2 r^2\mathrm{d}r\right)\mathrm{d}\Omega$$

题 1.9　对下列波函数所描述的粒子, 分别求出位置和动量的不确定度, 并验证不确定性关系:

(1) 平面波 $\psi(x) = \exp(\mathrm{i}kx)$;

(2) 位置本征态 $\psi(x) = \delta(x-x_0)$;

(3) Gauss 型波包 $\psi(x) = \exp\left\{-\frac{1}{2}\alpha^2x^2\right\}$;

(4) $\psi(x) = \frac{1}{\sqrt{L}}\exp\left(-\frac{|x|}{L}\right)$.

提示　注意 (4) 中 $\psi(x)$ 在 $x=0$ 处性状. 最好避免直接求其二阶导数.

解答　(1) 力学量 Ω 的不确定度, 指 Ω 在某一量子态 ψ 下的不确定度

$$\Delta_\psi\Omega = \sqrt{\langle\Omega^2\rangle_\psi - \langle\Omega\rangle_\psi^2} \tag{1.6}$$

其中 $\langle\Omega\rangle_\psi = \int\psi^*(x)\Omega\psi(x)\mathrm{d}x$, 并且假设 ψ 已经归一化. 按不确定性关系, 力学量 Ω_1、Ω_2 在 ψ 态下的不确定度满足:

$$(\Delta_\psi\Omega_1)(\Delta_\psi\Omega_2) \geqslant \left|\frac{1}{2}\langle[\Omega_1,\Omega_2]\rangle_\psi\right| \tag{1.7}$$

平面波 $\exp(\mathrm{i}kx)$ 是动量 $p=k/\hbar$ 的本征态, 此波函数描述的粒子具有确定的动量 p, 所以动量的平均值也为 p, 均方偏差 $\Delta_\psi p = 0$.

再求 $\langle\hat{x}\rangle_\psi$、$\langle\hat{x}^2\rangle_\psi$. 由于相对概率密度 $p(x) = \mathrm{e}^{-\mathrm{i}kx}\mathrm{e}^{\mathrm{i}kx} = 1$, 即在空间中任何位置处处相等, 为等概率分布. 对任意的 x, 必有一等概率的 $-x$, 所以

$$\langle\hat{x}\rangle_\psi = 0 \tag{1.8}$$

由于平面波 $\exp(\mathrm{i}kx)$ 不是平方可积, 难以用通常函数表示粒子空间位置绝对概率分布. 为计算 $\langle\hat{x}^2\rangle_\psi$, 我们采用变通的办法. 先对箱归一化波函数计算, 再令箱子趋于无穷大. 此时取波函数为在 $-L\leqslant x\leqslant L$ 等概率分布, 绝对概率为 $p=1/(2L)$, 因而

$$\langle\hat{x}^2\rangle_{\psi,L}=\int_{-L}^{L}\frac{1}{2L}x^2\mathrm{d}x=\frac{1}{3}L^2 \tag{1.9}$$

因而

$$\langle\hat{x}^2\rangle_\psi=\lim_{L\to\infty}\langle\hat{x}^2\rangle_{\psi,L}=\lim_{L\to\infty}\frac{1}{3}L^2\to\infty \tag{1.10}$$

可见 $\langle\hat{x}^2\rangle_\psi$ 为二阶无穷大. 故有 $\Delta_\psi x=\infty$.

此时 $(\Delta_\psi\hat{x})(\Delta_\psi\hat{p})$ 为零乘以无穷大的不定型.

(2) 与第 (1) 小题类似, $\delta(x-x_0)$ 是位置的本征态, 其本征值为 x_0, 处于这种量子态的粒子具有确定的位置 x_0, 所以有 $\Delta_\psi x=0$.

对于 $\langle p\rangle_\psi$ 与 $\langle p^2\rangle_\psi$, 可转到动量空间求解,

$$\psi(k)=\int\delta(x-x_0)\,\mathrm{e}^{\mathrm{i}kx}\mathrm{d}x=\mathrm{e}^{\mathrm{i}kx_0} \tag{1.11}$$

这与坐标表象平面波的波函数形式相同. 故按前面结果写出

$$\langle\hat{p}\rangle_\psi=0 \tag{1.12}$$

而 $\langle\hat{p}^2\rangle_\psi$ 为二阶无穷大. 故有 $\Delta_\psi p=\infty$.

注意 动量本征态与位置本征态是两种理想模型, 是真实的物理波包无限展宽和无限压缩的两种极限结果. 它们是有用的概念, 但并非是物理上真实的量子状态.

(3) 因为 $\langle\hat{x}\rangle_\psi$, $\langle\hat{p}\rangle_\psi$ 的积分式中被积函数为奇函数, 故对 $(-\infty,+\infty)$ 范围积分给出

$$\langle\hat{x}\rangle_\psi=\langle\hat{p}\rangle_\psi=0 \tag{1.13}$$

下面求 $\langle\hat{x}^2\rangle_\psi$, $\langle\hat{p}^2\rangle_\psi$. 将题给波函数归一化,

$$\psi(x)=\sqrt[4]{\frac{\alpha^2}{\pi}}\exp\left\{-\frac{1}{2}\alpha^2x^2\right\}$$

这样

$$\langle\hat{x}^2\rangle_\psi=\frac{\alpha}{\sqrt{\pi}}\int\mathrm{e}^{-\alpha^2x^2}x^2\mathrm{d}x=\frac{1}{2\alpha^2} \tag{1.14}$$

其中用到了附录中积分公式 (2), 而

$$
\begin{aligned}
\langle \hat{p}^2\rangle_\psi &= \frac{\alpha}{\sqrt{\pi}}\int \mathrm{e}^{-\alpha^2x^2/2}\left(-\hbar^2\frac{\mathrm{d}^2}{\mathrm{d}x^2}\right)\mathrm{e}^{-\alpha^2x^2/2}\mathrm{d}x\\
&= \frac{\alpha\hbar^2}{\sqrt{\pi}}\int\left[\frac{\mathrm{d}}{\mathrm{d}x}\mathrm{e}^{-\alpha^2x^2/2}\right]^2\mathrm{d}x\\
&= \frac{\alpha^5\hbar^2}{\sqrt{\pi}}\int \mathrm{e}^{-\alpha^2x^2}x^2\mathrm{d}x\\
&= \frac{\hbar^2\alpha^2}{2}
\end{aligned}
\tag{1.15}
$$

所以有 $(\Delta_\psi\hat{x})(\Delta_\psi\hat{p})=\hbar/2$. 因此称 $\psi(x)=\sqrt[4]{\frac{\alpha^2}{\pi}}\exp\left\{-\frac{1}{2}\alpha^2x2\right\}$ 为最小不确定波包.

(4) 同样因为被积函数为奇函数对 $(-\infty,+\infty)$ 范围积分, 给出 $\langle\hat{x}\rangle_\psi=0$. 而

$$
\langle\hat{x}^2\rangle_\psi=\frac{1}{L}\int_{-\infty}^{+\infty}\mathrm{e}^{-2x/L}x^2\mathrm{d}x=\frac{2}{L}\int_0^{\infty}\mathrm{e}^{-2x/L}x^2\mathrm{d}x=\frac{L^2}{2}
\tag{1.16}
$$

故有 $(\Delta_\psi\hat{x})=\frac{L}{\sqrt{2}}$.

下面求 $(\Delta_\psi\hat{p})$. 因为

$$
\frac{\partial}{\partial x}\mathrm{e}^{-|x|/L}=\left[\frac{1}{L}-\frac{2}{L}\theta(x)\right]\mathrm{e}^{-|x|/L}
\tag{1.17}
$$

其中

$$
\theta(x)=\begin{cases}1, & x>0\\ 0, & x<0\end{cases}
$$

为阶跃函数, 故有

$$
\frac{\partial^2}{\partial x^2}\mathrm{e}^{-|x|/L}=-\frac{2}{L}\delta(x)\,\mathrm{e}^{-|x|/L}+\frac{1}{L^2}\mathrm{e}^{-|x|/L}
$$

因此,

$$
\begin{aligned}
\langle\hat{p}\rangle &= \int_{-\infty}^{\infty}\frac{1}{\sqrt{L}}\mathrm{e}^{-|x|/L}\left[-\mathrm{i}\hbar\frac{\partial}{\partial x}\right]\frac{1}{\sqrt{L}}\mathrm{e}^{-|x|/L}\mathrm{d}x\\
&= -\mathrm{i}\hbar\int_{-\infty}^{\infty}\frac{1}{L}\mathrm{e}^{-|x|/L}\left[\frac{1}{L}-\frac{2}{L}\theta(x)\right]\mathrm{e}^{-|x|/L}\mathrm{d}x=0
\end{aligned}
\tag{1.18}
$$

并有

$$
\begin{aligned}
\langle\hat{p}^2\rangle &= \int_{-\infty}^{\infty}\frac{1}{L}\mathrm{e}^{-|x|/L}\left(-\hbar^2\frac{\partial^2}{\partial x^2}\right)\mathrm{e}^{-|x|/L}\mathrm{d}x\\
&= \hbar^2\int_{-\infty}^{\infty}\frac{1}{L}\left[\frac{2}{L}\delta(x)-\frac{1}{L^2}\right]\mathrm{e}^{-2|x|/L}\mathrm{d}x\\
&= \frac{2\hbar^2}{L}|\psi(0)|^2-\frac{\hbar^2}{L^2}=\frac{\hbar^2}{L^2}
\end{aligned}
\tag{1.19}
$$

因而
$$(\Delta_\psi \hat{p}) = \frac{\hbar}{L} \tag{1.20}$$

由上面计算可知 $(\Delta_\psi \hat{x})(\Delta_\psi \hat{p}) = \frac{\hbar}{\sqrt{2}} > \frac{\hbar}{2}$.

说明 第 (3), (4) 小题对 $(\Delta_\psi \hat{p})$ 也可以转到动量空间求解. 如对于第 (4) 小题, 先求动量空间波函数

$$\begin{aligned}\psi(p) &= \frac{1}{\sqrt{2\pi\hbar L}}\int_{-\infty}^{\infty} \mathrm{e}^{-|x|/L}\mathrm{e}^{-\mathrm{i}px/\hbar}\mathrm{d}x = \frac{2}{\sqrt{2\pi\hbar L}}\int_0^{\infty} \mathrm{e}^{-x/L}\cos\left(\frac{p}{\hbar}x\right)\mathrm{d}x \\ &= \frac{1}{\sqrt{2\pi\hbar L}}\frac{2/L}{p^2/\hbar^2 + 1/L^2}\end{aligned}$$

从而 $\langle \hat{p} \rangle = 0$, 并有

$$\langle \hat{p}^2 \rangle = \frac{1}{2\pi\hbar L}\int_0^{\infty}\left(\frac{2/L}{p^2/\hbar^2 + 1/L^2}\right)^2 p^2 \mathrm{d}p = \frac{\hbar^2}{L^2}$$

上面利用了积分公式

$$\int \frac{\mathrm{d}x}{(a^2+x^2)^n} = \begin{cases} \dfrac{1}{a}\arctan\dfrac{x}{a}, & n=1 \\ \dfrac{x}{2(n-1)a^2(a^2+x^2)^{n-1}} + \dfrac{2n-3}{2(n-1)a^2}\displaystyle\int\frac{\mathrm{d}x}{(a^2+x^2)^{n-1}}, & n>1 \end{cases}$$

同样给出 $(\Delta_\psi \hat{p}) = \frac{\hbar}{L}$.

题 1.10 利用不确定性关系估计无限深势阱中粒子的基态能量, 设阱宽为 a.

解答 因为对基态波函数有 $\bar{x} = \bar{p} = 0$, 因而坐标、动量的涨落

$$(\Delta x)^2 = \overline{(x-\overline{x})^2} = \overline{x^2}, \quad (\Delta p)^2 = \overline{(p-\overline{p})^2} = \overline{p^2}$$

粒子在阱宽为 a 的无限深势阱中运动, 作为估算我们取 $\Delta x \sim a$, 代入不确定性关系

$$\Delta p \cdot \Delta x \geqslant \frac{\hbar}{2}$$

给出 $\Delta p \geqslant \frac{\hbar}{2a}$, 这时基态能量为

$$E_0 = \frac{\overline{p^2}}{2m} = \frac{(\Delta p)^2}{2m} \sim \frac{\hbar^2}{8ma^2}$$

题 1.11 证明流密度算符

$$\hat{\boldsymbol{j}} = \frac{1}{2}\left[\delta(\boldsymbol{r}-\boldsymbol{r}')\frac{\hat{\boldsymbol{p}}}{m} + \frac{\hat{\boldsymbol{p}}}{m}\delta(\boldsymbol{r}-\boldsymbol{r}')\right] \tag{1.21}$$

是 Hermite 算符.

证法一　由 Hermite 算符的定义可知, 当算符 $\hat{A}$ 满足下列关系式时为 Hermite 算符

$$\int \psi^*(\boldsymbol{r})\hat{A}\varphi(\boldsymbol{r})\,\mathrm{d}\boldsymbol{r} = \int \varphi(\boldsymbol{r})\left[\hat{A}\psi(\boldsymbol{r})\right]^*\mathrm{d}\boldsymbol{r} \tag{1.22}$$

其中 $\psi(\boldsymbol{r})$、$\varphi(\boldsymbol{r})$ 为两个任意的波函数. 现将 $\hat{\boldsymbol{j}}$ 代替上式中的 $\hat{A}$, 并将 $\hat{\boldsymbol{p}} = -\mathrm{i}\hbar\nabla$ 代入, 这时

$$\begin{aligned}
\text{等式左边} &= \int_{-\infty}^{\infty}\psi^*(\boldsymbol{r})\frac{1}{2}\left[\delta(\boldsymbol{r}-\boldsymbol{r}')\frac{-\mathrm{i}\hbar}{m}\nabla + \frac{-\mathrm{i}\hbar}{m}\nabla\delta(\boldsymbol{r}-\boldsymbol{r}')\right]\varphi(\boldsymbol{r})\,\mathrm{d}\boldsymbol{r} \\
&= \oint_S \psi^*(\boldsymbol{r})\left[\delta(\boldsymbol{r}-\boldsymbol{r}')\left(\frac{-\mathrm{i}\hbar}{m}\right)\varphi(\boldsymbol{r})\right]\mathrm{d}S \\
&\quad + \int_{-\infty}^{\infty}\varphi(\boldsymbol{r})\frac{1}{2}\left[\delta(\boldsymbol{r}-\boldsymbol{r}')\frac{\mathrm{i}\hbar}{m}\nabla + \frac{\mathrm{i}\hbar}{m}\nabla\delta(\boldsymbol{r}-\boldsymbol{r}')\right]\psi^*(\boldsymbol{r})\,\mathrm{d}\boldsymbol{r}
\end{aligned}$$

上式右边第一项为在全空间的边界面上的积分, 该面积分因 $\boldsymbol{r}'$ 不在积分面上而消失, 第二项正好是 $\int \varphi(\boldsymbol{r})\left[\hat{\boldsymbol{j}}\psi(\boldsymbol{r})\right]^*\mathrm{d}\boldsymbol{r}$, 等于式 (1.22) 的右边, 因此式 (1.22) 成立. 上面用到了矢量微分公式:

$$\psi^*(\boldsymbol{r})\nabla\delta(\boldsymbol{r}-\boldsymbol{r}')\varphi(\boldsymbol{r}) = \nabla\left[\psi^*(\boldsymbol{r})\delta(\boldsymbol{r}-\boldsymbol{r}')\varphi(\boldsymbol{r})\right] - \left[\nabla\psi^*(\boldsymbol{r})\right]\delta(\boldsymbol{r}-\boldsymbol{r}')\varphi(\boldsymbol{r})$$

以及

$$\psi^*(\boldsymbol{r})\delta(\boldsymbol{r}-\boldsymbol{r}')\nabla\varphi(\boldsymbol{r}) = \nabla\left[\psi^*(\boldsymbol{r})\delta(\boldsymbol{r}-\boldsymbol{r}')\varphi(\boldsymbol{r})\right] - \left[\nabla\psi^*(\boldsymbol{r})\delta(\boldsymbol{r}-\boldsymbol{r}')\right]\varphi(\boldsymbol{r})$$

上面证明了式 (1.22), 且其中 $\psi(\boldsymbol{r})$、$\varphi(\boldsymbol{r})$ 是任意的, 这意味着式 (1.21) 的 $\hat{\boldsymbol{j}}$ 为 Hermite 算符.

说明　同理可证

$$\left\langle\hat{\boldsymbol{j}}\right\rangle = \int_{-\infty}^{\infty}\psi^*(\boldsymbol{r}')\hat{\boldsymbol{j}}\psi(\boldsymbol{r}')\,\mathrm{d}\boldsymbol{r}' = -\frac{\mathrm{i}\hbar}{2m}\left[\psi^*(\boldsymbol{r})\nabla\psi(\boldsymbol{r}) - \psi(\boldsymbol{r})\nabla\psi^*(\boldsymbol{r})\right]$$

即粒子概率流密度算符在 $\psi(\boldsymbol{r})$ 中的期望值给出相应的粒子概率流密度.

证法二　$\hat{\boldsymbol{r}}$ 是 Hermite 的, 其函数 $\delta(\boldsymbol{r}-\boldsymbol{r}')$ 也是 Hermite 的. $\hat{\boldsymbol{p}}$ 是 Hermite 的, 从而按照 Hermite 共轭的运算法则，直接验算

$$\begin{aligned}
\hat{\boldsymbol{j}}^\dagger &= \frac{1}{2}\left[\delta(\boldsymbol{r}-\boldsymbol{r}')\frac{\hat{\boldsymbol{p}}}{m}\right]^\dagger + \frac{1}{2}\left[\frac{\hat{\boldsymbol{p}}}{m}\delta(\boldsymbol{r}-\boldsymbol{r}')\right]^\dagger \\
&= \frac{1}{2}\left(\frac{\hat{\boldsymbol{p}}}{m}\right)^\dagger\left[\delta(\boldsymbol{r}-\boldsymbol{r}')\right]^\dagger + \frac{1}{2}\left[\delta(\boldsymbol{r}-\boldsymbol{r}')\right]^\dagger\left(\frac{\hat{\boldsymbol{p}}}{m}\right)^\dagger \\
&= \frac{1}{2}\frac{\hat{\boldsymbol{p}}}{m}\delta(\boldsymbol{r}-\boldsymbol{r}') + \frac{1}{2}\delta(\boldsymbol{r}-\boldsymbol{r}')\frac{\hat{\boldsymbol{p}}}{m} \\
&= \frac{1}{2}\left[\delta(\boldsymbol{r}-\boldsymbol{r}')\frac{\hat{\boldsymbol{p}}}{m} + \frac{\hat{\boldsymbol{p}}}{m}\delta(\boldsymbol{r}-\boldsymbol{r}')\right] = \hat{\boldsymbol{j}}
\end{aligned}$$

可见 $\hat{j}$ 是 Hermite 算符.

题 1.12 结合电子 Young 双缝实验中, 电子被接受屏与探测器探测前后的实验测量过程, 解释量子力学第三公设——测量公设中三个阶段的说法.

解答 量子体系状态的测量分三个阶段：纠缠分解、波函数坍缩、初态制备.

双缝屏上为 A、B 两条缝, 通过双缝电子状态可以表示为

$$\psi(\boldsymbol{x},t)=\psi_{\mathrm{A}}(\boldsymbol{x},t)+\psi_{\mathrm{B}}(\boldsymbol{x},t)$$

电子态经过双缝时, 和双缝所表示的两个可区分态构成了纠缠态. 当我们要测量电子是从哪条缝经过时, 则测量结果坍缩到和某一条缝纠缠的对应的态, $\psi_{\mathrm{A}}(\boldsymbol{x},t)$ 或者 $\psi_{\mathrm{B}}(\boldsymbol{x},t)$. 当不测量时, 则处于叠加态, 于是电子是同时通过两条缝, 导致干涉条纹.

到了接受屏, 电子态 $\psi(\boldsymbol{x},t)$ 可以分解为与接收屏位置可区分态相纠缠的电子位置本征态的叠加, 即可表示为

$$\psi(\boldsymbol{x},t)=\iiint\psi(\boldsymbol{x}',t)\,\delta(\boldsymbol{x},\boldsymbol{x}')\,\mathrm{d}\boldsymbol{x}'$$

其中 $\delta(\boldsymbol{x},\boldsymbol{x}')$ 是位置本征值为 $\boldsymbol{x}'$ 的本征态. 当在接收屏上位置 $\boldsymbol{x}'$ 发现电子时, 电子态即已经以 $|\psi(\boldsymbol{x}',t)|^2$ 的概率坍缩到 $\delta(\boldsymbol{x},\boldsymbol{x}')$ 态. 此后以此为初态在接收屏新环境的新 Hamilton 量下继续演化.

题 1.13 常见的不确定性关系有三种形式. 除了叙述的两种, 在轨道角动量分量 L_z 和对应转角 φ 之间还有一个不确定性关系. 共计有,

$$\Delta x\cdot\Delta p\geqslant\frac{\hbar}{2},\quad\Delta t\cdot\Delta E\geqslant\frac{\hbar}{2},\quad\Delta\varphi\cdot\Delta L_z\geqslant\frac{\hbar}{2}$$

讨论：(1) 第三种的含义和特点; (2) 设想三者之间的关联 (暂不要求).

提示 (1) φ 的周期性和有限定义范围; (2) 结合第六章时空平移和转动 (学完第六章再思考).

解答 (1) 第三个关系指的是体系所处状态下方位角的不确定度与角动量分量 L_z 的不确定度所满足的关系. 由于方位角的有限定义范围, 该关系式的特点是只对于具有小的方位角的不确定度以及相应的大的角动量分量 L_z 的不确定度的态才成立; 一般情形则不成立. 举一个极端的例子, 如在 L_z 的本征态下, L_z 的不确定度为零, 方位角的不确定度有限, 则两个不确定度相乘给出零.

(2) 在分析力学中, (x,p)、(t,H) 以及 (φ,L_z) 各自为共轭量, 在第六章看到, p、H 以及 L_z 分别为 x 方向坐标平移、时间 t 平移和绕 z 轴转动的生成元. 这就容易使人误以为本题三个关系式是平行的, 是对任何微观粒子态都成立的, 的确在有的教科书中也这样写. 三个不确定性关系式毕竟还是不同的, 前两个不确定性

关系式中, 自变量变化范围无限, 它们导数物理量取值 (如无别的约束) 可以连续; 第三个关系中自变量的变化范围有限, 转动生成元物理量的取值总是分立的, 量子化的. 事实上, 前面两个关系式总是正确的, 而第三个关系式则一般不成立. 其实, 因为方位角的有限定义范围, 对第三个关系式的正确性的质疑在文献① 里早就出现了.

第一个关系是微观粒子波动性派生的波函数概率诠释以及 Fourier 积分变换的带宽定理的直接结论, 按教材论证第二个关系是第一个关系的另一种形式, 它本身也可以借助 Fourier 变换的带宽定理论证. 因为方位角的有限定义范围, 方位角与角动量分量的不确定性关系则不能按此论证.

说明　教材中给出, 一般的两个不对易力学量 Ω_1, Ω_2 在 ψ 态的不确定度满足式 (1.7). 该关系可利用 Schwarz 不等式根据两力学量的对易关系特别还利用算符的 Hermite 性来论证. 方位角与角动量分量虽然有对易关系

$$[\varphi, L_z] = \mathrm{i}\hbar$$

然而由于方位角的有限定义范围和物理所要求的周期边界条件, L_z 只在具有 2π 周期的态函数空间才具有 Hermite 性, 对于含 φ 与 L_z 乘积的量, L_z 朝前作用与朝后作用并不相同 (Hermite 算符则要求相同), 所以方位角与角动量分量的不确定性关系也不能按通常的做法论证, 也就不能用式 (1.7) 不确定性关系的结论. 为了可以用式 (1.7)的结论, 一种方案是选用可确定方位角的可微周期函数 $\varPhi(\varphi)$来代替 φ, 由该函数与 L_z 的对易关系写出不确定性关系. 例如可选 $\varPhi(\varphi) = 2\tan\dfrac{\varphi}{2}$, 则由

$$\left[2\tan\frac{\varphi}{2}, L_z\right] = \mathrm{i}\hbar\sec^2\frac{\varphi}{2}$$

按式 (1.7) 写出

$$\Delta\left(2\tan\frac{\varphi}{2}\right)\Delta L_z \geqslant \frac{\hbar}{2}\left\langle\sec^2\frac{\varphi}{2}\right\rangle$$

有关论述可参考

P. Carruthers, and Michael Martin Nieto, *Phase and Angle Variables in Quantum Mechanics*, Reviews of Modern Physics, **40**, (1968), 411-440.

题 1.14　为什么说轨道概念是被量子力学摒弃的纯经典的概念?

解答　微观粒子的波粒二象性及其波函数描述导致了不确定性关系尤其是位置与动量的不确定性关系, 使得在微观物理学中必须摒弃经典的轨道概念. 因为经典粒子之所以有轨道, 其前提是在任意时刻可以同时确定它的位置与动量. 这和不确定性关系相违背.

① P. Jordan, Z. Physik, *Über eine neue Begründung der Quantenmechanik.* II, **44**, (1927),1.

题 1.15 根据不确定性关系, 对"静止粒子"的概念进行讨论.

解答 若有"静止粒子"则应理解为动量本征值为零, 但根据不确定性关系, 其位置应完全不确定, 那么"静止粒子"静止在何处? 如对平面波, 当 p 为零时在空间位置分布则是等概率的, 其位置完全不确定. 故一般以不考虑"静止微观粒子"为宜.

题 1.16 回忆小结: 如何从波-粒二象性以物理分析方式推论出量子力学的三个基本特征.

解答 量子力学的基本图像是: 所有微观粒子都具有波粒二象性. 在实验中探测到微观粒子的时候, 它们总是有一定的能量, 相应于完整粒子的电荷和静止质量, 特别是, 有一个局域的位置! 正是这些物理特征给人们以电子是"粒子"的形象. 同时微观粒子具有波的特征. 波和粒子的属性通过 Planck 常量连结成为 Einstein-de Broglie 关系. 由微观粒子都具有波粒二象性派生出量子力学的基本特征: 概率幅描述、量子化现象、不确定性关系.

第一, **微观粒子波粒二象性导致量子力学的一个重要特征: 描述粒子运动中的或然性, 即概率幅或 de Broglie 波的概率诠释.** 以电子 Young 双缝实验为例. 假定电子源强度十分弱, 实验时间很长, 以致可以认为, 每次实验都是单个电子穿过实验装置. 各个电子彼此之间相互独立. 对于一个电子, 当它穿过缝屏后到底在接收屏上哪一个位置处被观测到, 结果是随机的, 无法事先以 Laplace 决定论方式作理论准确预计. 单个电子穿过狭缝时状态怎样突变、其动量改变多少、在接收屏上被测到时的状态怎样突变, 都是事先无法预计的、不可逆转的变化. 只有大量同样条件入射的电子同类型突变的统计规律才是可以事先准确预计的. 关闭一个缝, 则大量电子入射在接受屏上的计数形成单缝衍射图样; 双缝同时打开, 则大量电子入射在接受屏上的计数形成双缝干涉图样. 无论何种情形, 接受屏上一点 x 的计数率或者概率与该处 de Broglie 波波场振幅的模平方成正比. de Broglie 波采用概率幅波描述既具有相干叠加性又具有概率的诠释, 不但能以统一方式描述电子的波粒两种属性, 而且和带有"或然性"的双缝干射实验事实相匹配.

第二, **微观粒子波动性导致微观粒子能量和状态的分立化或量子化现象.** 任何类型的波动, 当它们展布或传播在无限时空中时, 波参数可以取连续变化数值; 但是, 一旦用某种方式将这些波局域在有限时空, 波场所取的波参数必定分立化, 它们频率和波长均要断续化、分立化. 对于微观粒子情况, 局域 de Broglie 波的波动性同样会造成频率和波长的分立化. 而且还进一步, 频率和波长的这种分立化又通过 de Broglie 波特有的禀性转化为该粒子能量和动量的分立化. 因此, 任何局域化的 de Broglie 波必将伴随其能量的量子化. 这是微观粒子具有 de Broglie 波波动性的结果, 是局域 de Broglie 波 (由边界反射而) 自相干涉的结果.

第三, **微观粒子的波动性导致 Heisenberg 不确定性关系.** 按照 de Broglie 波波包坐标表象波函数和动量表象波函数的物理解释, 可以定义微观粒子坐标和动量的均方偏差. 坐标表象波函数和动量表象波函数是一对 Fourier 积分变换对, 应用 Fourier 积分变换的带宽定理, 可以立刻得到 Heisenberg 不确定性关系.

题 1.17　导出、估计、猜测或背出下列数值, 精确到一个数量级范围内.

(1) 电子的 Compton 波长;　(2) 电子的 Thomson 截面;

(3) 氢原子的 Bohr 半径;　(4) 氢原子的电离能;

(5) 自由中子的寿命;　(6) ${}^7_3$Li 核 ($Z=3$) 的磁偶极矩;

(7) 质子和中子质量差;　(8) ^{4}He 核的束缚能;

(9) 最大稳定核的半径;　(10) π_0 介子的寿命;

(11) μ-子的寿命;　(12) 氢原子中基态能级的超精细结构能级分裂.

解答　(1) 电子的 Compton 波长

$$\lambda_c = \frac{h}{mc} = 2\pi\alpha a_0 = 2.426\times10^{-10}\,\text{cm}$$

(2) 电子的 Thomson 截面

$$\sigma = \frac{8\pi}{3}r_e^2 = 0.665\times10^{-28}\,\text{m}^2$$

(3) Bohr 半径

$$a_0 = \frac{[4\pi\epsilon_0]\hbar^2}{me^2} = 0.529\times10^{-8}\,\text{cm}$$

(4) 氢原子的电离能

$$E_c = \frac{e^2}{2\times[4\pi\epsilon_0]a} = 13.6\,\text{eV}$$

(5) 自由中子的寿命

$$\tau_n \approx 15\text{min} = 9.0\times10^2\,\text{s}$$

(6) ${}^7_3$Li 核 ($Z=3$) 的磁偶极矩

$$\mu = 1.67\times10^{-26}\text{J}\cdot\text{T}^{-1}$$

(7) 中子和质子质量差

$$\Delta m = m_n - m_p = 2.3\times10^{-30}\,\text{kg} = 1.3\,\text{MeV}/c^2 = 2.5m_e \doteq 0.1\%\,m_p$$

(8) ^{4}He 核的束缚能

$$E = 4\times7\text{MeV} = 28\,\text{MeV}$$

(9) 在核力范围内

$$r = 1.4A^{1/3}\text{fm} = 1.4\times(100)^{1/3}\ \text{fm} \approx 6.5\text{fm}$$

即为最大稳定核的半径估算值.

(10) π_0 介子的寿命

$$\tau = 0.828 \times 10^{-16}\,\mathrm{s}$$

(11) μ-子衰变是弱相互作用过程, μ-子的寿命

$$\tau = 2.2 \times 10^{-6}\,\mathrm{s}$$

(12) 氢原子中基态能级的精细结构能级分裂

$$\Delta E_{\text{fine}} \approx \alpha^2 E_c \approx 13.6 \times \left(\frac{1}{137}\right)^2 \approx 10^{-4}\,\mathrm{eV}$$

而超精细结构能级分裂

$$\Delta E_{\text{super}} \approx \Delta E_{\text{fine}} \times \frac{m_{\mathrm{e}}}{m_{\mathrm{p}}} \approx 10^{-7}\,\mathrm{eV}$$

题 1.18 证明 $\sum\limits_{n,m=0}^{\infty} A_{n,m}\dfrac{(p^n x^m + x^m p^n)}{2}$($A_{n,m}$ 为实数) 是 Hermite 算符.

证明 按照 Hermite 共轭的运算法则，直接验算

$$\begin{aligned}
\left[\sum_{n,m=0}^{\infty} A_{n,m}\frac{(p^n x^m + x^m p^n)}{2}\right]^\dagger &= \sum_{n,m=0}^{\infty}\left(\frac{A_{n,m}}{2}\right)^* (p^n x^m + x^m p^n)^\dagger \\
&= \sum_{n,m=0}^{\infty}\frac{A_{n,m}}{2}\left[(p^n x^m)^\dagger + (x^m p^n)^\dagger\right] \\
&= \sum_{n,m=0}^{\infty}\frac{A_{n,m}}{2}\left[(x^m)^\dagger (p^n)^\dagger + (p^n)^\dagger (x^m)^\dagger\right] \\
&= \sum_{n,m=0}^{\infty}\frac{A_{n,m}}{2}\left[x^m p^n + p^n x^m\right] \\
&= \sum_{n,m=0}^{\infty} A_{n,m}\frac{(p^n x^m + x^m p^n)}{2}
\end{aligned}$$

可见算符 $\sum\limits_{n,m=0}^{\infty} A_{n,m}\dfrac{(p^n x^m + x^m p^n)}{2}$ 的 Hermite 共轭等于其本身, 故为 Hermite 算符.

上述演算过程看到, $A_{n,m}$ 实数是题给算符 Hermite 性的必要条件. 此时只须证明 $(p^n x^m + x^m p^n)$ 的 Hermite 性即可.

题 1.19 设 $\hat{\Omega}$ 为对应力学量 Ω 的算符, 其本征值为一系列分立值 ω_k. 现在对量子态 $\Psi(x)$ 的大量复制品进行了关于 Ω 的重复测量, 所得 Ω 的实测值: (1) 必为分立的; (2) 不一定分立的. 而每次测量中, 所得 Ω 的实测值; (3) 必是 Ω 的本征值之一; (4) 可以为本征值之外的某个数.

解答　(1)、(3) 是对的, (2)、(4) 是错的. 被测态无论是任何量子态时都是如此.

题 1.20　已知可观测量 a 的算符 A 有两个本征函数 ϕ_1、ϕ_2, 本征值为 a_1、a_2; 可观测量 β 的算符 B 有两个本征态 χ_1、χ_2 本征值为 b_1、b_2. 两种本征态有如下关系:

$$\phi_1 = (2\chi_1 + 3\chi_2)/\sqrt{13}, \quad \phi_2 = (3\chi_1 - 2\chi_2)/\sqrt{13} \tag{1.23}$$

当测量 α 后得到 a_1, 若再测量 β, 以后再测量 α, 证明第二次得到 a_1 的概率是 97/169.

解答　按测量公设, 测量 α 得到 a_1 后, 系统坍缩到 ϕ_1 态. 由于

$$\phi_1 = (2\chi_1 + 3\chi_2)/\sqrt{13}$$

所以再测量 β 得到 b_1 的概率为 4/13, 得到 b_2 的概率为 9/13, 测量 β 后系统的态将坍缩到 χ_1 态或 χ_2 态. 由上式与

$$\phi_2 = (3\chi_1 - 2\chi_2)/\sqrt{13} \tag{1.24}$$

可得

$$\chi_1 = (2\phi_1 + 3\phi_2)/\sqrt{13}, \quad \chi_2 = (3\phi_1 - 2\phi_2)/\sqrt{13} \tag{1.25}$$

因此, 当系统处于 χ_1 态, 测量 α 得到 a_1 的概率为 4/13, 因而从最初的态 ϕ_1, 连续测量 β, α 获得 b_1, a_1 概率为 $(4/13)\times(4/13) = 16/169$, 类似从 ϕ_1 测量 β, α 获得 b_2, a_1 的概率为 $(9/13)\times(9/13) = 81/169$. 这样第二次测量 α 获得 a_1 的总概率为 $16/169 + 81/169 = 97/169$.

第 2 章　算符公设与 Schrödinger 方程公设的讨论

题 2.1　设质量为 m 的粒子在恒定势场 $V(\boldsymbol{r})$ 中运动, 已知其波函数为 $\psi(\boldsymbol{r},t)$.
(1) 试证明其能量平均值 $\bar{H}=\int \mathrm{d}^3\boldsymbol{r}w$, 其中 w 为能量密度如下给出

$$w=\frac{\hbar^2}{2m}\nabla\psi^*(\boldsymbol{r},t)\cdot\nabla\psi(\boldsymbol{r},t)+\psi^*(\boldsymbol{r},t)V(\boldsymbol{r})\psi(\boldsymbol{r},t)$$

(2) 试证明能量守恒公式

$$\frac{\partial w}{\partial t}+\nabla\cdot\boldsymbol{s}=0$$

其中 $\boldsymbol{s}$ 称为能流密度, 如下给出

$$\boldsymbol{s}=-\frac{\hbar^2}{2m}\left[\frac{\partial\psi^*(\boldsymbol{r},t)}{\partial t}\nabla\psi(\boldsymbol{r},t)+\frac{\partial\psi(\boldsymbol{r},t)}{\partial t}\nabla\psi^*(\boldsymbol{r},t)\right]$$

证明　(1) 题给粒子 Hamilton 量为

$$H=-\frac{\hbar^2}{2m}\nabla^2+V(\boldsymbol{r}) \tag{2.1}$$

这样其能量平均值为

$$\begin{aligned}\bar{H}&=\int \mathrm{d}^3\boldsymbol{r}\psi^*(\boldsymbol{r},t)H\psi(\boldsymbol{r},t)\\&=\int \mathrm{d}^3\boldsymbol{r}\left[-\frac{\hbar^2}{2m}\psi^*(\boldsymbol{r},t)\nabla^2\psi(\boldsymbol{r},t)+\psi^*(\boldsymbol{r},t)V(\boldsymbol{r})\psi(\boldsymbol{r},t)\right]\end{aligned} \tag{2.2}$$

再利用 Gauss 定理

$$\begin{aligned}\int \mathrm{d}^3\boldsymbol{r}\psi^*(\boldsymbol{r},t)\nabla^2\psi(\boldsymbol{r},t)&=\int \mathrm{d}^3\boldsymbol{r}\left[\nabla\cdot(\psi^*(\boldsymbol{r},t)\nabla\psi(\boldsymbol{r},t))-\nabla\psi^*(\boldsymbol{r},t)\cdot\nabla\psi(\boldsymbol{r},t)\right]\\&=\oint_S \mathrm{d}\boldsymbol{s}\cdot[\psi^*(\boldsymbol{r},t)\nabla\psi(\boldsymbol{r},t)]-\int \mathrm{d}^3\boldsymbol{r}\nabla\psi^*(\boldsymbol{r},t)\cdot\nabla\psi(\boldsymbol{r},t)\\&=-\int \mathrm{d}^3\boldsymbol{r}\nabla\psi^*(\boldsymbol{r},t)\cdot\nabla\psi(\boldsymbol{r},t)\end{aligned}$$

上面最后一个等号用到了波函数的平方可积条件, 因而在全空间的边界面 S 上, 面积分的结果为零. 因此 $\bar{H}=\int \mathrm{d}^3\boldsymbol{r}w$, 而

$$w=\frac{\hbar^2}{2m}\nabla\psi^*(\boldsymbol{r},t)\cdot\nabla\psi(\boldsymbol{r},t)+\psi^*(\boldsymbol{r},t)V(\boldsymbol{r})\psi(\boldsymbol{r},t) \tag{2.3}$$

(2) 由 上面 w 的表达式得

$$\begin{aligned}\frac{\partial w}{\partial t}&=\frac{\partial}{\partial t}\left(\frac{\hbar^2}{2m}\nabla\psi^*\cdot\nabla\psi+\psi^*V\psi\right)\\&=\frac{\partial}{\partial t}\left(\frac{\hbar^2}{2m}\nabla\psi^*\cdot\nabla\psi+\psi^*V\psi\right)-\dot{\psi}^*\mathrm{i}\hbar\dot{\psi}+\dot{\psi}\mathrm{i}\hbar\dot{\psi}^*\\&=\frac{\hbar^2}{2m}\frac{\partial}{\partial t}\left(\nabla\psi^*\cdot\nabla\psi\right)-\dot{\psi}^*\left(H-V\right)\psi-\dot{\psi}\left(H-V\right)\psi^*\\&=\frac{\hbar^2}{2m}\left(\nabla\dot{\psi}^*\cdot\nabla\psi+\nabla\psi^*\cdot\nabla\dot{\psi}\right)-\dot{\psi}^*\left(-\frac{\hbar^2}{2m}\nabla^2\psi\right)-\dot{\psi}\left(-\frac{\hbar^2}{2m}\nabla^2\psi^*\right)\\&=\frac{\hbar^2}{2m}\left(\nabla\dot{\psi}^*\cdot\nabla\psi+\nabla\psi^*\cdot\nabla\dot{\psi}+\dot{\psi}^*\nabla^2\psi+\dot{\psi}\nabla^2\psi^*\right)\end{aligned}\tag{2.4}$$

由此如题设令

$$\boldsymbol{s}=-\frac{\hbar^2}{2m}\left[\frac{\partial\psi^*(\boldsymbol{r},t)}{\partial t}\nabla\psi(\boldsymbol{r},t)+\frac{\partial\psi(\boldsymbol{r},t)}{\partial t}\nabla\psi^*(\boldsymbol{r},t)\right]\tag{2.5}$$

即有能量守恒关系

$$\frac{\partial w}{\partial t}+\nabla\cdot\boldsymbol{s}=0\tag{2.6}$$

而 $\boldsymbol{s}$ 也可以写为

$$\begin{aligned}\boldsymbol{s}&=-\frac{\hbar^2}{2m}\left[\frac{\mathrm{i}}{\hbar}H\psi^*(\boldsymbol{r},t)\nabla\psi(\boldsymbol{r},t)-\frac{\mathrm{i}}{\hbar}H\psi(\boldsymbol{r},t)\nabla\psi^*(\boldsymbol{r},t)\right]\\&=\frac{\hbar}{2m\mathrm{i}}\left[H\psi^*(\boldsymbol{r},t)\nabla\psi(\boldsymbol{r},t)-H\psi(\boldsymbol{r},t)\nabla\psi^*(\boldsymbol{r},t)\right]\end{aligned}$$

讨论　(关于动量关系) 由动量平均值定义

$$\bar{\boldsymbol{p}}=\int\mathrm{d}^3\boldsymbol{r}\psi^*(\boldsymbol{r},t)(-\mathrm{i}\hbar\nabla)\psi(\boldsymbol{r},t)=\int\mathrm{d}^3\boldsymbol{r}\pi(\boldsymbol{r},t)$$

定义动量密度为

$$\pi(\boldsymbol{r},t)=\psi^*(\boldsymbol{r},t)(-\mathrm{i}\hbar\nabla)\psi(\boldsymbol{r},t)$$

此式对时间的微商为

$$\begin{aligned}\frac{\partial\pi(\boldsymbol{r},t)}{\partial t}&=\dot{\psi}^*(\boldsymbol{r},t)(-\mathrm{i}\hbar\nabla)\psi(\boldsymbol{r},t)+\psi^*(\boldsymbol{r},t)(-\mathrm{i}\hbar\nabla)\dot{\psi}(\boldsymbol{r},t)\\&=\left[-\frac{\hbar^2}{2m}\nabla^2+V(\boldsymbol{r},t)\right]\psi^*(\boldsymbol{r},t)\cdot\nabla\psi(\boldsymbol{r},t)\\&\quad-\psi^*(\boldsymbol{r},t)\nabla\left[-\frac{\hbar^2}{2m}\nabla^2+V(\boldsymbol{r},t)\right]\psi(\boldsymbol{r},t)\end{aligned}$$

注意上式中 ∇ 的微分性和矢量性得

$$
\begin{aligned}
\frac{\partial \pi(\boldsymbol{r},t)}{\partial t} =& -\frac{\hbar^2}{2m}\left(\nabla\cdot\nabla\psi^*\right)\nabla\psi+\frac{\hbar^2}{2m}\psi^*\nabla\nabla\cdot\nabla\psi \\
&+V(\boldsymbol{r},t)\psi^*\nabla\psi-V(\boldsymbol{r},t)\psi^*\nabla\psi-\psi^*(\nabla V(\boldsymbol{r},t))\psi \\
=& -\frac{\hbar^2}{2m}\nabla\cdot\left[\left(\nabla\psi^*\right)\nabla\psi\right]+\frac{\hbar^2}{2m}\nabla\psi^*\cdot\nabla\nabla\psi+\frac{\hbar^2}{2m}\nabla\cdot\left[\psi^*\nabla\nabla\psi\right] \\
&-\frac{\hbar^2}{2m}\nabla\psi^*\cdot\nabla\nabla\psi-\psi^*(\nabla V)\psi \\
=& -\frac{\hbar^2}{2m}\nabla\cdot\left[\left(\nabla\psi^*\right)\left(\nabla\psi\right)\right]+\frac{\hbar^2}{2m}\nabla\cdot\left[\psi^*\nabla\nabla\psi\right]-\psi^*(\nabla V)\psi
\end{aligned}
$$

上式即为

$$
\frac{\partial \pi(\boldsymbol{r},t)}{\partial t}=-\frac{\hbar^2}{2m}\nabla\cdot\left[\left(\nabla\psi^*\right)\left(\nabla\psi\right)\right]+\frac{\hbar^2}{2m}\nabla\cdot\left[\psi^*\nabla\nabla\psi\right]-\psi^*(\nabla V)\psi
$$

定义 $\overleftrightarrow{T}=\left(\nabla\psi^*\right)\left(\nabla\psi\right)-\psi^*\nabla\nabla\psi$, 则有

$$
\frac{\partial \pi(\boldsymbol{r},t)}{\partial t}+\frac{\hbar^2}{2m}\nabla\cdot\overleftrightarrow{T}=-\psi^*\psi(\nabla V)
$$

上式为关于动量的微分关系, 而 $\overleftrightarrow{T}$ 可称为动量流密度张量. 如果外力不存在 $(\nabla V=0)$, 则体系的动量是守恒的.

题 2.2 考虑一维任意不含时 Schrödinger 方程, 证明: 如果一个解具有性质, 当 $x\to\pm\infty$ 时 $\psi(x)\to 0$; 则此解必然是非简并的, 进而是实的, 除了一个任意整体相因子.

证明 用反证法. 设另一 $\phi(x)$ 满足同样的方程, 且具有与 $\psi(x)$ 相同的能量 E, 并且一样满足 $\lim\limits_{x\to\infty}\phi(x)\to 0$, 则

$$
\begin{cases}
\dfrac{\psi''}{\psi}=-\dfrac{2m(E-V)}{\hbar^2} \\
\dfrac{\phi''}{\phi}=-\dfrac{2m(E-V)}{\hbar^2}
\end{cases}
$$

所以 $\psi''\phi-\phi''\psi=(\psi'\phi-\phi'\psi)'=0$, 由此 $\psi'\phi-\phi'\psi=$ 常量.

由题给关于 ψ 的无穷远处条件, 该常量为零, 即有 $\psi'\phi-\phi'\psi=0$, 由此得

$$
\frac{\psi'}{\psi}=\frac{\phi'}{\phi},\qquad \left(\ln\frac{\psi}{\phi}\right)'=0
$$

也就有 $\psi=$ 常数 $\times\,\phi$, 这意味着 ψ 和 ϕ 代表同一个态.

当 $V(x)$ 为实函数时, ψ^* 与 ψ 满足相同的方程, 有相同的能量和相同的边界条件 $\lim\limits_{x\to\infty}\psi^*(x)\to 0$, 故 $\psi^*=c\psi$, 或 $\psi=c^*\psi^*$, 由此得 $|c|^2=1$, 因而 $c=\mathrm{e}^{\mathrm{i}\delta}$. 此处 δ 为实数. 不妨通过对该解作适当的相位约定, 取 $\delta=0$, 则 $c=1$, 而 ψ 为实数.

题 2.3　考虑一个一维束缚粒子:

(1) 证明 $\dfrac{\mathrm{d}}{\mathrm{d}t}\displaystyle\int_{-\infty}^{+\infty}\psi^*(x,t)\psi(x,t)\mathrm{d}x=0$;

(2) 证明某粒子在一给定的时刻是定态, 则它将永远保持定态;

(3) 若在 $t=0$ 时, 波函数在 $-a<x<a$ 范围内是常数, 而在其他处为零, 利用系统的本征态表达以后时间的完整波函数.

解答　(1) 利用 $\psi(x,t)$ 满足 Schrödinger 方程

$$\begin{aligned}
&\frac{\mathrm{d}}{\mathrm{d}t}\int_{-\infty}^{+\infty}\psi^*(x,t)\psi(x,t)\mathrm{d}x=\int_{-\infty}^{+\infty}\frac{\partial}{\partial t}\left[\psi^*(x,t)\psi(x,t)\right]\mathrm{d}x\\
&=\int_{-\infty}^{+\infty}\left[\left(\frac{\partial}{\partial t}\psi^*\right)\psi+\psi^*\frac{\partial}{\partial t}\psi\right]\mathrm{d}x=\int_{-\infty}^{+\infty}\left[\frac{1}{-\mathrm{i}\hbar}(\hat{H}\psi^*)\psi+\frac{1}{\mathrm{i}\hbar}\psi^*\hat{H}\psi\right]\mathrm{d}x\\
&=\int_{-\infty}^{+\infty}\frac{1}{\mathrm{i}\hbar}\left[-\frac{\hbar^2}{2m}\left(-\psi\frac{\partial^2}{\partial x^2}\psi^*+\psi^*\frac{\partial^2}{\partial x^2}\psi\right)+(-V\psi^*\psi+\psi^*V\psi)\right]\mathrm{d}x\\
&=\frac{\mathrm{i}\hbar}{2m}\int_{-\infty}^{+\infty}\frac{\partial}{\partial x}\left(\psi^*\frac{\partial}{\partial x}\psi-\psi\frac{\partial}{\partial x}\psi^*\right)\mathrm{d}x=\frac{\mathrm{i}\hbar}{2m}\left[\psi^*\frac{\partial}{\partial x}\psi-\psi\frac{\partial}{\partial x}\psi^*\right]\Big|_{-\infty}^{+\infty}
\end{aligned}$$

因为 ψ 是束缚态, $\psi(x\to\pm\infty)=0$, 所以, 上式为 0.

(2) 所谓定态即指能量本征态, 要求 Hamilton 量不显含时间. 设粒子在 t_0 时刻处于定态, 则有

$$\hat{H}\psi(x,t_0)=E\psi(x,t_0)$$

任意时刻 t, 粒子满足的 Schrödinger 方程为

$$\mathrm{i}\hbar\frac{\partial}{\partial t}\psi(x,t)=\hat{H}\psi(x,t)$$

$\hat{H}$ 不显含 t, 故积分此式得形式解

$$\psi(x,t)=\mathrm{e}^{-\mathrm{i}\hat{H}(t-t_0)/\hbar}\psi(x,t_0)$$

不难证明, 此波函数满足定态 Schrödinger 方程

$$\hat{H}\psi(x,t)=E\psi(x,t)$$

即在任意时刻也保持定态.

(3) 题给初态波函数为

$$\psi(x,0)=\begin{cases}c, & |x|<a\\ 0, & |x|\geqslant a\end{cases}$$

式中 c 是常数, 若要求波函数归一化, 则 $|c|^2 = 1/(2a)$, 不妨取 c 为正数, 则 $c = 1/\sqrt{2a}$. 设粒子的能量本征态正交归一的完备集为 $\{\psi_n(x,0)|n=0,1,2,\cdots\}$, 则有

$$\hat{H}\psi_n(x,0) = E_n\psi_n(x,0)$$

任意粒子态可用它来展开, 设初态波函数展开式为

$$\psi(x,0) = \sum_n a_n\psi_n(x,0)$$

其中 a_n 是与时间无关的系数, 上式两边同乘以 $\psi_m^*(x,0)$, 并且从负无穷到正无穷积分 (取内积),

$$\int_{-\infty}^{+\infty}\psi_m^*(x,0)\psi(x,0)\mathrm{d}x = \sum_n a_n\int_{-\infty}^{+\infty}\psi_m^*(x,0)\psi_n(x,0)\mathrm{d}x$$

由 ψ_n 的正交归一性, 得

$$a_m = \sum_n a_n\delta_{nm} = \frac{1}{\sqrt{2a}}\int_{-a}^{a}\psi_m^*(x,0)\mathrm{d}x$$

由第 (2) 小题得

$$\psi(x,t) = \mathrm{e}^{-\mathrm{i}\hat{H}t/\hbar}\psi(x,0) = \sum_n a_n\mathrm{e}^{-\mathrm{i}E_nt/\hbar}\psi_n(x,0)$$

题 2.4 定义反对易式 $[A,B]_+ = AB + BA$, 证明

$$[AB,C] = A[B,C]_+ - [A,C]_+B, \quad [A,BC] = [A,B]_+C - B[A,C]_+$$

并与下列二式对照

$$[AB,C] = A[B,C] + [A,C]B, \quad [A,BC] = [A,B]C + B[A,C]$$

脚标为“+”号的代数式在计算 Fermi 子算符的对易式时极为有用.

证明 利用对易式的定义作直接演算

$$\begin{aligned}[AB,C] &= ABC - CAB = ABC + ACB - ACB - CAB \\ &= A[B,C]_+ - [A,C]_+B \\ [A,BC] &= -[BC,A] = -B[C,A]_+ + [B,A]_+C = [A,B]_+C - B[A,C]_+\end{aligned}$$

也就是

$$[AB,C] = A[B,C]_+ - [A,C]_+B, \quad [A,BC] = [A,B]_+C - B[A,C]_+ \tag{2.7}$$

若用对易式表示则

$$
\begin{aligned}
[AB, C] &= ABC - CAB = ABC - ACB + ACB - CAB \\
&= A[B, C] + [A, C]B \\
[A, BC] &= -[BC, A] = -B[C, A] - [B, A]C = [A, B]C + B[A, C]
\end{aligned}
$$

也就是

$$
[AB, C] = A[B, C] + [A, C]B, \quad [A, BC] = [A, B]C + B[A, C] \tag{2.8}
$$

题 2.5　设算符 $\hat{A}(\xi)$ 依赖于一个连续变化的参数 ξ, 如果下式右边极限存在:

$$
\frac{\mathrm{d}}{\mathrm{d}\xi}\hat{A}(\xi) \equiv \lim_{\varepsilon\to 0}\frac{\hat{A}(\xi+\varepsilon) - \hat{A}(\xi)}{\varepsilon} \tag{2.9}
$$

就称 $\hat{A}(\xi)$ 对 ξ 是可微的, 并定义 $\frac{\mathrm{d}}{\mathrm{d}\xi}\hat{A}(\xi)$ 为 $\hat{A}(\xi)$ 对 ξ 的导数. 下面证明:

(1) 设 $\hat{A}(\xi)$ 与 $\hat{B}(\xi)$ 对 ξ 可微, 则

$$
\frac{\mathrm{d}}{\mathrm{d}\xi}\left(\hat{A}\hat{B}\right) = \frac{\mathrm{d}\hat{A}}{\mathrm{d}\xi}\hat{B} + \hat{A}\frac{\mathrm{d}\hat{B}}{\mathrm{d}\xi} \tag{2.10}
$$

(2) 算符指数函数的导数关系

$$
\frac{\mathrm{d}}{\mathrm{d}\xi}\exp\left(\mathrm{i}\hat{O}\xi\right) = \mathrm{i}\hat{O}\exp\left(\mathrm{i}\hat{O}\xi\right) \tag{2.11}
$$

(3) 设 $\hat{A}(\xi)$ 之逆 $\hat{A}^{-1}$ 存在, $\hat{A}(\xi)$ 对 ξ 可微, 则

$$
\frac{\mathrm{d}}{\mathrm{d}\xi}\hat{A}^{-1} = -\hat{A}^{-1}\frac{\mathrm{d}\hat{A}}{\mathrm{d}\xi}\hat{A}^{-1} \tag{2.12}
$$

提示　(3) 令 $\hat{A} = \hat{A}\hat{A}^{-1}\hat{A}$.

证明　(1) 根据题给定义

$$
\begin{aligned}
\frac{\mathrm{d}}{\mathrm{d}\xi}\left(\hat{A}\hat{B}\right) &= \lim_{\varepsilon\to 0}\frac{\hat{A}(\xi+\varepsilon)\hat{B}(\xi+\varepsilon) - \hat{A}(\xi)\hat{B}(\xi)}{\varepsilon} \\
&= \lim_{\varepsilon\to 0}\frac{\hat{A}(\xi+\varepsilon)\hat{B}(\xi+\varepsilon) - \hat{A}(\xi)\hat{B}(\xi+\varepsilon) + \hat{A}(\xi)\hat{B}(\xi+\varepsilon) - \hat{A}(\xi)\hat{B}(\xi)}{\varepsilon} \\
&= \lim_{\varepsilon\to 0}\left\{\frac{\hat{A}(\xi+\varepsilon) - \hat{A}(\xi)}{\varepsilon}\hat{B}(\xi+\varepsilon) + \hat{A}(\xi)\frac{\hat{B}(\xi+\varepsilon) - \hat{B}(\xi)}{\varepsilon}\right\} \\
&= \lim_{\varepsilon\to 0}\frac{\hat{A}(\xi+\varepsilon) - \hat{A}(\xi)}{\varepsilon}\lim_{\varepsilon\to 0}\hat{B}(\xi+\varepsilon) + \hat{A}(\xi)\lim_{\varepsilon\to 0}\frac{\hat{B}(\xi+\varepsilon) - \hat{B}(\xi)}{\varepsilon} \\
&= \frac{\mathrm{d}\hat{A}}{\mathrm{d}\xi}\hat{B} + \hat{A}\frac{\mathrm{d}\hat{B}}{\mathrm{d}\xi}
\end{aligned}
$$

即得所证的式 (2.10). 上面最后一步还用了可微函数的连续性.

(2) 按题 2.12

$$\exp\left[\mathrm{i}\hat{O}(\xi+\varepsilon)\right]=\exp\left(\mathrm{i}\hat{O}\xi+\mathrm{i}\hat{O}\varepsilon\right)=\exp\left(\mathrm{i}\hat{O}\xi\right)\exp\left(\mathrm{i}\hat{O}\varepsilon\right)$$

这样利用题给定义得

$$\begin{aligned}\frac{\mathrm{d}}{\mathrm{d}\xi}\exp\left(\mathrm{i}\hat{O}\xi\right)&=\lim_{\varepsilon\to0}\frac{\exp\left[\mathrm{i}\hat{O}(\xi+\varepsilon)\right]-\exp\left(\mathrm{i}\hat{O}\xi\right)}{\varepsilon}\\&=\lim_{\varepsilon\to0}\frac{\exp\left(\mathrm{i}\hat{O}\xi\right)\exp\left(\mathrm{i}\hat{O}\varepsilon\right)-\exp\left(\mathrm{i}\hat{O}\xi\right)}{\varepsilon}\\&=\lim_{\varepsilon\to0}\exp\left(\mathrm{i}\hat{O}\xi\right)\frac{\exp\left(\mathrm{i}\hat{O}\varepsilon\right)-1}{\varepsilon}=\exp\left(\mathrm{i}\hat{O}\xi\right)\lim_{\varepsilon\to0}\frac{1+\mathrm{i}\hat{O}\varepsilon+O(\varepsilon^2)-1}{\varepsilon}\\&=\exp\left(\mathrm{i}\hat{O}\xi\right)\mathrm{i}\hat{O}=\mathrm{i}\hat{O}\exp\left(\mathrm{i}\hat{O}\xi\right)\end{aligned}$$

即得所证的式 (2.11).

(3) 设 $\hat{A}(\xi)$ 之逆 $\hat{A}^{-1}$ 存在, 则

$$AA^{-1}=A^{-1}A=1$$

此式对 ξ 微分得

$$\frac{\mathrm{d}A}{\mathrm{d}\xi}A^{-1}+A\frac{\mathrm{d}A^{-1}}{\mathrm{d}\xi}=0$$

上式两边左乘 A^{-1}, 即得所证的式 (2.12).

题 2.6 设力学量 A 不显含 t, 试证明关于 A 在态下期望值 $\bar{A}$ 满足的关系式

$$-\hbar^2\frac{\mathrm{d}^2}{\mathrm{d}t^2}\bar{A}=\overline{[[A,H],H]} \tag{2.13}$$

H 为不含时体系的 Hamilton 量.

证明一 在 Schrödinger 图像中, 态随时间演化满足 Schrödinger 方程, 而力学量不随时间变化. 力学量 A 在任意 $|\psi\rangle$ 态的期望值 $\overline{A}=\langle\psi|A|\psi\rangle$ 随时间变化的方程为

$$\begin{aligned}\frac{\mathrm{d}}{\mathrm{d}t}\overline{A}&=\frac{\mathrm{d}}{\mathrm{d}t}\int\psi^*(x)A\psi(x)\mathrm{d}x=\int\frac{\partial}{\partial t}\left[\psi^*(x)A\psi(x)\right]\mathrm{d}x\\&=\int\left(\frac{\partial\psi^*}{\partial t}A\psi+\psi^*A\frac{\partial\psi}{\partial t}\right)\mathrm{d}x\\&=\frac{1}{\mathrm{i}\hbar}\int\left[\psi^*AH\psi-(H\psi^*)A\psi\right]\mathrm{d}x=\frac{1}{\mathrm{i}\hbar}\int\left[\psi^*AH\psi-\psi^*HA\psi\right]\mathrm{d}x\\&=\frac{1}{\mathrm{i}\hbar}\overline{[A,H]}\end{aligned}$$

可见不显含 t 的算符 A 的平均值的时间导数由其导数算符 [见教材中定义 [$\frac{1}{\mathrm{i}\hbar}(AH-HA)$]] 在同一态下的平均值给出.

题给 A, H 不显含 t, 则 $\frac{1}{\mathrm{i}\hbar}[A,H]$ 也不含时. 同理可知, A 平均值的二次时间微商为

$$\frac{\mathrm{d}^2}{\mathrm{d}t^2}\overline{A}=\frac{\mathrm{d}}{\mathrm{d}t}\left(\frac{1}{\mathrm{i}\hbar}\overline{[A,H]}\right)=-\frac{1}{\hbar^2}\overline{[[A,H],H]}$$

即得所证的式 (2.13).

证明二　在 Heisenberg 图像中, 力学量 A 随时间的变化满足 Heisenberg 方程, 而态不随时间变化,

$$\mathrm{i}\hbar\frac{\mathrm{d}}{\mathrm{d}t}A=[A,H]$$

由此

$$\mathrm{i}\hbar\frac{\mathrm{d}}{\mathrm{d}t}\cdot\mathrm{i}\hbar\frac{\mathrm{d}}{\mathrm{d}t}A=\mathrm{i}\hbar\frac{\mathrm{d}}{\mathrm{d}t}[A,H]=[[A,H],H]$$

或者

$$-\hbar^2\frac{\mathrm{d}^2}{\mathrm{d}t^2}A=[[A,H],H]$$

上式对给定态取平均, 即得所证的式 (2.13), 该式对任意态都成立.

题 2.7　证明: 对于一组波包, 有

$$\frac{\mathrm{d}}{\mathrm{d}t}\overline{\hat{x}^2}=\frac{1}{m}\overline{[\hat{x}\hat{p}+\hat{p}\hat{x}]}$$

证明　由题 2.6, 设 $A=\hat{x}^2$, 考虑到 $H=\frac{p^2}{2m}+V(x)$, 算符 A 的平均值的时间导数由其导数算符的平均值给出, 有

$$\frac{\mathrm{d}}{\mathrm{d}t}\overline{\hat{x}^2}=\frac{1}{\mathrm{i}\hbar}\overline{[\hat{x}^2,H]}=\frac{1}{2m\mathrm{i}\hbar}\overline{[\hat{x}^2,\hat{p}^2]}=\frac{1}{m}\overline{[\hat{x}\hat{p}+\hat{p}\hat{x}]}$$

题 2.8　设 $F(x,p)$ 是 x_k, p_k 的正规函数, 证明:

$$[p_k,F]=-\mathrm{i}\hbar\frac{\partial F}{\partial x_k},\quad [x_k,F]=\mathrm{i}\hbar\frac{\partial F}{\partial p_k}$$

$F(x,p)$ 是正规函数指 $F(x,p)$ 可以展开成正幂级数的形式

$$F(x,p)=\sum_{m,n=0}^{\infty}\sum_{k,l=1}^{3}C_{kl}^{mn}x_k^m p_l^n$$

而 C_{kl}^{mn} 是数值系数.

证明 利用量子力学基本对易关系式 $[x_k, p_l] = \mathrm{i}\hbar\delta_{kl}$, 用数学归纳法易证

$$[x_k, p_l^n] = n\mathrm{i}\hbar p_l^{n-1}\delta_{k,l}, \quad [p_k, x_l^m] = -m\mathrm{i}\hbar x_l^{m-1}\delta_{k,l}$$

参见题 2.9, 或者也可以直接演算

$$[p_k, x_i^m] = \sum_{l=0}^{m-1} x_i^l [p_k, x_i] x_i^{m-l-1} = [p_k, x_i] x_i^{m-l-1}$$

$$[x_k, p_j^n] = \sum_{l=0}^{m-1} x_i^l [x_k, p_j] p_j^{n-l-1} = [p_k, x_i] x_i^{m-l-1}$$

这样

$$\begin{aligned}[p_k, F] &= [p_k, \sum_{m,n=0}^{\infty}\sum_{i,j=1}^{3} C_{ij}^{mn} x_i^m p_j^n] = \sum_{m,n=0}^{\infty}\sum_{i,j=1}^{3} [p_k, x_i^m p_j^n] \\ &= \sum_{m,n=0}^{\infty}\sum_{i,j=1}^{3} C_{ij}^{mn} [p_k, x_i^m] p_j^n = \sum_{m,n=0}^{\infty}\sum_{i,j=1}^{3} C_{ij}^{mn} (-\mathrm{i}\hbar\delta_{ki}) m x_i^{m-1} p_j^n \\ &= \sum_{m,n=0}^{\infty} C_{mn} (-\mathrm{i}\hbar) \frac{\partial x_i^m}{\partial x_k} p_j^n = -\mathrm{i}\hbar \frac{\partial}{\partial x_k} \sum_{m,n=0}^{\infty}\sum_{i,j=1}^{3} C_{ij}^{mn} x_i^m p_j^n = -\mathrm{i}\hbar \frac{\partial F}{\partial x_k}\end{aligned}$$

以及

$$\begin{aligned}[x_k, F] &= [x_k, \sum_{m,n=0}^{\infty}\sum_{i,j=1}^{3} C_{ij}^{mn} x_i^m p_j^n] = \sum_{m,n=0}^{\infty}\sum_{i,j=1}^{3} C_{ij}^{mn} [x_k, x^m p^n] \\ &= \sum_{m,n=0}^{\infty}\sum_{i,j=1}^{3} C_{ij}^{mn} x_i^m [x_k, p_j^n] = \sum_{m,n=0}^{\infty}\sum_{i,j=1}^{3} C_{ij}^{mn} x_i^m \mathrm{i}\hbar\delta_{kj} n p_j^{n-1} \\ &= \sum_{m,n=0}^{\infty}\sum_{i,j=1}^{3} C_{ij}^{mn} x_i^m \mathrm{i}\hbar \frac{\partial}{\partial p_k} p_j^n = \mathrm{i}\hbar \frac{\partial}{\partial p_k} \sum_{m,n=0}^{\infty}\sum_{i,j=1}^{3} C_{ij}^{mn} x_i^m p_j^n = \mathrm{i}\hbar \frac{\partial F}{\partial p_k}\end{aligned}$$

即得所证结果.

题 2.9 设 $\hat{A}$, $\hat{B}$ 不对易, 令 $\hat{C} = [\hat{A}, \hat{B}]$, 设 $\hat{C}$ 与 $\hat{B}$ 对易, 即 $[\hat{B}, \hat{C}] = 0$. 证明

$$[\hat{A}, \hat{B}^n] = n\hat{C}\hat{B}^{n-1}, \quad [\hat{A}, \mathrm{e}^{\lambda\hat{B}}] = \lambda\hat{C}\mathrm{e}^{\lambda\hat{B}}$$

特例

$$[\hat{A}, \mathrm{e}^{\hat{B}}] = \hat{C}\mathrm{e}^{\hat{B}}, \quad [\hat{A}, f(\hat{B})] = \hat{C}f'(\hat{B})$$

其中 $f(x)$ 是可以表成 x 正幂级数展开的函数.

证明 用数学归纳法. 因为 $n = 1$ 时式子成立, 假设 $n > 1$ 时也成立, 即

$$[\hat{A}, \hat{B}^{n-1}] = (n-1)\hat{C}\hat{B}^{n-2}$$

则得

$$
\begin{aligned}
[\hat{A},\hat{B}^n] &= [\hat{A},\hat{B}\hat{B}^{n-1}] = [\hat{A},\hat{B}]\hat{B}^{n-1} + \hat{B}[\hat{A},\hat{B}^{n-1}] \\
&= \hat{C}\hat{B}^{n-1} + (n-1)\hat{B}\hat{C}\hat{B}^{n-2}
\end{aligned}
$$

因为 $\hat{C}$ 与 $\hat{B}$ 对易, $[\hat{A},\hat{B}^n] = n\hat{C}\hat{B}^{n-1}$, 证毕. 所以

$$
\begin{aligned}
[\hat{A},\mathrm{e}^{\lambda\hat{B}}] &= [\hat{A},\sum_n \frac{1}{n!}\lambda^n\hat{B}^n = \sum_n \frac{1}{n!}\lambda^n[\hat{A},\hat{B}^n] \\
&= \sum_n \frac{1}{n!}\lambda^n n\hat{C}\hat{B}^{n-1} = \lambda\hat{C}\mathrm{e}^{\lambda\hat{B}}
\end{aligned}
$$

对于特例 $[\hat{A},\mathrm{e}^{\hat{B}}]$, 只需令上式中 $\lambda=1$, 即可得证.

对于 $\left[\hat{A},f(\hat{B})\right]$

$$
\begin{aligned}
\left[\hat{A},f(\hat{B})\right] &= \left[\hat{A},\sum_{n=0}^{\infty}a_n\hat{B}^n\right] = a_0\left[\hat{A},\hat{B}^0\right] + \sum_{n=1}^{\infty}a_n\left[\hat{A},\hat{B}^n\right] \\
&= \sum_{n=1}^{\infty}na_n\hat{C}\hat{B}^{n-1} = \hat{C}f'(\hat{B})
\end{aligned}
$$

题 2.10　设 λ 是一个小量, 算符 $\hat{A}$ 之逆 $\hat{A}^{-1}$ 存在, 证明:

$$
(\hat{A}-\lambda\hat{B})^{-1} = \hat{A}^{-1} + \lambda\hat{A}^{-1}\hat{B}\hat{A}^{-1} + \lambda^2\hat{A}^{-1}\hat{B}\hat{A}^{-1}\hat{B}\hat{A}^{-1} + \cdots
$$

证法一　根据算符逆运算的法则

$$
\begin{aligned}
\left(\hat{A}-\lambda\hat{B}\right)^{-1} &= \left[\left(1-\lambda\hat{B}\hat{A}^{-1}\right)\hat{A}\right]^{-1} = \hat{A}^{-1}\left(1-\lambda\hat{B}\hat{A}^{-1}\right)^{-1} \\
&= \hat{A}^{-1}f(\lambda\hat{B}\hat{A}^{-1})
\end{aligned}
\tag{2.14}
$$

其中 $f(\lambda\hat{B}\hat{A}^{-1}) = \left(1-\lambda\hat{B}\hat{A}^{-1}\right)^{-1}$, 也就是函数 $f(x)=\dfrac{1}{1-x}$ 的自变量取为 $x=\lambda\hat{B}\hat{A}^{-1}$. 由于 $f(x)$ 有如下级数展开式 (整函数):

$$
f(x) = 1 + x + x^2 + \cdots + x^n + \cdots
$$

$f(\lambda\hat{B}\hat{A}^{-1}) = \left(1-\lambda\hat{B}\hat{A}^{-1}\right)^{-1}$ 也可如下表示为级数形式:

$$
\begin{aligned}
f(\lambda\hat{B}\hat{A}^{-1}) &= \left(1-\lambda\hat{B}\hat{A}^{-1}\right)^{-1} \\
&= 1 + \lambda\hat{B}\hat{A}^{-1} + \lambda^2\left(\hat{B}\hat{A}^{-1}\right)^2 + \cdots + \lambda^n\left(\hat{B}\hat{A}^{-1}\right)^n + \cdots
\end{aligned}
\tag{2.15}
$$

上式代入式 (2.14), 即得

$$\left(\hat{A}-\lambda\hat{B}\right)^{-1}=\hat{A}^{-1}+\lambda\hat{A}^{-1}\hat{B}\hat{A}^{-1}+\lambda^2\hat{A}^{-1}\hat{B}\hat{A}^{-1}\hat{B}\hat{A}^{-1}+\cdots \tag{2.16}$$

证法二 (直接验算, 需要考察左逆与右逆两种情形)

$$\begin{aligned}&\left(\hat{A}-\lambda\hat{B}\right)\left(\hat{A}^{-1}+\lambda\hat{A}^{-1}\hat{B}\hat{A}^{-1}+\lambda^2\hat{A}^{-1}\hat{B}\hat{A}^{-1}\hat{B}\hat{A}^{-1}+\cdots\right)\\&=1+\lambda\hat{B}\hat{A}^{-1}+\lambda^2\hat{B}\hat{A}^{-1}\hat{B}\hat{A}^{-1}+\lambda^3\hat{B}\hat{A}^{-1}\hat{B}\hat{A}^{-1}\hat{B}\hat{A}^{-1}+\cdots\\&\quad-\lambda\hat{B}\hat{A}^{-1}-\lambda^2\hat{B}\hat{A}^{-1}\hat{B}\hat{A}^{-1}+\lambda^3\hat{B}\hat{A}^{-1}\hat{B}\hat{A}^{-1}\hat{B}\hat{A}^{-1}-\cdots\\&=1\end{aligned} \tag{2.17}$$

$$\begin{aligned}&\left(\hat{A}^{-1}+\lambda\hat{A}^{-1}\hat{B}\hat{A}^{-1}+\lambda^2\hat{A}^{-1}\hat{B}\hat{A}^{-1}\hat{B}\hat{A}^{-1}+\cdots\right)\left(\hat{A}-\lambda\hat{B}\right)\\&=1+\lambda\hat{A}^{-1}\hat{B}+\lambda^2\hat{A}^{-1}\hat{B}\hat{A}^{-1}\hat{B}+\lambda^3\hat{A}^{-1}\hat{B}\hat{A}^{-1}\hat{B}\hat{A}^{-1}\hat{B}+\cdots\\&\quad-\lambda\hat{A}^{-1}\hat{B}-\lambda^2\hat{A}^{-1}\hat{B}\hat{A}^{-1}\hat{B}-\lambda^3\hat{A}^{-1}\hat{B}\hat{A}^{-1}\hat{B}\hat{A}^{-1}\hat{B}-\cdots\\&=1\end{aligned} \tag{2.18}$$

根据式 (2.17) 以及式 (2.18), 同样得到式 (2.16). 得证.

说明 在证法二中, 可利用

$$\hat{A}^{-1}+\lambda\hat{A}^{-1}\hat{B}\hat{A}^{-1}+\lambda^2\hat{A}^{-1}\hat{B}\hat{A}^{-1}\hat{B}\hat{A}^{-1}+\cdots=\hat{A}^{-1}\sum_{n=0}^{\infty}\lambda^n\left(\hat{B}\hat{A}^{-1}\right)^n$$

这样

$$\begin{aligned}&\left(\hat{A}-\lambda\hat{B}\right)\left(\hat{A}^{-1}+\lambda\hat{A}^{-1}\hat{B}\hat{A}^{-1}+\lambda^2\hat{A}^{-1}\hat{B}\hat{A}^{-1}\hat{B}\hat{A}^{-1}+\cdots\right)\\&=\left(\hat{A}-\lambda\hat{B}\right)\hat{A}^{-1}\sum_{n=0}^{\infty}\lambda^n\left(\hat{B}\hat{A}^{-1}\right)^n\\&=\sum_{n=0}^{\infty}\lambda^n\left(\hat{B}\hat{A}^{-1}\right)^n-\lambda\hat{B}\hat{A}^{-1}\sum_{n=0}^{\infty}\lambda^n\left(\hat{B}\hat{A}^{-1}\right)^n\\&=\sum_{n=0}^{\infty}\lambda^n\left(\hat{B}\hat{A}^{-1}\right)^n-\sum_{n=1}^{\infty}\lambda^n\left(\hat{B}\hat{A}^{-1}\right)^n\\&=\lambda^0\left(\hat{B}\hat{A}^{-1}\right)^0=1\end{aligned}$$

这给出式 (2.17). 同样利用

$$\hat{A}^{-1}+\lambda\hat{A}^{-1}\hat{B}\hat{A}^{-1}+\lambda^2\hat{A}^{-1}\hat{B}\hat{A}^{-1}\hat{B}\hat{A}^{-1}+\cdots=\sum_{n=0}^{\infty}\lambda^n\left(\hat{A}^{-1}\hat{B}\right)^n\hat{A}^{-1}$$

可给出式 (2.18), 因而式 (2.16) 成立.

题 2.11　给定算符 $\hat{A}$ 和 $\hat{B}$, 令 $\hat{C}_0=\hat{B}$, $\hat{C}_1=[\hat{A},\hat{B}]$, $\hat{C}_2=[\hat{A},\hat{C}_1]$, $\cdots$, $\hat{C}_n=[\hat{A},\hat{C}_{n-1}]$, $\cdots$, 若 λ 为常数, 则有如下 Baker-Hausdorff 公式:

$$\begin{aligned}\mathrm{e}^{\lambda\hat{A}}\hat{B}\mathrm{e}^{-\lambda\hat{A}}&=\sum_{n=0}^{\infty}\frac{\lambda^n}{n!}\hat{C}_n\\&=\hat{B}+\lambda[\hat{A},\hat{B}]+\frac{\lambda^2}{2}[\hat{A},[\hat{A},\hat{B}]]+\cdots\end{aligned}\tag{2.19}$$

先用 $\mathrm{e}^{\lambda\hat{A}}$ 的指数定义式直接验证此公式的前三项, 接着作一般性证明.

提示　一般性证明是将公式左边对参数 λ 作 Taylor 级数展开.

证明　令 $f(\lambda)=\mathrm{e}^{\lambda\hat{A}}B\mathrm{e}^{-\lambda\hat{A}}$, 将 $f(\lambda)$ 按 λ 作 Taylor 级数展开, 有

$$f(\lambda)=\sum_n f^{(n)}(0)\frac{\lambda^n}{n!}\tag{2.20}$$

对照上式, 只需证明下列关系即可

$$\frac{\mathrm{d}^n}{\mathrm{d}\lambda^n}f(\lambda=0)=\hat{C}_n\tag{2.21}$$

下面用数学归纳法证明之. 先验证前三项. 将 $f(\lambda)$ 按 λ 展开, 有

$$\mathrm{e}^{\lambda\hat{A}}\hat{B}\mathrm{e}^{-\lambda\hat{A}}=\left(1+\lambda\hat{A}+\frac{1}{2}\lambda^2\hat{A}^2+\cdots\right)\hat{B}\left(1-\lambda\hat{A}+\frac{1}{2}\lambda^2\hat{A}^2-\cdots\right)$$

上式右边只含 λ^0 的项的系数

$$\hat{B}=\hat{C}_0$$

只含 λ^1 的项的系数

$$\hat{A}\hat{B}-\hat{B}\hat{A}=[\hat{A},\hat{B}]=\hat{C}_1$$

只含 λ^2 的项的系数

$$-\hat{A}\hat{B}\hat{A}+\frac{1}{2}\hat{A}^2\hat{B}+\frac{1}{2}\hat{B}\hat{A}^2=\frac{1}{2}[\hat{A},[\hat{A},\hat{B}]]=\frac{1}{2}\hat{C}_2$$

由此可知,

$$f(\lambda)=\mathrm{e}^{\lambda\hat{A}}\hat{C}_0\mathrm{e}^{-\lambda\hat{A}},\quad f^{(0)}(0)=\hat{C}_0\tag{2.22}$$

$$\frac{\mathrm{d}f(\lambda)}{\mathrm{d}\lambda}=\mathrm{e}^{\lambda\hat{A}}\hat{C}_1\mathrm{e}^{-\lambda\hat{A}},\quad f^{(1)}(0)=\hat{C}_1\tag{2.23}$$

$$\frac{\mathrm{d}^2f(\lambda)}{\mathrm{d}\lambda^2}=\mathrm{e}^{\lambda\hat{A}}\hat{C}_2\mathrm{e}^{-\lambda\hat{A}},\quad f^{(2)}(0)=\hat{C}_2\tag{2.24}$$

假设

$$\frac{\mathrm{d}^{n-1}}{\mathrm{d}\lambda^{n-1}}f(\lambda)=\mathrm{e}^{\lambda\hat{A}}\hat{C}_{n-1}\mathrm{e}^{-\lambda\hat{A}},\quad f^{(n-1)}(0)=\hat{C}_{n-1}$$

则有

$$\begin{aligned}\frac{\mathrm{d}^n}{\mathrm{d}\lambda^n}f(\lambda)&=\frac{\mathrm{d}}{\mathrm{d}\lambda}\left[\mathrm{e}^{\lambda\hat{A}}\hat{C}_{n-1}\mathrm{e}^{-\lambda\hat{A}}\right]\\&=\hat{A}\mathrm{e}^{\lambda\hat{A}}\hat{C}_{n-1}\mathrm{e}^{-\lambda\hat{A}}-\mathrm{e}^{\lambda\hat{A}}\hat{C}_{n-1}\mathrm{e}^{-\lambda\hat{A}}\hat{A}\\&=\mathrm{e}^{\lambda\hat{A}}\left[\hat{A},\hat{C}_{n-1}\right]\mathrm{e}^{-\lambda\hat{A}}=\mathrm{e}^{\lambda\hat{A}}\hat{C}_n\mathrm{e}^{-\lambda\hat{A}}\end{aligned}$$

上式中取 $\lambda=0$ 即给出式 (2.21), 得证.

另证 设 $f(\lambda)=\mathrm{e}^{\lambda\hat{A}}\hat{B}\mathrm{e}^{-\lambda\hat{A}}$, 其中 λ 为参数. $f(\lambda)$ 的 Taylor 展开式为

$$f(\lambda)=f(0)+f'(0)\lambda+f''(0)\frac{\lambda^2}{2!}+\cdots+f^{(n)}(0)\frac{\lambda^n}{n!}+\cdots \tag{2.25}$$

式中 $f(0)=\hat{B}$. $f(\lambda)$ 对 λ 依次求各阶导数得

$$f'(\lambda)=\mathrm{e}^{\lambda\hat{A}}\left[\hat{A}\hat{B}-\hat{B}\hat{A}\right]\mathrm{e}^{-\lambda\hat{A}},\quad f'(0)=\left[\hat{A}\hat{B}-\hat{B}\hat{A}\right]$$

$$f''(\lambda)=\frac{\mathrm{d}}{\mathrm{d}\lambda}f'(\lambda)=\mathrm{e}^{\lambda\hat{A}}\left[\hat{A},\left[\hat{A}\hat{B}-\hat{B}\hat{A}\right]\right]\mathrm{e}^{-\lambda\hat{A}},\quad f''(0)=\left[\hat{A},\left[\hat{A}\hat{B}-\hat{B}\hat{A}\right]\right]$$

$$\cdots\cdots$$

$$f^{(n)}(\lambda)=\frac{\mathrm{d}}{\mathrm{d}\lambda}f^{(n-1)}(\lambda)=\mathrm{e}^{\lambda\hat{A}}\underbrace{[\hat{A},[\hat{A},\cdots,[\hat{A},[}_{n}\hat{A}\hat{B}-\hat{B}\hat{A}\underbrace{]]\cdots]]}_{n}\mathrm{e}^{-\lambda\hat{A}},$$

$$f^{(n)}(0)=\underbrace{[\hat{A},[\hat{A},\cdots,[\hat{A},[}_{n}\hat{A}\hat{B}-\hat{B}\hat{A}\underbrace{]]\cdots]]}_{n},$$

$$\cdots\cdots$$

把上面各式代入式 (2.25) 即得

$$\mathrm{e}^{\alpha\hat{A}}\hat{B}\mathrm{e}^{-\alpha\hat{A}}=\hat{B}+\alpha\left[\hat{A},\hat{B}\right]+\frac{\alpha^2}{2!}\left[\hat{A},\left[\hat{A},\hat{B}\right]\right]+\cdots$$

即为所证的 Baker-Hausdorff 公式 (2.19).

题 2.12 证明

$$\mathrm{e}^{\lambda\left(\hat{A}+\hat{B}\right)}=\mathrm{e}^{\lambda\hat{A}}\mathrm{e}^{\lambda\hat{B}}\mathrm{e}^{-\frac{\lambda^2}{2}\hat{C}}=\mathrm{e}^{\lambda\hat{B}}\mathrm{e}^{\lambda\hat{A}}\mathrm{e}^{\frac{\lambda^2}{2}\hat{C}}$$

其中 $\hat{C}=[\hat{A},\hat{B}]$, 且与 $\hat{A}$, $\hat{B}$ 都对易. 验证它是上面 Baker-Hausdorff 公式的特殊情况.

此公式的特殊情况 $\mathrm{e}^{\hat{A}}\mathrm{e}^{\hat{B}}=\mathrm{e}^{\hat{B}}\mathrm{e}^{\hat{A}}\mathrm{e}^{[\hat{A},\hat{B}]}$ 很常用.

证法一 设 $f(\lambda)=\mathrm{e}^{\lambda\hat{A}}\mathrm{e}^{\lambda\hat{B}}$, 对 λ 求导得

$$\begin{aligned}f'(\lambda)&=\hat{A}\mathrm{e}^{\lambda\hat{A}}\mathrm{e}^{\lambda\hat{B}}+\mathrm{e}^{\lambda\hat{A}}\hat{B}\mathrm{e}^{\lambda\hat{B}}=\left[\hat{A}+\mathrm{e}^{\lambda\hat{A}}\hat{B}\mathrm{e}^{-\lambda\hat{A}}\right]\mathrm{e}^{\lambda\hat{A}}\mathrm{e}^{\lambda\hat{B}}\\&=\left[\hat{A}+\mathrm{e}^{\lambda\hat{A}}\hat{B}\mathrm{e}^{-\lambda\hat{A}}\right]f(\lambda)=\left[\hat{A}+g(\lambda)\right]f(\lambda)\end{aligned} \tag{2.26}$$

其中令 $g(\lambda)=\mathrm{e}^{\lambda\hat{A}}\hat{B}\mathrm{e}^{-\lambda\hat{A}}$, 对 λ 求导得

$$g'(\lambda)=\mathrm{e}^{\lambda\hat{A}}(\hat{A}\hat{B}-\hat{B}\hat{A})\mathrm{e}^{-\lambda\hat{A}}=\mathrm{e}^{\lambda\hat{A}}\hat{C}\mathrm{e}^{-\lambda\hat{A}}=\hat{C} \tag{2.27}$$

由 $\lambda=0$ 初始条件 $g(0)=\hat{B}$, 根据上式解得

$$g(\lambda)=\hat{B}+\hat{C}\lambda \tag{2.28}$$

上式也可以由 $g(\lambda)$ 的表达式利用 Baker-Hausdorff 公式直接给出. 式 (2.28) 代入式 (2.26) 得 $f'(\lambda)=\left(\hat{A}+\hat{B}+\hat{C}\lambda\right)f(\lambda)$. 同理可证 $f'(\lambda)=f(\lambda)\left(\hat{A}+\hat{B}+\hat{C}\lambda\right)$. 也就有

$$f'(\lambda)=f(\lambda)\left(\hat{A}+\hat{B}+\hat{C}\lambda\right)=\left(\hat{A}+\hat{B}+\hat{C}\lambda\right)f(\lambda)$$

由此知 $\left(\hat{A}+\hat{B}+\hat{C}\lambda\right)$ 与 $f(\lambda)$ 对易. 这样关于 $f(\lambda)$ 的微分方程为

$$\frac{f'(\lambda)}{f(\lambda)}=\hat{A}+\hat{B}+\hat{C}\lambda \tag{2.29}$$

由 $\lambda=0$ 初始条件 $f(0)=1$, 根据上式解得

$$f(\lambda)=\mathrm{e}^{\lambda\hat{A}+\lambda\hat{B}+\frac{1}{2}\lambda^2\hat{C}} \tag{2.30}$$

这样

$$\mathrm{e}^{\lambda\left(\hat{A}+\hat{B}\right)}=\mathrm{e}^{\lambda\hat{A}}\mathrm{e}^{\lambda\hat{B}}\mathrm{e}^{-\frac{\lambda^2}{2}C} \tag{2.31}$$

式 (2.31) 中 $\hat{A}\leftrightarrow\hat{B}$, 即得 $\mathrm{e}^{\lambda\left(\hat{A}+\hat{B}\right)}=\mathrm{e}^{\lambda\hat{B}}\mathrm{e}^{\lambda\hat{A}}\mathrm{e}^{\frac{\lambda^2}{2}\hat{C}}$, 这样

$$\mathrm{e}^{\lambda\left(\hat{A}+\hat{B}\right)}=\mathrm{e}^{\lambda\hat{A}}\mathrm{e}^{\lambda\hat{B}}\mathrm{e}^{-\frac{\lambda^2}{2}\hat{C}}=\mathrm{e}^{\lambda\hat{B}}\mathrm{e}^{\lambda\hat{A}}\mathrm{e}^{\frac{\lambda^2}{2}\hat{C}} \tag{2.32}$$

上式称为 Glauber 公式①. 对于 $\hat{A}$ 与 $\hat{B}$ 对易情况, 即 $\hat{C}=0$, 显然

$$\mathrm{e}^{\lambda\left(\hat{A}+\hat{B}\right)}=\mathrm{e}^{\lambda\hat{A}}\mathrm{e}^{\lambda\hat{B}}=\mathrm{e}^{\lambda\hat{B}}\mathrm{e}^{\lambda\hat{A}}$$

证法二　设 $f(\lambda)=\mathrm{e}^{-\lambda\left(\hat{A}+\hat{B}\right)}\mathrm{e}^{\lambda\hat{A}}\mathrm{e}^{\lambda\hat{B}}$, 对 λ 求导得

$$\begin{aligned}\frac{\mathrm{d}f}{\mathrm{d}\lambda}&=-\mathrm{e}^{-\lambda\left(\hat{A}+\hat{B}\right)}\left(\hat{A}+\hat{B}\right)\mathrm{e}^{\lambda\hat{A}}\mathrm{e}^{\lambda\hat{B}}+\mathrm{e}^{-\lambda\left(\hat{A}+\hat{B}\right)}\hat{A}\mathrm{e}^{\lambda\hat{A}}\mathrm{e}^{\lambda\hat{B}}+\mathrm{e}^{-\lambda\left(\hat{A}+\hat{B}\right)}\mathrm{e}^{\lambda\hat{A}}\hat{B}\mathrm{e}^{\lambda\hat{B}}\\&=\mathrm{e}^{-\lambda\left(\hat{A}+\hat{B}\right)}\left(\mathrm{e}^{\lambda\hat{A}}\hat{B}-\hat{B}\mathrm{e}^{\lambda\hat{A}}\right)\mathrm{e}^{\lambda\hat{B}}\\&=-\mathrm{e}^{-\lambda\left(\hat{A}+\hat{B}\right)}\lambda\left[\hat{B},\hat{A}\right]\mathrm{e}^{\lambda\hat{A}}\mathrm{e}^{\lambda\hat{B}}=\lambda\left[\hat{A},\hat{B}\right]\mathrm{e}^{-\lambda\left(\hat{A}+\hat{B}\right)}\mathrm{e}^{\lambda\hat{A}}\mathrm{e}^{\lambda\hat{B}}\\&=\lambda\hat{C}f\end{aligned}$$

① Roy Jay Glauder, 2005 年 Nobel 物理奖获奖者.

其中 $\hat{C}=\left[\hat{A},\hat{B}\right]$ 与 $\hat{A}$, $\hat{B}$ 都对易. 也就是

$$\frac{\mathrm{d}f}{\mathrm{d}\lambda}=\lambda\hat{C}f,\quad \frac{\mathrm{d}\ln f}{\mathrm{d}\lambda}=\lambda\hat{C} \tag{2.33}$$

由初条件 $f(0)=1$ 积分得

$$f=\mathrm{e}^{\frac{1}{2}\lambda^2\hat{C}}$$

也就是

$$f(\lambda)=\mathrm{e}^{-\lambda\left(\hat{A}+\hat{B}\right)}\mathrm{e}^{\lambda\hat{A}}\mathrm{e}^{\lambda\hat{B}}=\mathrm{e}^{\frac{1}{2}\lambda^2\hat{C}} \tag{2.34}$$

由上式即给出

$$\mathrm{e}^{\lambda\left(\hat{A}+\hat{B}\right)}=\mathrm{e}^{\lambda\hat{A}}\mathrm{e}^{\lambda\hat{B}}\mathrm{e}^{-\frac{1}{2}\lambda^2\hat{C}} \tag{2.35}$$

取 $\lambda=1$, 即得

$$\mathrm{e}^{\hat{A}+\hat{B}}=\mathrm{e}^{\hat{A}}\mathrm{e}^{\hat{B}}\mathrm{e}^{-\frac{1}{2}\hat{C}}$$

与式 (2.31) 同. 再作互换 $\hat{A}\leftrightarrow\hat{B}$, 即得另一式.

证法三 设 $f(\lambda)=\mathrm{e}^{\lambda\hat{A}}\mathrm{e}^{\lambda\hat{B}}$, 对 λ 求导得

$$\begin{aligned}\frac{\mathrm{d}}{\mathrm{d}\lambda}f(\lambda)&=\hat{A}f(\lambda)+\mathrm{e}^{\lambda\hat{A}}\hat{B}\mathrm{e}^{\lambda\hat{B}}\\&=\hat{A}f(\lambda)+\sum_n\frac{\lambda^n}{n!}\hat{A}^n\hat{B}\mathrm{e}^{\lambda\hat{B}}\end{aligned} \tag{2.36}$$

题给 $[\hat{A},\hat{B}]$ 与 $\hat{A}$, $\hat{B}$ 对易, 易证

$$\left[\hat{A}^n,\hat{B}\right]=n\left[\hat{A},\hat{B}\right]\hat{A}^{n-1}$$

即有

$$\hat{A}^n\hat{B}=\hat{B}\hat{A}^n+n\left[\hat{A},\hat{B}\right]\hat{A}^{n-1}$$

代入式 (2.36) 得

$$\begin{aligned}\frac{\mathrm{d}}{\mathrm{d}\lambda}f(\lambda)&=\hat{A}f(\lambda)+\hat{B}\sum_n\frac{\lambda^n}{n!}\hat{A}^n\mathrm{e}^{\lambda\hat{B}}+\left[\hat{A},\hat{B}\right]\sum_n n\frac{\lambda^n}{n!}\hat{A}^{n-1}\mathrm{e}^{\lambda\hat{B}}\\&=\left(\hat{A}+\hat{B}+\hat{C}\lambda\right)f(\lambda)\end{aligned} \tag{2.37}$$

同理, 可证明

$$\frac{\mathrm{d}}{\mathrm{d}\lambda}f(\lambda)=f(\lambda)\left(\hat{A}+\hat{B}+\lambda\hat{C}\right)$$

因为 $\left[f(\lambda),\left(\hat{A}+\hat{B}+\lambda\hat{C}\right)\right]=0$, 所以可对上式积分, 利用 $\lambda=0$ 时初条件 $f(0)=1$ 得

$$f(\lambda)=\mathrm{e}^{\lambda\hat{A}+\lambda\hat{B}+\frac{1}{2}\lambda^2\hat{C}} \tag{2.38}$$

这样

$$\mathrm{e}^{\lambda\left(\hat{A}+\hat{B}\right)}=\mathrm{e}^{\lambda\hat{A}}\mathrm{e}^{\lambda\hat{B}}\mathrm{e}^{-\frac{\lambda^2}{2}C} \tag{2.39}$$

又可按如下方法证 $\mathrm{e}^{\lambda\hat{A}}\mathrm{e}^{\lambda\hat{B}}\mathrm{e}^{-\frac{1}{2}\lambda^2\hat{C}} = \mathrm{e}^{\lambda\hat{B}}\mathrm{e}^{\lambda\hat{A}}\mathrm{e}^{\frac{1}{2}\lambda^2\hat{C}}$. 按题 2.11 中的 Baker-Hausdorff 公式, 则

$$\begin{aligned}\mathrm{e}^{\lambda\hat{A}}\mathrm{e}^{\lambda\hat{B}}\mathrm{e}^{-\lambda\hat{A}} &= \sum_n \frac{\lambda^n}{n!}\mathrm{e}^{\lambda\hat{A}}\hat{B}^n\mathrm{e}^{-\lambda\hat{A}} = \sum_n \frac{\lambda^n}{n!}\left(\mathrm{e}^{\lambda\hat{A}}\hat{B}\mathrm{e}^{-\lambda\hat{A}}\right)^n \\ &= \sum_n \frac{\lambda^n}{n!}\left(\lambda\hat{C}_0 + \lambda^2\hat{C}_1\right)^n = \mathrm{e}^{\lambda\hat{C}_0+\lambda^2\hat{C}_1} = \mathrm{e}^{\lambda\hat{B}+\lambda^2\hat{C}}\end{aligned}$$

其中利用了本题题设 $C=[A,B]$ 与 A,B 都对易, 且当 $n \geqslant 2$ 时, $\hat{C}_n = 0$. 也就有

$$\mathrm{e}^{\lambda\hat{A}}\mathrm{e}^{\lambda\hat{B}}\mathrm{e}^{-\lambda\hat{A}} = \mathrm{e}^{\lambda\hat{B}+\lambda^2\hat{C}}$$

再因 $\hat{C}$ 与 $\hat{A}$, $\hat{B}$ 对易, 所以

$$\mathrm{e}^{\lambda\hat{A}}\mathrm{e}^{\lambda\hat{B}} = \mathrm{e}^{\lambda\hat{B}}\mathrm{e}^{\lambda\hat{A}}\mathrm{e}^{\lambda^2\hat{C}}, \quad \text{即}\mathrm{e}^{\lambda\hat{A}}\mathrm{e}^{\lambda\hat{B}}\mathrm{e}^{-\frac{1}{2}\lambda^2\hat{C}} = \mathrm{e}^{\lambda\hat{B}}\mathrm{e}^{\lambda\hat{A}}\mathrm{e}^{\frac{1}{2}\lambda^2\hat{C}} \tag{2.40}$$

这样完成了式 (2.31) 的证明.

题 2.13　设 $\boldsymbol{A}$, $\boldsymbol{B}$ 为矢量算符, F 为标量算符. 证明:

$$\begin{aligned}[F, \boldsymbol{A}\cdot\boldsymbol{B}] &= [F,\boldsymbol{A}]\cdot\boldsymbol{B} + \boldsymbol{A}\cdot[F,\boldsymbol{B}] \\ [F, \boldsymbol{A}\times\boldsymbol{B}] &= [F,\boldsymbol{A}]\times\boldsymbol{B} + \boldsymbol{A}\times[F,\boldsymbol{B}]\end{aligned}$$

证明　直接利用对易运算的关系式 (见题 2.4) 进行演算

$$\begin{aligned}[F,\boldsymbol{A}\cdot\boldsymbol{B}] &= [F, A_\alpha B_\alpha] = A_\alpha\,[F,B_\alpha] + [F,A_\alpha]\,B_\alpha \\ &= A_\alpha\,[F,\boldsymbol{B}]_\alpha + [F,\boldsymbol{A}]_\alpha\,B_\alpha = \boldsymbol{A}\cdot[F,\boldsymbol{B}] + [F,\boldsymbol{A}]\cdot\boldsymbol{B} \\ [F,\boldsymbol{A}\times\boldsymbol{B}]_\alpha &= [F,(\boldsymbol{A}\times\boldsymbol{B})_\alpha] = [F,\varepsilon_{\alpha\beta\gamma}A_\beta B_\gamma] \\ &= \varepsilon_{\alpha\beta\gamma}A_\beta\,[F,B_\gamma] + \varepsilon_{\alpha\beta\gamma}\,[F,A_\beta]\,B_\gamma \\ &= \varepsilon_{\alpha\beta\gamma}A_\beta\,[F,\boldsymbol{B}]_\gamma + \varepsilon_{\alpha\beta\gamma}\,[F,\boldsymbol{A}]_\beta\,B_\gamma \\ &= \{[F,\boldsymbol{A}]\times\boldsymbol{B} + \boldsymbol{A}\times[F,\boldsymbol{B}]\}_\alpha\end{aligned}$$

上面采用了 Einstein 求和约定, 以后也一直采用.

题 2.14　设 F 是由 $\hat{\boldsymbol{r}}$, $\hat{\boldsymbol{p}}$ 构成的整函数算符, 证明:

$$[\hat{\boldsymbol{L}}, F] = \mathrm{i}\hbar\frac{\partial F}{\partial\hat{\boldsymbol{p}}}\times\hat{\boldsymbol{p}} - \mathrm{i}\hbar\hat{\boldsymbol{r}}\times\frac{\partial F}{\partial\hat{\boldsymbol{r}}}$$

考查何时等于零.

证明　利用角动量算符的定义式 $\hat{\boldsymbol{L}} = \boldsymbol{x}\times\boldsymbol{p}$, 即得

$$\left[\hat{\boldsymbol{L}}, F\right] = [\boldsymbol{x}\times\boldsymbol{p}, F] = -[F, \boldsymbol{x}\times\boldsymbol{p}]$$

因而

$$\begin{aligned}\left[\hat{\boldsymbol{L}},F\right]_\alpha &= [\hat{\boldsymbol{r}}\times\hat{\boldsymbol{p}},F] = [\varepsilon_{\alpha\beta\gamma}\hat{x}_\beta\hat{p}_\gamma,F]\\ &= \varepsilon_{\alpha\beta\gamma}\left[\hat{x}_\beta,F\right]\hat{p}_\gamma + \varepsilon_{\alpha\beta\gamma}\hat{x}_\beta\left[\hat{p}_\gamma,F\right]\\ &= \varepsilon_{\alpha\beta\gamma}\left[\hat{x},F\right]_\beta\hat{p}_\gamma + \varepsilon_{\alpha\beta\gamma}\hat{x}_\beta\left[\hat{\boldsymbol{p}},F\right]_\gamma\\ &= \{[\hat{\boldsymbol{r}},F]\times\hat{\boldsymbol{p}} + \hat{\boldsymbol{r}}\times[\hat{\boldsymbol{p}},F]\}_\alpha\end{aligned}$$

由题 2.7 结果可知

$$\left[\hat{\boldsymbol{L}},F\right] = \mathrm{i}\hbar\frac{\partial F}{\partial\hat{\boldsymbol{p}}}\times\hat{\boldsymbol{p}} - \mathrm{i}\hbar\hat{\boldsymbol{r}}\times\frac{\partial F}{\partial\hat{\boldsymbol{r}}}$$

当 F 是 $\boldsymbol{r}^2$ 或者 $\boldsymbol{p}^2$ 或者 $\boldsymbol{r}\cdot\boldsymbol{p}$ 的函数, 或者是这些量的组合的函数, 一般而言 F 是标量函数时, $\left[\hat{\boldsymbol{L}},F\right]=0$.

题 2.15 证明:

$$\hat{\boldsymbol{p}}\times\hat{\boldsymbol{L}} + \hat{\boldsymbol{L}}\times\hat{\boldsymbol{p}} = 2\mathrm{i}\hbar\hat{\boldsymbol{p}} \tag{2.41}$$

$$\mathrm{i}\hbar(\hat{\boldsymbol{p}}\times\hat{\boldsymbol{L}} - \hat{\boldsymbol{L}}\times\hat{\boldsymbol{p}}) = \left[\hat{\boldsymbol{L}}^2,\hat{\boldsymbol{p}}\right] \tag{2.42}$$

注 在证明这一类题时, 切记算符不可随便交换顺序. 利用三个关系式:

$$\boldsymbol{A}\cdot(\boldsymbol{B}\times\boldsymbol{C}) = (\boldsymbol{A}\times\boldsymbol{B})\cdot\boldsymbol{C} \tag{2.43}$$

$$\boldsymbol{A}\times(\boldsymbol{B}\times\boldsymbol{C}) = A_\alpha\boldsymbol{B}C_\alpha - (\boldsymbol{A}\cdot\boldsymbol{B})\boldsymbol{C} \tag{2.44}$$

$$(\boldsymbol{A}\times\boldsymbol{B})\times\boldsymbol{C} = A_\alpha\boldsymbol{B}C_\alpha - \boldsymbol{A}(\boldsymbol{B}\cdot\boldsymbol{C}) \tag{2.45}$$

其中 $\boldsymbol{A}$、$\boldsymbol{B}$、$\boldsymbol{C}$ 是矢量算符. 再给出几个常用的对易子

$$\begin{aligned}&[x_i,x_j]=0, && [p_i,p_j]=0, && [x_i,p_j]=\mathrm{i}\hbar\delta_{ij}\\ &[L_i,x_j]=\mathrm{i}\hbar\varepsilon_{ijk}x_k, && [L_i,p_j]=\mathrm{i}\hbar\varepsilon_{ijk}p_k, && [L_i,L_j]=\mathrm{i}\hbar\varepsilon_{ijk}L_k\end{aligned}$$

以及

$$\boldsymbol{r}\times\boldsymbol{r}=0,\quad \boldsymbol{p}\times\boldsymbol{p}=0,\quad \boldsymbol{L}\times\boldsymbol{L}=\mathrm{i}\hbar\boldsymbol{L}$$

其中 $\boldsymbol{L}=\boldsymbol{r}\times\boldsymbol{p}$.

证法一 考察 x 方向分量式

$$\begin{aligned}(\hat{\boldsymbol{p}}\times\hat{\boldsymbol{L}}+\hat{\boldsymbol{L}}\times\hat{\boldsymbol{p}})_x &= \hat{p}_y\hat{L}_z - \hat{p}_z\hat{L}_y + \hat{L}_y\hat{p}_z - \hat{L}_z\hat{p}_y\\ &= [\hat{p}_y,\hat{L}_z] + [\hat{L}_y,\hat{p}_z] = 2\mathrm{i}\hbar\hat{p}_x\end{aligned}$$

也就有

$$(\hat{\boldsymbol{p}}\times\hat{\boldsymbol{L}}+\hat{\boldsymbol{L}}\times\hat{\boldsymbol{p}})_x = 2\mathrm{i}\hbar\hat{p}_x$$

此结果与坐标选取无关, 所以对于 y, z 方向分量式有类似的等式. 因而式 (2.41) 成立.

对于角动量平方与动量的对易关系, 同样先考察 x 方向分量式

$$
\begin{aligned}
[\hat{\boldsymbol{L}}^2,\hat{\boldsymbol{p}}]_x &= [\hat{L}_x^2+\hat{L}_y^2+\hat{L}_z^2,\hat{p}_x] \\
&= [\hat{L}_y,\hat{p}_x]\hat{L}_y+\hat{L}_y[\hat{L}_y,\hat{p}_x]+[\hat{L}_z,\hat{p}_x]\hat{L}_z+\hat{L}_z[\hat{L}_z,\hat{p}_x] \\
&= \mathrm{i}\hbar[-\hat{p}_z\hat{L}_y-\hat{L}_y\hat{p}_z+\hat{p}_y\hat{L}_z+\hat{L}_z\hat{p}_y] \\
&= \mathrm{i}\hbar(\hat{\boldsymbol{p}}\times\hat{\boldsymbol{L}}-\hat{\boldsymbol{L}}\times\hat{\boldsymbol{p}})_x
\end{aligned}
$$

也就是

$$
[\hat{\boldsymbol{L}}^2,\hat{\boldsymbol{p}}]_x = \mathrm{i}\hbar(\hat{\boldsymbol{p}}\times\hat{\boldsymbol{L}}-\hat{\boldsymbol{L}}\times\hat{\boldsymbol{p}})_x
$$

同理, 动量在 y、z 方向的分量, 也具有上面的对易关系. 因而式 (2.42) 成立.

证法二　对式 (2.41), 直接将角动量算符的定义式 $\hat{L}_i=\varepsilon_{ijk}\hat{x}_j\hat{p}_k$ 代入

$$
\begin{aligned}
\left[\hat{\boldsymbol{p}}\times\hat{\boldsymbol{L}}+\hat{\boldsymbol{L}}\times\hat{\boldsymbol{p}}\right]_\alpha &= \varepsilon_{\alpha\beta\gamma}(\hat{p}_\beta\hat{L}_\gamma+\hat{L}_\beta\hat{p}_\gamma)=\varepsilon_{\alpha\beta\gamma}(\hat{p}_\beta\hat{L}_\gamma-\hat{L}_\gamma\hat{p}_\beta) \\
&= \varepsilon_{\alpha\beta\gamma}\varepsilon_{\gamma\mu\nu}(\hat{p}_\beta\hat{x}_\mu\hat{p}_\nu-\hat{x}_\mu\hat{p}_\nu\hat{p}_\beta) \\
&= (\delta_{\alpha\mu}\delta_{\beta\nu}-\delta_{\alpha\nu}\delta_{\beta\mu})(\hat{p}_\beta\hat{x}_\mu\hat{p}_\nu-\hat{x}_\mu\hat{p}_\nu\hat{p}_\beta) \\
&= \hat{p}_\beta\hat{x}_\alpha\hat{p}_\beta-\hat{x}_\alpha\hat{p}_\beta\hat{p}_\beta-\hat{p}_\beta\hat{x}_\beta\hat{p}_\alpha+\hat{x}_\beta\hat{p}_\alpha\hat{p}_\beta=[\hat{p}_\beta,\hat{x}_\alpha]\hat{p}_\beta-[\hat{p}_\beta,\hat{x}_\beta]\hat{p}_\alpha \\
&= -\mathrm{i}\hbar\delta_{\alpha\beta}\hat{p}_\beta+3\mathrm{i}\hbar\hat{p}_\alpha=2\mathrm{i}\hbar\hat{p}_\alpha
\end{aligned}
$$

上面用到了本题附录中的式 (2.47b). 这样得到式 (2.41).

利用角动量与动量的对易关系式

$$
\begin{aligned}
\left[\hat{\boldsymbol{L}}^2,\hat{\boldsymbol{p}}\right]_\alpha &= \left[\hat{\boldsymbol{L}}^2,\hat{p}_\alpha\right]=[\hat{L}_\beta\hat{L}_\beta,\hat{p}_\alpha]=\hat{L}_\beta[\hat{L}_\beta,\hat{p}_\alpha]+[\hat{L}_\beta,\hat{p}_\alpha]\hat{L}_\beta \\
&= \mathrm{i}\hbar\varepsilon_{\beta\alpha\gamma}\hat{L}_\beta\hat{p}_\gamma+\mathrm{i}\hbar\varepsilon_{\beta\alpha\gamma}\hat{p}_\gamma\hat{L}_\beta=-\mathrm{i}\hbar\varepsilon_{\alpha\beta\gamma}\hat{L}_\beta\hat{p}_\gamma+\mathrm{i}\hbar\varepsilon_{\alpha\gamma\beta}\hat{p}_\gamma\hat{L}_\beta \\
&= \mathrm{i}\hbar(\hat{\boldsymbol{p}}\times\hat{\boldsymbol{L}}-\hat{\boldsymbol{L}}\times\hat{\boldsymbol{p}})_\alpha
\end{aligned}
$$

这样得到式 (2.42).

附录　(Levi-Civita 全反对称张量的乘及其缩并)Levi-Civita 全反对称张量表示为 $\varepsilon_{\alpha\beta\gamma}$, 其分量由 $\varepsilon_{\alpha\beta\gamma}=-\varepsilon_{\beta\alpha\gamma}=-\varepsilon_{\alpha\gamma\beta}=-\varepsilon_{\gamma\alpha\beta}$, $\varepsilon_{123}=1$ 确定. 当 $\alpha=1$, $\beta=2$, $\gamma=3$ 及它们的循环排列时, 式中 $\varepsilon_{\alpha\beta\gamma}=+1$, 当 α, β, γ 按其他次序排列时, $\varepsilon_{\alpha\beta\gamma}=-1$, 当两个或两个以上指标相同时, $\varepsilon_{\alpha\beta\gamma}=0$.

Levi-Civita 全反对称张量的乘积有如下等式:

$$
\varepsilon_{ijk}\varepsilon_{i'j'k'}=\begin{vmatrix}\delta_{ii'} & \delta_{ji'} & \delta_{ki'} \\ \delta_{ij'} & \delta_{jj'} & \delta_{kj'} \\ \delta_{ik'} & \delta_{jk'} & \delta_{kk'}\end{vmatrix} \tag{2.46}
$$

对上式我们可从右边理解/证明. 利用行列式的性质, 上式右边任意交换两行或者两列出负号, 大小不变, 所以上式右边必定含有 $\varepsilon_{ijk}\varepsilon_{i'j'k'}$ 因子. 再取 $(i,j,k)=(1,2,3)$ 以及 $(i',j',k')=(1,2,3)$, 左右两边均为 1, 所以上式成立.

从式 (2.46) 出发, 依次有如下缩并关系 (按照 Einstein 求和约定):

$$\varepsilon_{ijk}\varepsilon_{i'j'k}=\delta_{ii'}\delta_{jj'}-\delta_{ij'}\delta_{i'j} \tag{2.47a}$$

$$\varepsilon_{ijk}\varepsilon_{i'jk}=2\delta_{ii'} \tag{2.47b}$$

$$\varepsilon_{ijk}\varepsilon_{ijk}=6 \tag{2.47c}$$

式 (2.46) 与式 (2.47) 在一些计算中会用到.

题 2.16 证明:

$$\hat{L}^2=\hat{\boldsymbol{r}}^2\hat{\boldsymbol{p}}^2-(\hat{\boldsymbol{r}}\times\hat{\boldsymbol{p}})^2+\mathrm{i}\hbar(\hat{\boldsymbol{r}}\times\hat{\boldsymbol{p}}) \tag{2.48}$$

$$\hat{\boldsymbol{p}}^2=\frac{1}{r^2}\hat{\boldsymbol{L}}^2+p_r^2=\frac{1}{r^2}\hat{\boldsymbol{L}}^2-\hbar^2\left(\frac{\partial^2}{\partial r^2}+\frac{2}{r}\frac{\partial}{\partial r}\right) \tag{2.49}$$

注 $p_r=\dfrac{1}{2}\left(\dfrac{1}{r}\hat{\boldsymbol{r}}\cdot\hat{\boldsymbol{p}}+\hat{\boldsymbol{p}}\cdot\hat{\boldsymbol{r}}\dfrac{1}{r}\right)$.

证法一 直接演算得

$$\begin{aligned}
\hat{\boldsymbol{L}}^2&=(\hat{\boldsymbol{r}}\times\hat{\boldsymbol{p}})\cdot(\hat{\boldsymbol{r}}\times\hat{\boldsymbol{p}})=[(\hat{\boldsymbol{r}}\times\hat{\boldsymbol{p}})\times\hat{\boldsymbol{r}}]_i\hat{p}_i\\
&=\hat{\boldsymbol{r}}\cdot(\hat{p}_i\hat{\boldsymbol{r}})\hat{p}_i-\hat{r}_i(\hat{\boldsymbol{p}}\cdot\hat{\boldsymbol{r}})\hat{p}_i=\hat{r}_j\hat{p}_i\hat{r}_j\hat{p}_i-\hat{r}_i\hat{p}_j\hat{r}_j\hat{p}_i\\
&=\hat{r}_j(\hat{r}_j\hat{p}_i-\mathrm{i}\hbar\delta_{ij})\hat{p}_i-(\hat{p}_j\hat{r}_i+\mathrm{i}\hbar\delta_{ij})\hat{r}_j\hat{p}_i\\
&=\hat{\boldsymbol{r}}^2\hat{\boldsymbol{p}}^2-\mathrm{i}\hbar\hat{\boldsymbol{r}}\cdot\hat{\boldsymbol{p}}-\hat{p}_j\hat{r}_j\hat{r}_i\hat{p}_i-\mathrm{i}\hbar\hat{\boldsymbol{r}}\cdot\hat{\boldsymbol{p}}\\
&=\hat{\boldsymbol{r}}^2\hat{\boldsymbol{p}}^2-\mathrm{i}\hbar\hat{\boldsymbol{r}}\cdot\hat{\boldsymbol{p}}-(\hat{r}_j\hat{p}_j-\mathrm{i}\hbar\delta_{jj})\hat{r}_i\hat{p}_i-\mathrm{i}\hbar\hat{\boldsymbol{r}}\cdot\hat{\boldsymbol{p}}\\
&=\hat{\boldsymbol{r}}^2\hat{\boldsymbol{p}}^2+\mathrm{i}\hbar\hat{\boldsymbol{r}}\cdot\hat{\boldsymbol{p}}-(\hat{\boldsymbol{r}}\cdot\hat{\boldsymbol{p}})^2
\end{aligned}$$

其中用到了 $\delta_{jj}=3$. 也就有所证的式 (2.48).

设 ψ 为任意波函数, 由径向动量的定义

$$\begin{aligned}
\hat{p}_r\psi&=\frac{1}{2}\left(\frac{1}{r}\hat{\boldsymbol{r}}\cdot\hat{\boldsymbol{p}}+\hat{\boldsymbol{p}}\cdot\hat{\boldsymbol{r}}\frac{1}{r}\right)\psi\\
&=-\frac{\mathrm{i}\hbar}{2}\left[\frac{\boldsymbol{r}}{r}\cdot\nabla+\frac{\boldsymbol{r}}{r}\cdot\nabla+\left(\nabla\cdot\frac{\boldsymbol{r}}{r}\right)\right]\psi\\
&=-\mathrm{i}\hbar\left[\boldsymbol{e}_r\cdot\nabla+\frac{1}{2}(\nabla\cdot\boldsymbol{e}_r)\right]\psi
\end{aligned} \tag{2.50}$$

径向单位矢量 $\boldsymbol{e}_r$ 的散度可如下计算

$$(\nabla\cdot\boldsymbol{e}_r)=\left(\nabla\cdot\frac{\boldsymbol{r}}{r}\right)=\frac{1}{r}(\nabla\cdot\boldsymbol{r})+\boldsymbol{r}\cdot\left(\nabla\frac{1}{r}\right)$$

$$=\frac{3}{r}+\boldsymbol{r}\cdot\frac{\boldsymbol{r}}{r^3}=\frac{2}{r}$$

即有

$$(\nabla\cdot\boldsymbol{e}_r)=\frac{2}{r} \tag{2.51}$$

代入式 (2.50) 可得

$$\hat{p}_r\psi=-\mathrm{i}\hbar\left(\frac{\partial}{\partial r}+\frac{1}{r}\right)\psi$$

由 ψ 的任意性

$$\hat{p}_r=-\mathrm{i}\hbar\left(\frac{\partial}{\partial r}+\frac{1}{r}\right) \tag{2.52}$$

进而

$$\begin{aligned}{p_r}^2&=-\hbar^2\left(\frac{\partial}{\partial r}+\frac{1}{r}\right)^2=-\hbar^2\left(\frac{\partial^2}{\partial r^2}+\frac{\partial}{\partial r}\frac{1}{r}+\frac{1}{r}\frac{\partial}{\partial r}+\frac{1}{r^2}\right)\\&=-\hbar^2\left(\frac{\partial^2}{\partial r^2}+\frac{\partial}{\partial r}\frac{1}{r}+\frac{1}{r}\frac{\partial}{\partial r}+\frac{1}{r^2}\right)=-\hbar^2\left(\frac{\partial^2}{\partial r^2}+\frac{2}{r}\frac{\partial}{\partial r}\right)\end{aligned}$$

这样

$$\hat{p}_r^2=-\hbar^2\left(\frac{\partial^2}{\partial r^2}+\frac{2}{r}\frac{\partial}{\partial r}\right)\triangleq-\hbar^2\nabla_r^2 \tag{2.53}$$

因为 $\hat{\boldsymbol{r}}\cdot\hat{\boldsymbol{p}}=-\mathrm{i}\hbar r\frac{\partial}{\partial r}$，$(\hat{\boldsymbol{r}}\cdot\hat{\boldsymbol{p}})^2=-\hbar^2\left(r^2\frac{\partial^2}{\partial r^2}+r\frac{\partial}{\partial r}\right)$，由式 (2.48)得

$$\begin{aligned}\frac{\hat{\boldsymbol{L}}^2}{r^2}&=\hat{\boldsymbol{p}}^2-\frac{(\hat{\boldsymbol{r}}\cdot\hat{\boldsymbol{p}})^2}{r^2}+\mathrm{i}\hbar\frac{\hat{\boldsymbol{r}}\cdot\hat{\boldsymbol{p}}}{r^2}=\hat{\boldsymbol{p}}^2+\hbar^2\left(\frac{\partial^2}{\partial r^2}+\frac{1}{r}\frac{\partial}{\partial r}\right)+\hbar^2\frac{1}{r}\frac{\partial}{\partial r}\\&=\hat{\boldsymbol{p}}^2+\hbar^2\left(\frac{\partial^2}{\partial r^2}+\frac{2}{r}\frac{\partial}{\partial r}\right)=\hat{\boldsymbol{p}}^2-p_r^2\end{aligned}$$

也就有所证的式 (2.49).

证法二　利用角动量算符的定义式 $\hat{L}_i=\varepsilon_{ijk}\hat{r}_j\hat{p}_k$ 直接演算

$$\begin{aligned}\hat{\boldsymbol{L}}^2&=\hat{L}_i\hat{L}_i=\varepsilon_{ijk}\hat{r}_j\hat{p}_k\cdot\varepsilon_{ij'k'}\hat{r}_{j'}\hat{p}_{k'}\\&=(\delta_{jj'}\delta_{kk'}-\delta_{jk'}\delta_{kj'})\hat{r}_j\hat{p}_k\hat{r}_{j'}\hat{p}_{k'}=\hat{r}_j\hat{p}_k\hat{r}_j\hat{p}_k-\hat{r}_j\hat{p}_k\hat{r}_k\hat{p}_j\\&=\hat{r}_j\{\hat{r}_j\hat{p}_k+[\hat{p}_k,\hat{r}_j]\}\hat{p}_k-\hat{r}_j\{\hat{r}_k\hat{p}_k+[\hat{p}_k,\hat{r}_k]\}\hat{p}_j\\&=\hat{r}_j\hat{r}_j\hat{p}_k\hat{p}_k-\mathrm{i}\hbar\delta_{kj}\hat{r}_j\hat{p}_k+3\mathrm{i}\hbar\hat{r}_j\hat{p}_j-\hat{r}_k\{\hat{p}_k\hat{r}_j+[\hat{r}_j,\hat{p}_k]\}\hat{p}_j\\&=\hat{r}_j\hat{r}_j\hat{p}_k\hat{p}_k-\mathrm{i}\hbar\hat{r}_j\hat{p}_j+3\mathrm{i}\hbar\hat{r}_j\hat{p}_j-(\hat{r}_j\hat{p}_j)\hat{r}_k\hat{p}_k-\mathrm{i}\delta_{kj}\hbar\hat{r}_k\hat{p}_j\\&=\hat{\boldsymbol{r}}^2\hat{\boldsymbol{p}}^2-(\hat{\boldsymbol{r}}\cdot\hat{\boldsymbol{p}})^2+\mathrm{i}\hbar\hat{\boldsymbol{r}}\cdot\hat{\boldsymbol{p}}\end{aligned}$$

其中对 Levi-Civita 全反对称张量的缩并用到了题 2.15 附录中的式 (2.47a). 利用坐标表象动量算符表达式 $\hat{\boldsymbol{p}}=-\mathrm{i}\hbar\nabla$, 可知

$$\begin{aligned}\hat{\boldsymbol{p}}^2&=-\hbar^2\nabla^2=-\hbar^2\left\{\frac{1}{r^2}\frac{\partial}{\partial r}r^2\frac{\partial}{\partial r}+\frac{1}{r^2\sin\theta}\frac{\partial}{\partial\theta}\sin\theta\frac{\partial}{\partial\theta}+\frac{1}{r^2\sin^2\theta}\frac{\partial^2}{\partial\varphi^2}\right\}\\&=-\hbar^2\frac{1}{r^2}\frac{\partial}{\partial r}r^2\frac{\partial}{\partial r}+\frac{\hat{\boldsymbol{L}}^2}{r^2}=\hat{p}_r^2+\frac{\hat{\boldsymbol{L}}^2}{r^2}\end{aligned}$$

说明 1　直接利用题 2.15 所列的关系式, 可得题中式 (2.48) 的另一种证法

$$\begin{aligned}\hat{\boldsymbol{L}}^2&=(\hat{\boldsymbol{r}}\times\hat{\boldsymbol{p}})\cdot(\hat{\boldsymbol{r}}\times\hat{\boldsymbol{p}})=[(\hat{\boldsymbol{r}}\times\hat{\boldsymbol{p}})\times\hat{\boldsymbol{r}}]\cdot\hat{\boldsymbol{p}}\\&=-[(\hat{\boldsymbol{p}}\times\hat{\boldsymbol{r}})\times\hat{\boldsymbol{r}}]\cdot\hat{\boldsymbol{p}}=-[(\hat{\boldsymbol{p}}\cdot\hat{\boldsymbol{r}})\hat{\boldsymbol{r}}-\hat{\boldsymbol{p}}(\hat{\boldsymbol{r}}\cdot\hat{\boldsymbol{r}})]\cdot\hat{\boldsymbol{p}}\\&=-\{(\hat{\boldsymbol{r}}\cdot\hat{\boldsymbol{p}}-3\mathrm{i}\hbar)\hat{\boldsymbol{r}}-[(\hat{\boldsymbol{r}}\cdot\hat{\boldsymbol{r}})\hat{\boldsymbol{p}}-2\mathrm{i}\hbar\hat{\boldsymbol{r}}]\}\cdot\hat{\boldsymbol{p}}\\&=\hat{\boldsymbol{r}}^2\hat{\boldsymbol{p}}^2-(\hat{\boldsymbol{r}}\cdot\hat{\boldsymbol{p}})^2+\mathrm{i}\hbar\hat{\boldsymbol{r}}\cdot\hat{\boldsymbol{p}}\end{aligned}$$

说明 2　关于式 (2.49) 也可如下证明, 由于

$$\hat{\boldsymbol{r}}\cdot\hat{\boldsymbol{p}}=\hat{\boldsymbol{r}}\cdot(-\mathrm{i}\hbar)\nabla=-\mathrm{i}\hbar r\frac{\partial}{\partial r},\quad(\hat{\boldsymbol{r}}\cdot\hat{\boldsymbol{p}})^2=-\hbar^2\left(r\frac{\partial}{\partial r}\right)^2$$

这样利用式 (2.48)

$$\begin{aligned}\hat{\boldsymbol{L}}^2&=\hat{\boldsymbol{r}}^2\hat{\boldsymbol{p}}^2-(\hat{\boldsymbol{r}}\cdot\hat{\boldsymbol{p}})^2+\mathrm{i}\hbar\hat{\boldsymbol{r}}\cdot\hat{\boldsymbol{p}}=\hat{\boldsymbol{r}}^2\hat{\boldsymbol{p}}^2+\hbar^2\left(r\frac{\partial}{\partial r}\right)^2+\hbar^2r\frac{\partial}{\partial r}\\&=r^2\hat{\boldsymbol{p}}^2+\hbar^2\left(\frac{\partial^2}{\partial r^2}+\frac{2}{r}\frac{\partial}{\partial r}\right)=\hat{\boldsymbol{r}}^2\hat{\boldsymbol{p}}^2-\hat{\boldsymbol{r}}^2\hat{p}_r^2\end{aligned}$$

或者 $\hat{\boldsymbol{L}}^2=\hat{\boldsymbol{r}}^2\hat{\boldsymbol{p}}^2-\hat{\boldsymbol{r}}^2\hat{p}_r^2$, 此式两边左乘 r^{-2}, 即得 $\hat{\boldsymbol{p}}^2=\hat{p}_r^2+r^{-2}\hat{\boldsymbol{L}}^2$.

说明 3　在证明算符恒等式时可考虑将其作用到任意的波函数上, 这不是必须的, 但有助于初学者运算时不漏项, 如本题对于式 (2.52) 的导出.

若采用球坐标, 式 (2.52) 也可如下导出. 在球坐标下

$$\hat{\boldsymbol{p}}=-\mathrm{i}\hbar\nabla=-\mathrm{i}\hbar\left(\boldsymbol{e}_r\frac{\partial}{\partial r}+\boldsymbol{e}_\theta\frac{1}{r}\frac{\partial}{\partial\theta}+\boldsymbol{e}_\varphi\frac{1}{r\sin\varphi}\frac{\partial}{\partial\varphi}\right)$$

这样

$$\begin{aligned}\boldsymbol{e}_r\cdot\nabla&=\boldsymbol{e}_r\cdot\left(\boldsymbol{e}_r\frac{\partial}{\partial r}+\boldsymbol{e}_\theta\frac{1}{r}\frac{\partial}{\partial\theta}+\boldsymbol{e}_\varphi\frac{1}{r\sin\theta}\frac{\partial}{\partial\varphi}\right)=\frac{\partial}{\partial r}\\\nabla\cdot\boldsymbol{e}_r&=\boldsymbol{e}_r\cdot\nabla+(\nabla\cdot\boldsymbol{e}_r)=\frac{\partial}{\partial r}+\left(\boldsymbol{e}_r\frac{\partial}{\partial r}+\boldsymbol{e}_\theta\frac{1}{r}\frac{\partial}{\partial\theta}+\boldsymbol{e}_\varphi\frac{1}{r\sin\theta}\frac{\partial}{\partial\varphi}\right)\cdot\boldsymbol{e}_r\\&=\frac{\partial}{\partial r}+\boldsymbol{e}_\theta\frac{1}{r}\frac{\partial}{\partial\theta}\cdot\boldsymbol{e}_r+\boldsymbol{e}_\varphi\frac{1}{r\sin\theta}\frac{\partial}{\partial\varphi}\cdot\boldsymbol{e}_r\\&=\frac{\partial}{\partial r}+\frac{1}{r}(\boldsymbol{e}_\theta\cdot\boldsymbol{e}_\theta+\boldsymbol{e}_\varphi\cdot\boldsymbol{e}_\varphi)=\frac{\partial}{\partial r}+\frac{2}{r}\end{aligned}$$

因而

$$p_r = \frac{1}{2}\left[\hat{\boldsymbol{p}}\cdot\boldsymbol{e}_r + \boldsymbol{e}_r\cdot\hat{\boldsymbol{p}}\right] = -\frac{\mathrm{i}}{2}\hbar\left[\boldsymbol{e}_r\cdot\nabla + \nabla\cdot\boldsymbol{e}_r\right]$$
$$= -\mathrm{i}\hbar\left(\frac{\partial}{\partial r} + \frac{1}{r}\right)$$

说明 4　由于

$$\hat{p}_r^2 = \left(\frac{\partial^2}{\partial r^2} + \frac{2}{r}\frac{\partial}{\partial r}\right) = -\hbar^2\frac{1}{r^2}\frac{\partial}{\partial r}r^2\frac{\partial}{\partial r} = -\hbar^2\frac{1}{r}\frac{\partial^2}{\partial r^2}r$$

式 (2.49) 有另外的形式

$$\hat{\boldsymbol{p}}^2 = \frac{\hat{\boldsymbol{L}}^2}{r^2} + p_r^2 = \frac{\hat{\boldsymbol{L}}^2}{r^2} - \hbar^2\frac{1}{r^2}\frac{\partial}{\partial r}r^2\frac{\partial}{\partial r} = \frac{\hat{\boldsymbol{L}}^2}{r^2} - \hbar^2\frac{1}{r}\frac{\partial^2}{\partial r^2}r \tag{2.49$'$}$$

题 2.17　证明

$$\left(\hat{\boldsymbol{L}}\times\hat{\boldsymbol{p}}\right)\cdot\frac{\hat{\boldsymbol{r}}}{r} = -\frac{\hat{\boldsymbol{L}}^2}{r}, \tag{2.54}$$

$$\frac{\hat{\boldsymbol{r}}}{r}\cdot\left(\hat{\boldsymbol{L}}\times\hat{\boldsymbol{p}}\right) = -\frac{\hat{\boldsymbol{L}}^2}{r} + 2\hbar^2\frac{\partial}{\partial r}, \tag{2.55}$$

$$\frac{\hat{\boldsymbol{r}}}{r}\times\left(\hat{\boldsymbol{L}}\times\hat{\boldsymbol{p}}\right) + \left(\hat{\boldsymbol{L}}\times\hat{\boldsymbol{p}}\right)\times\frac{\hat{\boldsymbol{r}}}{r} = 2\mathrm{i}\hbar\frac{\hat{\boldsymbol{L}}}{r} \tag{2.56}$$

证法一　我们首先注意角动量算符

$$\hat{\boldsymbol{L}} = \hat{\boldsymbol{r}}\times\hat{\boldsymbol{p}} = -\mathrm{i}\hbar\hat{\boldsymbol{r}}\times\nabla = -\mathrm{i}\hbar\left(\boldsymbol{\varphi}_0\frac{\partial}{\partial\theta} - \boldsymbol{\theta}_0\frac{1}{\sin\theta}\frac{\partial}{\partial\varphi}\right)$$

只作用于角度变量. 利用① $(\boldsymbol{A}\times\boldsymbol{B})\cdot\boldsymbol{C} = \boldsymbol{A}\cdot(\boldsymbol{B}\times\boldsymbol{C})$ 得,

$$\left(\hat{\boldsymbol{L}}\times\hat{\boldsymbol{p}}\right)\cdot\frac{\hat{\boldsymbol{r}}}{r} = \left(\hat{\boldsymbol{L}}\times\hat{\boldsymbol{p}}\right)\cdot\hat{\boldsymbol{r}}\frac{1}{r} = \hat{\boldsymbol{L}}\cdot(\hat{\boldsymbol{p}}\times\hat{\boldsymbol{r}})\frac{1}{r}$$
$$= -\hat{\boldsymbol{L}}\cdot\hat{\boldsymbol{L}}\frac{1}{r} = -\hat{\boldsymbol{L}}^2\frac{1}{r} = -\frac{1}{r}\hat{\boldsymbol{L}}^2 = -\frac{\hat{\boldsymbol{L}}^2}{r}$$

这给出式 (2.54). 由式 (2.41)可得

$$\frac{\hat{\boldsymbol{r}}}{r}\cdot\left(\hat{\boldsymbol{L}}\times\hat{\boldsymbol{p}}\right) = \frac{\hat{\boldsymbol{r}}}{r}\cdot\left(-\hat{\boldsymbol{p}}\times\hat{\boldsymbol{L}} + 2\mathrm{i}\hbar\hat{\boldsymbol{p}}\right)$$
$$= -\frac{1}{r}(\hat{\boldsymbol{r}}\times\hat{\boldsymbol{p}})\cdot\hat{\boldsymbol{L}} + 2\hbar^2\frac{\partial}{\partial r}$$
$$= -\frac{\hat{\boldsymbol{L}}^2}{r} + 2\hbar^2\frac{\partial}{\partial r}$$

① 也可利用 $\left(\hat{\boldsymbol{L}}\times\hat{\boldsymbol{p}}\right)\cdot\hat{\boldsymbol{r}} = \varepsilon_{ijk}\hat{L}_j\hat{p}_k\hat{r}_i$ 直接验证.

这给出式 (2.55). 再由①

$$
\begin{aligned}
[\boldsymbol{A}\times(\boldsymbol{B}\times\boldsymbol{C})]_\alpha &= \boldsymbol{A}\cdot(B_\alpha\boldsymbol{C})-(\boldsymbol{A}\cdot\boldsymbol{B})C_\alpha,\\
[(\boldsymbol{A}\times\boldsymbol{B})\times\boldsymbol{C}]_\alpha &= \boldsymbol{A}\cdot(B_\alpha\boldsymbol{C})-A_\alpha(\boldsymbol{B}\cdot\boldsymbol{C})
\end{aligned}
\tag{2.57}
$$

直接演算

$$
\begin{aligned}
&\left[\frac{\hat{\boldsymbol{r}}}{r}\times\left(\hat{\boldsymbol{L}}\times\hat{\boldsymbol{p}}\right)+\left(\hat{\boldsymbol{L}}\times\hat{\boldsymbol{p}}\right)\times\frac{\hat{\boldsymbol{r}}}{r}\right]_k\\
&=\frac{1}{r}\left[\hat{\boldsymbol{r}}\cdot\left(\hat{L}_k\hat{\boldsymbol{p}}\right)-\left(\hat{\boldsymbol{r}}\cdot\hat{\boldsymbol{L}}\right)\hat{p}_k\right]+\left[\hat{\boldsymbol{L}}\cdot(\hat{p}_k\hat{\boldsymbol{r}})-\hat{L}_k\left(\hat{\boldsymbol{p}}\cdot\hat{\boldsymbol{r}}\right)\right]\frac{1}{r}\\
&=\frac{1}{r}\hat{r}_j\hat{L}_k\hat{p}_j-\hat{L}_k\hat{p}_j\frac{1}{r}\hat{r}_j+\left[\hat{\boldsymbol{L}}\cdot(\hat{p}_k\hat{\boldsymbol{r}})-\left(\hat{\boldsymbol{L}}\cdot\hat{\boldsymbol{p}}\right)\hat{r}_k\right]\frac{1}{r}\\
&=\left[\frac{1}{r}\hat{r}_j,\hat{L}_k\hat{p}_j\right]+\left[\hat{\boldsymbol{L}}\times(\hat{\boldsymbol{p}}\times\hat{\boldsymbol{r}})\right]_k\frac{1}{r}\\
&=\left[\frac{1}{r}\hat{r}_j,\hat{L}_k\hat{p}_j\right]-\left(\hat{\boldsymbol{L}}\times\hat{\boldsymbol{L}}\right)_k\frac{1}{r}=\left[\frac{1}{r}\hat{r}_j,\hat{L}_k\hat{p}_j\right]-\mathrm{i}\hbar\hat{L}_k\frac{1}{r}
\end{aligned}
\tag{2.58}
$$

上面用了 $\hat{\boldsymbol{r}}\cdot\hat{\boldsymbol{L}}=\hat{\boldsymbol{p}}\cdot\hat{\boldsymbol{L}}=0$②等, 式中采用 Einstein 求和约定, 而对 Levi-Civita 全反对称张量的缩并用到了题 2.15 附录中的式 (2.47b). 而

$$
\begin{aligned}
\left[\frac{1}{r}\hat{r}_j,\hat{L}_k\hat{p}_j\right]&=\frac{1}{r}\left[\hat{r}_j,\hat{L}_k\hat{p}_j\right]+\left[\frac{1}{r},\hat{L}_k\hat{p}_j\right]\hat{r}_j=\frac{1}{r}\hat{L}_k\left[\hat{r}_j,\hat{p}_j\right]+\frac{1}{r}\left[\hat{r}_j,\hat{L}_k\right]\hat{p}_j+\hat{L}_k\left[\frac{1}{r},\hat{p}_j\right]\hat{r}_j\\
&=\frac{3\mathrm{i}\hbar}{r}\hat{L}_k+\frac{\mathrm{i}\hbar}{r}\varepsilon_{jki}\hat{r}_i\hat{p}_j-\mathrm{i}\hbar\frac{\hat{L}_k}{r}=\frac{3\mathrm{i}\hbar}{r}\hat{L}_k
\end{aligned}
$$

代入式 (2.58) 即得

$$
\left[\frac{\hat{\boldsymbol{r}}}{r}\times\left(\hat{\boldsymbol{L}}\times\hat{\boldsymbol{p}}\right)+\left(\hat{\boldsymbol{L}}\times\hat{\boldsymbol{p}}\right)\times\frac{\hat{\boldsymbol{r}}}{r}\right]_k=\frac{2\mathrm{i}\hbar}{r}\hat{L}_k
$$

这给出式 (2.56).

---

① 借助 Levi-Civita 全反对称张量直接演算 [注意对 q 数乘积不能无条件交换位置, 其中对全反对称张量的缩并用题 2.15 附录中的式 (2.47a)]

$$
\begin{aligned}
[\boldsymbol{A}\times(\boldsymbol{B}\times\boldsymbol{C})]_\alpha&=\varepsilon_{\alpha\beta\gamma}A_\beta(\boldsymbol{B}\times\boldsymbol{C})_\gamma=\varepsilon_{\alpha\beta\gamma}A_\beta\varepsilon_{\gamma\mu\nu}B_\mu C_\nu\\
&=\varepsilon_{\alpha\beta\gamma}\varepsilon_{\mu\nu\gamma}A_\beta B_\mu C_\nu=(\delta_{\alpha\mu}\delta_{\beta\nu}-\delta_{\alpha\nu}\delta_{\beta\mu})A_\beta B_\mu C_\nu\\
&=A_\beta B_\alpha C_\beta-A_\beta B_\beta C_\alpha=\boldsymbol{A}\cdot(B_\alpha\boldsymbol{C})-(\boldsymbol{A}\cdot\boldsymbol{B})C_\alpha,\\
[(\boldsymbol{A}\times\boldsymbol{B})\times\boldsymbol{C}]_\alpha&=\varepsilon_{\alpha\beta\gamma}(\boldsymbol{A}\times\boldsymbol{B})_\beta C_\gamma=\varepsilon_{\alpha\beta\gamma}\varepsilon_{\beta\mu\nu}A_\mu B_\nu C_\gamma\\
&=-\varepsilon_{\alpha\beta\gamma}\varepsilon_{\mu\beta\nu}A_\mu B_\nu C_\gamma=(-\delta_{\alpha\mu}\delta_{\gamma\nu}+\delta_{\alpha\nu}\delta_{\gamma\mu})A_\mu B_\nu C_\gamma\\
&=A_\gamma B_\alpha C_\gamma-A_\alpha B_\gamma C_\gamma=\boldsymbol{A}\cdot(B_\alpha\boldsymbol{C})-A_\alpha(\boldsymbol{B}\cdot\boldsymbol{C})
\end{aligned}
$$

② 见第 2.25 题.

证法二 下面各式采用 Einstein 求和约定.

$$\begin{aligned}\left(\hat{\boldsymbol{L}}\times\hat{\boldsymbol{p}}\right)\cdot\frac{\hat{\boldsymbol{r}}}{r}&=\left(\hat{\boldsymbol{L}}\times\hat{\boldsymbol{p}}\right)_i\frac{\hat{r}_i}{r}=\varepsilon_{ijk}\hat{L}_j\hat{p}_k\frac{\hat{r}_i}{r}\\&=\hat{L}_j\varepsilon_{ijk}\hat{r}_i\hat{p}_k\frac{1}{r}=-\hat{L}_j\varepsilon_{jik}\hat{r}_i\hat{p}_k\frac{1}{r}\\&=-\hat{L}_j\hat{L}_j\frac{1}{r}=-\hat{\boldsymbol{L}}\cdot\hat{\boldsymbol{L}}\frac{1}{r}=-\hat{\boldsymbol{L}}^2\frac{1}{r}=-\frac{1}{r}\hat{\boldsymbol{L}}^2=-\frac{\hat{\boldsymbol{L}}^2}{r}\end{aligned}$$

这给出式 (2.54). 而

$$\begin{aligned}\frac{\hat{\boldsymbol{r}}}{r}\cdot\left(\hat{\boldsymbol{L}}\times\hat{\boldsymbol{p}}\right)&=\frac{\hat{r}_i}{r}\left(\hat{\boldsymbol{L}}\times\hat{\boldsymbol{p}}\right)_i=\frac{\hat{r}_i}{r}\varepsilon_{ijk}\hat{L}_j\hat{p}_k\\&=\frac{1}{r}\varepsilon_{ijk}\hat{r}_i\left\{\hat{p}_k\hat{L}_j+\left[\hat{L}_j,\hat{p}_k\right]\right\}\\&=\frac{1}{r}\varepsilon_{ijk}\hat{r}_i\hat{p}_k\hat{L}_j+\frac{1}{r}\varepsilon_{ijk}\hat{r}_i\mathrm{i}\hbar\varepsilon_{jkl}\hat{p}_l\\&=-\frac{1}{r}\varepsilon_{jik}\hat{r}_i\hat{p}_k\hat{L}_j+\frac{1}{r}\varepsilon_{ijk}\hat{r}_i\mathrm{i}\hbar\varepsilon_{ljk}\hat{p}_l=-\frac{1}{r}\hat{\boldsymbol{L}}^2+2\mathrm{i}\hbar\delta_{il}\hat{r}_i\hat{p}_l\\&=-\frac{\hat{\boldsymbol{L}}^2}{r}+2\hbar^2\frac{\partial}{\partial r}\end{aligned}$$

这给出式 (2.55). 最后

$$\begin{aligned}&\left[\frac{\hat{\boldsymbol{r}}}{r}\times\left(\hat{\boldsymbol{L}}\times\hat{\boldsymbol{p}}\right)+\left(\hat{\boldsymbol{L}}\times\hat{\boldsymbol{p}}\right)\times\frac{\hat{\boldsymbol{r}}}{r}\right]_k\\&=\varepsilon_{ijk}\frac{\hat{r}_i}{r}\left(\hat{\boldsymbol{L}}\times\hat{\boldsymbol{p}}\right)_j+\varepsilon_{ijk}\left(\hat{\boldsymbol{L}}\times\hat{\boldsymbol{p}}\right)_i\frac{\hat{r}_j}{r}\\&=\varepsilon_{ijk}\frac{\hat{r}_i}{r}\varepsilon_{jlm}\hat{L}_l\hat{p}_m+\varepsilon_{ijk}\varepsilon_{ilm}\hat{L}_l\hat{p}_m\frac{\hat{r}_j}{r}\\&=\left(\delta_{im}\delta_{kl}-\delta_{il}\delta_{km}\right)\frac{\hat{r}_i}{r}\hat{L}_l\hat{p}_m+\left(\delta_{jl}\delta_{km}-\delta_{jm}\delta_{kl}\right)\hat{L}_l\hat{p}_m\frac{\hat{r}_j}{r}\\&=\frac{\hat{r}_i}{r}\hat{L}_k\hat{p}_i-\frac{\hat{r}_i}{r}\hat{L}_i\hat{p}_k+\hat{L}_j\hat{p}_k\frac{\hat{r}_j}{r}-\hat{L}_k\hat{p}_j\frac{\hat{r}_j}{r}\\&=\frac{\hat{r}_i}{r}\hat{p}_i\hat{L}_k+\frac{\hat{r}_i}{r}\left[\hat{L}_k,\hat{p}_i\right]-0+\left[\hat{L}_j,\hat{p}_k\right]\frac{\hat{r}_j}{r}+\hat{p}_k\hat{L}_j\frac{\hat{r}_j}{r}-\hat{L}_k\hat{p}_j\frac{\hat{r}_j}{r}\\&=\hat{L}_k\left(\frac{\hat{r}_i}{r}\hat{p}_i-\hat{p}_i\frac{\hat{r}_i}{r}\right)+\frac{\hat{r}_i}{r}\mathrm{i}\hbar\varepsilon_{kij}\hat{p}_j-0+\mathrm{i}\hbar\varepsilon_{jki}\hat{p}_i\frac{\hat{r}_j}{r}+0\\&=2\mathrm{i}\hbar\frac{\hat{L}_k}{r}\end{aligned}$$

其中利用了 $\left[\hat{\boldsymbol{L}},\hat{\boldsymbol{r}}\cdot\hat{\boldsymbol{p}}\right]=0$ 以及 式 (2.51), 其中对 Levi-Civita 全反对称张量的缩并用到了题 2.15 附录中的式 (2.47). 由上式即可得到式 (2.56).

证法三 [关于式 (2.56)] 利用式 (2.41), 即得

$$\hat{\boldsymbol{r}}\times\left(\hat{\boldsymbol{L}}\times\hat{\boldsymbol{p}}\right)=2\mathrm{i}\hbar\hat{\boldsymbol{L}}-\hat{\boldsymbol{r}}\times\left(\hat{\boldsymbol{p}}\times\hat{\boldsymbol{L}}\right)\tag{2.59}$$

再由式 (2.57), 即得

$$\left[\hat{\boldsymbol{r}}\times\left(\hat{\boldsymbol{p}}\times\hat{\boldsymbol{L}}\right)\right]_k=\hat{\boldsymbol{r}}\hat{p}_k\cdot\hat{\boldsymbol{L}}-\left(\hat{\boldsymbol{r}}\cdot\hat{\boldsymbol{p}}\right)\hat{L}_k$$
$$=\left\{\hat{p}_k\hat{\boldsymbol{r}}+\left[\hat{\boldsymbol{r}},\hat{p}_k\right]\right\}\cdot\hat{\boldsymbol{L}}-\left(\hat{\boldsymbol{r}}\cdot\hat{\boldsymbol{p}}\right)\hat{L}_k$$
$$=\hat{p}_k\hat{\boldsymbol{r}}\cdot\hat{\boldsymbol{L}}+\mathrm{i}\hbar\hat{L}_k-\left(\hat{\boldsymbol{r}}\cdot\hat{\boldsymbol{p}}\right)\hat{L}_k$$
$$=\left(\mathrm{i}\hbar-\hat{\boldsymbol{r}}\cdot\hat{\boldsymbol{p}}\right)\hat{L}_k$$

也就是

$$\hat{\boldsymbol{r}}\times\left(\hat{\boldsymbol{p}}\times\hat{\boldsymbol{L}}\right)=\left(\mathrm{i}\hbar-\hat{\boldsymbol{r}}\cdot\hat{\boldsymbol{p}}\right)\hat{\boldsymbol{L}} \tag{2.60}$$

代入式 (2.59), 立得

$$\hat{\boldsymbol{r}}\times\left(\hat{\boldsymbol{L}}\times\hat{\boldsymbol{p}}\right)=\mathrm{i}\hbar\hat{\boldsymbol{L}}+\left(\hat{\boldsymbol{r}}\cdot\hat{\boldsymbol{p}}\right)\hat{\boldsymbol{L}} \tag{2.61}$$

上式两边左乘 $\dfrac{1}{r}$, 即得

$$\frac{\hat{\boldsymbol{r}}}{r}\times\left(\hat{\boldsymbol{L}}\times\hat{\boldsymbol{p}}\right)=\mathrm{i}\hbar\frac{\hat{\boldsymbol{L}}}{r}+\frac{1}{r}\left(\hat{\boldsymbol{r}}\cdot\hat{\boldsymbol{p}}\right)\hat{\boldsymbol{L}} \tag{2.62}$$

类似的, 由式 (2.41) 得

$$\left(\hat{\boldsymbol{L}}\times\hat{\boldsymbol{p}}\right)\times\hat{\boldsymbol{r}}=-2\mathrm{i}\hbar\hat{\boldsymbol{L}}-\left(\hat{\boldsymbol{p}}\times\hat{\boldsymbol{L}}\right)\times\hat{\boldsymbol{r}} \tag{2.59$'$}$$

上式两边右乘 $\dfrac{1}{r}$, 即得

$$\left(\hat{\boldsymbol{L}}\times\hat{\boldsymbol{p}}\right)\times\frac{\hat{\boldsymbol{r}}}{r}=-2\mathrm{i}\hbar\hat{\boldsymbol{L}}\frac{1}{r}-\left(\hat{\boldsymbol{p}}\times\hat{\boldsymbol{L}}\right)\times\frac{\hat{\boldsymbol{r}}}{r} \tag{2.63}$$

对式 (2.62) 取 Hermite 共轭得

$$\left(\hat{\boldsymbol{p}}\times\hat{\boldsymbol{L}}\right)\times\frac{\hat{\boldsymbol{r}}}{r}=-\mathrm{i}\hbar\frac{\hat{\boldsymbol{L}}}{r}+\hat{\boldsymbol{L}}\left(\hat{\boldsymbol{p}}\cdot\frac{\hat{\boldsymbol{r}}}{r}\right)=-\mathrm{i}\hbar\frac{\hat{\boldsymbol{L}}}{r}+\hat{\boldsymbol{L}}\left(\frac{\hat{\boldsymbol{r}}}{r}\cdot\hat{\boldsymbol{p}}-2\mathrm{i}\hbar\frac{1}{r}\right)$$
$$=\hat{\boldsymbol{L}}\left(\frac{\hat{\boldsymbol{r}}}{r}\cdot\hat{\boldsymbol{p}}\right)-3\mathrm{i}\hbar\frac{\hat{\boldsymbol{L}}}{r}=\left(\frac{\hat{\boldsymbol{r}}}{r}\cdot\hat{\boldsymbol{p}}\right)\hat{\boldsymbol{L}}-3\mathrm{i}\hbar\frac{\hat{\boldsymbol{L}}}{r} \tag{2.64}$$

其中利用了 式 (2.51), 最后一个等号是由于 $\dfrac{\hat{\boldsymbol{r}}}{r}\cdot\hat{\boldsymbol{p}}=-\mathrm{i}\hbar\dfrac{\partial}{\partial r}$ 和 $\hat{\boldsymbol{L}}$ 对易. 把式 (2.64) 代入式 (2.63), 即可得到

$$\left(\hat{\boldsymbol{L}}\times\hat{\boldsymbol{p}}\right)\times\frac{\hat{\boldsymbol{r}}}{r}=-\left(\frac{\hat{\boldsymbol{r}}}{r}\cdot\hat{\boldsymbol{p}}\right)\hat{\boldsymbol{L}}+\mathrm{i}\hbar\frac{\hat{\boldsymbol{L}}}{r} \tag{2.65}$$

式 (2.62) 加式 (2.65), 即给出所要证的式 (2.56).

题 2.18　证明

$$(\hat{\boldsymbol{L}}\times\hat{\boldsymbol{p}})^2=(\hat{\boldsymbol{p}}\times\hat{\boldsymbol{L}})^2=-(\hat{\boldsymbol{L}}\times\hat{\boldsymbol{p}})\cdot(\hat{\boldsymbol{p}}\times\hat{\boldsymbol{L}})=\hat{\boldsymbol{L}}^2\hat{\boldsymbol{p}}^2,$$
$$(\hat{\boldsymbol{p}}\times\hat{\boldsymbol{L}})\cdot(\hat{\boldsymbol{L}}\times\hat{\boldsymbol{p}})=-\hat{\boldsymbol{L}}^2\hat{\boldsymbol{p}}^2-4\hbar^2\hat{\boldsymbol{p}}^2,$$
$$(\hat{\boldsymbol{L}}\times\hat{\boldsymbol{p}})\times(\hat{\boldsymbol{L}}\times\hat{\boldsymbol{p}})=-\mathrm{i}\hbar\hat{\boldsymbol{L}}\hat{\boldsymbol{p}}^2$$

证法一　直接演算, 依次利用式 (2.41)、(2.43)

$$\begin{aligned}\left(\hat{\boldsymbol{L}}\times\hat{\boldsymbol{p}}\right)^2&=\left(2\mathrm{i}\hbar\hat{\boldsymbol{p}}-\hat{\boldsymbol{p}}\times\hat{\boldsymbol{L}}\right)^2\\&=(2\mathrm{i}\hbar)^2\,\hat{\boldsymbol{p}}\cdot\hat{\boldsymbol{p}}+\left(\hat{\boldsymbol{p}}\times\hat{\boldsymbol{L}}\right)^2-2\mathrm{i}\hbar\left[\hat{\boldsymbol{p}}\cdot\left(\hat{\boldsymbol{p}}\times\hat{\boldsymbol{L}}\right)+\left(\hat{\boldsymbol{p}}\times\hat{\boldsymbol{L}}\right)\cdot\hat{\boldsymbol{p}}\right]\\&=(2\mathrm{i}\hbar)^2\,\hat{\boldsymbol{p}}\cdot\hat{\boldsymbol{p}}+\left(\hat{\boldsymbol{p}}\times\hat{\boldsymbol{L}}\right)^2-2\mathrm{i}\hbar\left[\hat{\boldsymbol{p}}\cdot\left(\hat{\boldsymbol{p}}\times\hat{\boldsymbol{L}}\right)+\hat{\boldsymbol{p}}\cdot\left(\hat{\boldsymbol{L}}\times\hat{\boldsymbol{p}}\right)\right]\\&=(2\mathrm{i}\hbar)^2\,\hat{\boldsymbol{p}}\cdot\hat{\boldsymbol{p}}+\left(\hat{\boldsymbol{p}}\times\hat{\boldsymbol{L}}\right)^2-2\mathrm{i}\hbar\left[\hat{\boldsymbol{p}}\cdot\left(\hat{\boldsymbol{p}}\times\hat{\boldsymbol{L}}\right)+\hat{\boldsymbol{p}}\cdot\left(2\mathrm{i}\hbar\hat{\boldsymbol{p}}-\hat{\boldsymbol{p}}\times\hat{\boldsymbol{L}}\right)\right]\\&=\left(\hat{\boldsymbol{p}}\times\hat{\boldsymbol{L}}\right)^2\end{aligned}$$

再利用式 (2.42)

$$\begin{aligned}\left(\hat{\boldsymbol{L}}\times\hat{\boldsymbol{p}}\right)^2&=\left(\hat{\boldsymbol{L}}\times\hat{\boldsymbol{p}}\right)\cdot\left(2\mathrm{i}\hbar\hat{\boldsymbol{p}}-\hat{\boldsymbol{p}}\times\hat{\boldsymbol{L}}\right)\\&=-\left(\hat{\boldsymbol{L}}\times\hat{\boldsymbol{p}}\right)\cdot\left(\hat{\boldsymbol{p}}\times\hat{\boldsymbol{L}}\right)\end{aligned}$$

利用式 (2.42)、(2.43)

$$\begin{aligned}\left(\hat{\boldsymbol{L}}\times\hat{\boldsymbol{p}}\right)^2&=\left(\hat{\boldsymbol{L}}\times\hat{\boldsymbol{p}}\right)\cdot\left(\hat{\boldsymbol{L}}\times\hat{\boldsymbol{p}}\right)=\left[\left(\hat{\boldsymbol{L}}\times\hat{\boldsymbol{p}}\right)\times\hat{\boldsymbol{L}}\right]\cdot\hat{\boldsymbol{p}}\\&=\left[\hat{\boldsymbol{L}}\cdot\left(\hat{p}_i\hat{\boldsymbol{L}}\right)-\hat{L}_i\left(\hat{\boldsymbol{p}}\cdot\hat{\boldsymbol{L}}\right)\right]\hat{p}_i\\&=\hat{L}_j\hat{p}_i\hat{L}_j\hat{p}_i=\hat{L}_j\left(\hat{L}_j\hat{p}_i-\mathrm{i}\hbar\varepsilon_{ijk}\hat{p}_k\right)\hat{p}_i=\hat{\boldsymbol{L}}^2\hat{\boldsymbol{p}}^2\end{aligned}$$

从而有

$$(\hat{\boldsymbol{L}}\times\hat{\boldsymbol{p}})^2=(\hat{\boldsymbol{p}}\times\hat{\boldsymbol{L}})^2=-(\hat{\boldsymbol{L}}\times\hat{\boldsymbol{p}})\cdot(\hat{\boldsymbol{p}}\times\hat{\boldsymbol{L}})=\hat{\boldsymbol{L}}^2\hat{\boldsymbol{p}}^2 \tag{2.66}$$

接下来利用式 (2.41)

$$\begin{aligned}-\left(\hat{\boldsymbol{p}}\times\hat{\boldsymbol{L}}\right)\cdot\left(\hat{\boldsymbol{L}}\times\hat{\boldsymbol{p}}\right)&=-\left(2\mathrm{i}\hbar\hat{\boldsymbol{p}}-\hat{\boldsymbol{L}}\times\hat{\boldsymbol{p}}\right)\cdot\left(\hat{\boldsymbol{L}}\times\hat{\boldsymbol{p}}\right)\\&=-2\mathrm{i}\hbar\hat{\boldsymbol{p}}\cdot\left(2\mathrm{i}\hbar\hat{\boldsymbol{p}}-\hat{\boldsymbol{p}}\times\hat{\boldsymbol{L}}\right)+\left(\hat{\boldsymbol{L}}\times\hat{\boldsymbol{p}}\right)^2\\&=4\hbar^2\hat{\boldsymbol{p}}^2+\hat{\boldsymbol{L}}^2\hat{\boldsymbol{p}}^2\end{aligned}$$

也就是

$$(\hat{\boldsymbol{p}}\times\hat{\boldsymbol{L}})\cdot(\hat{\boldsymbol{L}}\times\hat{\boldsymbol{p}})=-\hat{\boldsymbol{L}}^2\hat{\boldsymbol{p}}^2-4\hbar^2\hat{\boldsymbol{p}}^2 \tag{2.67}$$

最后利用式 (2.44)

$$
\begin{aligned}
\left[\left(\hat{\boldsymbol{L}}\times\hat{\boldsymbol{p}}\right)\times\left(\hat{\boldsymbol{L}}\times\hat{\boldsymbol{p}}\right)\right]_i &= \hat{\boldsymbol{L}}\cdot\left[\hat{p}_i\left(\hat{\boldsymbol{L}}\times\hat{\boldsymbol{p}}\right)\right]-\hat{L}_i[\hat{\boldsymbol{p}}\cdot\left(\hat{\boldsymbol{L}}\times\hat{\boldsymbol{p}}\right)]\\
&= \hat{L}_j\hat{p}_i\left(\hat{\boldsymbol{L}}\times\hat{\boldsymbol{p}}\right)_j-\hat{L}_i\hat{\boldsymbol{p}}\cdot\left(2\mathrm{i}\hbar\hat{\boldsymbol{p}}-\hat{\boldsymbol{p}}\times\hat{\boldsymbol{L}}\right)\\
&= \left(\hat{p}_i\hat{L}_j-\mathrm{i}\hbar\varepsilon_{ijk}\hat{p}_k\right)\left(\hat{\boldsymbol{L}}\times\hat{p}\right)_j-2\mathrm{i}\hbar\hat{L}_i\hat{\boldsymbol{p}}^2\\
&= \hat{p}_i\hat{\boldsymbol{L}}\cdot\left(\hat{\boldsymbol{L}}\times\hat{\boldsymbol{p}}\right)+\mathrm{i}\hbar\left[\hat{\boldsymbol{p}}\times\left(\hat{\boldsymbol{L}}\times\hat{\boldsymbol{p}}\right)\right]_i-2\mathrm{i}\hbar\hat{L}_i\hat{\boldsymbol{p}}^2\\
&= \mathrm{i}\hbar\left[\hat{\boldsymbol{p}}\cdot\left(\hat{L}_i\hat{\boldsymbol{p}}\right)-\left(\hat{\boldsymbol{p}}\cdot\hat{\boldsymbol{L}}\right)\hat{p}_i\right]-2\mathrm{i}\hbar\hat{L}_i\hat{\boldsymbol{p}}^2\\
&= \mathrm{i}\hbar\hat{p}_j\hat{L}_i\hat{p}_j-2\mathrm{i}\hbar\hat{L}_i\hat{\boldsymbol{p}}^2=\mathrm{i}\hbar\left(\hat{L}_i\hat{p}_j-\mathrm{i}\hbar\varepsilon_{ijk}\hat{p}_k\right)\hat{p}_j-2\mathrm{i}\hbar\hat{L}_i\hat{\boldsymbol{p}}^2\\
&= -\mathrm{i}\hbar\hat{L}_i\hat{\boldsymbol{p}}^2
\end{aligned}
$$

也就有

$$
(\hat{\boldsymbol{L}}\times\hat{\boldsymbol{p}})\times(\hat{\boldsymbol{L}}\times\hat{\boldsymbol{p}})=-\mathrm{i}\hbar\hat{\boldsymbol{L}}\hat{\boldsymbol{p}}^2 \tag{2.68}
$$

证法二 利用 $\boldsymbol{A}\cdot(\boldsymbol{B}\times\boldsymbol{C})=(\boldsymbol{A}\times\boldsymbol{B})\cdot\boldsymbol{C}$[①] 知

$$
\begin{aligned}
(\hat{\boldsymbol{L}}\times\hat{\boldsymbol{p}})\cdot(\hat{\boldsymbol{L}}\times\hat{\boldsymbol{p}}) &= \left[(\hat{\boldsymbol{L}}\times\hat{\boldsymbol{p}})\times\hat{\boldsymbol{L}}\right]\cdot\hat{\boldsymbol{p}}=\left[\hat{\boldsymbol{L}}\cdot\hat{p}_i\hat{\boldsymbol{L}}-\hat{L}_i(\hat{\boldsymbol{p}}\cdot\hat{\boldsymbol{L}})\right]\hat{p}_i\\
&= \hat{L}_k\hat{p}_i\hat{L}_k\hat{p}_i=\hat{L}_k\left\{\hat{L}_k\hat{p}_i+\left[\hat{p}_i,\hat{L}_k\right]\right\}\hat{p}_i\\
&= \hat{\boldsymbol{L}}^2\hat{\boldsymbol{p}}^2-\mathrm{i}\hbar\varepsilon_{kij}\hat{L}_k\hat{p}_j\hat{p}_i=\hat{\boldsymbol{L}}^2\hat{\boldsymbol{p}}^2
\end{aligned}
$$

以及

$$
\begin{aligned}
(\hat{\boldsymbol{p}}\times\hat{\boldsymbol{L}})\cdot(\hat{\boldsymbol{p}}\times\hat{\boldsymbol{L}}) &= \left[(\hat{\boldsymbol{p}}\times\hat{\boldsymbol{L}})\times\hat{\boldsymbol{p}}\right]\cdot\hat{\boldsymbol{L}}=\left[\hat{\boldsymbol{p}}\cdot\hat{L}_i\hat{\boldsymbol{p}}-\hat{p}_i(\hat{\boldsymbol{L}}\cdot\hat{\boldsymbol{p}})\right]\hat{L}_i\\
&= \hat{p}_k\hat{L}_i\hat{p}_k\hat{L}_i=\hat{p}_k\left\{\hat{p}_k\hat{L}_i+\left[\hat{L}_i,\hat{p}_k\right]\right\}\hat{L}_i\\
&= \hat{\boldsymbol{p}}^2\hat{\boldsymbol{L}}^2-\mathrm{i}\hbar\varepsilon_{kij}\hat{p}_k\hat{p}_j\hat{L}_i=\hat{\boldsymbol{L}}^2\hat{\boldsymbol{p}}^2
\end{aligned}
$$

再由题 2.15 式 (2.41), 即有 $(\hat{\boldsymbol{p}}\times\hat{\boldsymbol{L}})\cdot(\hat{\boldsymbol{p}}\times\hat{\boldsymbol{L}})=(2\mathrm{i}\hbar\hat{\boldsymbol{p}}-\hat{\boldsymbol{L}}\times\hat{\boldsymbol{p}})\cdot(\hat{\boldsymbol{p}}\times\hat{\boldsymbol{L}})=-(\hat{\boldsymbol{L}}\times\hat{\boldsymbol{p}})\cdot(\hat{\boldsymbol{p}}\times\hat{\boldsymbol{L}})$. 而

$$
\begin{aligned}
(\hat{\boldsymbol{p}}\times\hat{\boldsymbol{L}})\cdot(\hat{\boldsymbol{L}}\times\hat{\boldsymbol{p}}) &= \varepsilon_{ijk}\hat{p}_j\hat{L}_k\cdot\varepsilon_{ij'k'}\hat{L}_{j'}\hat{p}_{k'}\\
&= [\delta_{jj'}\delta_{kk'}-\delta_{jk'}\delta_{kj'}]\hat{p}_j\hat{L}_k\hat{L}_{j'}\hat{p}_{k'}=\hat{p}_j\hat{L}_k\hat{L}_j\hat{p}_k-\hat{p}_j\hat{L}_k\hat{L}_k\hat{p}_j\\
&= \hat{p}_j\{\hat{L}_j\hat{L}_k+[\hat{L}_k,\hat{L}_j]\}\hat{p}_k-\{\hat{L}_k\hat{p}_j+[\hat{p}_j,\hat{L}_k]\}\hat{L}_k\hat{p}_j
\end{aligned}
$$

① 对标量三重积直接演算

$$
\begin{aligned}
\boldsymbol{A}\cdot(\boldsymbol{B}\times\boldsymbol{C}) &= A_\alpha(\boldsymbol{B}\times\boldsymbol{C})_\alpha=A_\alpha\varepsilon_{\alpha\beta\gamma}B_\beta C_\gamma=\varepsilon_{\alpha\beta\gamma}A_\alpha B_\beta C_\gamma,\\
(\boldsymbol{A}\times\boldsymbol{B})\cdot\boldsymbol{C} &= (\boldsymbol{A}\times\boldsymbol{B})_\gamma C_\gamma=\varepsilon_{\alpha\beta\gamma}A_\alpha B_\beta C_\gamma=\boldsymbol{A}\cdot(\boldsymbol{B}\times\boldsymbol{C}).
\end{aligned}
$$

$$
\begin{aligned}
&= 0 + \hat{p}_j(\mathrm{i}\hbar)\varepsilon_{ikj}\hat{L}_i\hat{p}_k - \hat{L}_k\hat{p}_j\hat{L}_k\hat{p}_j + \mathrm{i}\hbar\varepsilon_{ikj}\hat{p}_i\hat{L}_k\hat{p}_j \\
&= -\hat{L}_k\{\hat{L}_k\hat{p}_j + [\hat{p}_j, \hat{L}_k]\}\hat{p}_j + 2\mathrm{i}\hbar\varepsilon_{ijk}\hat{p}_i\hat{L}_j\hat{p}_k \\
&= -\hat{L}_k\hat{L}_k\hat{p}_j\hat{p}_j - \mathrm{i}\hbar\varepsilon_{ijk}\hat{L}_k\hat{p}_i\hat{p}_j + 2\mathrm{i}\hbar\varepsilon_{ijk}\{\hat{L}_j\hat{p}_i + [\hat{p}_i, \hat{L}_j]\}\hat{p}_k \\
&= -\hat{\boldsymbol{L}}^2\hat{\boldsymbol{p}}^2 + 0 + 0 + 2\mathrm{i}\hbar\varepsilon_{ijk}(\mathrm{i}\hbar\varepsilon_{ijk'}\hat{p}_{k'})\hat{p}_k \\
&= -\hat{\boldsymbol{L}}^2\hat{\boldsymbol{p}}^2 - 4\delta_{kk'}\hbar^2\hat{p}_{k'}\hat{p}_k = -\hat{\boldsymbol{L}}^2\hat{\boldsymbol{p}}^2 - 4\hbar^2\hat{\boldsymbol{p}}^2
\end{aligned}
$$

以上推导过程一些地方用了全反对称张量 ε_{ijk} 的性质. 倒数第二个等号用到了题 2.15 附录中的式 (2.47b); 倒数第三个等号用到了 ε_{ijk} 的反对称性质, 使得 $\varepsilon_{ijk}\hat{L}_k\hat{p}_i\hat{p}_j = -\varepsilon_{jik}\hat{L}_k\hat{p}_i\hat{p}_j = -\varepsilon_{jik}\hat{L}_k\hat{p}_j\hat{p}_i = -\varepsilon_{ijk}\hat{L}_k\hat{p}_i\hat{p}_j$. 即有 $\varepsilon_{ijk}\hat{L}_k\hat{p}_i\hat{p}_j = -\varepsilon_{ijk}\hat{L}_k\hat{p}_i\hat{p}_j$, 对一个量取负等于其本身, 这个量只能为零, 也就是 $\varepsilon_{ijk}\hat{L}_k\hat{p}_i\hat{p}_j = 0$. 我们可注意 $[\hat{\boldsymbol{L}}^2, \hat{p}_i] \neq 0$, 虽然 $[\hat{\boldsymbol{L}}^2, \hat{L}_i] = 0$. 现在验证最后一个等式

$$
\begin{aligned}
\left[(\hat{\boldsymbol{L}} \times \hat{\boldsymbol{p}}) \times (\hat{\boldsymbol{L}} \times \hat{\boldsymbol{p}})\right]_i &= \hat{L}_k\hat{p}_i(\hat{\boldsymbol{L}} \times \hat{\boldsymbol{p}})_k - \hat{L}_i\hat{\boldsymbol{p}} \cdot (\hat{\boldsymbol{L}} \times \hat{\boldsymbol{p}}) \\
&= \{\hat{p}_i\hat{L}_k + [\hat{L}_k, \hat{p}_i]\}(\hat{\boldsymbol{L}} \times \hat{\boldsymbol{p}})_k - \hat{L}_i\hat{\boldsymbol{p}} \cdot (\hat{\boldsymbol{p}} \times \hat{\boldsymbol{L}} + \hat{\boldsymbol{L}} \times \hat{\boldsymbol{p}}) \\
&= 0 + \mathrm{i}\hbar\varepsilon_{kij}\hat{p}_j\varepsilon_{ki'j'}\hat{L}_{i'}\hat{p}_{j'} - \hat{L}_i\hat{\boldsymbol{p}} \cdot (2\mathrm{i}\hbar\hat{\boldsymbol{p}}) \\
&= \mathrm{i}(\delta_{ii'}\delta_{jj'} - \delta_{ij'}\delta_{ji'})\hat{p}_j\hat{L}_{i'}\hat{p}_{j'} - \hat{L}_i\hat{\boldsymbol{p}} \cdot (2\mathrm{i}\hbar\hat{\boldsymbol{p}}) \\
&= \mathrm{i}\hbar\{\hat{p}_j\hat{L}_i\hat{p}_j - \hat{p}_j\hat{L}_j\hat{p}_i - 2\mathrm{i}\hbar\hat{L}_i\hat{\boldsymbol{p}}^2 \\
&= \mathrm{i}\hbar\{\hat{L}_i\hat{p}_j + [\hat{p}_j, \hat{L}_i]\}\hat{p}_j - 0 - 2\mathrm{i}\hbar\hat{L}_i\hat{\boldsymbol{p}}^2 \\
&= \mathrm{i}\hbar\hat{L}_i\hat{\boldsymbol{p}}^2 + \mathrm{i}\hbar\varepsilon_{kij}\hat{p}_k\hat{p}_j - 0 - 2\mathrm{i}\hbar\hat{L}_i\hat{\boldsymbol{p}}^2 = -\mathrm{i}\hbar\hat{L}_i\hat{\boldsymbol{p}}^2
\end{aligned}
$$

即 $(\hat{\boldsymbol{L}} \times \hat{\boldsymbol{p}}) \times (\hat{\boldsymbol{L}} \times \hat{\boldsymbol{p}}) = -\mathrm{i}\hbar\hat{\boldsymbol{L}}\hat{\boldsymbol{p}}^2$.

题 2.19　设属于某能级 E 有三个归一化的简并态 (ψ_1, ψ_2, ψ_3), 彼此线性无关, 但不正交. 试找出三个彼此正交归一化的波函数. 它们是否还简并?

解答　可以用线性代数中的 Schmidt 正交化方法. 设三个彼此正交的归一化波函数为 e_1, e_2, e_3, 不难证明

$$
e_1 = \psi_1
$$

$$
e_2 = \frac{f_2}{|f_2|}
$$

$$
e_3 = \frac{f_3}{|f_3|}
$$

其中 $f_2 = \psi_2 - (e_1 \cdot \psi_2)e_1$, $|f_3|$ 表示 f_2 的模长; $e_3 = f_3/|f_3|$, 其中, $f_3 = \psi_3 - (e_2 \cdot \psi_3)e_2 - (e_1 \cdot \psi_3)e_1$, $|f_3|$ 表示 f_3 的模长.

因为 e_1, e_2 以及 e_3 是 ψ_1, ψ_2 以及 ψ_3 的线性组合, 所以它们仍简并.

题 2.20 对一个系统, 力学量算符 A 与 Hamilton H 不对易, 其有本征值为 a_1, a_2, 相应的本征态为

$$\phi_1=\frac{\psi_1+\psi_2}{\sqrt{2}},\quad \phi_2=\frac{\psi_1-\psi_2}{\sqrt{2}} \tag{2.69}$$

这里 ψ_1、ψ_2 为 H 的本征函数, 相应的本征值为 E_1 与 E_2. 若 $t=0$ 时系统初态为 ϕ_1, 证明 A 在 t 时刻的平均值为

$$\langle A\rangle_t=\frac{a_1+a_2}{2}+\frac{a_1-a_2}{2}\cos\frac{(E_1-E_2)t}{\hbar} \tag{2.70}$$

解答 题给系统的初态

$$\psi(0)=\phi_1=\frac{\psi_1+\psi_2}{\sqrt{2}} \tag{2.71}$$

为 H 的本征态即定态的叠加, 从而可知 t 时刻系统的态

$$\psi(t)=\frac{1}{\sqrt{2}}\mathrm{e}^{-\mathrm{i}\omega_1 t}\psi_1+\frac{1}{\sqrt{2}}\mathrm{e}^{-\mathrm{i}\omega_2 t}\psi_2 \tag{2.72}$$

由题意可知

$$\psi_1=\frac{\phi_1+\phi_2}{\sqrt{2}},\quad \psi_2=\frac{\phi_1-\phi_2}{\sqrt{2}} \tag{2.73}$$

将式 (2.73) 代入式 (2.72), 有

$$\begin{aligned}\psi(t)=&\frac{1}{2}\mathrm{e}^{-\mathrm{i}\omega_1 t}(\phi_1+\phi_2)+\frac{1}{2}\mathrm{e}^{-\mathrm{i}\omega_2 t}(\phi_1+\phi_2)\\=&c_1\phi_1+c_2\phi_2\end{aligned} \tag{2.74}$$

上面看出 $\psi(t)$ 也为 ϕ_1, ϕ_2 的叠加, 其中叠加系数为

$$c_1=\frac{1}{2}\mathrm{e}^{-\mathrm{i}\omega_1 t}+\frac{1}{2}\mathrm{e}^{-\mathrm{i}\omega_2 t},\quad c_2=\frac{1}{2}\mathrm{e}^{-\mathrm{i}\omega_1 t}-\frac{1}{2}\mathrm{e}^{-\mathrm{i}\omega_2 t} \tag{2.75}$$

易知满足

$$|c_1|^2=\frac{1+\cos(\omega_1-\omega_2)t}{2},\quad |c_2|^2=\frac{1-\cos(\omega_1-\omega_2)t}{2} \tag{2.76}$$

由于式 (2.72) 为 ϕ_1, ϕ_2 的叠加,

$$\langle A\rangle_t=|c_1|^2a_1+|c_2|^2a_2 \tag{2.77}$$

将式 (2.76) 代入式 (2.77), 即 给出式 (2.70) 的结果.

题 2.21 设势能 V 与粒子质量 m 无关, 求证粒子定态能级 E_n 随 m 增加而下降.

提示 利用 Hellmann-Feynman 定理.

解答　设体系 Hamilton 量为 H, 粒子第 n 个归一化能量本征态为 ψ_n. 按提示, 利用 Hellmann-Feynman 定理

$$\begin{aligned}\frac{\partial E(m)}{\partial m}&=\int\psi_n^*\frac{\partial H(m)}{\partial m}\psi_n\mathrm{d}^3\boldsymbol{x}\\&=\int\psi_n^*\frac{\partial\left[\frac{\boldsymbol{p}^2}{2m}+V\right]}{\partial m}\psi_n\mathrm{d}^3\boldsymbol{x}\end{aligned}\tag{2.78}$$

按题设, 势能 V 与粒子质量 m 无关, 所以上式可以写为

$$\begin{aligned}\frac{\partial E(m)}{\partial m}&=\int\psi_n^*\left(\frac{\partial}{\partial m}\frac{\boldsymbol{p}^2}{2m}\right)\psi_n\mathrm{d}^3\boldsymbol{x}\\&=\int\psi_n^*\left(-\frac{\boldsymbol{p}^2}{2m^2}\right)\psi_n\mathrm{d}^3\boldsymbol{x}=-\frac{1}{2m^2}\int\psi_n^*\boldsymbol{p}\cdot\boldsymbol{p}\psi_n\mathrm{d}^3\boldsymbol{x}\\&=-\frac{1}{2m^2}\int(\boldsymbol{p}\psi_n)^*\cdot(\boldsymbol{p}\psi_n)\,\mathrm{d}^3\boldsymbol{x}=-\frac{1}{2m^2}\int|\boldsymbol{p}\psi_n|^2\,\mathrm{d}^3\boldsymbol{x}\leqslant 0\end{aligned}\tag{2.79}$$

上面用到了力学量 $\boldsymbol{p}$ 各分量的 Hermite 性. 从而由上面所得 $\dfrac{\partial E(m)}{\partial m}\leqslant 0$ 知, 粒子定态能级 E_n 随 m 增加而下降.

题 2.22　对幂次势 $V=\alpha|x|^n$, 分别就 $\alpha>0$ 和 $\alpha<0$ 情况, 用 Virial 定理讨论存在束缚态时, n 的取值范围.

解答　对束缚定态有 Virial 定理

$$\langle T\rangle=\left\langle\frac{1}{2}x\frac{\partial V}{\partial x}\right\rangle$$

因为题给幂次势是对称势, 可只考虑 $x>0$ 的一边.

对于 $\alpha>0$ 情况, 束缚定态的 Virial 定理给出

$$\langle T\rangle=\frac{n}{2}\alpha\left\langle|x|^n\right\rangle$$

由于 $\langle T\rangle>0$, 上式给出此时 $n>0$.

对于 $\alpha<0$ 情况, 同样束缚定态的 Virial 定理以及 $\langle T\rangle>0$ 给出

$$0<\langle T\rangle=\frac{n}{2}\alpha\left\langle|x|^n\right\rangle$$

可见 $n<0$. 此时 $V=\alpha|x|^n<0$, 且当 $|x|\to+\infty$ 时, $V=\alpha|x|^n\to 0$, 束缚态存在的必要条件是 $E\leqslant 0$, 这给出

$$\langle E\rangle=\langle T+V\rangle=\frac{n+2}{2}\alpha\left\langle|x|^n\right\rangle\leqslant 0\tag{2.80}$$

综合上面两式给出 $-2\leqslant n<0$.

讨论 上面用 Virial 定理讨论了 $\alpha>0$ 与 $\alpha<0$ 两种情形下束缚态存在的必要条件. 下面我们进一步考察条件的充分性.

对 $\alpha>0$ 情形, 前面得到此种情形束缚态存在的必要条件是 $n>0$. 另一方面, 此时 $V=\alpha|x|^n>0$, 且当 $|x|\to+\infty$ 时, $V=\alpha|x|^n\to+\infty$, 所以在此种势场中运动的粒子波函数 $\psi(x)\xrightarrow{|x|\to+\infty}0$. 因此在这种势场的作用下, 粒子运动是局域化的, 不会到达无穷远处, 因而其波函数是束缚态. 总之, 此种情形, $n>0$ 也是束缚态存在的充分条件, 所以是充要条件.

对 $\alpha<0$ 情形, 在满足 $-2<n<0$ 条件下, 式 (2.80) 还可以写成

$$E=\langle T+V\rangle=\left(1-\frac{s}{2}\right)\langle V\rangle=\alpha\left(1-\frac{s}{2}\right)\left\langle\frac{1}{r^s}\right\rangle \tag{2.81}$$

此时 $V=\alpha|x|^n<0$, 且当 $|x|\to+\infty$ 时, $V=\alpha|x|^n\to0$, 所以 $E<0$ 的解一定是束缚态, 所以对于此种情形, $-2<n<0$ 也是束缚态存在的充分条件.

对 $\alpha<0$ 情形的 $n=-2$ 的临界情况, 此时 $V(x)$ 为吸引势, 若存在束缚定态, 按 Virial 定理必有 $\langle T\rangle=-\langle V\rangle$, 从而其能量本征值必有

$$E=\langle T+V\rangle=0$$

此吸引势的奇性较强, 可能发生波函数几乎全部集中于中心原点, 粒子最终落入力心, 形不成定态. 而在位势满足一定条件下, 则可避免这种塌缩 (Landau 坠落). 为了考察这种条件, 利用 Courant-Hilbert 定理①, 可知当位势 V 在任意态下的期望值有下界,

$$\int V(x)\,|\psi(x)|^2\,\mathrm{d}x>C \tag{2.82}$$

则能保证全部解集合的完备性, 从而可避免 Landau 坠落而保证此种情形有束缚态存在. 定态 Schrödinger 方程

$$\frac{\mathrm{d}^2\psi}{\mathrm{d}x^2}+\left\{\frac{2\mu E}{\hbar^2}+\frac{2\mu\alpha}{\hbar^2x^2}\right\}\psi=0$$

其中 μ 为粒子质量. 由此微分方程的指标方程②

$$\delta(\delta-1)+p_{-1}\delta+q_{-2}=0,\quad 即\delta^2-\delta+\frac{2\mu\alpha}{\hbar^2}=0$$

求出其解为

$$\delta=\frac{1}{2}\left\{1\pm\sqrt{-\frac{8\mu\alpha}{\hbar^2}}\right\} \tag{2.83}$$

① 张永德, 量子力学 (第三版)[M], 北京: 科学出版社, 2015, P. 70.

② 张永德, 量子力学 (第三版)[M], 北京: 科学出版社, 2015, P. 95 脚注.

δ 决定零点附近 ψ 的行为①, 即有 $\psi(x) \stackrel{x\to 0}{\longrightarrow} Ax^{\delta}$. 于是, 式 (2.82) 积分号下被积函数在积分下限处的行为是

$$|A|^2\left(\frac{-\alpha}{x^2}\right)\left|x^{\delta}\right|^2=|A|^2\left(\frac{-\alpha}{x^2}\right)x^{2\mathrm{Re}\delta-2}$$

由此可知, 要想积分 (2.82) 在下限 $x=0$ 处收敛, 在此邻域被积函数的幂次应当大于 -1, 即有 $2\mathrm{Re}\delta>1$. 代入式 (2.83) 就得到不塌缩条件

$$\alpha<-\frac{\hbar^2}{8\mu}$$

也即这种情况的位势 $V(x)$ 存在束缚态的条件.

此处参考对于中心场问题不塌缩条件的讨论, 见 L. D. Landau, E. M. Lifshitz, *Course of Theoretical Physics, Volume 3, Quantum Mechanics: Non-Relativistic Theory*, 3rd Edition (原版影印本); 北京: 世界图书出版公司, 1999, §35; 中译本: 理论物理教程第 3 卷, 量子力学–非相对论理论 (第 6 版), 北京: 高等教育出版社, 2008, §35, 140-143; 其改进讨论见张永德, 量子菜根谭–量子理论专题分析 (第二版), 北京: 清华大学出版社, 第二版, 2013, §15, 187-197.

题 2.23　从 Hellmann-Feynman 定理出发, 利用坐标的标度变换 $x_i=\lambda y_i$, 证明 Virial 定理.

证明　考虑单个粒子在势场 $V(\boldsymbol{x})$ 中的运动, 其 Hamilton 量为

$$H=-\frac{\hbar^2}{2m}\nabla^2+V(\boldsymbol{x}) \tag{2.84}$$

设处于某个束缚定态 $\psi_E(\boldsymbol{x})$(设已归一化), 能量本征值为 E.

作坐标的标度变换

$$x_i=\lambda y_i \tag{2.85}$$

则 $E=E(\lambda)$

$$\begin{aligned}E(\lambda)&=\int \mathrm{d}^3\boldsymbol{x}\psi_E^*(\boldsymbol{x})\left(-\frac{\hbar^2}{2m}\nabla^2+V(\boldsymbol{x})\right)\psi_E^*(\boldsymbol{x})\\&=\int \mathrm{d}^3\boldsymbol{y}\lambda^3\psi_E^*(\lambda\boldsymbol{y})\left(-\frac{\hbar^2}{2m\lambda^2}\nabla_y^2+V(\lambda\boldsymbol{y})\right)\psi_E^*(\lambda\boldsymbol{y})\end{aligned} \tag{2.86}$$

第二个等号也是积分变量代换, 意味着 $E(\lambda)$ 与 λ 无关, 即有

$$\frac{\partial E(\lambda)}{\partial\lambda}=0 \tag{2.87}$$

① 张永德, 量子力学 (第三版)[M], 北京: 科学出版社, 2015, P. 95 脚注.

另一方面, 按 Hellmann-Feynman 定理

$$\begin{aligned}\frac{\partial E(\lambda)}{\partial\lambda}&=\int\mathrm{d}^3\boldsymbol{y}\lambda^3\psi_E^*(\lambda\boldsymbol{y})\frac{\partial H(\lambda)}{\partial\lambda}\psi_E^*(\lambda\boldsymbol{y})\\&=\int\mathrm{d}^3\boldsymbol{y}\lambda^3\psi_E^*(\lambda\boldsymbol{y})\left[\frac{\hbar^2}{m\lambda^3}\nabla_y^2+\nabla V(\lambda\boldsymbol{y})\cdot\frac{\partial\lambda\boldsymbol{y}}{\partial\lambda}\right]\psi_E^*(\lambda\boldsymbol{y})\\&=\int\mathrm{d}^3\boldsymbol{y}\lambda^3\psi_E^*(\lambda\boldsymbol{y})\left[\frac{\hbar^2}{m\lambda^3}\nabla_y^2+\boldsymbol{y}\cdot\nabla V(\lambda\boldsymbol{y})\right]\psi_E^*(\lambda\boldsymbol{y})\end{aligned}\tag{2.88}$$

对上式再取 $\lambda=1$, 结合式 (2.87) 即给出

$$\int\mathrm{d}^3\boldsymbol{x}\psi_E^*(\boldsymbol{x})\left[\frac{\hbar^2}{m}\nabla_x^2+\boldsymbol{x}\cdot\nabla V(\boldsymbol{x})\right]\psi_E^*(\boldsymbol{x})=0$$

也即对于束缚定态的 Virial 定理

$$2\langle T\rangle=\langle\boldsymbol{x}\cdot\nabla V\rangle\tag{2.89}$$

说明 对于束缚定态利用 Hellmann-Feynman 证明 Virial 定理还可有下面一种证法. 题给 Hamilton 量 在坐标表象中写为

$$H=-\frac{\hbar^2}{2\mu}\nabla^2+V(\boldsymbol{x})$$

我们取参数为 $\hbar$ 有

$$\frac{\partial H}{\partial\hbar}=-\frac{\hbar}{\mu}\nabla^2$$

用 Hellmann-Feynman 定理得

$$\frac{\partial E}{\partial\hbar}=\frac{2}{\hbar}\left\langle\frac{1}{2\mu}\boldsymbol{p}^2\right\rangle=\frac{2}{\hbar}\langle T\rangle\tag{2.90}$$

若是在动量表象, 有 $\boldsymbol{x}=\mathrm{i}\hbar\frac{\partial}{\partial\boldsymbol{p}}$, 而 Hamilton 量写为

$$H=\frac{1}{2\mu}\boldsymbol{p}^2+V(\mathrm{i}\hbar\frac{\partial}{\partial\boldsymbol{p}})$$

仍取参数为 $\hbar$ 有

$$\frac{\partial H}{\partial\hbar}=\frac{\partial V}{\partial\hbar}=\frac{\partial V}{\partial\boldsymbol{x}}\cdot\frac{\partial\boldsymbol{x}}{\partial\hbar}=\nabla V\cdot\mathrm{i}\frac{\partial}{\partial\boldsymbol{p}}=\frac{1}{\hbar}\boldsymbol{x}\cdot\nabla V$$

再用 Hellmann-Feynman 定理得

$$\frac{\partial E}{\partial\hbar}=\frac{1}{\hbar}\langle\boldsymbol{x}\cdot\nabla V\rangle\tag{2.91}$$

(2.90), (2.91) 两式联立即得 $2\langle T\rangle=\langle\boldsymbol{x}\cdot\nabla V\rangle$.

Hellmann-Feynman 定理可以用得很灵活.

题 2.24　证明对一维定态 (能量为 E), 有超 Virial 定理

$$2nE\overline{x^{n-1}} = 2n\overline{(x^{n-1}V)} + \overline{x^n\frac{\mathrm{d}V}{\mathrm{d}x}} - \frac{\hbar^2}{4m}n(n-1)(n-2)\overline{x^{n-2}}$$

并表明当 $n=1$ 时, 即化简为 Virial 定理 (2.24a) 式.

提示　取超 Virial 算符 $G = x^n\dfrac{\mathrm{d}}{\mathrm{d}x}$, 算出 $[G,H]$.

证明　按提示取超 Virial 算符

$$G = x^n\frac{\mathrm{d}}{\mathrm{d}x} = \frac{\mathrm{i}}{\hbar}x^n p \tag{2.92}$$

设该一维体系 Hamilton 量为

$$H = \frac{1}{2m}p^2 + V(x) \tag{2.93}$$

则有

$$\begin{aligned}[G,H] &= \frac{\mathrm{i}}{\hbar}\left[x^n p, \frac{1}{2m}p^2 + V(x)\right] = \frac{\mathrm{i}}{\hbar}\left[x^n p, \frac{1}{2m}p^2\right] + \frac{\mathrm{i}}{\hbar}\left[x^n p, V(x)\right] \\ &= \frac{\mathrm{i}}{2m\hbar}\left[x^n, p^2\right]p + \frac{\mathrm{i}}{\hbar}x^n\left[p, V(x)\right]\end{aligned} \tag{2.94}$$

由于

$$\begin{aligned}\left[x^n, p^2\right] &= p\left[x^n, p\right] + \left[x^n, p\right]p = n\mathrm{i}\hbar\left(px^{n-1} + x^{n-1}p\right) \\ &= 2n\mathrm{i}\hbar x^{n-1}p - n(n-1)\hbar^2 x^{n-2}\end{aligned}$$

$$[p, V(x)] = -\mathrm{i}\hbar\frac{\mathrm{d}V}{\mathrm{d}x}$$

式 (2.94) 可表示为

$$\begin{aligned}[G,H] &= -\frac{n}{m}x^{n-1}p^2 - \frac{\mathrm{i}n(n-1)\hbar}{m}x^{n-2}p + x^n\frac{\mathrm{d}V}{\mathrm{d}x} \\ &= -2nx^{n-1}H + 2nx^{n-1}V(x) - \frac{\mathrm{i}n(n-1)\hbar}{m}x^{n-2}p + x^n\frac{\mathrm{d}V}{\mathrm{d}x}\end{aligned} \tag{2.95}$$

上式两边对于能量为 E 的束缚定态求平均, 左边给出零, 故

$$2nE\overline{x^{n-1}} = 2n\overline{(x^{n-1}V)} + \overline{x^n\frac{\mathrm{d}V}{\mathrm{d}x}} - \frac{\mathrm{i}n(n-1)\hbar}{m}\overline{x^{n-2}p} \tag{2.96}$$

上式两边取复数共轭给出

$$2nE\overline{x^{n-1}} = 2n\overline{(x^{n-1}V)} + \overline{x^n\frac{\mathrm{d}V}{\mathrm{d}x}} + \frac{\mathrm{i}n(n-1)\hbar}{m}\overline{px^{n-2}} \tag{2.97}$$

式 (2.96) 与 (2.97) 相加, 利用 $[x^{n-2}, p] = \mathrm{i}\hbar(n-2)x^{n-3}$ 给出

$$2nE\overline{x^{n-1}} = 2n\overline{(x^{n-1}V)} + \overline{x^n\frac{\mathrm{d}V}{\mathrm{d}x}} - \frac{\hbar^2}{4m}n(n-1)(n-2)\overline{x^{n-2}} \tag{2.98}$$

即为所证.

说明 由于 $H=T+V$, 式 (2.98) 的另一种形式为

$$2n\overline{(x^{n-1}T)}=\overline{x^n\frac{\mathrm{d}V}{\mathrm{d}x}}-\frac{\hbar^2}{4m}n(n-1)(n-2)\overline{x^{n-2}} \tag{2.98$'$}$$

当 $n=1$ 时, 上式即化简为 Virial 定理 (2.24a) 式. 当 $n=0$ 时, 上式给出

$$\overline{\frac{\mathrm{d}V}{\mathrm{d}x}}=0 \tag{2.98$''$}$$

即在束缚定态下, 力的平均值总为零. 当 $n=1$ 时, 上式则给出

$$4\overline{xT}=\overline{x^2\frac{\mathrm{d}V}{\mathrm{d}x}} \tag{2.98$'''$}$$

题 2.25 证明:

$$\begin{aligned}
&\hat{\boldsymbol{r}}\cdot\hat{\boldsymbol{L}}=\hat{\boldsymbol{L}}\cdot\hat{\boldsymbol{r}}=0, && \hat{\boldsymbol{p}}\cdot\hat{\boldsymbol{L}}=\hat{\boldsymbol{L}}\cdot\hat{\boldsymbol{p}}=0\\
&(\hat{\boldsymbol{L}}\times\hat{\boldsymbol{p}})\cdot\hat{\boldsymbol{p}}=0, && \hat{\boldsymbol{p}}\cdot(\hat{\boldsymbol{p}}\times\hat{\boldsymbol{L}})=0\\
&(\hat{\boldsymbol{p}}\times\hat{\boldsymbol{L}})\cdot\hat{\boldsymbol{L}}=0, && \hat{\boldsymbol{L}}\cdot(\hat{\boldsymbol{L}}\times\hat{\boldsymbol{p}})=0\\
&(\hat{\boldsymbol{L}}\times\hat{\boldsymbol{p}})\cdot\hat{\boldsymbol{L}}=0, && \hat{\boldsymbol{L}}\cdot(\hat{\boldsymbol{p}}\times\hat{\boldsymbol{L}})=0\\
&(\hat{\boldsymbol{p}}\times\hat{\boldsymbol{L}})\cdot\hat{\boldsymbol{p}}=\hat{\boldsymbol{p}}\cdot(\hat{\boldsymbol{L}}\times\hat{\boldsymbol{p}})=2\mathrm{i}\hbar\hat{\boldsymbol{p}}^2 && \hat{\boldsymbol{p}}\times(\hat{\boldsymbol{L}}\times\hat{\boldsymbol{p}})=-(\hat{\boldsymbol{L}}\times\hat{\boldsymbol{p}})\times\hat{\boldsymbol{p}}=\hat{\boldsymbol{L}}\hat{\boldsymbol{p}}^2
\end{aligned}$$

证法一 由 $\hat{\boldsymbol{L}}$ 的定义

$$\hat{\boldsymbol{r}}\cdot\hat{\boldsymbol{L}}=\hat{\boldsymbol{r}}\cdot(\hat{\boldsymbol{r}}\times\hat{\boldsymbol{p}})=(\hat{\boldsymbol{r}}\times\hat{\boldsymbol{r}})\cdot\hat{\boldsymbol{p}}=0$$
$$\hat{\boldsymbol{L}}\cdot\hat{\boldsymbol{r}}=-(\hat{\boldsymbol{p}}\times\hat{\boldsymbol{r}})\cdot\hat{\boldsymbol{r}}=\hat{\boldsymbol{p}}\cdot(\hat{\boldsymbol{r}}\times\hat{\boldsymbol{r}})=0$$

同理可得

$$\begin{aligned}
&\hat{\boldsymbol{p}}\cdot\hat{\boldsymbol{L}}=\hat{\boldsymbol{L}}\cdot\hat{\boldsymbol{p}}=0\\
&(\hat{\boldsymbol{L}}\times\hat{\boldsymbol{p}})\cdot\hat{\boldsymbol{p}}=\hat{\boldsymbol{L}}\cdot(\hat{\boldsymbol{p}}\times\hat{\boldsymbol{p}})=0\\
&\hat{\boldsymbol{p}}\cdot(\hat{\boldsymbol{p}}\times\hat{\boldsymbol{L}})=(\hat{\boldsymbol{p}}\times\hat{\boldsymbol{p}})\cdot\hat{\boldsymbol{L}}=0\\
&(\hat{\boldsymbol{p}}\times\hat{\boldsymbol{L}})\cdot\hat{\boldsymbol{L}}=\hat{\boldsymbol{p}}\cdot(\hat{\boldsymbol{L}}\times\hat{\boldsymbol{L}})=\mathrm{i}\hbar\hat{\boldsymbol{p}}\cdot\hat{\boldsymbol{L}}=0\\
&\hat{\boldsymbol{L}}\cdot(\hat{\boldsymbol{L}}\times\hat{\boldsymbol{p}})=(\hat{\boldsymbol{L}}\times\hat{\boldsymbol{L}})\cdot\hat{\boldsymbol{p}}=\mathrm{i}\hbar\hat{\boldsymbol{L}}\cdot\hat{\boldsymbol{p}}=0
\end{aligned}$$

下面用到题 2.15 结论:

$$\begin{aligned}
(\hat{\boldsymbol{L}}\times\hat{\boldsymbol{p}})\cdot\hat{\boldsymbol{L}}&=(2\mathrm{i}\hbar\hat{\boldsymbol{p}}-\hat{\boldsymbol{p}}\times\hat{\boldsymbol{L}})\cdot\hat{\boldsymbol{L}}=2\mathrm{i}\hbar\hat{\boldsymbol{p}}\cdot\hat{\boldsymbol{L}}=0\\
\hat{\boldsymbol{L}}\cdot(\hat{\boldsymbol{p}}\times\hat{\boldsymbol{L}})&=(\hat{\boldsymbol{L}}\times\hat{\boldsymbol{p}})\cdot\hat{\boldsymbol{L}}=0\\
(\hat{\boldsymbol{p}}\times\hat{\boldsymbol{L}})\cdot\hat{\boldsymbol{p}}&=(2\mathrm{i}\hbar\hat{\boldsymbol{p}}-\hat{\boldsymbol{L}}\times\hat{\boldsymbol{p}})\cdot\hat{\boldsymbol{p}}=2\mathrm{i}\hbar\hat{\boldsymbol{p}}^2=\hat{\boldsymbol{p}}\cdot(\hat{\boldsymbol{L}}\times\hat{\boldsymbol{p}})\\
\Big[\hat{\boldsymbol{p}}\times(\hat{\boldsymbol{L}}\times\hat{\boldsymbol{p}})\Big]_i&=\hat{\boldsymbol{p}}\cdot\hat{L}_i\hat{\boldsymbol{p}}-\hat{p}_i(\hat{\boldsymbol{L}}\cdot\hat{\boldsymbol{p}})=\hat{p}_j\hat{L}_i\hat{p}_j\\
&=(\hat{L}_i\hat{p}_j-\mathrm{i}\hbar\varepsilon_{ijk}\hat{p}_k)\hat{p}_j=\hat{L}_i\hat{p}_j\hat{p}_j\hat{L}_i\hat{\boldsymbol{p}}^2\\
\Big[(\hat{\boldsymbol{L}}\times\hat{\boldsymbol{p}})\times\hat{\boldsymbol{p}}\Big]_i&=\hat{\boldsymbol{L}}\cdot(\hat{p}_i\hat{\boldsymbol{p}})-\hat{L}_i(\hat{\boldsymbol{p}}\cdot\hat{\boldsymbol{p}})=(\hat{\boldsymbol{L}}\cdot\hat{\boldsymbol{p}})\hat{p}_i-\hat{L}_i(\hat{\boldsymbol{p}}\cdot\hat{\boldsymbol{p}})=-\hat{L}_i\hat{\boldsymbol{p}}^2
\end{aligned}$$

证法二　利用 ε_{ijk} 的全反对称性质, 根据 $\boldsymbol{L}$ 的定义 $L_i=\varepsilon_{ijk}x_jp_k$ 得

$$\begin{aligned}\boldsymbol{r}\cdot\boldsymbol{L}&=x_iL_i=x_i\varepsilon_{ijk}x_jp_k=\varepsilon_{ijk}x_ix_jp_k\\&=\varepsilon_{ijk}x_jx_ip_k=-\varepsilon_{ijk}x_ix_jp_k=0\\\boldsymbol{L}\cdot\boldsymbol{r}&=L_ix_i=\varepsilon_{ijk}x_jp_kx_i=\varepsilon_{ijk}x_jx_ip_k=0\end{aligned}$$

类似可证 $\boldsymbol{p}\cdot\boldsymbol{L}=\boldsymbol{L}\cdot\boldsymbol{p}=0$, $(\boldsymbol{L}\times\boldsymbol{p})\cdot\boldsymbol{p}=0$, $\boldsymbol{p}\cdot(\boldsymbol{p}\times\boldsymbol{L})=0$, $(\boldsymbol{p}\times\boldsymbol{L})\cdot\boldsymbol{L}=0$ 以及 $\boldsymbol{L}\cdot(\boldsymbol{L}\times\boldsymbol{p})=0$. 它们有个共同特点, 在分量乘积求和式中, 相邻同一个力学量的分量指标 (当然是交换对称的) 与全反对称张量 2 个指标缩并求和, 必然给出 0 结果.

利用题 2.15 式 (2.41), 这样

$$\begin{aligned}(\boldsymbol{p}\times\boldsymbol{L})\cdot\boldsymbol{p}&=(2\mathrm{i}\hbar\boldsymbol{p}-\boldsymbol{L}\times\boldsymbol{p})\cdot\boldsymbol{p}=2\mathrm{i}\hbar\boldsymbol{p}\cdot\boldsymbol{p}=2\mathrm{i}\hbar\boldsymbol{p}^2\\\boldsymbol{p}\cdot(\boldsymbol{L}\times\boldsymbol{p})&=\boldsymbol{p}\cdot(2\mathrm{i}\hbar\boldsymbol{p}-\boldsymbol{p}\times\boldsymbol{L})=\boldsymbol{p}\cdot2\mathrm{i}\hbar\boldsymbol{p}=2\mathrm{i}\hbar\boldsymbol{p}^2\\(\boldsymbol{L}\times\boldsymbol{p})\cdot\boldsymbol{L}&=(2\mathrm{i}\hbar\boldsymbol{p}-\boldsymbol{p}\times\boldsymbol{L})\cdot\boldsymbol{L}=2\mathrm{i}\hbar\boldsymbol{p}\cdot\boldsymbol{L}=0\\\boldsymbol{L}\cdot(\boldsymbol{p}\times\boldsymbol{L})&=\boldsymbol{L}\cdot(2\mathrm{i}\hbar\boldsymbol{p}-\boldsymbol{L}\times\boldsymbol{p})=\boldsymbol{L}\cdot2\mathrm{i}\hbar\boldsymbol{p}=0\end{aligned}$$

最后

$$\begin{aligned}[\boldsymbol{p}\times(\boldsymbol{L}\times\boldsymbol{p})]_i&=\varepsilon_{ijk}p_j\left(\boldsymbol{L}\times\boldsymbol{p}\right)_k=\varepsilon_{ijk}p_j\varepsilon_{kmn}p_jL_mp_n\\&=\left(\delta_{im}\delta_{jn}-\delta_{in}\delta_{jm}\right)p_jL_mp_n=p_jL_ip_j-p_m\hat{L}_mp_i\\&=\left[p_j,L_i\right]p_j+L_ip_jp_j+0\\&=\mathrm{i}\varepsilon_{jik}p_kp_j+L_i\boldsymbol{p}^2=L_i\boldsymbol{p}^2\\[(\boldsymbol{L}\times\boldsymbol{p})\times\boldsymbol{p}]_i&=\varepsilon_{ijk}\left(\boldsymbol{L}\times\boldsymbol{p}\right)_jp_k=\varepsilon_{ijk}\varepsilon_{jmn}L_mp_np_k\\&=\left(\delta_{in}\delta_{km}-\delta_{im}\delta_{kn}\right)L_mp_np_k=L_kp_ip_k-L_ip_np_n=-L_i\boldsymbol{p}^2\end{aligned}$$

其中对 Levi-Civita 全反对称张量的缩并用到了题 2.15 附录中的式 (2.47a). 也就有

$$\boldsymbol{p}\times(\boldsymbol{L}\times\boldsymbol{p})=-(\boldsymbol{L}\times\boldsymbol{p})\times\boldsymbol{p}=\boldsymbol{L}\boldsymbol{p}^2$$

讨论　(更一般的结果) 若 $\hat{\boldsymbol{A}}$ 为矢量算符, 即

$$\left[\hat{L}_\alpha,\hat{A}_\beta\right]=\mathrm{i}\hbar\epsilon\alpha\beta\gamma\hat{A}_\gamma,\quad\alpha,\beta,\gamma=1,2,3\tag{2.99}$$

则有

$$[\hat{\boldsymbol{L}}^2,\hat{\boldsymbol{A}}]=\mathrm{i}\hbar(\hat{\boldsymbol{A}}\times\hat{\boldsymbol{L}}-\hat{\boldsymbol{L}}\times\hat{\boldsymbol{A}})\tag{2.100}$$

$$\hat{\boldsymbol{A}}\times\hat{\boldsymbol{L}}+\hat{\boldsymbol{L}}\times\hat{\boldsymbol{A}}=2\mathrm{i}\hbar\hat{\boldsymbol{A}}\tag{2.101}$$

上面式 (2.100) 的证明如下:

$$\begin{aligned}[\hat{\boldsymbol{L}}^2,\hat{\boldsymbol{A}}]&=[\hat{L}_\alpha\hat{L}_\alpha,\hat{A}_\beta\boldsymbol{e}_\beta]=\hat{L}_\alpha[\hat{L}_\alpha,\hat{A}_\beta]\boldsymbol{e}_\beta+[\hat{L}_\alpha,\hat{A}_\beta]\hat{L}_\alpha\boldsymbol{e}_\beta\\&=\mathrm{i}\hbar\epsilon_{\alpha\beta\gamma}\hat{L}_\alpha\hat{A}_\gamma\boldsymbol{e}_\beta+\mathrm{i}\hbar\epsilon_{\alpha\beta\gamma}\hat{A}_\gamma\hat{L}_\alpha\boldsymbol{e}_\beta=\mathrm{i}\hbar(\hat{\boldsymbol{A}}\times\hat{\boldsymbol{L}}-\hat{\boldsymbol{L}}\times\hat{\boldsymbol{A}})\end{aligned}$$

其中利用了

$$\hat{\boldsymbol{A}} \times \hat{\boldsymbol{B}} = \epsilon_{\alpha\beta\gamma}\hat{A}_\alpha \hat{B}\beta \boldsymbol{e}_\gamma = -\epsilon_{\alpha\beta\gamma}\hat{A}_\beta \hat{B}_\alpha \boldsymbol{e}_\gamma$$

要证明式 (2.101), 利用式 (2.99), $\hat{L}_\alpha \hat{A}_\beta = \hat{A}_\beta \hat{L}_\alpha + \mathrm{i}\hbar\epsilon_{\alpha\beta\theta}\hat{A}_\theta$, 可知

$$\begin{aligned}\hat{\boldsymbol{L}} \times \hat{\boldsymbol{A}} &= \epsilon_{\alpha\beta\gamma}\hat{A}_\alpha \hat{L}_\beta \boldsymbol{e}_\gamma = \epsilon_{\alpha\beta\gamma}\hat{L}_\beta \hat{A}_\alpha \boldsymbol{e}_\gamma + \mathrm{i}\hbar\epsilon_{\alpha\beta\gamma}\epsilon_{\alpha\beta\theta}\hat{A}_\theta \boldsymbol{e}_\gamma \\ &= -\hat{\boldsymbol{A}} \times \hat{\boldsymbol{L}} + 2\mathrm{i}\hbar\delta_{\theta,\gamma}\hat{A}_\theta \boldsymbol{e}_\gamma = -\hat{\boldsymbol{A}} \times \hat{\boldsymbol{L}} + 2\mathrm{i}\hbar\hat{\boldsymbol{A}}\end{aligned}$$

其中对 Levi-Civita 全反对称张量的缩并用到了题 2.15 附录中的式 (2.47b).

附录 (关于矢量算符 $\hat{\boldsymbol{A}}$ 与角动量 $\hat{\boldsymbol{L}}$ 的一些代数结果) 若

$$\hat{\boldsymbol{L}} = \hat{\boldsymbol{r}} \times \hat{\boldsymbol{p}}, \quad [\hat{L}_\alpha, \hat{A}_\beta] = \mathrm{i}\hbar\epsilon_{\alpha\beta\gamma}\hat{A}_\gamma$$

则有

$$[\hat{\boldsymbol{L}}^2, \hat{\boldsymbol{A}}] = \mathrm{i}\hbar(\hat{\boldsymbol{A}} \times \hat{\boldsymbol{L}} - \hat{\boldsymbol{L}} \times \hat{\boldsymbol{A}}) \tag{2.102}$$

$$\hat{\boldsymbol{A}} \times \hat{\boldsymbol{L}} + \hat{\boldsymbol{L}} \times \hat{\boldsymbol{A}} = 2\mathrm{i}\hbar\hat{\boldsymbol{A}} \tag{2.103}$$

$$[\hat{\boldsymbol{L}}, \hat{\boldsymbol{A}}^2] = 0 \tag{2.104}$$

由式 (2.100), (2.101), (2.104) 进一步得到结果,

$$\begin{aligned}(\hat{\boldsymbol{A}} \times \hat{\boldsymbol{L}}) \cdot \hat{\boldsymbol{L}} &= \hat{\boldsymbol{A}} \cdot (\hat{\boldsymbol{L}} \times \hat{\boldsymbol{L}}) = \mathrm{i}\hbar\hat{\boldsymbol{A}} \cdot \hat{\boldsymbol{L}} \\ \hat{\boldsymbol{L}} \cdot (\hat{\boldsymbol{A}} \times \hat{\boldsymbol{L}}) &= \mathrm{i}\hbar\hat{\boldsymbol{L}} \cdot \hat{\boldsymbol{A}} \\ (\hat{\boldsymbol{L}} \times \hat{\boldsymbol{A}}) \cdot \hat{\boldsymbol{A}} &= \hat{\boldsymbol{L}} \cdot (\hat{\boldsymbol{A}} \times \hat{\boldsymbol{A}}) \\ \hat{\boldsymbol{A}} \cdot (\hat{\boldsymbol{A}} \times \hat{\boldsymbol{L}}) &= (\hat{\boldsymbol{A}} \times \hat{\boldsymbol{A}}) \cdot \hat{\boldsymbol{L}} \\ (\hat{\boldsymbol{A}} \times \hat{\boldsymbol{L}}) \cdot \hat{\boldsymbol{A}} &= -\hat{\boldsymbol{L}} \cdot (\hat{\boldsymbol{A}} \times \hat{\boldsymbol{A}}) + 2\mathrm{i}\hbar\hat{\boldsymbol{A}}^2 \\ \hat{\boldsymbol{A}} \cdot (\hat{\boldsymbol{L}} \times \hat{\boldsymbol{A}}) &= -(\hat{\boldsymbol{A}} \times \hat{\boldsymbol{A}}) \cdot \hat{\boldsymbol{L}} + 2\mathrm{i}\hbar\hat{\boldsymbol{A}}^2 \\ \hat{\boldsymbol{L}} \cdot (\hat{\boldsymbol{L}} \times \hat{\boldsymbol{A}}) &= \mathrm{i}\hbar\hat{\boldsymbol{L}} \cdot \hat{\boldsymbol{A}} \\ (\hat{\boldsymbol{L}} \times \hat{\boldsymbol{A}}) \cdot \hat{\boldsymbol{L}} &= \mathrm{i}\hbar\hat{\boldsymbol{A}} \cdot \hat{\boldsymbol{L}} \\ \hat{\boldsymbol{A}} \times (\hat{\boldsymbol{L}} \times \hat{\boldsymbol{A}}) &= \hat{\boldsymbol{A}}^2\hat{\boldsymbol{L}} + \mathrm{i}\hbar\hat{\boldsymbol{A}} \times \hat{\boldsymbol{A}} - (\hat{\boldsymbol{A}} \cdot \hat{\boldsymbol{L}})\hat{\boldsymbol{A}} \\ (\hat{\boldsymbol{L}} \times \hat{\boldsymbol{A}}) \times \hat{\boldsymbol{A}} &= -\hat{\boldsymbol{A}}^2\hat{\boldsymbol{L}} + \mathrm{i}\hbar\hat{\boldsymbol{A}} \times \hat{\boldsymbol{A}} + \hat{\boldsymbol{A}}(\hat{\boldsymbol{L}} \cdot \hat{\boldsymbol{A}})\end{aligned}$$

不难看出本题结果是上述各式之特例, 其中 $\hat{\boldsymbol{A}} = \hat{\boldsymbol{p}}$.

第3章 一维问题

题 3.1 一个质量为 m 的粒子在一维无限深方势阱 $(0 \leqslant x \leqslant a)$ 中运动, $t=0$ 时刻的初态波函数为

$$\psi(x,0)=\sqrt{\frac{8}{5a}}\left(1+\cos\frac{\pi x}{a}\right)\sin\frac{\pi x}{a}$$

试求:

(1) 在后来某一时刻 t_0 的波函数是什么?

(2) 体系在 $t=0$ 和 $t=t_0$ 时的平均能量是多少?

(3) 在 $t=t_0$ 时, 在势阱左半部 $(0 \leqslant x \leqslant a/2)$ 发现粒子的概率是多少?

解答 (1) 无限深方势阱中粒子的归一化定态波函数为

$$\psi_n=\sqrt{\frac{2}{a}}\sin\frac{n\pi x}{a} \tag{3.1}$$

其中 $n=1,2,3,\cdots$, 相应的能量 $E_n=\dfrac{n^2\pi^2\hbar^2}{2ma^2}$.

$t=0$ 时刻粒子的初态波函数可用这组定态波函数展开. 题给初态波函数也即

$$\psi(x,0)=\sqrt{\frac{8}{5a}}\left(\sin\frac{\pi x}{a}+\frac{1}{2}\sin\frac{2\pi x}{a}\right)$$

与式 (3.1) 比较, 可知

$$\psi(x,0)=\sqrt{\frac{4}{5}}\left(\sqrt{\frac{2}{a}}\sin\frac{\pi x}{a}\right)+\sqrt{\frac{1}{5}}\left(\sqrt{\frac{2}{a}}\sin\frac{2\pi x}{a}\right)=\sqrt{\frac{4}{5}}\psi_1+\sqrt{\frac{1}{5}}\psi_2 \tag{3.2}$$

显见初态波函数已归一化, 从而由于体系演化的幺正性, 在任意时刻波函数都是归一化的. $t=t_0$ 时刻粒子的波函数

$$\psi(x,t_0)=\mathrm{e}^{-\mathrm{i}\hat{H}t_0/\hbar}\psi(x,0)=\sqrt{\frac{4}{5}}\mathrm{e}^{-\mathrm{i}E_1t_0/\hbar}\psi_1+\sqrt{\frac{1}{5}}\mathrm{e}^{-\mathrm{i}E_2t_0/\hbar}\psi_2 \tag{3.3}$$

(2) Hamilton 量为守恒量, 能量期望值不随时间变化, 也就是 $t=0$ 时与 $t=t_0$ 时刻粒子能量期望值相同. 不妨对 $t=0$ 时刻计算给出

$$\langle E\rangle_{t=0}=\langle E\rangle_{t=t_0}=\frac{4}{5}E_1+\frac{1}{5}E_2=\frac{4\pi^2\hbar^2}{5ma^2} \tag{3.4}$$

(3) 波函数已归一化, 从而在势阱左半部 ($0 \leqslant x \leqslant a/2$) 发现粒子的概率

$$\begin{aligned}
&\int_0^{a/2} \psi^*(x,t_0)\psi(x,t_0)\,\mathrm{d}x \\
=&\int_0^{a/2}\left(\sqrt{\frac{4}{5}}\mathrm{e}^{-\mathrm{i}E_1t_0/\hbar}\psi_1+\sqrt{\frac{1}{5}}\mathrm{e}^{-\mathrm{i}E_2t_0/\hbar}\psi_2\right)^* \\
&\times\left(\sqrt{\frac{4}{5}}\mathrm{e}^{-\mathrm{i}E_1t_0/\hbar}\psi_1+\sqrt{\frac{1}{5}}\mathrm{e}^{-\mathrm{i}E_2t_0/\hbar}\psi_2\right)\mathrm{d}x \\
=&\int_0^{a/2} \psi^*(x,t_0)\psi(x,t_0)\,\mathrm{d}x \\
=&\int_0^{a/2}\left[\frac{4}{5}\psi_1^2+\frac{1}{5}\psi_2^2+\frac{2}{5}\psi_1\psi_2\cos\frac{(E_2-E_1)t_0}{\hbar}\right]\mathrm{d}x \\
=&\int_0^{a/2}\left(\frac{8}{5a}\sin^2\frac{\pi x}{a}+\frac{2}{5a}\sin^2\frac{2\pi x}{a}+\frac{8}{5a}\sin\frac{\pi x}{a}\sin\frac{2\pi x}{a}\cos\frac{3\pi^2\hbar t_0}{2ma^2}\right)\mathrm{d}x \\
=&\int_0^{a/2}\left[\frac{4}{5a}\left(1-\cos\frac{2\pi x}{a}\right)+\frac{1}{5a}\left(1-\cos\frac{4\pi x}{a}\right)\right. \\
&\left.+\frac{4}{5a}\left(\cos\frac{\pi x}{a}-\cos\frac{3\pi x}{a}\right)\cos\frac{3\pi^2\hbar t_0}{2ma^2}\right]\mathrm{d}x \\
=&\frac{1}{2}+\frac{16}{15\pi}\cos\frac{3\pi^2\hbar t_0}{2ma^2}
\end{aligned} \tag{3.5}$$

题 3.2 自由转子——一个量子“刚体”, 其 Hamilton 量为 $H=\dfrac{J_z^2}{2I_z}$, 具有惯性矩 I_z, 自由地在 $x-y$ 平面内转动, φ 为转角.

(1) 找出其能量本征值 E_n 和本征波函数 $\psi_n(\varphi)$;

(2) 在 $t=0$ 时转子由波包 $\psi(0)=A\sin^2\varphi$ 描述, 求在 $t>0$ 时的 $\psi(t)$.

解答 (1) 按题意, 系统的 Hamilton 量为 $H=\dfrac{J_z^2}{2I_z}$, 系统定态 Schrödinger 方程为

$$-\frac{\hbar^2}{2I_z}\frac{\partial^2}{\partial\varphi^2}\psi=E\psi \tag{3.6}$$

其中 φ 的范围为 0 到 2π. 解此方程可得

$$\psi_k(\varphi)=A\mathrm{e}^{\mathrm{i}k\varphi} \tag{3.7}$$

其中 $k=\dfrac{\sqrt{2I_zE}}{\hbar}$. 利用波函数归一化条件归一化系数可取为

$$A=\frac{1}{\sqrt{2\pi}}$$

再利用周期边条件 $\psi(2\pi)=\psi(0)$ 可知 k 为整数, 故可知能量本征态为

$$\psi_n(\varphi)=\frac{1}{\sqrt{2\pi}}\mathrm{e}^{\mathrm{i}n\varphi},\qquad n=0,\pm1,\cdots \tag{3.8}$$

相应能量本征值

$$E_n=\frac{n^2\hbar^2}{2I_z}$$

(2) 对 $t=0$ 时的波函数 $\psi(0)$ 考虑归一化条件,

$$1=|A|^2\int_0^{2\pi}\sin^4\varphi\mathrm{d}\varphi=|A|^2\frac{3\pi}{4}$$

可取 A 为正实数, 则给出

$$A=\frac{2}{\sqrt{3\pi}} \tag{3.9}$$

$\psi(0)$ 用式 (3.8) 这一组本征函数展开

$$\begin{aligned}\psi(0)&=A\sin^2\varphi=A\left(\frac{1-\cos2\varphi}{2}\right)=\frac{A}{2}-\frac{A}{2}\frac{\mathrm{e}^{2\mathrm{i}\varphi}+\mathrm{e}^{-2\mathrm{i}\varphi}}{2}\\&=\frac{A}{2}-\frac{A}{4}\left(\mathrm{e}^{2\mathrm{i}\varphi}+\mathrm{e}^{-2\mathrm{i}\varphi}\right)\end{aligned} \tag{3.10}$$

这样 $t>0$ 时的波函数为

$$\begin{aligned}\psi(t)&=\mathrm{e}^{-\mathrm{i}\hat{H}t/\hbar}\psi(0)=\frac{A}{2}-\frac{A}{4}\left[\mathrm{e}^{-\mathrm{i}(-2\varphi+2\hbar t/I_z)}+\mathrm{e}^{-\mathrm{i}(2\varphi+2\hbar t/I_z)}\right]\\&=\frac{A}{2}-\frac{A}{2}\mathrm{e}^{-2\mathrm{i}\hbar t/I_z}\cos2\varphi\end{aligned} \tag{3.11}$$

题 3.3 一个电子被禁闭在一维盒子中, 并处于基态上. 盒宽 10^{-10}m, 电子能量为 38eV. 计算

(1) 电子在其第一激发态的能量;

(2) 当电子处于基态时盒壁所受的平均力.

提示 平均力计算利用 Hellmann-Feynman 定理.

解答 设盒宽为 a, 一维无限深方势阱中, 能量本征值为

$$E_n=\frac{n^2\pi^2\hbar^2}{2ma^2}$$

(1) 第一激发态能量

$$E_2=\frac{4\pi^2\hbar^2}{2ma^2}=4E_1=4\times38=152(\mathrm{eV})$$

(2) 不妨考察右边盒壁所受的力. 取盒中央为坐标原点, 坐标表象右边盒壁所受的力相应力学量为

$$F_r = \theta(x)\frac{\partial V}{\partial x}$$

不妨设盒壁势垒高为 V_0, 则

$$F_r(x) = \theta(x) V_0 \delta(x - a/2)$$

现在假设该一维盒左边固定, 右边在 $b = a/2$ 附近有微小变化. 则

$$V = V(x, b)$$

易知

$$F_r(x) = \theta(x) V_0 \delta(x - a/2) = -\left.\frac{\partial V(x,b)}{\partial b}\right|_{b=a/2}$$

从而

$$\langle F_r\rangle = -\left\langle \left.\frac{\partial V(x,b)}{\partial b}\right|_{b=a/2}\right\rangle = \left.\left\langle -\frac{\partial \hat{H}}{\partial b}\right\rangle\right|_{b=a/2}$$

利用 Hellmann-Feynman 定理

$$\langle F_r\rangle = -\left.\frac{\partial E_1}{\partial b}\right|_{b=a/2} \tag{3.12}$$

从而

$$\begin{aligned}\langle F_r\rangle &= -\frac{\partial}{\partial b}\left.\left(\frac{\pi^2\hbar^2}{2m(b+a/2)^2}\right)\right|_{b=a/2} = \left.\frac{\pi^2\hbar^2}{m(b+a/2)^3}\right|_{b=a/2}\\ &= \frac{2}{a}\frac{\pi^2\hbar^2}{2ma^2} = 7.6\times 10^9 \mathrm{eV\cdot cm^{-1}}\end{aligned}$$

说明 1　一维束缚定态 ψ_n 下必有

$$\left\langle\frac{\partial V}{\partial x}\right\rangle_n = 0$$

只要对 ψ_n 所满足的定态 Schrödinger 方程两边乘以 $\dfrac{\mathrm{d}\psi_n}{\mathrm{d}x}$ 之后, 两边对全空间积分即得上式. 而此式说明了为何 $\langle F_l\rangle = -\langle F_r\rangle$.

说明 2　式 (3.12) 可作解释: 若固定无限深方势阱壁左侧而令右侧缓慢向外移动微小距离 Δb, 则粒子对外做功 $\langle F_r\rangle\Delta b$, 结果导致能级降低, 根据能量守恒定律, 应有

$$\langle F_r\rangle = -\frac{\partial E_1}{\partial b}$$

与式 (3.12) 一致.

说明 3　(经典考虑) 在无限深方势阱中, 粒子速度大小为 v, 则粒子往返运动周期 $T=\dfrac{2a}{v}$. 右边势阱壁受到平均作用力为

$$\overline{F_r}=-\frac{-mv-mv}{T}=\frac{2mv}{2a/v}=\frac{mv^2}{a}=\frac{2E}{a} \tag{3.13}$$

右边势阱壁受到平均作用力为

$$\overline{F_l}=-\frac{2E}{a}=-\overline{F}_r \tag{3.14}$$

这与定态情形的结果一致.

最后我们指出, 本处也可以基于波函数进行计算. 该计算和对本题的进一步讨论可参见: 张鹏飞, 阮图南, 朱栋培, 吴强, 量子力学习题解答与剖析, 北京: 科学出版社, 2011, 40-44.

题 3.4　质量为 m 的粒子处在一维短程势 $V(x)=-V_0\delta(x)$ 中, 求束缚能.

解答　Schrödinger 方程

$$\left[-\frac{\hbar^2}{2m}\frac{\mathrm{d}^2}{\mathrm{d}x^2}-V_0\delta(x)\right]\psi(x)=E\psi(x) \tag{3.15}$$

由于 $r\neq 0$ 时 $V=0$, 束缚态条件要求 $E<0$, 在离开原点处, Schrödinger 方程

$$-\frac{\hbar^2}{2m}\frac{\mathrm{d}^2}{\mathrm{d}x^2}\psi(x)=E\psi(x)$$

解为

$$\begin{cases}\psi_I=A\mathrm{e}^{kx}, & x<0\\ \psi_{II}=A\mathrm{e}^{-kx}, & x>0\end{cases} \tag{3.16}$$

其中 $k^2=-\dfrac{2mE}{\hbar^2}$. 在原点附近 $(-\varepsilon,+\varepsilon)$ 范围对式 (3.15) 积分, 并取极限 $\epsilon\to 0$

$$\lim_{\varepsilon\to 0}\int_{-\varepsilon}^{+\varepsilon}\left[-\frac{\hbar^2}{2m}\frac{\mathrm{d}^2}{\mathrm{d}x^2}-V_0\delta(x)\right]\psi(x)\,\mathrm{d}x=\lim_{\varepsilon\to 0}\int_{-\varepsilon}^{+\varepsilon}E\psi(x)\,\mathrm{d}x$$

于是

$$\lim_{\varepsilon\to 0}\left[\psi'(+\varepsilon)-\psi'(+\varepsilon)\right]+\frac{2mV_0}{\hbar^2}\psi(0)=0$$

按式 (3.16), 这也就是

$$\lim_{\varepsilon\to 0}\left[-Ak\mathrm{e}^{-k\varepsilon}-Ak\mathrm{e}^{-k\varepsilon}\right]+\frac{2mV_0}{\hbar^2}A=0$$

上式给出

$$k=\frac{mV_0}{\hbar^2} \tag{3.17}$$

由于 $k^2 = -\frac{2mE}{\hbar^2}$, 所以

$$E = -\frac{mV_0^2}{2\hbar^2}$$

题 3.5 (a) 用计算证实 Landau 结果 (3.4b) 式; (b) 证明当 $\frac{a}{h} \to \infty$ 时, (3.4b) 式将过渡为 (3.4a) 式.

提示 后一步利用表达式

$$\delta(x) = \lim_{a\to\infty} \frac{\sin^2 \alpha x}{\pi \alpha x^2}$$

证明 (a) 由 (3.2b) 式可得

$$\psi_1(x) = \begin{cases} \frac{1}{\sqrt{a}} \sin\left[\frac{\pi}{2a}(x+a)\right] = -\frac{1}{\sqrt{a}} \cos\left(\frac{\pi x}{2a}\right), & |x| < a \\ 0, & |x| \geqslant a \end{cases} \tag{3.18}$$

对此式进行 Fourier 变换

$$\varphi_1(p) = \frac{1}{\sqrt{2\pi\hbar}} \int_{-\infty}^{+\infty} \mathrm{d}x \mathrm{e}^{-\mathrm{i}px/\hbar} \varphi_1(x) \tag{3.19}$$

将式 (3.18) 代入式 (3.19) 有

$$\varphi_1(p) = \frac{1}{\sqrt{2\pi a\hbar}} \int_{-a}^{+a} \mathrm{d}x \mathrm{e}^{-\mathrm{i}px/\hbar} \cos\frac{\pi}{2a}x \tag{3.20}$$

利用公式 (A.15) 求出上述积分得

$$\varphi_1(p) = \sqrt{\frac{\pi a}{2\hbar}} \frac{\cos\frac{ap}{\hbar}}{\left(\frac{ap}{\hbar}\right)^2 - \left(\frac{\pi}{2}\right)^2}$$

所以有 (3.4b) 式

$$|\varphi_1(p)|^2 = \frac{\pi a}{2\hbar} \cos^2\left(\frac{ap}{\hbar}\right) \left[\left(\frac{ap}{\hbar}\right)^2 - \left(\frac{\pi}{2}\right)^2\right]^{-2}, \quad -\infty < p < +\infty$$

成立.

(b) 根据提示, 利用表达式 $\delta(x) = \lim_{a\to\infty} \frac{\sin^2 \alpha x}{\pi \alpha x^2}$, 有

$$|\varphi_1(p)|^2 = \frac{\pi a}{2\hbar} \cos^2\left(\frac{ap}{\hbar}\right) \left[\left(\frac{ap}{\hbar}\right)^2 - \left(\frac{\pi}{2}\right)^2\right]^{-2}$$

$$
\begin{aligned}
&= \frac{\pi a}{2\hbar}\cos^2\left(\frac{ap}{\hbar}\right)\cdot\frac{\hbar}{2\pi ap}\left\{\frac{1}{\left(\frac{ap}{\hbar}-\frac{\pi}{2}\right)^2}-\frac{1}{\left(\frac{ap}{\hbar}+\frac{\pi}{2}\right)^2}\right\} \\
&= \frac{1}{4p}\left\{\frac{\sin^2\left(\frac{ap}{\hbar}-\frac{\pi}{2}\right)}{\left(\frac{ap}{\hbar}-\frac{\pi}{2}\right)^2}-\frac{\sin^2\left(\frac{ap}{\hbar}+\frac{\pi}{2}\right)}{\left(\frac{ap}{\hbar}+\frac{\pi}{2}\right)^2}\right\} \qquad (3.21)
\end{aligned}
$$

也就有

$$
\begin{aligned}
|\varphi_1(p)|^2 &= \frac{\pi}{4p}\left\{\delta\left(\frac{ap}{\hbar}-\frac{\pi}{2}\right)-\delta\left(\frac{ap}{\hbar}+\frac{\pi}{2}\right)\right\} \\
&= \frac{1}{2}\left\{\delta\left(p-\frac{\pi\hbar}{2a}\right)+\delta\left(p+\frac{\pi\hbar}{2a}\right)\right\}
\end{aligned}
$$

说明　反过来由教材式式 (3.4a),

$$
\begin{aligned}
|\varphi_1(p)|^2 &= \frac{1}{2}\delta\left(p-\frac{\pi\hbar}{2a}\right)+\frac{1}{2}\delta\left(p+\frac{\pi\hbar}{2a}\right) \\
&= \frac{1}{2}\lim_{\frac{a}{\hbar}\to\infty}\left[\frac{\sin^2\frac{a}{\hbar}\left(p-\frac{\pi\hbar}{2a}\right)}{\pi\frac{a}{\hbar}\left(p-\frac{\pi\hbar}{2a}\right)^2}+\frac{\sin^2\frac{a}{\hbar}\left(p+\frac{\pi\hbar}{2a}\right)}{\pi\frac{a}{\hbar}\left(p+\frac{\pi\hbar}{2a}\right)^2}\right]
\end{aligned}
$$

当 $\frac{a}{\hbar}\to\infty$ 时

$$
\begin{aligned}
|\varphi_1(p)|^2 &= 4p\left[\left(\frac{ap}{\hbar}+\frac{\pi}{2}\right)^2\sin^2\frac{a}{\hbar}\left(p-\frac{\pi\hbar}{2a}\right)-\left(\frac{ap}{\hbar}-\frac{\pi}{2}\right)^2\sin^2\frac{a}{\hbar}\left(p+\frac{\pi\hbar}{2a}\right)\right] \\
&\quad\times\left[\left(\frac{ap}{\hbar}\right)^2-\left(\frac{\pi}{2}\right)^2\right]^{-2} \\
&= \frac{\pi a}{2\hbar}\cos^2\left(\frac{ap}{\hbar}\right)\left[\left(\frac{ap}{\hbar}\right)^2-\left(\frac{\pi}{2}\right)^2\right]^{-2}
\end{aligned}
$$

即教材式 (3.4b). 可见只当 $\frac{a}{\hbar}\to\infty$ 时教材式 (3.4a) 与式 (3.4b) 一致.

题 3.6　一个质量为 m 的粒子在势 $V(x)$ 的作用下作一维运动. 假如它处在 $E=\frac{\hbar^2\gamma^2}{2m}$ 的能量本征态 $\psi(x)=(\gamma^2/\pi)^{1/4}\mathrm{e}^{-\gamma^2x^2/2}$ 上. (1) 求粒子的平均位置; (2) 求粒子的平均动量; (3) 求 $V(x)$; (4) 求粒子动量在 $p\to p+\mathrm{d}p$ 之间概率 $P(p)\mathrm{d}p$.

解答　(1) 易知题给波函数已归一化, 这样

$$
\langle x\rangle=\int_{-\infty}^{\infty}\psi^*(x)x\psi(x)\mathrm{d}x=\sqrt{\frac{\gamma^2}{\pi}}\int_{-\infty}^{\infty}\mathrm{e}^{-\gamma^2x^2}x\mathrm{d}x
$$

因为被积函数为奇函数, 所以上式积分为 0, 也就是 $\langle x\rangle=0$.

(2) 粒子的平均动量

$$\langle p\rangle = \int_{-\infty}^{\infty} \psi^*(x)\left(-\mathrm{i}\hbar\frac{\partial}{\partial x}\right)\psi(x)\mathrm{d}x$$
$$= \mathrm{i}\hbar\frac{\gamma}{\sqrt{\pi}}\sqrt{\frac{\gamma^2}{\pi}}\int_{-\infty}^{\infty}\mathrm{e}^{-\gamma^2x^2}x\mathrm{d}x = 0$$

(3) 将题给波函数代入 Schrödinger 方程

$$E\psi(x) = H\psi(x) = \left(-\frac{\hbar^2}{2m}\frac{\mathrm{d}^2}{\mathrm{d}x^2} + V(x)\right)\psi(x)$$
$$= \left[-\frac{\hbar^2}{2m}\left(-\gamma^2 + \gamma^4x^2\right) + V(x)\right]\psi(x)$$

可见

$$V(x) = \frac{\hbar^2\gamma^4x^2}{2m}$$

(4) 利用积分公式 (A.5), 对波函数作 Fourier 变换转换到动量空间,

$$\varphi(p) = \sqrt{\frac{1}{2\pi\hbar}}\int_{-\infty}^{\infty}\mathrm{e}^{-\mathrm{i}px/\hbar}\psi(x)\mathrm{d}x = \sqrt{\frac{1}{2\pi\hbar}}\sqrt[4]{\frac{\gamma^2}{\pi}}\int_{-\infty}^{\infty}\mathrm{e}^{-\frac{\gamma^2}{2}\left(x-\frac{\mathrm{i}p}{\gamma^2\hbar}\right)^2-\frac{p^2}{2\gamma^2\hbar^2}}\mathrm{d}x$$
$$= \sqrt{\frac{1}{2\pi\hbar}}\sqrt[4]{\frac{\gamma^2}{\pi}}\sqrt{\frac{2\pi}{\gamma^2}}\mathrm{e}^{-\frac{p^2}{2\gamma^2\hbar^2}} = \sqrt[4]{\frac{1}{\pi\gamma^2\hbar^2}}\mathrm{e}^{-\frac{p^2}{2\gamma^2\hbar^2}}$$

从而按波函数概率解释粒子动量在 $p \to p + \mathrm{d}p$ 之间概率

$$P(p)\mathrm{d}p = \sqrt{\frac{1}{\pi\gamma^2\hbar^2}}\mathrm{e}^{-\frac{p^2}{\gamma^2\hbar^2}}\mathrm{d}p$$

说明 第 (2) 问中 $\langle p\rangle = 0$ 这一结果也可以通过下述考虑给出, 因为 $\psi^* = \psi(\psi$ 为实数), 所以

$$\langle p\rangle = -\mathrm{i}\hbar\int_{\infty}^{-\infty}\psi(x)\psi'(x)\mathrm{d}x$$

上式左边为实数 (p 为可观察量), 而右边为一纯虚数, 故必有 $\langle p\rangle = 0$. 所以在一维束缚态中 $\langle p\rangle = 0$(一维束缚定态波函数可取为实函数). 束缚态下动量期望值为零, 可给出普遍证明.

题 3.7 一个质量为 m 的粒子处于频率为 ω 的一维谐振子势阱的基态上, 受到一冲力 $\lambda\delta(t)$, 求它仍处于基态的概率.

解答 设粒子的动量为 p, 初始时动量为 p_0, 所受力

$$F = p\delta(t) = \frac{\mathrm{d}p}{\mathrm{d}t}$$

则粒子的动量是一个阶跃函数

$$p=\lambda\theta(t)+p_0=\begin{cases}p_0+\lambda, & t>0\\ p_0, & t<0\end{cases}$$

动量表象波函数 $\varphi(p_0)\to\varphi(p_0+\lambda)$.

谐振子归一化基态波函数为

$$\psi(x)=\sqrt[4]{\frac{m\omega}{\pi\hbar}}\mathrm{e}^{-\frac{m\omega x^2}{2\hbar}}$$

动量表象波函数

$$\begin{aligned}\varphi(p)&=\sqrt{\frac{1}{2\pi\hbar}}\int\psi(x)\mathrm{e}^{-\frac{\mathrm{i}px}{\hbar}}\mathrm{d}x=\sqrt{\frac{1}{2\pi\hbar}}\sqrt[4]{\frac{m\omega}{\pi\hbar}}\int\mathrm{e}^{-\frac{m\omega x^2}{2\hbar}-\frac{\mathrm{i}px}{\hbar}}\mathrm{d}x\\&=\sqrt[4]{\frac{1}{\pi m\omega\hbar}}\mathrm{e}^{-\frac{p^2}{2\hbar m\omega}}\end{aligned}$$

在动量表象初态波函数 $\varphi(p_0)$, 末态 $\varphi(p_0+\lambda)$. 粒子仍处于基态的概率为

$$\begin{aligned}P&=|(\varphi(p_0),\varphi(p_0+\lambda))|^2\\&=\left|\sqrt{\frac{1}{\pi m\omega\hbar}}\int\mathrm{e}^{-\frac{(p_0+\lambda)^2}{2\hbar m\omega}-\frac{p_0^2}{2\hbar m\omega}}\mathrm{d}p_0\right|^2\\&=\mathrm{e}^{-\frac{\lambda^2}{2m\omega\hbar}}\end{aligned}$$

说明 也可以在 x 表象中考察此问题, 冲击后体系的波函数为

$$\psi(x)=\frac{1}{\sqrt{2\pi\hbar}}\int\varphi(p')\mathrm{e}^{-\frac{\mathrm{i}}{\hbar}(p'+\lambda)x}\mathrm{d}p'=\mathrm{e}^{-\frac{\mathrm{i}}{\hbar}\lambda x}\psi_0(x)$$

其中 $\psi_0(x)=\sqrt[4]{\frac{m\omega}{\pi\hbar}}\mathrm{e}^{-\frac{m\omega x^2}{2\hbar}}$, 故有粒子仍处于基态的概率为

$$P=\left|\int\psi_0^*(x)\psi(x)\mathrm{d}x\right|^2=\mathrm{e}^{-\frac{\lambda^2}{2m\omega\hbar}}$$

与前面结果相同.

题 3.8 粒子在深度为 V_0, 宽度为 a 的对称方势阱中运动, 求

(1) 在阱口附近刚好出现一条束缚能级 ($E\approx V_0$) 的条件;

(2) 束缚态能级总数.

解答 对于题给的势阱, 设阱底势函数的值为零, 则粒子的定态当其能量 E 小于 V_0 时为束缚态, E 大于 V_0 时为散射态或游离态. 考虑粒子的束缚定态, 其能量本征方程为

$$\psi''+\frac{2m}{\hbar^2}[E-V(x)]\psi=0 \tag{3.22}$$

我们令

$$\sqrt{2mE}/\hbar = k, \quad \sqrt{2m(V_0 - E)}/\hbar = \beta, \quad \sqrt{2mV_0}/\hbar = k_0 \tag{3.23}$$

则式 (3.22) 可以分区间写为

$$\psi'' + k^2\psi = 0, \qquad |x| \leqslant a/2 \tag{3.24a}$$

$$\psi'' - \beta^2\psi = 0, \qquad |x| \geqslant a/2 \tag{3.24b}$$

根据束缚态无限远处的边界条件, 式 (3.24b) 的解应取为

$$\psi(x) = \begin{cases} A\mathrm{e}^{-\beta x}, & x \geqslant a/2 \\ B\mathrm{e}^{\beta x}, & x \leqslant -a/2 \end{cases} \tag{3.25}$$

其中 A, B 为常数, 对于奇、偶宇称解应分别满足 $A = -B$, $A = B$. 阱内波函数可由式 (3.24a) 解出, 奇、偶宇称解分别为

$$\begin{array}{ll} \text{奇宇称} & \psi(x) = C_1 \sin kx, \\ \text{偶宇称} & \psi(x) = C_2 \cos kx, \end{array} \quad |x| \leqslant a/2 \tag{3.26}$$

其中 C_1, C_2 为常数, 它们与式 (3.25) 中的 A, B 可通过波函数连接条件以及归一化条件确定.

$x = \pm a/2$ 处为势函数有限跳跃点, 波函数及其一阶导数应连续. 当阱口刚好出现束缚态能级时, $E \approx V_0, \beta \approx 0$, 因此

$$\psi'(x) = \begin{cases} -\beta A\mathrm{e}^{-\beta x} \approx 0, & x \geqslant a/2 \\ \beta B\mathrm{e}^{\beta x} \approx 0, & x \leqslant -a/2 \end{cases} \tag{3.27}$$

根据 ψ' 的连续性, 并由式 (3.26), 即得 ($E \approx V_0$, $k \approx k_0$)

$$\begin{array}{ll} \text{奇宇称} & \psi'(a/2) \approx C_1 k_0 \cos \dfrac{k_0 a}{2} \approx 0, \quad k_0 a = \pi, 3\pi, 5\pi, \cdots \\ \text{偶宇称} & \psi'(a/2) \approx -C_2 k_0 \sin \dfrac{k_0 a}{2} \approx 0, \quad k_0 a = 2\pi, 4\pi, 6\pi, \cdots \end{array} \tag{3.28}$$

综合奇宇称、偶宇称两种情况, 阱口刚好出现束缚能级的条件为

$$k_0 a = n\pi, \quad n = 1, 2, 3, \cdots \tag{3.29}$$

根据式 (3.23), 上式表示为

$$\frac{2mV_0 a^2}{\hbar^2} = n^2\pi^2 \tag{3.30}$$

其中 $n = 1, 2, 3, \cdots$.

一维对称方势阱总有一条束缚能级[①]. 当 V_0 较小时, 即当$\frac{2mV_0a^2}{\hbar^2} < \pi^2$ 时, 势阱一定存在且只存在一条束缚能级 (偶宇称态[②]). 根据式 (3.28) 以及式 (3.23), 随着 V_0 逐渐增加, 到满足 $\frac{2mV_0a^2}{\hbar^2} = \pi^2$时, 能量 $E = V_0$ 的态也是束缚态; 也就是此时除基态外, 阱口将再出现一个能级 (奇宇称态), 这样共有二个束缚态能级, 对应基态与第一激发态. 随着 V_0 增加, 当 $\pi^2 < \frac{2mV_0a^2}{\hbar^2} < (2\pi)^2$时, 势阱存在基态与第一激发态两个束缚态. V_0 继续增加, 当 $\frac{2mV_0a^2}{\hbar^2} = (2\pi)^2$时, 除基态与第一激发态以外, 阱口将再出现一个能级 (偶宇称态), 这是第三个能级, 即第二激发态. 依此类推. 由此可知, 对于给定的 V_0a^2, 束缚定态能级总数为

$$N = 1 + \left[\frac{a}{\pi\hbar}\sqrt{2mV_0}\right] \tag{3.31}$$

这里符号 $[A]$ 表示不超过 A 的最大整数.

当粒子在宽度为 a 的无限深方势阱中运动时, 能级为

$$E_n = \frac{1}{2m}\left(\frac{n\pi\hbar}{a}\right)^2, \quad n = 1, 2, 3, \cdots$$

则 $E < V_0$ 的能级总数为

$$n = \left[\frac{a}{\pi\hbar}\sqrt{2mV_0}\right] = N - 1$$

与式 (3.31) 比较可知, 如果只计算 $E < V_0$ 的能级数, 则有限深 (V_0) 势阱的能级数比无限深势阱的能级数多一个. 这一结果可从 Hellmann-Feynman 定理理解, 因无限深方势阱的每一个能级均高于有限深方势阱的相应能级.

题 3.9 一个一维无限深方势阱将一粒子禁闭在区域 $0 \leqslant x \leqslant L$ 中. 描绘其最低能量本征态波函数. 若在阱中心加一个排斥的 δ- 函数势 $H' = \lambda\delta(x - L/2)$ ($\lambda > 0$), 画出新波函数, 并叙述能量是增加还是减少. 若其最初能量为 E_0, 当 $\lambda \to \infty$ 时它变成什么?

解答 无 δ-势时, 最低能量本征函数及本征值为

$$\phi_1(x) = \sqrt{\frac{2}{L}}\sin\pi\frac{x}{L}, \quad E_1 = \frac{\pi^2\hbar^2}{2mL^2} \tag{3.32}$$

加入 δ- 势后的 Schrödinger 方程写为

$$-\frac{\hbar^2}{2m}\frac{\mathrm{d}^2}{\mathrm{d}x^2}\psi(x) + \lambda\delta(x - L/2)\psi = E\psi \tag{3.33}$$

① 如参见张永德, 量子力学 (第三版)[M], 北京: 科学出版社, 2015, 50. 或由束缚态存在定理.

② 读者可以思考, 这里依次出现的束缚态, 为什么一定具有确定的宇称? 而且为什么一定按照偶、奇、偶 …… 的顺序依次出现?

在 $x \neq L/2$ 处, 结合 $x=0$ 与 $x=L$ 处边界条件, 解得的波函数为

$$\psi(x)=\begin{cases} A_1 \sin kx, & 0 \leqslant x < L/2, \\ A_2 \sin k(x-L), & L/2 < x \leqslant L \end{cases} \tag{3.34}$$

其中 $k=\sqrt{2mE/\hbar^2}$. 由波函数连续, 可得

$$A_1 \sin(kL/2) = A_2 \sin(-kL/2)$$

这给出

$$A_1 = -A_2 \tag{3.35}$$

再在 $L/2-\epsilon < x < L/2+\epsilon(\epsilon=0^+)$ 小范围, 积分上述 Schrödinger 方程 (3.32),

$$\lim_{\epsilon\to 0}\int_{L/2-\epsilon}^{L/2+\epsilon}\left\{-\frac{\hbar^2}{2m}\frac{\mathrm{d}^2}{\mathrm{d}x^2}\psi(x)+\lambda\delta(x-L/2)\psi=E\psi\right\}$$

给出

$$\lim_{\epsilon\to 0}\left\{\psi'\left(\frac{L}{2}+\epsilon\right)-\psi'\left(\frac{L}{2}-\epsilon\right)\right\}=\frac{2m}{\hbar^2}\lambda\psi\left(\frac{L}{2}\right)$$

表明 δ-势使得波函数存在一阶导数跃变. 将波函数代入上式, 有

$$\lim_{\epsilon\to 0}\left\{A_2 k\cos k\left(\frac{L}{2}+\epsilon\right)-A_1 k\cos k\left(\frac{L}{2}-\epsilon\right)\right\}=2A_1 k\cos k\frac{L}{2}=\frac{2m}{\hbar^2}\lambda A_1\sin k\frac{L}{2}$$

也就是

$$\tan k\frac{L}{2}=-\frac{\hbar^2}{m\lambda}k \tag{3.36}$$

根据上式, 可用图解法或者数值解法求出 k 的特征值, 从而求出能级 E. 设 k_0 为最小的本征值, 即相应波函数为

$$\psi(x)=\begin{cases} A\sin k_0 x, & 0\leqslant x<L/2 \\ -A\sin k_0(x-L), & L/2\leqslant x\leqslant L \end{cases} \tag{3.37}$$

因为一维基态波函数无节点, 故可知其图形如图 3.1 所示.

阱中心无 δ-势时, $E_n=\dfrac{1}{2m}\left(\dfrac{n\hbar\pi}{L}\right)^2$; 加入 δ- 势后, 随 λ 增加, 能量增加; 当 $\lambda\to\infty$, $\tan kL/2\sim 0$, $k\to 2n\pi L$, $E_n\to\dfrac{1}{2m}\left(\dfrac{2n\hbar\pi}{L}\right)^2$, 这个方势阱化为两个长为 $L/2$ 的无限深方势阱.

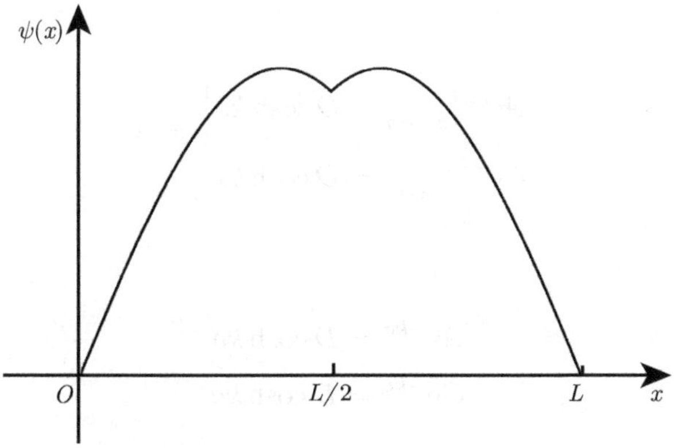

图 3.1　中心加排斥 δ-势的一维无限深方势阱中粒子运动基态波函数

题 3.10　质量为 m 的粒子在一维势场 $V(x)=-g[\delta(x-a)+\delta(x+a)]$ 中运动, g 是大于零的常数. 求基态本征函数, 并导出联系 g 和能量本征值 E 的方程.

解答　定态 Schrödinger 方程

$$-\frac{\hbar^2}{2m}\frac{\mathrm{d}^2}{\mathrm{d}x^2}\psi(x)-g\left[\delta(x-a)+\delta(x+a)\right]\psi(x)=E\psi(x) \tag{3.38}$$

设 $E<0$, $k=\sqrt{-2mE/\hbar^2}$. 分区间求解定态 Schrödinger 方程, 在 $x\leqslant -a$(设为 1 区)、在 $-a<x<a$(设为 2 区) 以及在 $x\geqslant a$(设为 3 区) 三个区间分别解得其波函数为

$$\psi(x)=\begin{cases} A\mathrm{e}^{kx}, & x\leqslant -a \\ B\sinh kx+D\cosh kx & |x|<a \\ C\mathrm{e}^{-kx} & x\geqslant a \end{cases} \tag{3.39}$$

将 2 区的波函数分为奇、偶宇称态, 由波函数连续, 对奇宇称态

$$A\mathrm{e}^{kx}\big|_{x=-a}=B\sinh kx\Big|_{x=-a} \tag{3.40}$$

$$C\mathrm{e}^{-kx}\big|_{x=a}=B\sinh kx\big|_{x=a} \tag{3.41}$$

也就是

$$A\mathrm{e}^{-ka}=-B\sinh ka$$

$$C\mathrm{e}^{-ka}=B\sinh ka$$

由上给出

$$A=-C,\quad B=\frac{C\mathrm{e}^{-ka}}{\sinh ka} \tag{3.42}$$

对偶宇称态

$$Ae^{kx}\Big|_{x=-a} = D\cosh kx\Big|_{x=-a} \tag{3.43}$$

$$Ce^{-kx}\Big|_{x=a} = D\cosh kx\Big|_{x=a} \tag{3.44}$$

也就是

$$Ae^{-ka} = D\cosh ka$$
$$Ce^{-ka} = D\cosh ka$$

由上给出

$$A = C, \quad D = \frac{Ce^{-ka}}{\cosh ka} \tag{3.45}$$

在区域 $(-a-\epsilon, -a+\epsilon), (a-\epsilon, a+\epsilon)$ 分别积分此 Schrödinger 方程

$$\begin{cases} \psi'(-a+\varepsilon) - \psi'(-a-\varepsilon) = -\dfrac{2mg}{\hbar^2}\psi(-a) \\ \psi'(a+\varepsilon) - \psi'(a-\varepsilon) = -\dfrac{2mg}{\hbar^2}\psi(a) \end{cases} \tag{3.46}$$

将 1、2、3 区的波函数根据奇偶宇称代入. 对于奇宇称

$$\begin{cases} Bk\cosh k(-a) - Ake^{k(-a)} = -\dfrac{2mg}{\hbar^2}Ae^{k(-a)} \\ -Cke^{-ka} - Bk\cosh ka = -\dfrac{2mg}{\hbar^2}Ce^{-ka} \end{cases}$$

对于偶宇称

$$\begin{cases} Dk\sinh k(-a) - Ake^{k(-a)} = -\dfrac{2mg}{\hbar^2}Ae^{k(-a)} \\ -Cke^{-ka} - Dk\sinh ka = -\dfrac{2mg}{\hbar^2}Ce^{-ka} \end{cases}$$

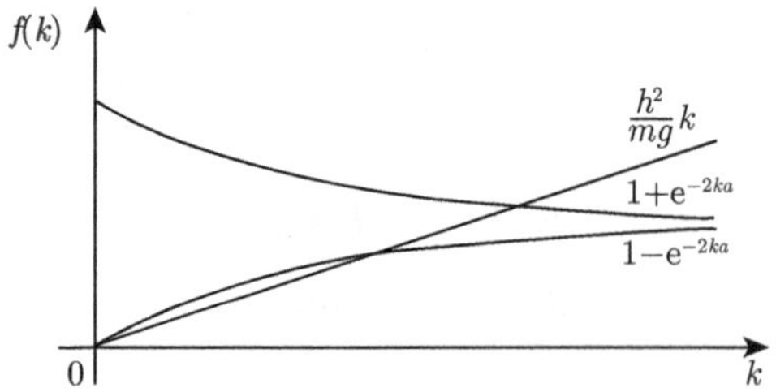

图 3.2　图解法求解双 δ-势偶宇称与奇宇称束缚态能级的关于 k 的函数曲线

分别化简后得

$$\begin{cases} \dfrac{\hbar^2}{mg}k = 1 - \mathrm{e}^{-2ka}, & \text{奇宇称态} \\ \dfrac{\hbar^2}{mg}k = 1 + \mathrm{e}^{-2ka}, & \text{偶宇称态} \end{cases} \tag{3.47}$$

这是联系 g 和能量本征值的方程, 奇宇称束缚态不一定有解(取决于双 δ-势的强度 g 和间距大小), 偶宇称束缚态则一定有惟一解. 因为$E = -\dfrac{1}{2m}\hbar^2k^2$, 可知偶宇称态能级更低 (图 3.2 中偶宇称态对应的交点具有更大的 k 值), 基态为偶宇称态①, 所以基态波函数为

$$\psi(x) = \begin{cases} D\cosh ka\mathrm{e}^{ka}\mathrm{e}^{-k|x|}, & |x| > a \\ D\cosh kx, & |x| \leqslant a \end{cases} \tag{3.48}$$

由波函数归一化

$$2\int_a^{+\infty}(D\cosh ka\mathrm{e}^{ka}\mathrm{e}^{-kx})^2\mathrm{d}x + \int_{-a}^{a}(D\cosh kx)^2\mathrm{d}x = 1$$

由此得系数 D

$$D = \left[\frac{\mathrm{e}^{2ka} + 2ka + 1}{2k}\right]^{-1/2} \tag{3.49}$$

题 3.11　考虑一谐振子, 令 ψ_0 和 ψ_1 分别为它的基态与第一激发态的波函数(均为实的和归一化的). 令 $A\psi_0 + B\psi_1$ 是某一瞬时振子的波函数, A 和 B 是实数. 证明 x 的平均值一般不为零. A 和 B 取什么值时 $\langle x\rangle$ 为最大和最小?

解答　记谐振子的归一化本征态 ψ_n, 当 n 为奇 (偶) 数时, ψ_n 分别为奇 (偶) 函数. 利用 ψ_0 和 ψ_1 以及 A 和 B 的实数性, x 的平均值

$$\begin{aligned}\langle x\rangle &= \int (A\psi_0 + B\psi_1)^*\, x\, (A\psi_0 + B\psi_1)\,\mathrm{d}x \\ &= \int (A^*B\psi_0^* x\psi_1 + AB^*\psi_1^* x\psi_0)\,\mathrm{d}x = 2AB\int \psi_1 x\psi_0\mathrm{d}x \\ &= \left[1 - (A-B)^2\right]\int \psi_1 x\psi_0\mathrm{d}x\end{aligned}$$

上式最后一个等号用了 $A^2 + B^2 = 1$. 可见 $\langle x\rangle$ 一般不为零. 利用相应态归一化波函数

$$\psi_0 = \sqrt{\frac{\alpha}{\sqrt{\pi}}}\mathrm{e}^{-\frac{1}{2}\alpha^2x^2}$$

$$\psi_1 = \sqrt{\frac{\alpha}{2\sqrt{\pi}}}\mathrm{e}^{-\frac{1}{2}\alpha^2x^2}2\alpha x$$

① 此结论也可作一般性分析得到. 题给势函数满足 $V(x) = V(-x)$, 这样 Hamilton 量在宇称变换下不变. 一维定态问题的束缚态不简并, 应有确定的宇称. 再按节点定理基态无节点, 必为偶宇称态.

可知 $x\psi_0 = \dfrac{1}{\sqrt{2}\alpha}\psi_1$. 这样

$$\int \psi_1 x\psi_0 \mathrm{d}x = \frac{1}{\sqrt{2}\alpha}\int \psi_1\psi_1 \mathrm{d}x = \frac{1}{\sqrt{2}\alpha}$$

因而

$$\langle x\rangle = \frac{1}{\sqrt{2}}\left[1-(A-B)^2\right]$$

考虑到 $A^2+B^2=1$, $A=B=\sqrt{1/2}$ 时, $\langle x\rangle$ 最大; $A=-B=\sqrt{1/2}$ 时, $\langle x\rangle$ 最小. 也就是

$$\langle x\rangle_{\max} = \frac{1}{\sqrt{2}\alpha}, \quad \langle x\rangle_{\min} = -\frac{1}{\sqrt{2}\alpha}$$

题 3.12 若粒子从右边入射, 求一维阶梯势的反射和透射系数. 一维阶梯势为

$$V(x) = \begin{cases} V_0, & x>0 \\ 0, & x<0 \end{cases}$$

其中 $V_0>0$. 入射粒子质量为 m, 能量为 E.

解答 粒子从右边入射, 所以 $E>V_0$. 对于该散射问题, 入射波、反射波以及透射波如下依次给出

$$\psi_i = A\mathrm{e}^{-\mathrm{i}k_1x}, \quad \psi_r = B\mathrm{e}^{+\mathrm{i}k_1x}, \quad \psi_t = C\mathrm{e}^{-\mathrm{i}k_2x}$$

其中

$$k_1 = \sqrt{\frac{2m(E-V_0)}{\hbar^2}}, \quad k_2 = \sqrt{\frac{2mE}{\hbar^2}}$$

由 $x=0$ 处波函数及波函数的一阶导数连续条件得

$$\begin{aligned} &A\mathrm{e}^{\mathrm{i}k_1x}\big|_{x=0} + B\mathrm{e}^{\mathrm{i}k_1x}\big|_{x=0} = C\mathrm{e}^{\mathrm{i}k_2x}|x=0 \\ &Ak_1\mathrm{e}^{\mathrm{i}k_1x}\big|_{x=0} - Bk_1\mathrm{e}^{\mathrm{i}k_1x}\big|_{x=0} = Ck_2\mathrm{e}^{\mathrm{i}k_2x}\big|_{x=0} \end{aligned}$$

上面两式也就是

$$A+B=C, \quad (A-B)k_1 = Ck_2$$

由上式可解出反射系数

$$\begin{aligned} |R|^2 &= \left|\frac{B}{A}\right|^2 = \left|\frac{k_1-k_2}{k_1+k_2}\right|^2 \\ &= \left|\frac{\sqrt{E-V_0}-\sqrt{E}}{\sqrt{E-V_0}-\sqrt{E}}\right|^2 = \frac{V_0^2}{\left(\sqrt{E-V_0}+\sqrt{E}\right)^4} \end{aligned}$$

而透射系数 $|T|^2 = 1 - |R|^2$.

注意　透射系数不能用 $\left|\dfrac{C}{A}\right|^2$, 这是因为, 透射系数的定义为 $T = \dfrac{j_t}{j_i}$, j 是概率流密度正比于波数 k. 因为势垒两边的波数不同, 所以与 $\left|\dfrac{C}{A}\right|^2$ 不相等.

说明　反射和透射系数与粒子从左边入射情形相同. 易证对于一维散射问题, 对同样的势函数和相同能量的粒子, 从势垒左边入射与从右边入射, 其反射系数、透射系数均相同.

题 3.13　求在一维常数虚势 $-\mathrm{i}V(V \ll E)$ 中运动的粒子的波函数. 计算概率流密度并证明虚势代表粒子的吸收, 求相应的吸收系数.

解答　由 Schrödinger 方程

$$\mathrm{i}\hbar\frac{\partial}{\partial t}\psi = \left(\frac{p^2}{2m} - \mathrm{i}V\right)\psi$$

设 $\psi = \mathrm{e}^{-\mathrm{i}Et/\hbar}\mathrm{e}^{\mathrm{i}kx}$, 则有

$$k^2 = \frac{2mE}{\hbar^2}\left(1 + \mathrm{i}\frac{V}{E}\right)$$

由于 $V \ll E$, 所以

$$k \approx \pm\sqrt{\frac{2mE}{\hbar^2}}\left(1 + \mathrm{i}\frac{V}{2E}\right)$$

所以有

$$\psi_{\pm}(x,t) = \exp\left[\mp\sqrt{\frac{2mE}{\hbar^2}}\frac{V}{2E}x\right]\cdot\exp\left[\pm\mathrm{i}\sqrt{\frac{2mE}{\hbar^2}}x\right]\mathrm{e}^{-\mathrm{i}Et/\hbar}$$

式中 ψ_+ 和 ψ_- 分别对应于指数衰减的右行波和左行波. 利用概率流密度公式

$$j = \mathrm{Re}\left(\psi^*\frac{p}{m}\psi\right) = \mathrm{Re}\left(\psi^*\frac{\hbar k}{m}\psi\right)$$

对于 ψ_+ 和 ψ_-, 分别算得

$$j_{\pm} = \pm\frac{\hbar}{m}\sqrt{\frac{2mE}{\hbar^2}}\exp\left\{\mp\sqrt{\frac{2mE}{\hbar^2}}\frac{V}{E}x\right\}$$

这显然是两个分别沿着各自传播方向指数衰减的流. 而吸收系数为

$$\alpha = \left|-\frac{1}{j}\frac{\mathrm{d}j}{\mathrm{d}x}\right| = \left|-\frac{\mathrm{d}\ln j}{\mathrm{d}x}\right| = \sqrt{\frac{2mE}{\hbar^2}}\frac{V}{E}$$

由此可见虚势意味着吸收.

题 3.14 对重力场中微观粒子的任何运动, 证明其能量依赖于 m, g 和 h 的形式为 $E=Kmg\left(\dfrac{m^2g}{h^2}\right)^\alpha$, 确定 α.

解答 粒子的势能为 $V=mgx$, Hamilton 量为

$$H=-\frac{\hbar^2}{2m}\frac{\mathrm{d}^2}{\mathrm{d}x^2}+mgx$$

作量纲分析, $[H]=[E]=\left[\dfrac{\hbar^2}{mx^2}\right]=[mgx]$, $[x]=\left[\dfrac{m^2g}{h^2}\right]^{-1/3}$. 所以 $[E]=\left[Kmg\left(\dfrac{m^2g}{h^2}\right)^{-1/3}\right]$, 也就是说必定有 $E=Kmg\left(\dfrac{m^2g}{h^2}\right)^{-1/3}$, K 是无量纲常数.

对照题目条件, 可知 $\alpha=-1/3$.

题 3.15 下面是一个关于一维 Schrödinger 方程本征值 $E_n(E_1<E_2<E_3<\cdots)$ 的定理.

定理 如果势 $V_1(x)$ 给出本征值 E_{1n}, $V_2(x)$ 给出本征值 E_{2n}, 且有 $V_1(x)\leqslant V_2(x)$ 处处成立, 则有 $E_{1n}\leqslant E_{2n}$.

(1) 证明这个定理;

(2) 考虑势

$$U(x)=\frac{1}{2}k\begin{cases}x^2, & |x|<a\\ a^2, & |x|\geqslant a\end{cases}$$

求这个势所能具有的束缚态数目. 假设这个数目 $N\geqslant 1$, 决定 N 的上界 (或下界).

提示 (1) 利用 Hellmann-Feynman 定理, 考虑一个含实常数 λ 的辅助势 $V(\lambda,x)$:

$$V(\lambda,x)=(1-\lambda)V_1(x)+\lambda V_2(x)$$

(2) 选择一个可解的比较势, 利用此定理.

解答 (1) 按提示, 令 $V(\lambda,x)=\lambda V_2(x)+(1-\lambda)V_1(x)$, 显然 $V(0,x)=V_1(x)$, $V(1,x)=V_2(x)$. 而

$$\frac{\partial V}{\partial\lambda}=V_2(x)-V_1(x)\geqslant 0$$

写下 Hamilton 量

$$H(\lambda)=\frac{p^2}{2m}+V(\lambda,x)$$

相应定态 Schrödinger 方程

$$H(\lambda)\left|n,\lambda\right\rangle=E_n(\lambda)\left|n,\lambda\right\rangle$$

由 Hellmann-Feynman 定理

$$\begin{aligned}\frac{\mathrm{d}E_n}{\mathrm{d}\lambda}&=\langle n,\lambda|\frac{\partial H(\lambda)}{\partial\lambda}|n,\lambda\rangle\\&=\langle n,\lambda|\frac{\partial V}{\partial\lambda}|n,\lambda\rangle=\int\frac{\partial V}{\partial\lambda}|\psi_n(x,\lambda)|^2\,\mathrm{d}x\geqslant 0\end{aligned}$$

可见 E_n 关于 λ 是增函数, 所以 $E_{1n}=E_n(0)\leqslant E_n(1)=E_{2n}$.

(2) 令 $V(x)=kx^2/2$, 则 $V(x)\geqslant U(x)$.

设 E_n 为势 $U(x)$ 对应的能级, 则有 $E_n\leqslant(n+1/2)\hbar\omega$, 其中 $\omega=\sqrt{k/m}$. $E_n\leqslant ka^2/2$ 对应于束缚态, 因为 $E_n\leqslant(n+1/2)\hbar\omega$, 所以在 $(0,ka^2/2)$ 区间内, $U(x)$ 相应的能级数大于 $V(x)$ 相应的能级数, 所以解 $(N+1/2)\hbar\omega\leqslant ka^2/2$, 将得到束缚态数目的下限

$$\left[\frac{m\omega a^2}{2\hbar}-\frac{1}{2}\right]\approx\left[\frac{m\omega a^2}{2\hbar}\right]$$

其中 [ ] 表示取整 (下同), 按题意 $N\gg 1$, 略去 [ ] 中的 $\frac{1}{2}$.

另外, 若取势 $V(x)$ 为一有限深方势阱,

$$V(x)=\frac{1}{2}k\begin{cases}0, & |x|<a\\ a^2, & |x|\geqslant a\end{cases}$$

同理可知, $U(x)$ 的束缚态数少于 $V(x)$ 的束缚态数, 后者为 $\left[\frac{2m\omega a^2}{\pi\hbar}\right]+1$. 所以, 束缚态数目上限为 $\left[\frac{2m\omega a^2}{\pi\hbar}\right]$(因 $N\gg 1$, 1 可以略去).

综上, 束缚态数目应介于 $\left[\frac{m\omega a^2}{2\hbar}\right]$ 和 $\left[\frac{2m\omega a^2}{\pi\hbar}\right]$ 之间.

题 3.16 设 Hermite 算符 $\hat{A}$ 满足二次方程 $\hat{A}^2-3\hat{A}+2=0$, 且知这是 $\hat{A}$ 满足的最低阶方程. 问: (1) $\hat{A}$ 的本征值为何? (2) $\hat{A}$ 的本征态为何? (3) 证明 $\hat{A}$ 是可观测量.

解答 (1)$\hat{A}$ 的本征值是二次方程的根 $\hat{A}=1$, $\hat{A}=2$.

(2) 由线性代数, 算符表示成非退化矩阵, 故 $\hat{A}$ 可表示为 2×2 矩阵. 为简单起见, 取其为对角阵, 对角元为其本征值

$$\hat{A}=\begin{pmatrix}1&0\\0&2\end{pmatrix}$$

易求得 $\hat{A}$ 的本征态为

$$\begin{pmatrix} 1 \\ 0 \end{pmatrix} \quad \text{相应的本征值为 } 1;$$
$$\begin{pmatrix} 0 \\ 1 \end{pmatrix} \quad \text{相应的本征值为 } 2$$

(3) 上面知 $\hat{A}$ 的本征值都是实数, 因此 $\hat{A}$ 满足 Hermite 性. 在二维空间中, 任意态可以用 $\hat{A}$ 的这两个本征态展开, 即 $\hat{A}$ 的本征函数族完备, 所以 $\hat{A}$ 为可观测量.

题 3.17 一个一维吸引势满足:

$$V(x) < 0, \quad \int_{-\infty}^{+\infty} \mathrm{d}x V(x)\text{有限}, \quad \int_{-\infty}^{+\infty} \mathrm{d}x x^2 V(x)\text{有限}$$

(1) 用形如 $\exp\{-\beta x^2/2\}$ 的试探函数证明这个势至少有一个束缚态;

(2) 假设势相当弱 ($\int_{-\infty}^{+\infty} \mathrm{d}x V(x)$, $\int_{-\infty}^{+\infty} \mathrm{d}x x^2 V(x)$ 都很“小”), 对于此试探波函数求能量的最佳上界;

(3) 用无量纲的叙述明确表明 (2) 中“小”的含义.

解答 (1) 取归一化波函数 $\psi(x) = \left(\dfrac{\beta}{\pi}\right)^{1/4} \mathrm{e}^{-\beta x^2/2}$, 令 $\beta = \dfrac{m\omega}{\hbar}$, 则 Hamilton 量期望值

$$\begin{aligned}
\bar{H} &= \langle\psi| H |\psi\rangle = \langle\psi| -\frac{\hbar^2}{2m}\frac{\mathrm{d}^2}{\mathrm{d}x^2} + V(x) |\psi\rangle \\
&= \left(\frac{\beta}{\pi}\right)^{1/2} \int \left[\frac{\hbar^2}{2m}(\beta - \beta^2 x^2) + V(x)\right] \mathrm{e}^{-\beta x^2} \mathrm{d}x \\
&= \frac{\hbar^2}{4m}\beta + \left(\frac{\beta}{\pi}\right)^{1/2} \int V(x) \mathrm{e}^{\ \beta x^2} \mathrm{d}x
\end{aligned}$$

其中用到了附录积分公式 (1, 2). 因而

$$\begin{aligned}
\frac{\partial \bar{H}}{\partial \beta} &= \frac{\hbar^2}{4m} + \frac{1}{2\sqrt{\pi\beta}} \int V(x) \mathrm{e}^{-\beta x^2} \mathrm{d}x - \sqrt{\frac{\beta}{\pi}} \int x^2 V(x) \mathrm{e}^{-\beta x^2} \mathrm{d}x \\
&= \frac{\hbar^2}{4m} + \frac{1}{2\beta} \langle\psi| V(x) |\psi\rangle - \langle\psi| x^2 V(x) |\psi\rangle
\end{aligned} \tag{3.50}$$

由于 $\beta \to 0$ 时, $\dfrac{\partial \bar{H}}{\partial \beta} \to -\infty$; $\beta \to \infty$ 时, $\dfrac{\partial \bar{H}}{\partial \beta} \to \dfrac{\hbar^2}{4m} > 0$. 故 $\dfrac{\partial \bar{H}}{\partial \beta} = 0$ 至少有

一解 $\beta_0(>0)$, 相应的能量为

$$
\begin{aligned}
\bar{E}=\bar{H}(\beta_0) &= \frac{\hbar^2\beta_0}{4m}+\langle\psi(\beta_0)|\,V(x)\,|\psi(\beta_0)\rangle \\
&=\frac{\hbar^2\beta_0}{4m}+2\beta_0\left[-\frac{\hbar^2}{4m}+\langle\psi(\beta_0)|\,x^2V(x)\,|\psi(\beta_0)\rangle\right] \\
&=-\frac{\hbar^2\beta_0}{4m}+2\beta_0\,\langle\psi(\beta_0)|\,x^2V(x)\,|\psi(\beta_0)\rangle\leqslant 0
\end{aligned}
\tag{3.51}
$$

其中用到了 $\left.\dfrac{\partial\bar{H}}{\partial\beta}\right|_{\beta_0}=0$ 以及题给吸引势的条件. 所以系统至少存在一个束缚态.

(2) 设 $\int_{-\infty}^{+\infty}\mathrm{d}xV(x)=A$, $\int_{-\infty}^{+\infty}\mathrm{d}x x^2V(x)=B$.

当 A、B 都很小时, 势 $V(x)$ 只能在 $|x|$ 较小处有可能取较大的值, 而在大 $|x|$ 处, $V(x)$ 必须是快速衰减的, 于是

$$
\begin{aligned}
A_1&=\int_{-\infty}^{\infty}\mathrm{e}^{-\beta x^2}V(x)\mathrm{d}x\approx\int_{-\infty}^{\infty}(1-\beta x^2)V(x)\mathrm{d}x=A-\beta B \\
B_1&=\int_{-\infty}^{\infty}x^2\mathrm{e}^{-\beta x^2}V(x)\mathrm{d}x\approx\int_{-\infty}^{\infty}x^2V(x)\mathrm{d}x=B
\end{aligned}
$$

由 $\dfrac{\partial\bar{H}}{\partial\beta}=0$, 得

$$
\frac{\hbar^2}{4m}+\frac{A_1}{2\sqrt{\pi\beta}}-\sqrt{\frac{\beta}{\pi}}B_1=0
$$

求解上式取正根得

$$
\sqrt{\beta}=\frac{\sqrt{\pi}\hbar^2}{12mB}+\sqrt{\frac{\pi\hbar^4}{144m^2B^2}+\frac{A}{3B}}
\tag{3.52}
$$

于是, 得到能量的一个估计

$$
\begin{aligned}
\bar{E}&=-\frac{\hbar^2\beta}{4m}+2\beta\sqrt{\frac{\beta}{\pi}}B \\
&=\left(\frac{\sqrt{\pi}\hbar^2}{12mB}+\sqrt{\frac{\pi\hbar^4}{144m^2B^2}+\frac{A}{3B}}\right)^2\left(-\frac{\hbar^2}{12m}-\sqrt{\frac{\hbar^4}{36m^2}+\frac{4AB}{3\pi}}\right)
\end{aligned}
\tag{3.53}
$$

对它的最佳下界可如下估计: 注意 A, B 均是负数, 故 $\bar{E}<0$, 于是有

$$
\bar{E}<-\frac{\hbar^2}{4m}\left(\frac{\sqrt{\pi}\hbar^2}{12mB}+\sqrt{\frac{\pi\hbar^4}{144m^2B^2}+\frac{A}{3B}}\right)^2
$$

由于对任意两实数 a、b, 有不等式 $(a+b)^2\geqslant 4ab$, 故上界为

$$
\bar{E}=-\frac{\pi\hbar^6}{144m^3B^2}\sqrt{1+\frac{48m^2AB}{\pi\hbar^4}}
$$

(3) 由第 (2) 小题知

$$\sqrt{\beta}=\frac{a_1}{B}+\sqrt{\frac{a_2}{B^2}+\frac{A}{3B}}$$

其中 $a_1=\dfrac{\sqrt{\pi}\hbar^2}{12m}$, $a_2=\dfrac{\pi\hbar^4}{144m^2B^2}$, 则有

$$\int_{-\infty}^{+\infty}\mathrm{e}^{-\beta x^2}V(x)\mathrm{d}x\approx\int_{-\infty}^{+\infty}V(x)(1-\beta x^2)\mathrm{d}x=A-\beta B$$

以及

$$\int_{-\infty}^{+\infty}\mathrm{e}^{-\beta x^2}V(x)\mathrm{d}x\approx V(0)\int_{-\infty}^{+\infty}\mathrm{e}^{-\beta x^2}\mathrm{d}x\sim\frac{V(0)}{\beta^{1/2}}$$

其中已略去常系数 $\sqrt{\pi}$, 这不影响本问题要求的结果. 比较上面两式知, 在一级近似下有

$$\frac{V(0)}{\beta^{1/2}}=A-\beta B$$

从而

$$\left|\frac{V(0)}{\beta^{1/2}A}\right|=\left|1-\frac{\beta B}{A}\right|$$

其中 $V(0)<0$. 而

$$\frac{\beta B}{A}=\left(\frac{a_1}{B}\sqrt{\frac{B}{A}}+\sqrt{\frac{a_2}{B^2}+\frac{A}{3B}}\frac{B}{A}\right)^2=\left(\frac{a_1}{\sqrt{AB}}+\sqrt{\frac{a_2}{B^2}+\frac{A}{3B}\frac{B}{A}}\right)^2$$

由于 A, B 皆为小量, 故有 $\dfrac{\beta B}{A}\gg 1$, 即得 $\left|\dfrac{V(0)}{\beta^{1/2}A}\right|\gg 1$.

对 B 类似的有

$$\int_{-\infty}^{+\infty}\mathrm{e}^{-\beta x^2}x^2V(x)\mathrm{d}x\approx B-\int_{-\infty}^{+\infty}\beta x^4V(x)\mathrm{d}x$$

以及

$$\int_{-\infty}^{+\infty}\mathrm{e}^{-\beta x^2}x^2V(x)\mathrm{d}x\approx V(0)\int_{-\infty}^{+\infty}\mathrm{e}^{-\beta x^2}x^2\mathrm{d}x\sim V(0)\beta^{-3/2}$$

比较上面两式知, 在一级近似下有

$$V(0)\beta^{-3/2}=B-\int_{-\infty}^{+\infty}\beta x^4V(x)\mathrm{d}x\approx B-\beta\cdot B\cdot\text{常数}$$

这样

$$\left|\frac{V(0)}{\beta^{3/2}B}\right|=\left|1-\frac{\beta}{B}\int_{-\infty}^{+\infty}\beta x^4V(x)\mathrm{d}x\right|$$

又因为 $\left|\dfrac{\beta}{B}\cdot \text{常数}\right| \gg 1$, 故有

$$\left|\frac{V(0)}{\beta^{3/2}B}\right| \gg 1$$

综上有

$$\begin{cases} \left|\dfrac{V(0)}{\beta^{1/2}A}\right| \gg 1 \\ \left|\dfrac{V(0)}{\beta^{3/2}B}\right| \gg 1 \end{cases}$$

也就是

$$\begin{cases} \left|\dfrac{\beta^{1/2}A}{V(0)}\right| \ll 1 \\ \left|\dfrac{\beta^{3/2}B}{V(0)}\right| \ll 1 \end{cases}$$

此即以无量纲表达式 明确了 (2) 中"小"的的含义.

题 3.18 质量为 m 的粒子处于谐振子势 $V_1(x)=\dfrac{1}{2}kx^2(k>0)$的基态.

(1) 如弹性系数突然增大一倍, 即势场突然变为 $V_2(x)=kx^2(k>0)$, 随即测量粒子的能量, 求粒子处于 V_2 势场的基态的概率.

(2) 势场由 V_1 突变为 V_2 后, 不进行测量, 经过一段时间 τ 后, 让势场重新恢复成 V_1. 问 τ 取什么值时, 粒子状态将周期性地恢复到最初的基态?

解答 (1) 粒子的波函数 $\psi(x,t)$ 随时间的变化应满足 Schrödinger 方程

$$\mathrm{i}\hbar\frac{\partial}{\partial t}\psi=-\frac{\hbar^2}{2m}\frac{\partial^2}{\partial x^2}\psi+V\psi$$

因此当 V 发生突变 (由 V_1 突变为 V_2), 但变化量有限时, $\psi(x,t)$ 仍是 t 的连续函数, 亦即 V 突变时 $\psi(x,t)$ 不变.

V_1 场和 V_2 场的基态波函数分别记为 ψ_0 和 ϕ_0, 当势场突然由 V_1 变成 V_2 的瞬时, 粒子的波函数仍为势场突变前所处的 ψ_0. 在 ψ_0 态测得粒子处于 ϕ_0 态的概率为 $|(\phi_0,\psi_0)|^2$.

将题给的势场突变前后的谐振子势 V_1 以及 V_2 如下用各自的自然频率表示

$$V_1(x)=\frac{1}{2}kx^2=\frac{1}{2}m\omega_1^2x^2,\quad \omega_1^2=\frac{k}{m} \tag{3.54}$$

$$V_2(x)=kx^2=\frac{1}{2}m\omega_2^2x^2\quad \omega_2^2=\frac{2k}{m} \tag{3.55}$$

因而

$$\omega_2=\sqrt{2}\omega_1 \tag{3.56}$$

谐振子基态波函数可见教材①, 这样 ψ_0 和 ϕ_0 如下写出

$$\psi_0(x) = \frac{\sqrt{\alpha}}{\pi^{1/4}} e^{-\alpha^2 x^2/2}, \quad \alpha^2 = m\omega_1/\hbar \tag{3.57}$$

$$\phi_0(x) = \frac{\sqrt{\beta}}{\pi^{1/4}} e^{-\beta^2 x^2/2}, \quad \beta^2 = m\omega_2/\hbar \tag{3.58}$$

这里 ψ_0 和 ϕ_0 均已经归一化. 由于 $\omega_2 = \sqrt{2}\omega_1$, 上面 β^2 与 α^2 满足

$$\beta^2 = \sqrt{2}\alpha^2 \tag{3.59}$$

可计算在 ψ_0 态找到 ϕ_0 的概率幅为

$$\begin{aligned} \langle\phi_0 | \psi_0\rangle &= \int_{-\infty}^{+\infty} \phi_0^*(x)\psi_0(x)dx \\ &= \sqrt{\frac{\alpha\beta}{\pi}} \int_{-\infty}^{+\infty} e^{-\frac{1}{2}(\alpha^2+\beta^2)x^2} dx = \left(\frac{2\alpha\beta}{\alpha^2+\beta^2}\right)^{\frac{1}{2}} \end{aligned} \tag{3.60}$$

这样所求概率为

$$\begin{aligned} |\langle\phi_0 | \psi_0\rangle|^2 &= \frac{2\alpha\beta}{\alpha^2+\beta^2} = \frac{2\beta/\alpha}{1+\beta^2/\alpha^2} \\ &= \frac{2^{5/4}}{1+\sqrt{2}} = 0.9852 \end{aligned} \tag{3.61}$$

(2) 取势场第一次发生突变 $(V_1 \to V_2)$ 的时刻为 $t = 0$, 这时波函数为

$$\psi(x, 0) = \psi_0(x) \tag{3.62}$$

V_2 势场的第 n 个归一化能量本征态记为 ϕ_n, 相应能级为

$$E_n = \left(n + \frac{1}{2}\right)\hbar\omega_2 \tag{3.63}$$

将 ψ_0 用各 ϕ_n 展开,

$$\psi_0(x) = \sum_n C_n \phi_n(x) \tag{3.64}$$

由于 ψ_0 是偶宇称态, 而 ϕ_n 的宇称为 $(-1)^n$, 上面展开式中只可能出现偶宇称的 ϕ_n.

当 $0 < t < \tau$, 态根据 Schrödinger 方程按照 V_2 势场的 Hamilton 量演化, 因而

$$\psi(x, t) = \sum_n C_n \phi_n(x) e^{-iE_n t/\hbar} = e^{-i\omega_2 t/2} \sum_n C_n \phi_n(x) e^{-in\omega_2 t} \tag{3.65}$$

① 张永德, 量子力学 (第三版)[M], 北京: 科学出版社, 2015, P.57.

按照题意, $\psi(x,\tau)$ 与 ψ_0 为同一个态, 或者 $\psi(x,\tau)\sim\psi_0$, 这要求

$$\mathrm{e}^{-\mathrm{i}n\omega_2\tau}=1,\quad n=0,2,4,\cdots \tag{3.66}$$

亦即

$$\mathrm{e}^{-\mathrm{i}\omega_2\tau}=\pm 1 \tag{3.67}$$

满足这条件的 τ 值为

$$\tau=l\frac{\pi}{\omega_2}=l\pi\sqrt{\frac{m}{2k}} \tag{3.68}$$

其中 $l=1,2,3,\cdots$. 若满足此条件, 则当 $t=\tau$ 时, 势场又由 V_1 变成 V_2 后, 粒子即又处于 V_1 势场的基态 ψ_0.

题 3.19　由 Kronig-Penney 势的公式 (3.37a) 导出 Dirac 梳的公式.

解答　教材中关于 Kronig-Penney 势的公式 (3.37a) 如下：

$$\cos kl=\cosh(2\lambda a)\times\cos(2k_1b)+\epsilon\sinh(2\lambda a)\times\sin(2k_1b)$$

其中,

$$l=2a+2b,\qquad \lambda=\sqrt{\frac{2m(V_0-E)}{\hbar^2}}$$
$$k_1=\sqrt{\frac{2mE}{\hbar^2}},\quad \epsilon=\frac{1}{2}\left(\frac{\lambda}{k_1}-\frac{k_1}{\lambda}\right)$$

为从 Kronig-Penney 势的公式导出 Dirac 梳的公式, 令每个势垒区域在保持面积 $(2aV_0=v_0)$ 的前提下无限减薄 $(a\to 0)$. 因为 $a\to 0$, $2b\to l$, 作近似

$$\cosh(2\lambda a)=1,\qquad \sinh(2\lambda a)=2\lambda a$$
$$\cos(2k_1b)=\cos k_1l,\quad \sin(2k_1b)=\sin k_1l$$

而

$$\begin{aligned}\epsilon&=\frac{1}{2}\left(\frac{\lambda}{k_1}-\frac{k_1}{\lambda}\right)=\frac{1}{2}\left(\frac{V_0-E}{E}-\frac{E}{V_0-E}\right)\\&=\frac{V_0-2E}{2\sqrt{E(V_0-E)}}\end{aligned}$$

由此化简上面的式子, 得

$$\begin{aligned}\cos kl&=\cos k_1l+\frac{V_0-2E}{2\sqrt{E(V_0-E)}}2a\sqrt{\frac{2m(V_0-E)}{\hbar^2}}\sin k_1l\\&=\cos k_1l+v_0\sqrt{\frac{m}{2E\hbar^2}}\sin k_1l\end{aligned}$$

也就是

$$\cos kl=\cos k_1l+v_0\sqrt{\frac{m}{2E\hbar^2}}\sin k_1l$$

此即 Dirac 梳中运动的电子能谱公式.

题 3.20 推导教材 (3.46) 式

$$\psi(x,t)=\left(\frac{m}{\mathrm{i}2\pi\hbar t}\right)^{1/2}\int_{x'}\mathrm{d}x'\psi(x,0)\exp\left\{\frac{\mathrm{i}m}{2\hbar t}(x'-x)^2\right\}$$

解答 如教材做法, 将此 $\psi(x,0)$ 展为平面波的叠加 (Fourier 展开),

$$\psi(x,0)=\frac{1}{\sqrt{2\pi\hbar}}\int_p\psi(p)\mathrm{e}^{\frac{\mathrm{i}}{\hbar}px}\mathrm{d}p \tag{3.69}$$

而

$$\psi(p)=\frac{1}{\sqrt{2\pi\hbar}}\int_x\psi(x,0)\mathrm{e}^{-\frac{\mathrm{i}}{\hbar}px}\mathrm{d}x \tag{3.70}$$

$\psi(x,0)$ 展开式中的每个平面波组份都是自由粒子 Schrödinger 方程的定态解, 各乘以时间因子 $\mathrm{e}^{-\frac{\mathrm{i}}{\hbar}\frac{p^2}{2m}t}$ 即得

$$\begin{aligned}\psi(x,t)&=\frac{1}{\sqrt{2\pi\hbar}}\int_p\psi(p)\mathrm{e}^{\frac{\mathrm{i}}{\hbar}px-\frac{\mathrm{i}}{\hbar}\frac{p^2}{2m}t}\mathrm{d}p\\&=\frac{1}{2\pi\hbar}\int_p\int_{x'}\psi(x',0)\mathrm{e}^{\frac{\mathrm{i}}{\hbar}p(x-x')-\frac{\mathrm{i}}{\hbar}\frac{p^2}{2m}t}\mathrm{d}x'\mathrm{d}p\\&=\frac{1}{2\pi\hbar}\int_{x'}\psi(x',0)\int_p\mathrm{e}^{\frac{\mathrm{i}}{\hbar}p(x-x')-\frac{\mathrm{i}}{\hbar}\frac{p^2}{2m}t}\mathrm{d}p\mathrm{d}x'\end{aligned} \tag{3.71}$$

利用广义 Gauss 积分 (或广义 Fresnel 积分)(A.5), 完成对 p 的积分, 可得

$$\psi(x,t)=\left(\frac{m}{\mathrm{i}2\pi\hbar t}\right)^{1/2}\int_{x'}\mathrm{d}x'\cdot\psi(x,0)\exp\left\{\frac{\mathrm{i}m}{2\hbar t}(x'-x)^2\right\} \tag{3.72}$$

题 3.21 计算检验 (3.47) 式.

解答 将自由粒子初态表达式

$$\psi(x,0)=\sqrt[4]{\frac{1}{2\pi\sigma^2}}\mathrm{e}^{-\frac{(x-x_0)^2}{4\sigma^2}} \tag{3.73}$$

代入式 (3.72)

$$\begin{aligned}\psi(x,t)&=\left(\frac{m}{\mathrm{i}2\pi\hbar t}\right)^{1/2}\sqrt[4]{\frac{1}{2\pi\sigma^2}}\int_{x'}\mathrm{d}x'\cdot\exp\left\{-\frac{(x'-x_0)^2}{4\sigma^2}+\frac{\mathrm{i}m}{2\hbar t}(x'-x)^2\right\}\\&=A\int_{-\infty}^{+\infty}\mathrm{d}x'\mathrm{e}^{\frac{\mathrm{i}m}{2\hbar}\frac{(x-x')^2}{t}-\frac{1}{4\sigma^2}(x'-x_0)^2}\end{aligned} \tag{3.74}$$

其中 $A=\sqrt{\frac{m}{2\pi\mathrm{i}\hbar t\sigma\sqrt{2\pi}}}$. 上式中指数肩膀上因子作变换

$$\begin{aligned}\frac{\mathrm{i}m}{2\hbar}\frac{(x-x')^2}{t}-\frac{(x'-x_0)^2}{4\sigma^2}&=\frac{\mathrm{i}m}{2\hbar t}(x^2-2xx'+x'^2)-\frac{(x'-x_0)^2}{4\sigma^2}\\&=\left(-\frac{1}{4\sigma^2}+\frac{\mathrm{i}m}{2\hbar t}\right)x'^2+\left(\frac{x_0}{2\sigma^2}-\frac{\mathrm{i}mx}{\hbar t}\right)x'+\mathrm{i}\frac{m}{2\hbar t}x^2-\frac{x_0^2}{4\sigma^2}\end{aligned}$$

代入前面式 (3.74), 利用附录中的广义 Gauss 积分公式 (A.5) 得

$$\psi(x,t)=A\sqrt{\frac{\pi}{\frac{1}{4\sigma^2}-\frac{\mathrm{i}m}{2\hbar t}}}\exp\left\{\frac{\left(\frac{x_0}{2\sigma^2}-\frac{\mathrm{i}mx}{\hbar t}\right)^2}{4\left(\frac{1}{4\sigma^2}-\frac{\mathrm{i}m}{2\hbar t}\right)}+\mathrm{i}\frac{m}{2\hbar t}x^2-\frac{x_0^2}{4\sigma^2}\right\} \tag{3.75}$$

式中

$$A\sqrt{\frac{\pi}{\frac{1}{4\sigma^2}-\frac{\mathrm{i}m}{2\hbar t}}}=\sqrt{\frac{m}{2\pi\mathrm{i}\hbar t\sigma\sqrt{2\pi}}\frac{\pi}{\frac{1}{4\sigma^2}-\frac{\mathrm{i}m}{2\hbar t}}}=\left(\frac{\sigma^2}{2\pi}\right)^{1/4}\frac{1}{\left(\sigma^2+\mathrm{i}\hbar t/2m\right)^{1/2}} \tag{3.76}$$

简记 $a=\dfrac{1}{2\sigma^2}$, $b=\dfrac{m}{\mathrm{i}\hbar t}$, 式 (3.75) 指数肩膀上由下式给出

$$\begin{aligned}\frac{(ax_0+bx)^2}{2(a+b)}-\frac{b}{2}x^2-\frac{a}{2}x_0^2&=\frac{a^2x_0^2+2abx_0x+b^2x^2-a(a+b)x_0^2-b(a+b)x^2}{2(a+b)}\\&=-\frac{ab}{2(a+b)}(x-x_0)^2=-\frac{1}{2(1/a+1/b)}(x-x_0)^2\\&=-\frac{1}{4\left(\sigma^2+\mathrm{i}\hbar t/2m\right)}(x-x_0)^2\end{aligned} \tag{3.77}$$

将式 (3.76,3.77) 结果代入式 (3.75) 即得

$$\begin{aligned}\psi(x,t)&=\left(\frac{\sigma^2}{2\pi}\right)^{1/4}\frac{1}{\left(\sigma^2+\mathrm{i}\hbar t/2m\right)^{1/2}}\exp\left[-\frac{(x-x_0)^2}{4\left(\sigma^2+\mathrm{i}\hbar t/2m\right)}\right]\\&=\sqrt[4]{\frac{1}{2\pi}}\sqrt{\frac{1}{\sigma\left(1+\mathrm{i}\hbar t/2m\sigma^2\right)}}\exp\left\{\frac{\mathrm{i}m\,(x-x_0)^2}{2\left(\hbar t-\mathrm{i}2m\sigma^2\right)}\right\}\\&=(2\pi)^{-1/4}\sigma(t)^{-1/2}\exp\left\{-\frac{(x-x_0)^2}{4\sigma(t)^2}+\mathrm{i}\frac{\hbar t\,(x-x_0)^2}{8m\sigma^2\sigma(t)^2}\right.\\&\qquad\left.-\frac{\mathrm{i}}{2}\tan^{-1}\left(\frac{\hbar t}{2m\sigma^2}\right)\right\}\end{aligned} \tag{3.78}$$

其中 $\sigma(t)\equiv\sigma\left(1+\dfrac{\hbar^2t^2}{4m^2\sigma^4}\right)^{1/2}$.

说明　(1) 上面从式 (3.75) 到式 (3.77) 的运算较为繁琐. 为了采用简单的做法, 可令

$$\psi(x,0)=\mathrm{e}^{-\frac{\mathrm{i}}{\hbar}px_0}\psi_0(x,0)=\mathrm{e}^{-x_0\frac{\partial}{\partial x}}\psi_0(x,0)=\psi_0(x-x_0,0)$$

其中 $\psi_0(x,0)=\dfrac{1}{(2\pi\sigma^2)^{1/4}}\exp\left[-\dfrac{x^2}{4\sigma^2}\right]$. 这样

$$\begin{aligned}\psi(x,t)&=\mathrm{e}^{-\frac{\mathrm{i}}{\hbar}Ht}\psi(x,0)=\mathrm{e}^{-\frac{\mathrm{i}}{\hbar}Ht}\mathrm{e}^{-\frac{\mathrm{i}}{\hbar}px_0/\hbar}\psi_0(x,0)\\&=\mathrm{e}^{-\frac{\mathrm{i}}{\hbar}px_0}\mathrm{e}^{-\frac{\mathrm{i}}{\hbar}Ht}\psi_0(x,0)=\mathrm{e}^{-\frac{\mathrm{i}}{\hbar}px_0}\psi_0(x,t)=\psi_0(x-x_0,t),\end{aligned}$$

即 $\psi(x,t)=\psi_0(x-x_0,t)$, 其中用到了 $[p,H]=0$.

(2) 本题计算 $\psi(x,t)$ 可以有多种做法, 参见: 张鹏飞, 阮图南, 朱栋培, 吴强, 量子力学习题解答与剖析, 科学出版社, 2011,13-16.

题 3.22 注意, 弥散中的 Gauss 波包 (3.47) 式是平均动量为零的情况, 即 $\langle\psi(x,t)|\,\hat{p}\,|\psi(x,t)\rangle=0$. 假定让它以平均速度$\dfrac{p_0}{m}$ 运动起来, 用计算检验这时情况如何. (3.48) 式又如何.

提示 对该式乘以因子 $\mathrm{e}^{\mathrm{i}p_0x/\hbar}$, 注意这时波函数只是平均动量为 p_0, 并非单色波.

解法一 按提示, 对 Gauss 波包 (3.47) 式 $\psi(x,t)$ 乘以因子 $\mathrm{e}^{\mathrm{i}p_0x/\hbar}$, 得到

$$\begin{aligned}\psi_1(x,t)&=\mathrm{e}^{\frac{\mathrm{i}}{\hbar}p_0x}\psi(x,t)\\&=\frac{1}{(2\pi)^{\frac{1}{4}}\sigma(t)^{\frac{1}{2}}}\exp\left\{-\frac{(x-x_0)^2}{4\sigma(t)^2}\right.\\&\qquad\left.+\frac{\mathrm{i}}{\hbar}p_0x+\mathrm{i}\frac{\hbar t(x-x_0)^2}{8m\sigma^2\sigma(t)^2}-\frac{\mathrm{i}}{2}\tan^{-1}\frac{\hbar t}{2m\sigma^2}\right\}\end{aligned}\tag{3.79}$$

其中$\sigma(t)\equiv\sigma\left(1+\dfrac{\hbar^2t^2}{4m^2\sigma^4}\right)^{1/2}$. $\psi_1(x,t)$ 与 $\psi(x,t)$ 相比, 相当于粒子在 t 时刻受到瞬时力作用后获得动量增量, 使得粒子平均动量由 0 变为 p_0. 这样

$$\begin{aligned}\bar{x}(t)&=\int_{-\infty}^{+\infty}\psi_1(x,t)^*x\psi_1(x,t)\mathrm{d}x=\int_{-\infty}^{+\infty}\psi(x,t)^*x\psi(x,t)\mathrm{d}x\\&=\int_{-\infty}^{+\infty}\frac{1}{\sqrt{2\pi}\sigma(t)}x\exp\left\{-\frac{(x-x_0)^2}{4\sigma(t)^2}\right\}\\&=x_0\end{aligned}\tag{3.80}$$

即波包中心仍在 x_0 点. 坐标涨落的平方

$$\begin{aligned}(\Delta x(t))^2&=\overline{(x-x_0)^2}\\&=\int_{-\infty}^{+\infty}\psi_1(x,t)^*(x-x_0)^2\psi_1(x,t)\mathrm{d}x=\int_{-\infty}^{+\infty}\psi(x,t)^*(x-x_0)^2\psi(x,t)\mathrm{d}x\end{aligned}$$

$$
\begin{aligned}
&=\int_{-\infty}^{+\infty}\frac{1}{\sqrt{2\pi}\sigma(t)}(x-x_0)^2\exp\left\{-\frac{(x-x_0)^2}{4\sigma(t)^2}\right\}\\
&=\sigma(t)^2
\end{aligned}
\tag{3.81}
$$

位置涨落大小为

$$
\Delta x(t)=\sigma(t) \tag{3.82}
$$

动量期望值

$$
\begin{aligned}
\bar{p}(t)&=-\mathrm{i}\hbar\int_{-\infty}^{+\infty}\psi_1(x,t)^*\frac{\mathrm{d}}{\mathrm{d}x}\psi_1(x,t)\mathrm{d}x=-\mathrm{i}\hbar\int_{-\infty}^{+\infty}\psi(x,t)^*\frac{\mathrm{d}}{\mathrm{d}x}\psi(x,t)\mathrm{d}x+p_0\\
&=p_0+\int_{-\infty}^{+\infty}\frac{1}{\sqrt{2\pi}\sigma(t)}x\exp\left\{-\frac{(x-x_0)^2}{4\sigma(t)^2}\right\}\\
&=p_0
\end{aligned}
\tag{3.83}
$$

动量涨落的平方

$$
\begin{aligned}
(\Delta p(t))^2&=\overline{(p-p_0)^2}\\
&=\int_{-\infty}^{+\infty}\psi_1(x,t)^*\left(-\mathrm{i}\hbar\frac{\partial}{\partial x}-p_0\right)^2\psi_1(x,t)\mathrm{d}x\\
&=\int_{-\infty}^{+\infty}\psi(x,t)^*\left(-\mathrm{i}\hbar\frac{\partial}{\partial x}\right)^2\psi(x,t)\mathrm{d}x\\
&=\int_{-\infty}^{+\infty}\frac{\hbar^2}{\sqrt{2\pi}\sigma}\exp\left\{-\frac{(x-x_0)^2}{4\sigma(t)^2}-\mathrm{i}\frac{\hbar t(x-x_0)^2}{8m\sigma^2\sigma(t)^2}\right\}\\
&\quad\times\frac{\partial^2}{\partial x^2}\exp\left\{-\frac{(x-x_0)^2}{4\sigma(t)^2}+\mathrm{i}\frac{\hbar t(x-x_0)^2}{8m\sigma^2\sigma(t)^2}\right\}\\
&=\frac{\hbar^2}{4\sigma^2}
\end{aligned}
\tag{3.84}
$$

因此有

$$
\Delta p(t)=\Delta p(0)=\frac{\hbar}{2\sigma} \tag{3.85}
$$

最后得

$$
\Delta x(t)\Delta p(t)=\frac{\hbar}{2}\left[1+\left(\frac{t}{2m\sigma^2}\right)^2\right]^{1/2} \tag{3.86}
$$

解法二　(与提示不同的做法) 我们从平均速度为 $\dfrac{p_0}{m}$ 的 Gauss 波包初态开始计算. 平均动量为零的 Gauss 波包初态为

$$
\psi(x,0)=C\mathrm{e}^{-\frac{(x-x_0)^2}{4\sigma^2}}
$$

$C=\sqrt[4]{\dfrac{1}{2\pi\sigma^2}}$为归一化系数, 因为 x、p 的不确定性与峰值的位置无关, 为简单起见, 可以 令 $x_0=0$.

令该 Gauss 波包以平均速度 $\dfrac{p_0}{m}$ 运动, 即在原波函数上乘以因子 $\mathrm{e}^{\mathrm{i}p_0x/\hbar}$, 得

$$\begin{aligned}\psi'(x,0)&=C\exp\left\{\frac{\mathrm{i}p_0x}{\hbar}-\frac{(x-x_0)^2}{4\sigma^2}\right\}\\&=C\exp\left\{\mathrm{i}k_0x-\frac{(x-x_0)^2}{4\sigma^2}\right\}\end{aligned}\tag{3.87}$$

由 Fourier 变换可得出相应的动量空间波函数

$$\begin{aligned}\varphi(k)&=\frac{1}{\sqrt{2\pi}}\int_{-\infty}^{+\infty}\psi'(x,0)\mathrm{e}^{-\mathrm{i}kx}\mathrm{d}x\\&=\frac{1}{\sqrt{2\pi}}C\int_{-\infty}^{+\infty}\exp\left\{-\frac{(x-x_0)^2}{4\sigma^2}-\mathrm{i}(k_0-k)x\right\}\mathrm{d}x\end{aligned}$$

对上式的积分, 可利用广义 Gauss 积分公式 (A.5). 这样积出

$$\varphi(k)=\left(\frac{2\sigma^2}{\pi}\right)^{1/4}\exp\left[-\sigma^2(k-k_0)^2-\mathrm{i}(k_0-k)x\right]\tag{3.88}$$

所以

$$\begin{aligned}\psi'(x,t)&=\frac{1}{\sqrt{2\pi}}\int_{-\infty}^{+\infty}\varphi(k)\mathrm{e}^{\mathrm{i}kx-\frac{\mathrm{i}\hbar t}{2m}k^2}\mathrm{d}k\\&=\left(\frac{\sigma^2}{2\pi^3}\right)^{1/4}\exp\left[\mathrm{i}k_0x-\frac{\mathrm{i}t\hbar k_0^2}{2m}\right]\\&\quad\times\int_{-\infty}^{+\infty}\exp\left[-\left(\sigma^2+\frac{\mathrm{i}t\hbar}{2m}\right)(k-k_0)^2+\mathrm{i}\left(x-x_0-\frac{\hbar k_0t}{m}\right)(k-k_0)\right]\mathrm{d}(k-k_0)\end{aligned}$$

再次利用积分公式 (A.5) 可积出

$$\psi'(x,t)=\frac{B}{A}\exp\left[\mathrm{i}k_0(x-x_0)-\frac{\mathrm{i}t\hbar k_0^2}{2m}\right]\exp\left[-\frac{(x-x_0-\hbar k_0t/m)^2}{4\sigma^2A^2}\right]\tag{3.89}$$

其中 $A=\left(1+\dfrac{\mathrm{i}t}{2m\sigma^2}\right)^{1/2}$, $B=(2\pi\sigma^2)^{-1/4}$, 相应的概率密度为

$$|\psi'(x,t)|^2=\frac{B^2}{|A|^2}\exp\left[-\frac{(x-x_0-\hbar k_0t/m)^2}{2\sigma^2A^2}\right]\tag{3.90}$$

为 Gauss 分布, 由此可求出 $\Delta x(t)$ 和 $\Delta p(t)$. 坐标期望值

$$\bar{x}(t)=\int_{-\infty}^{+\infty}\frac{B^2}{|A|^2}\exp\left[-\frac{(x-k_0t/m)^2}{2\sigma^2A^2}\right]x\mathrm{d}x=\frac{k_0t}{m}\tag{3.91}$$

即波包中心以 $v_g = \dfrac{p_0}{m}$ 运动. 坐标平方期望值

$$\begin{aligned}\overline{x^2(t)} &= \int_{-\infty}^{+\infty} \frac{B^2}{|A|^2} \exp\left[-\frac{(x - x_0 - \hbar k_0 t/m)^2}{2\sigma^2 A^2}\right] x^2 \mathrm{d}x \\ &= \int_{-\infty}^{+\infty} \frac{B^2}{|A|^2} \exp\left[-\frac{x'^2}{2\sigma^2 A^2}\right] \left(x'^2 + 2\frac{\hbar k_0 t}{m} x' + \left(\frac{\hbar k_0 t}{m}\right)^2\right) \mathrm{d}x \\ &= \sigma^2 |A|^4 + \left(\frac{\hbar k_0 t}{m}\right)^2 \end{aligned} \tag{3.92}$$

上面第二步做了变量代换 $x' = x - \dfrac{\hbar k_0 t}{m}$, 于是

$$\Delta x(t) = \sigma |A|^2 = \sigma \left[1 + \left(\frac{t}{2m\sigma^2}\right)^2\right]^{1/2} \tag{3.93}$$

动量期望值

$$\begin{aligned}\bar{p}(t) &= \hbar \int_{-\infty}^{+\infty} |\varphi(k)|^2 \, k \mathrm{d}k \\ &= \hbar \int_{-\infty}^{+\infty} \left(\frac{2\sigma^2}{\pi}\right)^{1/2} \exp\left[-2\sigma^2 (k - k_0)^2\right] k \mathrm{d}k \\ &= \hbar \int_{-\infty}^{+\infty} \left(\frac{2\sigma^2}{\pi}\right)^{1/2} \exp\left[-2\sigma^2 k'^2\right] k' \mathrm{d}k' + k_0 \int_{-\infty}^{+\infty} \left(\frac{2\sigma^2}{\pi}\right)^{1/2} \exp\left[-2\sigma^2 k'^2\right] \mathrm{d}k' \\ &= \hbar k_0 \end{aligned} \tag{3.94}$$

其中用了替换 $k' = k - k_0$. 动量平方期望值

$$\begin{aligned}\overline{p^2(t)} &= \hbar^2 \int_{-\infty}^{+\infty} |\varphi(k)|^2 \, k^2 \mathrm{d}k \\ &= \hbar^2 \int_{-\infty}^{+\infty} \left(\frac{2\sigma^2}{\pi}\right)^{1/2} \exp\left[-2\sigma^2 (k - k_0)^2\right] k^2 \mathrm{d}k \\ &= \hbar^2 \int_{-\infty}^{+\infty} \left(\frac{2\sigma^2}{\pi}\right)^{1/2} \exp\left[-2\sigma^2 k'^2\right] \left(k'^2 + 2k_0 k k' +{}_0^2\right) \mathrm{d}k' \\ &= \frac{\hbar^2}{4\sigma^2} + \hbar^2 k_0^2 \end{aligned} \tag{3.95}$$

因此有

$$\Delta p(t) = \Delta p(0) = \frac{\hbar}{2\sigma} \tag{3.96}$$

最后得,

$$\Delta x(t) \Delta p(t) = \frac{\hbar}{2} |A| = \frac{\hbar}{2} \left[1 + \left(\frac{t}{2m\sigma^2}\right)^2\right]^{1/2} \tag{3.97}$$

说明 解法一的波函数相当于粒子在 t 时刻受到瞬时力作用后获得动量增量，使得粒子平均动量由 0 变为 p_0. 解法二的波函数 (3.89) 相对于 Gauss 波包式 (3.47)，为相对于该粒子态下平均动量为 0 的参考系以沿 x 轴负向大小为 $\frac{p_0}{m}$ 的速度运动的参考系中的波包态. 式 (3.89) 确实可以从 Gauss 波包式 (3.47) 通过 Galileo 变换①得到.

两种做法的 $\Delta x(t)$ 与 $\Delta p(t)$ 都一样.

题 3.23 设粒子处于归一化波函数 $\psi(x)$ 状态，并有某个算符 $\hat{\Omega}$ 的平方算符 $\hat{\Omega}^2$. 一般说，有以下三种办法计算 $\hat{\Omega}^2$ 的平均值：① $\int \psi^*(x)\hat{\Omega}^2\psi(x)\,\mathrm{d}x$; ② $\int \left(\hat{\Omega}^\dagger\psi(x)\right)^*\hat{\Omega}\psi(x)\,\mathrm{d}x$; ③ 将给定 $\psi(x)$ 按 $\hat{\Omega}$ 本征函数族 $\left(\hat{\Omega}\psi_n(x)=\omega_n\psi_n(x),\ \forall n\right)$ 展开 $\psi(x)=\sum\limits_{n=1}^{\infty}a_n\psi_n(x)$，再用公式 $\overline{\hat{\Omega}^2}=\sum\limits_n|a_n|^2\omega_n^2$ 计算. 三者等价. 现在的问题是：设粒子在无限深方势阱内，处于归一化波函数 $\psi(x)=N(x+a)(a-x)$ 状态上，阱的范围为 $[-a,a]$. $\hat{H}$ 为体系 Hamilton 量算符. 要求

(1) 验证：令 $\hat{\Omega}=\sqrt{\hat{H}}$ 时三种计算不出矛盾，但令 $\hat{\Omega}=\hat{H}$ 时会出现矛盾;

(2) 解释：为什么后面情况的三种计算结果表面看起来不同？是否真是量子力学逻辑不自洽或不完整？

解答 对题给归一化波函数 $\psi(x)=N(x+a)(a-x)$，由归一化条件

$$\begin{aligned}1 &= \int_{-\infty}^{\infty}|\psi(x)|^2\mathrm{d}x=\int_0^a|\psi(x)|^2\mathrm{d}x=\int_{-a}^{a}|N|^2(x+a)^2(a-x)^2\mathrm{d}x\\ &=|N|^2\int_{-a}^{a}\mathrm{d}x\left(x^4-2a^2x^2+a^4\right)=2|N|^2\left(\frac{1}{5}a^5-2\frac{1}{3}a^5+a^5\right)=\frac{16}{15}|N|^2a^5\end{aligned}$$

可取归一化常数为

$$N=\sqrt{\frac{15}{16a^5}} \tag{3.98}$$

题给无限深方势阱中粒子归一化的能量本征态为

$$\psi_n(x)=\frac{1}{\sqrt{a}}\cos\frac{n\pi x}{2a}\ (n=1,3,5,\cdots),\qquad \frac{1}{\sqrt{a}}\sin\frac{n\pi x}{2a}\ (n=2,4,6,\cdots) \tag{3.99}$$

相应的能量 $E_n=\dfrac{n^2\pi^2\hbar^2}{8ma^2}$，$n$ 为奇数或者偶数分别相应于偶宇称或者奇宇称态. 题给 $\psi(x)$ 可用这组完备的本征态展开

$$\psi(x)=\sum_n a_n\psi_n(x) \tag{3.100}$$

① 张永德, 量子力学 (第三版)[M], 北京: 科学出版社, 2015, 附录五, P.341(该处广义 Galileo 变换中取 ξ 为常量即适用于这里的情况); 张鹏飞, 阮图南, 朱栋培, 吴强, 量子力学习题解答与剖析, 北京: 科学出版社, 2011, P.119-120.

由于题给 $\psi(x)$ 具有偶宇称, 上面展开式中只出现偶宇称的即 n 为奇数的 $\psi_n(x)$. 由 $\psi_n(x)$ 的正交归一性得

$$a_n = \int_{-a}^{a} \psi_n^*(x)\psi(x)\mathrm{d}x = \sqrt{\frac{15}{16a^5}} \int_{-a}^{a} (x+a)(a-x)\cos\frac{n\pi x}{2a}\mathrm{d}x \tag{3.101}$$

可类似题 3.3 所做进行分部积分, 或者直接利用积分公式 (A.12)、(A.13) 两式完成上面积分即得

$$a_n = \frac{2\sqrt{60}}{\pi^3 n^3}\left[1-(-1)^n\right] \tag{3.102}$$

此式当 n 为偶数时为零, 只有当 n 为奇数时才不为 0. 故 (3.100) 式的求和只对奇数 n 求, 即有

$$\psi(x) = \frac{1}{\pi^3}\sqrt{\frac{1920}{a}}\left\{\cos\frac{\pi x}{a} + \frac{1}{27}\cos\frac{3\pi x}{a} + \cdots + \frac{1}{(2k-1)^3}\cos\frac{(2k-1)\pi x}{a} + \cdots\right\} \tag{3.103}$$

粒子处于能量本征态 $\psi_n(x) = \dfrac{1}{\sqrt{a}}\cos\dfrac{n\pi x}{2a}$($n$ 为奇数) 的概率为

$$P_n = a_n^* a_n = \left(\frac{4\sqrt{60}}{\pi^3 n^3}\right)^2 = \frac{960}{\pi^6 n^6} \tag{3.104}$$

若 n 为偶数, 则 $P_n = 0$. 特别处于基态 ψ_1 的概率为 $P_1 = \dfrac{960}{\pi^6} = 0.998$. 由于 $1/n^6$ 因子, 对于 $n > 1$ 的奇数, 相应概率 P_n 迅速减小.

(1) 对于 $\hat{\Omega} = \sqrt{\hat{H}}$, $\hat{\Omega}^2$ 的平均值的三种计算如下 (其中 $\hat{\Omega}^2$ 的下标各自相应于题给的三种办法):

$$\begin{aligned}
\overline{\hat{\Omega}^2}_{(1)} &= \int \psi^*(x)\,\hat{\Omega}^2\psi(x)\,\mathrm{d}x = \int \psi^*(x)\,\hat{H}\psi(x)\,\mathrm{d}x \\
&\triangleq \int_{-a}^{a} \psi^*(x)\left(-\frac{\hbar^2}{2m}\frac{\partial^2}{\partial x^2}\right)\psi(x)\,\mathrm{d}x \\
&= |N|^2 \int_{-a}^{a} (x+a)(a-x)\cdot\left(-\frac{\hbar^2}{2m}\frac{\partial^2}{\partial x^2}\right)(x+a)(a-x)\,\mathrm{d}x \\
&= -\frac{15}{16a^5}\cdot\frac{\hbar^2}{2m}\int_{-a}^{a} -2\left(a^2-x^2\right)\mathrm{d}x = \frac{5\hbar^2}{4ma^2}
\end{aligned} \tag{3.105}$$

$$\begin{aligned}
\overline{\hat{\Omega}^2}_{(2)} &= \int \left(\hat{\Omega}^\dagger\psi(x)\right)^* \hat{\Omega}\psi(x)\,\mathrm{d}x = \int \left(\sqrt{\hat{H}}^\dagger\psi(x)\right)^* \sqrt{\hat{H}}\psi(x)\,\mathrm{d}x \\
&\triangleq \frac{\hbar^2}{2m}\int_{-a}^{a} \left(-\mathrm{i}\frac{\partial}{\partial x}\psi(x)\right)^* \left(-\mathrm{i}\frac{\partial}{\partial x}\psi(x)\right)\mathrm{d}x \\
&= \frac{\hbar^2}{2m}|N|^2 \int_{-a}^{a} (-2x)^2\mathrm{d}x = \frac{\hbar^2}{2m}\frac{15}{16a^5}\frac{4\times 2}{3}a^2 = \frac{5\hbar^2}{4ma^2}
\end{aligned} \tag{3.106}$$

$$\overline{\hat{\Omega}^2}_{(3)} = \sum_{n=1}^{\infty} c_n^* c_n \cdot E_n = \sum_{n(odd)=1}^{\infty} \frac{960}{\pi^6 n^6} \cdot \frac{n^2\pi^2\hbar^2}{8ma^2} = \frac{120\hbar^2}{m\pi^4 a^2} \sum_{k=1}^{\infty} \frac{1}{(2k-1)^4} \tag{3.107}$$

将 (A.29) 式的第二式 (可采用 Fourier 级数法计算) 代入上式得

$$\overline{\hat{\Omega}^2}_{(3)} = \frac{5\hbar^2}{4ma^2} \tag{3.108}$$

三种办法的计算结果一致.

对于 $\hat{\Omega} = \hat{H}$, $\hat{\Omega}^2$ 的平均值的三种计算如下：

$$\begin{aligned}\overline{\hat{\Omega}^2}_{(1)} &= \int \psi^*(x)\,\hat{\Omega}^2\psi(x)\,\mathrm{d}x = \int \psi^*(x)\,\hat{H}^2\psi(x)\,\mathrm{d}x \\ &\triangleq \int_{-a}^{a} \psi^*(x)\,\frac{\hbar^4}{4m^2}\frac{\partial^4}{\partial x^4}\psi(x)\,\mathrm{d}x \\ &= |N|^2\frac{\hbar^4}{4m^2}\int_{-a}^{a}(x+a)(a-x)\cdot\frac{\partial^4}{\partial x^4}(x+a)(a-x)\,\mathrm{d}x \\ &= 0\end{aligned} \tag{3.109}$$

$$\begin{aligned}\overline{\hat{\Omega}^2}_{(2)} &= \int \left(\hat{\Omega}^\dagger\psi(x)\right)^*\hat{\Omega}\psi(x)\,\mathrm{d}x = \int \left(\hat{H}^\dagger\psi(x)\right)^*\hat{H}\psi(x)\,\mathrm{d}x \\ &\triangleq \frac{\hbar^4}{4m^2}\int_{-a}^{a}\left(\frac{\partial^2}{\partial x^2}\psi(x)\right)^*\left(\frac{\partial^2}{\partial x^2}\psi(x)\right)\mathrm{d}x \\ &= \frac{\hbar^4}{4m^2}|N|^2\int_{-a}^{a}(-2)^2\mathrm{d}x = \frac{\hbar^4}{4m^2}\frac{15}{16a^5}\times 8a = \frac{15\hbar^4}{8m^2a^4}\end{aligned} \tag{3.110}$$

$$\overline{\hat{\Omega}^2}_{(3)} = \sum_{n=1}^{\infty} a_n^* a_n \cdot E_n^2 = \sum_{n(odd)=1}^{\infty} \frac{960}{\pi^6 n^6} \cdot \frac{n^4\pi^4\hbar^4}{64m^2a^4} = \frac{15\hbar^4}{\pi^2 m^2 a^4} \sum_{k=1}^{\infty} \frac{1}{(2k-1)^2} \tag{3.111}$$

将 (A.29) 式的第一式 (可采用 Fourier 级数法计算) 代入上式得

$$\overline{\hat{\Omega}^2}_{(3)} = \frac{15\hbar^4}{8m^2a^4} \tag{3.112}$$

可见 $\overline{\hat{\Omega}^2}_{(2)} = \overline{\hat{\Omega}^2}_{(3)} \neq \overline{\hat{\Omega}^2}_{(1)}$, 三种办法的计算结果并不完全一致.

(2) 对于 $\hat{\Omega} = \hat{H}$, $\hat{\Omega}^2$ 的平均值的三种计算结果不一致, 原因只是由于上面式 (3.93) 标 “Δ” 的等号处忽略了边界点的贡献, 并不是量子力学逻辑不自洽或不完整.

题给波函数可以表示为

$$\psi(x) = \begin{cases} 0, & x < -a, x > a, \\ N(x+a)(a-x), & -a \leqslant x \leqslant a, \end{cases}$$

其一阶导数为

$$\psi'(x)=\begin{cases}0, & x<-a,x>a,\\ -2Nx, & -a<x<a,\end{cases}$$

在 $x=-a$、a 两点处不连续, 是有限跃变, 则前面 $\hat{\Omega}^2$ 的计算中, 涉及波函数一阶导数的计算在边界点处的贡献都可以忽略. $\psi(x)$ 二阶导数为

$$\psi''(x)=\begin{cases}0, & x<-a,x>a,\\ -2N, & -a<x<a,\\ +\infty, & x=-a,x=a,\end{cases}$$

涉及波函数二阶以上导数的计算在边界点 $x=-a$, a 处的贡献一般不可以忽略. 计算中出现的是 $\hat{H}\psi(x)$ 在边界点处的值, 这是 "$(\infty-\infty)\times 0$" 不定型. 但可以将 $\psi(x)$ 按式 (3.103) 展开, 对于展开式的每一项 $\hat{H}\psi_n(x)$ 在边界点 $x=-a$、a 处均为零, 因此 $\hat{H}\psi(x)|_{x=-a}=\hat{H}\psi(x)|_{x=a}=0$, 故对于 $\hat{H}\psi(x)$ 也可以忽略边界点处的贡献.

对于 $\hat{\Omega}=\hat{H}$, $\hat{\Omega}^2$ 的平均值的第一种计算, 涉及 $\psi^*(x)\hat{H}^2\psi(x)$ 在边界点处的值. 若仍将 $\psi(x)$ 按式 (3.103) 展开, $\hat{H}^2$ 作用到展开式每一项, 给出的级数不一致收敛, 此种情形难以直接计算 $\psi^*(x)\hat{H}^2\psi(x)$ 在边界点处的值. 由于 Hamilton 量 $\hat{H}$ 在满足边条件的态空间是 Hermite 算符, 上面第一种计算与第二种计算的结果 $\overline{\hat{\Omega}^2}_{(1)}$ 与 $\overline{\hat{\Omega}^2}_{(2)}$ 本来应相等, 其差别就来自于 $\psi^*(x)\hat{H}^2\psi(x)$ 在边界点处的值.

题 3.24 试证明: 当主量子数 $n\to\infty$ 时, 量子谐振子的概率密度分布函数, 就平均而言, 将趋近于经典的谐振子的结果.

解答 设经典概率密度为 $\rho_{经}(x)$, 当质点能量为 E 时, 它被绝对地限制在下式确定的区域 $[-A,A]$ 之内

$$E=\frac{1}{2m}\omega^2A^2 \tag{3.113}$$

在 x 处 $\mathrm{d}x$ 间隔内粒子出现的概率 $\mathrm{d}P(x)=\rho_{经}\mathrm{d}x$ 正比于它在该处 $\mathrm{d}x$ 间隔内停留的时间 $\mathrm{d}t$, 即

$$\begin{aligned}\rho_{经}\mathrm{d}x&=\frac{2\mathrm{d}t}{T}=\frac{2}{T}\frac{1}{v}\mathrm{d}x\\&=\frac{1}{\pi}\frac{\mathrm{d}x}{\sqrt{A^2-x^2}}\end{aligned} \tag{3.114}$$

当量子数 $n\to\infty$ 时, 粒子动量很大, 在谐振子势场中运动空间尺度也大, 使得势场 (有明显变化的) 特征长度 l 远大于粒子 de Broglie 波波长 λ, 在势场 $V(x)=\dfrac{1}{2m}\omega^2x^2$ 中运动的定态 Schödinger 方程可用教材第 8 章的 WKB 近似方

法①求解. 量子数 $n\to\infty$ 时, 粒子运动基本都在经典允许区 $E>V(x)$, 此范围内准确到一阶的 WKB 近似解为

$$\begin{aligned}\psi_E(x) &\sim p(x)^{-1/2}\left\{C_1\exp\left[\frac{\mathrm{i}}{\hbar}\int_a^x p(x')\,\mathrm{d}x'\right]+C_2\exp\left[-\frac{\mathrm{i}}{\hbar}\int_a^x p(x')\,\mathrm{d}x'\right]\right\}\\ &\sim \frac{1}{\sqrt{p(x)}}C\sin\left[\frac{1}{\hbar}\int_a^x p(x')\,\mathrm{d}x'+\alpha\right]\end{aligned}\tag{3.115}$$

其中 $p(x)=\sqrt{2m[E-V(x)]}=\sqrt{\omega^2(A^2-x^2)}$, 从而粒子概率密度分布为

$$\rho(x)=|\psi_E(x)|^2\sim\frac{|C|^2}{\omega\sqrt{A^2-x^2}}\sin^2\left[\frac{\omega}{\hbar}\int_a^x\sqrt{A^2-x'^2}\mathrm{d}x'+\alpha\right]\tag{3.116}$$

量子数 $n\to\infty$ 时, 粒子动量很大, 上式等号右边的正弦平方项是快速振荡因子. 若进行对某一点 x 处 $\rho(x)$ 的实验测量, 总是在一个有限小区间进行的, 如此与实验比较的总是对上式在振荡周期内求平均的结果. 上式在振荡周期内求平均的结果与式 (3.114) 的经典谐振子的结果一致.

本题图 3.3 中, 为了视觉上谐调起见, 仅仅画了 $n=8$ 的情形, 但已可看出 就平均而言, 量子谐振子的概率密度分布函数的平均与根据式 (3.114) 描画的曲线 (细实线)基本一致.

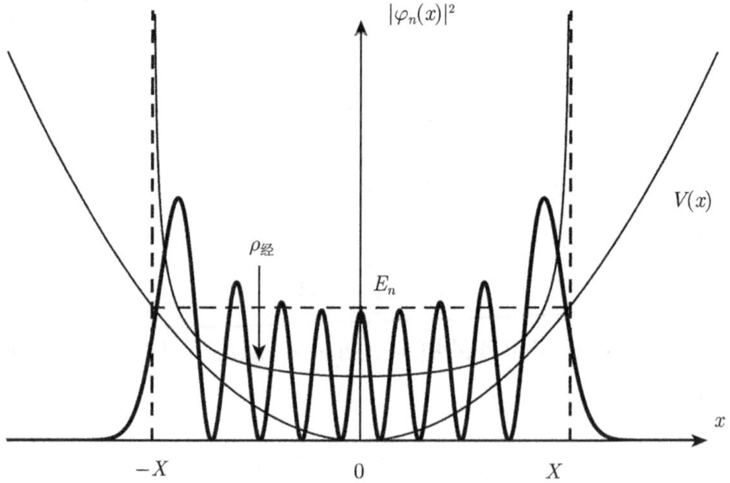

图 3.3 题 3.24 图

题 3.25 证明:

$$\psi(t)=\left(\frac{m}{2\pi\mathrm{i}t\hbar}\right)^{1/2}\int_{-\infty}^{+\infty}\mathrm{e}^{\mathrm{i}(x-y)^2m/(2t\hbar)}\psi(y,0)\mathrm{d}y$$

①参见张永德, 量子力学 (第三版)[M], 北京: 科学出版社, 2015, PP.218-223.

是初条件为 $\psi(x,0)$(设为已知) 的波包的自由粒子运动普遍解.

提示　代入自由粒子含时 Schrödinger 方程, 在检验初条件时, 用附录四第三种 δ-函数表达式.

证明　将上式代入自由粒子的含时 Schrödinger 方程

$$\mathrm{i}\hbar\frac{\partial}{\partial t}\psi(x,t)=-\frac{\hbar^2}{2m}\frac{\partial^2}{\partial x^2}\psi(x,t)$$

左边为

$$\begin{aligned}\mathrm{i}\hbar\frac{\partial}{\partial t}\psi(x,t)=&-\frac{\mathrm{i}\hbar}{2t}\left(\frac{m}{2\pi\mathrm{i}\hbar t}\right)^{1/2}\int_{-\infty}^{\infty}\mathrm{e}^{\frac{\mathrm{i}(x-y)^2m}{2t\hbar}}\psi(y,0)\mathrm{d}y\\&+\left(\frac{m}{2\pi\mathrm{i}\hbar t}\right)^{1/2}\int_{-\infty}^{\infty}\mathrm{e}^{\frac{\mathrm{i}(x-y)^2m}{2t\hbar}}\left[\frac{(x-y)^2m}{2t^2}\right]\psi(y,0)\mathrm{d}y\end{aligned}$$

又因为

$$\frac{\partial}{\partial x}\psi(x,t)=\left(\frac{m}{2\pi\mathrm{i}\hbar t}\right)^{1/2}\int_{-\infty}^{\infty}\mathrm{e}^{\frac{\mathrm{i}(x-y)^2m}{2t\hbar}}\left[\frac{\mathrm{i}(x-y)m}{t\hbar}\right]\psi(y,0)\mathrm{d}y$$

所以 Schrödinger 方程的右边应为

$$\begin{aligned}-\frac{\hbar^2}{2m}\frac{\partial^2}{\partial x^2}\psi(x,t)&=-\frac{\hbar^2}{2m}\left(\frac{m}{2\pi\mathrm{i}\hbar t}\right)^{1/2}\int_{-\infty}^{\infty}\mathrm{e}^{\frac{\mathrm{i}(x-y)^2m}{2t\hbar}}\left[\left(\frac{\mathrm{i}(x-y)m}{t\hbar}\right)^2+\frac{\mathrm{i}m}{t\hbar}\right]\psi(y,0)\mathrm{d}y\\&=\left(\frac{m}{2\pi\mathrm{i}\hbar t}\right)^{1/2}\int_{-\infty}^{\infty}\mathrm{e}^{\frac{\mathrm{i}(x-y)^2m}{2t\hbar}}\left[\frac{(x-y)^2m}{2t^2}-\frac{\mathrm{i}\hbar}{2t}\right]\psi(y,0)\mathrm{d}y\end{aligned}$$

比较可知, 左边等于右边. 令 $\alpha=\dfrac{m}{2\hbar t}$, 注意到 $\sqrt{-\mathrm{i}}=\dfrac{1}{\sqrt{2}}(1-\mathrm{i})$, 有

$$\psi(x,t)=(1-\mathrm{i})\sqrt{\frac{\alpha}{2\pi}}\int_{-\infty}^{\infty}\mathrm{e}^{\mathrm{i}\alpha(x-y)^2}\psi(y,0)\mathrm{d}y$$

利用教材附录 1.3 第三种 δ-函数表达式 $\delta(x-y)=\lim\limits_{\alpha\to\infty}(1-\mathrm{i})\sqrt{\dfrac{\alpha}{2\pi}}\mathrm{e}^{\mathrm{i}\alpha(x-y)^2}$, 即有

$$\psi(x,0)=\int_{-\infty}^{\infty}\delta(x-y)\psi(y,0)\mathrm{d}y=\psi(x,0)$$

第4章　中心场束缚态问题

题 4.1　求证: 在 $\hat{L}_z$ 的本征态下, $\overline{\hat{L}_x} = \overline{\hat{L}_y} = 0$.

证法一　利用 $\left[\hat{L}_y, \hat{L}_z\right] = \mathrm{i}\hbar \hat{L}_x$

$$\begin{aligned}\overline{\hat{L}_x} &= \frac{1}{\mathrm{i}\hbar}\overline{\left[\hat{L}_y, \hat{L}_z\right]} = \frac{1}{\mathrm{i}\hbar}\int \mathrm{Y}_{lm}^* \left(\hat{L}_y\hat{L}_z - \hat{L}_z\hat{L}_y\right)\mathrm{Y}_{lm}\mathrm{d}\Omega \\ &= -\mathrm{i}m\int \mathrm{Y}_{lm}^*\left(\hat{L}_y - \hat{L}_y\right)\mathrm{Y}_{lm}\mathrm{d}\Omega = 0\end{aligned}$$

同理, $\overline{\hat{L}_y} = 0$.

上式证明过程中利用了 $\hat{L}_z$ 的 Hermite 性, 即

$$\int \mathrm{Y}_{lm}^*\hat{L}_z\hat{L}_y\mathrm{Y}_{lm}\mathrm{d}\Omega = \int\left(\hat{L}_z\mathrm{Y}_{lm}\right)^*\hat{L}_y\mathrm{Y}_{lm}\mathrm{d}\Omega = m\hbar\int \mathrm{Y}_{lm}^*\hat{L}_y\mathrm{Y}_{lm}\mathrm{d}\Omega$$

上面证明中只用到角动量对易关系以及 $\hat{L}_z$ 的 Hermite 性和本征态方程. 所以结果对于任意角动量都成立. 事实上还有如下不依赖于具体表象的证明:

证法二　(采用 Dirac 符号, 见教材下一章相应内容) $\hat{L}_z$ 的本征态 $|m\rangle$ 满足 $l_z|m\rangle = m\hbar|m\rangle$. 因

$$\hat{L}_y\hat{L}_z - \hat{L}_z\hat{L}_y = \mathrm{i}\hbar\hat{L}_x$$

两边对 $|m\rangle$ 求平均值

$$\mathrm{i}\hbar\langle m|\hat{L}_x|m\rangle = \langle m|\hat{L}_y\hat{L}_z - \hat{L}_z\hat{L}_y|m\rangle = m\hbar\langle m|\hat{L}_y|m\rangle - m\hbar\langle m|\hat{L}_y|m\rangle = 0$$

可见 $\overline{\hat{L}_x} = 0$. 同理 $\overline{\hat{L}_y} = 0$.

题 4.2　设体系处于态 $\psi = c_1\mathrm{Y}_{11} + c_2\mathrm{Y}_{22}$ 状态 (已归一化, 即 $|c_1|^2 + |c_2|^2 = 1$), 试求:

(1) L_z 的可能测值及平均值;

(2) $\boldsymbol{L}^2$ 的可能测值及相应的概率;

(3) L_x 及 L_y 的可能测量值.

解答　一个算符 A 在归一化态 ψ 中可能的测量值, 即将 ψ 用 A 的本征态展开时, 各本征态相应的本征值. 展开式中归一化本征态前面系数的, 其模平方即为相应的概率.

Y_{lm} 是 $\boldsymbol{L}^2$、L_z 的共同本征态, 即满足

$$\begin{aligned}\boldsymbol{L}^2 Y_{lm} &= l(l+1)\hbar^2 Y_{lm},\\ L_z Y_{lm} &= m\hbar Y_{lm},\end{aligned}$$

(1) L_z 的可能测量值为 $\hbar$, $2\hbar$, 平均值为

$$L_z = \int (c_1 Y_{11} + c_2 Y_{22})^* L_z (c_1 Y_{11} + c_2 Y_{22})\, d\Omega = \hbar|c_1|^2 + 2\hbar|c_2|^2$$

该结果也可由该态处于 Y_{11}、Y_{22} 的概率为 $|c_1|^2$、$|c_2|^2$ 直接写出.

(2) $\boldsymbol{L}^2$ 可能的测量值为 $1(1+1)\hbar^2 = 2\hbar^2$ 和 $2(2+1)\hbar^2 = 6\hbar^2$, 相应的概率分别为 $|c_1|^2$、$|c_2|^2$.

(3) 角动量量子数 l 不变的 Hilbert 空间, 可以由三组各自独立完备的基矢 Y_{lm}, $Y_{lm'}$, $Y_{lm''}$ 构成. 这三组基分别为 $(\boldsymbol{L}^2, L_z)$, $(\boldsymbol{L}^2, L_x)$ 和 $(\boldsymbol{L}^2, L_y)$ 的共同本征态. l 确定后, m, m', m'' 只能取 $-l, -l+1, \cdots, l-1, l$. 所以本题中 L_x, L_y 的可能测量值为 0, $\pm\hbar$ 和 $\pm 2\hbar$.

说明　计算 L_x 及 L_y 的可能测量值的相应概率比这里麻烦一些, 可参考张鹏飞等著《量子力学习题解答和剖析》, 科学出版社, 2011 年, P.96-99, 那里列出的三种计算方法.

题 4.3　求证: 在 L_z 的本征态下, 角动量沿与 z 轴成 θ_0 角的方向上分量的平均值为 $m\hbar\cos\theta_0$.

证明　角动量沿与 z 轴成 θ_0 角的方向上的分量, 即 $L_n = \boldsymbol{n} \cdot \boldsymbol{L}$, 其中

$$\boldsymbol{n} = (\sin\theta_0 \cos\varphi_0, \sin\theta_0 \sin\varphi_0, \cos\theta_0)$$

设 L_z 的归一化本征态为 Y_{lm}, 则

$$\begin{aligned}\overline{L_n} &= \int Y_{lm}^* L_n Y_{lm} d\Omega\\ &= \int Y_{lm}^* (\sin\theta_0\cos\varphi_0 L_x + \sin\theta_0\sin\varphi_0 L_y + \cos\theta_0 L_z) Y_{lm} d\Omega\end{aligned}$$

由题 4.1 可知, 在 L_z 的本征态下, $\overline{L_x} = 0$, $\overline{L_y} = 0$, 所以 $\overline{L_n} = m\hbar\cos\theta_0$.

题 4.4　用直接计算办法验证下面矩阵元等式:

$$\int Y_{21}^*(\theta,\varphi) L_x Y_{22}(\theta,\varphi) \sin\theta d\theta d\varphi = \hbar, \quad \int Y_{21}^*(\theta,\varphi) L_y Y_{22}(\theta,\varphi) \sin\theta d\theta d\varphi = i\hbar$$

解答　已知 $l=2$ 的球谐函数

$$\mathrm{Y}_{2,\pm2}=\frac{1}{2}\sqrt{\frac{15}{8\pi}}\sin^2\theta\mathrm{e}^{\pm2\mathrm{i}\varphi}$$

$$\mathrm{Y}_{2,\pm1}=\mp\sqrt{\frac{15}{8\pi}}\cos\theta\sin\theta\mathrm{e}^{\pm\mathrm{i}\varphi}$$

$$\mathrm{Y}_{2,0}=\sqrt{\frac{15}{16\pi}}(3\cos^2\theta-1)$$

L_x、L_y 的球坐标表示分别为

$$L_x=\mathrm{i}\hbar\left(\sin\varphi\frac{\partial}{\partial\theta}+\cot\theta\cos\varphi\frac{\partial}{\partial\varphi}\right),\quad L_y=\mathrm{i}\hbar\left(-\cos\varphi\frac{\partial}{\partial\theta}+\cot\theta\sin\varphi\frac{\partial}{\partial\varphi}\right)$$

这样

$$\begin{aligned}
&\int\mathrm{Y}_{21}^*(\theta,\varphi)L_x\mathrm{Y}_{22}(\theta,\varphi)\sin\theta\mathrm{d}\theta\mathrm{d}\varphi\\
=&-\frac{15\mathrm{i}\hbar}{16\pi}\int\cos\theta\sin\theta\mathrm{e}^{-\mathrm{i}\varphi}\left(\sin\varphi\frac{\partial}{\partial\theta}+\cot\theta\cos\varphi\frac{\partial}{\partial\varphi}\right)\sin^2\theta\mathrm{e}^{2\mathrm{i}\varphi}\cdot\sin\theta\mathrm{d}\theta\mathrm{d}\varphi\\
=&-\frac{15\mathrm{i}\hbar}{16\pi}\int\cos\theta\sin\theta\mathrm{e}^{-\mathrm{i}\varphi}\left(2\sin\varphi\sin\theta\cos\theta\mathrm{e}^{2\mathrm{i}\varphi}+2\mathrm{i}\sin\theta\cos\theta\cos\varphi\mathrm{e}^{2\mathrm{i}\varphi}\right)\sin\theta\mathrm{d}\theta\mathrm{d}\varphi\\
=&\frac{15\hbar}{16\pi}\cdot2\pi\cdot\int_0^\pi\sin^2\theta\cos^2\theta\sin\theta\mathrm{d}\theta\\
=&\hbar
\end{aligned}$$

以及

$$\begin{aligned}
&\int\mathrm{Y}_{21}^*(\theta,\varphi)L_y\mathrm{Y}_{22}(\theta,\varphi)\sin\theta\mathrm{d}\theta\mathrm{d}\varphi\\
=&-\frac{15\mathrm{i}\hbar}{16\pi}\int\cos\theta\sin\theta\mathrm{e}^{-\mathrm{i}\varphi}\left(-\cos\varphi\frac{\partial}{\partial\theta}+\cot\theta\sin\varphi\frac{\partial}{\partial\varphi}\right)\sin^2\theta\mathrm{e}^{2\mathrm{i}\varphi}\cdot\sin\theta\mathrm{d}\theta\mathrm{d}\varphi\\
=&-\frac{15\mathrm{i}\hbar}{16\pi}\int\cos\theta\sin\theta\mathrm{e}^{-\mathrm{i}\varphi}\left(-2\cos\varphi\sin\theta\cos\theta\mathrm{e}^{2\mathrm{i}\varphi}+2\mathrm{i}\sin\theta\cos\theta\sin\varphi\mathrm{e}^{2\mathrm{i}\varphi}\right)\sin\theta\mathrm{d}\theta\mathrm{d}\varphi\\
=&\frac{15\hbar}{16\pi}\cdot2\pi\cdot\int_0^\pi\sin^2\theta\cos^2\theta\sin\theta\mathrm{d}\theta\\
=&\mathrm{i}\hbar
\end{aligned}$$

题 4.5　研究第一章广义不确定性关系 (见附录一) 的一个不算例外的例外：氢原子基态 ψ_{100} 是角动量 L_x, L_y 和 L_z 的一个本征值全为零的共同本征态. 说明这个态其实并不违背广义不确定性关系.

解答　力学量算符的不确定性关系与系统所处的量子态相关. 氢原子的基态波函数

$$\psi_{100}=\frac{1}{\sqrt{\pi a_0^3}}\mathrm{e}^{-r/a_0}\tag{4.1}$$

其中 a_0 为 Bohr 半径. ψ_{100} 不含角度变量, 与角度无关, 而角动量只作用到角度的函数, 故 ψ_{100} 满足

$$L_x\psi_{100}=0,\quad L_y\psi_{100}=0,\quad L_z\psi_{100}=0 \tag{4.2}$$

可见虽然 $[L_i,L_j]=\mathrm{i}\hbar\epsilon_{ijk}L_k\neq 0$, 即 L_x, L_y 和 L_z 两两不对易, 却有 ψ_{100} 是角动量 L_x、L_y 和 L_z 的共同本征态, 其相应本征值均为 0. 从而 $\overline{L_x}=0$, $\overline{L_y}=0$, $\overline{L_z}=0$, 并有 $\overline{[L_i,L_j]}=\mathrm{i}\hbar\epsilon_{ijk}\overline{L_k}=0$. 由于 ψ_{100} 是 L_x, L_y 和 L_z 的共同本征态, 在该态下

$$(\Delta_\psi L_x)=(\Delta_\psi L_y)=(\Delta_\psi L_z)=0$$

因此, 当体系处于 ψ_{100} 态时 L_x 与 L_y 的不确定性关系所满足的不等式为

$$(\Delta_\psi L_x)(\Delta_\psi L_y)\geqslant\frac{1}{2}\left|\overline{[L_x,L_y]}_\psi\right|=0 \tag{4.3}$$

故在此量子态下, $\Delta_\psi L_x$ 与 $\Delta_\psi L_y$ 可以同时为零, 即 L_x、L_y 同时具有确定的本征值.

同理, 对于 L_x, L_z 以及 L_y, L_z 也一样. 故 L_x, L_y 和 L_z 存在本征值为零的共同本征态, 这并不违反广义不确定性关系.

讨论　两个任意的可观测量 $\hat{A}$, $\hat{B}$, 若 $[\hat{A},\hat{B}]=\hat{C}\neq 0$, 则广义不确定性关系为

$$(\Delta_\psi A)\cdot(\Delta_\psi B)\geqslant\frac{1}{2}\left|\left\langle\hat{C}\right\rangle\right| \tag{4.4}$$

若 $\hat{C}$ 具有零本征值, 则记 $\hat{C}$ 的核空间为 $\ker\hat{C}\equiv\left\{|\psi\rangle|\hat{C}|\psi\rangle=0\right\}$, 它是由 $\hat{C}$ 的所有零本征值的本征态张成的空间. 对于态 $|\varphi\rangle\in\ker\hat{C}$, 则式 (4.4) 变为

$$(\Delta_\varphi A)\cdot(\Delta_\varphi B)\geqslant 0 \tag{4.5}$$

通过进一步分析可知，核空间 $\ker\hat{C}$ 有如下两个子空间 Θ,F.

核空间 $\ker\hat{C}$ 的一个子空间 Θ 为

$$\Theta\equiv\left\{|\theta\rangle|\hat{A}\hat{B}|\theta\rangle=\hat{B}\hat{A}|\theta\rangle,\Delta_\theta A\neq 0,\Delta_\theta B\neq 0\right\} \tag{4.6}$$

其元素 $|\theta\rangle$ 既不是 $\hat{A}$ 的也不是 $\hat{B}$ 的本征态, 但满足 $\hat{A}\hat{B}|\theta\rangle=\hat{B}\hat{A}|\theta\rangle$. 由于 $|\theta\rangle$ 既不是 $\hat{A}$ 的也不是 $\hat{B}$ 的本征态, 所以 $\Delta_\theta A>0$, $\Delta_\theta B>0$. 即式 (4.5) 取不等号. 一个明显的例子是 $\boldsymbol{L}=\boldsymbol{r}\times\boldsymbol{p}$, 满足 $[L_x,L_y]=\mathrm{i}\hbar L_z\neq 0$. 取球谐函数 $\mathrm{Y}_{l0}(l\neq 0)$, 按 $[L_x,L_y]=\mathrm{i}\hbar L_z$, 可知 $L_xL_y\mathrm{Y}_{l0}=L_yL_x\mathrm{Y}_{l0}$, 而且 $\mathrm{Y}_{l0}(l\neq 0)$ 不是 L_x 与 L_y 的本征态, 在该态下

$$(\Delta L_x)=(\Delta L_y)=\left[\hbar^2 l(l+1)\right]^{1/2}>0 \tag{4.7}$$

而核空间 $\ker\hat{C}$ 的另一个子空间 F 为

$$F \equiv \left\{ |f\rangle | \hat{A}|f\rangle = a|f\rangle, \hat{B}|f\rangle = b|f\rangle \right\} \tag{4.8}$$

其元素 $|f\rangle$ 为 $\hat{A}$ 与 $\hat{B}$ 的共同本征态，则 $|f\rangle \in F \subset \ker\hat{C}$. 在该态下 $\Delta_f A = \Delta_f B = 0$, 从而 $(\Delta_f A)\cdot(\Delta_f B) = 0$, 这就是式 (4.5) 取等号的情况. 一个典型的例子, L_x、L_y 存在一个共同的本征态 Y_{00}, 在 Y_{00} 态下有 $(\Delta L_x) = (\Delta L_y) = 0$.

综上所述, 这两种情况是广义不确定性关系式 (4.4) 的特殊情况.

题 4.6 一个电子被束缚在半径为 R 的匣子中, 求处于基态的电子对匣壁的压力.

解答 无限深球方势阱中的 Schrödinger 方程

$$\left[-\frac{\hbar^2}{2\mu}\frac{1}{r}\frac{\partial^2}{\partial r^2}r + \frac{1}{2\mu r^2}\boldsymbol{L}^2 + V(r)\right]\psi = E\psi \tag{4.9}$$

因为势阱关于球对称, 电子的角动量守恒, 波函数可写为 $\psi = R(r)\mathrm{Y}_{lm}(\theta,\varphi)$, 其中 $R(r)$ 为径向波函数, 满足

$$\left[\frac{1}{r}\frac{\mathrm{d}^2}{\mathrm{d}r^2}r + \frac{2\mu(E-V)}{\hbar^2} - \frac{l(l+1)}{r^2}\right]R_l = 0 \tag{4.10}$$

考虑基态, 必有 $l=0$, 作一变量代换, 令 $\chi(r) = rR(r)$, 代入上式得

$$\begin{cases} \chi'' + \dfrac{2\mu E}{\hbar^2}\chi = 0, & r > R \\ \chi = 0, & r \geqslant R \end{cases}$$

再利用自然边界条件 $\chi(0) = 0$, 解得

$$\chi_n = \sqrt{\frac{2}{R}}\sin\frac{n\pi}{R}r, \qquad (n = 1, 2, 3, \cdots)$$

相应能量本征值 $E_n = \dfrac{\pi^2\hbar^2}{2\mu R^2 n^2}$. 对于基态 $(n=1)$ 有 $E_1 = \dfrac{\pi^2\hbar^2}{2\mu R^2}$.

设粒子所处的匣子势的高度为 V_0, 选匣子中心为球坐标原点, 则粒子所受力

$$\boldsymbol{f} = -\nabla V(\boldsymbol{r}, R) = -\frac{\partial V}{\partial r}\boldsymbol{e}_r = -V_0\delta(r-R)\boldsymbol{e}_r \tag{4.11}$$

其中 $V(\boldsymbol{r}, R)$ 表示 R 是该势函数的参数. 则

$$\boldsymbol{f} = \frac{\partial V}{\partial R}\boldsymbol{e}_r = \frac{\partial H}{\partial R}\boldsymbol{e}_r \tag{4.12}$$

式 (4.11) 或者式 (4.12) 表明粒子所受力大小与方位角无关, 方向都沿径向指向内, 按作用力反作用力关系, 粒子给匣壁向外的压力. 式 (4.12) 表明粒子所受力大小为

$\frac{\partial H}{\partial R}$, 因而粒子给匣壁向外的压力为 $-\frac{\partial H}{\partial R}$, 这样由 Hellmann-Feynman 定理, 匣壁受到总压力为

$$F=-\left\langle\frac{\partial H}{\partial R}\right\rangle=-\frac{\partial}{\partial R}\langle H\rangle=-\frac{\partial E}{\partial R}$$

电子处于基态, 可知

$$F=-\frac{\partial E_1}{\partial R}=\frac{\pi^2\hbar^2}{\mu R^3} \tag{4.13}$$

从而压强 p 为

$$p=\frac{F}{4\pi R^2}=\frac{\pi\hbar^2}{4\mu R^5} \tag{4.14}$$

说明　式 (4.14) 可作解释: 匣壁缓慢向外移动微小距离 ΔR, 则粒子对外做功 $p\Delta V=4\pi R^2\Delta Rp$, 结果导致能级降低 ΔE_1, 根据能量守恒定律 $\Delta E_1=-4\pi R^2\Delta Rp$, 故有

$$p=-\frac{1}{4\pi R^2}\frac{\partial E_1}{\partial R}$$

与式 (4.14) 一致.

题 4.7　一个质量为 m 的粒子被限制在半径为 $r=a$ 和 $r=b$ 的两个不可透穿的同心球面之间运动, 不存在其他势. 求粒子的基态能量和归一化波函数.

解答　类似上题, 设粒子的径向波函数为 $R(r)=\chi(r)/r$, 则 $\chi(r)$ 满足方程

$$\frac{\mathrm{d}^2\chi(r)}{\mathrm{d}r^2}+\left\{\frac{2m}{\hbar^2}[E-V(r)]-\frac{l(l+1)}{r^2}\right\}\chi(r)=0 \tag{4.15}$$

其中 r 的范围 $(a\leqslant r\leqslant b)$, 对应边界条件 $\chi(a)=\chi(b)=0$. 对于基态, $l=0$. 由题设知 $V(r)=0$, 若令 $k=\sqrt{2mE/\hbar^2}$, 则问题化成求解下列边值问题

$$\begin{cases}\chi''+k^2\chi=0\\ \chi(a)=\chi(b)=0\end{cases} \tag{4.16}$$

方程的解为 $\chi=A\sin k(r+\alpha)$. 由边界条件 $\chi(a)=0$, $\sin k(a+\alpha)=0$, 故 $\alpha=-a$, 由此知解的形式为

$$\chi(r)=A\sin k(r-a) \tag{4.17}$$

再由边界条件 $\chi(b)=0$, 即 $\sin k(b-a)=0$, 由此给出本征值

$$k=\frac{n\pi}{b-a}\qquad(n=1,2,\cdots) \tag{4.18}$$

相应能量本征值 $E_n=\frac{\hbar^2n^2\pi^2}{2m(b-a)^2}$.

粒子处于基态时, 相应的 $n=1$, 于是得到基态能量

$$E=\frac{\hbar^2k^2}{2m}=\frac{\hbar^2\pi^2}{2m(b-a)^2} \tag{4.19}$$

所以基态径向波函数为

$$\chi=A\sin\frac{\pi(r-a)}{b-a},\quad R=A\frac{1}{r}\sin\frac{\pi(r-a)}{b-a}$$

最后, 由归一化条件

$$\int_a^b R^2(r)r^2\mathrm{d}r=\int_a^b\chi^2(r)\mathrm{d}r=1$$

确定

$$A=\sqrt{\frac{2}{b-a}}$$

所以归一化的基态径向波函数为

$$R(r)=\sqrt{\frac{2}{b-a}}\frac{1}{r}\sin\frac{\pi}{b-a}(r-a)$$

而基态总的归一化波函数为

$$\psi(\boldsymbol{r})=\frac{1}{\sqrt{4\pi}}\sqrt{\frac{2}{b-a}}\frac{1}{r}\sin\frac{\pi(r-a)}{b-a} \tag{4.20}$$

题 4.8 质量为 m 的粒子在势场 $V(r)=-\lambda r^{-3/2}(\lambda>0)$ 中运动, 用不确定性关系估算其基态能量.

解答 在中心势场中, 基态波函数仅是 r 的函数, 与方向无关, 则

$$\left\langle p^2\right\rangle=\left\langle p_r^2\right\rangle \tag{4.21}$$

我们知道在束缚定态下动量期望值为零, $\langle\boldsymbol{p}\rangle=0$, 因而在角动量本征态的束缚定态下径向动量期望值为零, $\langle p_r\rangle=0$. 这样

$$\left\langle p^2\right\rangle=\left\langle p_r^2\right\rangle=(\Delta p_r)^2 \tag{4.22}$$

由径向位移 r 与径向动量 p_r 的不确定性关系 $\Delta p_r\Delta r\sim\hbar/2$, 这样

$$\left\langle r^{-3/2}\right\rangle\sim(\Delta r)^{-3/2}\sim\left(\frac{\Delta p_r}{\hbar/2}\right)^{3/2} \tag{4.23}$$

由此得

$$\begin{aligned}\langle H\rangle &= \frac{\langle \boldsymbol{p}^2\rangle}{2m} - \lambda\left\langle r^{-3/2}\right\rangle \\ &= \frac{(\Delta p_r)^2}{2m} - \lambda\left(\frac{\Delta p_r}{\hbar/2}\right)^{3/2}\end{aligned} \tag{4.24}$$

式 (4.24) 中 $\langle H\rangle$ 表示为径向动量涨落大小 Δp_r 的函数. 现对 $\langle H\rangle$ 求极值,

$$\frac{\partial\langle H\rangle}{\partial \Delta p_r} = 0 \tag{4.25}$$

给出惟一的极值点为

$$\Delta p_r = \frac{(3m\lambda/2)^2}{(\hbar/2)^3} \tag{4.26}$$

应为极小值点, 这样代入式 (4.24) 得基态能量的估算值为

$$E_0 = -\frac{27}{32}\frac{m^3\lambda^4}{\hbar^6} \tag{4.27}$$

说明 本题可以采用量纲分析给出估算. 另外假若将式 (4.24) 另表示为粒子波包尺度的函数, 则可类似求解极值问题, 给出基态能量的估算.

题 4.9 一质量为 m 的粒子在对数势 $V(r) = c\ln(r/r_0)$ 中运动. 证明:

(1) 所有的能量本征态都有相同的方均速度, 并求之;

(2) 任何两个能量本征态的能量间隔与质量 m 无关.

证明 (1) 设粒子的速度算符为 $\boldsymbol{v} = \boldsymbol{p}/m$, 则能量本征态 ψ(设已经归一化) 下的方均速度为

$$\langle \boldsymbol{v}^2\rangle = \left\langle \frac{\boldsymbol{p}^2}{m^2}\right\rangle = \frac{1}{m^2}\int \mathrm{d}^3\boldsymbol{r}\psi^*\boldsymbol{p}^2\psi \tag{4.28}$$

对于束缚定态的 Virial 定理

$$2\langle T\rangle = \langle \boldsymbol{r}\cdot\nabla V\rangle$$

可知方均速度

$$\begin{aligned}\langle \boldsymbol{v}^2\rangle &= \left\langle \frac{\boldsymbol{p}^2}{m^2}\right\rangle = \frac{1}{m}\times 2\langle T\rangle = \frac{1}{m}\langle \boldsymbol{r}\cdot\nabla V\rangle \\ &= \frac{1}{m}\int \mathrm{d}^3\boldsymbol{r}\left(r\frac{\mathrm{d}}{\mathrm{d}r}c\ln\frac{r}{r_0}\right)\psi^*\psi = \frac{c}{m}\int \mathrm{d}^3\boldsymbol{r}\,|\psi|^2 = \frac{c}{m}\end{aligned} \tag{4.29}$$

对任何本征态均成立.

(2) 由 Hellmann-Feynman 定理,

$$\frac{\partial E_n}{\partial m} = \left\langle \frac{\partial H}{\partial m}\right\rangle = \left\langle -\frac{\boldsymbol{p}^2}{2m^2}\right\rangle = -\frac{1}{2}\langle \boldsymbol{v}^2\rangle$$

由式 (4.29),

$$\frac{\partial E_n}{\partial m}=-\frac{1}{2}\frac{c}{m} \tag{4.30}$$

这样

$$\frac{\partial\left(E_n-E_{n-1}\right)}{\partial m}=-\frac{1}{2}\frac{c}{m}+\frac{1}{2}\frac{c}{m}=0 \tag{4.31}$$

上式表明 (E_n-E_{n-1}) 与 m 无关.

说明 第 (2) 小题结果也可以如下采用标度变换证明. 粒子在对数中心势中运动的定态 Schrödinger 方程为

$$\left[-\frac{\hbar^2}{2m}\left(\frac{\partial^2}{\partial x^2}+\frac{\partial^2}{\partial y^2}+\frac{\partial^2}{\partial z^2}\right)+c\ln\frac{r}{r_0}\right]\psi(\boldsymbol{r})=E\psi(\boldsymbol{r})$$

做尺度变换, 令 $\boldsymbol{r}'=\sqrt{m/m_0}\boldsymbol{r}$, m 是粒子质量, m_0 是某一特定的质量单位如质子质量 m_{p}. 则上式变为

$$\left[-\frac{\hbar^2}{2m_0}\left(\frac{\partial^2}{\partial x'^2}+\frac{\partial^2}{\partial y'^2}+\frac{\partial^2}{\partial z'^2}\right)+c\ln\frac{r'}{r_0}\right]\psi(\boldsymbol{r})=\left(E-\frac{1}{2}c\ln\frac{m}{m_0}\right)\psi(\boldsymbol{r})$$

上面定态 Schrödinger 方程除了能量本征值中的 $\left(-\frac{1}{2}c\ln\frac{m}{m_0}\right)$ 外, 与粒子质量 m 无关. 当然其任何两个能量本征态的能量间隔 (E_n-E_{n-1}) 与 m 无关.

题 4.10 质量为 μ 的粒子在中心力场$V(r)=-\frac{\alpha}{r^s}(\alpha>0)$ 中运动. 证明: 存在束缚态的必要条件为 $0<s\leqslant 2$; 再进一步证明对于 $0<s<2$ 情形, 在 $E\sim 0^-$ 附近存在无限多束缚态能级.

提示 用 Virial 定理. 但更精确全面的计算见文献①.

证法一 按 Virial 定理, 对于束缚定态有平均值关系 $2\langle T\rangle=\langle\boldsymbol{r}\cdot\nabla V\rangle$, 代入题给势函数则有

$$2\langle T\rangle=-s\langle V\rangle=s\alpha\left\langle\frac{1}{r^s}\right\rangle \tag{4.32}$$

$\langle T\rangle>0$ 给出 $s>0$.

此时 $V=-\frac{\alpha}{r^s}<0$, 且当 $|r|\to+\infty$ 时, $V=-\frac{\alpha}{r^s}\to 0$, 因而束缚态存在的必要条件是 $E\leqslant 0$, 这给出

$$E=\langle T+V\rangle=\left(1-\frac{2}{s}\right)\langle T\rangle\leqslant 0 \tag{4.33}$$

① 用 Virial 定理推导只能给出对 s 的限制, 其实还存在对 α 的限制. 全面分析见, L. D. Landau, E. M. Lifshitz, *Course of Theoretical Physics, Volume 3, Quantum Mechanics: Non-Relativistic Theory*, Third Edition (原版影印本), 北京: 世界图书出版公司, 1999, 35; 中译本: 理论物理教程第 3 卷, 量子力学 - 非相对论理论 (第 6 版), 北京: 高等教育出版社, 2008, 35. 但更简洁的全面论证见, 张永德, 北京: 量子菜根谭 (第三版), 清华大学出版社, 第 15 讲第 4 节, 2015 年 (或 2012 年第二版第 18 讲第 4 节).

综合上面两式给出束缚态存在的必要条件是

$$0 < s \leqslant 2 \tag{4.34}$$

在满足 $0 < s < 2$ 条件下, 式 (4.33) 还可以写成

$$E = \langle T + V \rangle = \left(1 - \frac{s}{2}\right) \langle V \rangle = -\alpha \left(1 - \frac{s}{2}\right) \left\langle \frac{1}{r^s} \right\rangle \tag{4.35}$$

按 Bohr 对应原理, 在大量子数极限下, 量子体系的行为将趋向于与经典力学行为相同. 因而我们可考察粒子这样的一个大量子数极限的束缚定态, 其经典对应是很大半径 r_0 的圆轨道运动, 该束缚定态相应于其径向分布概率集中在很大半径 r_0 附近的 Δr 范围内的波包态, 而且 $\Delta r \ll r_0$, 则其能量

$$E = -\alpha \left(1 - \frac{s}{2}\right) \left\langle \frac{1}{r^s} \right\rangle \approx -\alpha \left(1 - \frac{s}{2}\right) \frac{1}{r_0^s} \tag{4.36}$$

只要 r_0 足够大, $|E|$ 就可以小于任意小的正数. 对于这种定态, 无论其能量是绝对值多么小的负值 $E \sim 0^-$, 设

$$-\frac{\alpha}{r_c^s} = E$$

则 $r_c = \left(\dfrac{\alpha}{-E}\right)^{1/s}$ 很大, 但在 $r > r_c$ 处 $V > E$, 这是经典禁区, 粒子位置分布概率迅速衰减到零. 可见这种态确是束缚态.

这样就表明存在无限多个密集在 $E \sim 0^-$ 附近的能级.

证法二 ① 首先用对于束缚定态的 Virial 定理, 得到式 (4.32) 再结合 $\langle T \rangle > 0$ 给出 $s > 0$, 这与证法一相同.

接下来, 考虑 r 与 p_r 满足不确定性关系

$$\Delta r \Delta p_r \approx \hbar \tag{4.37}$$

对于束缚定态 $\langle p_r \rangle = 0$②. 考虑 s 态, 则有

$$\langle \boldsymbol{p}^2 \rangle = \langle p_r^2 \rangle = (\Delta p_r)^2 \approx \hbar^2/(\Delta r)^2 \tag{4.38}$$

① 读者可参看 L. D. Landau, E. M. Lifshitz, *Course of Theoretical Physics, Volume 3, Quantum Mechanics: Non-Relativistic Theory* (原版影印本), Third Edition, 北京: 世界图书出版公司, 1999, 18; 中译本: 理论物理教程第 3 卷, 量子力学 - 非相对论理论 (第 6 版), 北京: 高等教育出版社, 2008, 18.

② 如对于 $(H, \boldsymbol{l}^2, l_z)$ 的共同本征函数 $\psi_{nlm} = \dfrac{1}{r}\chi(r)\mathrm{Y}_{lm}$, 其中 $\chi(r)$ 可取为实函数, 这样

$$\langle p_r \rangle = \int \psi^* \left(-\mathrm{i}\hbar\right) \left(\frac{\partial}{\partial r} + \frac{1}{r}\right) \psi \mathrm{d}^3\boldsymbol{x} = -\mathrm{i}\hbar \int \chi(r) \frac{\partial}{\partial r} \chi(r) \mathrm{d}r$$

由于 $\chi(r)$ 为实函数, 则积分结果为一纯虚的量, 但 p_r 是 Hermite 算符, $\langle p_r \rangle$ 应该为实数量. 这只能是 $\langle p_r \rangle = 0$.

假设粒子的一个波包态, 其径向分布概率集中在离原点 r_0 的范围内, r_0 较小, $\Delta r \sim r_0$, 则

$$E = \langle T+V \rangle \approx \frac{\hbar^2}{2\mu r_0^2} - \frac{\alpha}{r_0^s} \tag{4.39}$$

假若 $s>2$, 可见若 $r_0 \to 0$, 则上式第二项占主导, 使得 $E<0$ 可以取其绝对值任意大的负数, 这种情况相当于粒子向原点坠落. 换句话说, $s>2$ 情况下粒子能量不存在下界, 因而不存在稳定的定态. 只有当 $0<s<2$ 时, $E<0$ 不会取绝对值任意大的负数, 由于不确定性关系阻止粒子向原点坠落①, 因而可能会存在一些分立能级, 这就是定态.

再考虑一个径向分布概率集中在 r_0 附近的 Δr 范围内的波包, r_0 足够大, 而 $\Delta r \ll r_0$. 该波包态是束缚态, 它按粒子能量本征态②展开式的主要项对应的定态也是概率集中在 r_0 附近的 Δr 范围内的波包, 对于处于该定态粒子的能量为

$$E = \langle T+V \rangle \approx \frac{\hbar^2}{2\mu (\Delta r)^2} - \frac{\alpha}{r_0^s} \tag{4.40}$$

若 $0<s<2$, 我们设想让 r_0 与 Δr 按同一比例增大, 则对于足够大的 r_0, 式 (4.40) 中第二项起主要作用, 将给出 $E<0$, 且当 $r_0 \to \infty$, $E \to 0^-$. 这意味着粒子存在其绝对值可以任意小的负能量的定态. 对于某一 $E \sim 0^-$, 设

$$-\frac{\alpha}{r_c^s} = E$$

则$r_c = \left(\frac{\alpha}{-E}\right)^{1/s}$ 很大, 但在 $r > r_c$ 处 $V > E$, 这是经典禁区, 粒子位置分布概率迅速衰减到零. 可见这种态确是束缚态.

由上可知, 在 $E \sim 0^-$ 附近存在无限多密集的负能量的束缚定态.

说明 本题解答可以与第 2.22 题相互参照.

对于 $n=-2$ 的临界情况, 为避免 Landau 坠落而保证有束缚态存在的讨论, 见: L. D. Landau, E. M. Lifshitz, *Course of Theoretical Physics, Volume 3, Quantum Mechanics: Non-Relativistic Theory* (原版影印本), Third Edition, 北京: 世界图书出版公司, 1999, 35; 中译本: 理论物理教程第 3 卷, 量子力学 - 非相对论理论 (第 6 版), 北京: 高等教育出版社, 2008, 35, P. 140-143. 其改进讨论见张永德, 量子菜根谭 - 量子理论专题分析, 清华大学出版社, 第二版, 2013 年, 15, P 187-197.

题 4.11 质量为 μ 的粒子在球势阱 $V(r) = -\gamma\delta(r-a)$, $(\gamma,\ a>0)$ 中运动, 求存在束缚态的条件.

---

① 若是经典粒子, 则没有阻止它向原点坠落的机制.

② 此种情形, Hamilton 量有下界, 按照 Courant-Hilbert 定理, 其本征态具有完备性.

解答　由 Hellmann-Feynman 定理知 $\partial E_{n_r l}/\partial l > 0$. 设想 γ 逐渐增加, 则第一个束缚态必是 s 态 ($l=0$). 基态为 s 态 ($l=0$) 波函数可以写成

$$\psi(r)=\frac{u(r)}{r} \tag{4.41}$$

$u(r)$ 满足径向方程

$$u''+\frac{2\mu E}{\hbar^2}u+\frac{2\mu\gamma}{\hbar^2}\delta(r-a)u=0 \tag{4.42}$$

波函数的边界条件是 $u(0)=u(\infty)=0$.

由于 $r\to\infty$ 处 $V(r)\to 0$, 所以束缚态能量 $E<0$. 现令

$$\kappa=\frac{\sqrt{-2\mu E}}{\hbar},\quad b=\frac{\hbar^2}{\mu\gamma} \tag{4.43}$$

式 (4.42) 可以改写成

$$u''-\kappa^2 u+\frac{2}{b}\delta(r-a)u=0 \tag{4.44}$$

在 $r=a$ 附近对式 (4.44) 积分, 可得 u 的跃变条件

$$u'(a+0^+)-u'(a-0^+)=-\frac{2}{b}\hbar^2 u(a) \tag{4.45}$$

在 $r=a$ 处, u' 是有限跳跃, 因而 u 连续.

在 $r\neq a$ 处, 式 (4.44) 即

$$u''-\kappa^2 u=0 \tag{4.46}$$

满足自然边界条件 ($u(0)=0$) 以及束缚态条件 (在 $r\to\pm\infty$ 处 $u=0$) 的解为

$$u(r)=\begin{cases}\sinh kx=\dfrac{1}{2}(\mathrm{e}^{\kappa x}-\mathrm{e}^{-\kappa x}), & 0\leqslant r\leqslant a\\ A\mathrm{e}^{-\kappa x}, & r>a\end{cases} \tag{4.47}$$

$r=a$ 处 u 的连续条件以及 u' 的跃变条件 (4.45) 给出

$$\sinh\kappa a=A\mathrm{e}^{-\kappa a} \tag{4.48}$$

$$\kappa\cosh\kappa a+A\kappa\mathrm{e}^{-\kappa a}=\frac{2}{b}\sinh\kappa a \tag{4.49}$$

上面两式消去 A, 即得①

$$(2-\kappa b)\sinh\kappa a=\kappa b\cosh\kappa a \tag{4.50}$$

① 这里所得结果与方势阱奇宇称态结果相同, 这不奇怪. 原因在于求解 u 的方程以及在 0 到 $+\infty$ 的边界条件与方势阱奇宇称态完全相同.

或者

$$\kappa b = 1 - \mathrm{e}^{-2\kappa a} \tag{4.51}$$

定义无量纲量 $\varepsilon = \kappa b$, 则上式又可表示为

$$\varepsilon = 1 - \mathrm{e}^{-\frac{2a}{b}\varepsilon} \tag{4.52}$$

构造函数 $f(\varepsilon) = \varepsilon - 1 + \mathrm{e}^{-\frac{2a}{b}\varepsilon}$, 问题转化为求 $f(\varepsilon)$ 的正根. 即求解

$$f(\varepsilon) = \varepsilon - 1 + \mathrm{e}^{-\frac{2a}{b}\varepsilon} = 0. \tag{4.53}$$

上面构造的函数 $f(\varepsilon)$ 满足 $f(0) = 0$①, 以及 $f(+\infty) = +\infty$. $f'(\varepsilon) = 1 - \dfrac{2a}{b}\mathrm{e}^{-\frac{2a}{b}\varepsilon}$, 当 $\varepsilon > 0$ 时 $f'(\varepsilon) > f'(0) = 1 - \dfrac{2a}{b}$. 故当 $b \geqslant 2a$ 时, $f'(\varepsilon)$ 在 $(0, +\infty)$ 上恒正, 由此知 $f(\varepsilon)$ 在此区间上是增函数. 再结合 $f(0) = 0$ 知在 $(0, +\infty)$ 上 $f(\varepsilon) > 0$, 故当 $b \geqslant 2a$ 时 $f(\varepsilon)$ 没有正根, 因而此时不存在束缚态. 由上述分析可知存在束缚态的必要条件是 $b < 2a$. 类似于对方势阱奇宇称束缚态的分析, 当 $b < 2a$, 必存在一个惟一的 s 态束缚态. 因此 $b < 2a$ 也是存在束缚态的充要条件. 根据式 (4.43), 这也就是

$$\gamma > \frac{\hbar^2}{2\mu a} \tag{4.54}$$

γ 从较小的值逐渐增加到 $\dfrac{\hbar^2}{2\mu a} + 0^+$, 就开始出现束缚态, 而其能量 $E = 0^-$.

说明 本题要求存在束缚态的条件, 设想 γ 从较小的值逐渐增加, 最先出现的束缚态必定能量 $E = 0^-$, 而 $\kappa \sim 0$, 代入式 (4.50), $\sinh \kappa a \sim \kappa a$, $\sinh \kappa a \sim 1$, 则 $2a = b$, 这给出存在束缚态所要求 γ 的下限, 这样同样给出式 (4.54).

题 4.12 设粒子在无限长的圆筒中运动, 筒半径为 a, 求粒子能量.

解答 以圆筒轴线为 z 轴建立柱坐标系, 坐标用 (ρ, φ, z) 表示. Schrödinger 方程为 $H\psi = E\psi$, 其中 Hamilton 量如下给出

$$H = \left[-\frac{\hbar^2}{2\mu}\left(\frac{\partial^2}{\partial \rho^2} + \frac{1}{\rho}\frac{\partial}{\partial \rho}\right) + \frac{l_z^2}{2\mu\rho^2} + \frac{p_z^2}{2\mu}\right] \tag{4.55}$$

圆筒壁边界条件以及圆筒轴线上自然边界条件分别写为

$$\psi|_{\rho=a} = 0, \quad \rho\psi|_{\rho\to 0} \to 0 \tag{4.56}$$

选 CSCO 为 (H, l_z, p_z). l_z 的本征态为

$$\varPhi_m(\varphi) = \frac{1}{\sqrt{2\pi}}\mathrm{e}^{-\mathrm{i}m\varphi}, \quad m = 0, \pm 1, \pm 2, \cdots \tag{4.57}$$

① 即 $\varepsilon = 0$ 为 $f(\varepsilon)$ 的根, 这相应于 $\kappa = 0 (E=0)$, 不是束缚态能量.

相应的本征值为 $m\hbar$.

p_z 的本征态为平面波

$$Z_k(z)=\frac{1}{\sqrt{2\pi\hbar}}\mathrm{e}^{-\mathrm{i}kz} \tag{4.58}$$

相应的本征值为 $\hbar k$, 而 k 为连续取值的实数量.

取束缚定态 ψ 为 (H,l_z,p_z) 的共同本征态

$$\psi=R(\rho)\varPhi_m(\varphi)Z_k(z) \tag{4.59}$$

代入 Schrödinger 方程得径向波函数 $R(\rho)$ 满足的方程

$$\left[-\frac{\hbar^2}{2\mu}\left(\frac{\partial^2}{\partial\rho^2}+\frac{1}{\rho}\frac{\partial}{\partial\rho}\right)+\frac{m^2\hbar^2}{2\mu\rho^2}+\frac{\hbar^2k^2}{2\mu}\right]R(\rho)=ER(\rho) \tag{4.60}$$

边界条件 (4.56) 用 R 表示, 则为

$$R(a)=0,\quad \rho R(\rho)|_{\rho\to0}\to0 \tag{4.56$'$}$$

现令

$$\kappa=\sqrt{\frac{2mE}{\hbar^2}-k^2} \tag{4.61}$$

式 (4.60) 可以化为

$$\left(\frac{\partial^2}{\partial\rho^2}+\frac{1}{\rho}\frac{\partial}{\partial\rho}\right)R(\rho)+\left(\kappa^2-\frac{m^2}{\rho^2}\right)R(\rho)=0 \tag{4.62}$$

这是一个 Bessel 方程, 解得此式在圆筒轴线上 $(\rho=0)$ 满足自然边界条件的解为

$$R(\rho)=A\mathrm{J}_{|m|}(\kappa\rho) \tag{4.63}$$

另一解 $\mathrm{N}_{|m|}(\kappa\rho)$ 因不满足自然边界条件舍去. R 还需要满足圆筒壁 $(\rho=a)$ 边界条件 $R(a)=0$, 这给出 $\mathrm{J}_{|m|}(\kappa a)=0$. 令 $\lambda_{|m|\nu}$ 是 $\mathrm{J}_{|m|}(\lambda)=0$ 的第 ν 个根, $\nu=1,2,\cdots$. 则有

$$\kappa_1=\frac{\lambda_{|m|1}}{a},\quad \kappa_2=\frac{\lambda_{|m|2}}{a},\quad \kappa_3=\frac{\lambda_{|m|3}}{a},\quad \cdots \tag{4.64}$$

由此确定粒子的能量

$$E_{k|m|\nu}=\frac{\hbar^2}{2m}\left(k^2+\kappa_\nu^2\right)=\frac{\hbar^2}{2\mu}\left(k^2+\frac{\lambda_{|m|\nu}^2}{a^2}\right) \tag{4.65}$$

$m=0,\pm1,\pm2,\cdots$, k 为任意实数, 故能谱是连续的. 当给定 E 值后, 要求 $k^2\leqslant 2\mu E/\hbar^2$. 定态径向波函数为

$$R(\rho)=\mathrm{J}_{|m|}(\kappa_\nu\rho) \tag{4.66}$$

而总的波函数如式 (4.59) 所给.

题 4.13 设 $V(r)=-\dfrac{a}{r}+\dfrac{A}{r^2}$($a>0$、$A>0$ 为常数量), 粒子质量为 μ. 求粒子能量本征值和本征函数.

解答 根据势场球对称性的特点, 取粒子的束缚定态波函数为

$$\psi(r,\theta,\varphi)=R_l(r)\mathrm{Y}_{lm}(\theta,\varphi) \tag{4.67}$$

这相当于选体系的 CSCO 为 $(H,\boldsymbol{L}^2,L_z)$. 上式中 Y_{lm} 为球谐函数, 而径向波函数 $R_l(r)$ 满足如下径向 Schrödinger 方程

$$\frac{1}{r^2}\frac{\mathrm{d}}{\mathrm{d}r}r^2\frac{\mathrm{d}R}{\mathrm{d}r}+\left\{\frac{2\mu}{\hbar^2}\left[E-V(r)\right]-\frac{l(l+1)}{r^2}\right\}R=0 \tag{4.68}$$

将势函数 $V(r)$ 代入得

$$\frac{1}{r^2}\frac{\mathrm{d}}{\mathrm{d}r}r^2\frac{\mathrm{d}R}{\mathrm{d}r}+\left\{\frac{2\mu E}{\hbar^2}+\frac{2\mu a}{\hbar^2 r}-\left[l(l+1)+\frac{2\mu A}{\hbar^2}\right]\frac{1}{r^2}\right\}R=0 \tag{4.69}$$

令 $R(r)=\chi(r)/r$ 代入式 (4.69) 得

$$\frac{\mathrm{d}^2\chi}{\mathrm{d}r^2}+\left\{\frac{2\mu E}{\hbar^2}+\frac{2\mu a}{\hbar^2 r}-\left[l(l+1)+\frac{2\mu A}{\hbar^2}\right]\frac{1}{r^2}\right\}\chi=0 \tag{4.70}$$

上式可写为

$$\frac{\mathrm{d}^2\chi}{\mathrm{d}r^2}+\left\{\frac{2\mu E}{\hbar^2}+\frac{2\mu a}{\hbar^2 r}-\frac{l'(l'+1)}{r^2}\right\}\chi=0 \tag{4.71}$$

其中 l' 满足 $\dfrac{2\mu A}{\hbar^2}+l(l+1)=l'(l'+1)$, 从中解出 l' 得

$$l'=\pm\sqrt{\left(l+\frac{1}{2}\right)^2+\frac{2\mu A}{\hbar^2}}-\frac{1}{2}$$

这里 l' 应取正值, 使得满足当 $\lambda\to 0$ 时, $l'\to l$. 因而

$$l'=\sqrt{\left(l+\frac{1}{2}\right)^2+\frac{2\mu A}{\hbar^2}}-\frac{1}{2} \tag{4.72}$$

式 (4.71) 除了 l' 值不同, 与解氢原子束缚态的径向方程完全相同. 这样利用氢原子束缚态的求解办法和结果, 定义主量子数

$$n=n_r+l'+1 \tag{4.73}$$

其中 $n_r=0,1,2,\cdots$ 为径向波函数的节点个数, 而 l' 由式 (4.72) 给出, 故 n 一般不是整数. 粒子的能量本征值

$$E_n=-\frac{\mu a^2}{2\hbar^2}\cdot\frac{1}{n^2}=-\frac{2\mu a^2}{\hbar^2}\left[n_r+1+\sqrt{(2l+1)^2+8\mu A/\hbar^2}\right]^{-2} \tag{4.74}$$

其中 μ 为粒子质量, $n_r=0,1,2,\cdots$, n 如式 (4.73) 所给, 相应的径向波函数

$$R_{n\,l'}(r)=N'_{nl'}\mathrm{e}^{-\frac{\xi}{2}}\xi^{l}\mathrm{F}(-n+l'+1,2l'+2,\xi) \tag{4.75}$$

其中 F 为合流超几何函数, $N'_{nl'}$ 为归一化系数. 将此径向波函数代入式 (4.67) 即为粒子总的波函数.

题 4.14　有一无自旋粒子, 其波函数为

$$\psi=K\left[x+y+2z\right]\exp\{-\alpha r\}$$

其中 $r=\sqrt{x^2+y^2+z^2}$ 且 K,α 是实常数, $\alpha>0$. 问:

(1) 粒子的总角动量是多少?

(2) 角动量 z 分量的期望值是多少?

(3) 若角动量 z 分量 L_z 被测量, 问测得 $L_z=+\hbar$ 的概率是多少?

(4) 发现粒子在 θ,φ 方向上的 $\mathrm{d}\Omega$ 立体角内的概率是多少? 其中 θ,φ 就是通常球坐标中的角度.

解答　先写出头几项球谐函数的表达式

$$\mathrm{Y}_{00}=\sqrt{\frac{1}{4\pi}};\quad \mathrm{Y}_{10}=\sqrt{\frac{3}{4\pi}}\cos\theta;\quad \mathrm{Y}_{1,\pm1}=\mp\sqrt{\frac{3}{8\pi}}\sin\theta\mathrm{e}^{\pm\mathrm{i}\varphi} \tag{4.76}$$

在球坐标下写出该粒子的波函数,

$$\psi=R(r)\varphi\left(\theta,\varphi\right)=K'\left[\sin\theta\cos\varphi+\sin\theta\sin\varphi+2\cos\theta\right]K_r r\mathrm{e}^{-\alpha r} \tag{4.77}$$

其中, 径向波函数

$$R(r)=K_r r\mathrm{e}^{-\alpha r}$$

其归一化条件为

$$\begin{aligned}1&=\int_0^\infty\left|R(r)\right|^2r^2\mathrm{d}r=\left|K_r\right|^2\int_0^\infty r^4\mathrm{e}^{-2\alpha r}\mathrm{d}r\\&=\frac{\Gamma(5)}{(2\alpha)^5}=\frac{3}{4\alpha^5}\end{aligned}$$

其中利用了式 (A.9), 因而归一化系数 K_r 可取为

$$K_r=\sqrt{\frac{3}{4\alpha^5}}$$

再考虑波函数的角度部分

$$\begin{aligned}\varphi(\theta,\varphi)&=K'\left[\sin\theta\cos\varphi+\sin\theta\sin\varphi+2\cos\theta\right]\\&=K'\left[\sin\theta\frac{\mathrm{e}^{\mathrm{i}\varphi}+\mathrm{e}^{-\mathrm{i}\varphi}}{2}+\sin\theta\frac{\mathrm{e}^{\mathrm{i}\varphi}-\mathrm{e}^{-\mathrm{i}\varphi}}{2\mathrm{i}}+2\cos\theta\right]\\&=K'\left[-\frac{1-\mathrm{i}}{2}\sqrt{\frac{8\pi}{3}}\mathrm{Y}_{11}+\frac{1-\mathrm{i}}{2}\sqrt{\frac{8\pi}{3}}\mathrm{Y}_{1,-1}+2\sqrt{\frac{4\pi}{3}}\mathrm{Y}_{10}\right]\end{aligned}$$

由归一化条件, $\int \varphi(\theta,\varphi)^*\varphi(\theta,\varphi)\mathrm{d}\Omega=1$ 及 Y_{lm} 的正交归一性, 从而有

$$|K'|^2\left[\frac{1}{2}\cdot\frac{8\pi}{3}+\frac{1}{2}\frac{8\pi}{3}\mathrm{Y}_{11}+4\cdot\frac{4\pi}{3}\right]=1$$

因此可以取

$$K'=\sqrt{\frac{1}{8\pi}}$$

因而

$$\varphi(\theta,\varphi)=\frac{1}{\sqrt{3}}\left[-\frac{1-\mathrm{i}}{2}\mathrm{Y}_{11}+\frac{1-\mathrm{i}}{2}\mathrm{Y}_{1,-1}+\sqrt{2}\mathrm{Y}_{10}\right] \tag{4.78}$$

由式 (4.78) 可知

(1) φ 是 $\boldsymbol{L}^2$ 的 本征态, 本征值为 $1(1+1)\hbar^2=2\hbar^2$, 所以, 粒子的总角动量量子数为 $1\hbar$.

(2) 角动量 z 分量的期望值

$$\langle L_z\rangle=\frac{1}{3}\cdot\frac{1}{2}(+\hbar)+\frac{1}{3}\cdot\frac{1}{2}(-\hbar)+0=0.$$

(3) 对题给态测量角动量 z 分量 L_z 得 $L_z=+\hbar$ 的概率是

$$P(L_z=+\hbar)=|\langle\mathrm{Y}_{11}|\,\varphi(\theta,\varphi)\rangle|^2=\frac{1}{3}\cdot\frac{1}{2}=\frac{1}{6}$$

(4) 发现粒子在 (θ,φ) 方向上的 $\mathrm{d}\Omega$ 立体角内的概率

$$P(\theta,\varphi)\mathrm{d}\Omega=|\varphi(\theta,\varphi)|^2\,\mathrm{d}\Omega=\frac{1}{8\pi}\left[\sin\theta\,(\sin\varphi+\cos\varphi)+2\cos\theta\right]^2\mathrm{d}\Omega$$

题 4.15 (1) 确定由各向同性势 $V(r)=\dfrac{1}{2}kr^2$ 束缚的单粒子能级, 其中 k 是一正的常数;

(2) 导出第 N 级激发态的简并度公式;

(3) 确定第 N 级激发态的角动量及宇称.

解答 (1) 设粒子质量为 μ, 直角坐标下粒子运动的 Hamilton 量为

$$H=-\frac{\hbar^2}{2\mu}\nabla^2+\frac{1}{2}kr^2=-\frac{\hbar^2}{2\mu}\nabla^2+\frac{1}{2}k\left(x^2+y^2+z^2\right)=H_x+H_y+H_z \tag{4.79}$$

分离变量得到三个方向均为谐振子方程, 所以

$$E_{n_xn_yn_z}=(n_x+n_y+n_z+3/2)\,\hbar\omega=(N+3/2)\,\hbar\omega \tag{4.80}$$

其中 $\omega=\sqrt{k/\mu}$.

(2) 设 $n_y+n_z=n$, n 为某个定值, n_y 可以从 $0\sim n$ 取值, 故 n_y,n_z 有 $n+1$ 种取值. 若给定一个 n_x, 这时 $n=N-n_x=n_y+n_z$; 就 n_y,n_z 而言, 将有 $N-n_x+1$ 种取法. 由此可知, 总简并度

$$f_N=\sum_{n_x=0}^{N}(N-n_x+1)=\frac{1}{2}(N+1)(N+2) \tag{4.81}$$

(3) 球坐标下, 径向 Schrödinger 方程

$$R''+\frac{2}{r}R'+\left[\frac{2\mu}{\hbar^2}\left(E-\frac{1}{2}\mu\omega^2r^2\right)-\frac{l(l+1)}{r^2}\right]R=0 \tag{4.82}$$

令 $\alpha=\sqrt{\mu\omega/\hbar}$, $b=\sqrt{2\mu E/\hbar^2}$, 作变换 $R(r)=r^l\mathrm{e}^{-\alpha^2r^2/2}u(r)$, 可得方程

$$u''+\frac{2}{r}\left(l+1-\alpha^2r^2\right)u'+\left[k^2-2\alpha^2\left(l+\frac{3}{2}\right)\right]u=0 \tag{4.83}$$

进行无量纲化, 令 $s=\dfrac{k^2}{2\alpha^2}=\dfrac{E}{\hbar\omega}$, $\rho=\alpha^2r^2$, 方程化为

$$\frac{\mathrm{d}^2u}{\mathrm{d}\rho^2}+\left[\frac{l+\frac{3}{2}}{\rho}-1\right]\frac{\mathrm{d}u}{\mathrm{d}\rho}+\left[\frac{s}{2}-\frac{l+\frac{3}{2}}{2}\right]\frac{1}{\rho}u(\rho)=0 \tag{4.84}$$

此为合流超几何方程, 其两个线性无关的广义幂级数解为

$$\mathrm{F}\left(\frac{1}{2}\left(l+\frac{3}{2}-s\right),l+\frac{3}{2},\rho\right),\quad \rho^{-(l+\frac{1}{2})}\mathrm{F}\left(\frac{1}{4}-\frac{l+s}{2},\frac{1}{2}-l,\rho\right) \tag{4.85}$$

其中 F 为合流超几何级数. 第二个解不满足边界条件 $r\to0$, $r\psi\to0$, 相应波函数解有乘子 $r^l\rho^{-(l+\frac{1}{2})}\propto r^{-(l+1)}$, 所以应当略去. 而对保留下来的第一个解, 由于其指数发散, 必须予以截断. 为此令

$$\frac{1}{2}\left(l+\frac{3}{2}-s\right)=-n_r,\quad (n_r=0,1,2,\cdots) \tag{4.86}$$

n_r 为径向量子数. 能量本征值

$$E_N=\left(2n_r+l+\frac{3}{2}\right)\hbar\omega\equiv\left(N+\frac{3}{2}\right)\hbar\omega \tag{4.87}$$

其中 $(N=0,\ 1,\ 2,\ \cdots)$. 相应上式的能量本征态为

$$\psi_{n_rlm}(r,\theta,\varphi)=N_{n_rl}(\alpha r)^l\mathrm{e}^{-\frac{1}{2}\alpha^2r^2}F\left(-n_r,l+\frac{3}{2},\alpha^2r^2\right)\mathrm{Y}_{lm}(\theta,\varphi) \tag{4.88}$$

当 N 为偶数时, 第 N 激发态的角动量量子数可以取值

$$l=0,2,4,\cdots,N \tag{4.89}$$

当 N 为奇数时, 第 N 激发态的角动量量子数可以取值

$$l=1,3,5,\cdots,N \tag{4.90}$$

第 N 激发态可以是各 $l=N,N-2,\cdots$ 的任意叠加态, 角动量为 l 的态宇称为 $(-1)^l$, 从而第 N 激发态的宇称为 $(-1)^N$.

题 4.16 一个电子被禁闭在一个三维立方体的无限深势阱中, 边长为 L.

(1) 写出适当的 Schrödinger 方程;

(2) 写出相应于最低能量态的时间无关波函数;

(3) 给出具有能量小于某给定值 E 的态数目 N 的表达式, 假定 $N\gg 1$.

解答 (1) 在三维无限深势阱外 $\psi(x,y,z)=0$, 在势阱内 $(0<x,y,z<L)$ 波函数 $\psi(x,y,z)$ 满足定态 Schrödinger 方程

$$-\frac{\hbar^2}{2m}\left(\frac{\partial^2}{\partial x^2}+\frac{\partial^2}{\partial y^2}+\frac{\partial^2}{\partial z^2}\right)\psi=E\psi,\quad (E>0) \tag{4.91}$$

(2) 用分离变量法求解方程 (4.91), 三个方向为独立的一维无穷深方势阱问题解得归一化的粒子本征波函数为

$$\psi(x,y,z)=\frac{2\sqrt{2}}{\sqrt{abc}}\sin k_1x\sin k_2y\sin k_3z \tag{4.92}$$

其中 $k_1=n_1\dfrac{\pi}{a},k_2=n_2\dfrac{\pi}{a},k_3=n_3\dfrac{\pi}{a},(n_1,n_2,n_3=1,2,\cdots)$. 能量本征值 E 为

$$E=\frac{\hbar^2\pi^2}{2mL^2}\left(n_1^2+n_2^2+n_3^2\right),\quad (n_1,n_2,n_3=1,2,\cdots) \tag{4.93}$$

最低能量态的波函数为

$$\psi_{111}=\left(\frac{2}{L}\right)^{3/2}\sin\left(\frac{\pi x}{L}\right)\sin\left(\frac{\pi y}{L}\right)\sin\left(\frac{\pi z}{L}\right) \tag{4.94}$$

相应能量为

$$E_{111}=\frac{3\hbar^2\pi^2}{2mL^2} \tag{4.95}$$

(3) 态 ψ_{nlm} 的能量如式 (4.93) 所给, 要求能量小于给定 E 的态数 N, 实际上是要求满足下面不等式

$$n_x^2+n_y^2+n_z^2\leqslant\frac{2mL^2}{\hbar^2\pi^2}E \tag{4.96}$$

这是一个求以 $\left(\dfrac{2mL^2}{\hbar^2\pi^2}E\right)^{1/2}$ 为半径的球体内整格点数的问题. $N\gg 1$ 时, 对于 $n_i>0$, 该数为球体体积的 1/8 倍, 因此

$$N=\frac{1}{8}\cdot\frac{4\pi}{3}\left(\frac{2mL^2}{\hbar^2\pi^2}E\right)^{3/2}=\frac{4\pi}{3}\left(\frac{mL^2}{2\hbar^2\pi^2}E\right)^{3/2} \tag{4.97}$$

题 4.17　氯化钠晶体内有些负离子空穴, 每个空穴束缚一个电子. 可将这些电子看成束缚在箱中, 箱的长度具有晶格常数的量级. 晶体处于室温, 粗略估计被这些电子强烈吸收的电磁波的最长波长.

解答　电磁波能量和波长的关系

$$E = h\nu = hc/\lambda$$

氯化钠晶体中的电子能级由上题式 (4.93) 所给, 取 $a = 1\text{Å}$, 电子的基态能级

$$E_{111} = \frac{3\pi^2\hbar^2}{2ma^2} \approx 112\,\text{eV}$$

对于处于室温的晶体, 考虑热运动分布可知, 电子几乎全部处于基态. 所以被强烈吸收的电磁波的最大波长满足

$$\frac{2\pi\hbar c}{\lambda_{\max}} = E_{211} - E_{111}$$

因而

$$\lambda_{\max} = \frac{hc}{\Delta E} = \frac{hc}{E_{211} - E_{111}} = 110\text{Å}$$

题 4.18　(1) 一个质量为 m 的非相对论粒子在一势场中运动, 势为

$$V(x,y,z) = A\left(x^2 + y^2 + 2\lambda xy\right) + B\left(z^2 + 2\mu z\right)$$

其中 $A > 0$, $B > 0$, $|\lambda| < 1$, μ 是任意的实数量. 求能量的本征值.

(2) 现在使势变成 V_{new}, 对于 $z > -\mu$, 及任何 x, y, $V_{\text{new}} = V$, V 与第 (1) 小题相同. 对于 $z < -\mu$, 及任何 x, y, $V_{\text{new}} = +\infty$. 求基态能量.

解答　(1) 根据题给 Hamilton 量的特点, 引入变量 ξ, η, 使

$$\begin{aligned} \xi &= \frac{1}{\sqrt{2}}(x+y) \\ \eta &= \frac{1}{\sqrt{2}}(x-y) \end{aligned} \tag{4.98}$$

其反解式

$$\begin{aligned} x &= \frac{1}{\sqrt{2}}(\xi+\eta) \\ y &= \frac{1}{\sqrt{2}}(\xi-\eta) \end{aligned} \tag{4.99}$$

则有

$$\begin{cases} \dfrac{\partial}{\partial x} = \dfrac{\partial \xi}{\partial x}\dfrac{\partial}{\partial \xi} + \dfrac{\partial \eta}{\partial x}\dfrac{\partial}{\partial \eta} = \dfrac{1}{\sqrt{2}}\left(\dfrac{\partial}{\partial \xi} + \dfrac{\partial}{\partial \eta}\right) \\ \dfrac{\partial}{\partial y} = \dfrac{\partial \xi}{\partial y}\dfrac{\partial}{\partial \xi} + \dfrac{\partial \eta}{\partial y}\dfrac{\partial}{\partial \eta} = \dfrac{1}{\sqrt{2}}\left(\dfrac{\partial}{\partial \xi} - \dfrac{\partial}{\partial \eta}\right) \end{cases} \tag{4.100}$$

这样

$$\nabla^2 = \frac{\partial^2}{\partial x^2} + \frac{\partial^2}{\partial y^2} + \frac{\partial^2}{\partial z^2} = \frac{\partial^2}{\partial \xi^2} + \frac{\partial^2}{\partial \eta^2} + \frac{\partial^2}{\partial z^2}$$

以及

$$x^2 + y^2 + 2\lambda xy = \xi^2 (1+\lambda) + \eta^2 (1-\lambda)$$

进行上述变量代换后的 Schrödinger 方程

$$-\frac{\hbar^2}{2m}\left[\frac{\partial^2}{\partial \xi^2} + \frac{\partial^2}{\partial \eta^2} + \frac{\partial^2}{\partial z^2}\right]\psi + A\left[\xi^2(1+\lambda) + \eta^2(1-\lambda)\right]\psi + B\left(z^2 + 2\mu z\right)\psi = E\psi \tag{4.101}$$

用分离变量法, 令 $\psi = \varXi(\xi)Y(\eta)Z(z)$, 代入上式, 可得三个一维谐振子方程

$$\begin{cases} -\dfrac{\hbar^2}{2m}\left[\dfrac{\partial^2}{\partial \xi^2} + \xi^2 A(1+\lambda)\right]\varXi(\xi) = E_1\varXi(\xi) \\ -\dfrac{\hbar^2}{2m}\left[\dfrac{\partial^2}{\partial \eta^2} + \xi^2 A(1-\lambda)\right]Y(\eta) = E_2 Y(\eta) \\ -\dfrac{\hbar^2}{2m}\left[\dfrac{\partial^2}{\partial z^2} + B\left(z^2 + 2\mu z\right)\right]Z(z) = E_3 Z(z) \end{cases} \tag{4.102}$$

而 $E = E_1 + E_2 + E_3$. 令

$$\omega_1 = \sqrt{\frac{2A}{m}(1+\lambda)}; \quad \omega_2 = \sqrt{\frac{2A}{m}(1+\lambda)}; \quad \omega_3 - \sqrt{\frac{2B}{m}}$$

根据一维谐振子定态问题的结果,

$$E_1 = \left(n_1 + \frac{1}{2}\right)\hbar\omega_1, \quad E_2 = \left(n_2 + \frac{1}{2}\right)\hbar\omega_2, \quad E_3 = \left(n_3 + \frac{1}{2}\right)\hbar\omega_3 - B\mu^2$$

而 n_1, n_2, n_3 均为非负整数. 从而体系的能级为

$$E = E_1 + E_2 + E_3 = \left(n_1 + \frac{1}{2}\right)\hbar\omega_1 + \left(n_2 + \frac{1}{2}\right)\hbar\omega_2 + \left(n_3 + \frac{1}{2}\right)\hbar\omega_3 - B\mu^2 \tag{4.103}$$

(2) 已知一维谐振子定态波函数具有确定的宇称 (奇偶性由其量子数 n 定, 当 n 为奇数时, 波函数为奇宇称, 否则, 波函数为偶宇称). 题给 z 方向定态波函数关于 $z+\mu$ 关于其量子数 n 具有确定的宇称. 在新的势函数 V_{new} 下, 对于 $z < -\mu$, 及任何 x, y, $V_{\text{new}} = +\infty$, 则 $Z(z) = 0$. 对于 $z > -\mu$, 及任何 x, y, $V_{\text{new}} = V$, V 与第 (1) 小题相同相同, 则 $Z(-\mu) = 0, Z(\infty) = 0$. 与第 (1) 小题相同普通谐振子能量本征态比较知此时粒子能量本征态为第 (1) 小题相同普通谐振子的所有奇宇称能量本征态, 其基态相应于量子数 $n_1 = 0, n_2 = 0, n_3 = 1$. 这样体系基态能量为

$$E = \frac{1}{2}\hbar(\omega_1 + \omega_2) + \frac{3}{2}\hbar\omega_3 - B\mu^2$$

题 4.19　在 $t=0$ 时, 氢原子的波函数为

$$\psi(\boldsymbol{r},0)=\frac{1}{\sqrt{10}}\left[2\psi_{100}+\psi_{210}+\sqrt{2}\psi_{211}+\sqrt{3}\psi_{2,1,-1}\right]$$

其中脚标是量子数 n, l, m 的值. 忽略自旋和辐射跃迁, 试求:

(1) 该体系能量的期望值.

(2) 电子在 10^{-10}cm 之内的概率? ($t=0$ 时)(这里可采用近似结果);

(3) t 时刻体系处于 $l=1, m=+1$ 态的概率;

(4) 波函数怎样随时间变化规律, 即求 $\psi(\boldsymbol{r},t)$;

(5) 假设一次测量发现 $L=1, L_x=1$, 用上面的 ψ_{nlm} 描述这一测量后瞬间的波函数.

解答　(1) 体系的能量平均值

$$\begin{aligned}E&=\langle\psi|H|\psi\rangle=\frac{1}{10}(4E_1+6E_2)\\&=\frac{11}{20}E_1=-7.68\text{eV}\end{aligned}$$

(2) 令 $\alpha=10^{-10}$cm, 由 $\psi_{nlm}=R_{nl}\mathrm{Y}_{lm}$, 各 Y_{lm} 满足正交归一条件, 电子在 10^{-10}cm 之内的概率

$$\begin{aligned}P&=\int_0^a r^2\mathrm{d}r\psi^*\psi\mathrm{d}\Omega\\&=\int_0^a r^2\mathrm{d}r\frac{1}{10}\left(4|R_{10}|^2+6|R_{21}|^2\right)\end{aligned}$$

已知氢原子径向波函数

$$R_{10}=\frac{2}{a_0^{3/2}}\mathrm{e}^{-r/a_0},\quad R_{21}=\frac{r}{2\sqrt{6}a_0^{5/2}}\mathrm{e}^{-r/(2a_0)}$$

其中 Bohr 半径 $a_0=5.29\times10^{-9}$cm. 因为 $r\ll a_0$, 所以 $\mathrm{e}^{-r/a_0}\approx1-r/a_0$. 这样

$$\begin{aligned}P&\approx\frac{4}{10}\int_0^{a_0}r^2\mathrm{d}r\frac{4}{a_0^3}\left(1-\frac{2r}{a_0}\right)+\frac{6}{10}\int_0^{a_0}r^2\mathrm{d}r\frac{r^2}{24a_0^5}\left(1-\frac{r}{a_0}\right)\\&=\left[\frac{4}{3}\left(\frac{\alpha}{a_0}\right)^3-2\left(\frac{\alpha}{a_0}\right)^4\right]\frac{4}{10}+\frac{6}{10}\left[\frac{1}{120}\left(\frac{\alpha}{a_0}\right)^5-\frac{1}{144}\left(\frac{\alpha}{a_0}\right)^6\right]\\&\approx\frac{8}{15}\left(\frac{\alpha}{a_0}\right)^3\approx3.6\times10^{-6}\end{aligned}$$

(3) t 时刻体系的状态为

$$|\psi(t)\rangle=\mathrm{e}^{-\mathrm{i}Ht/\hbar}|\psi(0)\rangle$$

t 时刻体系处于 $l=1, m=+1$ 态的概率幅为

$$\langle n11|\psi(t)\rangle = \delta_{n2}\langle 211|\,\mathrm{e}^{-\mathrm{i}Ht/\hbar}\,|\psi(t)\rangle = \delta_{n2}\sqrt{\frac{1}{5}}\mathrm{e}^{-\mathrm{i}E_2t/\hbar}$$

所以概率

$$P = |\langle n11\,|\psi(t)\,\rangle|^2 = \frac{1}{5}\delta_{n2}$$

当 $n=2$ 时, $P=1/5$, 其他情况 P 为零.

(4) t 时刻体系的波函数为

$$\begin{aligned}\psi(\boldsymbol{r},t) &= \mathrm{e}^{-\mathrm{i}Ht/\hbar}\psi(\boldsymbol{r},0)\\ &= \sqrt{\frac{1}{10}}\left(2\mathrm{e}^{-\mathrm{i}\omega_1t}\psi_{100} + \mathrm{e}^{-\mathrm{i}\omega_2t}\psi_{210} + \sqrt{2}\mathrm{e}^{-\mathrm{i}\omega_2t}\psi_{211} + \sqrt{3}\mathrm{e}^{-\mathrm{i}\omega_2t}\psi_{21,-1}\right)\end{aligned}$$

式中

$$\omega_1 = \frac{E_1}{\hbar}, \quad \omega_2 = \frac{E_2}{\hbar}$$

(5) **解法一** L_z 的本征态

$$\mathrm{Y}_{1,0} = \sqrt{\frac{3}{4\pi}}\frac{z}{r}, \quad \mathrm{Y}_{1,\pm1} = \mp\sqrt{\frac{3}{8\pi}}\frac{x\pm\mathrm{i}y}{r}$$

因为 x,y,z 是对称的, 要求 L_x 的本征态, 即将 x,y,z 轮换 $x\to y$, $y\to z$, $z\to x$ 上述态经过这样的变换得

$$\mathrm{Y}'_{1,0} = \sqrt{\frac{3}{4\pi}}\frac{x}{r}, \quad \mathrm{Y}'_{1,\pm1} = \mp\sqrt{\frac{3}{8\pi}}\frac{y\pm\mathrm{i}z}{r}$$

本题求用 L_z 的本征态 $\mathrm{Y}_{1,0}$, $\mathrm{Y}_{1,\pm1}$ 展开 $L=1$, $L_x=1$ 的态 $\mathrm{Y}'_{1,1}$,

$$\begin{aligned}\mathrm{Y}'_{1,1} &= -\sqrt{\frac{3}{8\pi}}\frac{y+\mathrm{i}z}{r} = \sqrt{\frac{3}{8\pi}}\left[\frac{\mathrm{i}}{2}\left(\frac{x+\mathrm{i}y}{r} - \frac{x-\mathrm{i}y}{r}\right) - \mathrm{i}\frac{z}{r}\right]\\ &= \frac{\mathrm{i}}{2}\sqrt{\frac{3}{8\pi}}\left(\frac{x+\mathrm{i}y}{r}\right) - \frac{\mathrm{i}}{2}\sqrt{\frac{3}{8\pi}}\left(\frac{x-\mathrm{i}y}{r}\right) - \frac{\mathrm{i}}{\sqrt{2}}\sqrt{\frac{3}{4\pi}}\mathrm{i}\frac{z}{r}\\ &= -\mathrm{i}\left[\frac{1}{2}\mathrm{Y}_{1,1} + \frac{1}{2}\mathrm{Y}_{1,-1} + \frac{1}{\sqrt{2}}\mathrm{Y}_{1,0}\right]\end{aligned}$$

解法二 因为 $L_x = \dfrac{L_+ + L_-}{2}$, 利用升降算符的性质 (参见第 7 章)

$$L_\pm \mathrm{Y}_{lm} = \sqrt{l(l+1) - m(m\pm1)}\mathrm{Y}_{lm}\pm1$$

设 $L=1, L_x=1$ 的态为 ψ, 用 L_z 的本征态 Y_{lm} 展开

$$\psi = C_1\mathrm{Y}_{11} + C_{-1}\mathrm{Y}_{1,-1} + C_0\mathrm{Y}_{10}$$

L_x 作用在 ψ 上得

$$\begin{aligned}L_x\psi &= \frac{L_+ + L_-}{2}\psi = \frac{1}{2}\left[L_+C_{-1}\mathrm{Y}_{1,-1} + L_+C_0\mathrm{Y}_{1,0} + L_-C_1\mathrm{Y}_{1,1} + L_-C_0\mathrm{Y}_{1,0}\right]\\ &= \frac{1}{2}\left[C_{-1}\mathrm{Y}_{1,0} + C_0\mathrm{Y}_{1,1} + C_1\mathrm{Y}_{1,0} + C_0\mathrm{Y}_{1,-1}\right]\\ &= \frac{1}{2}\left[C_0\mathrm{Y}_{1,1} + C_0\mathrm{Y}_{1,-1} + (C_1 + C_{-1})\,\mathrm{Y}_{10}\right]\end{aligned}$$

与 L_x 的本征方程

$$L_x\psi = C_1\mathrm{Y}_{11} + C_{-1}\mathrm{Y}_{1,-1} + C_0\mathrm{Y}_{10}$$

比较后得

$$C_1 = \frac{1}{2}C_0, \quad C_{-1} = \frac{1}{2}C_0$$

由波函数归一得 $C_0 = 1/\sqrt{2}$. 这样

$$\psi = \frac{1}{2}\left[\mathrm{Y}_{1,1} + \mathrm{Y}_{1,-1} + \sqrt{2}\mathrm{Y}_{1,0}\right]$$

题 4.20　仿照自然单位制 ($\hbar = c = 1$), 引入原子单位制. 进入 Coulomb 场中运动的粒子 Schrödinger 方程的物理常数总共三个：$\hbar$, e, μ_e. 为简化表述, 可在计算中, 形式上略去这三个常数, 即相当于令它们为 1; 在最后结果中, 再加上它们适当幂次的组合, 凑得量纲正确即可.

解答　Coulomb 场中的粒子时间演化态满足 Schrödinger 方程

$$\begin{aligned}\hat{H}\psi &= E\psi\\ &= -\frac{\hbar^2}{2\mu_\mathrm{e}}\left[\frac{\partial^2}{\partial r^2} + \frac{2}{r}\frac{\partial}{\partial r} + \frac{l(l+1)}{r^2}\right]\psi - \frac{e^2}{r}\psi\\ &= \mathrm{i}\hbar\frac{\partial}{\partial t}\psi\end{aligned}$$

在一个等式中等号两边的项、一个式子中相加的各项量纲一定相等, 由此写出如下量纲等式

$$\frac{[\hbar]^2}{[\mu_\mathrm{e}][r]^2} = \frac{[e^2]}{[r]} = \frac{[\hbar]}{[t]}$$

由此可得各种特征单位, 如质量特征单位 $[\mu_\mathrm{e}]$, 长度特征单位$[r] = \dfrac{[\hbar]^2}{[\mu_\mathrm{e}][e^2]}$, 时间特征单位 $[t] = \dfrac{[\hbar]^3}{[\mu_\mathrm{e}][e^4]}$; 可组成速度, 动量, 能量的特征单位.

如计算质量, 在最后结果上乘以电子质量 μ_e.

计算长度, 在最后结果上乘以 $a_0 = \hbar^2/(\mu_\mathrm{e}e^2)$;

计算时间, 在最后结果上乘以 $\hbar^3/(\mu_\mathrm{e}e^4)$;

计算速度, 在最后结果上乘以 $e^2/\hbar$;

计算动量, 在最后结果上乘以 $\mu_e e^2/\hbar$;

计算能量, 在最后结果上乘以 $\mu_e e^4/\hbar^2$.

题 4.21 假设质子和中子通过交换 $\pi^{\pm}$ 介子产生下面的近似势

$$V(r)=\frac{g^2}{d}\exp\{-r/d\}$$

彼此互相吸引. 其中 $d=\hbar/mc$, m 为 $\pi^{\pm}$ 介子的质量, $mc^2=140\ \text{MeV}$, 质子和中子的质量近似为 $Mc^2=940\ \text{MeV}$.

(1) 证明适当选取参数 α, β, 通过变量代换 $x=\alpha\exp\{-\beta r\}$, 可以将该体系 $l=0$ 时的径向 Schrödinger 方程化为 Bessel 方程

$$\frac{\mathrm{d}^2\mathrm{J}_\rho(x)}{\mathrm{d}x^2}+\frac{1}{x}\frac{\mathrm{dJ}_\rho(x)}{\mathrm{d}x}+\left(1-\frac{\rho^2}{x^2}\right)\mathrm{J}_\rho(x)=0$$

(2) 假设已知该体系只有一个束缚态, 结合能为 2.2 MeV; 计算 $g^2/\hbar c$ 的数值并指出其单位;

(3) 为使该体系具有两个 $l=0$ 的束缚态, $g^2/\hbar c$ 的最小值应等于多少? (d 和 M 不变.)

解答 (1) $l=0$ 时, 径向波函数 $R(r)=\chi(r)/r$ 满足的 Schrödinger 方程为 (约化质量 $\mu=M/2$)

$$\frac{\mathrm{d}^2\chi(r)}{\mathrm{d}r^2}+\frac{M}{\hbar^2}\left(E+\frac{g^2}{d}\mathrm{e}^{-r/d}\right)\chi(r)=0 \tag{4.104}$$

其中 E 为能量本征值, 按题意作变量代换,

$$r\rightarrow x=\alpha\mathrm{e}^{-\beta r},\quad 0\leqslant x\leqslant\alpha \tag{4.105}$$

α、β 待定的正参量, 并记 $\chi(r)=\mathrm{J}(x)$, 则

$$\frac{\mathrm{d}^2\mathrm{J}(x)}{\mathrm{d}x^2}+\frac{1}{x}\frac{\mathrm{dJ}(x)}{\mathrm{d}x}+\left[\frac{Mg^2}{\hbar^2 d\beta^2}\left(\frac{x}{\alpha}\right)^{\frac{1}{\alpha\beta}}\frac{1}{x^2}+\frac{ME}{\hbar^2\beta^2}\frac{1}{x^2}\right]\mathrm{J}(x)=0 \tag{4.106}$$

若令

$$\alpha=\frac{2g}{\hbar}\sqrt{Md},\quad \beta=\frac{1}{2d} \tag{4.107}$$

并记

$$\rho^2=\frac{4d^2M\,|E|}{\hbar^2}=-\frac{4d^2ME}{\hbar^2} \tag{4.108}$$

则径向 Schrödinger 方程化成 ρ 阶 Bessel 方程:

$$\frac{\mathrm{d}^2\mathrm{J}(x)}{\mathrm{d}x^2}+\frac{1}{x}\frac{\mathrm{dJ}(x)}{\mathrm{d}x}+\left(1-\frac{\rho^2}{x^2}\right)\mathrm{J}(x)=0 \tag{4.109}$$

其满足自然边界条件的解为 ρ 阶 Bessel 函数 $\mathrm{J}_\rho(x)$, 下面图 4.1 绘出了若干 Bessel 函数自变量在 0~10 范围的曲线.

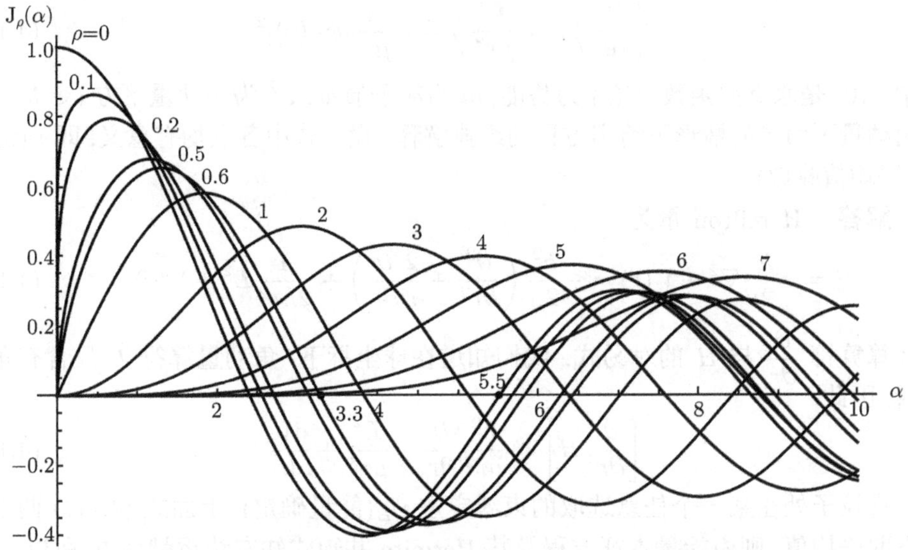

图 4.1　若干 Bessel 函数的自变量在 0~10 范围内的曲线

(2) 对于束缚态, 要求 $r \to \infty$ 时, $R(r) \to 0$. 满足该条件的解为 (不考虑归一)

$$\chi(r) = \mathrm{J}_\rho\left(\alpha \mathrm{e}^{-\beta r}\right) \quad (\rho \geqslant 0) \tag{4.110}$$

另一方面, 由 $\chi(0) = 0$, 得 $\mathrm{J}_\rho(\alpha) = 0$. 现在已知

$$\rho = \frac{2d}{\hbar}\sqrt{M|E|} = \frac{2}{mc^2}\sqrt{Mc^2|E|} = \frac{2}{140}\sqrt{940 \times 2.2} \approx 0.6 \tag{4.111}$$

根据 $\mathrm{J}_\rho(x)$ 的数值曲线, 可以看出 $\rho = 0.6$ 时, 函数 $\mathrm{J}_\rho(x)$在正实轴上的第一个零点值为 3.3, 这给出只具有一个束缚态的势阱的如下 α 值

$$\alpha \approx 3.3 \tag{4.112}$$

于是, 容易求出

$$\frac{g^2}{\hbar c} = \frac{\hbar \alpha^2}{4Mcd} = \frac{mc^2\alpha^2}{4Mc^2} = \frac{140 \times (3.3)^2}{4 \times 940} \approx 0.4 \tag{4.113}$$

(3) $\mathrm{J}_0(\alpha)$ 在正实轴上的第二个零点是 $\alpha = 5.5$. 观察图 4.1, 不难发现当 $\alpha < 5.5$ 时, 给定 α 值, 只存在一个正实数 ρ, 使得 $\mathrm{J}_\rho(\alpha) = 0$, 这时无论如何只能给出一个束缚态. 因此, 要得到两个 $l = 0$ 的束缚态, 必须 $\alpha \geqslant 5.5$, 于是 $g^2/\hbar c$ 的最小值为

$$\left(\frac{g^2}{\hbar c}\right)_{\min} = \frac{mc^2\alpha_{\min}^2}{4Mc} = \frac{140 \times (5.5)^2}{4 \times 940} \approx 1.1 \tag{4.114}$$

题 4.22 证明在非相对论量子力学中, 对于中心势场 $V(r)$ 中的任何单粒子束缚定态有下列关系式成立:

$$\left\langle\frac{\mathrm{d}V}{\mathrm{d}r}\right\rangle-\left\langle\frac{\boldsymbol{L}^2}{\mu r^3}\right\rangle=\frac{2\pi\hbar^2}{\mu}|\psi_E(0)|^2 \tag{4.115}$$

其中 $\psi(0)$ 是原点波函数, $V(r)$ 为势能, m 为粒子质量, $\boldsymbol{L}^2$ 为角动量平方 (令 $\hbar=1$). 在角动量不为零的情形下给出方程的经典解释 (设上式中各项均有意义, 即 $\psi(0)$ 有限, 平均值收敛).

解答 Hamilton 量为

$$H=-\frac{\hbar^2}{2\mu}\nabla^2+V(r)=-\frac{\hbar^2}{2\mu}\left(\frac{\partial^2}{\partial r^2}+\frac{2}{r}\frac{\partial}{\partial r}\right)+\frac{1}{2\mu r^2}\boldsymbol{L}^2+V(r) \tag{4.116}$$

先计算算符 $\dfrac{\partial}{\partial r}$ 与 H 的对易式. 我们知道在球坐标下, 角动量算符 $\boldsymbol{L}$ 只含有角度变量, 因此

$$\left[\frac{\partial}{\partial r},H\right]=\frac{\hbar^2}{\mu r^2}\frac{\partial}{\partial r}-\frac{\boldsymbol{L}^2}{\mu r^3}+\frac{\mathrm{d}V}{\mathrm{d}r} \tag{4.117}$$

设粒子处在某一个任意选取的束缚定态 ψ_E(能量确定), 上面式 (4.117) 两边对该态取平均值. 则由能量本征方程及其 Hermite 共轭式知左边贡献为 0, 所以

$$\begin{aligned}\left\langle\frac{\mathrm{d}V}{\mathrm{d}r}\right\rangle-\left\langle\frac{\boldsymbol{L}^2}{\mu r^3}\right\rangle&=-\frac{\hbar^2}{\mu}\left\langle\frac{1}{r^2}\frac{\partial}{\partial r}\right\rangle=-\frac{\hbar^2}{\mu}\int\psi_E^*\frac{1}{r^2}\frac{\partial\psi_E}{\partial r}r^2\mathrm{d}r\mathrm{d}\Omega\\&=-\frac{\hbar^2}{\mu}\int\mathrm{d}\Omega\int_0^\infty\psi_E^*\frac{\partial\psi_E}{\partial r}\mathrm{d}r\end{aligned} \tag{4.118}$$

上式左端之平均值为实数量, 则右端也应当为实数量, 因此,

$$\begin{aligned}\int_0^\infty\psi_E^*\frac{\partial\psi_E}{\partial r}\mathrm{d}r&=\int_0^\infty\psi_E\frac{\partial\psi_E^*}{\partial r}\mathrm{d}r=\frac{1}{2}\int_0^\infty\frac{\partial}{\partial r}\left(\psi_E^*\psi_E\right)\mathrm{d}r\\&=\frac{1}{2}\psi_E^*\psi_E\Big|_{r=0}^{\infty}=-\frac{1}{2}|\psi_E(0)|^2\end{aligned} \tag{4.119}$$

将式 (4.119) 代入式 (4.118), 并计及 $\int\mathrm{d}\Omega=4\pi$, 即得式 (4.115), 即为所证.

现考虑束缚定态波函数 ψ_E 是 $(H,\boldsymbol{L}^2,L_z)$ 的共同本征函数, 即

$$\psi_{nlm}(r,\theta,\varphi)=R_{nl}(r)\mathrm{Y}_{lm}(\theta,\varphi) \tag{4.120}$$

这时式 (4.115) 中 $\boldsymbol{L}^2$ 可以用本征值 $l(l+1)\hbar^2$ 代替. 由于只有 s 态 $(l=0)\psi_E(0)$ 才不等于 0, 因此式 (4.115) 等价于

$$\left\langle\frac{\mathrm{d}V}{\mathrm{d}r}\right\rangle=\frac{2\pi\hbar^2}{\mu}|\psi_E(0)|^2,\quad l=0(\text{s 态}) \tag{4.121a}$$

$$\left\langle\frac{\mathrm{d}V}{\mathrm{d}r}\right\rangle=\left\langle\frac{\boldsymbol{L}^2}{\mu r^3}\right\rangle=l(l+1)\frac{\hbar^2}{\mu}\left\langle\frac{1}{r^3}\right\rangle,\quad l\neq 0 \tag{4.121b}$$

接下来我们尝试对上述结果的物理意义作一讨论. 式 (4.121a) 显含 $\hbar$, 所以是量子效应, 没有经典对应. 下面讨论式 (4.121b) 可能的 经典对应. 经典力学中, 粒子在中心力场中运动时, 能量 E、角动量 $\boldsymbol{L}$ 均守恒. 对于任何周期性轨道, 均有

$$E=\frac{\boldsymbol{p}^2}{2\mu}+V(r)=\frac{\mu}{2}\left(\frac{\mathrm{d}r}{\mathrm{d}t}\right)^2+\frac{\boldsymbol{L}^2}{2\mu r^2}+V(r) \tag{4.122}$$

由于能量 E、角动量 $\boldsymbol{L}$ 守恒, 上式对 r 求导, 得到

$$\frac{\mathrm{d}V}{\mathrm{d}r}-\frac{\boldsymbol{L}^2}{\mu r^3}=-\frac{\mu}{2}\frac{\mathrm{d}}{\mathrm{d}r}\cdot\left(\frac{\mathrm{d}r}{\mathrm{d}t}\right)^2=-\mu\frac{\mathrm{d}r}{\mathrm{d}t}\frac{\mathrm{d}}{\mathrm{d}r}\left(\frac{\mathrm{d}r}{\mathrm{d}t}\right)=-\mu\frac{\mathrm{d}^2r}{\mathrm{d}t^2}$$

或者

$$-\frac{\mathrm{d}V}{\mathrm{d}r}+\frac{\boldsymbol{L}^2}{\mu r^3}=\mu\frac{\mathrm{d}^2r}{\mathrm{d}t^2}$$

此式即粒子在有心力场中运动的径向方程①, 其中 $-\dfrac{\mathrm{d}V}{\mathrm{d}r}$为粒子所受有心力 (沿径向), 而 $\dfrac{\boldsymbol{L}^2}{\mu r^3}$ 为离心力. 对于圆轨道$r=\mathrm{const.}$, 则有 $\dfrac{\mathrm{d}V}{\mathrm{d}r}=\dfrac{\boldsymbol{L}^2}{\mu r^3}$, 也就是粒子所受有心力与离心力平衡. 对于周期运动, 则对上式两边求周期平均值, 即得

$$\left(\frac{\mathrm{d}V}{\mathrm{d}r}\right)_{\text{平均}}-\frac{\boldsymbol{L}^2}{\mu}\left(\frac{1}{r^3}\right)_{\text{平均}}=-\frac{\mu}{\oint\mathrm{d}t}\oint\mathrm{d}t\frac{\mathrm{d}r}{\mathrm{d}t}\frac{\mathrm{d}}{\mathrm{d}r}\left(\frac{\mathrm{d}r}{\mathrm{d}t}\right)=-\mu\oint\mathrm{d}\left(\frac{\mathrm{d}r}{\mathrm{d}t}\right)\Big/\oint\mathrm{d}t=0$$

或者

$$\left(\frac{\mathrm{d}V}{\mathrm{d}r}\right)_{\text{平均}}=\frac{\boldsymbol{L}^2}{\mu}\left(\frac{1}{r^3}\right)_{\text{平均}} \tag{4.123}$$

可见粒子所受有心力与离心力的周期平均值相等. 对于非周期运动, 如在平方反比力场中沿抛物线或者双曲线轨道运动, 此时不存在式 (4.123) 这样的式子. 经典粒子在有心力场中做周期运动, 粒子局限在有限区域中运动, 且能量守恒, 这是一种束缚定态. 我们可以说, 式 (4.121b) 或者式 (4.115) 是式 (4.123) 的量子力学推广.

本题解答到此已经完整. 下面关于式 (4.115) 我们再提出 2 种新的证法. 并附上对一般束缚态式 (4.115) 是否成立的讨论.

证法二　定态 Schrödinger 方程可写为

$$\left[-\frac{\hbar^2}{2\mu}\frac{1}{r}\frac{\partial^2}{\partial r^2}r+\frac{1}{2\mu r^2}\boldsymbol{L}^2+V(r)\right]\psi_E=E\psi_E \tag{4.124}$$

令 $\chi=r\psi_E$, 则

$$\left[\frac{\hbar^2}{2\mu}\frac{\partial^2}{\partial r^2}-\frac{1}{2\mu r^2}\boldsymbol{L}^2+E-V(r)\right]\chi=0 \tag{4.125}$$

① 例如参见文献 Goldstein H., Poole C., Safko J., 经典力学 (影印版)(第 3 版)(Classical Mechanics (3rd Edition)), 高等教育出版社,2005, P72-76.

上式两边对 r 求导得

$$\left[\frac{\hbar^2}{2\mu}\frac{\partial^2}{\partial r^2}-\frac{1}{2\mu r^2}\boldsymbol{L}^2+E-V(r)\right]\frac{\partial}{\partial r}\chi=\left(\frac{\mathrm{d}V}{\mathrm{d}r}-\frac{1}{\mu r^3}\boldsymbol{L}^2\right)\chi \tag{4.126}$$

上式两边左乘以 χ^*, 并对全空间积分 $\int \mathrm{d}\Omega\mathrm{d}r$, 因 $\chi=r\psi_E$ (不妨设 ψ_E 已归一化), 则等号右边给出$\left\langle\frac{\mathrm{d}V}{\mathrm{d}r}\right\rangle-\left\langle\frac{\boldsymbol{L}^2}{\mu r^3}\right\rangle$, 即式 (4.115) 的左边. 左边作全空间积分时, 我们采用分部积分的办法, 使得作用到 χ 上面的微分算符 $\frac{\partial^2}{\partial r^2}$ 与 $\boldsymbol{L}^2$ 全部改为作用到 χ^* 上, 并利用式 (4.125) 的复数共轭式, 给出零的结果. $\boldsymbol{L}$ 是 Hermite 算符, 朝前作用与朝后作用相同. $-\mathrm{i}\hbar\frac{\partial}{\partial r}$不是 Hermite 算符, 朝前作用与朝后作用结果则不相同. 因此对积分变量 r 作分部积分时, 我们须小心地保留边界项. 这样式 (4.126) 左边全空间积分后的结果是

$$\begin{aligned}&\frac{\hbar^2}{2\mu}\int\mathrm{d}\Omega\left(\chi^*\frac{\partial}{\partial r}\frac{\partial}{\partial r}\chi\bigg|_{r=0}^{\infty}-\frac{\partial}{\partial r}\chi^*\cdot\frac{\partial}{\partial r}\chi\bigg|_{r=0}^{\infty}\right)\\&=\frac{\hbar^2}{2\mu}\int\mathrm{d}\Omega\left|\frac{\partial}{\partial r}\chi(0)\right|^2=4\pi\frac{\hbar^2}{2\mu}\left|\frac{\partial}{\partial r}\chi(0)\right|^2\end{aligned} \tag{4.127}$$

由 $\chi=r\psi_E$ 知$\frac{\partial}{\partial r}\chi(0)=\psi_E(0)$. 从而上式结果即式 (4.115) 的右边. 这样我们完成了式 (4.115) 的证明.

证法三 在球坐标下, 角动量算符 $\boldsymbol{L}$ 只含有角度变量, 故知 $\left[\frac{\mathrm{d}V}{\mathrm{d}r},\boldsymbol{L}\right]=0$ 以及 $\left[\frac{\boldsymbol{L}^2}{\mu r^3},\boldsymbol{L}\right]=0$, 并有 $\left[\frac{\mathrm{d}V}{\mathrm{d}r},\boldsymbol{L}^2\right]=0$以及 $\left[\frac{\boldsymbol{L}^2}{\mu r^3},\boldsymbol{L}^2\right]=0$. 考虑 $\frac{\mathrm{d}V}{\mathrm{d}r}L_z$ 在不同角动量态下的矩阵元

$$\left\langle lm\left|\frac{\mathrm{d}V}{\mathrm{d}r}L_z\right|l'm'\right\rangle=m\left\langle lm\left|\frac{\mathrm{d}V}{\mathrm{d}r}\right|l'm'\right\rangle=m'\left\langle lm\left|\frac{\mathrm{d}V}{\mathrm{d}r}\right|l'm'\right\rangle$$

若 $m\neq m'$, 则必有 $\left\langle lm\left|\frac{\mathrm{d}V}{\mathrm{d}r}\right|l'm'\right\rangle=0$, 同理 $\left\langle lm\left|\frac{\boldsymbol{L}^2}{\mu r^3}\right|l'm'\right\rangle=0$. 考虑 $\left\langle lm\left|\frac{\mathrm{d}V}{\mathrm{d}r}\boldsymbol{L}^2\right|l'm'\right\rangle$, 则可证若 $l\neq l'$, 则必有 $\left\langle lm\left|\frac{\mathrm{d}V}{\mathrm{d}r}\right|l'm'\right\rangle=0$, 同理 $\left\langle lm\left|\frac{\boldsymbol{L}^2}{\mu r^3}\right|l'm'\right\rangle=0$.

归一化束缚定态 ψ_E 总可以用 $(H,\boldsymbol{L}^2,L_z)$ 的共同本征函数 ψ_{nlm} 展开, 即

$$\psi_E=\sum_{lm}c_{lm}\psi_{nlm}$$

按上面结论得到

$$\left\langle \frac{\mathrm{d}V}{\mathrm{d}r} - \frac{\boldsymbol{L}^2}{\mu r^3} \right\rangle_E = \sum_{lm} |c_{lm}|^2 \left\langle \frac{\mathrm{d}V}{\mathrm{d}r} - \frac{\boldsymbol{L}^2}{\mu r^3} \right\rangle_{nlm} \tag{4.128}$$

上式平均值下标 E 表示对态 ψ_E 求平均, 而下标 nlm 表示态 ψ_{nlm} 求平均. 在右边的求和中, 不同角动量态的交叉项 ($l \neq l', m \neq m'$ 的项) 不出现. 再考虑到式 (4.115) 右边唯一非零的情形 s 态非简并, 从上式知欲对束缚定态 ψ_E 式 (4.115) 成立, 只需证明对每一个 ψ_{nlm} 式 (4.115) 成立即可.

现对态 ψ_{nlm} 证明式 (4.115) 成立. 这时算符 $\boldsymbol{L}^2$ 取本征值 $l(l+1)\hbar^2$, 而波函数可以写成

$$\psi_{nlm} = \frac{1}{r} u(r) \mathrm{Y}_{lm} \tag{4.129}$$

其中 $u(r)$ 可取为实函数, 即满足 $u(r)^* = u(r)$. $u(r)$ 满足方程

$$\frac{\mathrm{d}^2}{\mathrm{d}r^2} u + \left[\frac{2m(E-V)}{\hbar^2} - \frac{l(l+1)}{r^2} \right] u = 0$$

或者

$$\frac{2\mu(V-E)}{\hbar^2} + \frac{l(l+1)}{r^2} = \frac{u''}{u}$$

此式两边再对 r 求导得

$$\frac{2\mu}{\hbar^2} \frac{\mathrm{d}V}{\mathrm{d}r} - \frac{2l(l+1)}{r^3} = \left(\frac{u''}{u} \right)'$$

上面方程两边对 ψ_{nlm} 态取平均得

$$\begin{aligned} \frac{2\mu}{\hbar^2} \left\langle \frac{\mathrm{d}V}{\mathrm{d}r} \right\rangle - 2l(l+1) \left\langle \frac{1}{r^3} \right\rangle &= \int_0^\infty \mathrm{d}r u^2 \frac{2\mu}{\hbar^2} \frac{\mathrm{d}V}{\mathrm{d}r} = \int_0^\infty u^2 (u''/u)' \mathrm{d}r \\ &= -2 \int_0^\infty u'' u' \mathrm{d}r = [u'(0)]^2 \end{aligned} \tag{4.130}$$

式中用了束缚态所应满足的边界条件 $u|_{r\to\infty} = 0$.

由式 (4.129), $\psi + r\dfrac{\partial}{\partial r}\psi = u'\mathrm{Y}_{lm}$, 故 $r=0$ 处, $u'(0)\mathrm{Y}_{lm} = \psi_{nlm}(0)$. 对于 $l=0$, 因 $\mathrm{Y}_{00} = 1/\sqrt{4\pi}$, 故 $u'(0) = \sqrt{4\pi}\psi_{n00}(0)$; 对于 $l \neq 0$, $\psi_{nlm}(0) = 0$, 故 $u'(0) = 0$. 将 $u'(0)$ 的结果代入式 (4.130), 即得 ψ_{nlm} 满足式 (4.115). 综上我们完成了式 (4.115) 的证明①.

① 对于态 ψ_{nlm} 满足式 (4.115), 另外还有一种证法, 可见张永德、柳盛典、吴强等编著, 物理大题典 — 量子力学, 北京: 科学出版社, 2005 年 9 月, P173-174.

讨论 以上的证明用了束缚定态的条件. 若是一般束缚态, 而不是束缚定态, 我们来讨论式 (4.115) 是否成立. 若令

$$\Lambda=\frac{\mathrm{d}V}{\mathrm{d}r}-\frac{\boldsymbol{L}^2}{\mu r^3} \tag{4.131}$$

一般 $[\Lambda,H]\neq 0$, 故 Λ 不是守恒量. 兹举氢原子的例子, 其 Hamilton 量为 $H=\dfrac{\boldsymbol{p}^2}{2\mu}-\dfrac{e^2}{r}$, 因而

$$\Lambda=\frac{\mathrm{d}V}{\mathrm{d}r}-\frac{\boldsymbol{L}^2}{\mu r^3}=\frac{e^2}{r^2}-\frac{\boldsymbol{L}^2}{\mu r^3} \tag{4.132}$$

这样

$$\begin{aligned}[\Lambda,H]&=\left[\Lambda,\frac{p_r^2}{2\mu}+\frac{1}{2\mu r^2}\boldsymbol{L}^2+V(r)\right]\\&=\left[\frac{e^2}{r^2}-\frac{\boldsymbol{L}^2}{\mu r^3},\frac{p_r^2}{2\mu}\right]=\frac{e^2}{2\mu}\left[\frac{1}{r^2},p_r^2\right]-\frac{\boldsymbol{L}^2}{2\mu^2}\left[\frac{1}{r^3},p_r^2\right]\end{aligned} \tag{4.133}$$

在坐标表象 $p_r=-\mathrm{i}\hbar\left(\dfrac{\partial}{\partial r}+\dfrac{1}{r}\right)$, 因而

$$\begin{aligned}\left[\frac{1}{r^2},p_r^2\right]&=\left[\frac{1}{r^2},p_r\right]p_r+p_r\left[\frac{1}{r^2},p_r\right]=-2\mathrm{i}\hbar\left(p_r\frac{1}{r^3}+\frac{1}{r^3}p_r\right)\\&=-2\mathrm{i}\hbar\left\{\left[p_r,\frac{1}{r^3}\right]+\frac{2}{r^3}p_r\right\}=-2\mathrm{i}\hbar\left\{\frac{3\mathrm{i}\hbar}{r^4}+\frac{2\mathrm{i}\hbar}{r^3}\left(\frac{\partial}{\partial r}+\frac{1}{r}\right)\right\}\\&=4\hbar^2\frac{1}{r^3}\frac{\partial}{\partial r}+10\hbar^2\frac{1}{r^4}\end{aligned}$$

$$\begin{aligned}\left[\frac{1}{r^3},p_r^2\right]&=\left[\frac{1}{r^3},p_r\right]p_r+p_r\left[\frac{1}{r^3},p_r\right]=-3\mathrm{i}\hbar\left(p_r\frac{1}{r^4}+\frac{1}{r^4}p_r\right)\\&=-3\mathrm{i}\hbar\left\{\left[p_r,\frac{1}{r^4}\right]+\frac{2}{r^4}p_r\right\}=-3\mathrm{i}\hbar\left\{\frac{4\mathrm{i}\hbar}{r^5}+\frac{2\mathrm{i}\hbar}{r^4}\left(\frac{\partial}{\partial r}+\frac{1}{r}\right)\right\}\\&=6\hbar^2\frac{1}{r^4}\frac{\partial}{\partial r}+12\hbar^2\frac{1}{r^5}\end{aligned}$$

把上面结果代入式 (4.133) 得

$$[\Lambda,H]=\frac{e^2\hbar^2}{\mu}\left[\frac{2}{r^3}\frac{\partial}{\partial r}+\frac{5}{r^4}\right]-\frac{3e^2a\boldsymbol{L}^2}{\mu}\left[\frac{1}{r^4}\frac{\partial}{\partial r}+\frac{2}{r^5}\right]\neq 0$$

可见 Λ 不是守恒量. 既然如此, 它在体系非定态的时间演化态下的期望值一般随时间变化. 而式 (4.115) 对于 $l\neq 0$ 则意味着 Λ 的期望值总是零, 这与 Λ 不是守恒量不一致. 因此我们预想式 (4.115) 对于非定态情形不一定成立.

不妨举一非定态的例子作具体计算. 设 $t=0$ 时, 氢原子中的电子初态处于

$$\psi(\boldsymbol{x},0)=\frac{1}{\sqrt{2}}(\psi_{210}+\psi_{310}) \tag{4.134}$$

我们对此初态计算, 则式 (4.115) 右边为

$$\frac{2\pi\hbar^2}{\mu}|\psi(\mathbf{0},0)|^2=0 \tag{4.135}$$

现计算左边. 对于束缚定态 ψ_{210} 以及 ψ_{310}, 式 (4.115) 成立, 这样在式 (4.134) 的态下

$$\begin{aligned}\left\langle\frac{\mathrm{d}V}{\mathrm{d}r}\right\rangle-\left\langle\frac{\boldsymbol{L}^2}{\mu r^3}\right\rangle&=\frac{1}{2}\left(\left\langle 210+310\left|\frac{\mathrm{d}V}{\mathrm{d}r}\right|210+310\right\rangle-\left\langle 210+310\left|\frac{\boldsymbol{L}^2}{\mu r^3}\right|210+310\right\rangle\right)\\&=\frac{1}{2}\left(\left\langle 210\left|\frac{\mathrm{d}V}{\mathrm{d}r}\right|310\right\rangle-\left\langle 210\left|\frac{\boldsymbol{L}^2}{\mu r^3}\right|310\right\rangle+c.c.\right)\end{aligned} \tag{4.136}$$

式中 $\dfrac{\mathrm{d}V}{\mathrm{d}r}=\dfrac{e^2}{r^2}$, 在 ψ_{210} 与 ψ_{310} 态下, $\boldsymbol{L}^2=2\hbar^2$, 这样 $\dfrac{\boldsymbol{L}^2}{\mu r^3}=\dfrac{2\hbar^2}{\mu r^3}=\dfrac{2e^2a}{r^3}$. $\psi_{210}=R_{21}\mathrm{Y}_{10}$, $\psi_{310}=R_{31}\mathrm{Y}_{10}$, 而 R_{21} 与 R_{31} 如下给出①

$$R_{21}=\frac{1}{2\sqrt{6}a^{3/2}}\frac{r}{a}\mathrm{e}^{-\frac{r}{2a}},\quad R_{31}=\frac{8}{27\sqrt{6}a^{3/2}}\frac{r}{a}\left(1-\frac{r}{6a}\right)\mathrm{e}^{-\frac{r}{3a}} \tag{4.137}$$

因而

$$\begin{aligned}\left\langle 210\left|\frac{\mathrm{d}V}{\mathrm{d}r}\right|310\right\rangle&=\int\mathrm{d}\Omega\int_0^\infty\mathrm{d}r r^2R_{21}\mathrm{Y}_{10}^*\frac{e^2}{r^2}R_{31}\mathrm{Y}_{10}=e^2\int_0^\infty R_{21}R_{31}\mathrm{d}r\\&=e^2\int_0^\infty\frac{8}{2\sqrt{6}\cdot 27\sqrt{6}a^3}\frac{r}{a}\cdot\frac{r}{a}\left(1-\frac{r}{6a}\right)\mathrm{e}^{-\frac{r}{2a}-\frac{r}{3a}}\mathrm{d}r\\&=\frac{2e^2}{81a^2}\int_0^\infty\left(x^2-\frac{1}{6}x^3\right)\mathrm{e}^{-\frac{5}{6}x}\mathrm{d}x=\frac{2e^2}{81a^2}\left[2\cdot\left(\frac{6}{5}\right)^3-\frac{1}{6}\cdot 6\cdot\left(\frac{6}{5}\right)^4\right]\\&=\frac{64e^2}{1875a^2}\end{aligned} \tag{4.138}$$

上面用了积分公式 (A.9) 同样

$$\begin{aligned}\left\langle 210\left|\frac{\boldsymbol{L}^2}{\mu r^3}\right|310\right\rangle&=\int\mathrm{d}\Omega\int_0^\infty\mathrm{d}r r^2R_{21}\mathrm{Y}_{10}^*\frac{2e^2a}{r^3}R_{31}\mathrm{Y}_{10}=e^2\int_0^\infty R_{21}R_{31}\mathrm{d}r\\&=2e^2a\int_0^\infty\frac{8}{2\sqrt{6}\cdot 27\sqrt{6}a^3}\frac{1}{a}\cdot\frac{r}{a}\left(1-\frac{r}{6a}\right)\mathrm{e}^{-\frac{r}{2a}-\frac{r}{3a}}\mathrm{d}r\\&=\frac{4e^2}{81a^2}\int_0^\infty\left(x-\frac{1}{6}x^2\right)\mathrm{e}^{-\frac{5}{6}x}\mathrm{d}x=\frac{4e^2}{81a^2}\left[\left(\frac{6}{5}\right)^2-\frac{1}{6}\cdot 2\cdot\left(\frac{6}{5}\right)^3\right]\\&=\frac{16e^2}{375a^2}\end{aligned} \tag{4.139}$$

① 曾谨言, 量子力学 (第五版卷 I)[M], 北京: 科学出版社, 2013, P218.

这样

$$\left\langle 210\left|\frac{\mathrm{d}V}{\mathrm{d}r}\right|310\right\rangle-\left\langle 210\left|\frac{\boldsymbol{L}^2}{\mu r^3}\right|310\right\rangle=-\frac{16e^2}{1875a^2} \tag{4.140}$$

结果是一个实数量, 代入式 (4.136) 即得

$$\left\langle\frac{\mathrm{d}V}{\mathrm{d}r}\right\rangle-\left\langle\frac{\boldsymbol{L}^2}{\mu r^3}\right\rangle=-\frac{16e^2}{1875a^2}\neq 0 \tag{4.141}$$

这是式 (4.115) 的左边, 它不等于零; 但我们在式 (4.135) 给出式 (4.115) 的右边等于零. 可见对于我们构造的束缚定态的迭加态 $\psi(\mathbf{0},0)=\frac{1}{\sqrt{2}}(\psi_{210}+\psi_{310})$, 式 (4.115) 并不成立.

相应于式 (4.134) 初态的时间演化态为

$$\psi(\boldsymbol{x},t)=\frac{1}{\sqrt{2}}\left(\psi_{210}\mathrm{e}^{-\mathrm{i}E_2t/\hbar}+\psi_{310}\mathrm{e}^{-\mathrm{i}E_3t/\hbar}\right) \tag{4.142}$$

其中 $E_2=-\dfrac{e^2}{8a}$、$E_3=-\dfrac{e^2}{18a}$. 我们对此演化态计算, 则只需将式 (4.138,4.139) 的结果乘以因子

$$\mathrm{e}^{-\mathrm{i}(E_3-E_2)t/\hbar}$$

代入式 (4.136) 即得

$$\left\langle\frac{\mathrm{d}V}{\mathrm{d}r}\right\rangle_t-\left\langle\frac{\boldsymbol{L}^2}{\mu r^3}\right\rangle_t=-\frac{16e^2}{1875a^2}\cos\omega_{23}t \tag{4.143}$$

其中 $\omega_{23}=(E_3-E_2)/\hbar$. 结果表现为随时间振荡的行为, 这与我们预想的一致.

粒子束缚态定义为粒子出现概率集中在有限区域 (离开该有限区域足够远的区域内粒子出现总概率足够小) 的态, 因此束缚态的迭加态仍是束缚态. 定态则是确定能量的态, 因此不同能量定态的迭加就不再是定态. 我们上面举的例子中, 式 (4.134) 或者式 (4.142) 为束缚定态的迭加态, 它仍是束缚态, 但不再是定态; 在该态下, 本题所讨论的关系式并不成立. 由此可知对本题所讨论的关系式, 束缚定态是成立的必要条件.

说明 本题解答和讨论也见: 张鹏飞等, 关于有心力场束缚定态的一个关系式, 大学物理, vol.**30**(12): 4-7(2011).

题 4.23 一个质量为 m 的无自旋粒子, 约束在一半径为 r_0 的有限深球方势阱内.

(1) 为了获得两个零角动量的束缚态, 势阱的最小深度为多少?

(2) 在这个势阱深度下, 属于零角动量的 Hamilton 量本征值为多少?

(3) 如果粒子处于基态, 在坐标基下画出波函数和与之相应的概率分布. 详细解释后者的物理意义;

(4) 用这一波函数预言对粒子动能的单次测量的结果, 可以将之表成一维定积分的形式;

(5) 在不确定性关系基础上, 给出 (3) 和 (4) 联系的定性分析.

解答　(1) 径向波函数 $R(r) = \chi(r)/r$ 满足的 Schrödinger 方程 ($l = 0$)

$$\begin{cases} -\dfrac{\hbar^2}{2m}\dfrac{\mathrm{d}^2\chi}{\mathrm{d}r^2} - V_0\chi = E\chi, & (0 < r < r_0) \\ -\dfrac{\hbar^2}{2m}\dfrac{\mathrm{d}^2\chi}{\mathrm{d}r^2} = E\chi, & (r_0 < r < \infty) \end{cases} \tag{4.144}$$

边界条件 $\chi(0) = 0$, $\chi(\infty)$ 有限. 于是, 波函数应取

$$\chi(r) = \begin{cases} \sin\alpha r, & 0 \leqslant r \leqslant r_0, \\ B\mathrm{e}^{-\beta r}, & r_0 < r < \infty \end{cases} \tag{4.145}$$

其中 $\alpha = \sqrt{2m(V_0 + E)}/\hbar$, $\beta = \sqrt{2m|E|}/\hbar$, 相应于束缚态, 能量本征值 E 为负, 即 $E < 0$. 由 $r = r_0$ 处波函数连续及波函数的一阶导数连续

$$A\sin\alpha r_0 = B\mathrm{e}^{-\beta r_0}$$
$$A\alpha\cos\alpha r_0 = -B\beta\mathrm{e}^{-\beta r_0}$$

由此得

$$\beta = -\alpha\cot\alpha r_0$$

定义 $\xi = \alpha r_0$, $\eta = \beta r_0$ 则得出

$$\begin{aligned} &\xi^2 + \eta^2 = 2mV_0 r_0^2/\hbar^2 \\ &-\xi\cot\xi = \eta \end{aligned} \tag{4.146}$$

由教科书 61 页图 3-4 可见, 有两个束缚态的条件是式 (4.146) 所描述的曲线半径大于等于 3π/2, 可以求出势阱深度满足

$$\frac{2mV_0 r_0^2}{\hbar^2} \geqslant \left(\frac{3\pi}{2}\right)^2$$

因此最小势阱深度为

$$(V_0)_{\min} = \frac{9\pi^2\hbar^2}{8mr_0^2} \tag{4.147}$$

(2) 在 (1) 问的势阱深度下, 有 $\eta = 0$, $\xi = 3\pi/2$, 所求 Hamilton 量的本征值 $E_2 = 0$. 另外设基态能量为

$$E_1 = -\frac{\beta^2\hbar^2}{2m}$$

联立式 (4.146)、式 (4.147), 可得 β 满足的方程

$$-\frac{1}{r_0}\left(\frac{3\pi}{2}\right)\sqrt{1-\left(\frac{2\beta r_0}{3\pi}\right)^2}\cot\frac{3\pi}{2}\sqrt{1-\left(\frac{2\beta r_0}{3\pi}\right)^2}=\beta \tag{4.148}$$

(3) 归一化后的基态波函数为

$$\chi(r)=\begin{cases}A\sin\alpha r, & 0\leqslant r\leqslant r_0\\ A\sin\alpha r_0\cdot \mathrm{e}^{\beta(r_0-r)}, & r>r_0\end{cases} \tag{4.149}$$

归一化常数为

$$\frac{1}{A^2}=\frac{1}{2\alpha}(\alpha r_0-\sin\alpha r_0\cos\alpha r_0)+\frac{1}{2\beta}\sin^2\alpha r_0 \tag{4.150}$$

而 α、β 的意义已在第 (1)、第 (2) 小题中给出. 波函数和与之相应的概率分布如图 4.2 所示. 由其波函数与概率分布可知, 粒子在 $r<r_0$ 区域中的概率很大, 在 r_0 外指数衰减, 故可认为粒子被束缚在此球方势阱中.

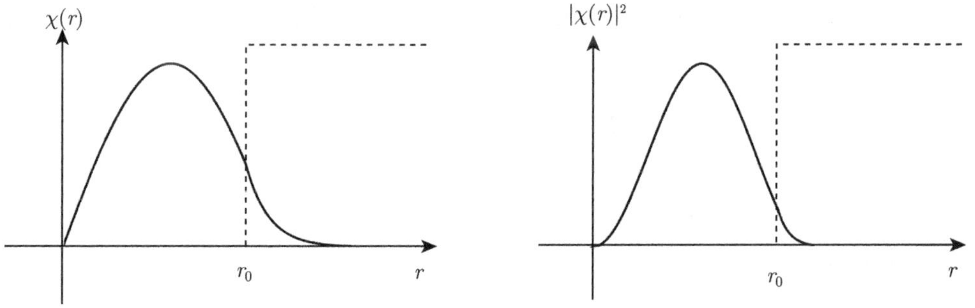

图 4.2　基态径向波函数和概率分布

(4) 粒子动能 $E_t=p^2/2m$ 是动量 p 的函数, 故对粒子动能的测量概率等同于对动量大小 p 的测量概率 $|\psi(p)|^2$. $\psi(\boldsymbol{p})$ 是基态坐标波函数的 Fourier 变换, 而 $\psi(p)$ 是对 $\psi(\boldsymbol{p})$ 在 4π 立体角内作积分, 且因为 $\psi(\boldsymbol{p})$ 各向同性, 故有 $|\psi(p)|^2=4\pi|\psi(\boldsymbol{p})|^2$, 不妨设 $\boldsymbol{p}$ 沿 z 轴, 则

$$\begin{aligned}|\psi(p)|^2&=4\pi|\psi(\boldsymbol{p})|^2=\left|\frac{1}{(2\pi\hbar)^{3/2}}\cdot\int\frac{1}{\sqrt{4\pi}}\frac{\chi(r)}{r}\mathrm{e}^{-\mathrm{i}\boldsymbol{p}\cdot\boldsymbol{r}/\hbar}\mathrm{d}\boldsymbol{r}\right|^2\\&=\frac{1}{4\pi(2\pi\hbar)^3}\left|\int_0^\infty\int_0^\pi\int_0^{2\pi}\frac{\chi(r)}{r}\mathrm{e}^{-\mathrm{i}pr\cos\theta/\hbar}\sin\theta\mathrm{d}\theta\mathrm{d}\varphi\cdot r^2\mathrm{d}r\right|^2\\&=\frac{1}{2\pi^2\hbar^2}\left|\int_0^\infty\frac{\chi(r)}{r}\frac{\sin\left(\frac{pr}{\hbar}\right)}{\left(\frac{pr}{\hbar}\right)}r^2\mathrm{d}r\right|^2\end{aligned} \tag{4.151}$$

代入第 (3) 小题中的 $\chi(r)$ 表达式 (4.149) 即可积出.

平均动能的数值为

$$\begin{aligned}\overline{E_t}&=\langle\psi_1|\,\frac{p^2}{2m}\,|\psi_1\rangle=E_1-\langle\psi_1|\,V\,|\psi_1\rangle\\&=E_1+V_0\int_0^{r_0}A^2\sin^2\alpha r\cdot\frac{1}{r^2}\cdot r^2\mathrm{d}r\cdot 4\pi\\&=E_1+2\pi V_0A^2\left(r_0-\frac{\sin 2\alpha r_0}{2\alpha}\right)\end{aligned}\tag{4.152}$$

(5) 由上述讨论可知, 第 (3) 小题中的空间波函数给出了空间的概率分布, 而第 (4) 小题中 p 空间波函数给出了动量的概率分布, 这两者的弥散特征量之积应满足不确定性关系

$$\Delta p\Delta r\geqslant\hbar/2$$

题 4.24　(1) 一个质量为 m 的粒子在三维球方势阱中运动. 证明对于一个半径 R 的方阱, 只当阱深大于某一极小值时, 才可能有束缚态存在. 计算此极小值;

(2) 在一维问题中有一类似的结果. 那个结果是什么?

(3) 你能证明第 (1), (2) 小题结果中的一般性质对任意形状的势阱均成立吗? 例如, 在第 (2) 小题一维情况 (2) 中. 当

$$V(x)=\begin{cases}\lambda f(x)<0, & a\leqslant x\leqslant b\\ 0, & x<a\text{或}x>b\end{cases}$$

时, 保持 $f(x)$ 不变, 讨论不同的 λ 值.

解答　(1) 假定存在一束缚态 $\psi(r)$, 并假定它为基态 (基态必有角量子数 $l=0$), $\psi(\boldsymbol{r})=\psi(r)$. Schrödinger 方程为 $(E<0)$

$$-\frac{\hbar^2}{2m}\frac{1}{r^2}\frac{\mathrm{d}}{\mathrm{d}r}\left(r^2\frac{\mathrm{d}}{\mathrm{d}r}\psi(r)\right)+V(r)\psi(r)=E\psi(r)\tag{4.153}$$

其中

$$V(r)=\begin{cases}0, & r>R\\ -V_0, & 0<r<R\end{cases}\tag{4.154}$$

解得

$$\psi(r)=\begin{cases}A\dfrac{\sin kr}{r}, & r<R\\ B\dfrac{\mathrm{e}^{-k'r}}{r}, & r>R\end{cases}\tag{4.155}$$

其中 A、B 是归一化常数, $k=\sqrt{2m(E+V_0)/\hbar^2}$、$k'=\sqrt{-2mE/\hbar^2}$. 利用在 $r=R$ 处的边界条件

$$[\ln(r\psi(r))]'\big|_{r=R^-}=[\ln(r\psi(r))]'\big|_{r=R^+}$$

得到

$$\cot kR = \frac{k'}{k} \tag{4.156}$$

再利用 4.23 题第 (1) 小题中的类似方法, 可求出系统的能谱及可能存在束缚态的势阱的条件是

$$V_0 \geqslant \frac{\pi^2\hbar^2}{8mR^2} \tag{4.157}$$

(2) 在一维方势阱中, 无论阱深如何, 总有一束缚态存在. 束缚态基态是偶宇称态, 相应 Schrödinger 方程为 (取阱中心为原点)

$$\frac{\mathrm{d}^2}{\mathrm{d}x^2}\psi(x) + \frac{2m}{\hbar^2}\left[E - V(x)\right]\psi(x) = 0 \tag{4.158}$$

其中

$$V(x) = \begin{cases} -V_0, & |x| < \dfrac{R}{2} \\ 0, & |x| > \dfrac{R}{2} \end{cases} \tag{4.159}$$

由于 $\psi(-x) = \psi(x)$, 解得

$$\psi(x) = \begin{cases} A\cos(kx), & |x| < \dfrac{R}{2} \\ B\mathrm{e}^{-k'|x|} & |x| > \dfrac{R}{2} \end{cases} \tag{4.160}$$

类似第 (1) 小题利用 $r = R$ 处的边界条件, 有

$$\tan\left(\frac{kR}{2}\right) = \frac{k'}{k} \tag{4.161}$$

由上式可得

$$\sec^2\left(\frac{kR}{2}\right) = \frac{1}{k^2}\frac{2mV_0}{\hbar^2} \tag{4.162}$$

从而有

$$\cos\left(\frac{kR}{2}\right) = \pm\frac{k}{\sqrt{\frac{2mV_0}{\hbar^2}}} \tag{4.163}$$

可见对任何 V_0 均有解存在, 用教材的图示法更直观.

(3) 对一维情况, 定义一个方势阱 V_{s}, 使之满足

$$V_{\mathrm{s}}(x) \equiv \begin{cases} -V_0, & |x| < \dfrac{R}{2} \\ 0, & |x| > \dfrac{R}{2} \end{cases} \tag{4.164}$$

且 $-V_0 > V(x)$ 对任何 x 均成立. 从第 (2) 小题可知存在一个 $|\psi_0(x)\rangle$, 是与 $V_s(x)$ 相应的束缚定态, 即

$$\langle\psi_0|\frac{p^2}{2m}+V_s(x)|\psi_0\rangle<0 \tag{4.165}$$

但是

$$\langle\psi_0|\frac{p^2}{2m}+V(x)|\psi_0\rangle<\langle\psi_0|\frac{p^2}{2m}+V_s(x)|\psi_0\rangle \tag{4.166}$$

即题中所给的 $V(x)$ 形式的阱均有束缚态 (对其他形式的 $V(x)$, 可能没有束缚态).

题 4.25　多数介子可由夸克–反夸克对的非相对论性束缚态 $(q\bar{q})$ 构成. 设 m_q 是夸克质量. 假定构成 $q,\bar{q}$ 束缚态的禁闭势可写成 $V=\dfrac{A}{r}+Br$, $A<0$, $B>0$. 请用 A,B,m_q,$\hbar$ 对这个体系的基态能量给出一个合理的近似. 遗憾的是对于一类适合于该题的试探函数, 需要解一个三次方程. 如果遇上了这种情况, 可以只对 $A=0$ 的情况完成求解. 请把最后答案写成一个数值常数乘上 B,m_q,$\hbar$ 的一个函数.

解法一　$\mu=m_q/2$ 为 $q\bar{q}$ 体系的约化质量. 体系 Hamilton 量

$$H=\frac{\boldsymbol{p}^2}{2\mu}+\frac{A}{r}+Br \tag{4.167}$$

取试探波函数为氢原子基态波函数, 即

$$\psi(r)=\mathrm{e}^{-r/a} \tag{4.168}$$

在题给试探函数下的能量期望值为

$$\begin{aligned}\bar{H}&=\frac{\langle\psi|H|\psi\rangle}{\langle\psi|\psi\rangle} \qquad (4.169)\\ &=\frac{\displaystyle\int_0^\infty \mathrm{e}^{-r/a}\left[-\frac{\hbar^2}{2\mu}\left(\frac{\mathrm{d}^2}{\mathrm{d}r^2}+\frac{2}{r}\frac{\mathrm{d}}{\mathrm{d}r}\right)+\frac{A}{r}+Br\right]\mathrm{e}^{-r/a}r^2\mathrm{d}r}{\displaystyle\int_0^\infty \mathrm{e}^{-2r/a}r^2\mathrm{d}r}\\ &=\frac{3Ba}{2}+\frac{\hbar^2}{2\mu a^2}+\frac{A}{a} \qquad (4.170)\end{aligned}$$

按 Ritz 变分法 $\delta H/\delta a=0$, 所以

$$\frac{3}{2B}-\frac{\hbar^2}{\mu}\frac{1}{a^3}-\frac{A}{a^2}=0 \tag{4.171}$$

按题意取 $A=0$, 则

$$a=\left(\frac{2\hbar^2}{3B\mu}\right)^{1/3} \tag{4.172}$$

得基态能量

$$E = \frac{3}{4}\left[\frac{36B^2\hbar^2}{m_q}\right]^{1/3} = 2.48\left[\frac{B^2\hbar^2}{m_q}\right]^{1/3} \tag{4.173}$$

解法二 此题基态能量也可用不确定性关系求得, 准确到相差一个常系数.

$$\bar{H} = \frac{\boldsymbol{p}^2}{2\mu} + \frac{A}{\Delta r} + B\Delta r \tag{4.174}$$

考虑到 $\bar{p} = \bar{x} = 0$,

$$\bar{H} = \frac{\overline{(\Delta \boldsymbol{p})^2}}{2\mu} + \frac{A}{\Delta r} + B\Delta r \tag{4.175}$$

由于 $\Delta p_x \Delta x \geqslant \hbar/2$, 对基态不妨假定 $\Delta p_x \Delta x = \hbar/2$, 于是

$$\bar{H} = \frac{\hbar^2}{8\mu(\Delta x)^2} + \frac{\hbar^2}{8\mu(\Delta y)^2} + \frac{\hbar^2}{8\mu(\Delta z)^2} + \frac{A}{\Delta r} + B\Delta r \tag{4.176}$$

求极值 $\dfrac{\partial \bar{H}}{\partial \Delta x} = 0$, 得

$$-\frac{\hbar^2}{4\mu(\Delta x)^3} - A\frac{\Delta x}{(\Delta r)^3} + B\frac{\Delta x}{\Delta r} = 0 \tag{4.177}$$

由 x、y、z 对称可知, 达极值时 $\Delta x = \Delta y = \Delta z$, 即 $\Delta r = \sqrt{3}\Delta x$, 于是可得方程

$$-\frac{\hbar^2}{4\mu(\Delta x)^3} - \frac{A}{3\sqrt{3}(\Delta x)^2} + \frac{B}{\sqrt{3}} = 0 \tag{4.178}$$

按题意取 $A = 0$, 则可得

$$\Delta x = 3^{1/6}\left(\frac{\hbar^2}{4\mu B}\right)^{1/3}, \quad \Delta r = \left(\frac{9\hbar^2}{4\mu B}\right)^{1/3} \tag{4.179}$$

代入 $\bar{H}$ 中可得

$$\bar{H} = \frac{3\hbar^2}{8\mu(\Delta x)^2} + B\Delta r = 2\left[\frac{9B^2\hbar^2}{4\mu}\right]^{1/3} = 2\left[\frac{9B^2\hbar^2}{2m_q}\right]^{1/3} = 3.30\left[\frac{B^2\hbar^2}{m_q}\right]^{1/3} \tag{4.180}$$

题 4.26 将相对论质–能公式对 $\boldsymbol{p}$ 展开, 求出对于最低阶动能项 $\dfrac{\boldsymbol{p}^2}{2m}$ 的高一阶修正 $-\dfrac{\boldsymbol{p}^4}{8m^3c^2}$.

解答 相对论能量–动量三角关系

$$E^2 = \boldsymbol{p}^2c^2 + m^2c^4 \tag{4.181}$$

在低速情形, 动量相对较小 $p \ll mc$, 则

$$E=\sqrt{\boldsymbol{p}^2c^2+m^2c^4}=m^2c^4+\frac{\boldsymbol{p}^2}{2m}-\frac{\boldsymbol{p}^4}{8m^3c^2}+\cdots \tag{4.182}$$

可见对于最低阶动能项 $\dfrac{\boldsymbol{p}^2}{2m}$ 的高一阶修正为 $-\dfrac{\boldsymbol{p}^4}{8m^3c^2}$.

题 4.27　讨论量子力学中自由粒子运动问题.

提示　有两种定义: 狭义定义为动量算符的本征态; 广义定义: Hamilton 量不含外势, 各种坐标下的自由运动 含时 Schrödinger 方程解. 经典对应为匀速直线惯性运动.

解答　在 Newton 力学中, 当作质点的粒子在惯性系中的自由运动是匀速直线运动. 而比起 Newton 力学来, 量子力学中自由粒子运动解要丰富得多. 可以是动量算符的本征态即平面波解, 也可以是具有确定的能量、角动量及其第三分量的球面波解, 也可以是具有确定的能量、动量第三分量、角动量第三分量的柱面波解, 等等, 或者它们的任意叠加态. 每组解各自都具有完备性, 可以展开任意的自由粒子态.

原则上可以在无穷多种坐标系中写出自由粒子方程. 只要满足相应的边条件便是真正的自由粒子解. 所以应当有无穷多组完备的自由粒子波函数族. 见柯善哲,《自由运动的波函数》, 量子力学朝花夕拾 (第二辑, 柯善哲, 鞠国兴, 王俊义, 马雷编), 北京: 科学出版社, 2007 年, P81-93.

题 4.28　利用在圆形轨道上的 de Broglie 波自相干涉形成驻波的观念和对平均值的经典处理, 给出氢原子的能谱 E_n 和平均半径 r_n.

解答　根据圆形轨道上 de Broglie 波自相干涉的极大值条件 (或称驻波条件), 设在 n 能级上电子轨道的平均半径为 r_n, 则应有

$$2\pi r_n=n\lambda=n\frac{2\pi\hbar}{p},\quad 或 r_n=n\frac{\hbar}{p} \tag{4.183}$$

这里 p 是电子在此轨道上回旋的平均动量. 同时由平均的离心力和向心力相等给出

$$\frac{\mu v^2}{r_n}=\frac{p^2}{\mu r_n}=\frac{e^2}{r_n^2},\quad 或 p^2=\frac{\mu e^2}{r_n} \tag{4.184}$$

由式 (4.183)、(4.184) 可得

$$r_n=\frac{n^2\hbar^2}{\mu e^2}\equiv n^2a_0 \tag{4.185}$$

其中 a_0 为 Bohr 半径. 于是

$$E_n=\frac{p^2}{2\mu_e}-\frac{e^2}{r_n}=\frac{e^2}{2r_n}-\frac{e^2}{r_n}=-\frac{e^2}{2r_n}=-\frac{1}{n^2}\frac{e^2}{2a_0} \tag{4.186}$$

第 5 章　量子力学的表象与表示

题 5.1　Hermite 算符 A 与 B, 满足 $A^2=B^2=1$, $AB+BA=0$, A, B 均无简并. 求:

(1) 在 A 表象中 A 与 B 的矩阵表示式, 并求 B 的本征函数表示式;

(2) 在 B 表象中 A 与 B 的矩阵表示式, 并求 A 的本征函数表示式;

(3) A 表象到 B 表象的幺正变换矩阵 S.

解答　(1) 题给 $AB+BA=0$, 所以 A, B 都不可能是单位矩阵. 设 A 与 B 均无简并. $A^2=1$, 即 $(A-1)(A+1)=0$, 由矩阵的 Hamilton 原理, 知 A 的本征值只有 1 和 -1. A 表象只有 2 个基矢, 而 A 的矩阵表示为

$$A=\begin{pmatrix} 1 & 0 \\ 0 & -1 \end{pmatrix} \tag{5.1}$$

现在设 $B=\begin{pmatrix} a & b \\ c & d \end{pmatrix}$, 则 $AB+BA=0$ 给出

$$\begin{pmatrix} 1 & 0 \\ 0 & -1 \end{pmatrix}\begin{pmatrix} a & b \\ c & d \end{pmatrix}+\begin{pmatrix} a & b \\ c & d \end{pmatrix}\begin{pmatrix} 1 & 0 \\ 0 & -1 \end{pmatrix}=\begin{pmatrix} 2a & 0 \\ 0 & 2d \end{pmatrix}=0$$

上式给出 $a=d=0$. 再 $B^2=1$ 给出

$$\begin{pmatrix} 0 & b \\ c & 0 \end{pmatrix}\begin{pmatrix} 0 & b \\ c & 0 \end{pmatrix}=\begin{pmatrix} bc & 0 \\ 0 & bc \end{pmatrix}=\begin{pmatrix} 1 & 0 \\ 0 & 1 \end{pmatrix}$$

上式给出 $bc=1$. 再 B 为 Hermite 算符, $B^\dagger=B$, 因而 $c=b^*$. 这样 $b=\mathrm{e}^{\mathrm{i}\delta}$, $c=b^*=\mathrm{e}^{-\mathrm{i}\delta}$, 故

$$B=\begin{pmatrix} 0 & \mathrm{e}^{-\mathrm{i}\delta} \\ \mathrm{e}^{-\mathrm{i}\delta} & 0 \end{pmatrix} \tag{5.2}$$

其中 δ 为任意实数, 可以通过适当的相位约定后取为零. 由于 $B^2=1$, B 的本征值也为 ±1. 相应于矩阵形式 (5.1), A 的本征态记为

$$|1\rangle_a=\begin{pmatrix} 1 \\ 0 \end{pmatrix},\quad |-1\rangle_a=\begin{pmatrix} 0 \\ 1 \end{pmatrix} \tag{5.3}$$

通过矩阵形式 (5.2), 求解 $B|\lambda\rangle_b=\lambda|\lambda\rangle_b$ 得 B 的归一化本征态

$$|1\rangle_b=\frac{1}{\sqrt{2}}\begin{pmatrix}1\\ \mathrm{e}^{-\mathrm{i}\delta}\end{pmatrix},\quad |-1\rangle_b=\frac{1}{\sqrt{2}}\begin{pmatrix}1\\ -\mathrm{e}^{-\mathrm{i}\delta}\end{pmatrix} \tag{5.4}$$

相应的本征值分别为 1, −1.

(2) 同第 (1) 小题, 只需将 A 与 B 的地位相互交换一下即可.

(3) 第 (1) 小题求得了 A 与 B 的归一化本征态, 从而 A 表象到 B 表象的幺正变换矩阵元为 ${}_b\langle\lambda'|\lambda\rangle_a$, 从而写出这一幺正变换矩阵如下

$$S=\frac{1}{\sqrt{2}}\begin{pmatrix}1 & \mathrm{e}^{\mathrm{i}\delta}\\ 1 & -\mathrm{e}^{\mathrm{i}\delta}\end{pmatrix} \tag{5.5}$$

题 5.2　设有有限阶矩阵 A, B, C 与 S 等, 证明

$$\begin{aligned}&\det(AB)=\det A\cdot\det B\\ &\det(S^{-1}AS)=\det A\\ &\mathrm{tr}(AB)=\mathrm{tr}(BA)\\ &\mathrm{tr}(ABC)=\mathrm{tr}(CAB)=\mathrm{tr}(BCA)\\ &\mathrm{tr}(S^{-1}AS)=\mathrm{tr}A\end{aligned}$$

证法一　设矩阵为 $n\times n$ 方阵, $A=(A)_{n\times n}=(a_{ij})_{n\times n}$, $B=(B)_{n\times n}=(b_{ij})_{n\times n}$. 欲证 $\det(AB)=\det A\cdot\det B$, 如下构造 $2n\times 2n$ 矩阵

$$D=\begin{pmatrix}A & 0\\ -I_n & B\end{pmatrix}$$

显然 $\det D=\det A\cdot\det B$, 下证 $\det D=\det(AB)$.

$$\begin{aligned}D&=\begin{pmatrix}A & 0\\ -I & B\end{pmatrix}\\ &=\begin{pmatrix}a_{11} & a_{12} & \cdots & a_{1n} & & & & \\ a_{21} & a_{22} & \cdots & a_{2n} & & & & \\ \vdots & & & \vdots & & & & \\ a_{n1} & a_{n2} & \cdots & a_{nn} & & & & \\ -1 & & & & b_{11} & b_{12} & \cdots & b_{1n}\\ & -1 & & & b_{21} & b_{22} & \cdots & b_{2n}\\ & & \ddots & & \vdots & & & \vdots\\ & & & -1 & b_{n1} & b_{n2} & \cdots & b_{nn}\end{pmatrix}\end{aligned}$$

$$\rightarrow\begin{pmatrix} a_{11} & a_{12} & \cdots & a_{1n} & c_{11} & c_{12} & \cdots & c_{1n} \\ a_{21} & a_{22} & \cdots & a_{2n} & c_{21} & c_{22} & \cdots & c_{2n} \\ \vdots & & & \vdots & \vdots & & & \vdots \\ a_{n1} & a_{n2} & \cdots & a_{nn} & c_{n1} & c_{n2} & \cdots & c_{nn} \\ -1 & & & & 0 & 0 & \cdots & 0 \\ & -1 & & & 0 & 0 & \cdots & 0 \\ & & \ddots & & \vdots & & & \vdots \\ & & & -1 & 0 & 0 & \cdots & 0 \end{pmatrix} = \begin{pmatrix} A & C \\ -I & 0 \end{pmatrix} = D'$$

上面通过将第 1 列元素乘 $b_{1k}+$ 第 2 列元素乘 $b_{2k}+\cdots+$ 第 n 列元素乘 b_{nk} 的和加到第 $n+k$ 列得到. 故

$$(C)_{kl} = \sum_m (A)_{km}(B)_{ml} = (AB)_{kl}$$

这样有

$$\begin{aligned} \det D &= \det D' \\ &= \det\begin{pmatrix} A & C \\ -I & 0 \end{pmatrix} = (-1)^n \det\begin{pmatrix} -I & 0 \\ A & C \end{pmatrix} \\ &= (-1)^n \det(-I)\cdot\det C = (-1)^n(-1)^n\cdot\det(AB) \\ &= \det(AB) \end{aligned}$$

综合上面结果, 即有

$$\det(AB) = \det A\cdot\det B \tag{5.6}$$

按照 tr 的定义得

$$\begin{aligned} \mathrm{tr}(AB) &= \sum_n (AB)_{n,n} = \sum_n\sum_k a_{nk}b_{kn} \\ &= \sum_k\sum_n b_{kn}a_{nk} = \sum_k (BA)_{k,k} = \mathrm{tr}(BA) \end{aligned}$$

如此有

$$\mathrm{tr}(AB) = \mathrm{tr}(BA) \tag{5.7}$$

根据式 (5.6,5.7), 可以有下述推论

$$\begin{gathered} \det(S^{-1}AS) = \det(ASS^{-1}) = \det A, \\ \mathrm{tr}(S^{-1}AS) = \mathrm{tr}(ASS^{-1}) = \mathrm{tr}A, \\ \mathrm{tr}(ABC) = \mathrm{tr}(BCA) = \mathrm{tr}(CAB) \end{gathered}$$

关于 $\det D=\det(AB)=\det A\cdot\det B$ 还有下面的证法二：

证法二　矩阵 A 的行列式可如下给出

$$\det A=\sum_{p\in\mathcal{S}}\delta_p a_{i_1,1}a_{i_2,2}\cdots a_{i_n,n}$$

其中 $p=\begin{pmatrix}12\cdots n\\ i_1i_2\cdots i_n\end{pmatrix}$ 为排列 $(12\cdots n)$ 变到 $(i_1i_2\cdots i_n)$ 的置换, 而 $\mathcal{S}$ 为所有 n 阶置换的全体 (置换群), δ_p 定义为对偶排列 p 取 $+1$, 对奇排列 p 取 -1. 这样

$$\begin{aligned}\det(AB)=&\sum_{p\in\mathcal{S}}\delta_p(AB)_{i_1,1}(AB)_{i_2,2}\cdots(AB)_{i_n,n}\\=&\sum_{p\in\mathcal{S}}\sum_{j_1,j_2,\cdots,j_n=1}^{n}\delta_p a_{i_1,j_1}b_{j_1,1}a_{i_2,j_2}b_{j_2,2}\cdots a_{i_n,j_n}b_{j_n,n}\\=&\sum_{j_1,j_2,\cdots,j_n=1}^{n}b_{j_1,1}b_{j_2,2}\cdots b_{j_n,n}\sum_{p\in\mathcal{S}}\delta_p a_{i_1,j_1}a_{i_2,j_2}\cdots a_{i_n,j_n}\\=&\sum_{j_1,j_2,\cdots,j_n=1}^{n}b_{j_1,1}b_{j_2,2}\cdots b_{j_n,n}\sum_{p\in\mathcal{S}}\delta_{p'}\delta_p a_{i_1,1}a_{i_2,2}\cdots a_{i_n,n}\end{aligned}$$

其中排列 $p'=\begin{pmatrix}12\cdots n\\ j_1j_2\cdots j_n\end{pmatrix}$, 因而

$$\begin{aligned}\det(AB)=&\sum_{j_1,j_2,\cdots,j_n=1}^{n}\delta_{p'}b_{j_1,1}b_{j_2,2}\cdots b_{j_n,n}\sum_{p\in\mathcal{S}}\delta_p a_{i_1,1}a_{i_2,2}\cdots a_{i_n,n}\\=&\sum_{p'\in\mathcal{S}}\delta_{p'}b_{j_1,1}b_{j_2,2}\cdots b_{j_n,n}\sum_{p\in\mathcal{S}}\delta_p a_{i_1,1}a_{i_2,2}\cdots a_{i_n,n}=\det A\cdot\det B\end{aligned}$$

说明 1　注意一般 $\mathrm{tr}(ABC)\neq\mathrm{tr}(BAC)$, 读者可以自行举例.

说明 2　根据 Schur 定理, 任意矩阵 A 可通过幺正变换化为上或者下三角矩阵. 本题结论是矩阵的行列式、迹在幺正变换下不变. 据此可得题 5.3 所证的矩阵 A 的行列式的一个常用关系式 (5.10).

说明 3　本题结果只适用于有限阶矩阵, 正如题中已指明的. 理由如下:

关于无限矩阵 $\det(AB)=\det(BA)$ 不一定成立, 我们可举如下例子. 考虑 Fock 空间中的算符 Ω: $|n\rangle\rightarrow|n+1\rangle$, $n=0,1,2,\cdots$. Ω可表示为 $\Omega=\sum\limits_{n=0}^{\infty}|n+1\rangle\langle n|$. 可以验算 $\Omega^\dagger\Omega=\boldsymbol{I}$, 但 $\Omega\Omega^\dagger=\boldsymbol{I}-|0\rangle\langle 0|$. 这样, $\det(\Omega^\dagger\Omega)=\det(\boldsymbol{I})=1$, 但 $\det(\Omega\Omega^\dagger)=\det(\boldsymbol{I}-|0\rangle\langle 0|)=0$, 可见 $\det(\Omega\Omega^\dagger)\neq\det(\Omega^\dagger\Omega)$.

关于无限矩阵迹的关系，我们考虑 $xp - px = \mathrm{i}\hbar$. 假如 $\mathrm{tr}(AB) = \mathrm{tr}(BA)$ 对无限阶矩阵仍成立，则对此式两边取 tr 得左边 $=0$，右边 $=\mathrm{i}\hbar\mathrm{tr}1 = \mathrm{i}\hbar\infty$. 由矛盾知，$\mathrm{tr}(AB) = \mathrm{tr}(BA)$ 对无限阶矩阵不一定成立.

这提醒我们注意有限维的结论在无限维情形不一定成立.

题 5.3 设 A 为任意矩阵，证明在任何表象中 $\det A = \mathrm{e}^{(\mathrm{tr}\ln A)}$.

提示 利用 Schur 定理，任意矩阵 A 可通过幺正变换化为上 (下) 三角矩阵，且其对角元为 A 的本征值.

证明 按提示，根据 Schur 定理，任意矩阵 A 可通过幺正变换化为上或者下三角矩阵. 故存在幺正矩阵 U，使得 $UAU^\dagger = A_D$，而 A_D 为上或者下三角矩阵，且其对角元为 A 的本征值. 设 A 的本征值为 $\lambda_k(k=1,2,\cdots)$，则

$$\det A = \det UAU^\dagger = \prod_k \lambda_k \tag{5.8}$$

另一方面

$$\mathrm{e}^{\mathrm{tr}(\ln A)} = \mathrm{e}^{\sum\limits_k \langle k|\ln A|k\rangle} = \mathrm{e}^{\sum\limits_k \ln\lambda_k} = \prod_k \lambda_k \tag{5.9}$$

比较式 (5.8,5.9) 即得

$$\det A = \mathrm{e}^{\mathrm{tr}(\ln A)} \tag{5.10}$$

可见，本题结论对于任意的有限矩阵都成立.

题 5.4 写出动量表象中的不含时间的 Schrödinger 方程.

解答 我们将从如下坐标表象定态 Schrödinger 方程

$$-\frac{\hbar^2}{2\mu}\frac{\partial^2}{\partial x^2}\psi(x) + V(x)\psi(x) = E\psi(x) \tag{5.11}$$

出发推导动量表象定态 Schrödinger 方程. 将波函数 $\psi(x)$ 按动量本征态展开，即作 Fourier 展开

$$\psi(x) = \frac{1}{\sqrt{2\pi\hbar}}\int_{-\infty}^{+\infty}\varphi(p)\mathrm{e}^{\mathrm{i}px/\hbar}\mathrm{d}p \tag{5.12}$$

其反变换为

$$\varphi(p) = \frac{1}{\sqrt{2\pi\hbar}}\int_{-\infty}^{+\infty}\psi(x)\mathrm{e}^{-\mathrm{i}px/\hbar}\mathrm{d}x \tag{5.13}$$

现对式 (5.11) 两边作 Fourier 变换 (同乘 $\dfrac{1}{\sqrt{2\pi\hbar}}\mathrm{e}^{-\mathrm{i}px/\hbar}$ 并对 x 作积分)，左边第一项给出

$$\begin{aligned}
&-\frac{1}{\sqrt{2\pi\hbar}}\frac{\hbar^2}{2\mu}\int_{-\infty}^{+\infty}\frac{\partial^2}{\partial x^2}\psi(x)\cdot\mathrm{e}^{-\mathrm{i}px/\hbar}\mathrm{d}x\\
=&-\frac{1}{\sqrt{2\pi\hbar}}\frac{\hbar^2}{2\mu}\int_{-\infty}^{+\infty}\psi(x)\frac{\partial^2}{\partial x^2}\mathrm{e}^{-\mathrm{i}px/\hbar}\mathrm{d}x\\
=&\frac{1}{\sqrt{2\pi\hbar}}\frac{p^2}{2\mu}\int_{-\infty}^{+\infty}\psi(x)\mathrm{e}^{-\mathrm{i}px/\hbar}\mathrm{d}x = \frac{p^2}{2\mu}\varphi(p)
\end{aligned} \tag{5.14}$$

上面第一个等号作了 2 次分部积分. 而左边第二项给出

$$
\begin{aligned}
&\frac{1}{\sqrt{2\pi\hbar}}\int_{-\infty}^{+\infty} V(x)\psi(x)\mathrm{e}^{-\mathrm{i}px/\hbar}\mathrm{d}x \\
=&\frac{1}{2\pi\hbar}\int_{-\infty}^{+\infty}\int_{-\infty}^{+\infty} V(x)\varphi(p')\mathrm{e}^{\mathrm{i}p'x/\hbar}\mathrm{e}^{-\mathrm{i}px/\hbar}\mathrm{d}p'\mathrm{d}x \\
=&\frac{1}{2\pi\hbar}\int_{-\infty}^{+\infty}\left(\int_{-\infty}^{+\infty} V(x)\mathrm{e}^{\mathrm{i}p'x/\hbar}\mathrm{e}^{-\mathrm{i}px/\hbar}\mathrm{d}x\right)\varphi(p')\mathrm{d}p' \\
=&\int_{-\infty}^{\infty} V_{pp'}\varphi(p')\mathrm{d}p'
\end{aligned} \tag{5.15}
$$

其中

$$
V_{pp'} = \frac{1}{2\pi\hbar}\int_{-\infty}^{+\infty} V(x)\mathrm{e}^{\mathrm{i}(p'-p)x/\hbar}\mathrm{d}x \tag{5.16}
$$

对式 (5.11) 两边作 Fourier 变换时右边给出 $E\varphi(p)$, 这样再综合式 (5.14,5.15), 我们写下如下动量表象定态 Schrödinger 方程

$$
\frac{p^2}{2\mu}\varphi(p) + \int_{-\infty}^{\infty} V_{pp'}\varphi(p')\mathrm{d}p' = E\varphi(p) \tag{5.17}
$$

另外, 由式 (5.16)

$$
\begin{aligned}
V_{pp'} &= \int_{-\infty}^{+\infty} V(x)\mathrm{e}^{\mathrm{i}(p'-p)x/\hbar}\mathrm{d}x = \int_{-\infty}^{+\infty} V\left(\mathrm{i}\hbar\frac{\partial}{\partial p}\right)\mathrm{e}^{\mathrm{i}(p'-p)x/\hbar}\mathrm{d}x \\
&= V\left(\mathrm{i}\hbar\frac{\partial}{\partial p}\right)\int_{-\infty}^{+\infty}\mathrm{e}^{\mathrm{i}(p'-p)x/\hbar}\mathrm{d}x = V\left(\mathrm{i}\hbar\frac{\partial}{\partial p}\right)\delta(p-p')
\end{aligned} \tag{5.18}
$$

代入式 (5.17), 得动量表象中 Schrödinger 方程的另一种形式

$$
\frac{p^2}{2\mu}\varphi(p) + V\left(\mathrm{i}\hbar\frac{\partial}{\partial p}\right)\varphi(p) = E\varphi(p) \tag{5.17$'$}
$$

同样的, 我们可以从 3 维坐标表象定态 Schrödinger 方程通过 Fourier 变换得到动量表象定态 Schrödinger 方程, 如下所示

$$
\frac{\boldsymbol{p}^2}{2\mu}\varphi(\boldsymbol{p}) + \iiint \mathrm{d}\boldsymbol{p}' V_{\boldsymbol{p}\boldsymbol{p}'}\varphi(\boldsymbol{p}') = E\varphi(\boldsymbol{p}) \tag{5.19}
$$

其中

$$
V_{\boldsymbol{p}\boldsymbol{p}'} = \frac{1}{(2\pi\hbar)^3}\iiint \mathrm{d}\boldsymbol{x} V(\boldsymbol{x})\mathrm{e}^{-\frac{\mathrm{i}}{\hbar}(\boldsymbol{p}-\boldsymbol{p}')\cdot\boldsymbol{x}} \tag{5.20}
$$

如式 (5.18) 所做的可得

$$
V_{\boldsymbol{p}\boldsymbol{p}'} = V\left(\mathrm{i}\hbar\nabla_p\right) \tag{5.21}
$$

动量表象中 Schrödinger 方程的另一种形式

$$
\frac{\boldsymbol{p}^2}{2\mu}\varphi\left(\boldsymbol{p}\right) + V\left(\mathrm{i}\hbar\nabla_p\right)\varphi\left(\boldsymbol{p}\right) = E\varphi\left(\boldsymbol{p}\right) \tag{5.19$'$}
$$

上面看到, 从坐标表象通过 Fourier 变换到动量表象, 只需作如下变换

$$\psi(\boldsymbol{r}) \to \varphi(\boldsymbol{p}), \quad -\mathrm{i}\hbar\nabla_{\boldsymbol{r}} \to \boldsymbol{p}, \quad \boldsymbol{r} \to \mathrm{i}\hbar\frac{\partial}{\partial \boldsymbol{p}}$$

题 5.5 一个质量为 m 的粒子受力 $F(\boldsymbol{r}) = -\nabla V(\boldsymbol{r})$ 作用, 使其波函数满足动量空间的 Schrödinger 方程:

$$\left[\frac{\boldsymbol{p}^2}{2\mu} - a\nabla_p^2\right]\varphi(\boldsymbol{p},t) = \mathrm{i}\frac{\partial}{\partial t}\varphi(\boldsymbol{p},t)$$

上面已令 $\hbar = 1$, 求力 $F(\boldsymbol{r})$.

解答 将动量空间的 Schrödinger 方程进行逆 Fourier 变换到坐标空间

$$\frac{1}{(2\pi)^{3/2}}\int \mathrm{e}^{\mathrm{i}\boldsymbol{p}\cdot\boldsymbol{r}}\left\{\left[\frac{\boldsymbol{p}^2}{2m} - a\nabla_p^2\right]\varphi(\boldsymbol{p},t) = \mathrm{i}\frac{\partial}{\partial t}\varphi(\boldsymbol{p},t)\right\}\mathrm{d}\boldsymbol{p}$$

由逆 Fourier 变换性质, 即有 $F^{-1}[\varphi(\boldsymbol{p},t)] = \psi(\boldsymbol{r},t)$; $F^{-1}\left[-\nabla_p^2\varphi(\boldsymbol{p},t)\right] = \boldsymbol{r}^2\psi(\boldsymbol{r},t)$ 及 $F^{-1}\left[\boldsymbol{p}^2\varphi(\boldsymbol{p},t)\right] = -\nabla_r^2\psi(\boldsymbol{r},t)$, 因而

$$-\frac{1}{2m}\nabla_r^2\psi(\boldsymbol{r},t) + a\boldsymbol{r}^2\psi(\boldsymbol{r},t) = \mathrm{i}\frac{\partial}{\partial t}\psi(\boldsymbol{r},t)$$

所以 $V(\boldsymbol{r}) = ar^2$, 从而 $F(\boldsymbol{r}) = -\nabla_r V(\boldsymbol{r}) = -2a\boldsymbol{r}$.

题 5.6 $\psi(x,t)$ 是质量为 m 的自由粒子的一维 Schrödinger 方程的解, $\psi(x,0) = A\mathrm{e}^{-x^2/a^2}$.

(1) 求出 $t=0$ 时, 动量空间的概率振幅;

(2) 求出 $\psi(x,t)$.

解答 (1) 对题给波函数作 Fourier 变换以给出动量表象波函数

$$\begin{aligned}\varphi(p,0) &= \frac{1}{\sqrt{2\pi\hbar}}\int \mathrm{e}^{-\mathrm{i}px/\hbar}\psi(x,0)\,\mathrm{d}x = \frac{1}{2\pi\hbar}\int \mathrm{e}^{-\mathrm{i}px/\hbar}A\mathrm{e}^{-x^2/a^2}\mathrm{d}x \\ &= A\frac{1}{\sqrt{2\pi\hbar}}\int \mathrm{e}^{-\frac{1}{a^2}\left(x+\mathrm{i}a^2p/2\hbar\right)^2-\frac{a^2p^2}{4\hbar^2}}\mathrm{d}x \\ &= \frac{Aa}{\sqrt{2\hbar}}\mathrm{e}^{-\frac{a^2p^2}{4\hbar^2}}\end{aligned} \tag{5.22}$$

也就是所求的动量空间概率幅.

(2) t 时刻动量空间波函数为

$$\varphi(p,t) = \mathrm{e}^{-\mathrm{i}Ht/\hbar}\varphi(p,0) = \mathrm{e}^{-\mathrm{i}\frac{p^2}{2m}t/\hbar}\varphi(p,0) = \frac{Aa}{\sqrt{2\hbar}}\mathrm{e}^{-\mathrm{i}\frac{p^2t}{2m\hbar}-\frac{a^2p^2}{4\hbar^2}} \tag{5.23}$$

经过反 Frourier 变换得

$$\begin{aligned}\psi(x,t)&=\frac{1}{\sqrt{2\pi\hbar}}\int \mathrm{e}^{\mathrm{i}px/\hbar}\varphi(p,t)\,\mathrm{d}p\\&=\frac{Aa}{\sqrt{4\pi\hbar^2}}\int\exp\left\{\mathrm{i}px/\hbar-\frac{\mathrm{i}p^2t}{2m\hbar}-\frac{a^2p^2}{4\hbar^2}\right\}\mathrm{d}p\\&=\frac{Aa}{\sqrt{4\pi\hbar^2}}\int\exp\left\{-\left(\frac{\mathrm{i}t}{2m\hbar}+\frac{a^2}{4\hbar^2}\right)p^2+\mathrm{i}px/\hbar\right\}\mathrm{d}p\\&=\frac{Aa}{\sqrt{a^2+2\mathrm{i}\hbar t/m}}\exp\left\{-\frac{x^2}{(a^2+2\mathrm{i}\hbar t/m)}\right\}\end{aligned}\tag{5.24}$$

说明　第 (2) 小题一般还可利用能量本征态的时间演化态、时间演化算符、Feynman 传播子等方法, 可以有多种解法. 可参考张鹏飞等人著, 量子力学习题解答与剖析, 北京: 科学出版社, 2011 年, 13~19 类似习题的解答.

本题结果表明, 自由演化中 Gauss 波包高度逐渐变矮, 宽度逐渐加大. 这就是常说的“波包弥散”. 这一现象的物理根源是 de Broglie 波内禀的色散性质. 这个“波包弥散”过程没有逆过程! 尽管系统 Hamilton 量显然具有时间反演不变性. 而且这是个纯态的演化过程, 于是 von Neumann 熵始终等于零. 因此自由粒子波包弥散过程是经典力学宏观不可逆过程基本特征的“量子反例”. 参考张永德, 量子菜根谭–量子理论专题分析第二版, 北京: 清华大学出版社, 2013 年, 180~184.

题 5.7　已知一量子体系, 除了能量之外, 还包括另外三个可观测量, 称为 P, Q, R. 设该体系只有两个 (归一化的) 能量本征态 $|1\rangle$, $|2\rangle$, 它们未必是 P, Q, R 的本征态. 基于下列各组“实验数据”, 尽可能多地定出 P, Q, R 的本征值 (注意: 有一组数据是非物理的, 下面设 $\hbar=1$).

(1) $\langle 1|P|1\rangle=1/2,\quad \langle 1|P^2|1\rangle=1/4$;

(2) $\langle 1|Q|1\rangle=1/2,\quad \langle 1|Q^2|1\rangle=1/6$;

(3) $\langle 1|R|1\rangle=1,\quad \langle 1|R^2|1\rangle=5/4,\quad \langle 1|R^3|1\rangle=7/4$.

解答　(1) 因为 $\langle 1|P|1\rangle=1/2$, 可设

$$P|1\rangle=\frac{1}{2}|1\rangle+\alpha|2\rangle\tag{5.25}$$

由态的正交归一和 P 的 Hermite 性, 得 $\langle 1|P|2\rangle=\alpha^*$. 于是可设

$$P|2\rangle=\alpha^*|1\rangle+\beta|2\rangle\tag{5.26}$$

因而

$$P^2|1\rangle=P\left(\frac{1}{2}|1\rangle+\alpha|2\rangle\right)=\left(\frac{1}{4}+\alpha^*\alpha\right)|1\rangle+\left(\frac{1}{2}\alpha+\alpha\beta\right)|2\rangle\tag{5.27}$$

由 $\langle 1|P^2|1\rangle = 1/4$, 得 $\alpha^*\alpha = 0$, 因而 $\alpha = 0$. 所以,

$$P|1\rangle = \frac{1}{2}|1\rangle, \quad P|2\rangle = \beta|2\rangle \tag{5.28}$$

可见 $|1\rangle$ 是 P 的本征值为 $1/2$ 的本征态, $|2\rangle$ 是 P 的本征值为 β 的本征态, 但 β 值未知.

(2) 按题设, 令

$$Q|1\rangle = \frac{1}{2}|1\rangle + \gamma|2\rangle \tag{5.29}$$

同 (1) 得 $\gamma^*\gamma = (1/6 - 1/4) < 0$, 所以这组数据是非物理的.

(3) 我们设

$$R|1\rangle = |1\rangle + \lambda|2\rangle \tag{5.30}$$

由 $\langle 1|R^2|1\rangle = 5/4$ 可得

$$\lambda^*\lambda = 1/4, 因而\lambda = \frac{1}{2}\mathrm{e}^{\mathrm{i}\delta} \tag{5.31}$$

通过 $|1\rangle$、$|2\rangle$ 间适当的相对相位约定, 可取 $\delta = 0$. 即

$$R|1\rangle = |1\rangle + \frac{1}{2}\mathrm{e}^{\mathrm{i}\delta}|2\rangle \tag{5.32}$$

因为 $\langle 1|R|2\rangle = \langle 2|R|1\rangle^* = \frac{1}{2}\mathrm{e}^{-\mathrm{i}\delta}$, 可设

$$R|2\rangle = \frac{1}{2}\mathrm{e}^{-\mathrm{i}\delta}|1\rangle + \eta|2\rangle \tag{5.33}$$

则有

$$R^2|1\rangle = \frac{5}{4} + \frac{1}{2}(1+\eta)\,\mathrm{e}^{\mathrm{i}\delta}|2\rangle \tag{5.34}$$

以及

$$R^3|1\rangle = \frac{5}{4}|1\rangle + \frac{1}{4}(1+\eta)\,|1\rangle + \frac{5}{8}\mathrm{e}^{\mathrm{i}\delta}|2\rangle + \frac{1}{2}(1+\eta)\,\eta\mathrm{e}^{\mathrm{i}\delta}|2\rangle \tag{5.35}$$

由 $\langle 1|R^3|1\rangle = 7/4$, 得 $\eta = 1$. 所以在基 $|1\rangle$, $|2\rangle$ 下, R 的矩阵为

$$\begin{pmatrix} 1 & \frac{1}{2}\mathrm{e}^{-\mathrm{i}\delta} \\ \frac{1}{2}\mathrm{e}^{\mathrm{i}\delta} & 1 \end{pmatrix} \tag{5.36}$$

由此可得 R 的本征值为 $1/2$, $3/2$.

题 5.8 利用坐标动量对易关系证明

$$\sum_n (E_n - E_m)\,|\langle n|x|0\rangle|^2 = \text{const.}$$

其中 E_n 是本征态 $|n\rangle$ 的能量. 再求出该常数的值. Hamilton 量为 $H = \dfrac{p^2}{2\mu} + V(x)$.

证明　先演算 $[[H,x],x]$,

$$
\begin{aligned}
[H,x] &= \left[\frac{p^2}{2\mu}+V(x),x\right]=\left[\frac{1}{2\mu}p^2,x\right] \\
&= \frac{1}{2\mu}\left\{p_x\left[p_x,x\right]+\left[p_x,x\right]p_x\right\}=\frac{-\mathrm{i}\hbar}{\mu}p_x;
\end{aligned}
\tag{5.37}
$$

$$
[[H,x],x]=-\frac{\mathrm{i}\hbar}{\mu}\left[p_x,x\right]=-\frac{\hbar^2}{\mu}
\tag{5.38}
$$

现在求 $[[H,x],x]$ 在设 Hamiton 量 H 的束缚定态 $|0\rangle$ 下的期望值, 不妨假设各束缚定态 $|m\rangle$ 均已归一化 $\langle m|m\rangle=1$, 相应的全部束缚定态的完备性关系可表示为 $\sum\limits_m |m\rangle\langle m|=1$. 这样

$$
\begin{aligned}
\langle 0|\left[[H,x],x\right]|0\rangle &= \langle 0|\left[H,x\right]x|0\rangle-\langle 0|x\left[H,x\right]|0\rangle \\
&= \sum_n\left\{\langle 0|\left[H,x\right]|n\rangle\langle n|x|0\rangle-\langle 0|x|n\rangle\langle n|\left[H,x\right]|0\rangle\right\} \\
&= \sum_n\left\{(E_0-E_n)\langle 0|x|n\rangle\langle n|x|0\rangle-(E_n-E_0)\langle 0|x|k\rangle\langle n|x|0\rangle\right\} \\
&= 2\sum_n(E_0-E_n)\langle 0|x|n\rangle\langle n|x|0\rangle=2\sum_n(E_0-E_n)\left|\langle n|x|0\rangle\right|^2
\end{aligned}
\tag{5.39}
$$

式中利用了 H 的本征方程 $H|n\rangle=E_n|n\rangle$ 以及其 Hermite 共轭式 $\langle n|H=E_n\langle n|$. 由式 (5.38, 5.39) 立得

$$
\sum_n(E_n-E_0)\left|\langle n|x|0\rangle\right|^2=\frac{\hbar^2}{2\mu}
\tag{5.40}
$$

得证. 上面证明过程中看到等式对于任意第 m 个束缚态也成立, 也就是等式中 0 若换为 m 等式一样成立.

另证(直接演算)　$|m\rangle$ 与 $|n\rangle$ 均为 Hamilton 量的本征态, 即

$$
H\left|m\right\rangle=E_m\left|m\right\rangle,\quad H\left|n\right\rangle=E_n\left|n\right\rangle
$$

这样

$$
\begin{aligned}
\sum_n(E_n-E_m)\left|\langle n|x|m\rangle\right|^2 &= \sum_n\left\{E_n\left\langle m\right|x\left|n\right\rangle\left\langle n\right|x\left|m\right\rangle-E_m\left\langle m\right|x\left|n\right\rangle\left\langle n\right|x\left|m\right\rangle\right\} \\
&= \sum_n\left\{\left\langle m\right|xE_n\left|n\right\rangle\left\langle n\right|x\left|m\right\rangle-\left\langle m\right|x\left|n\right\rangle\left\langle n\right|xE_m\left|m\right\rangle\right\} \\
&= \sum_n\left\{\left\langle m\right|xH\left|n\right\rangle\left\langle n\right|x\left|m\right\rangle-\left\langle m\right|x\left|n\right\rangle\left\langle n\right|xH\left|m\right\rangle\right\} \\
&= \left\{\left\langle m\right|xHx\left|m\right\rangle-\left\langle m\right|x^2H\left|m\right\rangle\right\} \\
&= \left\langle m\right|\left[x,[H,x]\right]\left|m\right\rangle
\end{aligned}
$$

上面用到了完备性关系 $\sum_n |n\rangle\langle n| = 1$. 再将式 (5.38) 代入上式即得

$$\sum_n (E_n - E_m)\,|\langle n|x|m\rangle|^2 = \frac{\hbar^2}{2\mu} \tag{5.41}$$

题 5.9 (1) 给定一个本征值为 a_n, 本征函数为 $u_n(x)(n=1,2,3,\cdots,N; 0\leqslant x\leqslant L)$ 的 Hermite 算符 A, 说明算符 $\exp\{\mathrm{i}A\}$ 是幺正算符;

(2) 用任意算符的矩阵构造出一 Hermite 算符的矩阵;

(3) 给定另一 Hermite 算符 B 其本征值为 b_m, 本征函数为 $v_m(x)$, 构造出一幺正算符 V 的表示, 使它把 B 的本征矢量转换成 A 的本征矢量.

解答 (1) A 为 Hermite 算符, 则 $A^\dagger = A$.

$$(\mathrm{e}^{\mathrm{i}A})^\dagger = \left[\sum_n \frac{(\mathrm{i}A)^n}{n!}\right]^\dagger = \sum_n \frac{\left(-\mathrm{i}A^\dagger\right)^n}{n!} = \mathrm{e}^{-\mathrm{i}A^\dagger} = \mathrm{e}^{-\mathrm{i}A} = (\mathrm{e}^{\mathrm{i}A})^{-1}$$

所以 $\mathrm{e}^{\mathrm{i}A}$ 是幺正矩阵;

(2) 设 U_{mn} 为一般算符矩阵, 令 $S_{mn} = U_{mn} + U_{mn}^\dagger$, 则

$$(S^\dagger)_{mn} = U_{mn}^\dagger + U_{mn} = S_{mn}$$

S 是 Hermite 矩阵.

(3) 设有幺正算符 $\hat{V}$ 的表示 V_{mn}, 使得

$$u_n(x) = V_{mn} v_m(x)$$

利用 $u_n(x)$, $v_m(x)$ 的正交归一性

$$\int_0^L u_n(x) v_l^*(x)\mathrm{d}x = V_{nm}\int_0^L v_m(x) v_l^*(x)\mathrm{d}x = V_{nm}\delta_{ml}$$

即得

$$V_{nl} = \int_0^L u_n(x) v_l^*(x)\mathrm{d}x$$

题 5.10 证明 (5.32a) 式中的第二个公式.

证法一 要证

$$\hat{\boldsymbol{p}}|\boldsymbol{r}'\rangle = \mathrm{i}\hbar\frac{\partial}{\partial \boldsymbol{r}'}|\boldsymbol{r}'\rangle \tag{5.42}$$

在上式左边左乘任意态矢 $\langle A|$, 并且在适当的位置插入动量表象基矢的完备性关系 $\int |p\rangle\langle p|\mathrm{d}p = 1$, 利用

$$\langle \boldsymbol{p}'|\hat{\boldsymbol{p}}|\boldsymbol{r}'\rangle = \boldsymbol{p}'\langle \boldsymbol{p}'|\boldsymbol{r}'\rangle = \left(\frac{1}{2\pi\hbar}\right)^{3/2}\boldsymbol{p}'\mathrm{e}^{-\mathrm{i}\boldsymbol{p}'\cdot\boldsymbol{r}'/\hbar}$$

可得

$$\begin{aligned}\langle A|\hat{\boldsymbol{p}}|\boldsymbol{r}'\rangle &= \int \langle A|\boldsymbol{p}'\rangle\langle \boldsymbol{p}'|\hat{\boldsymbol{p}}|\boldsymbol{r}'\rangle \mathrm{d}\boldsymbol{p}' \\ &= \int \boldsymbol{p}' \mathrm{e}^{-\mathrm{i}\boldsymbol{p}'\cdot\boldsymbol{r}'/\hbar}\psi_A^*(\boldsymbol{p}')\frac{\mathrm{d}\boldsymbol{p}'}{(2\pi\hbar)^{3/2}} \\ &= \mathrm{i}\hbar\frac{\partial}{\partial \boldsymbol{r}'}\int \mathrm{e}^{-\mathrm{i}\boldsymbol{p}'\cdot\boldsymbol{r}'/\hbar}\psi_A^*(\boldsymbol{p}')\frac{\mathrm{d}\boldsymbol{p}'}{(2\pi\hbar)^{3/2}} \\ &= \mathrm{i}\hbar\frac{\partial}{\partial \boldsymbol{r}'}\psi_A^*(\boldsymbol{r}') = \mathrm{i}\hbar\frac{\partial}{\partial \boldsymbol{r}'}\langle A|\boldsymbol{r}'\rangle \\ &= \langle A|\mathrm{i}\hbar\frac{\partial}{\partial \boldsymbol{r}'}|\boldsymbol{r}'\rangle\end{aligned}$$

证明过程中利用了

$$\boldsymbol{p}'\mathrm{e}^{-\mathrm{i}\boldsymbol{p}'\cdot\boldsymbol{r}'/\hbar} = \mathrm{i}\hbar\frac{\partial}{\partial \boldsymbol{r}'}\mathrm{e}^{-\mathrm{i}\boldsymbol{p}'\cdot\boldsymbol{r}'/\hbar}$$

由于 $\langle A|$ 中任意, 故有 $\hat{\boldsymbol{p}}|\boldsymbol{r}'\rangle = \mathrm{i}\hbar\frac{\partial}{\partial \boldsymbol{r}'}|\boldsymbol{r}'\rangle$, 得证.

证法二　先考虑一维情形. 由量子力学基本对易关系 $[\hat{x},\hat{p}] = \mathrm{i}\hbar$,

$$\langle x'|[\hat{x},\hat{p}]|x\rangle = \mathrm{i}\hbar\langle x'|x\rangle$$

即 $\langle x'|\hat{x}\hat{p}-\hat{p}\hat{x}|x\rangle = \mathrm{i}\hbar\langle x'|x\rangle$, 或者

$$(x'-x)\langle x'|\hat{p}|x\rangle = \mathrm{i}\hbar\delta(x-x')$$

由于 $x\frac{\mathrm{d}}{\mathrm{d}x}\delta(x) = -\delta(x)$, 知

$$(\hat{p})_{x'x} = \langle x'|\hat{p}|x\rangle = -\mathrm{i}\hbar\frac{\partial}{\partial x'}\delta(x-x') = \mathrm{i}\hbar\frac{\partial}{\partial x}\delta(x-x') \tag{5.43}$$

这样有

$$\langle x'|\hat{p}|x\rangle = \mathrm{i}\hbar\frac{\partial}{\partial x}\langle x'|x\rangle = \mathrm{i}\hbar\frac{\partial}{\partial x}|x\rangle \tag{5.44}$$

或 $\langle x'|\hat{p}|x\rangle = \mathrm{i}\hbar\langle x'|\frac{\partial}{\partial x}|x\rangle$, 此式两边乘以 $\int_{-\infty}^{+\infty}\mathrm{d}x'|x'\rangle$, 利用 $\int_{-\infty}^{+\infty}\mathrm{d}x|x\rangle\langle x| = 1$ 即得

$$\hat{p}|x\rangle = \mathrm{i}\hbar\frac{\partial}{\partial x}|x\rangle \tag{5.45}$$

其 Hermite 共轭式为

$$\langle x|\hat{p} = -\mathrm{i}\hbar\frac{\partial}{\partial x}\langle x| \tag{5.46}$$

式 (5.45) 的三维形式即给出 (5.42).

说明 (5.45) 式的另一种推导方法

$$\begin{aligned}\hat{p}|x\rangle &= \hat{p}\int_{-\infty}^{+\infty}\mathrm{d}p|p\rangle\langle p|x\rangle = \int_{-\infty}^{+\infty}\mathrm{d}p\hat{p}|p\rangle\langle p|x\rangle = \int_{-\infty}^{+\infty}\mathrm{d}pp|p\rangle\langle x|p\rangle^*\\ &= \int_{-\infty}^{+\infty}\mathrm{d}p|p\rangle p\frac{1}{\sqrt{2\pi\hbar}}\mathrm{e}^{-\mathrm{i}px/\hbar} = \int_{-\infty}^{+\infty}\mathrm{d}p|p\rangle\mathrm{i}\hbar\frac{\partial}{\partial x}\frac{1}{\sqrt{2\pi\hbar}}\mathrm{e}^{-\mathrm{i}px/\hbar}\\ &= \mathrm{i}\hbar\frac{\partial}{\partial x}\int_{-\infty}^{+\infty}\mathrm{d}p|p\rangle\frac{1}{\sqrt{2\pi\hbar}}\mathrm{e}^{-\mathrm{i}px/\hbar x} = \mathrm{i}\hbar\frac{\partial}{\partial x}\int_{-\infty}^{+\infty}\mathrm{d}p|p\rangle\langle p|x\rangle = \mathrm{i}\hbar\frac{\partial}{\partial x}|x\rangle\end{aligned}$$

题 5.11 证明 (5.32b) 式.

证明 同上题的证法. 要证

$$\hat{\boldsymbol{r}}|\boldsymbol{p}'\rangle = -\mathrm{i}\hbar\frac{\partial}{\partial\boldsymbol{p}'}|\boldsymbol{p}'\rangle \tag{5.47}$$

可在上式左边左乘任意态矢 $\langle A|$, 并且在适当的位置插入坐标表象基矢的完备性条件.

$$\begin{aligned}\langle A|\hat{\boldsymbol{r}}|\boldsymbol{p}'\rangle &= \int\langle A|\boldsymbol{r}'\rangle\langle\boldsymbol{r}'|\hat{\boldsymbol{r}}|\boldsymbol{p}'\rangle\mathrm{d}\boldsymbol{r}'\\ &= \int\boldsymbol{r}'\mathrm{e}^{\mathrm{i}\boldsymbol{p}'\cdot\boldsymbol{r}'/\hbar}\psi_A^*(\boldsymbol{r}')\frac{\mathrm{d}\boldsymbol{r}'}{(2\pi\hbar)^{3/2}}\\ &= -\mathrm{i}\hbar\frac{\partial}{\partial\boldsymbol{p}'}\int\mathrm{e}^{\mathrm{i}\boldsymbol{p}'\cdot\boldsymbol{r}'/\hbar}\psi_A^*(\boldsymbol{r}')\frac{\mathrm{d}\boldsymbol{r}'}{(2\pi\hbar)^{3/2}}\\ &= -\mathrm{i}\hbar\frac{\partial}{\partial\boldsymbol{p}'}\psi_A^*(\boldsymbol{p}') = -\mathrm{i}\hbar\frac{\partial}{\partial\boldsymbol{p}'}\langle A|\boldsymbol{p}'\rangle\\ &= \langle A|-\mathrm{i}\hbar\frac{\partial}{\partial\boldsymbol{p}'}|\boldsymbol{p}'\rangle\end{aligned}$$

证明过程中利用了

$$\boldsymbol{r}'\mathrm{e}^{\mathrm{i}\boldsymbol{p}'\cdot\boldsymbol{r}'/\hbar} = -\mathrm{i}\hbar\frac{\partial}{\partial\boldsymbol{p}'}\mathrm{e}^{\mathrm{i}\boldsymbol{p}'\cdot\boldsymbol{r}'/\hbar}$$

也就有

$$\langle A|\hat{\boldsymbol{r}}|\boldsymbol{p}'\rangle = \langle A|-\mathrm{i}\hbar\frac{\partial}{\partial\boldsymbol{p}'}|\boldsymbol{p}'\rangle$$

因为 $\langle A|$ 任意, 故有式 (5.47) 成立.

再证

$$\langle\boldsymbol{p}'|\hat{\boldsymbol{r}} = \mathrm{i}\hbar\frac{\partial}{\partial\boldsymbol{p}'}\langle\boldsymbol{p}'| \tag{5.48}$$

在上式左边右乘任意态矢 $|A\rangle$, 有

$$\begin{aligned}\langle\boldsymbol{p}'|\hat{\boldsymbol{r}}|A\rangle &= \int\langle\boldsymbol{p}'|\boldsymbol{r}'\rangle\langle\boldsymbol{r}'|r|A\rangle\mathrm{d}\boldsymbol{r}'\\ &= \int\boldsymbol{r}'\mathrm{e}^{-\mathrm{i}\boldsymbol{p}'\cdot\boldsymbol{r}'/\hbar}\psi_A(\boldsymbol{r}')\frac{\mathrm{d}\boldsymbol{r}'}{(2\pi\hbar)^{3/2}}\end{aligned}$$

$$
\begin{aligned}
&= \mathrm{i}\hbar\frac{\partial}{\partial \boldsymbol{p}'}\int \mathrm{e}^{\mathrm{i}\boldsymbol{p}'\cdot\boldsymbol{r}'/\hbar}\psi_A(\boldsymbol{r}')\frac{\mathrm{d}\boldsymbol{r}'}{(2\pi\hbar)^{3/2}}\\
&= \mathrm{i}\hbar\frac{\partial}{\partial \boldsymbol{p}'}\psi_A(\boldsymbol{p}')\\
&= \mathrm{i}\hbar\frac{\partial}{\partial \boldsymbol{p}'}\langle \boldsymbol{p}'|A\rangle
\end{aligned}
$$

也就有

$$
\langle \boldsymbol{p}'|\hat{\boldsymbol{r}}|A\rangle = \mathrm{i}\hbar\frac{\partial}{\partial \boldsymbol{p}'}\langle \boldsymbol{p}'|A\rangle
$$

故由 $|A\rangle$ 的任意性知式 (5.48) 成立. 证毕.

说明　式 (5.48) 可以直接对式 (5.47) 求 Hermite 共轭给出. 另外本题也可以如题 5.10 利用量子力学基本对易关系证明.

题 5.12　(1) 设 $U(t)$ 为幺正算符, 对 t 可微, 证明 $\mathrm{i}\hbar\frac{\mathrm{d}U}{\mathrm{d}t}$ 可以表示成

$$
\mathrm{i}\hbar\frac{\mathrm{d}U}{\mathrm{d}t} = HU
$$

其中 H 为 Hermite 算符.

(2) 设 $\mathrm{i}\hbar\frac{\mathrm{d}U}{\mathrm{d}t} = HU$ 成立, H 为 Hermite 算符, 证明 $UU^\dagger$ 满足方程

$$
\mathrm{i}\hbar\frac{\mathrm{d}}{\mathrm{d}t}UU^\dagger = [H, UU^\dagger]
$$

进而再证明, 如 $t = t_0$ 时 $U(t_0)$ 为幺正算符, 则 $U(t)$ 总是幺正算符.

证明　(1) $U(t)$ 为幺正算符, 满足 $UU^\dagger = U^\dagger U = 1$. 两边对 $UU^\dagger = 1$ 求时间导数, 得 $\frac{\mathrm{d}U}{\mathrm{d}t}U^\dagger + U\frac{\mathrm{d}}{\mathrm{d}t}U^\dagger = 0$, 或者 $\frac{\mathrm{d}U}{\mathrm{d}t}U^\dagger = -U\frac{\mathrm{d}}{\mathrm{d}t}U^\dagger$. 由此即得 $\left[\mathrm{i}\hbar\frac{\mathrm{d}U}{\mathrm{d}t}U^\dagger\right]^\dagger = \mathrm{i}\hbar\frac{\mathrm{d}U}{\mathrm{d}t}U^\dagger$, 意味着 $\mathrm{i}\hbar\frac{\mathrm{d}U}{\mathrm{d}t}U^\dagger$ 为一 Hermite 算符, 令其等于 H, 即

$$
\mathrm{i}\hbar\frac{\mathrm{d}U}{\mathrm{d}t}U^\dagger = H
$$

上式两边右乘 U 即得

$$
\mathrm{i}\hbar\frac{\mathrm{d}U}{\mathrm{d}t} = HU \tag{5.49}
$$

(2) 式 (5.49) 中 H 为 Hermite 算符, 该式的 Hermite 共轭式为

$$
-\mathrm{i}\hbar\frac{\mathrm{d}U^\dagger}{\mathrm{d}t} = U^\dagger H^\dagger = U^\dagger H \tag{5.50}
$$

这样

$$
\mathrm{i}\hbar\frac{\mathrm{d}}{\mathrm{d}t}UU^\dagger = \mathrm{i}\hbar\frac{\mathrm{d}U}{\mathrm{d}t}U^\dagger + \mathrm{i}\hbar U\frac{\mathrm{d}}{\mathrm{d}t}U^\dagger = HUU^\dagger - UU^\dagger H = [H, UU^\dagger]
$$

也就是

$$i\hbar\frac{d}{dt}UU^\dagger = [H, UU^\dagger] \tag{5.51}$$

由此关于 $UU^\dagger$ 的一阶微分方程式及其 Hermite 共轭可得如 $t=t_0$ 时 $U(t_0)$ 为幺正算符, 则任意 t 时刻 $U(t)$ 总是幺正算符. 论证如下.

将 t_0 到 t 的时间均分为 N 段, 每段间隔为 Δt, 满足 $N\Delta t = t - t_0$(若 $t \geqslant t_0$), 则 $\Delta t \geqslant 0$, 否则 $\Delta t < 0$). 取 N 足够大, 使得 Δt 可以任意小. 这样 t_0 到 t 的时间均分为 t_0, $t_0+\Delta t$,$t_0+2\Delta t$,$\cdots$,$t-\Delta t$,t. $t=t_0$ 时 $U(t_0)$ 为幺正算符, 满足 $UU^\dagger\big|_{t=t_0} = U^\dagger U\big|_{t=t_0} = 1$, 由式 (5.51) 得, $\left.\frac{d}{dt}UU^\dagger\right|_{t=t_0} = 0$. 因而 $t_0+\Delta t$ 时刻 $UU^\dagger\big|_{t=t_0+\Delta t} = 1$, 进而 $\left.\frac{d}{dt}UU^\dagger\right|_{t=t_0+\Delta t} = 0$. 如此可一直递推下去, 可知 t 时刻 $U(t)U^\dagger(t) = 1$. 从式 (5.51) 的 Hermite 共轭式出发, 同理可证 t 时刻 $U^\dagger(t)U(t) = 1$. 因此 $U(t)$ 是幺正算符.

说明 1 利用时间演化算符 $\mathrm{T}\exp\left\{-\frac{i}{\hbar}\int_{t_0}^{t} H(t')dt'\right\}$(记为 $u(t)$, 也是幺正算符. T 表示编时乘积), 式 (5.51) 的解可表示为

$$UU^\dagger(t) = u(t)UU^\dagger(t_0)u^\dagger(t)$$

因此若 $UU^\dagger(t_0) = 1$, 则 $UU^\dagger(t) = u(t)UU^\dagger(t_0)u^\dagger(t) = u(t)u^\dagger(t) = 1$. 同理可证 $U^\dagger(t)U(t) = 1$.

说明 2 若不用式 (5.51), 则 U 的幺正性可如下证明. 利用

$$\frac{d}{dt}U^{-1} = -U^{-1}\frac{dU}{dt}U^{-1}$$

可得

$$-i\hbar\frac{d}{dt}U^{-1} = i\hbar U^{-1}\frac{dU}{dt}U^{-1} = U^{-1}HUU^{-1} = U^{-1}H$$

上式与式 (5.50) 比较, 可见 U^{-1} 与 $U^\dagger$ 满足同样的一阶微分方程. 再按题设 $t=t_0$ 时 $U(t_0)$ 为幺正算符, 即 $U^{-1}(t_0) = U^\dagger(t_0)$, 可见 U^{-1} 与 $U^\dagger$ 在 $t=t_0$ 时相等. 综上可知 $U^{-1}(t) = U^\dagger(t)$, 即 $U(t)$ 是幺正算符.

这种证明需要用到 $U(t)$ 存在逆, 这里给予补充说明. 不妨设 $t>t_0$. 按题设 $U(t_0)$ 是幺正算符, $|\det U(t_0)| = 1$, 因 U 满足微分方程 (5.49), U 从而 $\det U$ 是时间的连续函数, 故必存在 $\tau_1 > 0$, 使得 t_0 到 $t_0+\tau_1$ 之间, $\det U \neq 0$, 即在 t_0 到 $t_0+\tau_1$ 的范围内 U 存在逆, 从而按前所证, 在此范围内 U 均是幺正算符. 再利用 $U(t_0+\tau_1)$ 是幺正算符以及 U 的连续性, 可知必存在 $\tau_2 > \tau_1$, 使得 t_0 到 $t_0+\tau_2$ 的范围内 U 均是幺正算符. 如此递推, 逐渐逼近并到达 t, 使得在 t_0 到 t 之间 U 均是幺正算符.

题 5.13　验证积分方程

$$\hat{B}(t)=\hat{B}_0+\mathrm{i}\left[\hat{A},\int_0^t\hat{B}(\tau)\mathrm{d}\tau\right] \tag{5.52}$$

有如下解:

$$\hat{B}(t)=\exp(\mathrm{i}\hat{A}t)\hat{B}_0\exp(-\mathrm{i}\hat{A}t) \tag{5.53}$$

其中 $\hat{A}$ 与时间无关.

证法一　不妨先记

$$\hat{B}_1(t)=\exp(\mathrm{i}\hat{A}t)\hat{B}_0\exp(-\mathrm{i}\hat{A}t) \tag{5.54}$$

积分方程两边对时间 t 求导数得

$$\frac{\mathrm{d}}{\mathrm{d}t}\hat{B}(t)=\mathrm{i}\left[\hat{A},\hat{B}(t)\right] \tag{5.55}$$

另一方面, 对式 (5.54) 两边对时间 t 求导数

$$\begin{aligned}\frac{\mathrm{d}}{\mathrm{d}t}\hat{B}_1(t)&=\mathrm{i}\hat{A}\exp(\mathrm{i}\hat{A}t)\hat{B}_0\exp(-\mathrm{i}\hat{A}t)-\mathrm{i}\exp(\mathrm{i}\hat{A}t)\hat{B}_0\exp(-\mathrm{i}\hat{A}t)\hat{A}\\&=\mathrm{i}\left[\hat{A},\hat{B}_1(t)\right]\end{aligned} \tag{5.56}$$

可见式 (5.52, 5.54) 所定义的 $\hat{B}(t)$、$\hat{B}_1(t)$ 满足同样的一阶微分方程.

$t=0$ 时, 式 (5.52) 给出

$$\hat{B}(t)\Big|_{t=0}=\hat{B}(0)$$

式 (5.54) 给出

$$\hat{B}_1(t)\Big|_{t=0}=\hat{B}(0)$$

可见 $t=0$ 时刻 $\hat{B}(t)$, $\hat{B}_1(t)$ 的初始值也相等. 因此 $\hat{B}(t)=\hat{B}_1(t)$. 或者说式 (5.53) 是积分方程 (5.52) 的解.

证法二　对式 (5.53) 两边对时间 t 求导数

$$\begin{aligned}\frac{\mathrm{d}}{\mathrm{d}t}\hat{B}(t)&=\mathrm{i}\hat{A}\exp(\mathrm{i}\hat{A}t)\hat{B}_0\exp(-\mathrm{i}\hat{A}t)-\mathrm{i}\exp(\mathrm{i}\hat{A}t)\hat{B}_0\exp(-\mathrm{i}\hat{A}t)\hat{A}\\&=\mathrm{i}\left[\hat{A},\hat{B}(t)\right]\end{aligned}$$

也就是

$$\frac{\mathrm{d}}{\mathrm{d}t}\hat{B}(t)=\mathrm{i}\left[\hat{A},\hat{B}(t)\right] \tag{5.57}$$

上式两边对时间 t 积分即得式 (5.52).

说明　根据上面结论

$$\hat{B}(t)=\hat{B}_0+\mathrm{i}\left[\hat{A},\int_0^t\hat{B}(\tau)\mathrm{d}\tau\right]=\exp(\mathrm{i}\hat{A}t)\hat{B}_0\exp(-\mathrm{i}\hat{A}t)$$

令上式中 $\mathrm{i}\hat{A}\to\hat{B},\hat{B}\to\hat{A},t\to\beta,\tau\to\lambda$ 可得

$$\left[\hat{A},\mathrm{e}^{-\beta\hat{B}}\right]=-\mathrm{e}^{-\beta\hat{B}}\int_0^\beta \mathrm{e}^{\lambda\hat{B}}\left[\hat{A},\hat{B}\right]\mathrm{e}^{-\lambda\hat{B}}\mathrm{d}\lambda \tag{5.58}$$

此式在文献里称为 Kubo 恒等式.

题 5.14 设体系能量本征态记为 $|n\rangle, H|n\rangle=E_n|n\rangle$, 力学量 (算符, 不显含时间)$A$ 在能量表象中矩阵元记为 $A_{kn}=\langle k|A|n\rangle$, 证明:

$$\left(\frac{\mathrm{d}A}{\mathrm{d}t}\right)_{kn}=\mathrm{i}\omega_{kn}A_{kn}$$

其中 $\omega_{kn}=(E_n-E_k)/\hbar$.

证明 在 Heisenberg 图像, 态不随时间变化, 不显含时间力学量 A 随时间的变化满足如下 Heisenberg 方程,

$$\mathrm{i}\hbar\frac{\mathrm{d}A}{\mathrm{d}t}=\mathrm{i}\hbar\frac{\partial A}{\partial t}+[A,H]=[A,H]$$

上式两边对题给的基矢 $\{|n\rangle\}$ 求矩阵元,

$$\mathrm{i}\hbar\langle k|\frac{\mathrm{d}A}{\mathrm{d}t}|n\rangle=\langle k|[A,H]|n\rangle=(E_k-E_n)\langle k|A|n\rangle$$

即有

$$\left(\frac{\mathrm{d}A}{\mathrm{d}t}\right)_{nn'}=\mathrm{i}\omega_{kn}A_{kn}$$

其中 $\omega_{kn}=(E_n-E_k)/\hbar$.

说明 本题还可在 Schrödinger 图像中证明, 请读者自行考虑完成.

题 5.15 计算坐标表象、动量表象和能量表象的 Hamilton 量算符 $\hat{H}=\hat{T}+\hat{V}$ 的矩阵元:

$$\langle\boldsymbol{r}'|\hat{H}|\boldsymbol{r}''\rangle,\quad \langle\boldsymbol{p}'|\hat{H}|\boldsymbol{p}''\rangle,\quad \langle n'l'm'|\hat{H}|nlm\rangle$$

提示 前两个表象可用 (5.31) 和 (5.32) 式.

解答 坐标表象下, 基矢量是位置本征态, 其本征方程

$$\hat{\boldsymbol{r}}|\boldsymbol{r}\rangle=\boldsymbol{r}|\boldsymbol{r}\rangle \tag{5.59}$$

设 $|\boldsymbol{r}\rangle$ 已归一化, 满足 $\langle\boldsymbol{r}'|\boldsymbol{r}''\rangle=\delta(\boldsymbol{r}'-\boldsymbol{r}'')$, 相应的完备性关系为 $\displaystyle\int|\boldsymbol{r}\rangle\langle\boldsymbol{r}|\mathrm{d}\boldsymbol{r}=1$. 动量算符对位置本征态的作用

$$\hat{\boldsymbol{p}}|\boldsymbol{r}\rangle=\mathrm{i}\hbar\nabla_{\boldsymbol{r}}|\boldsymbol{r}\rangle,\quad \langle\boldsymbol{r}|\hat{\boldsymbol{p}}=-\mathrm{i}\hbar\nabla_{\boldsymbol{r}}\langle\boldsymbol{r}| \tag{5.60}$$

这样

$$\begin{aligned}\langle \boldsymbol{r}'|\hat{H}|\boldsymbol{r}''\rangle &= \langle \boldsymbol{r}'|\frac{\hat{\boldsymbol{p}}^2}{2m}+V(\hat{\boldsymbol{r}})|\boldsymbol{r}''\rangle = \langle \boldsymbol{r}'|\frac{\hat{\boldsymbol{p}}^2}{2m}|\boldsymbol{r}''\rangle + \langle \boldsymbol{r}'|V(\boldsymbol{r}'')|\boldsymbol{r}''\rangle \\ &= \frac{1}{2m}\langle \boldsymbol{r}'|\hat{\boldsymbol{p}}^2|\boldsymbol{r}''\rangle + \langle \boldsymbol{r}'|V(\boldsymbol{r}')|\boldsymbol{r}''\rangle = \frac{1}{2m}\langle \boldsymbol{r}'|(\mathrm{i}\hbar\nabla_{\boldsymbol{r}''})^2|\boldsymbol{r}''\rangle + V(\boldsymbol{r}'')\langle \boldsymbol{r}'|\boldsymbol{r}''\rangle \\ &= -\frac{\hbar^2}{2m}\nabla^2_{\boldsymbol{r}''}\delta(\boldsymbol{r}'-\boldsymbol{r}'') + V(\boldsymbol{r}'')\delta(\boldsymbol{r}'-\boldsymbol{r}'')\end{aligned} \tag{5.61}$$

动量表象下, 基矢量是动量本征态, 其本征方程

$$\hat{\boldsymbol{p}}|\boldsymbol{p}\rangle = \boldsymbol{p}|\boldsymbol{p}\rangle \tag{5.62}$$

设 $|\boldsymbol{p}\rangle$ 已归一化, 满足 $\langle \boldsymbol{p}'|\boldsymbol{p}''\rangle = \delta(\boldsymbol{p}'-\boldsymbol{p}'')$ 相应的完备性关系为 $\int |\boldsymbol{p}\rangle\langle \boldsymbol{p}|\mathrm{d}\boldsymbol{p} = 1$. 位置算符对动量本征态的作用

$$\hat{\boldsymbol{r}}|\boldsymbol{p}\rangle = -\mathrm{i}\hbar\nabla_{\boldsymbol{p}}|\boldsymbol{p}\rangle, \quad \langle \boldsymbol{p}|\hat{\boldsymbol{r}} = \mathrm{i}\hbar\nabla_{\boldsymbol{p}}\langle \boldsymbol{p}| \tag{5.63}$$

这样

$$\begin{aligned}\langle \boldsymbol{p}'|\hat{H}|\boldsymbol{p}''\rangle &= \langle \boldsymbol{p}'|\frac{\hat{\boldsymbol{p}}^2}{2m}+V(\hat{\boldsymbol{r}})|\boldsymbol{p}''\rangle = \langle \boldsymbol{p}'|\frac{\hat{\boldsymbol{p}}^2}{2m}|\boldsymbol{p}''\rangle + \langle \boldsymbol{p}'|V(\hat{\boldsymbol{r}})|\boldsymbol{p}''\rangle \\ &= \frac{1}{2m}\langle \boldsymbol{p}'|\hat{\boldsymbol{p}}^2|\boldsymbol{p}''\rangle + \langle \boldsymbol{p}'|V(\hat{\boldsymbol{r}})|\boldsymbol{p}''\rangle = \frac{\boldsymbol{p}''^2}{2m}\langle \boldsymbol{p}'|\boldsymbol{p}''\rangle + \langle \boldsymbol{p}'|V(-\mathrm{i}\hbar\nabla_{\boldsymbol{p}''})|\boldsymbol{p}''\rangle \\ &= \frac{\boldsymbol{p}'^2}{2m}\delta(\boldsymbol{p}'-\boldsymbol{p}'') + V(-\mathrm{i}\hbar\nabla_{\boldsymbol{p}''})\delta(\boldsymbol{p}'-\boldsymbol{p}'')\end{aligned} \tag{5.64}$$

能量表象下, 设基矢量 $\{|nlm\rangle\}$ 已归一化, 则

$$\langle n'l'm'|\hat{H}|nlm\rangle = E_n\langle n'l'm'|nlm\rangle = E_n\delta_{n'n}\delta_{l'l}\delta_{m'm} \tag{5.65}$$

题 5.16　设 Hamilton 量 $H = \dfrac{\boldsymbol{p}^2}{2\mu} + V(\boldsymbol{r})$, 试用纯矩阵的运算, 证明下列求和规则

$$\sum_n (E_n - E_m)|x_{nm}|^2 = \frac{\hbar^2}{2\mu} \tag{5.66}$$

其中 x 是 $\boldsymbol{r}$ 的一个直角坐标分量, $\sum\limits_n$ 是对一切束缚定态求和, E_n 是相应于 n 态的能量本征值.

提示　计算 $[H,x]$ 以及 $[[H,x],x]$, 求 $\langle m|\,[[H,x],x]\,|m\rangle$.

证明　在题 5.8 中将 $|0\rangle$ 改为 $|m\rangle$, 即可得证.

题 5.17　设 $F(\boldsymbol{r},\boldsymbol{p})$ 为体系的一个可观测量 (Hermite 算符), H 为体系的 Hamilton 量, 证明在能量表象中的求和规则

$$\sum_n (E_n - E_k)|F_{nk}|^2 = \frac{1}{2}\langle k|[F,[H,F]]|k\rangle$$

证明 已知 F 为 Hermite 算符, 则

$$\begin{aligned}
&\langle k|[F,[H,F]]|k\rangle=\langle k|F[H,F]-[H,F]F|k\rangle\\
&=\sum_n\{\langle k|F|n\rangle\langle n|[H,F]|k\rangle-\langle k|[H,F]|n\rangle\langle n|F|k\rangle\}\\
&=\sum_n\{(E_n-E_k)\langle k|F|n\rangle\langle n|F|k\rangle-(E_k-E_n)\langle k|F|n\rangle\langle n|F|k\rangle\}\\
&=2\sum_n(E_n-E_k)\langle n|F^\dagger|k\rangle^*\langle n|F|k\rangle=2\sum_n(E_n-E_k)\langle n|F|k\rangle^*\langle n|F|k\rangle\\
&=2\sum_n(E_n-E_k)|F_{nk}|^2
\end{aligned}$$

即有 $\sum_n(E_n-E_k)|F_{nk}|^2=\dfrac{1}{2}\langle k|[F,[H,F]]|k\rangle$.

说明 如题 5.8, 本题也可用直接演算的办法证明. 读者可以自行完成. 下面几题类似, 我们只叙述一种证法.

题 5.18 对于一维运动粒子, $H=\dfrac{p^2}{2\mu}+V(x)$, 证明在能量表象 (基矢均已归一化) 中的求和规则

$$\sum_n(E_n-E_k)^2|x_{nk}|^2=-2\hbar^2\frac{\partial E_k}{\partial\mu}\tag{5.67}$$

证明 对于任意算符 F, 利用完备性关系

$$\begin{aligned}
&\langle k|\,[H,F]\,[H,F]^\dagger\,|k\rangle\\
&=\sum_n\langle k|\,[H,F]\,|n\rangle\,\langle n|\,[H,F]^\dagger\,|k\rangle\\
&=\sum_n(E_k-E_n)\langle k|F\,|n\rangle\,(E_k-E_n)\,\langle n|\,F^\dagger|k\rangle\\
&=\sum_n(E_k-E_n)^2\,|\langle k|F\,|n\rangle|^2
\end{aligned}\tag{5.68}$$

取 $F=x$, 则

$$[H,x]=\frac{1}{2\mu}\left[p^2,x\right]=-\frac{\mathrm{i}\hbar}{\mu}p\tag{5.69}$$

$$[H,x][H,x]^\dagger-[H,x]^2=\frac{\hbar^2}{\mu^2}p^2\tag{5.70}$$

这样式 (5.68) 给出

$$\sum_n(E_k-E_n)^2|x_{kn}|^2=\frac{\hbar^2}{\mu^2}\left\langle p^2\right\rangle_k\tag{5.71}$$

将 H 中粒子质量 μ 视为参量 ($H=H(\mu)$), Hellmann-Feynman 定理 (H-F 定理)①给出

①张永德, 量子力学 (第三版)[M], 北京: 科学出版社, 2015, 38.

$$\frac{\partial E_k}{\partial \mu}=\left\langle \frac{\partial H}{\partial \mu}\right\rangle_k=-\frac{1}{2\mu^2}\left\langle p^2\right\rangle_k \tag{5.72}$$

把上式代入式 (5.71) 即给出式 (5.67).

说明　本题还可利用 Virial 定理证明, 请读者自行考虑.

题 5.19　对于一维谐振子, 试利用能级公式, Virial 定理及求和规则, 计算矩阵元 x_{nk}.

解答　一维谐振子 Hamilton 量

$$H=\frac{p^2}{2m}+\frac{1}{2}m\omega^2x^2 \tag{5.73}$$

其中 m 为质量, ω 为频率. 其归一化能量本征态 $|n\rangle$ 满足如下正交归一性与完备性关系

$$\langle n\,|n'\rangle=\delta_{nn'} \tag{5.74}$$

$$\sum_{n=0}^{\infty}|n\rangle\langle n|=1 \tag{5.75}$$

谐振子的位势具有反射对称性, 再因一维束缚定态非简并, 故一维束缚定态必具有确定的宇称. 从而对谐振子任意的束缚定态 $|n\rangle$, 必有

$$\langle n|x|n\rangle=0 \tag{5.76}$$

按 Virial 定理①, 在势场 $V(\boldsymbol{r})$ 中运动的粒子, 在定态下动能期望值满足 $2\langle T\rangle=\langle \boldsymbol{r}\cdot\nabla V\rangle$. 谐振子的位势是为 x 的 2 次齐次函数, 即满足 $V(\lambda x)=\lambda^2V(x)$, 则 $x\dfrac{\partial V}{\partial x}=2V$, 因而 Virial 定理给出 $2\langle T\rangle=2\langle V\rangle$. 与 $\langle T\rangle+\langle V\rangle=E_n$ 联立即得

$$\langle T\rangle=\frac{1}{2}E_n,\quad \langle V\rangle=\frac{1}{2}E_n \tag{5.77}$$

谐振子束缚定态 $|n\rangle$ 的能量为

$$E_n=\left(n+\frac{1}{2}\right)\hbar\omega \tag{5.78}$$

由上式并由 V 的表达式得

$$\langle n|x^2|n\rangle=\frac{\hbar}{m\omega}\left(n+\frac{1}{2}\right) \tag{5.79}$$

由此式 (5.79) 又可表示为

$$\sum_n\langle k|x|n\rangle\langle n|x|k\rangle=\frac{\hbar}{m\omega}\left(k+\frac{1}{2}\right)$$

①张永德, 量子力学 (第三版)[M], 北京: 科学出版社, 2015, 38.

或者

$$\sum_n |x_{nk}|^2 = \frac{\hbar}{m\omega}\left(k+\frac{1}{2}\right) \tag{5.80}$$

在式 (5.68) 中取 $F=x$, 则

$$[H,x] = \frac{1}{2m}\left[p^2,x\right] = \mathrm{i}\hbar\frac{p}{m}$$
$$[H,x]^2 = -\hbar^2\frac{p^2}{m^2}$$

式 (5.68) 给出

$$\sum_n (E_n-E_k)^2 |x_{nk}|^2 = -\langle k|\,[H,x]^2\,|k\rangle = \frac{\hbar^2}{m^2}\langle k|p^2|k\rangle = \frac{\hbar^3\omega}{m}\left(k+\frac{1}{2}\right) \tag{5.81}$$

代入谐振子能级公式 (5.78), 上式给出

$$\sum_n (n-k)^2 |x_{nk}|^2 = \frac{\hbar}{m\omega}\left(k+\frac{1}{2}\right) \tag{5.82}$$

式 (5.79) 与式 (5.80) 相减, 利用式 (5.76)($x_{nn}=0$) 得

$$\sum_n \left[(n-k)^2-1\right]|x_{nk}|^2 = 0 \tag{5.83}$$

由于 $|x_{nk}|^2$ 为非负实数, 上面求和式中只有当

$$(n-k)^2-1=0, \quad 即 n=k+1, 或者 n=k-1 \tag{5.84}$$

时 $x_{nk}\neq 0$, 故可设

$$x_{nk} = A_k\delta_{n,k+1} + B_k\delta_{n,k-1} \tag{5.85}$$

代入式 (5.80) 即得

$$\sum_n |x_{nk}|^2 = |A_k|^2 + |B_k|^2 = \frac{\hbar}{m\omega}\left(k+\frac{1}{2}\right) \tag{5.86}$$

再利用求和规则式 (5.66)

$$\sum_n (E_n-E_m)|x_{nm}|^2 = \frac{\hbar^2}{2\mu} \tag{5.87}$$

代入谐振子能级公式 (5.78), 上式给出

$$\sum_n (n-k)|x_{nk}|^2 = \frac{\hbar}{2\mu\omega} \tag{5.88}$$

式 (5.85) 代入得

$$|A_k|^2 - |B_k|^2 = \frac{\hbar}{2m\omega} \tag{5.89}$$

上式与式 (5.86) 联立解得

$$|A_k|^2 = \frac{\hbar}{2m\omega}(k+1), \quad |B_k|^2 = \frac{\hbar}{2m\omega}k \tag{5.90}$$

一维谐振子束缚定态的波函数可取为实函数, 进一步可选取其相邻能级波函数的相对相位 (0 或者 π), 可使得 $x_{nk} \geqslant 0$, 从而 $A \geqslant 0$, $B \geqslant 0$, 这样式 (5.90) 给出

$$A_k = \frac{1}{\sqrt{2}}\sqrt{\frac{\hbar}{m\omega}}\sqrt{k+1} = \frac{1}{\sqrt{2}\alpha}\sqrt{k+1}, \quad B_k = \frac{1}{\sqrt{2}}\sqrt{\frac{\hbar}{m\omega}}\sqrt{k} = \frac{1}{\sqrt{2}\alpha}\sqrt{k} \tag{5.91}$$

因而代入式 (5.85) 得

$$x_{nk} = \sqrt{\frac{\hbar}{\mu\omega}}\left(\sqrt{\frac{n+1}{2}}\delta_{k,n+1} + \sqrt{\frac{n}{2}}\delta_{k,n-1}\right) \tag{5.92}$$

说明　本题结果还可以用 Hermite 多项式的递推公式或者借助 a, $a^\dagger$ 计算.

题 5.20　利用 (3.44) 式, 在 Gauss 波包面积归一条件下, 令 $\sigma \to 0$, 按附录四中第一种 δ–函数表达式, 由 (3.46) 式求得自由粒子传播子 (5.60) 式.

解答　将自由粒子初态表达式

$$\psi(x,0) = \sqrt[4]{\frac{1}{2\pi\sigma^2}}\mathrm{e}^{-\frac{(x-x_0)^2}{4\sigma^2}} \tag{5.93}$$

代入教材 (3.46) 式 [其推导见题 3.20].

$$\psi(x,t) = \left(\frac{m}{\mathrm{i}2\pi\hbar t}\right)^{1/2}\int_{x'} \mathrm{d}x' \cdot \psi(x,0)\exp\left\{\frac{\mathrm{i}m}{2\hbar t}(x'-x)^2\right\} \tag{5.94}$$

由此可得教材 (3.47) 式

$$\psi(x,t) = \left(\frac{\sigma^2}{2\pi}\right)^{1/4}\frac{1}{(\sigma^2 + \mathrm{i}\hbar t/2m)^{1/2}}\exp\left[-\frac{(x-x_0)^2}{4(\sigma^2 + \mathrm{i}\hbar t/2m)}\right] \tag{5.95}$$

其推导见题 3.21.

当 $\sigma \to 0$ 时, 按附录四中第一种 δ–函数表达式, 式 (5.93) 给出

$$\lim_{\sigma\to 0}\psi(x,0) = \lim_{\sigma\to 0}\sqrt[4]{\frac{1}{2\pi\sigma^2}}\mathrm{e}^{-\frac{(x-x_0)^2}{4\sigma^2}} = \sqrt{2}\delta(x-x_0) \tag{5.96}$$

传播子为初态为位置本征态的时间演化态, 由此当 $\sigma \to 0$ 时, 相应的由式 (5.95) 给出自由粒子传播子, 即为 (5.60) 式 [取初始时刻为 t_0]

$$\lim_{\sigma\to 0}\psi(x,t) = \left(\frac{m}{2\pi\mathrm{i}\hbar}\frac{1}{t-t_0}\right)^{1/2}\mathrm{e}^{\frac{\mathrm{i}m}{2\hbar}\frac{(x-x_0)^2}{t-t_0}}\theta(t-t_0) \tag{5.97}$$

题 5.21　证明 $[a,a^\dagger]=1$.

证明　对于简谐振子的 Hamilton 量

$$H=\frac{1}{2m}p^2+\frac{1}{2}m\omega^2x^2,$$

升、降算符如下定义

$$a=\frac{1}{\sqrt{2}}\left(\alpha x+\frac{\mathrm{i}}{\alpha\hbar}p\right),\quad a^\dagger=\frac{1}{\sqrt{2}}\left(\alpha x-\frac{\mathrm{i}}{\alpha\hbar}p\right)$$

其中 $\alpha=\sqrt{m\omega/\hbar}$. 这样做直接演算

$$\begin{aligned}[a,a^\dagger]&=\frac{1}{2}\left[\alpha x+\frac{\mathrm{i}}{\alpha\hbar}p,\alpha x-\frac{\mathrm{i}}{\alpha\hbar}p\right]\\&=\frac{1}{2\hbar}\{[x,-\mathrm{i}p]+[\mathrm{i}p,x]\}=1\end{aligned}$$

题 5.22　对于 $a^\dagger$ 的任意幂级数函数 $f(a^\dagger)$, 证明

$$af(a^\dagger)=f(a^\dagger)a+\frac{\partial f(a^\dagger)}{\partial a^\dagger}$$

证明　将 $f(a^\dagger)$ 展开为 $f(a^\dagger)=\sum\limits_{n=-\infty}^{+\infty}C_n(a^\dagger)^n$. 用归纳法易证 (参见本章 5.26 题解答)

$$[a,(a^\dagger)^n]=n(a^\dagger)^{n-1}$$

所以

$$[a,f(a^\dagger)]=\sum_{n=-\infty}^{+\infty}C_n\left[a,(a^\dagger)^n\right]=\sum_{n=-\infty}^{+\infty}C_n(a^\dagger)^{n-1}=\frac{\partial f(a^\dagger)}{\partial a^\dagger}$$

也就是

$$af(a^\dagger)=f(a^\dagger)a+\frac{\partial f(a^\dagger)}{\partial a^\dagger}$$

将此式取 Hermite 共轭, 得

$$f(a)a^\dagger=a^\dagger f(a)+\frac{\partial f(a)}{\partial a}$$

题 5.23　证明

$$\exp\{\alpha a\}a^\dagger\exp\{-\alpha a\}=a^\dagger+\alpha$$
$$\exp\{\alpha a^\dagger\}a\exp\{-\alpha a^\dagger\}=a-\alpha$$

证明　设 A,B 为两个不对易的算符, 则有

$$\mathrm{e}^ABe^{-A}=B+[A,B]+\frac{1}{2!}[A,[A,B]]-\cdots$$

此为 Baker-Hausdorff 公式. 由此公式

$$e^{\alpha a}a^\dagger e^{-\alpha a}=a^\dagger+[\alpha a,a^\dagger]+\frac{1}{2!}[\alpha a,[\alpha a,a^\dagger]]+\cdots=a^\dagger+\alpha$$
$$e^{\alpha a^\dagger}ae^{-\alpha a^\dagger}=a+[\alpha a^\dagger,a]+\frac{1}{2!}[\alpha a^\dagger,[\alpha a^\dagger,a]]+\cdots=a-\alpha$$

说明 本题还可以由题 5.22 直接给出.

题 5.24 用 Baker-Hausdorff 公式证明

$$\exp\{\alpha a^\dagger a\}a^\dagger\exp\{-\alpha a^\dagger a\}=\exp\{\alpha\}a^\dagger$$
$$\exp\{\beta a^\dagger a\}a\exp\{-\beta a^\dagger a\}=\exp\{-\beta\}a$$

证明 由 Baker-Hausdorff 公式

$$\begin{aligned}e^{\alpha a^\dagger a}a^\dagger e^{-\alpha a^\dagger a}&=a^\dagger+[\alpha a^\dagger a,a^\dagger]+\frac{1}{2!}[\alpha a^\dagger a,[\alpha a^\dagger a,a^\dagger]]\\&\quad+\frac{1}{3!}[\alpha a^\dagger a,[\alpha a^\dagger a,[\alpha a^\dagger a,a^\dagger]]]+\cdots\\&=a^\dagger+\alpha a^\dagger+\frac{1}{2!}[\alpha a^\dagger a,\alpha a^\dagger]+\frac{1}{3!}[\alpha a^\dagger a,[\alpha a^\dagger a,\alpha a^\dagger]]+\cdots\\&=a^\dagger+\alpha a^\dagger+\frac{1}{2!}\alpha^2a^\dagger+\frac{1}{3!}[\alpha a^\dagger a,\alpha^2a^\dagger]+\cdots\\&=e^\alpha a^\dagger\end{aligned}$$

同理可得

$$e^{\beta a^\dagger a}ae^{-\beta a^\dagger a}=e^{-\beta}a$$

题 5.25 用习题 5.22 公式证明

$$\begin{cases}\exp\{\alpha a^2\}a^\dagger\exp\{-\alpha a^2\}=a^\dagger+2\alpha a\\\exp\{\beta(a^\dagger)^2\}a\exp\{-\beta(a^\dagger)^2\}=a-2\beta a^\dagger\end{cases}$$

(或用 Baker-Hausdorff 公式证明. 注意此处第一式可由对第二式 Hermite 共轭得到.)

证明 (1) 按习题 5.22 结果 $f(a)a^\dagger=a^\dagger f(a)+\dfrac{\partial f(a)}{\partial a}$, 取 $f(a)=e^{\alpha a^2}$ 给出

$$e^{\alpha a^2}a^\dagger=a^\dagger e^{\alpha a^2}+2\alpha ae^{\alpha a^2}$$

也就有

$$e^{\alpha a^2}a^\dagger e^{-\alpha a^2}=a^\dagger+2\alpha a$$

(2) 按习题 5.22 结果 $af(a^\dagger)=f(a^\dagger)a+\dfrac{\partial f(a^\dagger)}{\partial a^\dagger}$, 取 $f(a^\dagger)=e^{-\beta(a^\dagger)^2}$ 给出

$$ae^{-\beta(a^\dagger)^2}=e^{-\beta(a^\dagger)^2}a-2\beta a^\dagger e^{-\beta(a^\dagger)^2}$$

也就有

$$\mathrm{e}^{\beta(a^\dagger)^2}a\mathrm{e}^{-\beta(a^\dagger)^2}=a-2\beta a^\dagger$$

题 5.26 证明 Fock 空间基矢 $|n\rangle=\dfrac{(a^\dagger)^n}{n!}|0\rangle$ 是正交归一的.

提示 用归纳法.

证明 先证明 $a(a^\dagger)^n=(a^\dagger)^n a+n(a^\dagger)^{n-1}$. 用数学归纳法. $k=1$ 时, $aa^\dagger=a^\dagger a+1$, 满足上式.

假设 $k=n-1$ 时, 上式也成立, 即 $a(a^\dagger)^{n-1}=(a^\dagger)^{n-1}a+n(a^\dagger)^{n-2}$, 则 $k=n$ 时

$$a(a^\dagger)^n=\left[(a^\dagger)^{n-1}a+n(a^\dagger)^{n-2}\right]a^\dagger=(a^\dagger)^n a+n(a^\dagger)^{n-1}$$

因此若真空态 $|0\rangle$ 已归一化, $\langle 0|0\rangle=1$, 则

$$\begin{aligned}\langle m|n\rangle&=\langle 0|\frac{a^m}{m!}\frac{(a^\dagger)^n}{n!}|0\rangle\\&=\frac{1}{\sqrt{m!n!}}\langle 0|a^m(a^\dagger)^n|0\rangle\\&=\frac{1}{\sqrt{m!n!}}\langle 0|a^{m-1}\left[(a^\dagger)^n a+n(a^\dagger)^{n-1}\right]|0\rangle\\&=\frac{1}{\sqrt{m!n!}}\langle 0|na^{m-1}(a^\dagger)^{n-1}|0\rangle\\&=n(n-1)\frac{1}{\sqrt{m!n!}}\langle 0|na^{m-2}(a^\dagger)^{n-2}|0\rangle\\&=\cdots\\&=n!\frac{1}{\sqrt{m!n!}}\langle 0|0\rangle\delta_{mn}=\delta_{mn}\end{aligned}$$

也就是

$$\langle m|n\rangle=\delta_{mn}$$

表明基矢 $|n\rangle=\dfrac{(a^\dagger)^n}{n!}|0\rangle$ 是正交归一的.

题 5.27 证明真空态投影算符 $|0\rangle\langle 0|$ 可以表成如下正规乘积形式:

$$|0\rangle\langle 0|=:\mathrm{e}^{-a^\dagger a}:$$

此处记号 : : 是正规乘积符号, 其含义是将符号内算子集团中的 $a^\dagger$ 和 a 重新排序: 所有 $a^\dagger$ 均在所有 a 的左方, 并且在重新排序过程中, 忽略任何对易子. 例如,

$$:m\text{个}a^\dagger,n\text{个}a\text{的任意顺序连乘}:=(a^\dagger)^m a^n$$

提示 用任意 Fock 态 $|n\rangle$ 检验此等式. 检验时将右边指数展开, 注意 $\delta_{n0}=(1-1)^n$ 的二项式展开.

证法一　设任意两个态 $|\psi_1\rangle = \sum\limits_n C_n^{(1)}|n\rangle$, $|\psi_2\rangle = \sum\limits_m C_m^{(2)}|m\rangle$, 将它们分别左、右乘在待证等式两端, 这样得到的等式左端为

$$\sum_n\sum_m C_m^{*(2)}\langle m||0\rangle\langle 0|C_n^{(1)}|n\rangle = C_0^{*(2)}C_0^{(1)} \tag{5.98}$$

而等式右端为

$$\begin{aligned}
&\sum_n\sum_m C_m^{*(2)}\langle m|:\mathrm{e}^{-a^\dagger a}:C_n^{(1)}|n\rangle\\
=&\sum_{m,n}C_m^{*(2)}C_n^{(1)}\langle m|:\sum_l\frac{(-1)^l}{l!}(a^\dagger a)^l:|n\rangle = \sum_{m,n}C_m^{*(2)}C_n^{(1)}\sum_l\frac{(-1)^l}{l!}\langle m|(a^\dagger)^l a^l|n\rangle\\
=&\sum_{m,n}C_m^{*(2)}C_n^{(1)}\sum_l\frac{(-1)^l}{l!}(\sqrt{m}\sqrt{m-1}\cdot\sqrt{m-l+1})\\
&\times(\sqrt{n}\sqrt{n-1}\cdot\sqrt{n-l+1})\langle m-l|n-l\rangle\\
=&\sum_n C_n^{*(2)}C_n^{(1)}\sum_l\frac{(-1)^l}{l!}\frac{n!}{(n-l)!} = \sum_n C_n^{*(2)}C_n^{(1)}\delta_{n0} = C_0^{*(2)}C_0^{(1)}
\end{aligned} \tag{5.99}$$

所以, 左端 = 右端, 又因为 $|\psi_1\rangle$, $|\psi_2\rangle$ 的任意性, 故得

$$|0\rangle\langle 0| =: \mathrm{e}^{-a^\dagger a}:$$

证法二　设 $|0\rangle\langle 0| =: W :$, 而 W 待定. 则

$$\begin{aligned}
1 &= \exp\left\{a^\dagger\frac{\partial}{\partial z^*}\right\}:W:\mathrm{e}^{z^*a}\Big|_{z^*=0} =:\exp\left\{a^\dagger\frac{\partial}{\partial z^*}\right\}W\mathrm{e}^{z^*a}:\Big|_{z^*=0}\\
&=:\mathrm{e}^{a^\dagger a}W:=:\mathrm{e}^{a^\dagger a}::W:=:\mathrm{e}^{a^\dagger a}|0\rangle\langle 0|:
\end{aligned}$$

可见

$$|0\rangle\langle 0| =: \mathrm{e}^{-a^\dagger a}:$$

题 5.28　令 $z = x + \mathrm{i}y$, 用 $\mathrm{d}^2z = \mathrm{d}x\mathrm{d}y$, 可以直接检验下面积分公式

$$\int\frac{\mathrm{d}^2z}{\pi}\exp\{\alpha|z|^2+\beta z+\gamma z^*\} = -\frac{1}{\alpha}\exp\left\{-\frac{\beta\gamma}{\alpha}\right\}\quad(\mathrm{Re}\alpha<0)$$

利用这个数学公式, 以及在正规乘积号下算符 a 和 $a^\dagger$ 是对易的, 求证

$$\int\frac{\mathrm{d}^2z}{\pi}:\exp\{-|z|^2+za^\dagger+z^*a-aa^\dagger\}:=1$$

证明　因为在正规乘积下算符 a 和 $a^\dagger$ 是对易的, 可以当成普通数

$$\int\frac{\mathrm{d}^2z}{\pi}:\mathrm{e}^{-|z|^2+za^\dagger+z^*a-aa^\dagger}:=:\int\frac{\mathrm{d}^2z}{\pi}\mathrm{e}^{-|z|^2+za^\dagger+z^*a}\mathrm{e}^{-aa^\dagger}:$$

对照题给积分公式, 取 $\alpha=-1$, $\beta=a^\dagger$, $\gamma=a$, 则给出

$$\int \frac{\mathrm{d}^2 z}{\pi} : \mathrm{e}^{-|z|^2+za^\dagger+z^*a-aa^\dagger} :=: \mathrm{e}^{aa^\dagger}\mathrm{e}^{-aa^\dagger} := 1$$

题 5.29 设 $N=a^\dagger a$, 这里 $(a,a^\dagger)$ 是 Bose 子算符, 求证

$$: N^k := N(N-1)\cdots(N-k+1)$$

进一步, 如果 $N=a^\dagger a+b^\dagger b$, 其中 $(a,a^\dagger)$ 和 $(b,b^\dagger)$ 均是 Bose 算符, 分别属于不同自由度, 则结果又将如何?

提示 用归纳法.

证明 利用 a, $a^\dagger$ 的对易关系

$$Na=a^\dagger aa=aa^\dagger-a=a(N-1)$$

$k=0$ 时, $: N^0 := 1$, $k>0$ 用数学归纳法.

$k=1$ 时, $: N :=: a^\dagger a := a^\dagger a = N$. 假设 $k=n-1$ 时, 所证等式成立, 即

$$: N^{n-1} := N(N-1)\cdots(N-n+2)$$

则 $k=n$ 时

$$\begin{aligned}
: N^n :=& : a^\dagger N^{n-1} a : a^\dagger : N^{n-1} : a = a^\dagger N(N-1)\cdots(N-n+3)(N-n+2)a \\
=& a^\dagger N(N-1)\cdots(N-n+3)a(N-1-n+2) \\
=& a^\dagger N(N-1)\cdots(N-n+3)a(N-n+1) \\
=& a^\dagger N(N-1)\cdots a(N-n+2)(N-n+1) \\
=& \cdots \\
=& a^\dagger a(N-1)(N-2)\cdots(N-n+2)(N-n+1) \\
=& N(N-1)\cdots(N-n+2)
\end{aligned}$$

设 $N_1=a^\dagger a$, $N_2=b^\dagger b$, 因为 a、b 属于不同自由度, 所以 N_1、N_2 对易.

$$\begin{aligned}
: N^k :=& : (N_1+N_2)^k := \sum_{k_1=0}^{k} C_k^{k_1} : N_1^{k_1} N_2^{k-k_1} : \\
=& \sum_{k_1=0}^{k} C_k^{k_1} : N_1^{k_1} :: N_2^{k-k_1} : \\
=& \sum_{k_1=0}^{k} \frac{k!}{(k-k1)!k_1!} N_1(N_1-1)\cdots(N_1-k_1+1)N_2(N_2-1) \\
& \cdots(N_2-k+k_1+1) \\
=& \sum_{k_1=0}^{k} \frac{k!N_1!(N-N_1)!}{k_1!(k-k_1)!(N_1-k_1)![(N-k)-(N_1-k_1)]!}
\end{aligned}$$

题 5.30　证明等式 $:\mathrm{e}^{xN}:=(1+x)^N$, 这里 $N=a^\dagger a+b^\dagger b$, x 为常数.

提示　用题 5.29 结果.

证明　如果 $N=a^\dagger a$, 则

$$
\begin{aligned}
:\mathrm{e}^{xN}: &= \sum_{n=0}^{\infty}\frac{1}{n!}x^n:N^n: \\
&= \sum_{n=0}^{\infty}\frac{1}{n!}x^n N(N-1)\cdots(N-n-1) \\
&= \sum_{n=0}^{N}\frac{1}{n!}x^n N(N-1)\cdots(N-n-1) \\
&= \sum_{n=0}^{\infty}\frac{N!}{(N-n)!n!}x^n=(1+x)^N
\end{aligned}
$$

本题中令 $N=N_1+N_2, N_1=a^\dagger a, N_2=b^\dagger b$, 则

$$
\begin{aligned}
:\mathrm{e}^{xN}: &= :\mathrm{e}^{x(N_1+N_2)}: = :\mathrm{e}^{xN_1}\mathrm{e}^{xN_2}: = :\mathrm{e}^{xN_1}::\mathrm{e}^{xN_2}: \\
&= (1+x)^{N_1}(1+x)^{N_2}=(1+x)^{N_1+N_2}=(1+x)^N
\end{aligned}
$$

题 5.31　证明

$$
:\mathrm{e}^{(A-1)N}:=\mathrm{e}^{(\ln A)N}
$$

这里 A 是常数.

提示　用题 5.30 结果, 令 $x=\mathrm{e}^\lambda-1$.

证明　利用题 5.30 结果,

$$
:\mathrm{e}^{xN}:=(1+x)^N
$$

令 $x=\mathrm{e}^\lambda-1$, $A=\mathrm{e}^\lambda$, 则上式左边为

$$
:\mathrm{e}^{xN}:=:\mathrm{e}^{(\mathrm{e}^\lambda-1)N}:=:\mathrm{e}^{(A-1)N}:
$$

上式右边为

$$
(1+x)^N=\left(\mathrm{e}^\lambda\right)^N=\mathrm{e}^{\lambda N}=\mathrm{e}^{(\ln A)N}
$$

于是有

$$
:\mathrm{e}^{(A-1)N}:=\mathrm{e}^{(\ln A)N}
$$

题 5.32　证明 Fock 空间中的算符 Ω: $|n\rangle\to|n+1\rangle$, $n=0,1,2,\cdots$ 是一个等距算子. 就是说, 它满足 $\Omega^\dagger\Omega=\boldsymbol{I}$, 但 $\Omega\Omega^\dagger\neq\boldsymbol{I}$. 求出第二个表达式等于什么.

提示　利用算符 Ω 的谱表示 —— 并矢表示式.

证明 由题给条件得算符 Ω 可表示为

$$\Omega = \sum_{n=0}^{\infty} |n+1\rangle\langle n| \tag{5.100}$$

可以验算, Ω 作用到 Fock 空间任意一个态上, 都满足题给映射条件. 由 Fock 空间态的完备性, 知这样表示的算符 Ω 是惟一的. 接下来演算

$$\begin{aligned}\Omega^\dagger\Omega &= \sum_{m=0}^{\infty} |m\rangle\langle m+1| \sum_{n=0}^{\infty} |n+1\rangle\langle n| \\ &= \sum_{n=0}^{\infty} |n\rangle\langle n| = \boldsymbol{I}\end{aligned} \tag{5.101}$$

所以

$$\langle\Psi|\Omega^\dagger\Omega|\Psi\rangle = \langle\Psi|\Psi\rangle$$

上式说明 Ω 是一个等距算符, 不改变任何态 $|\Psi\rangle$ 的标积. 另一方面

$$\begin{aligned}\Omega\Omega^\dagger &= \sum_{n=0}^{\infty} |n+1\rangle\langle n| \sum_{m=0}^{\infty} |m\rangle\langle m+1| \\ &= \sum_{n=1}^{\infty} |n\rangle\langle n| = \boldsymbol{I} - |0\rangle\langle 0| \neq \boldsymbol{I}\end{aligned} \tag{5.102}$$

故 Ω 并非幺正算符.

说明 这样, $\det(\Omega^\dagger\Omega) = \det(\boldsymbol{I}) = 1$, 但 $\det(\Omega\Omega^\dagger) = \det(\boldsymbol{I} - |0\rangle\langle 0|) = 0$, 可见 $\det(\Omega\Omega^\dagger) \neq \det(\Omega^\dagger\Omega)$.

以上是关于无限维矩阵 $\det(AB) = \det(BA)$ 不一定成立的一个例子, 尽管 $\det(AB) = \det(BA)$ 对于有限维矩阵总是成立的. 对于有限维矩阵的迹表达式 $\mathrm{tr}(AB) = \mathrm{tr}(BA)$ 情况类似, 都可参见题 5.2.

第6章　对称性分析及应用

题 6.1　利用 Baker-Hausdorff 公式 (第 2 章习题 2.11)

$$\mathrm{e}^{\lambda A}\hat{B}\mathrm{e}^{-\lambda A}=\sum_{n=0}^{\infty}\frac{\lambda^n}{n!}\left[A^{(n)},B\right]$$

其中 $\left[A^{(n)},B\right]=\left[A,\left[A^{(n-1)},B\right]\right]$. 证明

$$\boldsymbol{r}'=U(\boldsymbol{a})\boldsymbol{r}U^{-1}(\boldsymbol{a})=\boldsymbol{r}-\boldsymbol{a}$$

这里空间平移算符 $U(\boldsymbol{a})$ 是 (6.12a) 式.

证明　按教材 (6.12a) 式空间平移算符 $U(\boldsymbol{a})$ 为

$$U(\boldsymbol{a})=\mathrm{e}^{-\frac{\mathrm{i}}{\hbar}\boldsymbol{a}\cdot\boldsymbol{p}}$$

对照 Baker-Hausdorff 公式, 取 $A=-\dfrac{\mathrm{i}}{\hbar}\boldsymbol{a}\cdot\boldsymbol{p}$, $\boldsymbol{B}=\boldsymbol{r}$, 则

$$\boldsymbol{r}'=U(\boldsymbol{a})\boldsymbol{r}U^{-1}(\boldsymbol{a})=\mathrm{e}^{\lambda A}\boldsymbol{r}\mathrm{e}^{-\lambda A}=\sum_{n=0}^{\infty}\frac{\lambda^n}{n!}\left[A^{(n)},\boldsymbol{r}\right]$$

因为

$$\begin{aligned}
&\left[A^{(0)},\boldsymbol{r}\right]=\boldsymbol{r};\\
&\left[A^{(1)},\boldsymbol{r}\right]=[A,\boldsymbol{r}]=-\frac{\mathrm{i}}{\hbar}[\boldsymbol{a}\cdot\boldsymbol{p},\boldsymbol{r}]=-\frac{\mathrm{i}}{\hbar}(-\mathrm{i}\hbar\boldsymbol{a})=-\boldsymbol{a};\\
&\left[A^{(2)},\boldsymbol{r}\right]=0;\\
&\quad\cdots\\
&\left[A^{(n)},\boldsymbol{r}\right]=0,(n\geqslant 2)
\end{aligned}$$

所以

$$\boldsymbol{r}'=\boldsymbol{r}+\left[A^{(1)},\boldsymbol{r}\right]=\boldsymbol{r}-\boldsymbol{a}$$

题 6.2　$U(\varphi\boldsymbol{n})$ 为绕 $\boldsymbol{n}$ 方向转 φ 角的空间转动算符, 其表达式为 (6.14) 式. 标量算符 S 是由矢量算符 $\boldsymbol{r}$, $\boldsymbol{p}$ 和 $\boldsymbol{L}$ 的标积所组成的标量函数. 证明任意两个矢量算符的点乘积是空间转动不变的, 并用 $\boldsymbol{r}\cdot\boldsymbol{p}$ 和 $\boldsymbol{r}\cdot\boldsymbol{L}$ 为两个例子检验之.

提示　先计算角动量算符 $\boldsymbol{L}$ 和标量算符的对易子 (见第 2 章习题 2.14).

证明 绕 $\boldsymbol{n}$ 方向转 φ 角的空间转动算符 $U(\varphi\boldsymbol{n})$ 如教材 (6.14) 式所给

$$U(\varphi\boldsymbol{n})=\mathrm{e}^{-\frac{\mathrm{i}}{\hbar}\varphi\boldsymbol{n}\cdot\boldsymbol{L}} \tag{6.1}$$

矢量算符 $\boldsymbol{r},\boldsymbol{p}$ 和 $\boldsymbol{L}$ 和 $\boldsymbol{L}$ 的对易规则有相似性, 形式上都可以写为

$$[L_i,A_j]=\mathrm{i}\hbar\epsilon_{ijk}A_k \tag{6.2}$$

设 $\boldsymbol{B},\boldsymbol{C}$ 与 $\boldsymbol{L}$ 之间满足如式 (6.2) 对易关系. $\boldsymbol{n}$ 是单位常矢量, 计算下面的对易子

$$\begin{aligned}[\boldsymbol{n}\cdot\boldsymbol{L},\boldsymbol{B}\cdot\boldsymbol{C}]&=[n_\alpha L_\alpha,B_\beta C_\beta]\\&=n_\alpha\left([L_\alpha,B_\beta]\,C_\beta+B_\beta\,[L_\alpha,C_\beta]\right)\\&=n_\alpha\left(\mathrm{i}\hbar\epsilon_{\alpha\beta\gamma}B_\gamma C_\beta+\mathrm{i}\hbar\epsilon_{\alpha\beta\gamma}B_\beta C_\gamma\right)\\&=-(\boldsymbol{B}\times\boldsymbol{C})\cdot\boldsymbol{n}+(\boldsymbol{B}\times\boldsymbol{C})\cdot\boldsymbol{n}=0\end{aligned}$$

也就是

$$[\boldsymbol{n}\cdot\boldsymbol{L},\boldsymbol{B}\cdot\boldsymbol{C}]=0 \tag{6.3}$$

于是, 由 Baker-Hausdorff 公式知, $\boldsymbol{B}\cdot\boldsymbol{C}$ 在空间转动下是不变的, 即

$$\mathrm{e}^{-\frac{\mathrm{i}}{\hbar}\varphi\boldsymbol{n}\cdot\boldsymbol{L}}\boldsymbol{B}\cdot\boldsymbol{C}\mathrm{e}^{\frac{\mathrm{i}}{\hbar}\varphi\boldsymbol{n}\cdot\boldsymbol{L}}=\sum_{k=0}^{\infty}\frac{1}{k!}\left[\left(-\frac{\mathrm{i}}{\hbar}\varphi\boldsymbol{n}\cdot\boldsymbol{L}\right)^k,\ \boldsymbol{B}\cdot\boldsymbol{C}\right]=\boldsymbol{B}\cdot\boldsymbol{C}$$

由于在上面的计算中只涉及 $\boldsymbol{L}$ 和 $\boldsymbol{B},\boldsymbol{C}$ 的对易规则, 故可知 $\boldsymbol{r},\boldsymbol{p}$ 和 $\boldsymbol{L}$ 的标积, 在空间转动下也是不变的 (检验略去).

标量算符 S 是由矢量算符 $\boldsymbol{r},\boldsymbol{p}$ 和 $\boldsymbol{L}$ 的标积所组成的标量函数, 由此知标量算符 S 在空间转动下是不变的.

题 6.3 矢量算符 $\boldsymbol{V}$ 一般是由矢量算符 $\boldsymbol{r},\boldsymbol{p}$ 和 $\boldsymbol{L}$ 本身以及它们的矢积所组成的矢量函数 (可能还要乘它们的标量函数). 它的各分量在空间转动下将按线性代数中的正交矩阵改变. 证明:

(1) $[\boldsymbol{n}\cdot\boldsymbol{L},\boldsymbol{V}]=-\mathrm{i}\hbar\boldsymbol{n}\times\boldsymbol{V}$, 也即 $[L_i,V_j]=\mathrm{i}\hbar\epsilon_{ijk}V_k$.

(2) 利用 (1) 及 Baker-Hausdorff 公式, 求证在 $U(\boldsymbol{n}\varphi)$ 转动下, 有

$$\begin{aligned}&\exp\left\{-\frac{\mathrm{i}}{\hbar}\boldsymbol{n}\cdot\boldsymbol{L}\varphi\right\}\boldsymbol{V}\exp\left\{\frac{\mathrm{i}}{\hbar}\boldsymbol{n}\cdot\boldsymbol{L}\varphi\right\}\\&=\boldsymbol{V}-\boldsymbol{n}\times\boldsymbol{V}\varphi+\frac{1}{2!}\boldsymbol{n}\times(\boldsymbol{n}\times\boldsymbol{V})\,\varphi^2-\frac{1}{3!}\boldsymbol{n}\times[\boldsymbol{n}\times(\boldsymbol{n}\times\boldsymbol{V})]\,\varphi^3+\cdots\\&=\boldsymbol{n}\,(\boldsymbol{n}\cdot\boldsymbol{V})-\boldsymbol{n}\times\boldsymbol{V}\sin\varphi+(\boldsymbol{n}\times\boldsymbol{V})\times\boldsymbol{n}\cos\varphi\end{aligned}$$

证明　(1) 若 $\boldsymbol{V}$ 为 $\boldsymbol{r}$、$\boldsymbol{p}$ 或者 $\boldsymbol{L}$, 则已知均有如式 (6.2) 的对易关系 $[L_i, V_j] = \mathrm{i}\hbar\epsilon_{ijk}V_k$. 若 $\boldsymbol{V}$ 为 $\boldsymbol{r}$、$\boldsymbol{p}$ 和 $\boldsymbol{L}$ 矢积所组成的矢量函数, 即 $\boldsymbol{V}$ 可表示为 $\boldsymbol{V} = \boldsymbol{B}\times\boldsymbol{C}$, 而 $\boldsymbol{B}$ 与 $\boldsymbol{C}$ 为 $\boldsymbol{r}$, $\boldsymbol{p}$ 和 $\boldsymbol{L}$, 或者其他满足式 (6.2) 的量, 则有

$$\begin{aligned}
[L_i, V_j] &= [L_i, \epsilon_{j\alpha\beta}B_\alpha C_\beta] = \epsilon_{j\alpha\beta}\left[L_i, B_\alpha C_\beta\right] \\
&= \epsilon_{j\alpha\beta}\left\{B_\alpha\left[L_i, C_\beta\right] + \left[L_i, B_\alpha\right]C_\beta\right\} \\
&= \epsilon_{j\alpha\beta}\left\{B_\alpha \mathrm{i}\hbar\epsilon_{i\beta\gamma}C_\gamma + \mathrm{i}\hbar\epsilon_{i\alpha\gamma}B_\gamma C_\beta\right\} \\
&= \mathrm{i}\hbar\left[\delta_{j\gamma}\delta_{\alpha i} - \delta_{ji}\delta_{\alpha\gamma}\right]B_\alpha C_\gamma + \mathrm{i}\hbar\left[\delta_{ji}\delta_{\beta\gamma} - \delta_{j\gamma}\delta_{\beta i}\right]B_\gamma C_\beta \\
&= \mathrm{i}\hbar\left[B_i C_j - \delta_{ji}B_\gamma C_\gamma + \delta_{ji}B_\gamma C_\gamma - B_j C_i\right] \\
&= \mathrm{i}\hbar\left[B_i C_j - B_j C_i\right] = \mathrm{i}\hbar\epsilon_{ijk}V_k
\end{aligned}$$

仍然满足 $[L_i, V_j] = \mathrm{i}\hbar\epsilon_{ijk}V_k$. 因为 $[L_i, \text{标量函数}] = 0$, 乘标量函数对原矢积函数的对易关系无影响. 由矢量算符 $\boldsymbol{r}$, $\boldsymbol{p}$ 和 $\boldsymbol{L}$ 本身以及它们的矢积所组成的矢量函数 (可能还要乘它们的标量函数), 都有 $[L_i, V_j] = \mathrm{i}\hbar\epsilon_{ijk}V_k$.

进而若 $[L_i, V_j] = \mathrm{i}\hbar\epsilon_{ijk}V_k$, 则

$$\begin{aligned}
[\boldsymbol{n}\cdot\boldsymbol{L}, \boldsymbol{V}] &= [n_\alpha L_\alpha, V_\beta \boldsymbol{e}_\beta] \\
&= [L_\alpha, V_\beta]\, n_\alpha \boldsymbol{e}_\beta = \mathrm{i}\hbar\epsilon_{\alpha\beta\gamma}V_\gamma n_\alpha \boldsymbol{e}_\beta \\
&= -\mathrm{i}\hbar\boldsymbol{n}\times\boldsymbol{V}
\end{aligned}$$

也就是

$$[\boldsymbol{n}\cdot\boldsymbol{L}, \boldsymbol{V}] = -\mathrm{i}\hbar\boldsymbol{n}\times\boldsymbol{V} \tag{6.4}$$

上式两边点乘 $\boldsymbol{e}_j$, 并取 $\boldsymbol{n} = \boldsymbol{e}_i$, 则上式可导出 $[L_i, V_j] = \mathrm{i}\hbar\epsilon_{ijk}V_k$. 可见 $[L_i, V_j] = \mathrm{i}\hbar\epsilon_{ijk}V_k$ 与上式等价.

(2) 先求 $[-\mathrm{i}\hbar\boldsymbol{n}\cdot\boldsymbol{L}\varphi, \boldsymbol{V}]$. 利用第 (1) 小题知

$$[-\mathrm{i}\hbar\boldsymbol{n}\cdot\boldsymbol{L}\varphi, \boldsymbol{V}] = -\mathrm{i}\hbar\varphi\left(-\mathrm{i}\hbar\boldsymbol{n}\times\boldsymbol{V}\right) = -\boldsymbol{n}\times\boldsymbol{V}\varphi$$

令 $A = -\mathrm{i}\hbar\boldsymbol{n}\cdot\boldsymbol{L}\varphi$, $B = \boldsymbol{V}$, 则

$$\left[A^{(k)}, B\right] = \underbrace{-\boldsymbol{n}\times(-\boldsymbol{n}\times(-\boldsymbol{n}\times\cdots(-\boldsymbol{n}\times}_{k}\ \boldsymbol{V}\ \underbrace{))\cdots)}_{k}\varphi^k$$

于是利用 Baker-Hausdorff 公式得到

$$\begin{aligned}
&\exp\left\{-\frac{\mathrm{i}}{\hbar}\boldsymbol{n}\cdot\boldsymbol{L}\varphi\right\}\boldsymbol{V}\exp\left\{\frac{\mathrm{i}}{\hbar}\boldsymbol{n}\cdot\boldsymbol{L}\varphi\right\} \\
&= \boldsymbol{V} - \boldsymbol{n}\times\boldsymbol{V}\varphi + \frac{1}{2!}\boldsymbol{n}\times(\boldsymbol{n}\times\boldsymbol{V})\varphi^2 - \frac{1}{3!}\boldsymbol{n}\times[\boldsymbol{n}\times(\boldsymbol{n}\times\boldsymbol{V})]\varphi^3 + \cdots
\end{aligned} \tag{6.5}$$

由于

$$\boldsymbol{n}\times[\boldsymbol{n}\times(\boldsymbol{n}\times\boldsymbol{V})]=-\boldsymbol{n}\times\boldsymbol{V}$$
$$\boldsymbol{n}\times\{\boldsymbol{n}\times[\boldsymbol{n}\times(\boldsymbol{n}\times\boldsymbol{V})]\}=-\boldsymbol{n}\times(\boldsymbol{n}\times\boldsymbol{V})$$
$$\cdots\cdots$$

式 (6.5) 可化为

$$\begin{aligned}&\exp\left\{-\frac{\mathrm{i}}{\hbar}\boldsymbol{n}\cdot\boldsymbol{L}\varphi\right\}\boldsymbol{V}\exp\left\{\frac{\mathrm{i}}{\hbar}\boldsymbol{n}\cdot\boldsymbol{L}\varphi\right\}\\&=\boldsymbol{V}+\boldsymbol{n}\times\boldsymbol{V}\left(-\varphi+\frac{1}{3!}\varphi^3+\cdots\right)+\boldsymbol{n}\times(\boldsymbol{n}\times\boldsymbol{V})\left(\frac{1}{2!}\varphi^2-\frac{1}{4!}\varphi^4+\cdots\right)\end{aligned}$$

这给出

$$\exp\left\{-\frac{\mathrm{i}}{\hbar}\boldsymbol{n}\cdot\boldsymbol{L}\varphi\right\}\boldsymbol{V}\exp\left\{\frac{\mathrm{i}}{\hbar}\boldsymbol{n}\cdot\boldsymbol{L}\varphi\right\}=\boldsymbol{V}-\boldsymbol{n}\times\boldsymbol{V}\sin\varphi+\boldsymbol{n}\times(\boldsymbol{n}\times\boldsymbol{V})(1-\cos\varphi)\tag{6.6}$$

由于 $(\boldsymbol{n}\times\boldsymbol{V})\times\boldsymbol{n}=\boldsymbol{V}-\boldsymbol{n}\boldsymbol{n}\cdot\boldsymbol{V}$, 上式给出

$$\exp\left\{-\frac{\mathrm{i}}{\hbar}\boldsymbol{n}\cdot\boldsymbol{L}\varphi\right\}\boldsymbol{V}\exp\left\{\frac{\mathrm{i}}{\hbar}\boldsymbol{n}\cdot\boldsymbol{L}\varphi\right\}=\boldsymbol{n}(\boldsymbol{n}\cdot\boldsymbol{V})-\boldsymbol{n}\times\boldsymbol{V}\sin\varphi-\boldsymbol{n}\times(\boldsymbol{n}\times\boldsymbol{V})\cos\varphi\tag{6.6$'$}$$

附 [关于式 (6.6) 的另一种证明] 设 $\boldsymbol{n}$ 为任意方向的单位矢量, $L_n=\boldsymbol{n}\cdot\boldsymbol{L}$, 则式 (6.6) 表示为

$$\mathrm{e}^{\mathrm{i}\frac{\lambda}{\hbar}\boldsymbol{n}\cdot\boldsymbol{L}}\boldsymbol{V}\mathrm{e}^{-\mathrm{i}\frac{\lambda}{\hbar}\boldsymbol{n}\cdot\boldsymbol{L}}=\boldsymbol{n}(\boldsymbol{n}\cdot\boldsymbol{V})+\boldsymbol{n}\times\boldsymbol{V}\sin\lambda-\boldsymbol{n}\times(\boldsymbol{n}\times\boldsymbol{V})\cos\lambda\tag{6.7}$$

为书写简单, 下面证明过程取 $\hbar=1$. 视 λ 为参变量, $\boldsymbol{n}$ 则固定不变, 令

$$U(\lambda)=\mathrm{e}^{-\mathrm{i}\lambda\boldsymbol{n}\cdot\boldsymbol{L}},\quad U^\dagger(\lambda)=\mathrm{e}^{\mathrm{i}\lambda\boldsymbol{n}\cdot\boldsymbol{L}}\tag{6.8}$$
$$\boldsymbol{f}(\lambda)=\mathrm{e}^{\mathrm{i}\lambda\boldsymbol{n}\cdot\boldsymbol{L}}\boldsymbol{V}\mathrm{e}^{-\mathrm{i}\lambda\boldsymbol{n}\cdot\boldsymbol{L}}=U^\dagger(\lambda)\boldsymbol{V}U(\lambda)\tag{6.9}$$

初始条件

$$\boldsymbol{f}(0)=\boldsymbol{V}\tag{6.10}$$

式 (6.9) 两边对参变量 λ 求导, 并利用第 (1) 小题得到的式 (6.4) 可得

$$\begin{aligned}\frac{\mathrm{d}\boldsymbol{f}}{\mathrm{d}\lambda}&=\mathrm{i}\mathrm{e}^{\mathrm{i}\lambda\boldsymbol{n}\cdot\boldsymbol{L}}[\boldsymbol{n}\cdot\boldsymbol{L},\boldsymbol{V}]\mathrm{e}^{-\mathrm{i}\lambda\boldsymbol{n}\cdot\boldsymbol{L}}\\&=\mathrm{i}\mathrm{e}^{\mathrm{i}\lambda\boldsymbol{n}\cdot\boldsymbol{L}}(-\mathrm{i}\boldsymbol{n}\times\boldsymbol{V})\mathrm{e}^{-\mathrm{i}\lambda\boldsymbol{n}\cdot\boldsymbol{L}}=\boldsymbol{n}\times\mathrm{e}^{\mathrm{i}\lambda\boldsymbol{n}\cdot\boldsymbol{L}}\boldsymbol{V}\mathrm{e}^{-\mathrm{i}\lambda\boldsymbol{n}\cdot\boldsymbol{L}}\end{aligned}$$

也就是

$$\frac{\mathrm{d}\boldsymbol{f}}{\mathrm{d}\lambda}=\boldsymbol{n}\times\boldsymbol{f}\tag{6.11}$$

用单位矢量 $\boldsymbol{n}$ 对式 (6.9) 两边作点乘得

$$\boldsymbol{n}\cdot\boldsymbol{f}=\mathrm{e}^{\mathrm{i}\lambda\boldsymbol{n}\cdot\boldsymbol{L}}\boldsymbol{n}\cdot\boldsymbol{V}\mathrm{e}^{-\mathrm{i}\lambda\boldsymbol{n}\cdot\boldsymbol{L}}=V_n \tag{6.12}$$

其中 $V_n=\boldsymbol{n}\cdot\boldsymbol{V}$, 上式第二个等号用到了它和 $\boldsymbol{n}\cdot\boldsymbol{L}$ 对易. 用 $\boldsymbol{n}$ 从左边对式 (6.11) 作叉乘得到

$$\begin{aligned}\boldsymbol{n}\times\frac{\mathrm{d}\boldsymbol{f}}{\mathrm{d}\lambda}&=\boldsymbol{n}\times(\boldsymbol{n}\times\boldsymbol{f})=\boldsymbol{n}(\boldsymbol{n}\cdot\boldsymbol{f})-\boldsymbol{f}\\&=\boldsymbol{n}V_n-\boldsymbol{f}\end{aligned} \tag{6.13}$$

式 (6.11)±i×式 (6.13) 即得

$$\frac{\mathrm{d}}{\mathrm{d}\lambda}(\boldsymbol{f}\pm\mathrm{i}\boldsymbol{n}\times\boldsymbol{f})=\mp\mathrm{i}(\boldsymbol{f}\pm\mathrm{i}\boldsymbol{n}\times\boldsymbol{f}-\boldsymbol{n}V_n)$$

其中 $\boldsymbol{n}$ 为常矢量, 上式也即

$$\frac{\mathrm{d}}{\mathrm{d}\lambda}(\boldsymbol{f}+\mathrm{i}\boldsymbol{n}\times\boldsymbol{f}-\boldsymbol{n}V_n)=-\mathrm{i}(\boldsymbol{f}+\mathrm{i}\boldsymbol{n}\times\boldsymbol{f}-\boldsymbol{n}V_n) \tag{6.14a}$$

$$\frac{\mathrm{d}}{\mathrm{d}\lambda}(\boldsymbol{f}-\mathrm{i}\boldsymbol{n}\times\boldsymbol{f}-\boldsymbol{n}V_n)=\mathrm{i}(\boldsymbol{f}-\mathrm{i}\boldsymbol{n}\times\boldsymbol{f}-\boldsymbol{n}V_n) \tag{6.14b}$$

式 (6.14a) 与式 (6.14b) 互为 Hermite 共轭. 它们都是关于 λ 的一阶微分方程, 积分即得

$$\boldsymbol{f}+\mathrm{i}\boldsymbol{n}\times\boldsymbol{f}-\boldsymbol{n}V_n=[\boldsymbol{f}(0)+\mathrm{i}\boldsymbol{n}\times\boldsymbol{f}(0)-\boldsymbol{n}V_n]\,\mathrm{e}^{-\mathrm{i}\lambda}$$

也就是

$$\boldsymbol{f}+\mathrm{i}\boldsymbol{n}\times\boldsymbol{f}-\boldsymbol{n}V_n=(\boldsymbol{V}+\mathrm{i}\boldsymbol{n}\times\boldsymbol{V}-\boldsymbol{n}V_n)\,\mathrm{e}^{-\mathrm{i}\lambda} \tag{6.15}$$

上式的 Hermite 共轭为

$$\boldsymbol{f}-\mathrm{i}\boldsymbol{n}\times\boldsymbol{f}-\boldsymbol{n}V_n=(\boldsymbol{V}-\mathrm{i}\boldsymbol{n}\times\boldsymbol{V}-\boldsymbol{n}V_n)\,\mathrm{e}^{\mathrm{i}\lambda} \tag{6.16}$$

式 (6.15,6.16) 两式相加, 即得

$$\boldsymbol{f}(\lambda)=\boldsymbol{V}\cos\lambda+\boldsymbol{n}\times\boldsymbol{V}\sin\lambda+\boldsymbol{n}V_n(1-\cos\lambda) \tag{6.17}$$

由于 $\boldsymbol{n}\times(\boldsymbol{n}\times\boldsymbol{V})=\boldsymbol{n}V_n-\boldsymbol{V}$, 上式又可以化为

$$\boldsymbol{f}(\lambda)=\boldsymbol{n}V_n-\boldsymbol{n}\times(\boldsymbol{n}\times\boldsymbol{V})\cos\lambda+\boldsymbol{n}\times\boldsymbol{V}\sin\lambda \tag{6.18}$$

此即所要证明的式 (6.7).

说明　式 (6.7) 可以有其他证法, 可参考张鹏飞等著, 量子力学习题解答与剖析, 北京: 科学出版社, 2011 年, 223~224 类似习题的解答的讨论.

题 6.4 设 $\boldsymbol{e}_n$ 为原点与 $(1,1,1)$ 点连线的方向矢量, 求

$$U\left(\frac{2\pi}{3}\boldsymbol{e}_n\right)\boldsymbol{L}U^{-1}\left(\frac{2\pi}{3}\boldsymbol{e}_n\right)$$

解答 题给方向矢量 $\boldsymbol{e}_n$ 如下表示

$$\boldsymbol{e}_n=\frac{1}{\sqrt{3}}(1,1,1)=\frac{1}{\sqrt{3}}(\boldsymbol{e}_x+\boldsymbol{e}_x+\boldsymbol{e}_x)$$

由此依次计算得

$$\boldsymbol{e}_n\times\boldsymbol{L}=\frac{1}{\sqrt{3}}(L_z-L_y,\ L_x-L_z,L_y-L_x) \tag{6.19}$$

$$\boldsymbol{e}_n\times(\boldsymbol{e}_n\times\boldsymbol{L})=\frac{1}{3}(L_y+L_z-2L_x,\ L_z+L_x-2L_y,\ L_x+L_y-2L_z) \tag{6.20}$$

所以由式 (6.7) 可得

$$\begin{aligned}&U\left(\frac{2\pi}{3}\boldsymbol{e}_n\right)\boldsymbol{L}U^{-1}\left(\frac{2\pi}{3}\boldsymbol{e}_n\right)\\&\quad=\boldsymbol{L}-(\boldsymbol{e}_n\times\boldsymbol{L})\sin\frac{2\pi}{3}-\boldsymbol{e}_n\times(\boldsymbol{e}_n\times\boldsymbol{L})\cos\frac{2\pi}{3}+\boldsymbol{e}_n\times(\boldsymbol{e}_n\times\boldsymbol{L})\\&\quad=(L_y,L_z,L_x)\end{aligned}$$

可见其作用使得 $\boldsymbol{L}$ 的三个分量作了一次轮换. 最后一个等号用到了式 (6.19) 与 (6.20).

题 6.5 设 $\psi_m^{(0)}$ 表示 $\hat{L}_z$ 的本征态, 相应本征值为 $m\hbar$, $\boldsymbol{n}$ 为空间 (θ,φ) 方向的单位矢量, 如图 6.1

$$\boldsymbol{n}=\boldsymbol{e}_x\sin\theta\cos\varphi+\boldsymbol{e}_y\sin\theta\sin\varphi+\boldsymbol{e}_z\cos\theta,$$

试证明

$$\psi_m=\mathrm{e}^{-\mathrm{i}\hat{L}_z\varphi/\hbar}\mathrm{e}^{-\mathrm{i}\hat{L}_y\theta/\hbar}\psi_m^{(0)}$$

是角动量 $\hat{\boldsymbol{L}}$ 沿 $\boldsymbol{n}$ 方向的分量

$$\hat{L}_n=\boldsymbol{n}\cdot\hat{\boldsymbol{L}}=\hat{L}_x\sin\theta\cos\varphi+\hat{L}_y\sin\theta\sin\varphi+\hat{L}_z\cos\theta,$$

的本征态.

证法一 利用 Baker-Hausdorff 公式 [第 2 章式 (2.19)] 得

$$\begin{aligned}\mathrm{e}^{-\mathrm{i}\hat{L}_y\theta/\hbar}\hat{L}_z\mathrm{e}^{\mathrm{i}\hat{L}_y\theta/\hbar}&=\hat{L}_z-\frac{\mathrm{i}\theta}{\hbar}[\hat{L}_y,\hat{L}_z]+\frac{1}{2!}\left(\frac{-\mathrm{i}\theta}{\hbar}\right)^2[\hat{L}_y,[\hat{L}_y,\hat{L}_z]]+\cdots\\&=\hat{L}_z+\sum_{n=1}^{\infty}\frac{(-\mathrm{i}\theta)^{2n}}{(2n)!}\hat{L}_z+\sum_{n=0}^{\infty}\frac{(-\mathrm{i}\theta)^{2n+1}}{(2n+1)!}\mathrm{i}\hat{L}_x\\&=\sum_{n=0}^{\infty}\frac{(-\mathrm{i}\theta)^{2n}}{(2n)!}\hat{L}_z+\sum_{n=0}^{\infty}\frac{(-\mathrm{i}\theta)^{2n+1}}{(2n+1)!}\mathrm{i}\hat{L}_x=\cos\theta\hat{L}_z+\sin\theta\hat{L}_x.\end{aligned}$$

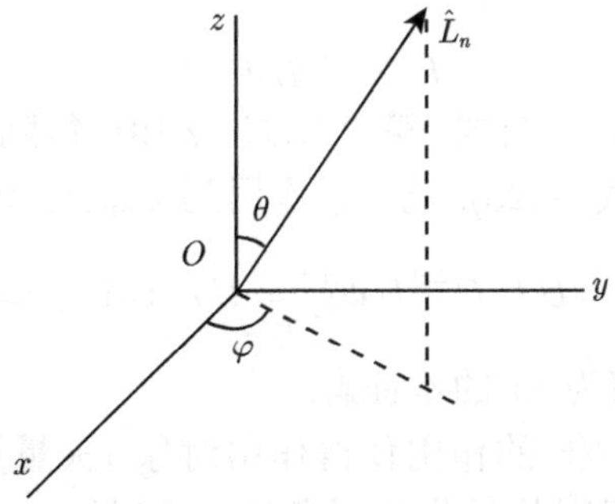

图 6.1　角动量 $\boldsymbol{L}$ 沿空间 (θ,φ) 方向的分量

其中用到了

$$[\hat{L}_y,\hat{L}_z]=\mathrm{i}\hbar\hat{L}_x,\quad [\hat{L}_y,[\hat{L}_y,\hat{L}_z]]=-\mathrm{i}^2\hbar\hat{L}_z=\hbar\hat{L}_z\cdots$$

这样我们得到[①]

$$\mathrm{e}^{-\mathrm{i}\hat{L}_y\theta/\hbar}\hat{L}_z\mathrm{e}^{\mathrm{i}\hat{L}_y\theta/\hbar}=\cos\theta\hat{L}_z+\sin\theta\hat{L}_x \tag{6.21}$$

做轮换 $x\to y,y\to z,z\to x$, 则得到

$$\mathrm{e}^{-\mathrm{i}\hat{L}_z\theta/\hbar}\hat{L}_x\mathrm{e}^{\mathrm{i}\hat{L}_z\theta/\hbar}=\cos\theta\hat{L}_x+\sin\theta\hat{L}_y \tag{6.22}$$

这样我们有

$$\mathrm{e}^{-\mathrm{i}\hat{L}_z\varphi/\hbar}\mathrm{e}^{-\mathrm{i}\hat{L}_y\theta/\hbar}\hat{L}_z\mathrm{e}^{\mathrm{i}\hat{L}_y\theta/\hbar}\mathrm{e}^{\mathrm{i}\hat{L}_z\varphi/\hbar}=\hat{L}_x\sin\theta\cos\varphi+\hat{L}_y\sin\theta\sin\varphi+\hat{L}_z\cos\theta \tag{6.23}$$

是角动量 $\hat{L}$ 沿空间 (θ,φ) 方向的分量. 因此

$$\begin{aligned}&\left(\hat{L}_x\sin\theta\cos\varphi+\hat{L}_y\sin\theta\sin\varphi+\hat{L}_z\cos\theta\right)\mathrm{e}^{-\mathrm{i}\hat{L}_z\varphi/\hbar}\mathrm{e}^{-\mathrm{i}\hat{L}_y\theta/\hbar}\psi_m^{(0)}\\&=\mathrm{e}^{-\mathrm{i}\hat{L}_z\varphi/\hbar}\mathrm{e}^{-\mathrm{i}\hat{L}_y\theta/\hbar}\hat{L}_z\mathrm{e}^{\mathrm{i}\hat{L}_y\theta/\hbar}\mathrm{e}^{\mathrm{i}\hat{L}_z\varphi/\hbar}\mathrm{e}^{-\mathrm{i}\hat{L}_z\varphi/\hbar}\mathrm{e}^{-\mathrm{i}\hat{L}_y\theta/\hbar}\psi_m^{(0)}\\&=\mathrm{e}^{-\mathrm{i}\hat{L}_z\varphi/\hbar}\mathrm{e}^{-\mathrm{i}\hat{L}_y\theta/\hbar}\hat{L}_z\psi_m^{(0)}\\&=m\hbar\mathrm{e}^{-\mathrm{i}\hat{L}_z\varphi/\hbar}\mathrm{e}^{-\mathrm{i}\hat{L}_y\theta/\hbar}\psi_m^{(0)}\end{aligned}$$

这表示 $\mathrm{e}^{-\mathrm{i}\hat{L}_z\varphi/\hbar}\mathrm{e}^{-\mathrm{i}\hat{L}_y\theta/\hbar}\psi_m^{(0)}$ 是 $\hat{L}_x\sin\theta\cos\varphi+\hat{L}_y\sin\theta\sin\varphi+\hat{L}_z\cos\theta$ 的本征态, 本征值为 $m\hbar$.

证法二　设幺正变换

$$U=\mathrm{e}^{-\mathrm{i}\hat{L}_z\varphi}\mathrm{e}^{-\mathrm{i}\hat{L}_y\theta} \tag{6.24}$$

则从 $\psi_m^{(0)}$ 到 ψ_m 是进行了一次态的幺正变换操作

$$\psi_m=U\psi_m^{(0)} \tag{6.25}$$

①令 $\mathrm{e}^{-\mathrm{i}\hat{L}_y\theta/\hbar}\hat{L}_z\mathrm{e}^{\mathrm{i}\hat{L}_y\theta/\hbar}=\hat{L}(\theta)$, 然后对 θ 求两次导数, 得到一个二阶常微分方程, 解之即可得到一样的结果.

下面证明

$$\hat{L}_n = U\hat{L}_z U^{-1} \tag{6.26}$$

如证法一由 Baker-Hausdorff 公式 [第 2 章式 (2.19)] 得到式 (6.21) 和式 (6.22), 从而得到式 (6.23), 也就是式 (6.26). 将 $\hat{L}_n$ 作用到 ψ_m 上, 可得

$$\hat{L}_n\psi_m = U\hat{L}_z U^{-1}U\psi_m^{(0)} = U\hat{L}_z\psi(0)_m = m\psi_m \tag{6.27}$$

所以, ψ_m 为 $\hat{L}_n$ 的本征值为 m 的本征态.

证法三 算符 $\mathrm{e}^{-\mathrm{i}\hat{L}_y\theta/\hbar}$ 的作用使得作用对象 (矢量算符、态等) 绕 y 轴转 θ 角, 算符 $\mathrm{e}^{-\mathrm{i}\hat{L}_z\varphi/\hbar}$ 的作用则使得作用对象绕 z 轴转 φ 角. 经过绕 y 轴转 θ 角以及绕 z 轴转 φ 角两次转动, 固定于体系的坐标系 (即随体系一起转动的坐标系) 的 z' 轴 (开始时和实验室 z 轴重合) 已转到实验室坐标系的 (θ,φ) 方向, 即 $\boldsymbol{n}$ 方向. $\psi_m^{(0)}$ 原来是 $\hat{L}_z$ 的本征态, 本征值为 $m\hbar$. 在上述两次转动以后, $\hat{L}_z$ 变成 $\hat{L}_n = \hat{L}_x\sin\theta\cos\varphi + \hat{L}_y\sin\theta\sin\varphi + \hat{L}_z\cos\theta$, 而 $\psi_m^{(0)}$ 变成了 $\mathrm{e}^{-\mathrm{i}\hat{L}_z\varphi/\hbar}\mathrm{e}^{-\mathrm{i}\hat{L}_y\theta/\hbar}\psi_m^{(0)}$, 即变成了 $\hat{L}_n$ 的本征态. 由于本征值是状态的物理属性, 不受坐标变换的影响, 故仍为 $m\hbar$.

题 6.6 若动量反演算符 U 具有性质 $U\psi_a(p) = \psi_a(-p)$, 则证明 U 是幺正的.

证明 首先可证 $U^\dagger = U$, 即 U 是 Hermite 的. 这是因为, 对任意 ψ 与 φ 令

$$I = \int_{-\infty}^{\infty}\psi^*(p)U\varphi(p)\mathrm{d}p = \int_{-\infty}^{\infty}\psi^*(p)\varphi(-p)\mathrm{d}p$$

上式中令 $p \to -p$, 则

$$I = \int_{-\infty}^{\infty}\varphi(p)\psi^*(-p)\mathrm{d}p = \int_{-\infty}^{\infty}\varphi(p)\left[U\psi(p)\right]^*\mathrm{d}p$$

另外, 由 $U^2 = 1$(幂等), 有 $U^{-1} = U$. 故综合 Hermite 与幂等条件得 $U^\dagger = U^{-1}$. 故 U 是幺正的.

题 6.7 多粒子体系, 如不受外力, 其总 Hamilton 量表示为

$$H = \sum_i \frac{\boldsymbol{p}^2}{2m_i} + \sum_{i<j} V\left(|\boldsymbol{r}_i - \boldsymbol{r}_j|\right)$$

证明此时体系的总动量 $\boldsymbol{P} = \sum\limits_i \boldsymbol{p}_i$ 守恒.

证法一 $\boldsymbol{P}$ 不显含时间, 要证 $\boldsymbol{P}$ 是守恒量也就是证 $[\boldsymbol{P}, H] = 0$, 直接演算

$$\begin{aligned}[\boldsymbol{P}, H] &= \left[\boldsymbol{P}, \sum_i \frac{\boldsymbol{p}^2}{2m_i} + \sum_{i<j} V\left(|\boldsymbol{r}_i - \boldsymbol{r}_j|\right)\right] \\ &= \sum_k \left[\boldsymbol{p}_k, \sum_{i<j} V\left(|\boldsymbol{r}_i - \boldsymbol{r}_j|\right)\right]\end{aligned}$$

$$=\sum_l \sum_{i<j} \left\{ \left[p_i^l, V\left(|\boldsymbol{r}_i - \boldsymbol{r}_j|\right)\right] + \left[p_j^l, V\left(|\boldsymbol{r}_i - \boldsymbol{r}_j|\right)\right] \right\} \boldsymbol{e}_l$$

$$=\sum_l \sum_{i<j} \left\{ -\mathrm{i}\hbar \frac{\partial V\left(|\boldsymbol{r}_i - \boldsymbol{r}_j|\right)}{\partial x_i^l} - \mathrm{i}\hbar \frac{\partial V\left(|\boldsymbol{r}_i - \boldsymbol{r}_j|\right)}{\partial x_j^l} \right\} \boldsymbol{e}_l$$

因为

$$\frac{\partial V\left(|\boldsymbol{r}_i - \boldsymbol{r}_j|\right)}{\partial x_i^l} = -\frac{\partial V\left(|\boldsymbol{r}_j - \boldsymbol{r}_j|\right)}{\partial x_i^l}$$

故得 $[\boldsymbol{P}, H] = 0$. 因此 $\boldsymbol{P}$ 是守恒量.

证法二　上面证法一直接通过对易子计算来证明 $[\boldsymbol{P}, H] = 0$. 这里我们用另一种办法, 考虑 Hamilton 量 H 的变换 $\mathrm{e}^{-\mathrm{i}\boldsymbol{P}\cdot\boldsymbol{a}/\hbar} H \mathrm{e}^{\mathrm{i}\boldsymbol{P}\cdot\boldsymbol{a}/\hbar}$, 其中 $\boldsymbol{P} = \sum\limits_i \boldsymbol{p}_i$ 为总动量, 应有

$$\mathrm{e}^{-\mathrm{i}\boldsymbol{P}\cdot\boldsymbol{a}/\hbar} H \mathrm{e}^{\mathrm{i}\boldsymbol{P}\cdot\boldsymbol{a}/\hbar} = \mathrm{e}^{-\mathrm{i}\boldsymbol{P}\cdot\boldsymbol{a}/\hbar} \left\{ \sum_i \frac{\boldsymbol{p}^2}{2m_i} + \sum_{i<j} V\left(|\boldsymbol{r}_i - \boldsymbol{r}_j|\right) \right\} \mathrm{e}^{\mathrm{i}\boldsymbol{P}\cdot\boldsymbol{a}/\hbar}$$

$$= \sum_i \frac{\boldsymbol{p}^2}{2m_i} + \sum_{i<j} V\left(\left| \mathrm{e}^{-\mathrm{i}\boldsymbol{P}\cdot\boldsymbol{a}/\hbar} \boldsymbol{r}_i \mathrm{e}^{\mathrm{i}\boldsymbol{P}\cdot\boldsymbol{a}/\hbar} - \mathrm{e}^{-\mathrm{i}\boldsymbol{P}\cdot\boldsymbol{a}/\hbar} \boldsymbol{r}_j \mathrm{e}^{\mathrm{i}\boldsymbol{P}\cdot\boldsymbol{a}/\hbar} \right| \right)$$

$$= \sum_i \frac{\boldsymbol{p}^2}{2m_i} + \sum_{i<j} V\left(\left| \mathrm{e}^{-\mathrm{i}\boldsymbol{p}_i\cdot\boldsymbol{a}/\hbar} \boldsymbol{r}_i \mathrm{e}^{\mathrm{i}\boldsymbol{p}_i\cdot\boldsymbol{a}/\hbar} - \mathrm{e}^{-\mathrm{i}\boldsymbol{p}_j\cdot\boldsymbol{a}/\hbar} \boldsymbol{r}_j \mathrm{e}^{\mathrm{i}\boldsymbol{p}_j\cdot\boldsymbol{a}/\hbar} \right| \right)$$

$$= \sum_i \frac{\boldsymbol{p}^2}{2m_i} + \sum_{i<j} V\left(|\boldsymbol{r}_i + \boldsymbol{a} - \boldsymbol{r}_j - \boldsymbol{a}|\right)$$

$$= \sum_i \frac{\boldsymbol{p}^2}{2m_i} + \sum_{i<j} V\left(|\boldsymbol{r}_i - \boldsymbol{r}_j|\right) = H$$

也就是

$$\mathrm{e}^{-\mathrm{i}\boldsymbol{P}\cdot\boldsymbol{a}/\hbar} H \mathrm{e}^{\mathrm{i}\boldsymbol{P}\cdot\boldsymbol{a}/\hbar} = H \tag{6.28}$$

上式两边作偏导数 $\dfrac{\partial}{\partial \boldsymbol{a}}$ 得

$$\mathrm{e}^{-\mathrm{i}\boldsymbol{P}\cdot\boldsymbol{a}/\hbar} [\boldsymbol{P}, H] \mathrm{e}^{\mathrm{i}\boldsymbol{P}\cdot\boldsymbol{a}/\hbar} = 0 \tag{6.29}$$

再对上式取 $\boldsymbol{a} = 0$ 即得 $[\boldsymbol{P}, H] = 0$. $\boldsymbol{P}$ 不显含时间, 因此 $\boldsymbol{P}$ 是守恒量.

题 6.8　多粒子体系, 如所受外力矩为 0, 则总角动量 $\boldsymbol{L} = \sum\limits_i \boldsymbol{L}_i$ 守恒.

证明　多粒子系 Hamilton 量的一般形式为

$$H = \sum_i \left(\frac{\boldsymbol{p}_i^2}{2m_i} + V(\boldsymbol{r}_i) \right) + \sum_{i<j} V_{ij}(\boldsymbol{r}_i - \boldsymbol{r}_j) \tag{6.30}$$

考察总角动量 $\boldsymbol{L}$ 与 Hamilton 量的对易关系

$$
\begin{aligned}
[\boldsymbol{L},H]&=\left[\sum_k \boldsymbol{L}_k,\sum_i\left(\frac{\boldsymbol{p}_i^2}{2m_i}+V(\boldsymbol{r}_i)\right)+\sum_{i<j}V(\boldsymbol{r}_i-\boldsymbol{r}_j)\right]\\
&=\left[\sum_k \boldsymbol{L}_k,\sum_i V(\boldsymbol{r}_i)+\sum_{i<j}V_{ij}(\boldsymbol{r}_i-\boldsymbol{r}_j)\right]
\end{aligned}
$$

其中 $\boldsymbol{L}_k=\boldsymbol{r}_k\times\boldsymbol{p}_k$, $\boldsymbol{r}_k$ 与关于坐标的函数 f 对易, 而 $[\boldsymbol{p}_k,f]=-\mathrm{i}\hbar\nabla_{\boldsymbol{r}_k}f$, 这样

$$
\begin{aligned}
[\boldsymbol{L},H]&=\sum_k \boldsymbol{r}_k\times(-\mathrm{i})\hbar\nabla_{\boldsymbol{r}_k}V(\boldsymbol{r}_k)+\sum_{k,i<j}\boldsymbol{r}_k\times(-\mathrm{i})\hbar\nabla_{\boldsymbol{r}_k}V_{ij}\frac{\boldsymbol{r}_i-\boldsymbol{r}_j}{|\boldsymbol{r}_i-\boldsymbol{r}_j|}(\delta_{ik}-\delta_{jk})\\
&=-\mathrm{i}\hbar\sum_k \boldsymbol{r}_k\times\boldsymbol{F}-\mathrm{i}\hbar\sum_{i<j}(\boldsymbol{r}_i-\boldsymbol{r}_j)\times\nabla_{\boldsymbol{r}_k}V_{ij}\frac{\boldsymbol{r}_i-\boldsymbol{r}_j}{|\boldsymbol{r}_i-\boldsymbol{r}_j|}\\
&=-\mathrm{i}\hbar\sum_k \boldsymbol{m}_k+0
\end{aligned}
\tag{6.31}
$$

上式可见体系的总内力矩之和为零. 若合外力矩 $\sum\limits_k \boldsymbol{m}_k$ 为零, 则 $[\boldsymbol{L},H]=0$, 加上 $\boldsymbol{L}$ 不含时, 故 $\boldsymbol{L}$ 为守恒量.

题 6.9 证明: 对于经典力学体系, 若 A 与 B 为守恒量, 则 $\{A,B\}$(Poisson 括号) 也是守恒量 (但不一定是新的守恒量). 对于量子力学体系, 若 $\hat{A}$ 与 $\hat{B}$ 为守恒量, 则 $\left[\hat{A},\hat{B}\right]$ 也是守恒量 (不一定是新的守恒量).

提示 利用恒等式 $\left[\hat{A},\left[\hat{B},\hat{C}\right]\right]+\left[\hat{B},\left[\hat{C},\hat{A}\right]\right]+\left[\hat{C},\left[\hat{A},\hat{B}\right]\right]=0$.

证明 经典力学体系的守恒量也就是全导数等于零的量, 又称运动积分. 若 $\hat{A}$ 与 $\hat{B}$ 为守恒量, 即有

$$
\frac{\mathrm{d}A}{\mathrm{d}t}=\frac{\partial A}{\partial t}+\{H,A\}=0,\quad \frac{\mathrm{d}B}{\mathrm{d}t}=\frac{\partial B}{\partial t}+\{H,B\}=0 \tag{6.32}
$$

其中 H 为体系的 Hamilton 量, 而

$$
\{H,A\}=\sum_k\left(\frac{\partial H}{\partial p_k}\frac{\partial A}{\partial q_k}-\frac{\partial H}{\partial q_k}\frac{\partial A}{\partial p_k}\right) \tag{6.33}
$$

等为 Poisson 括号. 这样利用 Poisson 括号的运算性质

$$
\begin{aligned}
\frac{\mathrm{d}}{\mathrm{d}t}\{A,B\}&=\frac{\partial}{\partial t}\{A,B\}+\{H,\{A,B\}\}\\
&=\left\{\frac{\partial A}{\partial t},B\right\}+\left\{A,\frac{\partial B}{\partial t}\right\}-\{A,\{B,H\}\}-\{B,\{H,A\}\}
\end{aligned}
$$

$$
\begin{aligned}
&=\left\{\frac{\partial A}{\partial t}+\{H,A\},B\right\}+\left\{A,\frac{\partial B}{\partial t}+\{H,B\}\right\}\\
&=\left\{\frac{\mathrm{d}A}{\mathrm{d}t},B\right\}+\left\{A,\frac{\mathrm{d}B}{\mathrm{d}t}\right\}
\end{aligned}
$$

再利用式 (6.32) 即得

$$
\frac{\mathrm{d}}{\mathrm{d}t}\{A,B\}=0
$$

于是 $\{A,B\}$ 也是运动积分.

量子力学体系的守恒量要求不显含时间, 并且与体系的 Hamilton 量对易. 若 $\hat{A}$ 与 $\hat{B}$ 为守恒量, 则

$$
\frac{\partial\hat{A}}{\partial t}=0,\left[\hat{H},\hat{A}\right]=0,\quad\frac{\partial\hat{B}}{\partial t}=0,\left[\hat{H},\hat{B}\right]=0 \tag{6.34}
$$

其中 $\hat{H}$ 为体系的 Hamilton 量. 由对易括号的运算性质,

$$
\frac{\partial}{\partial t}\left[\hat{A},\hat{B}\right]=\left[\frac{\partial}{\partial t}\hat{A},\hat{B}\right]+\left[\hat{A},\frac{\partial}{\partial t}\hat{B}\right]=0
$$

即 $\left[\hat{A},\hat{B}\right]$ 不显含时间, 而利用提示所给恒等式

$$
\left[\hat{H},\left[\hat{A},\hat{B}\right]\right]=-\left[\hat{A},\left[\hat{B},\hat{H}\right]\right]-\left[\hat{B},\left[\hat{H},\hat{A}\right]\right]=0
$$

可见 $\left[\hat{A},\hat{B}\right]$ 又与体系的 Hamilton 量对易. 因此 $\left[\hat{A},\hat{B}\right]$ 为守恒量.

题 6.10　已知

$$
D_x(a)=\exp\left\{-\frac{\mathrm{i}}{\hbar}a\hat{p}_x\right\}=\exp\left\{-a\frac{\partial}{\partial x}\right\}
$$

是沿 x 方向的平移算符, 设 $f(x)$ 与 $D_x(a)$ 对易, 求 $f(x)$ 的一般形式.

解法一　题给 $f(x)$ 与 $D_x(a)$ 对易, 也就是

$$
D_x(a)f(x)=f(x)D_x(a)
$$

$D_x(a)=\mathrm{e}^{-a\frac{\partial}{\partial x}}=\mathrm{e}^{-\frac{\mathrm{i}}{\hbar}a\hat{p}_x}$ 的逆为 $D_x^{-1}(a)=\mathrm{e}^{\frac{\mathrm{i}}{\hbar}a\hat{p}_x}=D_x(-a)$, 这样

$$
\begin{aligned}
f(x)&=D_x(a)f(x)D_x^{-1}(a)=\mathrm{e}^{-\frac{\mathrm{i}}{\hbar}a\hat{p}_x}f(x)\mathrm{e}^{\frac{\mathrm{i}}{\hbar}a\hat{p}_x}\\
&=D_x(a)f(x)D_x^{-1}(a)=f\left(\mathrm{e}^{-\frac{\mathrm{i}}{\hbar}a\hat{p}_x}x\mathrm{e}^{\frac{\mathrm{i}}{\hbar}a\hat{p}_x}\right)\\
&=f(x-a)
\end{aligned}
$$

可见 $f(x)$ 作平移 a 不变, 或者说 $f(x)$ 是周期为 a 的周期函数.

解法二 因为 $f(x)$ 与 $D_x(a)$ 对易, 取任意波函数 $\psi(x)$ 有

$$f(x)D_x(a)\psi(x) = Dx(a)f(x)\psi(x)$$

也就是

$$f(x)\psi(x-a) = f(x-a)\psi(x-a)$$

由于波函数 $\psi(x)$ 任意, 上式给出

$$f(x) = f(x-a)$$

即 $f(x)$ 为周期函数, 周期为 a.

题 6.11 试证明周期场中的 Bloch 波函数

$$\psi(x) = \mathrm{e}^{\mathrm{i}kx}\phi_k(x), \quad \phi_k(x+a) = \phi_k(x),$$

是 $D_x(a)$ 的本征态, 相应本征值为 $\mathrm{e}^{-\mathrm{i}ka}$.

证明 将题 6.9 中定义的平移算符 $D_x(a)$ 在 $a=0$ 附近展开并作用到 $\psi(x)$ 上, 即

$$\begin{aligned} D_x(a)\psi(x) &= \exp\left\{-a\frac{\partial}{\partial x}\right\}\psi(x) = \sum_{n=0}^{\infty}\frac{1}{n!}(-a)^n\frac{\partial^n}{\partial x^n}\psi(x) = \psi(x-a) \\ &= \mathrm{e}^{\mathrm{i}k(x-a)}\phi_k(x-a) = \mathrm{e}^{-\mathrm{i}ka}\mathrm{e}^{\mathrm{i}kx}\phi_k(x) \end{aligned}$$

即 $D_x(a)\psi(x) = \mathrm{e}^{-\mathrm{i}ka}\psi(x)$. 得证.

题 6.12 设 Hamilton 算符表示为

$$H = \frac{L_x^2}{2J_1} + \frac{L_y^2}{2J_2} + \frac{L_z^2}{2J_3} - (a_1x + a_2y + a_3z)$$

写出 $\boldsymbol{r}$ 和 $\boldsymbol{L}$(角动量) 的 Heisenberg 方程.

解法一 关于 $\boldsymbol{r}$ 和 $\boldsymbol{L}$(角动量) 的 Heisenberg 方程

$$\frac{\mathrm{d}\boldsymbol{r}}{\mathrm{d}t} = \frac{1}{\mathrm{i}\hbar}[\boldsymbol{r}, H] \tag{6.35}$$

$$\frac{\mathrm{d}\boldsymbol{L}}{\mathrm{d}t} = \frac{1}{\mathrm{i}\hbar}[\boldsymbol{L}, H] \tag{6.36}$$

其中 $\boldsymbol{r} = x\boldsymbol{e}_x + y\boldsymbol{e}_y + z\boldsymbol{e}_z$, 而

$$\begin{aligned} [x, H] &= \left[x, \frac{L_x^2}{2J_1} + \frac{L_y^2}{2J_2} + \frac{L_z^2}{2J_3} - (a_1x + a_2y + a_3z)\right] = \left[x, \frac{L_y^2}{2J_2} + \frac{L_z^2}{2J_3}\right] \\ &= \frac{1}{2J_2}\left[x, L_y^2\right] + \frac{1}{2J_3}\left[x, L_z^2\right] \end{aligned}$$

$$= \frac{1}{2J_2}\left\{L_y[x,L_y]+[x,L_y]L_y\right\}+\frac{1}{2J_3}\left\{L_z[x,L_z]+[x,L_z]L_z\right\}$$
$$= \frac{\mathrm{i}\hbar}{2J_2}(L_yz+zL_y)-\frac{\mathrm{i}\hbar}{2J_3}(L_zy+yL_z)$$

通过 (x,y,z) 轮换可以写出另外 2 个式子, 这样式 (6.35) 的分量式为

$$\frac{\mathrm{d}x}{\mathrm{d}t}=\frac{L_yz+zL_y}{2J_2}-\frac{L_zy+yL_z}{2J_3} \tag{6.37}$$
$$\frac{\mathrm{d}y}{\mathrm{d}t}=\frac{L_zx+xL_z}{2J_3}-\frac{L_xz+zL_x}{2J_1} \tag{6.38}$$
$$\frac{\mathrm{d}z}{\mathrm{d}t}=\frac{L_xy+yL_x}{2J_1}-\frac{L_yx+xL_y}{2J_2} \tag{6.39}$$

式 (6.36) 中, $\boldsymbol{L}=L_x\boldsymbol{e}_x+L_y\boldsymbol{e}_y+L_z\boldsymbol{e}_z$, 而

$$[L_x,H]=\left[L_x,\frac{L_x^2}{2J_1}+\frac{L_y^2}{2J_2}+\frac{L_z^2}{2J_3}-(a_1x+a_2y+a_3z)\right]$$
$$=\left[L_x,\frac{L_y^2}{2J_2}+\frac{L_z^2}{2J_3}-(a_2y+a_3z)\right]$$
$$=\frac{1}{2J_2}\left[L_x,L_y^2\right]+\frac{1}{2J_3}\left[L_x,L_z^2\right]-\mathrm{i}\hbar a_2z+\mathrm{i}\hbar a_3y$$
$$=\frac{\mathrm{i}\hbar}{2J_2}(L_yL_z+L_zL_y)-\frac{\mathrm{i}\hbar}{2J_3}(L_zL_y+L_yL_z)-\mathrm{i}\hbar a_2z+\mathrm{i}\hbar a_3y$$
$$=\mathrm{i}\hbar\left(\frac{1}{2J_2}-\frac{1}{2J_3}\right)(L_yL_z+L_zL_y)-\mathrm{i}\hbar a_2z+\mathrm{i}\hbar a_3y$$

通过 (x,y,z) 轮换可以写出另外 2 个式子, 这样式 (6.36) 的分量式为

$$\frac{\mathrm{d}L_x}{\mathrm{d}t}=\left(\frac{1}{2J_2}-\frac{1}{2J_3}\right)(L_yL_z+L_zL_y)-a_2z+a_3y \tag{6.40}$$
$$\frac{\mathrm{d}L_y}{\mathrm{d}t}=\left(\frac{1}{2J_3}-\frac{1}{2J_1}\right)(L_zL_x+L_xL_z)-a_3x+a_1z \tag{6.41}$$
$$\frac{\mathrm{d}L_z}{\mathrm{d}t}=\left(\frac{1}{2J_1}-\frac{1}{2J_2}\right)(L_xL_y+L_yL_x)-a_1y+a_2x \tag{6.42}$$

解法二　关于 $\boldsymbol{r}$ 和 $\boldsymbol{L}$(角动量) 的 Heisenberg 方程

$$\frac{\mathrm{d}\boldsymbol{r}}{\mathrm{d}t}=\frac{1}{\mathrm{i}\hbar}[\boldsymbol{r},H] \tag{6.43}$$
$$\frac{\mathrm{d}\boldsymbol{L}}{\mathrm{d}t}=\frac{1}{\mathrm{i}\hbar}[\boldsymbol{L},H] \tag{6.44}$$

令 $\vec{l}=\left(\frac{L_x}{J_1},\frac{L_y}{J_2},\frac{L_z}{J_3}\right)$, 则有

$$\begin{aligned}\frac{\mathrm{d}\vec{r}}{\mathrm{d}t}=&\frac{1}{\mathrm{i}\hbar}[\vec{r},H]=\frac{1}{\mathrm{i}\hbar}\left[\sum_j x_i\vec{e}_i,\sum_{i=1}^{3}\frac{L_j^2}{2J_j}\right]\\=&\sum_{ij}\frac{\vec{e}_i}{2\mathrm{i}\hbar J_j}\left[x_i,L_j^2\right]=\sum_{ij}\frac{\vec{e}_j}{2\mathrm{i}\hbar J_j}\left(L_j\left[x_i,L_j\right]+\left[x_i,L_j\right]L_j\right)\\=&\sum_{ijk}\frac{\vec{e}_i}{2J_j}\left(\epsilon_{ijk}L_jx_k+\epsilon_{ijk}x_kL_j\right)=\sum_{ijk}\frac{\vec{e}_i}{2}\epsilon_{ijk}\left(l_jx_k+x_kl_j\right)\\=&\frac{1}{2}\left(\vec{l}\times\vec{r}-\vec{r}\times\vec{l}\right)\end{aligned}\tag{6.45}$$

令 $\vec{A}=(a_1,a_2,a_3)$，则有

$$\begin{aligned}\frac{\mathrm{d}\vec{L}}{\mathrm{d}t}=&\frac{1}{\mathrm{i}\hbar}\left[\vec{L},H\right]=\frac{1}{\mathrm{i}\hbar}\left[\sum_{i=1}^{3}L_i\vec{e}_i,\sum_{j=1}^{3}\frac{L_j^2}{2J_j}\right]-\frac{1}{\mathrm{i}\hbar}\left[\sum_{i=1}^{3}L_i\vec{e}_i,\sum_{j=1}^{3}a_jx_j\right]\\=&\frac{1}{\mathrm{i}\hbar}\sum_{ij}\frac{\vec{e}_i}{2J_j}\left[L_i,L_j^2\right]-\frac{1}{\mathrm{i}\hbar}\sum_{ij}a_j\vec{e}_i\left[L_i,x_j\right]\\=&\frac{1}{\mathrm{i}\hbar}\sum_{ijk}\frac{\vec{e}_i}{2J_j}\left(\left[L_i,L_j\right]L_j+L_j\left[L_i,L_j\right]\right)-\sum_{ijk}\epsilon_{ijk}a_j\vec{e}_ix_k\\=&\vec{r}\times\vec{A}+\frac{1}{2}\left(\vec{l}\times\vec{L}-\vec{L}\times\vec{l}\right)\end{aligned}\tag{6.46}$$

题 6.13 若 $J_1=J_2, a_1=a_2=0$, 列出上题 H 量中的主要的守恒量.

解答 此时 Hamilton 量为

$$H=\frac{L_x^2}{2J}+\frac{L_y^2}{2J}+\frac{L_z^2}{2J_3}-a_3z$$

因为 H 不显含时间, 故 H 是守恒量. 由于

$$\left[H,\boldsymbol{L}^2\right]=-\left[a_3z,\boldsymbol{L}^2\right]=a_3\left[\boldsymbol{L}^2,z\right]=\mathrm{i}\hbar a_3\left(L_yx+xL_y-L_xy-yL_x\right)$$

故 $\boldsymbol{L}^2$ 不是守恒量. 由式 (6.40) 与 (6.41) 可见 $[H,L_x]\neq0$, $[H,L_y]\neq0$, 可见 L_x, L_y 不是守恒量. 从 Hamilton 量也可以看出, H 中含 z 项, 则在绕 x 或者绕 y 轴旋转下不具有不变性, 这相应于 L_x, L_y 不是守恒量. 由式 (6.40) 可见 $[H,L_z]=0$, 所以 L_z 是守恒量.

对于宇称算符 P, 由于 P 与 $\boldsymbol{L}^2$ 对易, 而不与 z 对易, 故 P 不是守恒量. 对于位置算符 $\boldsymbol{x}$,

$$[H,x]=\left[\frac{L_y^2}{2J},x\right]+\left[\frac{L_z^2}{2J},x\right]=-\frac{\mathrm{i}\hbar}{2J}\left(L_yz+zL_y\right)-\frac{\mathrm{i}\hbar}{2J_3}\left(L_zy+yL_z\right)$$

可见, x 不是守恒量, 同理 y、z 都不是守恒量. 对于动量算符 $\boldsymbol{p}$,

$$[H,p_x]=\left[\frac{L_y^2}{2J},p_x\right]+\left[\frac{L_z^2}{2J},p_x\right]=-\frac{\mathrm{i}\hbar}{2J}(L_yp_z+p_zL_y)-\frac{\mathrm{i}\hbar}{2J_3}(L_zp_y+p_yL_z)$$

可见, p_x 不是守恒量, 同理 p_y, p_z 都不是守恒量.

综上所述, 体系的守恒量有 H, L_z.

题 6.14　写出三个分别处于归一化单粒子态 $|\psi_{p1}\rangle$、$|\psi_{p2}\rangle$、$|\psi_{p3}\rangle$ 的全同 Bose 子构成的体系的归一化波函数.

解答　$N=3$ 个全同 Bose 子, 可处于 $G=3$ 个单粒子态, 则系统容许交换对称态, 共有

$$n=\frac{(N+G-1)!}{N!(G-N)!}=10个$$

体系各个可能的归一化波函数如下所列, 分三种情况:

(i) 三个粒子处于同一单粒子态的情况

$$|\varPsi_1\rangle=|\psi_{p1}(1)\rangle|\psi_{p1}(2)\rangle|\psi_{p1}(3)\rangle$$
$$|\varPsi_2\rangle=|\psi_{p2}(1)\rangle|\psi_{p2}(2)\rangle|\psi_{p2}(3)\rangle$$
$$|\varPsi_3\rangle=|\psi_{p3}(3)\rangle|\psi_{p3}(2)\rangle|\psi_{p3}(3)\rangle$$

(ii) 两个粒子处于同一单粒子态的情况

$$\begin{aligned}|\varPsi_4\rangle=\sqrt{\frac{2!}{3!}}[&|\psi_{p1}(1)\rangle|\psi_{p1}(2)\rangle|\psi_{p2}(3)\rangle+|\psi_{p1}(1)\rangle|\psi_{p2}(2)\rangle|\psi_{p1}(3)\rangle\\&+|\psi_{p2}(1)\rangle|\psi_{p1}(2)\rangle|\psi_{p1}(3)\rangle]\end{aligned}$$

这是两个粒子处于 $p1$ 态, 一个粒子处于 $p2$ 态的情况. 还有两个粒子处于 $p1$ 态, 一个粒子处于 $p3$ 态的情况; 两个粒子处于 $p2$ 态, 一个粒子处于 $p1$ 态的情况; 两个粒子处于 $p2$ 态, 一个粒子处于 $p3$ 态的情况; 两个粒子处于 $p3$ 态, 一个粒子处于 $p1$ 态的情况; 两个粒子处于 $p3$ 态, 一个粒子处于 $p2$ 态的情况; 五种情况的波函数 $|\varPsi_5\rangle\sim|\varPsi_9\rangle$ 对上面波函数作相应指标替换即可, 不一一写出.

(iii) 三个粒子分别处于不同单粒子态的情况

$$|\varPsi_10\rangle=\frac{1}{\sqrt{3!}}\sum_{i\neq j\neq k=1}^{3}|\psi_{pi}(1)\rangle|\psi_{pj}(2)\rangle|\psi_{pk}(3)\rangle$$

题 6.15　写出三个分别处于不同单粒子态 $|\psi_{p1}\rangle$, $|\psi_{p2}\rangle$, $|\psi_{p3}\rangle$ 的全同 Fermi 子体系的归一化波函数.

解答 $N=3$ 个全同 Fermi 子, 可处于 $G=3$ 个单粒子态, 则系统容许交换反对称态, 共有

$$n=\frac{G!}{N!(G-1)!}=1\text{个}$$

可以用 Slater 行列式写为

$$|\Psi\rangle=\frac{1}{\sqrt{3!}}\begin{vmatrix}|\psi_{p1}(1)\rangle & |\psi_{p2}(1)\rangle & |\psi_{p3}(1)\rangle\\ |\psi_{p1}(2)\rangle & |\psi_{p2}(2)\rangle & |\psi_{p3}(2)\rangle\\ |\psi_{p1}(3)\rangle & |\psi_{p2}(3)\rangle & |\psi_{p3}(3)\rangle\end{vmatrix}$$

题 6.16 设体系有两个粒子, 每个粒子可处于三个单粒子态 φ_1, φ_2, φ_3 中的任意一个态, 试求体系所有可能态的数目, 分三种情况讨论: (1) 两粒子为 Bose 子; (2) 两粒子为 Fermi 子; (3) 两粒子为经典粒子.

解答 (1) 两个全同 Bose 子, 体系可能态及数目如下

$$\begin{aligned}&\varphi_1(1)\varphi_1(2),\quad \varphi_2(1)\varphi_2(2),\quad \varphi_3(1)\varphi_3(2) && \#3,\\ &\frac{1}{\sqrt{2}}[\varphi_1(1)\varphi_2(2)+\varphi_2(1)\varphi_1(2)] \qquad (12),(13),(23) && \#3,\end{aligned}$$

体系可能态的数目为 6;

(2) 两个全同 Fermi 子, 体系可能态及数目如下

$$\frac{1}{\sqrt{2}}[\varphi_1(1)\varphi_2(2)-\varphi_2(1)\varphi_1(2)] \qquad (12),(13),(23) \qquad \#3,$$

体系可能态的数目为 3; (3) 经典粒子是可区分的, 体系可能态及数目如下

$$\begin{aligned}&\varphi_1(1)\varphi_1(2),\quad \varphi_2(1)\varphi_2(2),\quad \varphi_3(1)\varphi_3(2) && \#3,\\ &\varphi_1(1)\varphi_2(2),\quad \varphi_2(1)\varphi_1(2) && \#2,\\ &\varphi_1(1)\varphi_3(2),\quad \varphi_3(1)\varphi_1(2) && \#2,\\ &\varphi_3(1)\varphi_2(2),\quad \varphi_2(1)\varphi_3(2) && \#2,\end{aligned}$$

可见体系可能态的数目为 9.

题 6.17 设 ${}^{8}_{4}\mathrm{Be}$ 核可以看成由两个 α 粒子组成, 证明总角动量量子数 j 必为偶数 (取质心坐标系).

证明 α 粒子自旋为零, 只考虑轨道波函数. 在质心系中, 两个 α 粒子的波函数写为

$$\Psi(\boldsymbol{r}_1,\ \boldsymbol{r}_2)=\Psi(\boldsymbol{r})=R(r)\mathrm{Y}_{jm}(\theta,\varphi)$$

其中 $\boldsymbol{r}=\boldsymbol{r}_1-\boldsymbol{r}_2$; 设 $\hat{p}_{12}$ 为交换算符, 因为 $\hat{p}_{12}\boldsymbol{r}=-\boldsymbol{r}$, 即两粒子交换时, $r\to r,\theta\to\pi-\theta$, $\varphi\to\pi+\varphi$, 所以

$$\hat{p}_{12}\Psi(\boldsymbol{r}_1,\boldsymbol{r}_2)=\Psi(-\boldsymbol{r})=R(r)\hat{p}_{12}\mathrm{Y}_{jm}(\theta,\varphi)=(-1)^j\Psi(\boldsymbol{r}_1,\boldsymbol{r}_2)$$

由于 ${}_{4}^{8}\mathrm{Be}$ 核波函数为交换对称的, 故 j 必取偶数.

题 6.18　设光子分束器入射光子的极化状态更为一般, 即输入态 (6.38) 式改为

$$|\psi_i\rangle_{12} = (\alpha\,|\leftrightarrow\rangle_1 + \beta\,|\updownarrow\rangle_1) \otimes |a\rangle_1 \cdot (\gamma\,|\leftrightarrow\rangle_2 + \delta\,|\updownarrow\rangle_2) \otimes |b\rangle_2$$

写出相应的 (6.39) 式和 (6.40) 式.

解答　考虑反射透射各一半概率, 并且反射有位相突变 (乘相因子 i), 输出态可写为

$$|\psi_f\rangle_{12} = (\alpha\,|\leftrightarrow\rangle_1 + \beta\,|\updownarrow\rangle_1) \otimes (\mathrm{i}\,|c\rangle_1 + |d\rangle_1) \cdot (\gamma\,|\leftrightarrow\rangle_2 + \delta\,|\updownarrow\rangle_2) \otimes (|c\rangle_2 + \mathrm{i}\,|d\rangle_2)$$

但假如两个光子同时到达分束器, 在出射态中光子的空间模有重叠, 就必须考虑两个光子按全同性原理所产生的交换干涉. 这时出射态应该是交换对称的, 所以出射态用 Bell 基表示为

$$\begin{aligned}
|\psi_f\rangle &= \frac{1}{\sqrt{2}}\left(|\psi_f\rangle_{12} + |\psi_f\rangle_{21}\right) \\
&= \frac{1}{2}\left\{(\alpha\gamma + \beta\delta)\left|\phi^+\right\rangle_{12} \cdot \mathrm{i}\left(|c\rangle_1|c\rangle_2 + |d\rangle_1|d\rangle_2\right) - (\alpha\gamma - \beta\delta)\left|\phi^-\right\rangle_{12}\right. \\
&\quad \times\mathrm{i}\left(|c\rangle_1|c\rangle_2 + |d\rangle_1|d\rangle_2\right) + (\alpha\delta + \beta\gamma)\left|\psi^+\right\rangle_{12} \cdot \mathrm{i}\left(|c\rangle_1|c\rangle_2 + |d\rangle_1|d\rangle_2\right) \\
&\quad \left. + (\alpha\delta - \beta\gamma)\left|\psi^-\right\rangle_{12} \cdot \left(|c\rangle_1|d\rangle_2 - |d\rangle_1|c\rangle_2\right)\right\}
\end{aligned}$$

其中

$$\left|\phi^\pm\right\rangle_{12} = \frac{1}{\sqrt{2}}\left(|\updownarrow\rangle_1|\updownarrow\rangle_2 \pm |\leftrightarrow\rangle_1|\leftrightarrow\rangle_2\right)$$

$$\left|\psi^\pm\right\rangle_{12} = \frac{1}{\sqrt{2}}\left(|\updownarrow\rangle_1|\leftrightarrow\rangle_2 \pm |\leftrightarrow\rangle_1|\updownarrow\rangle_2\right)$$

注意, 这四项中第四项的空间模不同于其余三项. 于是可以采用在不同输出口 (c 和 d 处) 各放置一个探测器进行符合计数来检出这一项 —— 其极化模为 $\left|\psi^\pm\right\rangle_{12}$. 这样一来, 尽管两个光子之间 (以及分束器中) 并不存在可以令光子极化状态发生改变的相互作用, 但全同性原理的交换作用和测量坍缩还是使两个光子的极化状态产生了纠缠. 就是说, 如此的测量造成了这般的坍缩, 使得两个光子中每一个的极化矢量都不再守恒 (尽管表面看来不存在改变入射光子极化状态的作用). 现在这两个光子已经不可分辨, 这是由于这种测量实验造成的. 说明这种符合测量的坍缩末态和光子极化本征态是不兼容的. 如果设想换另外一种测量实验: 在输出口 c 和 d 处均放置极化灵敏的探测器来测量出射光子的极化本征态, 则由于分束器过程, 以及最后测量向末态坍缩时, 极化矢量一直守恒, 实验中两个光子就可以用它们极化状态来分辨, 相应地也就不出现交换效应. 这个例子再一次说明, 两个光子究竟可否分辨, 不仅要看物理过程, 还要看如何测量 —— 末态如何选择而定.

第 7 章　电子自旋角动量

题 7.1　在 σ_z 表象中求 $\sigma_x, \sigma_y, \sigma_z$ 的本征态.

解答　设 Pauli 算符 σ^2, σ_z 的共同本征态是

$$\chi_{\frac{1}{2}}(s_z), \quad \chi_{-\frac{1}{2}}(s_z) \tag{7.1}$$

或记作 α 和 β, 它们也就是 σ_z 表象中 σ_z 的本征态. α 和 β 构成 1/2 自旋态空间的完备基矢, 具有完备性, 即可以展开任意的 1/2 自旋态. α 和 β 并不是 σ_x 的本征态, 但根据其完备性, σ_x 的归一化本征态可表示为

$$\chi = c_1\alpha + c_2\beta \tag{7.2}$$

其中 c_1, c_2 是待定常数, χ 归一化条件可表示为

$$|c_1|^2 + |c_2|^2 = 1 \tag{7.3}$$

本征方程为

$$\sigma_x(c_1\alpha + c_2\beta) = \lambda(c_1\alpha + c_2\beta) \tag{7.4}$$

其中 λ 为本征值. σ_x 对 σ_z 表象基矢的运算法则是

$$\sigma_x\alpha = \beta, \quad \sigma_x\beta = \alpha \tag{7.5}$$

将式 (7.5) 代入式 (7.4) 得

$$c_1\beta + c_2\alpha = \lambda c_1\alpha + \lambda c_2\beta$$

比较 α, β 的系数 (这二者线性无关), 有

$$\begin{aligned} c_1 &= \lambda c_2, \\ c_2 &= \lambda c_1 \end{aligned} \tag{7.6}$$

由式 (7.6) 得 $\lambda^2 = 1$, 即 $\lambda = 1$, 或 $\lambda = -1$. 当 $\lambda = 1$ 时, 代入式 (7.6) 得 $c_1 = c_2$, 再代入式 (7.3), 得

$$c_1 = \frac{1}{\sqrt{2}}e^{i\delta}, \quad c_2 = \frac{1}{\sqrt{2}}e^{i\delta}$$

其中 δ 是任意的实数, 在最后所得到的本征态中以整体相位的形式出现, 通过相位约定, 可以取 $\delta = 0$. 当 $\lambda = -1$ 时, 代入式 (7.6) 得 $c_1 = -c_2$, 再结合归一化条件 (7.3), 可以取

$$c_1 = \frac{1}{\sqrt{2}}, \quad c_2 = -\frac{1}{\sqrt{2}}$$

最后得 σ_x 的本征态

$$\chi_1 = \frac{1}{\sqrt{2}}(\alpha + \beta), \quad \text{对应本征值}1,$$
$$\chi_2 = \frac{1}{\sqrt{2}}(\alpha - \beta), \quad \text{对应本征值} -1$$

σ_y 的归一化本征态可表示为

$$\chi' = c_1'\alpha + c_2'\beta \tag{7.7}$$

其中 c_1', c_2' 是待定常数, χ' 归一化条件可表示为

$$|c_1'|^2 + |c_2'|^2 = 1 \tag{7.8}$$

本征方程为

$$\sigma_y(c_1'\alpha + c_2'\beta) = \lambda'(c_1'\alpha + c_2'\beta) \tag{7.9}$$

λ' 是本征值. σ_y 对 σ_z 表象基矢的运算法则是

$$\sigma_y\alpha = \mathrm{i}\beta, \quad \sigma_y\beta = -\mathrm{i}\alpha \tag{7.10}$$

将式 (7.10) 代入式 (7.9) 得

$$\mathrm{i}c_1'\beta - \mathrm{i}c_2'\alpha = \lambda'c_1'\alpha + \lambda'c_2'\beta$$

比较 α, β 的系数 (这二者线性无关), 有

$$\begin{aligned} \mathrm{i}c_1' &= \lambda'c_2', \\ -\mathrm{i}c_2' &= \lambda'c_1' \end{aligned} \tag{7.11}$$

由式 (7.11) 得 $\lambda'^2 = 1$, 即 $\lambda' = 1$, 或 $\lambda' = -1$. 当 $\lambda' = 1$ 时, 代入式 (7.11) 得 $\mathrm{i}c_1' = c_2'$, 再结合归一化条件 (7.8), 可以取

$$c_1' = \frac{1}{\sqrt{2}}, \quad c_2' = \frac{1}{\sqrt{2}}\mathrm{i}$$

当 $\lambda' = -1$ 时, 代入式 (7.11) 得 $c_1' = -\mathrm{i}c_2'$, 再结合归一化条件 (7.8), 可以取

$$c_1' = \frac{1}{\sqrt{2}}, \quad c_2' = -\frac{\mathrm{i}}{\sqrt{2}}$$

最后得 σ_y 的本征态

$$\chi_1' = \frac{1}{\sqrt{2}}(\alpha + \mathrm{i}\beta), \quad \text{对应本征值}1,$$
$$\chi_2' = \frac{1}{\sqrt{2}}(\alpha - \mathrm{i}\beta), \quad \text{对应本征值} -1$$

另解 在 σ_z 表象中, σ_x, σ_y 与 σ_z 的矩阵形式 (见教材 P177) 为

$$\sigma_x = \begin{pmatrix} 0 & 1 \\ 1 & 0 \end{pmatrix}, \quad \sigma_y = \begin{pmatrix} 0 & -\mathrm{i} \\ \mathrm{i} & 0 \end{pmatrix}, \quad \sigma_z = \begin{pmatrix} 1 & 0 \\ 0 & -1 \end{pmatrix} \tag{7.12}$$

因此 σ_x 的本征方程是

$$\begin{pmatrix} 0 & 1 \\ 1 & 0 \end{pmatrix}\begin{pmatrix} c_1 \\ c_2 \end{pmatrix} = \lambda \begin{pmatrix} c_1 \\ c_2 \end{pmatrix} \tag{7.13}$$

由非平凡解得久期方程

$$\begin{vmatrix} -\lambda & 1 \\ 1 & -\lambda \end{vmatrix} = 0$$

由此解得本征值 $\lambda = \pm 1$. 其余步骤与上面方法相同, 求得 σ_x 的相应于本征值 $\lambda = \pm 1$ 的两个本征矢为

$$\chi_1 = \frac{1}{\sqrt{2}}\begin{pmatrix} 1 \\ 1 \end{pmatrix}, \quad \chi_2 = \frac{1}{\sqrt{2}}\begin{pmatrix} 1 \\ -1 \end{pmatrix}$$

σ_y 本征方程是

$$\begin{pmatrix} 0 & -\mathrm{i} \\ \mathrm{i} & 0 \end{pmatrix}\begin{pmatrix} c_1' \\ c_2' \end{pmatrix} = \lambda' \begin{pmatrix} c_1' \\ c_2' \end{pmatrix} \tag{7.14}$$

由非平凡解得久期方程

$$\begin{vmatrix} -\lambda' & -\mathrm{i} \\ \mathrm{i} & -\lambda' \end{vmatrix} = 0$$

由此解得本征值 $\lambda' = \pm 1$. 其余步骤与上面方法相同, 求得 σ_y 的相应于本征值 $\lambda' = \pm 1$ 的两个本征矢为

$$\chi_1' = \frac{1}{\sqrt{2}}\begin{pmatrix} 1 \\ \mathrm{i} \end{pmatrix}, \quad \chi_2' = \frac{1}{\sqrt{2}}\begin{pmatrix} 1 \\ -\mathrm{i} \end{pmatrix}$$

说明 $\sigma_x, \sigma_y, \sigma_z$ 的本征值 ± 1 可直接由它们各自满足自逆性给出.

题 7.2 在 σ_x 表象中求 σ_x, σ_y, σ_z 的本征态.

解答 根据第 7.1 题, 在 σ_z 表象中 σ_x 的本征态为

$$\psi_1 = \frac{1}{\sqrt{2}}\begin{pmatrix} 1 \\ 1 \end{pmatrix}, \quad \psi_2 = \frac{1}{\sqrt{2}}\begin{pmatrix} 1 \\ -1 \end{pmatrix}$$

而 σ_x 在 σ_x 自身表象中的本征态为

$$\psi_1' = \begin{pmatrix} 1 \\ 0 \end{pmatrix}, \quad \psi_2' = \begin{pmatrix} 0 \\ 1 \end{pmatrix}$$

故由 σ_z 表象向 σ_x 表象的变换矩阵为

$$S_{\alpha k} = (\psi'_\alpha, \psi_k) = \frac{1}{\sqrt{2}}\begin{pmatrix} 1 & 1 \\ 1 & -1 \end{pmatrix} \quad (\alpha, k = 1, 2)$$

由此可得 σ_y 的本征态为

$$\psi_{y+} = \frac{1}{\sqrt{2}}\begin{pmatrix} 1 & 1 \\ 1 & -1 \end{pmatrix}\frac{1}{\sqrt{2}}\begin{pmatrix} 1 \\ \mathrm{i} \end{pmatrix} = \frac{1}{2}\begin{pmatrix} 1+\mathrm{i} \\ 1-\mathrm{i} \end{pmatrix}$$

$$\psi_{y-} = \frac{1}{\sqrt{2}}\begin{pmatrix} 1 & 1 \\ 1 & -1 \end{pmatrix}\frac{1}{\sqrt{2}}\begin{pmatrix} 1 \\ -\mathrm{i} \end{pmatrix} = \frac{1}{2}\begin{pmatrix} 1-\mathrm{i} \\ 1+\mathrm{i} \end{pmatrix}$$

因为幺正变换不改变本征值, 故本征值仍为 ± 1.

同理可得 σ_z 的本征态为

$$\psi_{z+} = \frac{1}{\sqrt{2}}\begin{pmatrix} 1 & 1 \\ 1 & -1 \end{pmatrix}\begin{pmatrix} 1 \\ 0 \end{pmatrix} = \frac{1}{\sqrt{2}}\begin{pmatrix} 1 \\ 1 \end{pmatrix}$$

$$\psi_{z-} = \frac{1}{\sqrt{2}}\begin{pmatrix} 1 & 1 \\ 1 & -1 \end{pmatrix}\begin{pmatrix} 0 \\ 1 \end{pmatrix} = \frac{1}{\sqrt{2}}\begin{pmatrix} 1 \\ -1 \end{pmatrix}$$

本征值分别为 1, −1.

题 7.3　在 σ_z 表象中, 求 $\boldsymbol{\sigma}\cdot\boldsymbol{n}$ 的本征态, 其中 $\boldsymbol{n} = (\sin\theta\cos\varphi, \sin\theta\sin\varphi, \cos\theta)$ 是 (θ, φ) 方向的单位矢量.

解法一　方法类似前面题 7.1, 设 $\boldsymbol{\sigma}\cdot\boldsymbol{n}$ 算符的本征矢是

$$\xi = c_1\alpha + c_2\beta \tag{7.15}$$

相应的本征值是 λ. 题给的算符即

$$\boldsymbol{\sigma}\cdot\boldsymbol{n} = \sin\theta\cos\varphi\sigma_x + \sin\theta\sin\varphi\sigma_y + \cos\theta\sigma_z \tag{7.16}$$

它的本征方程如下

$$(\sin\theta\cos\varphi\sigma_x + \sin\theta\sin\varphi\sigma_y + \cos\theta\sigma_z)(c_1\alpha + c_2\beta) = \lambda(c_1\alpha + c_2\beta) \tag{7.17}$$

按 Pauli 矩阵表式, $\sigma_x, \sigma_y, \sigma_z$ 对 σ^2, σ_z 的共同本征态 α, β 的作用如下

$$\begin{aligned} \sigma_x\alpha = \beta, \quad \sigma_x\beta = \alpha, \quad \sigma_y\alpha = \mathrm{i}\beta, \\ \sigma_y\beta = -\mathrm{i}\alpha, \quad \sigma_z\alpha = \alpha, \quad \sigma_z\beta = -\beta \end{aligned} \tag{7.18}$$

上式代入式 (7.17), 比较此式两边 α, β 的系数

$$\begin{aligned} \cos\theta c_1 + (\sin\theta\cos\varphi - \mathrm{i}\sin\theta\sin\varphi)c_2 = \lambda c_1, \\ (\sin\theta\cos\varphi + \mathrm{i}\sin\theta\sin\varphi)c_1 - \cos\theta c_2 = \lambda c_2 \end{aligned} \tag{7.19}$$

也就是

$$
\begin{aligned}
&(\cos\theta-\lambda)c_1+\sin\theta \mathrm{e}^{-\mathrm{i}\varphi}\cdot c_2=0,\\
&\sin\theta \mathrm{e}^{\mathrm{i}\varphi}\cdot c_1-(\cos\theta+\lambda)c_2=0
\end{aligned}
\tag{7.20}
$$

式 (7.20) 为关于 c_1, c_2 的二阶线性方程组, 它有非平凡解 (也就是 c_1 与 c_2 不全为零) 的条件是其系数行列式为零, 即得下列久期方程式

$$
\begin{vmatrix} \cos\theta-\lambda & \sin\theta \mathrm{e}^{-\mathrm{i}\varphi} \\ \sin\theta \mathrm{e}^{\mathrm{i}\varphi} & -\cos\theta-\lambda \end{vmatrix}=0 \tag{7.21}
$$

它的解为 $\lambda=\pm 1$. $\lambda=1$ 时, 代入式 (7.20) 得

$$
c_2=\tan\frac{\theta}{2}\mathrm{e}^{\mathrm{i}\varphi}c_1 \tag{7.22}
$$

式 (7.15) 的归一化条件是

$$
|c_1|^2+|c_2|^2=1 \tag{7.23}
$$

将式 (7.22) 代入式 (7.23), 求得

$$
c_1=\mathrm{e}^{\mathrm{i}\delta}\cos\frac{\theta}{2},\quad c_2=\mathrm{e}^{\mathrm{i}(\delta+\varphi)}\sin\frac{\theta}{2}
$$

其中 δ 为任意实数, 即不定相位. 由此得归一化本征态是

$$
\chi_1=\mathrm{e}^{\mathrm{i}\delta}\left\{\cos\frac{\theta}{2}\alpha+\sin\frac{\theta}{2}\mathrm{e}^{\mathrm{i}\varphi}\beta\right\} \tag{7.24}
$$

$\lambda=-1$ 时, c_1 与 c_2 之间满足 $c_2=-\cot\frac{\theta}{2}\mathrm{e}^{-\mathrm{i}\varphi}c_1$. 同样解得归一化本征态是

$$
\chi_2=\mathrm{e}^{\mathrm{i}\delta'}\left\{-\mathrm{e}^{-\mathrm{i}\varphi}\sin\frac{\theta}{2}\alpha+\cos\frac{\theta}{2}\beta\right\} \tag{7.25}
$$

解法二 (矩阵方法)$(\boldsymbol{\sigma}\cdot\boldsymbol{n})^2=1$, 所以 $\boldsymbol{\sigma}\cdot\boldsymbol{n}$ 的本征值为 ± 1.

根据 Pauli 矩阵表达式 [见教材 P177, 也见式 (7.12)], 我们可以写出 $\boldsymbol{\sigma}\cdot\boldsymbol{n}=\sin\theta\cos\varphi\sigma_x+\sin\theta\sin\varphi\sigma_y+\cos\theta\sigma_z$ 的如下矩阵

$$
\boldsymbol{\sigma}\cdot\boldsymbol{n}=\begin{pmatrix} \cos\theta & \sin\theta \mathrm{e}^{-\mathrm{i}\varphi} \\ \sin\theta \mathrm{e}^{\mathrm{i}\varphi} & -\cos\theta \end{pmatrix} \tag{7.26}
$$

这样 $\boldsymbol{\sigma}\cdot\boldsymbol{n}$ 的本征方程写为

$$
\begin{pmatrix} \cos\theta & \sin\theta \mathrm{e}^{-\mathrm{i}\varphi} \\ \sin\theta \mathrm{e}^{\mathrm{i}\varphi} & -\cos\theta \end{pmatrix}\begin{pmatrix} c_1 \\ c_2 \end{pmatrix}=\lambda\begin{pmatrix} c_1 \\ c_2 \end{pmatrix} \tag{7.27}
$$

其余步骤与上面方法相同, 求得 $\boldsymbol{\sigma}\cdot\boldsymbol{n}$ 的归一化本征态如下

$$\chi_1=\begin{pmatrix}\cos\dfrac{\theta}{2}\mathrm{e}^{\mathrm{i}\delta}\\ \sin\dfrac{\theta}{2}\mathrm{e}^{\mathrm{i}(\delta+\varphi)}\end{pmatrix},\quad \chi_2=\begin{pmatrix}\sin\dfrac{\theta}{2}\mathrm{e}^{\mathrm{i}(\delta'-\varphi)}\\ -\cos\dfrac{\theta}{2}\mathrm{e}^{\mathrm{i}\delta'}\end{pmatrix}\tag{7.28}$$

与前面结果相同.

说明 1 归一化态可以差一个整体相位, 故式 (7.28) 中可以取 $\delta=\delta'=0$, 而将其表示为

$$\chi_1=\begin{pmatrix}\cos\dfrac{\theta}{2}\\ \sin\dfrac{\theta}{2}\mathrm{e}^{\mathrm{i}\varphi}\end{pmatrix},\qquad \chi_2=\begin{pmatrix}\sin\dfrac{\theta}{2}\mathrm{e}^{-\mathrm{i}\varphi}\\ -\cos\dfrac{\theta}{2}\end{pmatrix}\tag{7.29}$$

还有一种等价的对称表示

$$\chi_1=\begin{pmatrix}\cos\dfrac{\theta}{2}\mathrm{e}^{-\frac{\mathrm{i}\varphi}{2}}\\ \sin\dfrac{\theta}{2}\mathrm{e}^{\frac{\mathrm{i}\varphi}{2}}\end{pmatrix},\qquad \chi_2=\begin{pmatrix}-\sin\dfrac{\theta}{2}\mathrm{e}^{-\frac{\mathrm{i}\varphi}{2}}\\ \cos\dfrac{\theta}{2}\mathrm{e}^{\frac{\mathrm{i}\varphi}{2}}\end{pmatrix}\tag{7.30}$$

而 $\chi_1=\mathrm{e}^{-\mathrm{i}\varphi\sigma_z/2}\mathrm{e}^{-\mathrm{i}\theta\sigma_y/2}\chi_{1/2}(s_z)$, $\chi_2=\mathrm{e}^{-\mathrm{i}\varphi\sigma_z/2}\mathrm{e}^{-\mathrm{i}\theta\sigma_y/2}\chi_{-1/2}(s_z)$. 方位角 (θ,φ) 的取值范围为 $0\leqslant\theta\leqslant\pi$, $0\leqslant\varphi<2\pi$, 在该范围内 χ_1, χ_2 均是 (θ,φ) 的单值函数.

说明 2 自旋为 $\hbar/2$ 粒子的任意归一化自旋态

$$\chi=\begin{pmatrix}a\\ b\end{pmatrix}\tag{7.31}$$

满足 $|a|^2+|b|^2=1$. 故 a, b 的可能值为

$$a=\sin\frac{\theta}{2}\mathrm{e}^{\mathrm{i}\varphi_1},\quad b=\sin\frac{\theta}{2}\mathrm{e}^{\mathrm{i}\varphi_2}$$

归一化态可以差一个整体相位, 故式 (7.31) 的态可表示为

$$\chi=\begin{pmatrix}\cos\dfrac{\theta}{2}\mathrm{e}^{-\frac{\mathrm{i}\varphi}{2}}\\ \sin\dfrac{\theta}{2}\mathrm{e}^{\frac{\mathrm{i}\varphi}{2}}\end{pmatrix}=\mathrm{e}^{-\mathrm{i}\varphi\sigma_z/2}\mathrm{e}^{-\mathrm{i}\theta\sigma_y/2}\chi_{1/2}(s_z)$$

其中 $\varphi=\varphi_2-\varphi_1$. 对于 a, b 的任意取值, 上述表达式中参变量 (θ,φ) 的取值范围为 $0\leqslant\theta\leqslant\pi$, $0\leqslant\varphi<4\pi$, 在该范围内 χ 是 (θ,φ) 的单值函数. 这里 (θ,φ) 的取值范围比方位角的取值范围扩大了一倍. $2\pi\leqslant\varphi<4\pi$ 的自旋态与 $0\leqslant\varphi<2\pi$ 的自旋态相比, 仅差一个负号 (相差 π), 如果忽略这个整体相位差①, 则参变量 (θ,φ)

①在拓扑相位有关一些场合, 这个相差不能忽略!

的取值范围可取为 $0 \leqslant \theta \leqslant \pi$, $0 \leqslant \varphi < 2\pi$, 也就是上面的方位角的取值范围. 这样与式 (7.30) 比较, 可知任意 $\hbar/2$ 自旋态必可惟一表示为 $\boldsymbol{\sigma}$ 在 (θ,φ) 方向的投影 σ_n 的本征态 (本征值为 1), 或者说自旋沿 (θ,φ) 方向的本征态. 若设该方向的单位矢量为 $\boldsymbol{n}$, 则按照后面题 7.18 式 (7.96), 在该态下的极化矢量 $\langle\boldsymbol{\sigma}\rangle = \boldsymbol{n}$.

说明 3 有时 $\boldsymbol{n}$ 用直角分量来表示 $\boldsymbol{n} = \boldsymbol{e}_x n_x + \boldsymbol{e}_y n_y + \boldsymbol{e}_z n_z$, 则

$$\sigma_n = \sigma_x n_x + \sigma_y n_y + \sigma_z n_z = \begin{pmatrix} n_z & n_x - \mathrm{i}n_y \\ n_x + \mathrm{i}n_y & -n_z \end{pmatrix} \tag{7.32}$$

此时可求得 [可以直接利用式 (7.29) 或式 (7.30) 所给波函数的 2 分量比值化简]

$$\chi_1 = \frac{1}{\sqrt{2(1+n_z)}}\begin{pmatrix} 1+n_z \\ n_x + \mathrm{i}n_y \end{pmatrix}, \quad \chi_2 = \frac{1}{\sqrt{2(1+n_z)}}\begin{pmatrix} n_x - \mathrm{i}n_y \\ -1-n_z \end{pmatrix} \tag{7.33}$$

或者

$$\chi_1 = \frac{1}{\sqrt{2(1-n_z)}}\begin{pmatrix} n_x - \mathrm{i}n_y \\ 1-n_z \end{pmatrix}, \quad \chi_2 = \frac{1}{\sqrt{2(1-n_z)}}\begin{pmatrix} -1+n_z \\ n_x + \mathrm{i}n_y \end{pmatrix} \tag{7.34}$$

如果 $n_z \neq \pm 1$, 则式 (7.33) 与式 (7.34) 等价 (仅差一个整体相因子). 如 $\boldsymbol{n} = (0,0,1)$ 用式 (7.33); 如 $\boldsymbol{n} = (0,0,-1)$ 则应用式 (7.34).

题 7.4 讨论下列算符是否存在? 如存在, 将它表示成 σ_x, σ_y, σ_z 和 1 的线性叠加.

(1) $(1+\sigma_x)^{1/2}$; (2) $(1+\sigma_x+\mathrm{i}\sigma_y)^{1/2}$; (3) $(1+\sigma_x)^{-1}$.

解法一 (1) 记 σ_x, σ_y, σ_z 和 1 为 σ_1, σ_2, σ_3 和 σ_0, 它们构成 2×2 复矩阵的完备基. σ_i 的乘法满足如下代数关系

$$\sigma_i\sigma_j = \delta_{ij} + \mathrm{i}\varepsilon_{ijk}\sigma_k, \quad i,j,k = 1,2,3 \tag{7.35}$$

$1+\sigma_x$ 为一非负定的 Hermite 算符, 作开方运算结果仍为一个 Hermite 算符. 由于 $\sigma_\alpha(\alpha = 0,1,2,3)$ 的完备性, 可设

$$(1+\sigma_x)^{1/2} = \sum_\alpha C_\alpha\sigma_\alpha \tag{7.36}$$

两边平方, 利用式 (7.35) 得

$$1+\sigma_1 = \sum_{\alpha=0}^{3} C_\alpha^2 + 2C_0\sum_{i=1}^{3} C_i\sigma_i + 0$$

比较两边相同项的系数, 得

$$\sum_{\alpha=0}^{3} C_\alpha^2 = 1, \quad 2C_0C_1 = 1, \quad 2C_0C_2 = 2C_0C_3 = 0$$

解得

$$C_0 = C_1 = \frac{1}{\sqrt{2}}, \quad C_2 = C_3 = 0$$

另一解 $C_0 = C_1 = -\frac{1}{\sqrt{2}}, C_2 = C_3 = 0$ 舍去. 这样

$$(1+\sigma_x)^{1/2} = \frac{1}{\sqrt{2}}(1+\sigma_x)$$

(2) 我们设

$$(1+\sigma_x+\mathrm{i}\sigma_y)^{1/2} = (1+\sigma_1+\mathrm{i}\sigma_2)^{1/2} = \sum_\alpha C_\alpha \sigma_\alpha \tag{7.37}$$

两边平方, 利用式 (7.35) 得

$$1+\sigma_1+\mathrm{i}\sigma_2 = \sum_{\alpha=0}^{3} C_\alpha^2 + 2C_0 \sum_{i=1}^{3} C_i\sigma_i + 0$$

比较两边相同项的系数, 得

$$\sum_{\alpha=0}^{3} C_\alpha^2 = 1, \quad 2C_0C_1 = 1, \quad 2C_0C_2 = \mathrm{i}, \quad 2C_0C_3 = 0$$

上式有 2 组解, 取 $C_0 > 0$ 的解得

$$C_0 = 1, \quad C_1 = \frac{1}{2}, \quad C_2 = \frac{\mathrm{i}}{2}, \quad C_3 = 0$$

这样

$$(1+\sigma_x+\mathrm{i}\sigma_y)^{1/2} = 1 + \frac{1}{2}(\sigma_x + \mathrm{i}\sigma_y)$$

(3) 在 σ_x 表象易知 $\det(1+\sigma_x) = 0$, 故 $(1+\sigma_x)$ 无逆矩阵, 即 $(1+\sigma_x)^{-1}$ 不存在.

解法二　(1) 利用本题附录, 可设

$$(1+\sigma_x)^{1/2} = C_0 I + C_1 \sigma_x$$

上式分别作用到 σ_x 的 2 个本征态上给出

$$\sqrt{2} = C_0 + C_1, \quad C_0 - C_1 = 0$$

解得

$$C_0 = C_1 = \frac{1}{\sqrt{2}}, \quad C_2 = C_3 = 0$$

这样

$$(1+\sigma_x)^{1/2} = \frac{1}{\sqrt{2}}(1+\sigma_x)$$

(2) 令 $A = \sigma_x + \mathrm{i}\sigma_y$, A 的本征值为 0(二重根), 且 A 不能通过相似变换对角化. 令

$$(1+A)^{1/2} = C_0 + C_1 A$$

上式的导数

$$\frac{1}{2}(1+A)^{-1/2}=C_1$$

将以上两式作用于 A 的本征态 (本征值为 0) 上有

$$C_0=1,\quad C_1=\frac{1}{2}$$

因而

$$(1+\sigma_x+\mathrm{i}\sigma_y)^{1/2}=1+\frac{1}{2}(\sigma_x+\mathrm{i}\sigma_y)$$

与前面解答一致.

附录 (有限维算符 (矩阵) 整函数展开的一种简单方法) 设 A 为 n 维方阵, 由线性代数中的 Hamilton-Cayley 定理, 构造关于 λ 的 n 次多项式 $\varphi(\lambda)=\det(A-\lambda I)$, 必有 $\varphi(A)=0$. 由于 $\varphi(\lambda)$ 为 λ 的 n 次多项式, 故

$$\sum_{i=0}^{n-1}C_iA^i+A^n=0$$

即 A^n(从而任意的 A^k, $k\geqslant n$) 可由 $I,A,\cdots,A^{n-1}$ 线性表示, 因此对于任意的整函数 $f(x)=\sum\limits_{i=0}C_ix^i$, 有

$$f(A)=\sum_{i-0}^{n-1}b_iA^i \tag{7.38}$$

若 A 的本征值 $\lambda_i(i=1,2,3,\cdots,n)$ 皆为单根, 可将式 (7.38) 作用于 A 的相互独立的 n 个本征态 $|\lambda_i\rangle$ 上有

$$f(\lambda_i)=\sum_{l=0}^{n-1}b_l\lambda_i^l,\quad i=1,2,3,\cdots,n \tag{7.39}$$

这是关于 b_l 的 n 个独立方程, 可将 $f(A)$ 中 n 个系数 b_l $(l=0,1,2,\cdots,n-1)$ 解出.

若 λ_i 中有重根, 不妨假设 λ_j 为 f_j 重根. 方程组 (7.39) 中 n 个方程不独立. 但我们可将式 (7.38) 及其 1 至 (f_j-1) 阶导数, 作用到 f_j 重根 λ_j 对应的本征态 $|\lambda_j\rangle$ 上, 这样仍可有 n 个独立方程以确定 b_l $(l=0,1,2,\cdots,n-1)$. 对于 λ_i 中有重根, 但 A 是可对角化的 (相似变换), 这时式 (7.38) 可简化. 设 A 的所有互异的本征值为 λ_i $(i=1,2,3,\cdots,m<n)$, 可证 A 的最简单多项式为

$$m_A(\lambda)=\prod_{i=1}^{m}(\lambda-\lambda_i)$$

即有

$$m_A(A)=0$$

这时 $f(A)$ 的展开式为

$$f(A)=\sum_{l=0}^{n-1}C_lA^l$$

题 7.5　在自旋态下 $\chi_{\frac{1}{2}}(s_z)=\begin{pmatrix}1\\0\end{pmatrix}$, 求 $\overline{\Delta s_x^2}$ 和 $\overline{\Delta s_y^2}$.

解法一　$\overline{\Delta s_x^2}$ 和 $\overline{\Delta s_y^2}$ 是 s_x^2 和 s_y^2 的均方偏差

$$\overline{\Delta s_x^2}=\overline{s_x^2}-(\overline{s_x})^2,\quad \overline{\Delta s_y^2}=\overline{s_y^2}-(\overline{s_y})^2$$

由于 $s_x=\dfrac{\hbar}{2}\sigma_x$, $\sigma_x^2=1$, 故 $s_x^2=\dfrac{\hbar^2}{4}$. 而

$$\overline{s_x}=\chi_{\frac{1}{2}}(s_z)s_x\chi_{\frac{1}{2}}(s_z)=\chi_{\frac{1}{2}}(s_z)\frac{\hbar}{2}\chi_{-\frac{1}{2}}(s_z)=\frac{\hbar}{2}\chi_{\frac{1}{2}}(s_z)\chi_{-\frac{1}{2}}(s_z)=0$$

因此 $\overline{\Delta s_x^2}=\dfrac{\hbar^2}{4}$, 又因为在 $\chi_{\frac{1}{2}}(s_z)$ 态下, s_x 与 s_y 对称, 故

$$\overline{\Delta s_y^2}=\overline{\Delta s_x^2}=\frac{\hbar^2}{4}$$

解法二　由于 $s_x=\dfrac{\hbar}{2}\sigma_x$, $\sigma_x^2=1$. 故 $s_x^2=\dfrac{\hbar^2}{4}$. 由于 $s_ys_z-s_zs_y=\mathrm{i}\hbar s_x$, 此式两边对 $\chi_{\frac{1}{2}}(s_z)$ 态取平均即得 $\overline{s_x}=0$. 这样

$$\overline{\Delta s_x^2}=\overline{s_x^2}-(\overline{s_x})^2=\frac{\hbar^2}{4}$$

同样可求 $\overline{\Delta s_y^2}=\dfrac{\hbar^2}{4}$.

解法三　由对称性 $\overline{(\Delta s_x)^2}=\overline{(\Delta s_y)^2}$. 再由于 $\overline{s_x}=\overline{s_y}=0$ 得

$$\overline{(\Delta s_x)^2}=\overline{(s_x-\overline{s_x})^2}=\overline{s_x^2},\ \overline{(\Delta s_y)^2}=\overline{(s_y-\overline{s_y})^2}=\overline{s_y^2}$$

这样

$$\begin{aligned}\overline{(\Delta s_x)^2}=\overline{(\Delta s_y)^2}&=\frac{1}{2}\left[\overline{(\Delta s_x)^2}+\overline{(\Delta s_y)^2}\right]=\frac{1}{2}\overline{s_x^2+s_y^2}\\&=\frac{1}{2}\overline{\boldsymbol{s}^2-s_z^2}=\frac{1}{2}(\overline{\boldsymbol{s}^2}-\overline{s_z^2})=\frac{1}{2}\left[\frac{1}{2}\left(\frac{1}{2}+1\right)-\left(\frac{1}{2}\right)^2\right]\hbar^2=\frac{1}{4}\hbar^2\end{aligned}$$

题 7.6　设矩阵 A, B, C 满足 $A^2=B^2=C^2=1$, $BC-CB=\mathrm{i}A$.

(1) 证明 $AB+BA=AC+CA=0$;

(2) 在 A 表象中, 求出 B 和 C 的矩阵表示 (设无简并).

解法一 (1) [证明] 由 $BC-CB=\mathrm{i}A$ 得 $A=\mathrm{i}CB-\mathrm{i}BC$, 再由 $A^2=B^2=C^2=1$ 得

$$AB+BA=\mathrm{i}C-\mathrm{i}BCB+\mathrm{i}BCB-\mathrm{i}C=0$$

$$AC+CA=\mathrm{i}CBC-\mathrm{i}B+\mathrm{i}B-\mathrm{i}CBC=0$$

即得

$$AB+BA=AC+CA=0 \tag{7.40}$$

也就是 A 与 B, C 都反对易.

(2) $A^2=1$, 即 $(A-1)(A+1)=0$, 由矩阵的 Hamilton 原理, 知 A 的本征值只有 1 和 -1. 按题意, 无简并情况, 故相应于 A 的 ±1 两个本征值, A 表象只有 2 个基矢, 而 A 的矩阵表示为

$$A=\begin{pmatrix}1&0\\0&-1\end{pmatrix} \tag{7.41}$$

现在设 $B=\begin{pmatrix}a&b\\c&d\end{pmatrix}$, 则 $AB+BA=0$ 给出

$$\begin{pmatrix}1&0\\0&-1\end{pmatrix}\begin{pmatrix}a&b\\c&d\end{pmatrix}+\begin{pmatrix}a&b\\c&d\end{pmatrix}\begin{pmatrix}1&0\\0&-1\end{pmatrix}=\begin{pmatrix}2a&0\\0&2d\end{pmatrix}=0$$

上式给出 $a=d=0$. 再 $B^2=1$ 给出

$$\begin{pmatrix}0&b\\c&0\end{pmatrix}\begin{pmatrix}0&b\\c&0\end{pmatrix}=\begin{pmatrix}bc&0\\0&bc\end{pmatrix}=\begin{pmatrix}1&0\\0&1\end{pmatrix}$$

上式给出 $bc=1$. 所以 b, c 都不为零, 可取 $c=b^{-1}$. 这样

$$B=\begin{pmatrix}0&b\\b^{-1}&0\end{pmatrix} \tag{7.42}$$

同理由 $AC+CA=0$, $C^2=1$ 得,

$$C=\begin{pmatrix}0&c\\c^{-1}&0\end{pmatrix} \tag{7.43}$$

上面 b, c 都是不为零的复数. 最后由 $BC-CB=\mathrm{i}A$ 得

$$\begin{aligned}\mathrm{i}\begin{pmatrix}1&0\\0&-1\end{pmatrix}&=\begin{pmatrix}0&b\\b^{-1}&0\end{pmatrix}\begin{pmatrix}0&c\\c^{-1}&0\end{pmatrix}-\begin{pmatrix}0&c\\c^{-1}&0\end{pmatrix}\begin{pmatrix}0&b\\b^{-1}&0\end{pmatrix}\\&=\begin{pmatrix}bc^{-1}-b^{-1}c&0\\0&b^{-1}c-bc^{-1}\end{pmatrix}\end{aligned}$$

上式给出 $bc^{-1}-b^{-1}c=\mathrm{i}$, 即

$$b^2-c^2=\mathrm{i}bc \tag{7.44}$$

这是参数 b 与 c 必须满足的条件.

解法二　(关于第 (2) 小题) 按解法一得到 A 在其自身表象中的矩阵表示 (7.41) 后, 由于 A 与 B, C 的反对易关系 (7.40), B, C 的对角元必然都为零. 例如设 A 的两个本征态为 $|1\rangle$, $|2\rangle$, 由式 (7.40)

$$\langle |i|AB+BA|i\rangle=0$$

其中 $i=1,2$. 利用 A 的本征方程, 上式给出

$$\langle i|B|i\rangle=0$$

也就是在 A 表象中, B 的对角元必然都为零. 同样按式 (7.40), 因 A 与 C 反对易, C 的对角元必然都为零.

再考虑 $B^2=1$, $C^2=1$, 分别给出其矩阵形式 (7.42) 与 (7.43).

最后由 $BC-CB=\mathrm{i}A$ 得出式 (7.44).

题 7.7　设矩阵 A 和 B 满足 $A^2=0$, $AA^\dagger+A^\dagger A=1$, $B=AA^\dagger$.

(1) 试证明 $B^2=B$;

(2) 在 B 表象中求出 A、B 的矩阵表示式.

解答　(1) [证明] 由 $B=AA^\dagger$ 和 $A^2=0$, $AA^\dagger+A^\dagger A=1$ 得

$$B^2=AA^\dagger AA^\dagger=A\left(A^\dagger A\right)A^\dagger=A\left(A^\dagger A+AA^\dagger\right)A^\dagger=AA^\dagger=B,$$

即得 $B^2=B$;

(2) 由于 $B^2=B$, 即 $B\left(B-1\right)=0$, 由矩阵的 Hamilton 原理, 知 B 的本征值只有 0 和 1. 这样在 B 表象中 B 的矩阵表示为

$$B=\begin{pmatrix}1&0\\0&0\end{pmatrix}$$

设 $A=\begin{pmatrix}a&b\\c&d\end{pmatrix}$, 则 $A^\dagger=\begin{pmatrix}a^*&c^*\\b^*&d^*\end{pmatrix}$, $A^\dagger A=B$ 给出

$$\begin{pmatrix}a^*&c^*\\b^*&d^*\end{pmatrix}\begin{pmatrix}a&b\\c&d\end{pmatrix}=\begin{pmatrix}|a|^2+|c|^2&a^*b+c^*d\\b^*a+db^*&|b|^2+|d|^2\end{pmatrix}=\begin{pmatrix}1&0\\0&0\end{pmatrix}$$

由 $|b|^2+|d|^2=0$ 知 $b=d=0$. 这样 $A=\begin{pmatrix} a & 0 \\ c & 0 \end{pmatrix}$. $AA^\dagger+A^\dagger A=1$ 给出

$$\begin{pmatrix} a & 0 \\ c & 0 \end{pmatrix}\begin{pmatrix} a^* & c^* \\ 0 & 0 \end{pmatrix}+\begin{pmatrix} a^* & c^* \\ 0 & 0 \end{pmatrix}\begin{pmatrix} a & 0 \\ c & 0 \end{pmatrix}$$

$$=\begin{pmatrix} 2|a|^2+|c|^2 & ac^* \\ ca^* & |c|^2 \end{pmatrix}=\begin{pmatrix} 1 & 0 \\ 0 & 1 \end{pmatrix}$$

由上式得 $2|a|^2+|c|^2=|c|^2=1$, 可见 $|a|^2=0$, 故 $a=0$. $|c|^2=1$, 可取 $c=\mathrm{e}^{\mathrm{i}\alpha}$, α 为实数. 最后结果为

$$B=\begin{pmatrix} 1 & 0 \\ 0 & 0 \end{pmatrix},\quad A=\begin{pmatrix} 0 & 0 \\ \mathrm{e}^{\mathrm{i}\alpha} & 0 \end{pmatrix}$$

容易验证 $B=A^\dagger A$.

另解 (关于第 (2) 小题) 令 B 表象中两个本征态为 $|1\rangle$, $|2\rangle$, 其本征值分别为 1 和 0, 在 B 自身表象中有

$$B=\begin{pmatrix} 1 & 0 \\ 0 & 0 \end{pmatrix}$$

设 $A=\begin{pmatrix} a & b \\ c & d \end{pmatrix}$, 由下列关系

$$BA=A^\dagger A^2=0$$

给出 $a=b=0$.

$A^2=0$ 给出

$$\begin{pmatrix} 0 & 0 \\ c & d \end{pmatrix}\begin{pmatrix} 0 & 0 \\ c & d \end{pmatrix}=\begin{pmatrix} 0 & 0 \\ cd & d^2 \end{pmatrix}$$

给出 $d^2=0$, $cd=0$, 从而 $d=0$.

$AA^\dagger+A^\dagger A=1$ 给出

$$\begin{pmatrix} 0 & 0 \\ c & 0 \end{pmatrix}\begin{pmatrix} 0 & c^* \\ 0 & 0 \end{pmatrix}+\begin{pmatrix} 0 & c^* \\ 0 & 0 \end{pmatrix}\begin{pmatrix} 0 & 0 \\ c & 0 \end{pmatrix}$$

$$=\begin{pmatrix} |c|^2 & 0 \\ 0 & |c|^2 \end{pmatrix}=\begin{pmatrix} 1 & 0 \\ 0 & 1 \end{pmatrix}$$

由上式得 $|c|^2=1$, 可取 $c=\mathrm{e}^{\mathrm{i}\alpha}$, α 为实数.

题 7.8 满足 $U^\dagger U=UU^\dagger=1$(幺正), $\det U=1$(幺模) 的 n 维矩阵称为 SU_n 矩阵. 求 SU_2 的一般形式.

解答 设这样一个 SU_2 矩阵为

$$U = \begin{pmatrix} a & b \\ c & d \end{pmatrix}, \quad U^\dagger = \begin{pmatrix} a^* & c^* \\ b^* & d^* \end{pmatrix} \tag{7.45}$$

条件 $U^\dagger U = 1$ 给出

$$aa^* + cc^* = bb^* + dd^* = 1 \tag{7.46a}$$

$$a^*b + c^*d = ab^* + cd^* = 0 \tag{7.46b}$$

条件 $UU^\dagger = 1$ 给出

$$aa^* + bb^* = cc^* + dd^* = 1 \tag{7.47a}$$

$$ac^* + bd^* = a^*c + b^*d = 0 \tag{7.47b}$$

条件 $\det U = 1$ 给出

$$ad - bc = 1 \tag{7.48}$$

由式 (7.46a) 以及式 (7.47a) 易得

$$bb^* = cc^*, \quad aa^* = dd^*$$

综合式 (7.46a) 可以令

$$\begin{aligned} a &= \cos\omega e^{i\alpha}, \quad b = \sin\omega e^{i\beta} \\ d &= \cos\omega e^{i\gamma}, \quad c = \sin\omega e^{i\delta} \end{aligned} \tag{7.49}$$

上面 $\alpha, \beta, \gamma, \delta$ 和 ω 为实参量. 将上式代入式 (7.48) 得

$$\cos^2\omega e^{i(\alpha+\gamma)} - \sin^2\omega e^{i(\beta+\delta)} = 1 \tag{7.50}$$

上式左边最大值为 1, 这只有当

$$e^{i(\alpha+\gamma)} = 1, \quad e^{i(\beta+\delta)} = -1$$

时取到, 或者

$$e^{i\gamma} = e^{-i\alpha}, \quad e^{i\delta} = -e^{i\beta}$$

代入式 (7.49), 进而得

$$U = \begin{pmatrix} \cos\omega e^{i\alpha} & \sin\omega e^{i\beta} \\ -\sin\omega e^{-i\beta} & \cos\omega e^{-i\alpha} \end{pmatrix}$$

α, β, ω 为三个实参量. 这是所求 SU_2 的一般形式.

说明 2×2 的幺正, 幺模矩阵一般表达式的另一种表示法为

$$e^{i\boldsymbol{\sigma}\cdot\boldsymbol{\theta}}=e^{i\theta\boldsymbol{\sigma}\cdot\boldsymbol{n}}$$

其意义是将自旋态绕 $\boldsymbol{n}$ 方向旋转 -2θ, 它有 3 个独立参数.

题 7.9 某个状态 $|\varphi\rangle$ 是 $\boldsymbol{L}^2$ 和 L_z 的共同本征态:

$$\boldsymbol{L}^2|\varphi\rangle=l(l+1)\hbar^2|\varphi\rangle,\quad L_z|\varphi\rangle=m\hbar|\varphi\rangle$$

在这个态下计算 $\langle L_x\rangle$ 和 $\langle L_x^2\rangle$.

解法一 可认为 $|\varphi\rangle=|l,m\rangle$ 为轨道角动量态, 在坐标表象球坐标下即球谐函数, 因为 $L_\pm=L_x\pm iL_y$, 故有

$$L_x=\frac{1}{2}(L_++L_-)$$

利用 $L_\pm|l,m\rangle=\sqrt{l(l+1)-m(m\pm 1)}\hbar|l,m\pm 1\rangle$, 以及球谐函数的正交性, 可得

$$\langle L_x\rangle=\frac{1}{2}(\langle L_+\rangle+\langle L_-\rangle)=0$$

以及

$$\begin{aligned}\langle L_x^2\rangle&=\frac{1}{4}\langle (L_++L_-)\rangle\\&=\frac{1}{4}(\langle L_+^2\rangle+\langle L_+L_-\rangle+\langle L_-L_+\rangle+\langle L_-^2\rangle)\\&=\frac{1}{4}(\langle L_+L_-\rangle+\langle L_-L_+\rangle)\\&=\frac{1}{4}[l(l+1)-m(m+1)+l(l+1)-m(m+1)]\hbar^2\\&=\frac{1}{2}[l(l+1)-m(m+1)]\hbar^2\end{aligned}$$

解法二 L_z 的本征态 $|\varphi\rangle$ 满足 $L_z|\varphi\rangle=m\hbar|\varphi\rangle$. 因

$$L_yL_z-L_zL_y=i\hbar L_x$$

两边对 $|\varphi\rangle$ 求平均值

$$i\hbar\langle\varphi|L_x|\varphi\rangle=\langle\varphi|L_yL_z-L_zL_y|\varphi\rangle=m\hbar\langle\varphi|L_y|\varphi\rangle-m\hbar\langle\varphi|L_y|\varphi\rangle=0$$

可见 $\overline{L}_x=0$. 同样 $\overline{L}_y=0$.

由对称性 $\overline{L_x^2}=\overline{L_y^2}$ (假设坐标轴绕z转 $\pi/2$, 则在此变换下 $x\to y$, $y\to -x$, $z\to z$, 而 Y_{lm} 态不变). 这样

$$\begin{aligned}\langle L_x^2\rangle=\langle L_y^2\rangle&=\frac{1}{2}[\langle L_x^2\rangle+\langle L_y^2\rangle]=\frac{1}{2}\langle L_x^2+L_y^2\rangle\\&=\frac{1}{2}\langle \boldsymbol{L}^2-L_z^2\rangle=\frac{1}{2}(\langle \boldsymbol{L}^2\rangle-\overline{L_z^2})=\frac{1}{2}[l(l+1)-m^2]\hbar^2\end{aligned}$$

说明　关于在 L_z 本征态 $|lm\rangle$ 下 $\langle L_x^2\rangle = \langle L_y^2\rangle$, 也可如下严格证明. 由角动量态的升、降算符

$$L_+ = L_x + \mathrm{i}L_y, \qquad L_- = L_x - \mathrm{i}L_y = L_+^\dagger$$

可知

$$L_x = \frac{1}{2}(L_+ + L_-), \qquad L_y = \frac{1}{2\mathrm{i}}(L_+ - L_-)$$

因此

$$\begin{aligned}\langle lm| L_x^2 |lm\rangle &= \frac{1}{4}\langle lm| L_+L_+ + L_+L_- + L_-L_+ + L_-L_- |lm\rangle \\ &= \frac{1}{4}\langle lm| L_+L_- + L_-L_+ |lm\rangle \\ \langle lm| L_y^2 |lm\rangle &= \frac{1}{4}\langle lm| L_+L_+ + L_+L_- + L_-L_+ - L_-L_- |lm\rangle \\ &= \frac{1}{4}\langle lm| L_+L_- + L_-L_+ |lm\rangle\end{aligned}$$

可见 $\langle L_x^2\rangle = \langle L_y^2\rangle$.

也可如此证明. 利用

$$[L_i,\ L_j] = \mathrm{i}\hbar\varepsilon_{ijk}L_k$$

可得算符关系

$$\begin{aligned}\mathrm{i}\hbar L_x^2 &= (L_yL_z - L_zL_y)L_x = L_y(L_xL_z + \mathrm{i}\hbar L_y) - L_zL_yL_x \\ &= \mathrm{i}\hbar L_y^2 + L_yL_xL_z - L_zL_yL_x\end{aligned}$$

也就是

$$\mathrm{i}\hbar L_x^2 = \mathrm{i}\hbar L_y^2 + L_yL_xL_z - L_zL_yL_x$$

将上式在 $|lm\rangle$ 下求平均, 后面两项相消, 有

$$\langle L_x^2\rangle = \langle L_y^2\rangle$$

题 7.10　一粒子的某个量子态, 在直角坐标 x, y, z 中由归一化波函数

$$\psi(x,y,z) = \frac{\alpha^{5/2}}{\sqrt{\pi}} z \exp\left[-\alpha\left(x^2+y^2+z^2\right)\right]$$

描述. 证明它处在一个具有确定的角动量的态上, 并给出该态相应的 $\boldsymbol{L}^2$ 和 L_z 值.

解答　用球坐标将波函数改写为

$$\psi(r,\theta,\varphi) = \frac{\alpha^{5/2}}{\sqrt{\pi}} r\cos\theta\exp\left[-\alpha r^2\right]$$

波函数的角度部分与径向部分分离, 其角动量性质与径向波函数无关. 角度部分的波函数为 $A\cos\theta = KY_{10}$, 其中 A, K 都为常数. 故该态处在 $\boldsymbol{L}^2$ 和 L_z 的共同本征态, 角量子数、磁量子数分别为 1, 0. 因而在该态下 $\boldsymbol{L}^2$ 和 L_z 本征值分别为

$$2\hbar^2, \quad 0$$

题 7.11 (1) 考虑自旋为 1/2 的系统, 求出算符 $AS_y + BS_z$ 的本征值及归一化的本征波函数. 其中 S_y、S_z 是角动量算符, 且 A、B 是实常数;

(2) 假定此系统处于以上算符的一个本征态上, 求测量 S_y 得到结果 $\hbar/2$ 的概率.

解法一 (1) 设 $T = AS_y + BS_z$, 则在 $(\boldsymbol{S}^2, S_z)$ 表象中有

$$T = \frac{\hbar}{2}\begin{pmatrix} B & -\mathrm{i}A \\ \mathrm{i}A & -B \end{pmatrix}$$

设 T 的本征值为 $\lambda\frac{\hbar}{2}$, 有

$$\det\begin{pmatrix} B-\lambda & -\mathrm{i}A \\ \mathrm{i}A & -B-\lambda \end{pmatrix} = 0$$

由此解得

$$\lambda = \pm\sqrt{A^2+B^2}$$

设归一化的本征态为 $\begin{pmatrix} a \\ b \end{pmatrix}$, 满足 $|a|^2 + |b|^2 = 1$, 则由本征方程

$$\begin{pmatrix} B & -\mathrm{i}A \\ \mathrm{i}A & -B \end{pmatrix}\begin{pmatrix} a \\ b \end{pmatrix} = \lambda\begin{pmatrix} a \\ b \end{pmatrix}$$

可以解出如下所给的本征态

$$|\Psi_\pm\rangle = \left[\frac{1}{A^2+\left(B\mp\sqrt{A^2+B^2}\right)^2}\right]^{1/2}\begin{pmatrix} +\mathrm{i}A \\ B\mp\sqrt{A^2+B^2} \end{pmatrix}$$

(2) 在 $(\boldsymbol{S}^2, S_z)$ 表象中 S_y 的本征态为 (见题 7.2)

$$\left|S_y = \pm\frac{\hbar}{2}\right\rangle = \frac{1}{\sqrt{2}}\begin{pmatrix} 1 \\ \pm\mathrm{i} \end{pmatrix}$$

故在算符 $AS_y + BS_x$ 的本征态 $|\Psi_\pm\rangle$ 下发现 $S_y = \dfrac{\hbar}{2}$ 的概率幅为

$$\langle S_y = \frac{\hbar}{2}|\Psi_\pm\rangle = \frac{1}{\sqrt{2}\sqrt{A^2+\left(B\mp\sqrt{A^2+B^2}\right)^2}}\left(\mathrm{i}A - \mathrm{i}B \pm \mathrm{i}\sqrt{A^2+B^2}\right)$$

相应概率为

$$P_\pm = \left|\langle S_y = \frac{\hbar}{2}|\Psi_\pm\rangle\right|^2 = \frac{1}{2}\frac{1}{A^2+\left(B\mp\sqrt{A^2+B^2}\right)^2}\left(B\mp\sqrt{A^2+B^2}-A\right)^2$$

$$= \frac{\sqrt{A^2+B^2}\pm A}{2\sqrt{A^2+B^2}}$$

其中 $P_\pm$ 是分别当系统处在 $T=\pm\frac{\hbar}{2}\sqrt{A^2+B^2}$ 时的概率.

解法二　(1) 可将 $T=AS_y+BS_z$ 写为

$$T=\sqrt{A^2+B^2}\frac{\hbar}{2}\boldsymbol{n}\cdot\boldsymbol{\sigma}$$

的形式, 其中 $\boldsymbol{n}=\frac{A}{\sqrt{A^2+B^2}}\boldsymbol{e}_y+\frac{B}{\sqrt{A^2+B^2}}\boldsymbol{e}_z$, 其方位角 (θ,φ) 由

$$\cos\theta=\frac{B}{\sqrt{A^2+B^2}},\quad \sin\theta=\frac{A}{\sqrt{A^2+B^2}},\quad \varphi=\frac{\pi}{2}$$

给出. 按题 7.3 直接写出 $T=\sqrt{A^2+B^2}\frac{\hbar}{2}\boldsymbol{n}\cdot\boldsymbol{\sigma}$ 的本征态如下

$$|\Psi_+\rangle=\begin{pmatrix}\cos\frac{\theta}{2}\\ \sin\frac{\theta}{2}\mathrm{e}^{\mathrm{i}\varphi}\end{pmatrix}=\begin{pmatrix}\cos\frac{\theta}{2}\\ \mathrm{i}\sin\frac{\theta}{2}\end{pmatrix}$$

$$|\Psi_-\rangle=\begin{pmatrix}\sin\frac{\theta}{2}\mathrm{e}^{-\mathrm{i}\varphi}\\ -\cos\frac{\theta}{2}\end{pmatrix}=-\begin{pmatrix}\mathrm{i}\sin\frac{\theta}{2}\\ \cos\frac{\theta}{2}\end{pmatrix}$$

其本征值分别为 $\pm\sqrt{A^2+B^2}\frac{\hbar}{2}$.

(2) 在 $(\boldsymbol{S}^2,S_z)$ 表象中 S_y 的本征态为 (见题 7.2)

$$\left|S_y=\frac{\hbar}{2}\right\rangle=\frac{1}{\sqrt{2}}\begin{pmatrix}1\\ \mathrm{i}\end{pmatrix}$$

在算符 AS_y+BS_x 的本征态 $|\Psi_+\rangle$ 下发现 $S_y=\frac{\hbar}{2}$ 的概率幅为

$$\langle S_y=\frac{\hbar}{2}|\Psi_+\rangle=\frac{1}{\sqrt{2}}(1,-\mathrm{i})\begin{pmatrix}\cos\frac{\theta}{2}\\ \mathrm{i}\sin\frac{\theta}{2}\end{pmatrix}=\frac{1}{\sqrt{2}}\left(\cos\frac{\theta}{2}+\sin\frac{\theta}{2}\right)$$

相应概率为

$$P_+=\left|\langle S_y=\frac{\hbar}{2}|\Psi_+\rangle\right|^2=\frac{1+\sin\theta}{2}=\frac{\sqrt{A^2+B^2}+A}{2\sqrt{A^2+B^2}}$$

同理可得

$$P_-=\left|\langle S_y=\frac{\hbar}{2}|\Psi_-\rangle\right|^2=\frac{\sqrt{A^2+B^2}-A}{2\sqrt{A^2+B^2}}$$

说明 T 的本征值也可如下给出. 设

$$T = AS_y + BS_x = A\frac{1}{2}\hbar\sigma_y + B\frac{1}{2}\hbar\sigma_z$$

利用 $\{\sigma_i, \sigma_j\} = 2\delta_{ij}$, 即有

$$T^2 = \frac{1}{4}\hbar^2\left(A^2 + B^2 + AB\{\sigma_y, \sigma_z\}\right) = \frac{1}{4}\hbar^2\left(A^2 + B^2\right)$$

由此得 T 的两个本征值为

$$T = \pm\frac{\hbar}{2}\sqrt{A^2 + B^2}$$

另本题也可以在 S_y 表象中求解.

题 7.12 考虑一个电子在沿 z 方向的均匀磁场中运动. 在 $t = 0$ 时刻测量得到电子自旋沿 $+y$ 方向. 求在 $t > 0$ 时自旋的 Schrödinger 态矢及沿 x 方向的平均极化率 (正比于 S_x 的期望值).

解答 取 $\boldsymbol{S}^2, S_z$ 表象, 则电子自旋态初态为 $\frac{1}{\sqrt{2}}\begin{pmatrix} 1 \\ \mathrm{i} \end{pmatrix}$. 演化满足 Schrödinger 方程

$$\mathrm{i}\hbar\frac{\mathrm{d}}{\mathrm{d}t}|\Psi\rangle = -\boldsymbol{\mu}\cdot\boldsymbol{B}|\Psi\rangle \tag{7.51}$$

其中

$$-\boldsymbol{\mu}\cdot\boldsymbol{B} = -\mu_0 B\sigma_z = \begin{pmatrix} -\mu_0 B & 0 \\ 0 & \mu_0 B \end{pmatrix} \tag{7.52}$$

令 $|\Psi\rangle = \begin{pmatrix} \chi_1 \\ \chi_2 \end{pmatrix}$, 代入式 (7.51), 得微分方程组

$$\mathrm{i}\hbar\frac{\mathrm{d}}{\mathrm{d}t}\chi_1 = -\mu_0 B\chi_1 \tag{7.53}$$

$$\mathrm{i}\hbar\frac{\mathrm{d}}{\mathrm{d}t}\chi_2 = \mu_0 B\chi_2 \tag{7.54}$$

令 $\frac{\mu_0 B}{\hbar} = \omega$, 可得到如下形式的解

$$\begin{cases} \chi_1 = a\exp(\mathrm{i}\omega t) \\ \chi_2 = b\exp(-\mathrm{i}\omega t) \end{cases}$$

代入初条件, 得

$$\Psi(t) = \begin{pmatrix} \chi_1 \\ \chi_2 \end{pmatrix} = \frac{1}{\sqrt{2}}\begin{pmatrix} \mathrm{e}^{\mathrm{i}\omega t} \\ \mathrm{i}\mathrm{e}^{-\mathrm{i}\omega t} \end{pmatrix} \tag{7.55}$$

在该时间演化态下, S_x 的期望值

$$\langle S_x\rangle=(\chi_1^*,\chi_2^*)\,S_x\begin{pmatrix}\chi_1\\ \chi_2\end{pmatrix}=\frac{\hbar}{2}\sin 2\omega t$$

题 7.13　两个自旋为 $\frac{1}{2}$ 的粒子组成一个复合系统. 自旋 A 在 $S_z=\frac{1}{2}$ 的本征态, 自旋 B 在 $S_x'=\frac{1}{2}$ 的本征态. 求发现系统自旋为零的概率.

解答　按题意, 系统所处状态

$$\left|S_z=\frac{1}{2}\right\rangle_A\otimes\left|S_x'=\frac{1}{2}\right\rangle_B$$

将其写到 S_z 的表象中, 有

$$|\Psi\rangle=\left|S_z=\frac{1}{2}\right\rangle_A\otimes\frac{1}{\sqrt{2}}\left(\left|S_z=\frac{1}{2}\right\rangle_B+\left|S_z=-\frac{1}{2}\right\rangle_B\right)$$

总自旋为零的态可以写为

$$|0\rangle=\frac{1}{\sqrt{2}}\left(\left|S_z=\frac{1}{2}\right\rangle_A\left|S_z=-\frac{1}{2}\right\rangle_B-\left|S_z=-\frac{1}{2}\right\rangle_A\left|S_z=\frac{1}{2}\right\rangle_B\right)$$

发现总自旋为 0 的概率

$$P=|\langle 0|\Psi\rangle|^2=\frac{1}{4}$$

题 7.14　预先建立一个 Stern-Gerlach 实验, 使得一个电子自旋 z 分量为 $-\frac{\hbar}{2}$. 在 $t=0$ 时刻加入一个沿 x 方向的均匀磁场 $\boldsymbol{B}$. 问:

(1) 经过时间 T 后, 测自旋 z 分量的结果是什么?

(2) 如果不是测自旋的 z 分量, 而是 x 分量, 则结果如何?

解答　设自旋波函数在 S_z 表象中为 $\begin{pmatrix}\chi_1\\ \chi_2\end{pmatrix}$, 它满足下面的方程

$$\mathrm{i}\hbar\frac{\mathrm{d}}{\mathrm{d}t}\begin{pmatrix}\chi_1\\ \chi_2\end{pmatrix}=\frac{\mathrm{e}\hbar B}{2mc}\sigma_x\begin{pmatrix}\chi_1\\ \chi_2\end{pmatrix}=\hbar\omega\sigma_x\begin{pmatrix}\chi_1\\ \chi_2\end{pmatrix}\tag{7.56}$$

其中 $\omega\equiv\frac{\mathrm{e}B}{2mc}$ 为 Lamor 频率, 化简得

$$\begin{cases}\mathrm{i}\dot{\chi}_1=\omega\chi_2\\ \mathrm{i}\dot{\chi}_2=\omega\chi_1\end{cases}\tag{7.57}$$

解得

$$\begin{cases} \chi_1 = A\mathrm{e}^{\mathrm{i}\omega t} + B\mathrm{e}^{-\mathrm{i}\omega t} \\ \chi_2 = -A\mathrm{e}^{\mathrm{i}\omega t} + B\mathrm{e}^{-\mathrm{i}\omega t} \end{cases} \tag{7.58}$$

代入初条件 $\begin{cases} \chi_1(t=0)=0 \\ \chi_2(t=0)=1 \end{cases}$ 解出

$$A = -\frac{1}{2}, \quad B = \frac{1}{2}$$

于是

$$\begin{cases} \chi_1 = -\dfrac{1}{2}\mathrm{e}^{\mathrm{i}\omega t} + \dfrac{1}{2}\mathrm{e}^{-\mathrm{i}\omega t} = -\mathrm{i}\sin\omega t \\ \chi_2 = \dfrac{1}{2}\mathrm{e}^{\mathrm{i}\omega t} + \dfrac{1}{2}\mathrm{e}^{-\mathrm{i}\omega t} = \cos\omega t \end{cases} \tag{7.59}$$

(1) T 时刻自旋波函数

$$\Psi(T) = \begin{pmatrix} \chi_1(T) \\ \chi_2(T) \end{pmatrix} = \begin{pmatrix} -\mathrm{i}\sin\omega T \\ \cos\omega T \end{pmatrix} \tag{7.60}$$

S_z 的本征态为

$$\begin{cases} \left|S_z = \dfrac{\hbar}{2}\right\rangle = \begin{pmatrix} 1 \\ 0 \end{pmatrix} \\ \left|S_z = -\dfrac{\hbar}{2}\right\rangle = \begin{pmatrix} 0 \\ 1 \end{pmatrix} \end{cases} \tag{7.61}$$

由测量假设可得

$$\begin{cases} P_{z\uparrow} = \left|\langle S_z = \dfrac{\hbar}{2}|\Psi\rangle\right|^2 = \sin^2\omega T \\ P_{z\downarrow} = \left|\langle S_z = -\dfrac{\hbar}{2}|\Psi\rangle\right|^2 = \cos^2\omega T \end{cases} \tag{7.62}$$

(2) S_x 的本征态为

$$\begin{cases} \left|S_x = \dfrac{\hbar}{2}\right\rangle = \dfrac{1}{\sqrt{2}}\begin{pmatrix} 1 \\ 1 \end{pmatrix} \\ \left|S_x = -\dfrac{\hbar}{2}\right\rangle = \dfrac{1}{\sqrt{2}}\begin{pmatrix} 1 \\ -1 \end{pmatrix} \end{cases} \tag{7.63}$$

同理可得

$$\begin{cases} P_{x\uparrow} = \left|\langle S_z = \dfrac{\hbar}{2}|\Psi\rangle\right|^2 = \dfrac{1}{2} \\ P_{x\downarrow} = \left|\langle S_z = -\dfrac{\hbar}{2}|\Psi\rangle\right|^2 = \dfrac{1}{2} \end{cases} \tag{7.64}$$

题 7.15　考虑带自旋的 Young 双缝实验[①]. 设想在 B 缝后面紧靠的地方, 装上通电螺线管以便形成局域的近似均匀的磁场 (A 缝不加, 维持原样). 设入射电子自旋均为 $-\dfrac{\hbar}{2}$. 调节通过螺线管的电流, 问:

(1) 当缝 B 出来的电子为 $s_z = \dfrac{\hbar}{2}$ 时, 接受屏上结果如何?

(2) 当缝 B 出来的电子为 $s_x = \dfrac{\hbar}{2}$ 时接受屏上结果如何?

(3) 当连续改变螺线管中电流时, 描述接受屏上干涉结果的变化. 又, 如果束流强度很低, 低到任一时刻只有一个电子通过此装置, 统计结果有变化吗?

解答　(1) 穿过缝的电子状态为

$$|\Psi(x)\rangle = |\Psi_A(x)\rangle|\chi_{z\downarrow}\rangle + |\Psi_B(x)\rangle|\chi_{z\uparrow}\rangle$$

故接收屏上概率密度为

$$\begin{aligned}|\langle x|\Psi(x)\rangle|^2 &= |\langle x|\Psi_A(x)\rangle|\chi_{z\downarrow}\rangle + \langle x|\Psi_B(x)\rangle|\chi_{z\uparrow}\rangle|^2 \\ &= |\Psi_A(x)|^2 + |\Psi_B(x)|^2\end{aligned}$$

干涉消失.

(2) 此时

$$\begin{aligned}|\Psi(x)\rangle &= |\Psi_A(x)\rangle|\chi_{z\downarrow}\rangle + |\Psi_B(x)\rangle|\chi_{x\uparrow}\rangle \\ &= |\Psi_A(x)\rangle|\chi_{z\downarrow}\rangle + |\Psi_B(x)\rangle\frac{1}{\sqrt{2}}\left(|\chi_{z\uparrow}\rangle + \chi_{z\downarrow}\rangle\right)\end{aligned}$$

这样

$$\begin{aligned}|\langle x|\Psi(x)\rangle|^2 &= \left|\langle x|\Psi_A(x)\rangle|\chi_{z\downarrow}\rangle + \langle x|\Psi_B(x)\rangle\frac{1}{\sqrt{2}}\left(|\chi_{z\uparrow}\rangle + \chi_{z\downarrow}\rangle\right)\right|^2 \\ &= |\Psi_A(x)|^2 + |\Psi_B(x)|^2 + \frac{1}{\sqrt{2}}\left(\langle\Psi_A(x)|\Psi_B^*(x)\rangle + \langle\Psi_A^*(x)|\Psi_B(x)\rangle\right)\end{aligned}$$

干涉减弱.

(3) 显然, 当螺线管电流连续变化时, 干涉从最强到最弱连续变化, 而这个统计结果与束流强度是无关的.

题 7.16　具有两个电子的原子处于自旋单态 ($S = 0$), 证明自旋–轨道耦合作用 $\xi(r)\boldsymbol{S}\cdot\boldsymbol{L}$ 对能量无贡献.

① 无论光子或电子 Young 双缝实验, 都不是标量干涉实验. 光子是带偏振的干涉, 电子是旋量干涉, 呈现出复杂现象. 本题参考张永德, Young 双缝实验的唯象量子理论, 大学物理, 第 9 期, 第 9 页, 1992.

证明 双电子的原子自旋单态记为 $|\psi;00\rangle$, 其中 ψ 标志空间状态. 自旋单态是自旋算符 S_x、S_y 以及 S_z 的零本征值本征态, 即

$$\boldsymbol{S}|\psi;00\rangle=\boldsymbol{0}$$

因而

$$\xi(r)\boldsymbol{S}\cdot\boldsymbol{L}|\psi;00\rangle=\xi(r)\boldsymbol{L}\cdot\boldsymbol{S}|\psi;00\rangle=0$$

上式表明自旋–轨道耦合作用 $\xi(r)\boldsymbol{S}\cdot\boldsymbol{L}$ 对能量无贡献.

题 7.17 设两个自旋为 1/2 的粒子的相互作用为

$$V(r)=V_c(r)+V_T(r)S_{12}$$

第一项为中心势, 第二项为张量势. 而

$$S_{12}=3\left(\boldsymbol{\sigma}_1\cdot\boldsymbol{n}\right)\left(\boldsymbol{\sigma}_2\cdot\boldsymbol{n}\right)-\boldsymbol{\sigma}_1\cdot\boldsymbol{\sigma}_2$$

这里 $\boldsymbol{n}=\boldsymbol{r}/r$, $\boldsymbol{r}=\boldsymbol{r}_1-\boldsymbol{r}_2$ 为从第 2 个粒子到第 1 个粒子的相对矢径. 证明:

(1) 宇称 $\varPi$、总自旋平方 $\boldsymbol{S}^2$, 总角动量 $\boldsymbol{J}^2$ 以及 J_z 均为守恒量, 但 $\boldsymbol{L}^2$ 与 $\boldsymbol{S}$ 不是守恒量;

(2) 在自旋单态下, 张量力为零.

提示 (1) 先对每个电子证明它的 $J_{zi}=L_{zi}+S_{zi}$ 与 $\boldsymbol{\sigma}_i\cdot\boldsymbol{n}$ 对易; (2) 将 $\boldsymbol{\sigma}_1\cdot\boldsymbol{\sigma}_2$ 用 P_{12} 替换.

证明 (1) 为方便, 取 $\hbar=1$. 总自旋算符和其平方表示为

$$\boldsymbol{S}=\boldsymbol{s}_1+\boldsymbol{s}_2=\frac{1}{2}\left(\boldsymbol{\sigma}_1+\boldsymbol{\sigma}_2\right)\tag{7.65}$$

$$\boldsymbol{S}^2=\frac{3}{2}+\frac{1}{2}\boldsymbol{\sigma}_1\cdot\boldsymbol{\sigma}_2\tag{7.66}$$

总自旋算符沿 $\boldsymbol{n}=\boldsymbol{r}/r$ 的投影为

$$S_n=\boldsymbol{S}\cdot\boldsymbol{n}=\frac{1}{2}\left(\boldsymbol{\sigma}_1+\boldsymbol{\sigma}_2\right)\cdot\boldsymbol{n}=\frac{1}{2}(\sigma_{1n}+\sigma_{2n})\tag{7.67}$$

Pauli 算符 $\boldsymbol{\sigma}$ 沿任何方向的投影 σ_n 都只有 ±1 两个值, 因而 $\sigma_{1n}^2=\sigma_{2n}^2=1$. 这样

$$S_n^2=\frac{1}{2}+\frac{1}{2}\sigma_{1n}\cdot\sigma_{2n}\tag{7.68}$$

根据上面式 (7.66, 7.68), 题给 S_{12} 可表示为

$$\begin{aligned}S_{12}&=3\sigma_{1n}\cdot\sigma_{2n}-\boldsymbol{\sigma}_1\cdot\boldsymbol{\sigma}_2\\&=6S_n^2-2\boldsymbol{S}^2\end{aligned}\tag{7.69}$$

题给的 2 粒子系统的 Hamilton 量为

$$H = \frac{\boldsymbol{p}^2}{2\mu} + V_c(r) + V_T(r)S_{12} \tag{7.70}$$

宇称 $\varPi$、总自旋平方 $\boldsymbol{S}^2$、总角动量 $\boldsymbol{J}^2$, J_z, $\boldsymbol{L}^2$ 以及 $\boldsymbol{S}$ 这 6 个力学量均不含时, 而且它们均与上面 Hamilton 量中 $\dfrac{\boldsymbol{p}^2}{2\mu}$, $V_c(r)$ 以及 $V_T(r)$ 对易, 因而要知道它们是否守恒量, 只需考察它们与 S_{12} 是否对易. 下面依次考察相关力学量与 S_{12} 的对易关系.

$\boldsymbol{S}$ 为偶宇称算符, $\boldsymbol{r}$ 则是奇性的, 它们在宇称算符 $\varPi$ 的作用下, $\varPi\boldsymbol{S}\varPi^{-1} = \boldsymbol{S}$, $\varPi\boldsymbol{r}\varPi^{-1} = -\boldsymbol{r}$, 因而 $\varPi S_n\varPi^{-1} = \varPi\boldsymbol{S}\cdot\boldsymbol{n}\varPi^{-1} = -S_n$, 这样根据式 (7.69)

$$\varPi S_{12}\varPi^{-1} = \varPi\left(6S_n^2 - 2\boldsymbol{S}^2\right)\varPi^{-1} = 6S_n^2 - 2\boldsymbol{S}^2 = S_{12}$$

即 $\varPi S_{12}\varPi^{-1} = S_{12}$, 这就是

$$[\varPi, S_{12}] = 0 \tag{7.71}$$

根据总自旋算符对易关系 $[S_\alpha, S_\beta] = \mathrm{i}\varepsilon_{\alpha\beta\gamma}S_\gamma$

$$\begin{aligned}[\boldsymbol{S}, S_n] &= [\boldsymbol{S}, \boldsymbol{S}\cdot\boldsymbol{n}] = [S_\alpha\boldsymbol{e}_\alpha, S_\beta n_\beta]\\ &= [S_\alpha\boldsymbol{e}_\alpha, S_\beta]\,n_\beta = [S_\alpha, S_\beta]\,\boldsymbol{e}_\alpha n_\beta\\ &= \mathrm{i}\varepsilon_{\alpha\beta\gamma}S_\gamma\boldsymbol{e}_\alpha n_\beta = (\mathrm{i}\varepsilon_{\alpha\beta\gamma}n_\beta S_\gamma)\boldsymbol{e}_\alpha = \mathrm{i}\boldsymbol{n}\times\boldsymbol{S}\end{aligned}$$

也就是①

$$[\boldsymbol{S}, S_n] = \mathrm{i}\boldsymbol{n}\times\boldsymbol{S} \tag{7.72}$$

由于 $[L_\alpha, x_\beta] = \mathrm{i}\varepsilon_{\alpha\beta\gamma}x_\gamma$, 而 $S_n = \boldsymbol{S}\cdot\dfrac{\boldsymbol{r}}{r} = \dfrac{1}{r}\boldsymbol{S}\cdot\boldsymbol{r}$, 同样可证

$$[\boldsymbol{L}, S_n] = -\mathrm{i}\boldsymbol{n}\times\boldsymbol{S} \tag{7.73}$$

因为 $\boldsymbol{J} = \boldsymbol{L} + \boldsymbol{S}$, 式 (7.72,7.73) 给出

$$[\boldsymbol{J}, S_n] = 0 \tag{7.74}$$

根据式 (7.69)

$$\begin{aligned}[\boldsymbol{J}, S_{12}] &= 6\left[\boldsymbol{J}, S_n^2\right] - 2\left[\boldsymbol{J}, \boldsymbol{S}^2\right]\\ &= 6S_n\left[\boldsymbol{J}, S_n\right] + 6\left[\boldsymbol{J}, S_n\right]S_n - 2\left[\boldsymbol{L}, \boldsymbol{S}^2\right] - 2\left[\boldsymbol{S}, \boldsymbol{S}^2\right]\\ &= 0\end{aligned}$$

①另一种作法是由

$$[\boldsymbol{S}, \boldsymbol{S}\cdot\boldsymbol{n}] = \boldsymbol{S}(\boldsymbol{S}\cdot\boldsymbol{n}) - (\boldsymbol{S}\cdot\boldsymbol{n})\boldsymbol{S} = \boldsymbol{n}\times(\boldsymbol{S}\times\boldsymbol{S})$$

利用自旋算符对易关系 $\boldsymbol{S}\times\boldsymbol{S} = \mathrm{i}\boldsymbol{S}$, 直接给出式 (7.72).

也就是

$$[\boldsymbol{J}, S_{12}] = 0 \tag{7.75}$$

从而

$$\left[\boldsymbol{J}^2, S_{12}\right] = \boldsymbol{J} \cdot [\boldsymbol{J}, S_{12}] + [\boldsymbol{J}, S_{12}] \cdot \boldsymbol{J} = 0 \tag{7.76}$$

因为

$$\left[\boldsymbol{S}^2, S_n\right] = \left[\boldsymbol{S}^2, \boldsymbol{S} \cdot \boldsymbol{n}\right] = \left[\boldsymbol{S}^2, \boldsymbol{S}\right] \cdot \boldsymbol{n} = 0 \tag{7.77}$$

根据式 (7.69, 7.72) 得

$$\begin{aligned}
[\boldsymbol{S}, S_{12}] &= 6\left[\boldsymbol{S}, S_n^2\right] - 2\left[\boldsymbol{S}, \boldsymbol{S}^2\right] = 6S_n[\boldsymbol{S}, S_n] + 6[\boldsymbol{S}, S_n]S_n \\
&= 6\mathrm{i}S_n\boldsymbol{n} \times \boldsymbol{S} + 6\mathrm{i}\boldsymbol{n} \times \boldsymbol{S}S_n
\end{aligned}$$

因而

$$[\boldsymbol{S}, S_{12}] \neq 0 \tag{7.78}$$

再根据式 (7.69) 得

$$\left[\boldsymbol{S}^2, S_{12}\right] = 6\left[\boldsymbol{S}^2, S_n^2\right] - 2\left[\boldsymbol{S}^2, \boldsymbol{S}^2\right] = 0 \tag{7.79}$$

根据式 (7.69, 7.73) 得

$$\begin{aligned}
[\boldsymbol{L}, S_{12}] &= 6\left[\boldsymbol{L}, S_n^2\right] - 2\left[\boldsymbol{L}, \boldsymbol{S}^2\right] = 6S_n[\boldsymbol{L}, S_n] + 6[\boldsymbol{L}, S_n]S_n \\
&= -6\mathrm{i}S_n\boldsymbol{n} \times \boldsymbol{S} - 6\mathrm{i}\boldsymbol{n} \times \boldsymbol{S}S_n \neq 0
\end{aligned} \tag{7.80}$$

因而

$$\begin{aligned}
\left[\boldsymbol{L}^2, S_{12}\right] &= \boldsymbol{L} \cdot [\boldsymbol{L}, S_{12}] + [\boldsymbol{L}, S_{12}] \cdot \boldsymbol{L} \\
&= -6\mathrm{i}\boldsymbol{L} \cdot S_n\boldsymbol{n} \times \boldsymbol{S} - 6\mathrm{i}\boldsymbol{n} \times \boldsymbol{S}S_n \cdot \boldsymbol{L} \neq 0
\end{aligned} \tag{7.81}$$

上面式 (7.80, 7.81) 最后的不等号可以取 $\boldsymbol{n} = \boldsymbol{e}_z$ 的特例验证. 此时两式分别给出

$$\begin{aligned}
[\boldsymbol{L}, S_{12}] &= 6\mathrm{i}\boldsymbol{e}_x(S_zS_y + S_yS_z) - 6\mathrm{i}\boldsymbol{e}_y(S_zS_x + S_xS_z) \neq 0 \\
\left[\boldsymbol{L}^2, S_{12}\right] &= 6\mathrm{i}L_x(S_zS_y + S_yS_z) - 6\mathrm{i}L_y(S_zS_x + S_xS_z) \neq 0
\end{aligned}$$

综上, 根据 Hamilton 量的形式 (7.70), 以及上述式 (7.71, 7.75, 7.76, 7.79) 可知宇称 $\mathit{\Pi}$、总自旋平方 $\boldsymbol{S}^2$, 总角动量 $\boldsymbol{J}^2$ 以及 J_z 均为守恒量, 根据式 (7.78, 7.81) 可知 $\boldsymbol{L}^2$ 与 $\boldsymbol{S}$ 不是守恒量.

(2) 根据题给的张量势, 张量力如下给出

$$\begin{aligned}
\boldsymbol{f}_T &= -\nabla V_T(r)S_{12} = -\left(\nabla V_T(r)\right)S_{12} - V_T(r)\nabla S_{12} = -\left[\nabla V_T(r)\right]S_{12} - 6V_T(r)\nabla S_n^2 \\
&= -\left[\nabla V_T(r)\right]S_{12} - 6V_T(r)\left[\left(\nabla S_n\right)S_n + S_n\nabla S_n\right] \\
&= -\left[\nabla V_T(r)\right]\left(6S_n^2 - 2\boldsymbol{S}^2\right) - 6V_T(r)\left[\frac{r^2\boldsymbol{S} - r\boldsymbol{r}S_n}{r^3}S_n + S_n\frac{r^2\boldsymbol{S} - r\boldsymbol{r}S_n}{r^3}\right]
\end{aligned}$$

$$= -\left[\nabla V_T(r)\right]\left(6S_n^2 - 2\boldsymbol{S}^2\right) - \frac{12}{r^2}V_T(r)\left[r\boldsymbol{S}S_n - \boldsymbol{r}S_n^2\right] \tag{7.82}$$

双粒子自旋单态记为 $|\psi;00\rangle$, 其中 ψ 标志空间状态. 自旋单态是自旋算符 S_x, S_y 以及 S_z 的零本征值本征态, 即

$$\boldsymbol{S}|\psi;00\rangle = \boldsymbol{0}$$

这样式 (7.82) 作用到 $|\psi;00\rangle$ 即得

$$\boldsymbol{f}_T|\psi;00\rangle = \boldsymbol{0}$$

也就是在自旋单态下, 张量力为零.

题 7.18　(1) 设电子处于 s_z 本征态 $\chi_{1/2}$ 下, 求 $\sigma_n = \boldsymbol{\sigma}\cdot\boldsymbol{n}$ 的可能测值及相应的概率, 其中 $\boldsymbol{n} = (n_x, n_y, n_z)$ 是单位矢量;

(2) 对于处于 $\boldsymbol{\sigma}\cdot\boldsymbol{n} = +1$ 的自旋态, 求 $\boldsymbol{\sigma}$ 的各分量的可能测值及相应的概率以及 $\boldsymbol{\sigma}$ 的平均值.

解法一　(1) 题 7.2 求得 $\boldsymbol{\sigma}\cdot\boldsymbol{n}$ 的本征矢是

$$\chi_1 = \begin{pmatrix} \cos\dfrac{\theta}{2}\mathrm{e}^{-\mathrm{i}\varphi} \\ \sin\dfrac{\theta}{2} \end{pmatrix}, \quad \chi_2 = \begin{pmatrix} \sin\dfrac{\theta}{2}\mathrm{e}^{-\mathrm{i}\varphi} \\ -\cos\dfrac{\theta}{2} \end{pmatrix} \tag{7.83}$$

它们分别为 $\boldsymbol{\sigma}\cdot\boldsymbol{n}$ 的本征值为 ±1 的本征矢. 而

$$\begin{aligned}
\langle\chi_1|\chi_{\frac{1}{2}}\rangle &= \begin{pmatrix} \cos\dfrac{\theta}{2}\mathrm{e}^{-\mathrm{i}\varphi} \\ \sin\dfrac{\theta}{2} \end{pmatrix}^{\dagger}\begin{pmatrix} 1 \\ 0 \end{pmatrix} = \left(\cos\frac{\theta}{2}\mathrm{e}^{\mathrm{i}\varphi}, \sin\frac{\theta}{2}\right)\begin{pmatrix} 1 \\ 0 \end{pmatrix} \\
&= \cos\frac{\theta}{2}\mathrm{e}^{\mathrm{i}\varphi} \\
\langle\chi_2|\chi_{\frac{1}{2}}\rangle &= \begin{pmatrix} \sin\dfrac{\theta}{2}\mathrm{e}^{-\mathrm{i}\varphi} \\ -\cos\dfrac{\theta}{2} \end{pmatrix}^{\dagger}\begin{pmatrix} 1 \\ 0 \end{pmatrix} = \left(\sin\frac{\theta}{2}\mathrm{e}^{\mathrm{i}\varphi}, -\cos\frac{\theta}{2}\right)\begin{pmatrix} 1 \\ 0 \end{pmatrix} \\
&= \sin\frac{\theta}{2}\mathrm{e}^{\mathrm{i}\varphi}
\end{aligned}$$

由此得

$$\begin{aligned}
|\langle\chi_1|\chi_{\frac{1}{2}}\rangle|^2 &= \cos^2\frac{\theta}{2} = \frac{1}{2}(1+\cos\theta) = \frac{1}{2}(1+n_z), \\
|\langle\chi_2|\chi_{\frac{1}{2}}\rangle|^2 &= \sin^2\frac{\theta}{2} = \frac{1}{2}(1-\cos\theta) = \frac{1}{2}(1-n_z)
\end{aligned} \tag{7.84}$$

这样 $\chi_{\frac{1}{2}}$ 下 $\boldsymbol{\sigma}\cdot\boldsymbol{n}$ 的可能测值为 $+1$, -1, 而相应的概率分别为 $\dfrac{1}{2}(1+n_z)$ 和 $\dfrac{1}{2}(1-n_z)$.

(2) $\boldsymbol{\sigma}\cdot\boldsymbol{n}$ 取本征值 1 的自旋态为式 (7.83) 列出的 χ_1. σ_z 的本征态已知为

$$\alpha=\begin{pmatrix}1\\0\end{pmatrix},\quad \beta=\begin{pmatrix}0\\1\end{pmatrix} \tag{7.85}$$

分别相应于 σ_z 的 +1, −1 两个本征值. 而

$$\langle\alpha|\chi_1\rangle=\cos\frac{\theta}{2}\mathrm{e}^{-\mathrm{i}\varphi},\quad \langle\beta|\chi_1\rangle=\sin\frac{\theta}{2}$$

因此

$$\begin{aligned}|\langle\alpha|\chi_1\rangle|^2&=\cos^2\frac{\theta}{2}=\frac{1}{2}(1+\cos\theta)=\frac{1}{2}(1+n_z),\\ |\langle\beta|\chi_1\rangle|^2&=\sin^2\frac{\theta}{2}=\frac{1}{2}(1-\cos\theta)=\frac{1}{2}(1-n_z)\end{aligned} \tag{7.86}$$

分别为测 σ_z 为 +1, −1 的概率. 故 σ_z 的平均值为

$$\langle\sigma_z\rangle=\frac{1}{2}(1+n_z)-\frac{1}{2}(1-n_z)=n_z \tag{7.87}$$

而 σ_x 的本征态由题 7.1 给出, 可取为

$$\chi_{\frac{1}{2}}(x)=\frac{1}{\sqrt{2}}\begin{pmatrix}1\\1\end{pmatrix},\quad \chi_{-\frac{1}{2}}(x)=\frac{1}{\sqrt{2}}\begin{pmatrix}1\\-1\end{pmatrix}$$

本征值分别为 +1, −1. 由

$$\begin{aligned}\langle\chi_{\frac{1}{2}}(x)|\chi_1\rangle&=\frac{1}{\sqrt{2}}\left(\cos\frac{\theta}{2}\mathrm{e}^{-\mathrm{i}\varphi}+\sin\frac{\theta}{2}\right),\\ \langle\chi_{-\frac{1}{2}}(x)|\chi_1\rangle&=\frac{1}{\sqrt{2}}\left(\cos\frac{\theta}{2}\mathrm{e}^{-\mathrm{i}\varphi}-\sin\frac{\theta}{2}\right)\end{aligned}$$

得相应的概率为

$$\begin{aligned}|\langle\chi_{\frac{1}{2}}(x)|\chi_1\rangle|^2&=\frac{1}{2}(1+\sin\theta\cos\varphi)=\frac{1}{2}(1+n_x),\\ |\langle\chi_{-\frac{1}{2}}(x)|\chi_1\rangle|^2&=\frac{1}{2}(1-\sin\theta\cos\varphi)=\frac{1}{2}(1-n_x)\end{aligned} \tag{7.88}$$

故 σ_x 的平均值为

$$\langle\sigma_x\rangle=\frac{1}{2}(1+n_x)-\frac{1}{2}(1-n_x)=n_x \tag{7.89}$$

在式 (7.83) 中取 $\theta=\varphi=\frac{\pi}{2}$ 得 σ_y 的本征态为

$$\chi_{\frac{1}{2}}(y)=\frac{1}{\sqrt{2}}\begin{pmatrix}-\mathrm{i}\\1\end{pmatrix},\quad \chi_{-\frac{1}{2}}(y)=\frac{1}{\sqrt{2}}\begin{pmatrix}-\mathrm{i}\\-1\end{pmatrix}$$

本征值分别为 +1、−1. 由

$$\langle\chi_{\frac{1}{2}}(y)|\chi_1\rangle=\frac{1}{\sqrt{2}}\left(\mathrm{i}\cos\frac{\theta}{2}\mathrm{e}^{-\mathrm{i}\varphi}+\sin\frac{\theta}{2}\right),$$
$$\langle\chi_{-\frac{1}{2}}(y)|\chi_1\rangle=\frac{1}{\sqrt{2}}\left(\mathrm{i}\cos\frac{\theta}{2}\mathrm{e}^{-\mathrm{i}\varphi}-\sin\frac{\theta}{2}\right)$$

得相应的概率为

$$\begin{aligned}|\langle\chi_{\frac{1}{2}}(y)|\chi_1\rangle|^2&=\frac{1}{2}(1+\sin\theta\sin\varphi)=\frac{1}{2}(1+n_y),\\|\langle\chi_{-\frac{1}{2}}(y)|\chi_1\rangle|^2&=\frac{1}{2}(1-\sin\theta\sin\varphi)=\frac{1}{2}(1-n_y)\end{aligned}\tag{7.90}$$

故 σ_y 的平均值为

$$\langle\sigma_y\rangle=\frac{1}{2}(1+n_y)-\frac{1}{2}(1-n_y)=n_y\tag{7.91}$$

如前面式 (7.86−7.91) 所给, 在 $\boldsymbol{\sigma}\cdot\boldsymbol{n}=+1$ 的自旋态下, $\langle\boldsymbol{\sigma}\rangle=\boldsymbol{n}$; 对于 $\alpha=x,y,z$, 该态下 σ_α 取值为 ±1 的概率分别为 $\frac{1}{2}(1\pm n_\alpha)$.

解法二　(1) 在 $\sigma_z=1$ 的自旋态 $\chi_{\frac{1}{2}}$, σ_n 的可能测值为本征值 ±1; 设相应概率为 P_+ 及 P_-, 则

$$\langle\sigma_n\rangle=1\cdot P_++(-1)\cdot P_-=P_+-P_-\tag{7.92}$$

另一方面, 在 σ_z 本征态 $\chi_{\frac{1}{2}}$ 下, σ_x 与 σ_y 的平均值为零, 因而在该态下

$$\langle\sigma_n\rangle=\langle\sigma_x n_x+\sigma_y n_y+\sigma_z n_z\rangle=\langle\sigma_z\rangle n_z=n_z=\cos\theta\tag{7.93}$$

式 (7.92, 7.93) 给出

$$P_+-P_-=n_z=\cos\theta\tag{7.94}$$

上式与归一化条件 $P_++P_-=1$ 联立求解得

$$P_+=\frac{1}{2}(1+n_z),\quad P_-=\frac{1}{2}(1-n_z)\tag{7.95}$$

上式与解法一的式 (7.84) 一致.

(2) 在式 (7.93) 中, θ 是 z 轴和 $\boldsymbol{n}$ 的夹角. z 轴和 $\boldsymbol{n}$ 的选取是任意的, 我们也可将它们互换, 使得原来的 z 轴作为新的 $\boldsymbol{n}$, 原来的 $\boldsymbol{n}$ 取作新的 z 轴, 二者夹角当然没有变. 由此可知, 在 $\sigma_n=1$ 的自旋态, σ_z 的平均值也为 $\cos\theta$, 即 n_z. 我们将 x、y、z 轮换, 即得在 $\sigma_n=1$ 的自旋态 χ_1

$$\langle\boldsymbol{\sigma}\rangle=\boldsymbol{n}\tag{7.96}$$

这与解法一的式 (7.87, 7.89, 7.91) 一致. 在 χ_1 态, $\boldsymbol{\sigma}$ 各分量的取值当然也为 ±1, 仿照第 (1) 小题中计算, 可得

$$\sigma_x=\pm1\text{的概率分别为}\frac{1}{2}(1\pm n_x) \tag{7.97a}$$

$$\sigma_y=\pm1\text{的概率分别为}\frac{1}{2}(1\pm n_y) \tag{7.97b}$$

$$\sigma_z=\pm1\text{的概率分别为}\frac{1}{2}(1\pm n_z) \tag{7.97c}$$

这与解法一的式 (7.86, 7.88, 7.90) 一致.

题 7.19 设 $f(\sigma_z)$ 可以展开成 σ_z 的幂级数的任意函数, 证明

$$f(\sigma_z)\sigma_\pm=\sigma_\pm f(\sigma_z\pm2)$$

其中 $\sigma_\pm=\sigma_x\pm\mathrm{i}\sigma_y$.

提示 $[\sigma_z,\sigma_\pm]=\pm2\sigma_\pm$.

证明 按题给定义

$$[\sigma_z,\sigma_+]=[\sigma_z,\sigma_x]+\mathrm{i}\,[\sigma_z,\sigma_y]=2\mathrm{i}\sigma_y+2\sigma_x=2\sigma_+ \tag{7.98}$$

此式的 Hermite 共轭为

$$[\sigma_z,\sigma_-]=-2\sigma_- \tag{7.99}$$

上面两式合写为

$$[\sigma_z,\sigma_\pm]=\pm2\sigma_\pm \tag{7.100}$$

又可改写为

$$\sigma_z\sigma_\pm=\sigma_\pm(\sigma_z\pm2) \tag{7.101}$$

这样对于正整数 n,

$$\sigma_z^n\sigma_\pm=\sigma_z^{n-1}\sigma_\pm(\sigma_z\pm2)=\cdots=\sigma_\pm(\sigma_z\pm2)^n \tag{7.102}$$

上式对于 $n=0$ 也成立. 设 $f(\sigma_z)$ 可以写成对 σ_z 的幂级数形式. 对于这种函数 $f(\sigma_z)$, 利用式 (7.102) 结果 $f(\sigma_z)\sigma_\pm=\sigma_\pm f(\sigma_z\pm2)$.

说明 对于 $f(\sigma_z)=\mathrm{e}^{\xi\sigma_z}$ 有

$$\mathrm{e}^{\xi\sigma_z}\sigma_\pm=\sigma_\pm\mathrm{e}^{\xi\sigma_z}\mathrm{e}^{\pm2\xi}$$

或者

$$\mathrm{e}^{\xi\sigma_z}\sigma_\pm\mathrm{e}^{-\xi\sigma_z}=\sigma_\pm\mathrm{e}^{\pm2\xi} \tag{7.103}$$

题 7.20 展开两个 1/2 自旋粒子的两体算符 $\mathrm{e}^{\mathrm{i}\alpha\boldsymbol{\sigma}_1\cdot\boldsymbol{\sigma}_2}$.

提示 用自旋交换算符 P_{12} 代换 $\boldsymbol{\sigma}_1\cdot\boldsymbol{\sigma}_2$.

解法一　设 $\boldsymbol{\sigma}_1\cdot\boldsymbol{\sigma}_2=2P_{12}-1$ 代入, 级数展开

$$\begin{aligned}
\mathrm{e}^{\mathrm{i}\alpha\boldsymbol{\sigma}_1\cdot\boldsymbol{\sigma}_2}&=\mathrm{e}^{-\mathrm{i}\alpha}\mathrm{e}^{2\mathrm{i}\alpha P_{12}}=\mathrm{e}^{-\mathrm{i}\alpha}\sum_{n=0}^{\infty}\frac{(2\mathrm{i}\alpha)^n}{n!}P_{12}^n\\
&=\mathrm{e}^{-\mathrm{i}\alpha}\left(\cos 2\alpha+\mathrm{i}P_{12}\sin 2\alpha\right)\\
&=\mathrm{e}^{-\mathrm{i}\alpha}\left[\cos 2\alpha+\frac{\mathrm{i}}{2}\sin 2\alpha\left(1+\boldsymbol{\sigma}_1\cdot\boldsymbol{\sigma}_2\right)\right]
\end{aligned}$$

也就是

$$\mathrm{e}^{\mathrm{i}\alpha\boldsymbol{\sigma}_1\cdot\boldsymbol{\sigma}_2}=\mathrm{e}^{-\mathrm{i}\alpha}\left[\cos 2\alpha+\frac{\mathrm{i}}{2}\sin 2\alpha\left(1+\boldsymbol{\sigma}_1\cdot\boldsymbol{\sigma}_2\right)\right]\tag{7.104}$$

解法二　因为 $P_{12}^2=1$, 故 P_{12} 的本征值为 ±1. 由题 7.4 附录

$$\mathrm{e}^{2\mathrm{i}\alpha P_{12}}=C_0+C_1P_{12}$$

将其作用到 P_{12} 的本征值为 ±1 的本征态上有

$$C_0+C_1=\mathrm{e}^{2\mathrm{i}\alpha},\quad C_0-C_1=\mathrm{e}^{-2\mathrm{i}\alpha}$$

解出

$$C_0=\cos 2\alpha,\quad C_1=\mathrm{i}\sin 2\alpha$$

这样

$$\mathrm{e}^{2\mathrm{i}\alpha P_{12}}=\cos 2\alpha+\mathrm{i}P_{12}\sin 2\alpha$$

同样给出式 (7.104).

题 7.21　自旋为 1 的三个矩阵算符满足 $[S_i,\ S_j]=\mathrm{i}\epsilon_{ijk}S_k$, 其中 $i,j,k=x,y,z$. 证明 $S_z^3=S_z$, $(S_x\pm\mathrm{i}S_y)^3=0$.

证法一　由角动量理论可知, 自旋角动量量子数 $s=1$, 磁量子数 $m_s=1,0,-1$. 取 $\hbar=1$, 在 $\boldsymbol{S}^2$ 和 S_z 表象中, S_x, S_y, S_z 矩阵表示为

$$S_x=\frac{1}{\sqrt2}\begin{pmatrix}0&1&0\\1&0&1\\0&1&0\end{pmatrix},\quad S_y=\frac{1}{\sqrt2}\begin{pmatrix}0&-\mathrm{i}&0\\\mathrm{i}&0&-\mathrm{i}\\0&\mathrm{i}&0\end{pmatrix},\quad S_z=\begin{pmatrix}1&0&0\\0&0&0\\0&0&-1\end{pmatrix}$$

上式可通过升降算符 $S_\pm=S_x\pm\mathrm{i}S_y$ 对角动量态 $|sm_s\rangle$ 的作用导出, 易证

$$S_z^3=\begin{pmatrix}1&0&0\\0&0&0\\0&0&-1\end{pmatrix}^3=\begin{pmatrix}1&0&0\\0&0&0\\0&0&-1\end{pmatrix}=S_z$$

由于幺正变换不改变算符关系, 而不同表象之间仅差一个幺正变换, 所以在所有表象中有

$$S_z^3=S_z$$

并有

$$(S_x+\mathrm{i}S_y)^3=\left[\frac{1}{\sqrt{2}}\begin{pmatrix}0&2&0\\0&0&2\\0&0&0\end{pmatrix}\right]^3=0$$

$$(S_x-\mathrm{i}S_y)^3=\left[\frac{1}{\sqrt{2}}\begin{pmatrix}0&0&0\\2&0&0\\0&2&0\end{pmatrix}\right]^3=0$$

证法二 设 S_z 的本征态为 $|m_s=1\rangle, |m_s=0\rangle, |m_s=-1\rangle$. 一般态可写成

$$|\psi\rangle=C_1|1\rangle+C_0|0\rangle+C_{-1}|-1\rangle$$

则有

$$S_z(S_z-1)(S_z+1)|\psi\rangle=0$$

因为 $|\psi\rangle$ 任意, 故有

$$S_z(S_z-1)(S_z+1)=0$$

即 $S_z^3=S_z$.

由于 $S_\pm=S_x\pm\mathrm{i}S_y$ 为自旋角动量上升 (下降) 算符

$$S_\pm|m_s\rangle=\sqrt{s(s+1)-m_s(m_s\pm1)}|m_s\pm1\rangle$$

易得

$$S_\pm^3|\psi\rangle=0$$

故有 $S_\pm^3=0$.

题 7.22 求解算符 $S_{12}=3\,(\boldsymbol{\sigma}_1\cdot\boldsymbol{n})\,(\boldsymbol{\sigma}_2\cdot\boldsymbol{n})-\boldsymbol{\sigma}_1\cdot\boldsymbol{\sigma}_2$ 的本征值和本征态.

提示 用此两粒子的 4 个 (7.9) 式组成对称化和反对称化态. 证明它们就是 S_{12} 的 4 个本征态, 本征值为 $-4, 0, 2, 2$.

解法一 定义四个正交归一的双粒子自旋态

$$|+,+\rangle=\left|\chi^{(+)}(\boldsymbol{n})\right\rangle_1\left|\chi^{(+)}(\boldsymbol{n})\right\rangle_2 \tag{7.105}$$

$$|+,-\rangle=\left|\chi^{(+)}(\boldsymbol{n})\right\rangle_1\left|\chi^{(-)}(\boldsymbol{n})\right\rangle_2 \tag{7.106}$$

$$|-,+\rangle=\left|\chi^{(-)}(\boldsymbol{n})\right\rangle_1\left|\chi^{(+)}(\boldsymbol{n})\right\rangle_2 \tag{7.107}$$

$$|-,-\rangle=\left|\chi^{(-)}(\boldsymbol{n})\right\rangle_1\left|\chi^{(-)}(\boldsymbol{n})\right\rangle_2 \tag{7.108}$$

再将 S_{12} 的第二项用自旋交换算符 P_{12} 表示有

$$S_{12}=3\,(\boldsymbol{\sigma}_1\cdot\boldsymbol{n})\,(\boldsymbol{\sigma}_2\cdot\boldsymbol{n})+1-2P_{12} \tag{7.109}$$

将它作用到上面四个态上

$$S_{12}\,|+,+\rangle = 3\,|+,+\rangle + |+,+\rangle - 2\,|+,+\rangle = 2\,|+,+\rangle$$

$$S_{12}\,|+,-\rangle = -3\,|+,-\rangle + |+,-\rangle\, 2\,|-,+\rangle = 2\,|+,-\rangle - 2\,|-,+\rangle$$

$$S_{12}\,|-,+\rangle = -3\,|-,+\rangle + |-,+\rangle - 2\,|+,-\rangle = -2\,|-,+\rangle + 2\,|+,-\rangle$$

$$S_{12}\,|-,-\rangle = 3\,|+,+\rangle + |+,+\rangle - 2\,|+,+\rangle = 2\,|+,+\rangle$$

式中四个态可组成对称化与反对称化的四个态, 即

$$\left|\phi^{\pm}\right\rangle = \frac{1}{\sqrt{2}}\left(|+,+\rangle \pm |-,-\rangle\right) \tag{7.110}$$

$$\left|\psi^{\pm}\right\rangle = \frac{1}{\sqrt{2}}\left(|+,-\rangle \pm |-,+\rangle\right) \tag{7.111}$$

由上易得

$$S_{12}\left|\phi^{\pm}\right\rangle = 2\left|\phi^{\pm}\right\rangle \tag{7.112}$$

$$S_{12}\left|\psi^{+}\right\rangle = -4\left|\psi^{+}\right\rangle \tag{7.113}$$

$$S_{12}\left|\psi^{-}\right\rangle = 0 \tag{7.114}$$

所以 $|\phi^+\rangle, |\phi^-\rangle, |\psi^+\rangle$ 与 $|\psi^-\rangle$ 均为 S_{12} 的本征态, 其相应本征值分别为 $2, 2, -4, 0$.

解法二　算符 S_{12} 可以表示为

$$S_{12} = \frac{4}{\hbar^2}\left(\boldsymbol{s}_1 \cdot \boldsymbol{s}_2 - 3 s_{1z} s_{2z}\right) \tag{7.115}$$

若令

$$\boldsymbol{S} = \boldsymbol{s}_1 + \boldsymbol{s}_2 \tag{7.116}$$

则有

$$\boldsymbol{S}^2 = \left(\boldsymbol{s}_1 + \boldsymbol{s}_2\right)^2 = \boldsymbol{s}_1^2 + \boldsymbol{s}_2^2 + 2\boldsymbol{s}_1 \cdot \boldsymbol{s}_2 = 2 \times \frac{3}{4}\hbar^2 + 2\boldsymbol{s}_1 \cdot \boldsymbol{s}_2 \tag{7.117}$$

以及

$$S_z^2 = \left(s_{1z} + s_{2z}\right)^2 = s_{1z}^2 + s_{2z}^2 + 2 s_{1z} s_{2z} = 2 \times \left(\frac{\hbar}{2}\right)^2 + 2 s_{1z} s_{2z} \tag{7.118}$$

因而

$$2\boldsymbol{s}_1 \cdot \boldsymbol{s}_2 = \boldsymbol{S}^2 - \frac{3}{2}\hbar^2, \quad 2 s_{1z} s_{2z} = S_z^2 - \frac{1}{2}\hbar^2 \tag{7.119}$$

这样 S_{12} 可以表示为

$$\begin{aligned} S_{12} &= \frac{2}{\hbar^2}\left(2\boldsymbol{s}_1 \cdot \boldsymbol{s}_2 - 6 s_{1z} s_{2z}\right) = \frac{2}{\hbar^2}\left[\boldsymbol{S}^2 - \frac{3}{2}\hbar^2 - 3\left(S_z^2 - \frac{1}{2}\hbar^2\right)\right] \\ &= \frac{2}{\hbar^2}\left(\boldsymbol{S}^2 - 3 S_z^2\right) \end{aligned} \tag{7.120}$$

因此完备力学量组 (CSCO) 可以选为 $\boldsymbol{S}^2$, S_z. 其本征态即为已知的两 1/2 自旋耦合的自旋单态与三重态, 将相应能量一并分别列表如下:

本征态	S	M_S	S_{12}
χ_{11}	1	1	-2
χ_{10}	1	0	4
$\chi_{1,-1}$	1	-1	-2
χ_{00}	0	0	0

说明 本题张量算符正是两个中子磁矩之间的相互作用形式. 两个 1/2 自旋相互作用的问题一般情况是求解 4×4 矩阵的本征值和本征矢量的问题, 本题利用相互作用势的特点, 求解时得到大大简化. 对于解法二, 读者还可试着自行考察

$$V = a\left(\sigma_{1z}+\sigma_{2z}\right)+b\boldsymbol{\sigma}_1\cdot\boldsymbol{\sigma}_2$$

$$V = a\sigma_{1z}\sigma_{2z}+b\boldsymbol{\sigma}_1\cdot\boldsymbol{\sigma}_2$$

$$V = a\left(\sigma_{1z}+\sigma_{2z}\right)+b\sigma_{1z}\sigma_{2z}+c\boldsymbol{\sigma}_1\cdot\boldsymbol{\sigma}_2$$

等形式的相互作用情形的本征值和本征矢量的问题.

若只是求本征值, 本题另有其他解法, 例如可参考张永德主编, 物理大题典 - 量子力学, 北京: 科学出版社, 2005 年, 262~263, 那里通过考察由算符满足的最简单代数方程给出本征值.

题 7.23 一个处于中心势的粒子具有轨道角动量量子数 $l=2$ 和自旋角动量量子数 $s=1$, 求形如 $H_I=A\boldsymbol{L}\cdot\boldsymbol{S}$ 的自旋 - 轨道作用相关的能级和简并度.

解答 由于

$$\boldsymbol{L}\cdot\boldsymbol{S}=\frac{1}{2}(\boldsymbol{J}^2-\boldsymbol{L}^2-\boldsymbol{S}^2)$$

故该自旋–轨道作用的能级能量

$$\begin{aligned}E_j=\langle A\boldsymbol{L}\cdot\boldsymbol{S}\rangle&=\frac{1}{2}\hbar^2A\left[j(j+1)-l(l+1)-s(s+1)\right]\\&=\frac{1}{2}\hbar^2A\left[j(j+1)-8\right]\end{aligned}$$

对于同一个 j, m_j 可取 $-j$、$-j+1$、-1、0、$\cdots$、j, 对应不同的态, E_j 都相等, 该能级简并的, 简并度为 $2j+1(j=1,\ 2,\ 3)$.

题 7.24 可以证明, 角动量升降算符 $J_\pm=J_x\pm \mathrm{i}J_y$ 与 $\boldsymbol{J}^2$ 对易, 并且如果 j,m 是 $\boldsymbol{J}^2, J_z$ 的本征值, 则 $J_\pm|jm\rangle=\hbar\sqrt{j(j+1)-m(m\pm1)}|j,m\pm1\rangle$, 利用这些性质将 $m=(l-1/2)$ 的态 $|j,m\rangle$ 用 $|l,m_l,s,m_s\rangle$ 表示出来 (这里 $s=1/2$).

解答 根据角动量耦合理论, 总角动量取值为

$$j=l+1/2,\quad l-1/2 \tag{7.121}$$

(1) 对于 $j=l+1/2$, 最高权态为

$$\left|l+\frac{1}{2},l+\frac{1}{2}\right\rangle=\left|l,l,\frac{1}{2},\frac{1}{2}\right\rangle \tag{7.122}$$

用降算符作用

$$J_-\left|l+\frac{1}{2},l+\frac{1}{2}\right\rangle=(L_-+S_-)\left|l,l,\frac{1}{2},\frac{1}{2}\right\rangle=\hbar\sqrt{2l+1}\left|l+\frac{1}{2},l-\frac{1}{2}\right\rangle$$

另一方面

$$L_-\left|l,l,\frac{1}{2},\frac{1}{2}\right\rangle=\hbar\sqrt{2l}\left|l,l-1,\frac{1}{2},\frac{1}{2}\right\rangle$$

$$S_-\left|l,l,\frac{1}{2},\frac{1}{2}\right\rangle=\hbar\left|l,l,\frac{1}{2},-\frac{1}{2}\right\rangle$$

因而

$$\left|l+\frac{1}{2},l-\frac{1}{2}\right\rangle=\sqrt{\frac{2l}{2l+1}}\left|l,l-1,\frac{1}{2},\frac{1}{2}\right\rangle+\sqrt{\frac{1}{2l+1}}\left|l,l,\frac{1}{2},-\frac{1}{2}\right\rangle \tag{7.123}$$

(2) 对于 $j=l-1/2$, 令

$$\left|l-\frac{1}{2},l-\frac{1}{2}\right\rangle=a\left|l,l-1,\frac{1}{2},\frac{1}{2}\right\rangle+b\left|l,l-1,\frac{1}{2},\frac{1}{2}\right\rangle$$

其中 $|a|^2+|b|^2=1$. 由

$$\left\langle l+\frac{1}{2},l-\frac{1}{2}\middle|l-\frac{1}{2},l-\frac{1}{2}\right\rangle=0$$

得 $a\sqrt{2l}+b=0$, 故可取

$$a=-\sqrt{\frac{1}{2l+1}},\quad b=\sqrt{\frac{2l}{2l+1}}$$

因而

$$\left|l-\frac{1}{2},l-\frac{1}{2}\right\rangle=-\sqrt{\frac{1}{2l+1}}\left|l,l-1,\frac{1}{2},\frac{1}{2}\right\rangle+\sqrt{\frac{2l}{2l+1}}\left|l,l,\frac{1}{2},-\frac{1}{2}\right\rangle \tag{7.124}$$

题 7.25　一个由三个自旋 1/2 的非全同粒子组成的体系, Hamilton 量为

$$H=\frac{A}{\hbar^2}\boldsymbol{s}_1\cdot\boldsymbol{s}_2+\frac{B}{\hbar^2}(\boldsymbol{s}_1+\boldsymbol{s}_2)\cdot\boldsymbol{s}_3$$

其中 A 与 B 为实常量, $\boldsymbol{s}_1$, $\boldsymbol{s}_2$, $\boldsymbol{s}_3$ 分别为三个粒子的自旋算符. 求系统的能级及能级简并度.

提示　选取体系完备力学量组 (CSCO) 为 $\{\boldsymbol{S}_{12}^2,\boldsymbol{S}_{123}^2,(\boldsymbol{S}_{123})_z\}$, 其中 $\boldsymbol{S}_{12}=\boldsymbol{s}_1+\boldsymbol{s}_2$, $\boldsymbol{S}_{123}=\boldsymbol{s}_1+\boldsymbol{s}_2+\boldsymbol{s}_3$, 本征函数为 $|S,S',S_z\rangle$.

解答　本题解答过程不妨取 $\hbar=1$. 粒子 1, 2 自旋耦合的总自旋记为 $\boldsymbol{S}_{12}$, 粒子 1, 2, 3 自旋耦合的总自旋记为 $\boldsymbol{S}_{123}$, 即

$$\boldsymbol{S}_{12}=\boldsymbol{s}_1+\boldsymbol{s}_2,\quad \boldsymbol{S}_{123}=\boldsymbol{s}_1+\boldsymbol{s}_2+\boldsymbol{s}_3=\boldsymbol{S}_{12}+\boldsymbol{s}_3 \tag{7.125}$$

由角动量耦合, $\boldsymbol{S}_{12}, \boldsymbol{S}_{123}$ 仍是角动量, 具有角动量的性质, 满足如下对易关系

$$\boldsymbol{S}_{12} \times \boldsymbol{S}_{12} = \mathrm{i}\boldsymbol{S}_{12}, \quad \left[\boldsymbol{S}_{12}^2, \boldsymbol{S}_{12}\right] = 0, \tag{7.126}$$

$$\boldsymbol{S}_{123} \times \boldsymbol{S}_{123} = \mathrm{i}\boldsymbol{S}_{123}, \quad \left[\boldsymbol{S}_{123}^2, \boldsymbol{S}_{123}\right] = 0 \tag{7.127}$$

$\boldsymbol{s}_1$, $\boldsymbol{s}_2$, $\boldsymbol{s}_3$ 两两相互对易, 而且 $\boldsymbol{s}_1^2 = \boldsymbol{s}_2^2 = \boldsymbol{s}_3^2 = \dfrac{3}{4}$, 因此

$$\boldsymbol{S}_{12}^2 = \boldsymbol{s}_1^2 + \boldsymbol{s}_2^2 + 2\boldsymbol{s}_1 \cdot \boldsymbol{s}_2 = \frac{3}{2} + 2\boldsymbol{s}_1 \cdot \boldsymbol{s}_2, \tag{7.128}$$

$$\boldsymbol{S}_{123}^2 = \frac{9}{4} + 2\left(\boldsymbol{s}_1 \cdot \boldsymbol{s}_2 + \boldsymbol{s}_2 \cdot \boldsymbol{s}_3 + \boldsymbol{s}_3 \cdot \boldsymbol{s}_1\right) \tag{7.129}$$

这样 Hamilton 量可写为

$$\begin{aligned} H &= (A - B)\,\boldsymbol{s}_1 \cdot \boldsymbol{s}_2 + B\left(\boldsymbol{s}_1 \cdot \boldsymbol{s}_2 + \boldsymbol{s}_2 \cdot \boldsymbol{s}_3 + \boldsymbol{s}_3 \cdot \boldsymbol{s}_1\right) \\ &= \frac{1}{2}(A - B)\,\boldsymbol{S}_{12}^2 + \frac{B}{2}\boldsymbol{S}_{123}^2 - \frac{3}{8}(2A + B) \end{aligned} \tag{7.130}$$

由于 $\boldsymbol{S}_{12}^2$ 和 $\boldsymbol{S}_{12}$ 对易, $\boldsymbol{S}_{12}$ 又和 $\boldsymbol{s}_3$ 对易, 所以 $\boldsymbol{S}_{12}^2$ 和 $\boldsymbol{S}_{123}$ 对易. 再由式 (7.130) 容易看出, $\boldsymbol{S}_{12}^2$, $\boldsymbol{S}_{123}$, $\boldsymbol{S}_{123}^2$ 都与 H 对易. 这样系统的 CSCO 可取 $\left\{\boldsymbol{S}_{12}^2, \boldsymbol{S}_{123}^2, (\boldsymbol{S}_{123})_z\right\}$, 则本征函数取为 $|S, S', S_z\rangle$. 而所选的 CSCO 中前二者的本征值为

$$\boldsymbol{S}_{12}^2 = S'(S' + 1), \quad S' = 0, 1, \tag{7.131}$$

$$\boldsymbol{S}_{123}^2 = S(S + 1), \quad S = \frac{1}{2}, \frac{1}{2}, \frac{3}{2} \tag{7.132}$$

代入式 (7.130), 就可得到能级的大小, 可记为 $E_{SS'}$. 由于 $[H, \boldsymbol{S}_{123}] = 0$, 体系能量与 $(\boldsymbol{S}_{123})_z$ 即总自旋z分量无关, 故能级 $E_{SS'}$ 简并度为 $(2S + 1)$. 根据 (S, S') 组合, 体系的能级和简并度列表如下:

S'	1	1	0
S	3/2	1/2	1/2
$E_{SS'}$	$A/4 + B/2$	$A/4 - B$	$-3A/4$
$f_{SS'} = 2S + 1$	4	2	2

如不出现偶然简并, 一般情况下体系将有 3 条能级, 其能量分别为 $\left(\dfrac{A}{4} + \dfrac{B}{2}\right)$, $\left(\dfrac{A}{4} - B\right)$ 与 $-\dfrac{3A}{4}$.

题 7.26 一个自旋为 1 的粒子的 Hamilton 量为 $H = AS_z + BS_x^2$, 其中 A 和 B 是常数, 求系统的能级. 如果 $t = 0$ 时, 粒子处于自旋 $S_z = +\hbar$ 的本征态上, 求此后 t 时刻粒子自旋的期望值.

解答　对自旋为 $\hbar$ 的粒子在 S_z 表象中, S_x, S_y 与 S_z 可表示为

$$S_x=\frac{\hbar}{\sqrt{2}}\begin{pmatrix}0&1&0\\1&0&1\\0&1&0\end{pmatrix},\quad S_y=\frac{\hbar}{\sqrt{2}}\begin{pmatrix}0&-\mathrm{i}&0\\\mathrm{i}&0&-\mathrm{i}\\0&\mathrm{i}&0\end{pmatrix},\quad S_z=\hbar\begin{pmatrix}1&0&0\\0&0&0\\0&0&-1\end{pmatrix} \tag{7.133}$$

从而

$$S_x^2=\frac{\hbar^2}{2}\begin{pmatrix}1&0&1\\0&2&0\\1&0&1\end{pmatrix}$$

据此将题给 Hamilton 量写为

$$H=AS_z+BS_x^2=\begin{pmatrix}A\hbar+B\hbar^2/2&0&B\hbar^2/2\\0&B\hbar^2&0\\B\hbar^2/2&0&-A\hbar+B\hbar^2/2\end{pmatrix} \tag{7.134}$$

定态 Schrödinger 方程 $H\psi=E\psi$ 表示为

$$\begin{pmatrix}A\hbar+B\hbar^2/2&0&B\hbar^2/2\\0&B\hbar^2&0\\B\hbar^2/2&0&-A\hbar+B\hbar^2/2\end{pmatrix}=E\begin{pmatrix}a_1\\a_2\\a_3\end{pmatrix} \tag{7.135}$$

令 $A'=A\hbar$, $B'=B\hbar^2/2$, 得到能量本征值 E 满足的久期方程为

$$\begin{vmatrix}A'+B'-E&0&B'\\0&2B'-E&0\\B'&0&-A'+B'-E\end{vmatrix}=0 \tag{7.136}$$

也就是

$$(A'+B'-E)(2B'-E)(-A'+B'-E)-B'^2(2B'-E)=0 \tag{7.137}$$

也即 $(2B'-E)\left[(B'-E)2-A'^2-B'^2\right]=0$, 解得能量本征值

$$E_1=2B',\quad E_{2,3}=B'\pm\sqrt{A'^2+B'^2}=B'\pm\lambda \tag{7.138}$$

其中 $\lambda=\sqrt{A'^2+B'^2}$, 令 $\lambda=\hbar\omega$. 把这 3 个能量本征值分别代入式 (7.135) 求解, 相应的归一化本征态可取为

$$|\psi_1\rangle=\begin{pmatrix}0\\1\\0\end{pmatrix}$$

$$|\psi_2\rangle = \frac{|B'|}{\sqrt{B'^2+(\lambda-A')^2}}\begin{pmatrix}1\\0\\\dfrac{\lambda-A'}{B'}\end{pmatrix} \tag{7.139}$$

$$|\psi_3\rangle = \frac{|B'|}{\sqrt{B'^2+(\lambda+A')^2}}\begin{pmatrix}1\\0\\\dfrac{\lambda+A'}{-B'}\end{pmatrix}$$

用上述 3 个本征态展开题给粒子初态,

$$|\psi(0)\rangle = C_1|\psi_1\rangle + C_2|\psi_2\rangle + C_3|\psi_3\rangle$$

利用 $|\psi_1\rangle$, $|\psi_2\rangle$ 与 $|\psi_3\rangle$ 的正交归一性, $C_i = \langle\psi_1|\psi(0)\rangle (i=1,2,3)$, 这给出

$$C_1 = 0,\quad C_2 = \frac{|B'|}{\sqrt{B'^2+(\lambda-A')^2}},\quad C_3 = \frac{|B'|}{\sqrt{B'^2+(\lambda+A')^2}}$$

粒子 t 时刻的态

$$\begin{aligned}|\psi(t)\rangle &= C_1\mathrm{e}^{-\frac{\mathrm{i}}{\hbar}E_1 t}|\psi_1\rangle + C_2\mathrm{e}^{-\frac{\mathrm{i}}{\hbar}E_2 t}|\psi_1\rangle + C_3\psi_3\mathrm{e}^{-\frac{\mathrm{i}}{\hbar}E_3 t}\\ &= \frac{B'^2}{B'^2+(\lambda-A')^2}\begin{pmatrix}1\\0\\\dfrac{\lambda-A'}{B'}\end{pmatrix}\mathrm{e}^{-\frac{\mathrm{i}}{\hbar}E_2 t}\\ &\quad+\frac{B'^2}{B'^2+(\lambda+A')^2}\begin{pmatrix}1\\0\\\dfrac{\lambda+A'}{-B'}\end{pmatrix}\mathrm{e}^{-\frac{\mathrm{i}}{\hbar}E_3 t}\end{aligned} \tag{7.140}$$

为了计算自旋的期望值, 把上式的态表示为

$$\begin{aligned}|\psi(t)\rangle = \mathrm{e}^{-\frac{\mathrm{i}}{\hbar}E_2 t}&\left\{\left[\frac{1}{B'^2+(\lambda-A')^2}+\frac{1}{B'^2+(\lambda+A')^2}\mathrm{e}^{2\mathrm{i}\omega t}\right]B'^2|1,1\rangle\right.\\ &\left.+\left[\frac{\lambda-A'}{B'^2+(\lambda-A')^2}-\frac{\lambda+A'}{B'^2+(\lambda+A')^2}\mathrm{e}^{2\mathrm{i}\omega t}\right]B'|1,-1\rangle\right\}\end{aligned} \tag{7.141}$$

其中 $|1,1\rangle$, $|1,-1\rangle$ 分别为 S_z 的本征值 $\hbar$, $-\hbar$ 的归一化本征态, 而 $\omega=\lambda/\hbar$. 在 S_z 的本征态, S_x, S_y 的期望值为零; 而 S_x, S_y 作用到 S_z 的本征态使得 S_z 的本征值

加 $\hbar$ 或者减 $\hbar$, 因而 $\langle 1,1|S_x|1,-1\rangle = \langle 1,-1|S_x|1,1\rangle = 0$ 以及 $\langle 1,1|S_y|1,-1\rangle = \langle 1,-1|S_y|1,1\rangle = 0$. 由此给出在 $|\psi(t)\rangle$ 态下 S_x, S_y 的期望值为

$$\langle S_x\rangle = 0,\quad \langle S_y\rangle = 0 \tag{7.142}$$

而 S_z 的期望值如下给出：

$$\begin{aligned}
\frac{1}{\hbar}\langle S_z\rangle =& \left|\frac{1}{B'^2+(\lambda-A')^2}+\frac{1}{B'^2+(\lambda+A')^2}e^{2i\omega t}\right|^2 B'^4\\
&-\left|\frac{\lambda-A'}{B'^2+(\lambda-A')^2}-\frac{\lambda+A'}{B'^2+(\lambda+A')^2}e^{2i\omega t}\right| B'^2\\
=&\frac{B'^4}{\left[B'^2+(\lambda-A')^2\right]^2}+\frac{B'^4}{\left[B'^2+(\lambda+A')^2\right]^2}\\
&+\frac{2B'^4\cos 2\omega t}{\left[B'^2+(\lambda-A')^2\right]\left[B'^2+(\lambda+A')^2\right]}\\
&-\frac{B'^2(\lambda-A')^2}{\left[B'^2+(\lambda-A')^2\right]^2}-\frac{B'^2(\lambda+A')^2}{\left[B'^2+(\lambda+A')^2\right]^2}\\
&+\frac{2B'^2\left(\lambda^2-A'^2\right)\cos 2\omega t}{\left[B'^2+(\lambda-A')^2\right]\left[B'^2+(\lambda+A')^2\right]}
\end{aligned} \tag{7.143}$$

按式 (7.138) 定义的 λ, $\lambda^2-A'^2=B'^2$. 而

$$\begin{aligned}
&\left[B'^2+(\lambda-A')^2\right]\left[B'^2+(\lambda+A')^2\right]\\
=&B'^4+\left(\lambda^2-A'^2\right)^2+\left(2\lambda^2+2A'^2\right)B'^2\\
=&2B'^4+\left(2\lambda^2+2A'^2\right)B'^2=\left(2\lambda^2+2A'^2+2B'^2\right)B'^2=4\lambda^2B'^2
\end{aligned}$$

因而式 (7.143) 中含 $\cos 2\omega t$ 的项系数为 $\dfrac{B'^2}{\lambda^2}$；剩下不含 $\cos 2\omega t$ 的常数项中, 其分母为 $\left(4\lambda^2B'^2\right)^2$, 而其分子为

$$\begin{aligned}
&B'^2\left[B'^2-(\lambda-A')^2\right]\left[B'^2+(\lambda+A')^2\right]^2\\
&+B'^2\left[B'^2-(\lambda+A')^2\right]\left[B'^2+(\lambda-A')^2\right]^2\\
=&B'^2\left[B'^4-(\lambda^2-A'^2)^2+B'^2\left[(\lambda+A')^2-(\lambda-A')^2\right]\right]\left[B'^2+(\lambda+A')^2\right]
\end{aligned}$$

$$
\begin{aligned}
&+B'^2\left[B'^4-\left(\lambda^2-A'^2\right)^2-B'^2\left[(\lambda+A')^2-(\lambda-A')^2\right]\right]\left[B'^2+(\lambda+A')^2\right]\\
&=4\lambda A'B'^4\left[B'^2+(\lambda+A')^2\right]-4\lambda A'B'^4\left[B'^2+(\lambda-A')^2\right]\\
&=16\lambda^2A'^2B'^4
\end{aligned}
$$

综上给出式 (7.143) 的结果为

$$
\frac{1}{\hbar}\langle S_z\rangle=\frac{A'^2}{\lambda^2}+\frac{B'^2}{\lambda^2}\cos 2\omega t=1-2\frac{B'^2}{\lambda^2}\sin^2\omega t \tag{7.144}
$$

其中用了 λ 的定义式 (7.138). 按参量 A' 与 B' 在式 (7.138) 前的定义, 上式用题给参量表示为

$$
\frac{1}{\hbar}\langle S_z\rangle=1-\frac{B^2\hbar^2}{2\left(A^2+B^2\hbar^2/4\right)}\sin^2\left(\sqrt{A^2+B^2\hbar^2/4}\,t\right) \tag{7.144$'$}
$$

另式 (7.142) 已给 $\langle S_x\rangle=\langle S_y\rangle=0$.

题 7.27 求下列态中, 算符 $\boldsymbol{J}^2, J_z$(其中 $\boldsymbol{J}=\boldsymbol{L}+\boldsymbol{S}$) 的本征值.

(1) $\psi_1=\chi_{1/2}(S_z)\mathrm{Y}_{11}(\theta,\varphi)$

(2) $\psi_2=\dfrac{1}{\sqrt{3}}\left[2\chi_{1/2}(S_z)\mathrm{Y}_{10}(\theta,\varphi)+\chi_{-1/2}(S_z)\mathrm{Y}_{11}(\theta,\varphi)\right]$

(3) $\psi_3=\dfrac{1}{\sqrt{3}}\left[2\chi_{-1/2}(S_z)\mathrm{Y}_{10}(\theta,\varphi)+\chi_{1/2}(S_z)\mathrm{Y}_{1,-1}(\theta,\varphi)\right]$

(4) $\psi_4=\chi_{-1/2}(S_z)\mathrm{Y}_{1,-1}(\theta,\varphi)$

解答 耦合表象与非耦合表象基矢的展开关系如下:

$$
\left\{
\begin{aligned}
&\left|lm\frac{1}{2}\frac{1}{2}\right\rangle=\sqrt{\frac{l+m+1}{2l+1}}\left|j=l+\frac{1}{2},m_j,l,\frac{1}{2}\right\rangle-\sqrt{\frac{l-m}{2l+1}}\left|j=l-\frac{1}{2},m_j,l,\frac{1}{2}\right\rangle\\
&\left|l,m+1,\frac{1}{2},-\frac{1}{2}\right\rangle=\sqrt{\frac{l-m}{2l+1}}\left|j=l+\frac{1}{2},m_j,l,\frac{1}{2}\right\rangle\\
&\quad+\sqrt{\frac{l+m+1}{2l+1}}\left|j=l-\frac{1}{2},m_j,l,\frac{1}{2}\right\rangle
\end{aligned}
\right.
$$

(1) 显然 $l=1$, $m_l=1$, $S=1/2$, $m_s=1/2$, $j=\dfrac{3}{2}$, $m_j=m_l+m_s=\dfrac{3}{2}$. 而 $\boldsymbol{J}^2$ 的本征值为 $j(j+1)\hbar^2=\dfrac{15}{4}\hbar^2$, J_z 的本征值为 $\dfrac{3}{2}\hbar$.

(2) 题给波函数相应于如下状态:

$$
|\psi_2\rangle=\frac{1}{\sqrt{3}}\left[\sqrt{2}\left|10\frac{1}{2}\frac{1}{2}\right\rangle+\left|11\frac{1}{2},-\frac{1}{2}\right\rangle\right]
$$

在耦合表象中

$$|\psi_2\rangle = \sqrt{\frac{2}{3}}\left(\sqrt{\frac{2}{3}}\left|\frac{3}{2},\frac{1}{2},1,\frac{1}{2}\right\rangle - \sqrt{\frac{1}{3}}\left|\frac{1}{2},\frac{1}{2},1,\frac{1}{2}\right\rangle\right)$$

$$\times\sqrt{\frac{1}{3}}\left(\sqrt{\frac{1}{3}}\left|\frac{3}{2},\frac{1}{2},1,\frac{1}{2}\right\rangle - \sqrt{\frac{2}{3}}\left|\frac{1}{2},\frac{1}{2},1,\frac{1}{2}\right\rangle\right)$$

$$= \left|\frac{3}{2},\frac{1}{2},1,\frac{1}{2}\right\rangle$$

可见 $j = \frac{3}{2}$, $\boldsymbol{J}^2 = j(j+1) = \frac{15}{4}\hbar^2$, $J_z = \frac{1}{2}\hbar$.

(3) 题给波函数相应于如下状态

$$|\psi_3\rangle = \frac{1}{\sqrt{3}}\left[\sqrt{2}\left|10\frac{1}{2},-\frac{1}{2}\right\rangle + \left|1,-1,\frac{1}{2},\frac{1}{2}\right\rangle\right]$$

在耦合表象中

$$|\psi_3\rangle = \sqrt{\frac{2}{3}}\left(\sqrt{\frac{2}{3}}\left|\frac{3}{2},-\frac{1}{2},1,\frac{1}{2}\right\rangle - \sqrt{\frac{1}{3}}\left|\frac{1}{2},-\frac{1}{2},1,\frac{1}{2}\right\rangle\right)$$

$$\times\sqrt{\frac{1}{3}}\left(\sqrt{\frac{1}{3}}\left|\frac{3}{2},-\frac{1}{2},1,\frac{1}{2}\right\rangle - \sqrt{\frac{2}{3}}\left|\frac{1}{2},-\frac{1}{2},1,\frac{1}{2}\right\rangle\right)$$

$$= \left|\frac{3}{2},-\frac{1}{2},1,\frac{1}{2}\right\rangle$$

可见 $j = \frac{3}{2}$, $\boldsymbol{J}^2 = j(j+1) = \frac{15}{4}\hbar^2$, $J_z = -\frac{1}{2}\hbar$.

(4) 显然, 对题给波函数 ψ_4, $l = 1, m_l = -1, m_s = -\frac{1}{2}, j = \frac{3}{2}, m_j = m_l + m_s = -\frac{3}{2}$, $\boldsymbol{J}^2 = j(j+1) = \frac{15}{4}\hbar^2$, $J_z = -\frac{3}{2}\hbar$.

题 7.28　用另一种办法推导旋 - 轨耦合项. 电子固有磁矩 $\boldsymbol{\mu}$ 在原子核处产生的矢势为 $\boldsymbol{A}(\boldsymbol{r},t) = \frac{\boldsymbol{\mu}\times\boldsymbol{r}(t)}{r^3}$, 由随 t 变化的 $\boldsymbol{A}$ 在原子核处产生的电场 $\boldsymbol{\mathcal{E}} = -\frac{\partial \boldsymbol{A}}{\partial t}$. 于是运动磁矩 $\boldsymbol{\mu}$ 对原子核作用力 $\boldsymbol{F} = Ze\boldsymbol{\mathcal{E}}$. 按第三定律, 原子核作用在电子上的力为 $-\boldsymbol{F}$. 用 [附录五] 量子非惯性势公式 (V.3), 导出自旋–轨道耦合项.

提示　注意 $\boldsymbol{r}$ 为在电子静止参考系中原子核的矢径. 它对时间求导为原子核速度, 换成电子速度应加负号. 并且结果仍然少 1/2 因子.

解答　通过如下广义 Galileo 变换:

$$\boldsymbol{r}' = \boldsymbol{r} - \xi(t) \tag{7.145}$$

从实验室系变换到电子静止参考系. 在电子静止参考系中, 电子固有磁矩 $\boldsymbol{\mu}$ 在原子核处产生的矢势为①

$$\boldsymbol{A}_{\mu}(\boldsymbol{r},t)=\frac{\boldsymbol{\mu}\times\boldsymbol{r}(t)}{r^3} \tag{7.146}$$

此处用 Gauss 单位制, 其中 $\boldsymbol{r}(t)$ 为在电子静止参考系中原子核的矢径. 由随 t 变化的 $\boldsymbol{A}$ 在原子核处产生的电场

$$\boldsymbol{\mathcal{E}}_{\mu}=-\frac{\partial \boldsymbol{A}_{\mu}}{\partial t}=-\frac{\boldsymbol{\mu}\times\boldsymbol{v}(t)}{r^3}+\frac{\boldsymbol{\mu}\times\boldsymbol{r}(t)}{r^5}\boldsymbol{r}\cdot\boldsymbol{v} \tag{7.147}$$

其中 $\boldsymbol{v}=\dfrac{\mathrm{d}\boldsymbol{r}}{\mathrm{d}t}$ 为在电子静止参考系中原子核的速度. 于是运动磁矩 $\boldsymbol{\mu}$ 对原子核作用力

$$\boldsymbol{F}_{\mu}=Ze\boldsymbol{E}_{\mu}=-\frac{Ze\boldsymbol{\mu}\times\boldsymbol{v}(t)}{r^3}+\frac{Ze\boldsymbol{\mu}\times\boldsymbol{r}(t)}{r^5}\boldsymbol{r}\cdot\boldsymbol{v} \tag{7.148}$$

加上电子电荷与原子核之间的 Coulomb 相互作用, 电子对原子核的作用力为

$$\boldsymbol{F}=-Ze^2\frac{\boldsymbol{r}}{r^3}-\frac{Ze\boldsymbol{\mu}\times\boldsymbol{v}(t)}{r^3}+\frac{Ze\boldsymbol{\mu}\times\boldsymbol{r}(t)}{r^5}\boldsymbol{r}\cdot\boldsymbol{v} \tag{7.149}$$

按 Newton 第三定律, 原子核作用在电子上的力为

$$-\boldsymbol{F}=Ze^2\frac{\boldsymbol{r}}{r^3}+\frac{Ze\boldsymbol{\mu}\times\boldsymbol{v}(t)}{r^3}-\frac{Ze\boldsymbol{\mu}\times\boldsymbol{r}(t)}{r^5}\boldsymbol{r}\cdot\boldsymbol{v} \tag{7.150}$$

电子加速度为

$$\ddot{\xi}=-\frac{1}{m}\boldsymbol{F}=\frac{1}{m}Ze^2\frac{\boldsymbol{r}}{r^3}+\frac{1}{m}\frac{Ze\boldsymbol{\mu}\times\boldsymbol{v}(t)}{r^3}-\frac{1}{m}\frac{Ze\boldsymbol{\mu}\times\boldsymbol{r}(t)}{r^5}\boldsymbol{r}\cdot\boldsymbol{v}$$

按 [附录五] 量子非惯性势公式 (V.3), 该电子加速度相应于 Schrödinger 的等效位势项为

$$\begin{aligned}V_{\mathrm{eff}}(\boldsymbol{r})&=m\ddot{\xi}\cdot\boldsymbol{r}=-\frac{Ze^2}{r}+\frac{Ze\boldsymbol{\mu}\times\boldsymbol{v}(t)}{r^3}\cdot\boldsymbol{r}\\&=-\frac{Ze^2}{r}+\frac{1}{m^2c^2}\frac{1}{r}\frac{\mathrm{d}V}{\mathrm{d}r}\boldsymbol{L}\cdot\boldsymbol{S}\end{aligned} \tag{7.151}$$

即为 Coulomb 势与自旋–轨道耦合项之和. 自旋–轨道耦合项仍然少 Thomas 因子.

①如见 J. D. Jackson, *Classical Electrodynamics*, 3rd Ed., John Wiley & Sons, INC. 2001, 186.

第 8 章　定态微扰论

题 8.1　设非谐振子的 Hamilton 量为

$$H=-\frac{\hbar^2}{2\mu}\frac{\mathrm{d}^2}{\mathrm{d}x^2}+\frac{1}{2}\mu\omega_0^2x^2+\beta x^3$$

其中 β 为实常数量. 取

$$H_0=-\frac{\hbar^2}{2\mu}\frac{\mathrm{d}^2}{\mathrm{d}x^2}+\frac{1}{2}\mu\omega_0^2x^2,\quad H'=\beta x^3$$

试用微扰论求其能量本征值 (准到二级近似) 和本征函数 (准到一级近似).

提示　用 Fock 空间.

解法一　题给 H_0 是简谐振子的 Hamilton 量, 已知它的第 k 个能量本征态波函数如下给出

$$\psi_k^{(0)}=N_k\mathrm{e}^{-\frac{1}{2}\alpha^2x^2}\mathrm{H}_k(\alpha x)\tag{8.1}$$

其中 $\alpha=\sqrt{\mu\omega_0/\hbar}$ 具有长度倒数的量纲, 归一化系数 $N_k=\left(\alpha/\sqrt{\pi}2^kk!\right)^{1/2}$, 而 H_k 为 Hermite 多项式, 如下给出

$$\mathrm{H}_k\left(x\right)=\left(-1\right)^n\mathrm{e}^{x^2}\frac{\mathrm{d}^k}{\mathrm{d}x^k}\mathrm{e}^{-x^2}$$

即 $\mathrm{H}_0\left(x\right)=1$, $\mathrm{H}_1\left(x\right)=2x$ 等. 式 (8.1) 为零级波函数, 相应的零级能量本征值为

$$E_k^{(0)}=\hbar\omega\left(k+\frac{1}{2}\right)\tag{8.2}$$

每个能级均非简并. 按照非简并微扰公式, k 能级一级修正为

$$E_k^{(1)}=H'_{kk}=\int_{-\infty}^{\infty}\psi_k^{(0)*}\left(\beta x^3\right)\psi_k^{(0)}\mathrm{d}x\tag{8.3}$$

一维谐振子能量本征态具有确定宇称. 相应波函数或奇或偶具有确定宇称, 因而式 (8.3) 中被积函数一定是奇函数, 因此能量一级修正

$$E_k^{(1)}=H'_{kk}=0\tag{8.4}$$

根据定态微扰论, 准到一级近似的能量本征函数

$$\psi_k=\psi_k^{(0)}+\psi_k^{(1)}=\psi_k^{(0)}+\sum_n{}'\frac{H'_{nk}}{E_k^{(0)}-E_n^{(0)}}\psi_n^{(0)}\tag{8.5}$$

其中 $E_k^{(0)}$ 如式 (8.2) 所给. 为求微扰矩阵元 H'_{nk}, 可利用关于 $\psi_k^{(0)}$ 的如下递推关系

$$x\psi_n^{(0)}=\frac{1}{\alpha}\left(\sqrt{\frac{n}{2}}\psi_{n-1}^{(0)}+\sqrt{\frac{n+1}{2}}\psi_{n+1}^{(0)}\right) \tag{8.6}$$

$$x^2\psi_n^{(0)}=\frac{1}{\alpha^2}\left\{\sqrt{\frac{n(n-1)}{4}}\psi_{n-2}^{(0)}+\left(n+\frac{1}{2}\right)\psi_n^{(0)}+\sqrt{\frac{(n+1)(n+2)}{4}}\psi_{n+2}^{(0)}\right\} \tag{8.7}$$

式 (8.7) 两边乘 x, 再应用式 (8.6) 得

$$\begin{aligned}x^3\psi_n^{(0)}&=\frac{1}{\alpha^2}\left\{\sqrt{\frac{n(n-1)}{4}}x\psi_{n-2}^{(0)}+(n+\frac{1}{2})x\psi_n^{(0)}+\sqrt{\frac{(n+1)(n+2)}{4}}x\psi_{n+2}^{(0)}\right\}\\&=\frac{1}{\alpha^3\sqrt{8}}\left\{\sqrt{n(n-1)(n-2)}\psi_{n-3}^{(0)}+3n\sqrt{n}\psi_{n-1}^{(0)}+3(n+1)\sqrt{n+1}\psi_{n+1}^{(0)}\right.\\&\quad\left.+\sqrt{(n+1)(n+2)(n+3)}\psi_{n+3}^{(0)}\right\}\end{aligned} \tag{8.8}$$

现在即可利用式 (8.8) 计算微扰矩阵元 H'_{nk}

$$H'_{nk}=\int_{-\infty}^{\infty}\psi_n^*(x)\beta x^3\psi_k\mathrm{d}x$$

注意 $\psi_n^{(0)}$ 的正交归一性, 即 $\int\psi_n^{(0)*}(x)\psi_k^{(0)}(x)\mathrm{d}x=\delta_{nk}$, 可得

$$\begin{aligned}H'_{nk}&=\frac{\beta}{\sqrt{8}\alpha^3}\int_{-\infty}^{\infty}\psi_n^{(0)}\left\{\sqrt{k(k-1)(k-2)}\psi_{k-3}^{(0)}+3k\sqrt{k}\psi_{k-1}^{(0)}\right.\\&\quad\left.+3(k+1)\sqrt{k+1}\psi_{k+1}^{(0)}+\sqrt{(k+1)(k+2)(k+3)}\psi_{k+3}^{(0)}\right\}\mathrm{d}x\\&=\frac{\beta}{\sqrt{8}\alpha^3}\left\{\sqrt{k(k-1)(k-2)}\delta_{n,k-3}+3k\sqrt{k}\delta_{n,k-1}\right.\\&\quad\left.+3(k+1)\sqrt{k+1}\delta_{n,k+1}+\sqrt{(k+1)(k+2)(k+3)}\delta_{n,k+3}\right\}\end{aligned} \tag{8.9}$$

k 是固定指标, 故 H'_{nk} 只有当 n 取下述四值时不为零, 即

$$n=k-3,\quad k-1,\quad k+1,\quad k+3 \tag{8.10}$$

n 取定后 H'_{nk} 的非零值是式 (8.9) 中某个 δ 的系数. 故知式 (8.5) 的求和式只有四项, 而其分母为

$$E_k^{(0)}-E_n^{(0)}=\left(k+\frac{1}{2}\right)\hbar\omega-\left(n+\frac{1}{2}\right)\hbar\omega=(k-n)\hbar\omega \tag{8.11}$$

对式 (8.10) 几种情况为

$$\begin{aligned}&E_k^{(0)}-E_{k-3}^{(0)}=3\hbar\omega,\qquad E_k^{(0)}-E_{k-1}^{(0)}=\hbar\omega,\\&E_k^{(0)}-E_{k+1}^{(0)}=-\hbar\omega,\qquad E_k^{(0)}-E_{k+3}^{(0)}=-3\hbar\omega\end{aligned} \tag{8.12}$$

将式 (8.9, 8.12) 代入式 (8.5) 可得

$$
\begin{aligned}
\psi_k &= \psi_k^{(0)} + \sum_n{}' \frac{H'_{nk}}{E_k^{(0)} - E_n^{(0)}} \psi_n^{(0)} \\
&= \psi_k^{(0)} + \frac{\beta}{\sqrt{8\alpha^3}\hbar\omega} \left\{ \frac{1}{3}\sqrt{k(k-1)(k-2)}\psi_{k-3}^{(0)} + 3k\sqrt{k}\psi_{k-1}^{(0)} \right. \\
&\quad \left. -3(k+1)\sqrt{k+1}\psi_{k+1}^{(0)} - \frac{1}{3}\sqrt{(k+1)(k+2)(k+3)}\psi_{k+3}^{(0)} \right\}
\end{aligned} \tag{8.13}
$$

其中 $\psi_n^{(0)}$ 由式 (8.1) 给出. 根据定态微扰论, 准确到二级近似的第 k 能级能量本征值为

$$
E_k = E_k^{(0)} + E_k^{(1)} + E_k^{(2)} = E_k^{(0)} + H'_{kk} + \sum_n{}' \frac{|H'_{nk}|^2}{E_k^{(0)} - E_n^{(0)}}
$$

代入式 (8.4,8.9) 与式 (8.12) 的结果, 求得

$$
\begin{aligned}
E_k &= \left(k+\frac{1}{2}\right)\hbar\omega + \frac{H'^2_{k-3,k}}{E_k^{(0)} - E_{k-3}^{(0)}} + \frac{H'^2_{k-1,k}}{E_k^{(0)} - E_{k-1}^{(0)}} + \frac{H'^2_{k+1,k}}{E_k^{(0)} - E_{k+1}^{(0)}} + \frac{H'^2_{k+3,k}}{E_k^{(0)} - E_{k+3}^{(0)}} \\
&= \left(k+\frac{1}{2}\right)\hbar\omega + \frac{\beta^2}{8\alpha^6\hbar\omega}\left\{\frac{1}{3}k(k-1)(k-2) + 9k^3\right. \\
&\quad \left. -9(k+1)^3 - \frac{1}{3}(k+1)(k+2)(k+3)\right\} \\
&= \left(k+\frac{1}{2}\right)\hbar\omega - \frac{\beta^2}{8\alpha^6\hbar\omega}(30k^2 + 30k + 11)
\end{aligned} \tag{8.14}
$$

解法二　(关于微扰 $H_1 = \beta x^3$ 的矩阵元计算, 用 Fock 空间) 记 H_0 的第 n 个归一化的能量本征态为 $|n\rangle$. 利用 $x = \frac{1}{\sqrt{2}\alpha}(a + a^\dagger)(\alpha = \sqrt{m\omega/\hbar})$, 假设 $|n\rangle$ 相位选取恰当使得

$$
a^\dagger|n\rangle = \sqrt{n+1}|n+1\rangle, \quad a|n\rangle = \sqrt{n}|n-1\rangle
$$

易得 $\langle n|x|n+1\rangle = \frac{1}{\alpha}\sqrt{\frac{n+1}{2}}$, $\langle n|x|n-1\rangle = \frac{1}{\alpha}\sqrt{\frac{n}{2}}$, 其他矩阵元为零, 或者

$$
\langle n|x|k\rangle = \frac{1}{\alpha}\sqrt{\frac{n+1}{2}}\delta_{k,n+1} + \frac{1}{\alpha}\sqrt{\frac{n}{2}}\delta_{k,n-1}
$$

这样[①]

$$
\langle n|x^3|k\rangle = \sum_{k_1,k_2} \langle n|x|k_1\rangle\langle k_1|x|k_2\rangle\langle k_2|x|k\rangle
$$

①或者利用 $x^3 = \frac{1}{\sqrt{8}\alpha^3}\left(a^3 + a^2a^\dagger + aa^\dagger a + aa^{\dagger 2} + a^\dagger aa^\dagger + a^{\dagger 2}a + a^{\dagger 3}\right)$ 则更简捷.

$$
\begin{aligned}
&= \sum_{k_1,k_2} \frac{1}{\alpha} \left(\sqrt{\frac{n+1}{2}} \delta_{k_1,n+1} + \sqrt{\frac{n}{2}} \delta_{k_1,n-1} \right) \langle k_1|x|k_2\rangle \langle k_2|x|k\rangle \\
&= \frac{1}{\alpha} \sum_{k_2} \left(\sqrt{\frac{n+1}{2}} \langle n+1|x|k_2\rangle \langle k_2|x|k\rangle + \sqrt{\frac{n}{2}} \langle n-1|x|k_2\rangle \langle k_2|x|k\rangle \right) \\
&= \frac{1}{2\alpha^2} \left[\sqrt{(n+1)(n+2)} \langle n+2|x|k\rangle + (2n+1)\langle n|x|k\rangle + \sqrt{n(n-1)} \langle n-2|x|k\rangle \right] \\
&= \frac{1}{\sqrt{8}\alpha^3} \left[\sqrt{(n+1)(n+2)(n+3)} \delta_{k,n+3} + 3(n+1)\sqrt{n+1}\delta_{k,n+1} \right. \\
&\quad \left. +3n\sqrt{n}\delta_{k,n-1} + \sqrt{n(n-1)(n-2)}\delta_{k,n-3} \right]
\end{aligned}
$$

这与式 (8.9) 结果一致.

题 8.2 一维谐振子 Hamilton 量表示为

$$
H_0 = -\frac{\hbar^2}{2\mu} \frac{\mathrm{d}^2}{\mathrm{d}x^2} + \frac{1}{2}\mu\omega^2 x^2
$$

设加上一个微扰

$$
H' = \frac{\lambda}{2}\mu\omega^2 x^2 \quad (\lambda \ll 1)
$$

试用微扰论求能级的修正 (准到三级近似), 并和精确解比较.

解答 谐振子 H_0 的能量本征值为

$$
E_n^{(0)} = \left(n + \frac{1}{2} \right) \hbar\omega, \quad n = 0, 1, 2, \cdots \tag{8.15}
$$

相应的归一化本征函数记为 $\psi_n^{(0)}$, 如式 (8.1) 所给. 利用

$$
x = \frac{1}{\sqrt{2}} \sqrt{\frac{\hbar}{\mu\omega}} \left[a^\dagger + a \right] = \frac{1}{\sqrt{2}\alpha} \left[a^\dagger + a \right]
$$

(其中 $\alpha = \sqrt{\mu\omega/\hbar}$) 以及

$$
a^\dagger \psi_n^{(0)} = \sqrt{n+1} \psi_{n+1}^{(0)}, \quad a\psi_n^{(0)} = \sqrt{n} \psi_{n-1}^{(0)}
$$

可知在 H_0 表象 (由基矢 $\left\{ \psi_n^{(0)} \right\}$ 所张成) 中, x 不等于 0 的矩阵元为

$$
x_{k+1,k} = x_{k,k+1} = \left(\frac{k+1}{2} \frac{\hbar}{m\omega} \right)^{1/2} \tag{8.16}
$$

因此, 微扰 $H'=\dfrac{\lambda}{2}\mu\omega^2x^2$ 不等于 0 的矩阵元有

$$H'_{nn}=\frac{\lambda}{2}m\omega^2\sum_k x_{nk}x_{kn}=\frac{\lambda}{2}\left(n+\frac{1}{2}\right)\hbar\omega=\frac{\lambda}{2}E_n^{(0)} \tag{8.17}$$

$$\begin{aligned}H'_{n,n+2}=H'_{n+2,n}&=\frac{\lambda}{2}m\omega^2x_{n,n+1}x_{n+1,n+2}\\&=\frac{\lambda}{4}\sqrt{(n+1)(n+2)}\hbar\omega\end{aligned} \tag{8.18}$$

其中 H'_{nn} 亦可由 Virial 定理直接给出.

这样根据微扰论

$$E_n^{(1)}=\langle n|H'|n\rangle=\frac{\lambda}{2}\left(n+\frac{1}{2}\right)\hbar\omega \tag{8.19}$$

$$\begin{aligned}E_n^{(2)}&=\sum_k{}'\frac{|H'_{kn}|^2}{E_n^{(0)}-E_k^{(0)}}=\frac{\lambda^2(n+1)(n+2)\hbar^2\omega^2}{-16\times2\hbar\omega}+\frac{\lambda^2n(n-1)\hbar^2\omega^2}{16\times2\hbar\omega}\\&=-\frac{\lambda^2}{8}\left(n+\frac{1}{2}\right)\hbar\omega\end{aligned} \tag{8.20}$$

对于能量的 3 阶修正, 可以直接用一级近似波函数进行计算

$$\begin{aligned}E_n^{(3)}&=\langle\psi_n^{(1)}|H'-E_n^{(1)}|\psi_n^{(1)}\rangle\\&=\sum_{k,l}{}'\frac{H'^*_{kn}}{E_n^{(0)}-E_k^{(0)}}\frac{H'_{ln}}{E_n^{(0)}-E_l^{(0)}}\langle\psi_k^{(0)}|H'-E_n^{(1)}|\psi_l^{(0)}\rangle\\&=\frac{1}{(2\hbar\omega)^2}\left[H'_{n+2,n}H'_{n+2,n}\left(E_{n+2}^{(1)}-E_n^{(1)}\right)+H'_{n-2,n}H'_{n-2,n}\left(E_{n-2}^{(1)}-E_n^{(1)}\right)\right]\end{aligned}$$

上面求和中, k,l 只能取 $n+2,n-2$, 而 $k=n+2,l=n-2$ 以及 $k=n-2,l=n+2$ 的项等于零, 这样只能是 $k=n+2,l=n+2$ 或者 $k=n-2,l=n-2$. 再代入式 (8.18, 8.19) 的结果即得

$$E_n^{(3)}=\frac{\lambda^3}{16}\left(n+\frac{1}{2}\right)\hbar\omega \tag{8.21}$$

综合上面式 (8.19, 8.20) 与 (8.21), 可得精确到三阶微扰的能量为

$$E_n=E_n^{(0)}+E_n^{(1)}+E_n^{(2)}+E_n^{(3)}=\left(n+\frac{1}{2}\right)\hbar\omega\left(1+\frac{\lambda}{2}-\frac{\lambda^2}{8}+\frac{\lambda^3}{16}\right) \tag{8.22}$$

现对本问题作严格求解. 加了微扰以后, Hamilton 量为

$$H=H_0+H'=-\frac{\hbar^2}{2m}\frac{\mathrm{d}^2}{\mathrm{d}x^2}+\frac{1}{2}(1+\lambda)m\omega^2x^2 \tag{8.23}$$

仍是谐振子 Hamilton 量, 令

$$\omega' = \omega\sqrt{1+\lambda}$$

H 可以写成

$$H = -\frac{\hbar^2}{2m}\frac{\mathrm{d}^2}{\mathrm{d}x^2} + \frac{1}{2}m\omega'^2 x^2 \tag{8.24}$$

由此写出 H 的本征值

$$E_n = \left(n+\frac{1}{2}\right)\hbar\omega' = \left(n+\frac{1}{2}\right)\sqrt{1+\lambda}\hbar\omega \tag{8.25}$$

把上式对小量 λ 按照 Taylor 级数展开即得

$$E_n = \left(n+\frac{1}{2}\right)\hbar\omega' = \left(n+\frac{1}{2}\right)\hbar\omega\left(1+\frac{\lambda}{2}-\frac{\lambda^2}{8}+\frac{\lambda^3}{16}+\cdots\right) \tag{8.26}$$

若级数保留到 λ^3, 则和 3 阶微扰结果相同.

题 8.3 自旋为 1/2 的三维各向同性谐振子, 处于基态. 设粒子受到微扰 $H' = \lambda\boldsymbol{\sigma}\cdot\boldsymbol{r}$ 作用, 求粒子的能级修正 (二级近似).

解法一 未扰 Hamilton 量

$$H_0 = \frac{1}{2\mu}\boldsymbol{p}^2 + \frac{1}{2}\mu\omega^2 r^2 \tag{8.27}$$

体系能级和波函数的零级近似分别为

$$E_n^{(0)} = \left(n+\frac{3}{2}\right)\hbar\omega, \tag{8.28}$$

$$\psi_n^{(0)} = \psi_{n_1}(x)\psi_{n_2}(y)\psi_{n_3}(z)\alpha; \quad \psi_{n_1}(x)\psi_{n_2}(y)\psi_{n_3}(z)\beta \tag{8.29}$$

其中 $n = n_1+n_2+n_3 (n_1, n_2, n_3 = 0, 1, 2, \cdots)$, $\psi_{n_1}(x)$ 为一维谐振子能量本征态, α 与 β 分别为 $\sigma_z = \pm 1$ 的本征态, 在 σ_z 表象中有

$$\alpha = \begin{pmatrix} 1 \\ 0 \end{pmatrix}, \quad \beta = \begin{pmatrix} 0 \\ 1 \end{pmatrix}$$

未扰基态波函数为

$$\psi_{0\alpha}^{(0)} = \phi_0(x)\phi_0(y)\phi_0(z)\alpha; \quad \psi_{0\beta}^{(0)} = \phi_0(x)\phi_0(y)\phi_0(z)\beta \tag{8.30}$$

二者均为偶宇称. 微扰 Hamilton 量可以写为

$$H' = \lambda\boldsymbol{\sigma}\cdot\boldsymbol{r} = \lambda\left(\sigma_x x + \sigma_y y + \sigma_z z\right) \tag{8.31}$$

由于 H' 为奇宇称, 故在两基态波函数的简并子空间中, H' 的所有四个矩阵元皆为零. 故 $E_0^{(1)}=0$.

由简并微扰论 ①, 高一阶近似涉及简并子空间外态矢量的微扰矩阵元的影响, 可等效地考察如下算符

$$A=\sum_{n\neq 0}\sum_{\tau}\frac{H'|n\tau\rangle\langle n\tau|H'}{E_0^{(0)}-E_n^{(0)}} \tag{8.32}$$

在本题的二维简并子空间中,

(i) 若 A 为对角矩阵, 则对角元即为能量二级修正. 即此种情况下可用非简并公式处理;

(ii) 若为非对角矩阵, 则在该二维子空间中, 由久期方程

$$\det\left|A-E_0^{(2)}I\right|=0 \tag{8.33}$$

求出能量二级修正 $E_0^{(2)}$.

由于

$$\langle n\tau|H'|0f\rangle\quad \tau,f=\alpha,\beta \tag{8.34}$$

中不为零的矩阵元有

$$\begin{aligned}\langle 001\alpha|H'|000\alpha\rangle&=\langle 100\beta|H'|000\alpha\rangle=\langle 100\alpha|H'|000\beta\rangle\\&=-\langle 001\beta|H'|000\beta\rangle=\lambda\left(\frac{\hbar}{2\mu\omega}\right)^{1/2}\\\langle 010\beta|H'|000\alpha\rangle&=\langle 010\alpha|H'|000\beta\rangle=\mathrm{i}\lambda\left(\frac{\hbar}{2\mu\omega}\right)^{1/2}\end{aligned} \tag{8.35}$$

显然, 由于 $\langle 0\alpha|A|0\beta\rangle=0$,

$$A_{\alpha\beta}=A_{\beta\alpha}^*=0$$

即属于上面第 (i) 种情况. 而

$$\begin{aligned}A_{\alpha\alpha}&=A_{\beta\beta}\\&=-\frac{1}{\hbar\omega}\left[|\langle 000\alpha|H'|001\alpha\rangle|^2+|\langle 000\alpha|H'|010\beta\rangle|^2+|\langle 000\alpha|H'|100\beta\rangle|^2\right]\\&=-\frac{3\lambda^2}{2\mu\omega^2}\end{aligned}$$

这给出能量二阶修正

$$E_0^{(2)}=-\frac{3\lambda^2}{2\mu\omega^2}$$

①张永德, 量子力学 (第三版)[M], 北京: 科学出版社, 2015, P.208-210. 还可参考徐秀玮等, 简并部分解除情况下二阶微扰修正, 大学物理, 1996, Vol.**15**.No.4., 12-14.

这样

$$E_0 = \frac{3}{2}\hbar\omega - \frac{3\lambda^2}{2\mu\omega^2} \tag{8.36}$$

可见简并仍未解除.

解法二 设该三维各向同性谐振子的质量与频率分别为 μ、ω. 将该三维各向同性谐振子分解为沿 x、y 与 z 三个方向的同频率的相互独立的三个谐振子, 记 ψ_n 表示一维谐振子归一化能量本征态. 考虑粒子的自旋自由度, 微扰前的能量本征态可表示为

$$\Psi_{N\uparrow}^{(0)} = \psi_{n_1}(x)\psi_{n_2}(y)\psi_{n_3}(z)\alpha, \quad \Psi_{N\downarrow}^{(0)} = \psi_{n_1}(x)\psi_{n_2}(y)\psi_{n_3}(z)\beta \tag{8.37}$$

其中 $N = n_1 + n_2 + n_3, n_1, n_2, n_3 = 0, 1, 2, 3, \cdots$, α、β 分别为自旋沿 z 轴或者沿负 z 轴的归一化自旋本征态. 相应于 $\Psi_{N\uparrow}^{(0)}$ 与 $\Psi_{N\downarrow}^{(0)}$ 的能级均为

$$E_N^{(0)} = \left(N + \frac{3}{2}\right)\hbar\omega \tag{8.38}$$

微扰前基态波函数为

$$\Psi_{0\uparrow}^{(0)} = \psi_0(x)\psi_0(y)\psi_0(z)\alpha, \quad \Psi_{0\downarrow}^{(0)} = \psi_0(x)\psi_0(y)\psi_0(z)\beta \tag{8.39}$$

二者在宇称反演变化下 ($\boldsymbol{r} \to -\boldsymbol{r}$), 均不变, 也就是说它们均为偶宇称态. 题给的微扰算符又可以表示成

$$H' = \lambda\boldsymbol{\sigma}\cdot\boldsymbol{r} = \lambda r\sigma_r = \lambda(\sigma_x x + \sigma_y y + \sigma_x z) \tag{8.40}$$

在宇称反演变化下 ($\boldsymbol{r} \to -\boldsymbol{r}$), H' 反号, 因此为奇宇称算符. 这样在两个基态波函数之间, H' 的矩阵元 (包括平均值) 全部为 0. 因此基态能级的一级微扰修正等于 0, 即

$$E_0^{(1)} = 0 \tag{8.41}$$

H' 与总角动量算符

$$\boldsymbol{J} = \boldsymbol{l} + \frac{\hbar}{2}\boldsymbol{\sigma} \tag{8.42}$$

对易 , 因此 H' 作用的结果不会改变量子数 j 和 m_j 的值. 两个基态波函数 $\Psi_{0\uparrow}^{(0)}$ 与 $\Psi_{0\downarrow}^{(0)}$ 的 j 和 m_j 量子数

$$j = \frac{1}{2}, m_j = \pm\frac{1}{2}$$

因 m_j 不同, $\Psi_{0\uparrow}^{(0)}$ 与 $\Psi_{0\downarrow}^{(0)}$ 在任何级微扰近似中不可能因 H' 的作用而混合, 这与解法一的计算一致. 因此, 本题可以按非简并态微扰论处理. 从问题的对称性可知, 基态的两种自旋方向 (↑“向上”；↓“向下”) 应给出同样的能量修正值.

H' 为 $\boldsymbol{r}$ 的线性齐次函数, 它作用于基态的结果, 量子数 N 将由 0 变成 1, 即变成第一激发态, 能量差为

$$E_0^{(0)} - E_1^{(0)} = -\hbar\omega \tag{8.43}$$

按照微扰论公式, 基态能级的二级微扰修正为

$$E_0^{(2)} = \sum_{\{N\}}{}' \frac{1}{E_0^{(0)} - E_N^{(0)}} \left|\langle N| H' |0\rangle\right|^2 \tag{8.44}$$

上述求和中 $\{N\}$ 表示对于所有主量子数为 N 的简并态求和 (除了基态 0 以外, $N = 1, 2, \cdots$). 由于 $N \neq 1$ 时, $\langle N| H' |0\rangle = 0$, 所以上式可以写成

$$E_0^{(2)} = \frac{1}{\hbar\omega}\sum_{\{N\}}{}' \left|\langle 0| H' |N\rangle\right|^2 = \frac{1}{\hbar\omega}\sum_{\{N\}} \langle 0| H' |N\rangle \langle N| H' |0\rangle \tag{8.45}$$

利用完备性关系

$$\sum_{\{N\}} |N\rangle \langle N| = 1 \tag{8.46}$$

由式 (8.45) 即得

$$\begin{aligned} E_0^{(2)} &= -\frac{1}{\hbar\omega} \langle 0| H'^2 |0\rangle = -\frac{\lambda^2}{\hbar\omega} \langle 0| (\boldsymbol{\sigma}\cdot\boldsymbol{r})^2 |0\rangle \\ &= -\frac{\lambda^2}{\hbar\omega} \langle 0| r^2 |0\rangle = -\frac{3\lambda^2}{2\mu\omega} \end{aligned} \tag{8.47}$$

计算中利用了 $(\boldsymbol{\sigma}\cdot\boldsymbol{r})^2 = r^2$ 以及 Virial 定理的结果

$$\frac{1}{2}\mu\omega^2 \langle 0| r^2 |0\rangle = \frac{1}{2}E_0^{(0)} = \frac{3}{4}\hbar\omega \tag{8.48}$$

综合式 (8.41, 8.47), 基态能级准确到二级近似的微扰修正为

$$\Delta E = E_0^{(2)} = -\frac{3\lambda^2}{2\mu\omega} \tag{8.49}$$

说明　自旋为 1/2 的三维各向同性谐振子

$$\Psi_{0\alpha}^{(0)} = |000\alpha\rangle \tag{8.50}$$

利用谐振子基态、第一激发态归一化波函数

$$\psi_0(x) = \left(\frac{\lambda}{\sqrt{\pi}}\right)^{1/2} \mathrm{e}^{-\frac{1}{2}\lambda^2x^2}, \quad \psi_1(x) = \left(\frac{\lambda}{2\sqrt{\pi}}\right)^{1/2} \mathrm{e}^{-\frac{1}{2}\lambda^2x^2} 2\lambda x, \quad \left(\lambda = \sqrt{\frac{\mu\omega}{\hbar}}\right)$$

以及

$$\sigma_x\alpha = \beta, \ \sigma_y\alpha = \mathrm{i}\beta, \ \sigma_z\alpha = \alpha$$

式 (8.44) 中不等于 0 的矩阵元共有三个

$$\langle 001\alpha|\,H'\,|000\alpha\rangle = \langle 100\beta|\,H'\,|000\alpha\rangle = \lambda\sqrt{\frac{\hbar}{2m\omega}}$$

$$\langle 010\beta|\,H'\,|000\alpha\rangle = \mathrm{i}\lambda\sqrt{\frac{\hbar}{2m\omega}}$$

这三个矩阵元复数模平方之和等于 $\dfrac{3\lambda^2\hbar}{2m\omega}$, 代入式 (8.44), 一样得到

$$E_0^{(2)} = -\frac{3\lambda^2}{2\mu\omega} \tag{8.51}$$

题 8.4 自旋为 0 的两个全同粒子在谐振子势中运动,

$$H_0 = -\frac{\hbar^2}{2m}\left(\frac{\partial^2}{\partial x_1^2} + \frac{\partial^2}{\partial x_2^2}\right) + \frac{1}{2}m\omega^2(x_1^2 + x_2^2) \tag{8.52}$$

设粒子之间有相互作用

$$H' = V_0 \exp\left[-\beta^2(x_1 - x_2)^2\right] \tag{8.53}$$

试用微扰论求体系的基态能级修正 (一级近似).

解法一 不计微扰, 体系基态满足交换对称的归一化波函数为

$$\Psi_0^{(0)}(x_1, x_2) = \psi_0(x_1)\psi_0(x_2) \tag{8.54}$$

其中 $\psi_0(x)$ 为一维谐振子基态归一化波函数, 即

$$\psi_0(x) = \left(\frac{\alpha}{\sqrt{\pi}}\right)^{1/2} \mathrm{e}^{-\frac{1}{2}\alpha^2 x^2}, \quad \alpha = \sqrt{\frac{m\omega}{\hbar}} \tag{8.55}$$

基态不简并, 其能级为

$$E_0^{(0)} = 2 \times \frac{1}{2}\hbar\omega = \hbar\omega \tag{8.56}$$

根据微扰论, 基态能量一级修正为

$$E_0^{(1)} = \left\langle \Psi_0^{(0)} \middle| H' \middle| \Psi_0^{(0)} \right\rangle \tag{8.57}$$

将式 (8.53~8.55) 代入式 (8.57), 得到

$$\begin{aligned} E_0^{(1)} &= V_0\frac{\alpha^2}{\pi}\iint \mathrm{d}x_1\mathrm{d}x_2\mathrm{e}^{-\alpha^2\left(x_1^2+x_2^2\right)}\mathrm{e}^{-\beta^2(x_1-x_2)^2} \\ &= V_0\frac{\alpha^2}{\pi}\int_{-\infty}^{\infty}\mathrm{d}x_2\mathrm{e}^{-(a^2+\beta^2)x_2^2}I(x_2) \end{aligned} \tag{8.58}$$

其中

$$
\begin{aligned}
I(x_2) &= \int_{-\infty}^{\infty} \mathrm{d}x_1 \mathrm{e}^{-(\alpha^2+\beta^2)x_1^2+2\beta^2 x_2 x_1} \\
&= \left(\frac{\pi}{\alpha^2+\beta^2}\right)^{\frac{1}{2}} \mathrm{e}^{\frac{\beta^4}{\alpha^2+\beta^2}x_2^2}
\end{aligned}
\tag{8.59}
$$

其中用了广义 Gauss 积分公式 (5). 把 $I(x_2)$ 代入式 (8.58), 利用 Gauss 积分公式 (1) 即得准确到一阶近似的基态能级修正

$$
E_0^{(1)} = \frac{V_0\alpha}{\sqrt{\alpha^2+2\beta^2}} \tag{8.60}
$$

解法二 对于该全同 2 粒子体系定义质心坐标 X 和相对坐标 x, 即

$$
X = \frac{1}{2}(x_1+x_2),\ x = x_1 - x_2 \tag{8.61}
$$

质心质量 $M = 2m$, 折合质量为 $\mu = m/2$. 式 (8.61) 的反解式为

$$
x_1 = X + \frac{1}{2}x, \quad x_1 = X - \frac{1}{2}x \tag{8.62}
$$

利用质心坐标 X 和相对坐标 x, 体系的零级 Hamilton 量 H_0 以及微扰 H' 分别化为

$$
H_0 = \left(-\frac{\hbar^2}{2M}\frac{\partial^2}{\partial X^2} + \frac{1}{2}M\omega^2 X^2\right) + \left(-\frac{\hbar^2}{2\mu}\frac{\partial^2}{\partial x^2} + \frac{1}{2}\mu\omega^2 x^2\right) \tag{8.63}
$$

$$
H' = V_0 \mathrm{e}^{-\beta^2 x^2} \tag{8.64}
$$

上面意味着体系运动可以分解为质心运动与相对运动两部分.

若不计微扰, 质心运动与相对运动为频率相同但质量不同的 2 个彼此独立的谐振子运动, 此时能量本征态

$$
\Psi_0^{(0)}(X,x) = \phi_0(X)\psi_0(x) \tag{8.65}
$$

其中 $\phi_0(X)$、$\psi_0(x)$ 为一维谐振子基态归一化波函数,

$$
\phi_0(X) = \left(\frac{2\alpha^2}{\pi}\right)^{1/4} \mathrm{e}^{-\frac{1}{2}\alpha^2 X^2}, \quad \psi_0(x) = \left(\frac{\alpha}{2\pi}\right)^{1/4} \mathrm{e}^{-\frac{1}{4}\alpha^2 x^2}, \quad \alpha = \sqrt{\frac{m\omega}{\hbar}}
$$

基态能级为 $E_0^{(0)} = 2 \times \frac{1}{2}\hbar\omega = \hbar\omega$, 与式 (8.56) 相同. 基态不简并.

根据微扰论, 其能量一级修正为

$$
E_0^{(1)} = \left\langle \Psi_0^{(0)} \middle| H' \middle| \Psi_0^{(0)} \right\rangle = \langle\psi_0(x)|\, H' \,|\psi_0(x)\rangle \tag{8.66}
$$

其中利用了 H'[式 (8.64)] 与质心坐标 X 无关. 这样利用 Gauss 积分公式 (1) 即得

$$E_0^{(1)} = \int_{-\infty}^{\infty} \mathrm{d}x \left(\frac{\alpha}{2\pi}\right)^{1/2} \mathrm{e}^{-\frac{1}{2}\alpha^2 x^2} V_0 \mathrm{e}^{-\beta^2 x^2}$$
$$= \frac{V_0 \alpha}{\sqrt{\alpha^2 + 2\beta^2}}$$

上式与解法一结果相同.

题 8.5 一维无限深势阱 $(0 \leqslant x \leqslant a)$ 中的粒子, 受到微扰

$$H'(x) = \begin{cases} 2\lambda \dfrac{x}{a}, & \left(0 < x < \dfrac{a}{2}\right) \\ 2\lambda\left(1 - \dfrac{x}{a}\right), & \left(\dfrac{a}{2} < x < a\right) \end{cases}$$

的作用, 求基态能量的一级修正.

解答 这是非简并微扰问题. 未受微扰时的能量本征函数在势阱内部 $(0 < x < a)$ 区间为

$$\psi_k^{(0)} = \sqrt{\frac{2}{a}} \sin \frac{k\pi x}{a} \tag{8.67}$$

其中 $k = 1, 2, \cdots$, 对基态 $k = 1$; 在势阱外部 $(x \leqslant 0, x \geqslant a$ 区间), 波函数恒为零. 相应的, 零级能量本征值分别为

$$E_k^{(0)} = \frac{k^2 \pi^2 \hbar^2}{2\mu a^2} \tag{8.68}$$

其中 μ 为粒子的质量.

计算能量的一级修正量时, 因微扰 H' 是分段连续的, 因而要求两个积分式的和

$$E_1^{(1)} = \int_0^{\frac{a}{2}} \psi_1^{(0)*} H' \psi_1^{(0)} \mathrm{d}x + \int_{\frac{a}{2}}^{a} \psi_1^{(0)*} H' \psi_1^{(0)} \mathrm{d}x$$
$$= \frac{2}{a} \int_0^{\frac{a}{2}} \sin^2 \frac{\pi x}{a} \left(\frac{2\lambda x}{a}\right) \mathrm{d}x + \frac{2}{a} \int_{\frac{a}{2}}^{a} \sin^2 \frac{\pi x}{a} \left(2\lambda - \frac{2\lambda x}{a}\right) \mathrm{d}x$$
$$= \frac{2\lambda}{a^2} \left\{ \int_0^{\frac{a}{2}} \left(1 - \cos \frac{2\pi x}{a}\right) x \mathrm{d}x + \int_{\frac{a}{2}}^{a} \left(1 - \cos \frac{2\pi x}{a}\right)(a - x) \mathrm{d}x \right\}$$

利用积分公式 (10) 即得①

$$E_1^{(1)} = \lambda \left(\frac{1}{2} + \frac{2}{\pi^2}\right)$$

① 对于本题激发态能量的一级修正计算, 可以用同样步骤得到. 第 k 个激发态的一级修正为 $E_k^{(1)} = \dfrac{2\lambda}{a^2} \left\{ \int_0^{\frac{a}{2}} \left(1 - \cos \dfrac{2k\pi x}{a}\right) x \mathrm{d}x + \int_{\frac{a}{2}}^{a} \left(1 - \cos \dfrac{2k\pi x}{a}\right)(a - x) \mathrm{d}x \right\} = \lambda \left\{ \dfrac{1}{2} + \dfrac{1 - (-1)^k}{k^2 \pi^2} \right\}$.

题 8.6　假设原子核有非零半径 $r_{\mathrm{p}} \approx 10^{-13}\mathrm{cm}$, 且其电荷沿该尺寸均匀地分布. 求由于点电荷与此扩展电荷间差异导致的氢原子的 1s 态和 2p 态的能移.

解答　按题意氢原子核 (质子) 电荷 e 在半径为 r_{p} 的球内均匀地分布. 先求该均匀带电球的电势. 根据对称性确定空间电场

$$\boldsymbol{\mathcal{E}} = -e\left(\frac{r}{r_{\mathrm{p}}}\right)^3 \frac{1}{r^2}\boldsymbol{e}_r = -\frac{e}{r_{\mathrm{p}}^3} r\boldsymbol{e}_r$$

上式中取了 Gauss 单位制. 从而求得空间电势如下

$$\phi(r) = \begin{cases} \dfrac{e}{2}\left(\dfrac{3}{r_{\mathrm{p}}} - \dfrac{r^2}{r_{\mathrm{p}}^3}\right), & (r \leqslant r_{\mathrm{p}}) \\ \dfrac{e}{r}, & (r > r_{\mathrm{p}}) \end{cases} \tag{8.69}$$

氢原子的 Hamilton 量为

$$H = \frac{p^2}{2m} - e\phi(r)$$

假定全部电荷 Ze 集中在一个几何点 $(r = 0)$ 相应的 Hamilton 量是未扰 Hamilton 量 H_0, 这时电势表示为 $\phi_0(r) = e/r$. 而

$$H_0 = \frac{p^2}{2m} - \frac{e^2}{r}$$

体系的 Hamilton 量为 $H = H_0 + H'$, 这样取非点电荷效应导致的微扰项 $H' = H - H_0 = -e\phi(r) + e\phi(r)_0$ 为

$$H' = \begin{cases} \dfrac{e^2}{2r_{\mathrm{p}}}\left[\left(\dfrac{r}{r_{\mathrm{p}}}\right)^2 + 2\dfrac{r_{\mathrm{p}}}{r} - 3\right], & (r \leqslant r_{\mathrm{p}}) \\ 0, & (r > r_{\mathrm{p}}) \end{cases} \tag{8.70}$$

所以 1s 态和 2p 态的能移的一阶微扰结果用 $|nlm\rangle$ 统一写为 ①

$$\begin{aligned} \langle nlm|\, H'\, |nlm\rangle &= \langle nl|\, H'\, |nl\rangle \\ &= \iiint \psi_{nlm}^{(0)*} H' \psi_{nlm}^{(0)} \mathrm{d}^3\boldsymbol{r} = \int_0^\infty R_{nl}^* H'(r) R_{nl} r^2 \mathrm{d}r \\ &= \int_0^{r_{\mathrm{p}}} r^2 \mathrm{d}r R_{nl}^*(r) R_{nl}(r) \times \frac{e^2}{2r_{\mathrm{p}}}\left[\left(\frac{r}{r_{\mathrm{p}}}\right)^2 + \frac{2r_{\mathrm{p}}}{r} - 3\right] \end{aligned} \tag{8.71}$$

氢原子的 1s 态和 2p 态的径向波函数

$$R_{10} = \frac{2}{a_0^{3/2}}\mathrm{e}^{-r/a_0}, \quad R_{21} = \frac{1}{2\sqrt{6}a_0^{3/2}} \times \frac{r}{a_0}\mathrm{e}^{-r/2a_0} \tag{8.72}$$

①2p 态的磁量子数可以取 $m = -1, 0, 1$, 故共有 3 个态. 由于 H' 的旋转不变性不同 m 的态不会混合, 所以 2p 态能移的一阶微扰也是 H' 在 2p 态下的期望值.

其中 $a_0=0.529\times10^{-10}\mathrm{m}$ 为 Bohr 半径. 根据题意原子核的尺度是 $10^{-15}\mathrm{m=fm}$ 的数量级, 与 Bohr 半径相比相差 10^5 倍, 因而当 $r<r_\mathrm{p}$ 时, r/a_0 是个极小的数量, 在式 (8.71) 的积分式可取近似 $\mathrm{e}^{-\frac{2Zr}{a_0}}\approx1$. 由此得 1s 态能移

$$
\begin{aligned}
E_{10}^{(1)}&\approx\int_0^{r_\mathrm{p}}r^2\mathrm{d}r\frac{4}{a_0^3}\frac{e^2}{2r_\mathrm{p}}\left[\left(\frac{r}{r_\mathrm{p}}\right)^2+\frac{2r_\mathrm{p}}{r}-3\right]\\
&=\frac{2e^2r_\mathrm{p}^2}{a_0^3}\int_0^1x^2\mathrm{d}x\left(x^2+\frac{2}{x}-3\right)=\frac{2e^2r_\mathrm{p}^2}{a_0^3}\int_0^1\mathrm{d}x\left(x^4+2x-3x^2\right)\\
&=\frac{2e^2r_\mathrm{p}^2}{5a_0^3}=\frac{2r_\mathrm{p}^2}{5a_0^2}E_c
\end{aligned}
\tag{8.73}
$$

其中 $E_c=13.6\mathrm{eV}$ 为氢原子基态电离能. 2p 态能移

$$
\begin{aligned}
E_{21}^{(1)}&\approx\int_0^{r_\mathrm{p}}r^4\mathrm{d}r\frac{1}{24a_0^5}\frac{e^2}{2r_\mathrm{p}}\left[\left(\frac{r}{r_\mathrm{p}}\right)^2+\frac{2r_\mathrm{p}}{r}-3\right]\\
&=\frac{e^2r_\mathrm{p}^4}{48a_0^5}\int_0^1x^4\mathrm{d}x\left(x^2+\frac{2}{x}-3\right)=\frac{e^2r_\mathrm{p}^4}{48a_0^5}\int_0^1\mathrm{d}x\left(x^6+2x^3-3x^4\right)\\
&=\frac{e^2r_\mathrm{p}^4}{1120a_0^5}
\end{aligned}
\tag{8.74}
$$

由上面结果可见, 原子核非点电荷效应导致它对电子吸引减弱, 使得原子能级升高, 1s 态能移与 2p 态能移均为正. 由于 H' 的旋转不变性, 非点电荷效应没有解除 2p 态简并, 并且 $E_{21}^{(1)}\approx10^{-3}\dfrac{r_\mathrm{p}^2}{a_0^2}E_{10}^{(1)}\approx10^{-13}E_{10}^{(1)}\ll E_{10}^{(1)}$. 由上面结果可估算, 即使 1s 态能移 $E_{10}^{(1)}\sim10^{-8}\mathrm{eV}$ 也非常小. 然而对于重核素或 μ- 原子等, 原子核非点电荷效应的能级修正可能是非常可观的.

题 8.7 质量为 m 的粒子约束在一半径为 a 的圆周上, 除此之外它是自由的. 加一个微扰 $H'=A\sin\theta\cos\theta$(其中 θ 是圆周上的角位置). 对于最低的两个态求出修正后的零级波函数, 并计算它们的微扰能量修正 (二级近似).

解答 未受微扰的能量本征态和相应能量本征值分别为

$$
\psi_n(\theta)=\frac{1}{\sqrt{2\pi}}\mathrm{e}^{\mathrm{i}n\theta}\tag{8.75}
$$

$$
E_n=\frac{n^2\hbar^2}{2ma^2}\tag{8.76}
$$

其中 $n=\pm1,\pm2,\cdots$. 按题意, 我们只需考虑 $n=\pm1$ 的两个态, 这两态构成的简并子空间中, 微扰矩阵为

$$
\begin{pmatrix}0&-\dfrac{\mathrm{i}A}{4}\\\dfrac{\mathrm{i}A}{4}&0\end{pmatrix}\tag{8.77}
$$

将它对角化可得出能量一阶修正两个值和相应的零级波函数

$$\begin{aligned}
\psi_1' &= \frac{1}{\sqrt{2}}\left(\mathrm{i}\,|1\rangle + |-1\rangle\right), \qquad & \Delta E_1^{(1)} &= -\frac{A}{4} \\
\psi_2' &= \frac{1}{\sqrt{2}}\left(|1\rangle - \mathrm{i}\,|-1\rangle\right), \qquad & \Delta E_2^{(1)} &= \frac{A}{4}
\end{aligned} \tag{8.78}$$

求二阶能量修正涉及简并子空间外的矩阵元, 利用公式

$$\Delta E^{(2)} = \sum_n{}' \frac{|\langle\psi_k'|H'|n\rangle|^2}{E_k - E_n}$$

并有

$$H'\,|n\rangle = \frac{A}{2}\sin 2\theta\,|n\rangle = \frac{A}{4\mathrm{i}}\,|n+2\rangle - \frac{A}{4\mathrm{i}}\,|n-2\rangle$$

所以

$$\begin{aligned}
\Delta E_1^{(2)} &= \sum_n{}' \frac{|\langle\psi_1'|\,n+2\rangle - \langle\psi_1'|\,n-2\rangle|^2}{\dfrac{\hbar^2}{2ma^2}(1-n^2) + \dfrac{A}{4}} \times \left(\frac{A}{4}\right)^2 \\
&= \frac{\dfrac{1}{2}}{\dfrac{\hbar^2}{2ma^2}\left[1-(-3)^2\right] + \dfrac{A}{4}} \times \left(\frac{A}{4}\right)^2 + \frac{\dfrac{1}{2}}{\dfrac{\hbar^2}{2ma^2}(1-3^2) + \dfrac{A}{4}} \times \left(\frac{A}{4}\right)^2 \\
&\approx -\frac{ma^2A^2}{64\hbar^2}
\end{aligned}$$

同理, $\Delta E_2^{(2)} \approx -\dfrac{ma^2A^2}{64\hbar^2}$, 从而

$$\begin{cases}
E_1 = \dfrac{\hbar^2}{2ma^2} + \dfrac{A}{4} - \dfrac{ma^2A^2}{64\hbar^2} \\
E_2 = \dfrac{\hbar^2}{2ma^2} - \dfrac{A}{4} - \dfrac{ma^2A^2}{64\hbar^2}
\end{cases} \tag{8.79}$$

题 8.8　一个一维无限深方势阱在 $x=0$ 及 $x=L$ 处有两个无限高的壁, 在 $x=L/4$ 和 $x=3L/4$ 处有两个宽为 $a(a \ll L)$, 高为 V 的小微扰势. 用微扰方法估计 $n=2$ 与 $n=4$ 能级的差异 (精确到一阶微扰).

解答　一维无限深势阱能级和波函数为

$$E_n^{(0)} = \frac{n^2\pi^2\hbar^2}{2\mu L^2} \tag{8.80}$$

$$\psi_n(x) = \frac{2}{L}\sin\frac{n\pi}{L}x \tag{8.81}$$

其中 $n=\pm1,\pm2,\cdots$. 在一级微扰下第 n 能级的移动为

$$E_n^{(1)}=H'_{nn}=\int_{L/4-a/2}^{L/4+a/2}V\frac{2}{L}\sin^2\frac{n\pi x}{L}\mathrm{d}x+\int_{3L/4-a/2}^{3L/4+a/2}V\frac{2}{L}\sin^2\frac{n\pi x}{L}\mathrm{d}x \tag{8.82}$$

因为 $a\ll L$, 利用积分中值定理得

$$H'_{nn}=\frac{2Va}{L}\left\{\sin^2\frac{n\pi}{L}\frac{L}{4}+\sin^2\frac{n\pi}{L}\frac{3L}{4}\right\}=\frac{2Va}{L}\left(\sin^2\frac{n\pi}{4}+\sin^2\frac{3n\pi}{4}\right) \tag{8.83}$$

在一级微扰近似下, $n=2$ 与 $n=4$ 的能级差的变化为

$$E_2^{(1)}-E_4^{(1)}=\frac{2Va}{L}\left(\sin^2\frac{\pi}{2}+\sin^2\frac{3\pi}{2}-\sin^2\pi-\sin^2 3\pi\right)=\frac{4Va}{L} \tag{8.84}$$

题 8.9 粒子在一维势场 $V(x)$ 中运动, 能级为 E_n^0, $(n=1,2,3,\cdots)$, 如受到微扰 $H'=\dfrac{\lambda}{m}p$ 的作用, 求能级的修正 (二阶近似).

解答 在微扰前能量算符可写为

$$H_0=\frac{p^2}{2m}+V(x) \tag{8.85}$$

H_0 的本征函数记作 $\psi_n^{(0)}$ 或 $|n\rangle$. 利用对易式 $[x,p]=\mathrm{i}\hbar$ 易得到

$$\frac{m}{\mathrm{i}\hbar}[x,H_0]=\frac{m}{\mathrm{i}\hbar}(xH_0-H_0x)=p \tag{8.86}$$

因此在 H_0 表象中 (以 $|n\rangle$ 为基矢) 有矩阵关系

$$\langle k|p|n\rangle=\mathrm{i}m\omega_{kn}\langle k|x|n\rangle \tag{8.87}$$

其中

$$\omega_{kn}=\frac{E_k^{(0)}-E_n^{(0)}}{\hbar} \tag{8.88}$$

一维规则位势的束缚定态是非简并的. 按照微扰论公式, 能级的一阶修正为

$$E_n^{(1)}=\langle n|H'|n\rangle=\frac{\lambda}{m}\langle n|p|n\rangle=\mathrm{i}\lambda\omega_{nn}\langle n|x|n\rangle=0 \tag{8.89}$$

二阶修正为

$$E_n^{(2)}=\sum_k{}'\frac{|H'_{kn}|^2}{E_k^{(0)}-E_n^{(0)}}=\frac{\lambda^2}{\hbar}\sum_k{}'\frac{\omega_{kn}^2|x_{kn}|^2}{\omega_{kn}} \tag{8.90}$$

$$=-\frac{\lambda^2}{\hbar^2}\sum_k\left(E_k^{(0)}-E_n^{(0)}\right)|x_{kn}|^2=-\frac{\lambda^2}{2m} \tag{8.91}$$

最后一步利用了求和规则 $\sum\limits_k\left(E_k^{(0)}-E_n^{(0)}\right)|x_{kn}|^2=\dfrac{\hbar^2}{2m}$, 见第 5 章 5.16.

题 8.10　一个粒子在二维无限深势阱

$$V(x,y)=\begin{cases}0, & 0<x,y<a\\ \infty, & \text{其他地方}\end{cases}$$

中运动, 写出能级和能量的本征函数. 若加上微扰

$$H'=\lambda xy,\quad (0\leqslant x,y\leqslant a)$$

求最低的两个能级的一阶修正.

解答　不考虑微扰, 由分离变量法并结合边界条件可得题给二维无限深势阱粒子束缚定态能量本征值和相应波函数阱内部分为

$$E_{n_1,n_2}^{(0)}=\frac{\pi^2\hbar^2}{2ma^2}\left(n_1^2+n_2^2\right). \tag{8.92}$$

$$\psi_{n_1,n_2}^{(0)}(x,y)=\frac{2}{a}\sin\frac{n_1\pi}{a}x\sin\frac{n_2\pi}{a}y, \tag{8.93}$$

可见基态非简并, 能级为 $E_{11}^{(0)}=\dfrac{\pi^2\hbar^2}{ma^2}$, 相应波函数为 $\psi_{11}^{(0)}$. 第一激发态二重简并, 能级为 $E_{12}^{(0)}=\dfrac{5\pi^2\hbar^2}{2ma^2}$, 相应波函数为 $\psi_{12}^{(0)}$ 与 $\psi_{21}^{(0)}$.

现按微扰论计算微扰 H' 对基态及第一激发态的能量修正. 基态非简并, 故其能级的一级修正为 H' 在 $\psi_{11}^{(0)}$ 下的期望值

$$\begin{aligned}E_{11}^{(1)}&=\left\langle\psi_{11}^{(0)}\right|H'\left|\psi_{11}^{(0)}\right\rangle=\frac{4\lambda}{a^2}\int_0^a\int_0^a xy\sin^2\frac{\pi x}{a}\sin^2\frac{\pi y}{a}\mathrm{d}x\mathrm{d}y\\&=\frac{\lambda}{a^2}\int_0^a x\left(1-\cos\frac{2\pi x}{a}\right)\mathrm{d}x\int_0^a y\left(1-\cos\frac{2\pi y}{a}\right)\mathrm{d}y\\&=\frac{\lambda}{a^2}\left[\left|\frac{x^2}{2}-\frac{ax}{2\pi}\sin\frac{2\pi x}{a}-\frac{a^2}{4\pi^2}\cos\frac{2\pi x}{a}\right|_0^a\right]^2=\frac{\lambda}{4}a^2\end{aligned}$$

上面用到了积分公式 (10). 上面的计算给出 H' 对基态能级的一级修正为

$$E_{11}^{(1)}=\frac{\lambda}{4}a^2 \tag{8.94}$$

第一激发态二重简并, 我们将该简并子空间的 2 个态 $\psi_{12}^{(0)}$ 与 $\psi_{21}^{(0)}$ 分别记为 ψ_α 与 ψ_β. 需计算简并子空间 H' 的 4 个矩阵元. 按与得到式 (8.94) 同样计算得对角矩阵元

$$H'_{\alpha\alpha}=H'_{\beta\beta}=\frac{\lambda}{4}a^2 \tag{8.95}$$

而非对角矩阵元

$$
\begin{aligned}
H'_{\alpha\beta} &= \langle\psi_\alpha|\, H'\,|\psi_\beta\rangle = \frac{4\lambda}{a^2}\int_0^a \sin\frac{2\pi x}{a}\sin\frac{\pi x}{a}x\mathrm{d}x\int_0^a \sin\frac{\pi y}{a}\sin\frac{2\pi y}{a}y\mathrm{d}y \\
&= \frac{4\lambda}{a^2}\left[\int_0^a \sin\frac{2\pi x}{a}\sin\frac{\pi x}{a}x\mathrm{d}x\right]^2 = \frac{\lambda}{a^2}\left[\int_0^a\left(x\cos\frac{\pi x}{a} - x\cos\frac{3\pi x}{a}\right)\mathrm{d}x\right]^2 \\
&= \frac{\lambda}{a^2}\left[\left|\frac{ax}{\pi}\sin\frac{\pi x}{a} + \frac{a^2}{\pi^2}\cos\frac{\pi x}{a} - \frac{ax}{3\pi}\sin\frac{3\pi x}{a} - \frac{a^2}{9\pi^2}\cos\frac{3\pi x}{a}\right|_0^a\right]^2 \\
&= \frac{256}{81\pi^4}a^2
\end{aligned}
$$

也就是

$$
H'_{\alpha\beta} = \frac{256}{81\pi^4}a^2 \tag{8.96}
$$

同样 $H'_{\beta\alpha} = \dfrac{256}{81\pi^4}a^2$.

这样在第一激发态简并子空间

$$
H' = \begin{pmatrix} H'_{\alpha\alpha} & H'_{\alpha\beta} \\ H'_{\beta\alpha} & H'_{\beta\beta} \end{pmatrix} = \frac{\lambda}{4}a^2\begin{pmatrix} 1 & \dfrac{1024}{81\pi^4} \\ \dfrac{1024}{81\pi^4} & 1 \end{pmatrix} \tag{8.97}
$$

能量一阶修正 $E_1^{(1)}$ 满足如下久期方程

$$
\begin{vmatrix} H'_{\alpha\alpha} - E_1^{(1)} & H'_{\alpha\beta} \\ H'_{\beta\alpha} & H'_{\beta\beta} - E_1^{(1)} \end{vmatrix} = 0 \tag{8.98}
$$

由上式解得

$$
E_1^{(1)} = \frac{\lambda a^2}{4}\left(1 \pm \frac{1024}{81\pi^4}\right) \approx \frac{\lambda a^2}{4}(1 \pm 0.13)
$$

可见微扰 H' 使得第一激发能级升高 $\dfrac{\lambda a^2}{4}$ 的同时发生分裂, 裂距为 $0.065(\lambda a^2)$.

题 8.11 一个带电粒子被约束在谐振子势 $V = \dfrac{1}{2}m\omega^2x^2$ 内, 系统处于一恒定的外电场 $\mathcal{E}$ 中, 计算基态能级的移动, 准确到 $\mathcal{E}^2$ 量级.

解答 (1)(微扰解) 选电场方向为 x 轴, 系统 Hamilton 量为

$$
H = -\frac{\hbar^2}{2m}\frac{\mathrm{d}^2}{\mathrm{d}x^2} + \frac{1}{2}m\omega^2x^2 - q\mathcal{E}x = H_0 + H' \tag{8.99}
$$

其中 $H' = -q\mathcal{E}x$. 谐振子的基态波函数

$$
\psi_0(x) = \langle x|0\rangle = \sqrt[4]{\frac{\alpha^2}{\pi}}\exp\left(-\frac{1}{2}\alpha^2x^2\right), \quad \alpha = \sqrt{\frac{m\omega}{\hbar}} \tag{8.100}
$$

ψ_0 为偶函数, 所以 $\langle 0|H'|0\rangle = 0$. 由

$$\langle n'|\, x\,|n\rangle = \frac{1}{\alpha}\left(\sqrt{\frac{n}{2}}\delta_{n',n-1} + \sqrt{\frac{n+1}{2}}\delta_{n',n+1}\right) \tag{8.101}$$

可得

$$H'_{0,n} = -q\mathcal{E}\,\langle 0|\, x\,|n\rangle = -\frac{q\mathcal{E}}{\sqrt{2}\alpha}\delta_{n,1} \tag{8.102}$$

所以基态准确到 $\mathcal{E}^2$ 的能级为

$$\begin{aligned}\Delta E_0^{(2)} &= \sum_n{}' \frac{\left|H'_{0,n}\right|^2}{E_0^{(0)} - E_n^{(0)}} = \sum_n{}' \frac{\left(q^2\mathcal{E}^2/2\alpha^2\right)\delta_{n,1}}{-n\hbar\omega} \\ &= -\frac{q^2\mathcal{E}^2}{2\hbar\omega\alpha^2} = -\frac{q^2\mathcal{E}^2}{2m\omega^2}\end{aligned} \tag{8.103}$$

容易计算, 对于激发态, 能级移动的结果与此相同.

(2) (严格解)Hamilton 量可以写为

$$H = -\frac{\hbar^2}{2m}\frac{\mathrm{d}^2}{\mathrm{d}x^2} + \frac{1}{2}m\omega^2\left(x - \frac{q\mathcal{E}}{m\omega^2}\right)^2 - \frac{q^2\mathcal{E}^2}{2m\omega^2} \tag{8.104}$$

令 $x' = x - \dfrac{q\mathcal{E}}{m\omega^2}$, 则有

$$H = -\frac{\hbar^2}{2m}\frac{\mathrm{d}^2}{\mathrm{d}x'^2} + \frac{1}{2}m\omega^2 x'^2 - \frac{q^2\mathcal{E}^2}{2m\omega^2} \tag{8.105}$$

则由谐振子能级得

$$E_n = \left(n + \frac{1}{2}\right)\hbar\omega - \frac{q^2\mathcal{E}^2}{2m\omega^2} \tag{8.106}$$

所以严格解得能量移动为

$$\Delta E_0 = -\frac{q^2\mathcal{E}^2}{2m\omega^2} \tag{8.107}$$

准确到 E^2 量级, 两种做法所得结果相同.

题 8.12　上题中, 如果加上微扰项 $V'(x) = \gamma x^3$. 计算波函数一阶修正和能级最低阶修正.

提示　用 Fock 空间计算最为简明.

解答　选电场方向为 x 轴, 系统 Hamilton 量为

$$H = -\frac{\hbar^2}{2m}\frac{\mathrm{d}^2}{\mathrm{d}x^2} + \frac{1}{2}m\omega^2 x^2 - q\mathcal{E}x + \gamma x^3 = H_0 + H' \tag{8.108}$$

其中 $H' = -qEx + \gamma x^3$. 记 H_0 的第 n 个归一化的能量本征态为 $|n\rangle$, 相应的零级能量本征值为

$$E_k^{(0)} = \hbar\omega\left(k + \frac{1}{2}\right) \tag{8.109}$$

每个能级均非简并. 按照非简并微扰公式, k 能级一级修正为

$$E_k^{(1)} = H'_{kk} = \langle k| - q\mathcal{E}x + \gamma x^3 |k\rangle \tag{8.110}$$

由宇称考虑知能量一级修正

$$E_k^{(1)} = H'_{kk} = 0 \tag{8.111}$$

根据定态微扰论, 准到一级近似的能量本征函数

$$\psi_k = \psi_k^{(0)} + \psi_k^{(1)} = \psi_k^{(0)} + \sum_n{}' \frac{H'_{nk}}{E_k^{(0)} - E_n^{(0)}} \psi_n^{(0)} \tag{8.112}$$

利用 $x = \dfrac{1}{\sqrt{2}\alpha}(a + a^\dagger)(\alpha = \sqrt{m\omega/\hbar})$, 假设 $|n\rangle$ 相位选取恰当使得

$$a^\dagger|n\rangle = \sqrt{n+1}|n+1\rangle, \quad a|n\rangle = \sqrt{n}|n-1\rangle$$

易得 $\langle n|x|n+1\rangle = \dfrac{1}{\alpha}\sqrt{\dfrac{n+1}{2}}$, $\langle n|x|n-1\rangle = \dfrac{1}{\alpha}\sqrt{\dfrac{n}{2}}$, 其他矩阵元为零, 或者

$$\langle n|x|k\rangle = \frac{1}{\alpha}\sqrt{\frac{n+1}{2}}\delta_{k,n+1} + \frac{1}{\alpha}\sqrt{\frac{n}{2}}\delta_{k,n-1} \tag{8.113}$$

同样

$$\begin{aligned}\langle n|x^3|k\rangle &= \frac{1}{\sqrt{8}\alpha^3}\langle n|a^3 + a^2a^\dagger + aa^\dagger a + aa^{\dagger 2} + a^\dagger a a^\dagger + a^{\dagger 2}a + a^{\dagger 3}|k\rangle \\ &= \frac{1}{\sqrt{8}\alpha^3}\Big[\sqrt{(n+1)(n+2)(n+3)}\delta_{k,n+3} + 3(n+1)\sqrt{n+1}\delta_{k,n+1} \\ &\quad + 3n\sqrt{n}\delta_{k,n-1} + \sqrt{n(n-1)(n-2)}\delta_{k,n-3}\Big]\end{aligned} \tag{8.114}$$

由上面式 (8.113) 以及式 (8.114) 可得

$$\begin{aligned}H'_{nk} &= \langle n| - q\mathcal{E}x + \gamma x^3|k\rangle \\ &= \frac{\gamma}{\sqrt{8}\alpha^3}\left[\sqrt{k(k-1)(k-2)}\delta_{n,k-3} + \sqrt{(k+1)(k+2)(k+3)}\delta_{n,k+3}\right] \\ &\quad + \left[\left(-q\mathcal{E} + 3k\frac{\gamma}{2\alpha^2}\right)\frac{\sqrt{k}}{\sqrt{2}\alpha}\delta_{n,k-1} + \left(-q\mathcal{E} + 3(k+1)\frac{\gamma}{2\alpha^2}\right)\frac{\sqrt{k+1}}{\sqrt{2}\alpha}\delta_{n,k+1}\right]\end{aligned} \tag{8.115}$$

这样 k 能级波函数一阶修正为

$$\begin{aligned}\psi_k^{(1)} &= \sum_n{}' \frac{H'_{nk}}{E_k^{(0)} - E_n^{(0)}}\psi_n^{(0)} \\ &= \frac{\gamma}{3\sqrt{8}\alpha^3\hbar\omega}\left[\sqrt{k(k-1)(k-2)}\psi_{k-3}^{(0)} - \sqrt{(k+1)(k+2)(k+3)}\psi_{k+3}^{(0)}\right] \\ &\quad + \frac{1}{\sqrt{2}\alpha\hbar\omega}\left[\left(-qE + 3k\frac{\gamma}{2\alpha^2}\right)\sqrt{k}\psi_{k-1}^{(0)} - \left(-qE + 3(k+1)\frac{\gamma}{2\alpha^2}\right)\sqrt{k+1}\psi_{k+1}^{(0)}\right]\end{aligned} \tag{8.116}$$

而该能级能量二阶也就是最低阶 (由于式 (8.111)) 修正为

$$
\begin{aligned}
E_k^{(2)} &= \sum_n{}' \frac{\left|H'_{k,n}\right|^2}{E_k^{(0)} - E_n^{(0)}} \\
&= -\frac{\gamma^2}{24\alpha^6\hbar\omega}\left[3k^2+3k+2\right] + \frac{\left(-q\mathcal{E}+3\frac{\gamma}{2\alpha^2}k\right)^2 k - \left[-q\mathcal{E}+3\frac{\gamma}{2\alpha^2}(k+1)\right]^2(k+1)}{2\alpha^2\hbar\omega} \\
&= -\frac{\hbar^2\gamma^2}{8m^3\omega^4}\left[30k^2+30k+11\right] + \frac{6k\hbar\gamma q\mathcal{E}}{m\omega} - \frac{q^2\mathcal{E}^2}{2m\omega^2}
\end{aligned} \tag{8.117}
$$

说明　若外电场强度 $E=0$, 则结果过渡到题 8.1 的结果.

题 8.13　一个长度为 d, 质量均匀的棒, 可以绕其中心在一平面内转动, 设棒的质量为 M, 而在棒的两端分别带电荷 $+Q$ 和 $-Q$.

(1) 写出体系的 Hamilton 量算符, 本征态和本征值;

(2) 若在转动平面内存在电场强度为 $\mathcal{E}$ 的弱电场, 这时的本征态和本征值将如何变化, 精确到一级修正;

(3) 若该电场很强, 求基态的近似能量.

解答　(1) 该系统的 Hamilton 量为

$$
H = -\frac{\hbar^2}{2I}\frac{\partial^2}{\partial\theta^2} \tag{8.118}
$$

其中 $I=\dfrac{1}{12}Md^2$, θ 是棒与平面内 x 轴的夹角.

故定态方程为

$$
-\frac{\hbar^2}{2I}\frac{\partial^2}{\partial\theta^2}\psi_m(\theta) = E_m\psi_m(\theta) \tag{8.119}
$$

解此方程得

$$
\psi_m(\theta) = c\mathrm{e}^{\mathrm{i}m\theta}
$$

利用周期边界条件

$$
\psi_m(\theta+2\pi) = \psi_m(\theta)
$$

可知 m 为整数, $m=0,\pm1,\ \pm2,\ \pm3,\ \cdots$. 再利用归一化条件有 $2\pi c^2=1$, 可见可以取

$$
c = \frac{1}{\sqrt{2\pi}}
$$

这样归一化能量本征函数为

$$
\psi_m^{(0)}(\theta) = \frac{1}{\sqrt{2\pi}}\mathrm{e}^{\mathrm{i}m\theta} \tag{8.120}
$$

其中 m 可以取 $m=0,\pm1,\ \pm2,\ \pm3,\ \cdots$, 相应能量本征值为

$$E_m^{(0)}=\frac{m^2\hbar^2}{2I}=\frac{6\hbar^2m^2}{Md^2} \tag{8.121}$$

除了 $m=0$ 无简并外, 各能级均为二重简并.

(2) 不失一般性, 可设此电场 $\boldsymbol{\mathcal{E}}=\mathcal{E}\boldsymbol{e}_z$, 这样 Hamilton 量为

$$H=-\frac{\hbar^2}{2I}\frac{\partial^2}{\partial\theta^2}+V(\theta) \tag{8.122}$$

其中

$$V(\theta)=-\boldsymbol{p}\cdot\boldsymbol{\mathcal{E}}=-Qd\mathcal{E}\cos\theta,$$

将 $V(\theta)$ 看成微扰项 $H_1=-Qd\mathcal{E}\cos\theta$

$$H_0=-\frac{\hbar^2}{2I}\frac{\partial^2}{\partial\theta^2}$$

未受微扰的本征函数和本征值分别见式 (8.120) 与式 (8.121). 微扰矩阵元

$$\begin{aligned}H'_{mm'}=\langle\psi_m^{(0)}|H'|\psi_{m'}^{(0)}\rangle&=-Qd\mathcal{E}\int_0^{2\pi}\psi_m^{(0)*}(\theta)\cos\theta\psi_{m'}^{(0)}(\theta)\mathrm{d}\theta\\&=-Qd\mathcal{E}\int_0^{2\pi}\frac{1}{\sqrt{2\pi}}\mathrm{e}^{-\mathrm{i}m\theta}\cos\theta\frac{1}{\sqrt{2\pi}}\mathrm{e}^{\mathrm{i}m'\theta}\mathrm{d}\theta\\&=-Qd\mathcal{E}\frac{1}{4\pi}\int_0^{2\pi}\mathrm{e}^{\mathrm{i}(m'-m)\theta}\left(\mathrm{e}^{\mathrm{i}\theta}+\mathrm{e}^{-\mathrm{i}\theta}\right)\mathrm{d}\theta\\&=-\frac{1}{2}Qd\mathcal{E}\left(\delta_{m',m+1}+\delta_{m',m-1}\right)\end{aligned}$$

也就是

$$H'_{mm'}=-\frac{1}{2}Qd\mathcal{E}\left(\delta_{m',m+1}+\delta_{m',m-1}\right) \tag{8.123}$$

上面结果给出选择定则 $\Delta m=m'-m=\pm1$.

对于简并能级 $E_{|m|}(m\neq0)$, 由于 $\psi_m^{(0)}$ 与 $\psi_{-m}^{(0)}$ 的 $|\Delta m|=2|m|$, 知在波函数零阶近似、能移一阶近似下, $\psi_m^{(0)}$ 与 $\psi_{-m}^{(0)}$ 不可能发生耦合. 因此这里仍可按非简并微扰论计算. 能量一阶修正为

$$E_m^{(1)}=\langle m|H'|m\rangle=\int_0^{2\pi}(-Qd\mathcal{E})\cos\theta\cdot\frac{1}{2\pi}\mathrm{d}\theta=0 \tag{8.124}$$

而对于波函数一阶近似、能移二阶近似, 考虑到式 (8.123) 微扰矩阵元的特点, 对于 $m\neq\pm1$, $\psi_m^{(0)}$ 与 $\psi_{-m}^{(0)}$ 不可能发生耦合. 因此这里仍可按非简并微扰论计算. 波函数一阶修正为

$$\psi_m^{(1)}=\sum_n{}'\frac{\langle n\,|H'|\,m\rangle}{E_m^0-E_n^0}\psi_n^{(0)} \tag{8.125}$$

其中 $\langle n|H_1|m\rangle$ 如式 (8.123) 所给, 所以

$$\begin{aligned}\psi_m^{(1)} &= \frac{Md^3Q\mathcal{E}}{12\hbar^2}\frac{1}{2m+1}\frac{1}{\sqrt{2\pi}}\mathrm{e}^{\mathrm{i}(m+1)\theta} - \frac{Md^3Q\mathcal{E}}{12\hbar^2}\cdot\frac{1}{2m-1}\cdot\frac{1}{\sqrt{2\pi}}\mathrm{e}^{\mathrm{i}(m-1)\theta} \\ &= \frac{Md^3Q\mathcal{E}}{12\hbar^2\sqrt{2\pi}}\cdot\left[\frac{1}{2m+1}\mathrm{e}^{\mathrm{i}(m+1)\theta} - \frac{1}{2m-1}\mathrm{e}^{\mathrm{i}(m-1)\theta}\right]\end{aligned}$$

能量二阶修正

$$\begin{aligned}E_m^{(2)} &= \sum_n{}' \frac{|H'_{nm}|^2}{E_m^{(0)} - E_n^{(0)}} = \frac{1}{4}Q^2d^2\mathcal{E}^2\left[\frac{1}{E_m^{(0)} - E_{m-1}^{(0)}} + \frac{1}{E_m^{(0)} - E_{m+1}^{(0)}}\right] \\ &= \frac{MQ^2d^4\mathcal{E}^2}{12\left(4m^2-1\right)\hbar^2}\end{aligned} \tag{8.126}$$

波函数精确到一阶, 能量修正精确到二阶的结果如下 (其中 $m \neq \pm1$)

$$E_m = \frac{6\hbar^2}{Md^2}m^2 + \frac{MQ^2d^4\mathcal{E}^2}{12\left(4m^2-1\right)\hbar^2} \tag{8.127}$$

$$\psi_m = \frac{1}{\sqrt{2\pi}}\mathrm{e}^{\mathrm{i}m\theta} + \frac{Md^3Q\mathcal{E}}{12\hbar^2\sqrt{2\pi}}\cdot\left[\frac{1}{2m+1}\mathrm{e}^{\mathrm{i}(m+1)\theta} - \frac{1}{2m-1}\mathrm{e}^{\mathrm{i}(m-1)\theta}\right] \tag{8.128}$$

对于 $m=\pm1$, 需考虑 $\psi_1^{(0)}$ 与 $\psi_{-1}^{(0)}$ 张成的简并子空间之外的矩阵元的影响. 按教材做法 ①, 此时应考察如下矩阵元的矩阵的对角化问题

$$\mathcal{H}'_{m\mu,m\nu} = \left[H'_{m\mu,m\nu} + \sum_{n\neq m}{}' \frac{H'_{m\mu,n}H'_{n,m\nu}}{E_m^{(0)} - E_n^{(0)}}\right] \tag{8.129}$$

由于 $\langle n|H'|m\rangle$ 如式 (8.123) 所给, 该 2 维简并子空间之外只有 $\psi_0^{(0)}$ 可能产生影响, 按式 (8.121,8.123) 计算各矩阵元, 写出如下矩阵

$$\mathcal{H}' = \frac{\left(-\frac{1}{2}Qd\mathcal{E}\right)^2}{E_1^{(0)} - E_0^{(0)}}\begin{pmatrix}1 & 1\\ 1 & 1\end{pmatrix} = \frac{MQ^2d^4\mathcal{E}^2}{24\hbar^2}\begin{pmatrix}1 & 1\\ 1 & 1\end{pmatrix} \tag{8.130}$$

将其对角化给出合适的零阶波函数为

$$\phi_{1\pm}^{(0)} = \frac{1}{\sqrt{2}}\left(\psi_{+1}^{(0)} \pm \psi_{-1}^{(0)}\right) = \frac{1}{\sqrt{4\pi}}\left(\mathrm{e}^{\mathrm{i}\theta} + \mathrm{e}^{-\mathrm{i}\theta}\right) \tag{8.131}$$

其相应本征值给出二阶能移修正为

$$E_{1+}^{(2)} = \frac{MQ^2d^4\mathcal{E}^2}{12\hbar^2}, \quad E_{1-}^{(2)} = 0 \tag{8.132}$$

①参见张永德, 量子力学 (第三版)[M], 北京: 科学出版社, 2015, PP.208-210.

能移二阶修正使得 $E_{\pm1}^{(0)}$ 能级解除简并, 能级分裂为 2 条, 其能量分别为

$$E_{1+}=\frac{6\hbar^2}{Md^2}+\frac{MQ^2d^4\mathcal{E}^2}{12\hbar^2},\quad E_{1-}=\frac{6\hbar^2}{Md^2} \tag{8.133}$$

按教材做法 ①, 写出准确到一阶近似的波函数如下

$$\begin{aligned}\phi_{1\pm}&=\phi_{1\pm}^{(0)}-\frac{Md^3Q\mathcal{E}}{6\sqrt{2}\hbar^2}\phi_0^{(0)}\\&=\frac{1}{\sqrt{4\pi}}\left(\mathrm{e}^{\mathrm{i}\theta}-\mathrm{e}^{-\mathrm{i}\theta}\right)-\frac{Md^3Q\mathcal{E}}{12\sqrt{\pi}\hbar^2}\end{aligned} \tag{8.134}$$

$$\phi_{1-}=\phi_{1-}^{(0)}=\frac{1}{\sqrt{4\pi}}(\mathrm{e}^{\mathrm{i}\theta}-\mathrm{e}^{-\mathrm{i}\theta}) \tag{8.135}$$

(3) 若电场很强, 这时 θ 必定在小角度范围内的概率大, 因而近似有 $\cos\theta\approx 1-\frac{1}{2}\theta^2$, 代入第 (2) 小题中的 Hamilton 量 (8.122) 中, 此时 Hamilton 量为

$$\begin{aligned}H&=-\frac{\hbar^2}{2I}\frac{\partial^2}{\partial\theta^2}-Qd\mathcal{E}\cos\theta\approx-\frac{\hbar^2}{2I}\frac{\partial^2}{\partial\theta^2}-Qd\mathcal{E}\left(1-\frac{1}{2}\theta^2\right)\\&=-\frac{\hbar^2}{2I}\frac{\partial^2}{\partial\theta^2}+\frac{1}{2}Qd\mathcal{E}\theta^2-Qd\mathcal{E}\end{aligned}$$

除了常数项 $-Qd\mathcal{E}$, 它与一维谐振子的 Hamilton 量完全相同. 因此我们直接得到转子的本征态为

$$\phi_n(\theta)=A_n\mathrm{H}_n(\alpha\theta)\mathrm{e}^{-\alpha^2\theta^2/2} \tag{8.136}$$

其中 H_n 为 Hermite 多项式, $\alpha=\left(Qd\mathcal{E}I/\hbar^2\right)^{1/4}$, 而 A_n 为归一化常数. 能级为

$$E_n=\left(n+\frac{1}{2}\right)\hbar\omega-Qd\mathcal{E} \tag{8.137}$$

其中 $\omega=\sqrt{Qd\mathcal{E}/I}$.

特别地, 基态能量和相应的本征函数为

$$E_0=\frac{1}{2}\hbar\omega-Qd\mathcal{E},\quad \phi_0(\theta)\frac{\sqrt{\alpha}}{\pi^{1/4}}\mathrm{e}^{-a^2\theta^2/2} \tag{8.138}$$

说明 本题中第 (2) 小题中, 微扰导致 2 维简并子空间的态 $\phi_{+1}^{(0)}, \phi_{-1}^{(0)}$ 受子空间之外一个态 $\psi_0^{(0)}$ 影响属于题 8.18 的情形, 这里结果与那里用不同办法处理所得结果一致.

题 8.14 一个量子体系 Hamilton 量由算符 $H=H_0+H'$ 表述, $H'=\mathrm{i}\lambda[A,H_0]$ 为微扰, 其中 A 为 Hermite 算符, λ 为实数, 设 B 为另一个算符, 且 $C=\mathrm{i}[B,A]$.

①参见张永德, 量子力学 (第三版)[M], 北京: 科学出版社, 2015, PP.208-210.

(1) 若已知 A, B, C 在无微扰基态 (无简并) 的平均值为 $\langle A_0\rangle, \langle B_0\rangle, \langle C_0\rangle$. 求当微扰加入后 B 在基态上的平均值 (精确到第一阶).

(2) 将这个结果试用在如下三维问题上:

$$H_0 = \sum_{i=1}^{3}\left(\frac{p_i^2}{2m} + \frac{1}{2}m\omega^2 x_i^2\right), \quad H' = \lambda x_3$$

计算基态时 $\langle x_i\rangle$ 的期望值至 λ 的最低阶, 并将这个结果与精确的期望值相比较.

解答　(1) 根据题设, 已知

$$\langle 0|A|0\rangle = A_0, \quad \langle 0|B|0\rangle = B_0, \quad \langle 0|C|0\rangle = C_0 \tag{8.139}$$

按照微扰论公式, 微扰作用后的基态为

$$|\varphi_0\rangle = |0\rangle + \sum_n{}' \frac{H'_{n0}}{E_0^{(0)} - E_n^{(0)}}|n\rangle \tag{8.140}$$

其中

$$\begin{aligned} H'_{n0} &= \langle n|H'|0\rangle = \mathrm{i}\lambda\langle n|(AH_0 - H_0A)|0\rangle \\ &= \mathrm{i}\lambda\left(E_0^{(0)} - E_0 n^{(0)}\right)\langle n|A|0\rangle \end{aligned} \tag{8.141}$$

所以

$$\begin{aligned} |\varphi_0\rangle &= |0\rangle + \mathrm{i}\lambda\sum_n{}' |n\rangle\langle n|A|0\rangle \\ &= |0\rangle + \mathrm{i}\lambda\sum_n |n\rangle\langle n|A|0\rangle - \mathrm{i}\lambda A_0|0\rangle \end{aligned}$$

也就是

$$|\varphi_0\rangle = |0\rangle + \mathrm{i}\lambda\left(A - A_0\right)|0\rangle \tag{8.142}$$

计算中利用了公式 $\sum\limits_n |n\rangle\langle n| = 1$. 从而 $\langle\varphi_0|\varphi_0\rangle = 1 + \lambda^2\left(\langle 0|A^2|0\rangle - A_0^2\right)$, 所以波函数 φ_0 的表达式准确到量级 λ 时, 已经归一化.

在 φ_0 态下, 算符 B 的平均值 (准确到量级 λ) 为

$$\langle\varphi_0|B|\varphi_0\rangle = \langle 0|B|0\rangle + \mathrm{i}\lambda\langle 0|B\left(A - A_0\right)|0\rangle - \mathrm{i}\lambda\langle 0|(A - A0)B|0\rangle + \lambda^2(\cdots) \tag{8.143}$$

略去 λ^2 项, 即得

$$\langle\varphi_0|B|\varphi_0\rangle = B_0 + \mathrm{i}\lambda\langle 0|\left(BA - AB\right)|0\rangle = B_0 + \lambda C_0 \tag{8.144}$$

从以上整个推导过程来看, 如将 $|0\rangle$ 换成 H_0 的任何一个非简并的本征态, φ_0 换成 H 的相应的本征态, 结果显然仍然成立, 因此上面的式子适合任何非简并的能量本征态.

(2) 根据已给的条件

$$H_0 = \sum_{i=1}^{3}\left(\frac{p_i^2}{2m}+\frac{1}{2}m\omega^2 x_i^2\right),\quad H' = \lambda x_3 \tag{8.145}$$

可看出相应的 $A = \dfrac{p_3}{m\omega^2\hbar}$, 它使 $H' = \mathrm{i}\lambda[A, H_0] = \lambda x_3$ 设 $B = x_1$, 相应的 C 为 $C_1 = \mathrm{i}[B, A] = 0$, 则

$$\langle x_1\rangle = \langle x_1\rangle_0 + \lambda\langle C_1\rangle_0 = 0 \tag{8.146}$$

同理, 设 $B = x_2$, 相应的 C 为 $C_2 = \mathrm{i}[B, A] = 0$, 则同样

$$\langle x_2\rangle = 0 \tag{8.147}$$

对 $B = x_3$, 相应的 C 为

$$C_3 = \mathrm{i}[B,\ A] = \mathrm{i}\left[x_3,\ \frac{p_3}{m\omega^2\hbar}\right] = -\frac{1}{m\omega^2} \tag{8.148}$$

因而

$$\langle C_3\rangle = -\frac{1}{m\omega^2} \tag{8.149}$$

从而

$$\langle x_3\rangle = \langle x_3\rangle_0 + \lambda\langle C_3\rangle_0 = -\frac{\lambda}{m\omega^2} \tag{8.150}$$

讨论 现在考虑 $H = H_0 + H'$ 的精确解

$$\begin{aligned} H &= \sum_{i=1}^{3}\left(\frac{p_i^2}{2m}+\frac{1}{2}m\omega^2 x_i^2\right) + \lambda x_3 \\ &= H_{01}(x_1) + H_{02}(x_2) + H_{03}\left(x_3 + \frac{\lambda}{m\omega^2}\right) - \frac{\lambda^2}{2m\omega^2} \end{aligned} \tag{8.151}$$

$H_{01}(x_i) = -\dfrac{\hbar^2}{2m}\dfrac{\mathrm{d}^2}{\mathrm{d}x_i^2} + \dfrac{1}{2}m\omega^2 x_i^2$ 是一维谐振子, 所以加上微扰 $H' = \lambda x_3$ 之后精确的基态波函数为

$$\varphi_0(x) = \left(\frac{m\omega}{\pi\hbar}\right)^{3/4}\exp\left(-\frac{m\omega}{2\hbar}x_1^2\right)\exp\left(-\frac{m\omega}{2\hbar}x_2^2\right)\times\exp\left[-\frac{m\omega}{2\hbar}\left(x_3+\frac{\lambda}{m\omega^2}\right)^2\right] \tag{8.152}$$

则在该态下, 容易计算得

$$\langle x_1\rangle = 0,\quad \langle x_2\rangle = 0,\quad \langle x_3\rangle = -\frac{\lambda}{m\omega^2} \tag{8.153}$$

结果与微扰论所得完全一致.

题 8.15　弱电场中极化的双原子分子, 可处理成一个在弱场 $\boldsymbol{E}$ 中的转动惯量为 I, 电偶极矩为 $\boldsymbol{d}$ 的刚性转子.

(1) 忽略质心运动, 将转子的 Hamilton 量写为 H_0+H' 形式;

(2) 求出未受微扰的解, 讨论能级简并情况;

(3) 用非简并微扰论对所有能级计算最低阶修正;

(4) 为什么可以使用非简并微扰论, 微扰后简并情况如何?

解答　(1) 由题意, 体系 Hamilton 量如下给出

$$H=\frac{1}{2I}\boldsymbol{J}^2-\boldsymbol{d}\cdot\boldsymbol{\mathcal{E}}=\frac{1}{2I}\boldsymbol{J}^2-d\mathcal{E}\cos\theta \tag{8.154}$$

它可写为 H_0+H' 的形式, 而

$$H_0=\frac{1}{2I}\boldsymbol{J}^2,\quad H'=-d\mathcal{E}\cos\theta \tag{8.155}$$

(2) H_0 本征函数为

$$\psi_{jm}=\mathrm{Y}_{jm}(\theta,\varphi) \tag{8.156}$$

其中 $m=-j,(-j+1),\cdots,(j-1),j$, 相应能量本征值

$$E_j^{(0)}=\frac{j(j+1)}{2I}\hbar^2 \tag{8.157}$$

与 m 无关, 可见能级为 $2j+1$ 重简并.

(3) 对一级修正, 由于

$$\langle jm'|H'|jm\rangle=\langle jm'|-d\mathcal{E}\cos\theta|jm\rangle=-d\mathcal{E}\langle jm'|\cos\theta|jm\rangle=0 \tag{8.158}$$

所以在 $E_j^{(0)}$ 的简并子空间中微扰矩阵元都为零, 故能量一级修正 $E^{(1)}=0$.

对二级修正, 由

$$\cos\theta\mathrm{Y}_{lm}(\theta,\varphi)=\sqrt{\frac{(l+1)^2-m^2}{(2l+1)(2l+3)}}\mathrm{Y}_{l+1,m}(\theta,\varphi)+\sqrt{\frac{l^2-m^2}{(2l-1)(2l+1)}}\mathrm{Y}_{l-1,m}(\theta,\varphi)$$

可知

$$\begin{aligned}\langle j'm'|H'|jm\rangle=&\langle j'm'|-dE\cos\theta|jm\rangle\\=&-d\mathcal{E}\sqrt{\frac{(j+1-m)(j+1+m)}{(2j+1)(2j+3)}}\delta_{j',j+1}\delta_{m'm}\\&-d\mathcal{E}\sqrt{\frac{(j+m)(j-m)}{(2j+1)(2j-1)}}\delta_{j',j-1}\delta_{m'm}\end{aligned} \tag{8.159}$$

这样 $\langle jm|H'|j'm'\rangle = \langle jm|-d\mathcal{E}\cos\theta|j'm'\rangle$ 不为零的条件是 $\Delta j=\pm1$, $\Delta m=0$. 因此

$$
\begin{aligned}
E^{(2)} &= \frac{2Id^2\mathcal{E}^2}{\hbar^2}\left\{\frac{(j+1-m)(j+1+m)}{(2j+1)(2j+3)[j(j+1)-(j+1)(j+2)]}\right. \\
&\qquad\left.+\frac{(j+m)(j-m)}{(2j+1)(2j-1)[j(j+1)-j(j-1)]}\right\} \\
&= \frac{Id^2\mathcal{E}^2\left[j(j+1)-3m^2\right]}{\hbar^2 j(j+1)(2j-1)(2j+3)}
\end{aligned}
\tag{8.160}
$$

(4) 上面可见, 在 H_0 表象中 H' 在 $E_j^{(0)}$ 的简并子空间已经对角化, 且在一级修正中简并没有解除 ($E_j^{(1)}$ 为 $(2j+1)$ 重根); 由简并微扰理论 ①, 能量二级修正可按非简并微扰论处理的充要条件为算符

$$
A=\sum_{j'\neq j}\sum_{m'=-j'}^{j'}\frac{H'|j'm'\rangle\langle j'm'|H'}{E_j^{(0)}-E_{j'}^{(0)}}
\tag{8.161}
$$

在量子数为 j 的简并子空间中是对角化的; 且若 A 在简并子空间中是对角化的, 则其对角元即为能量二级修正 $E_j^{(2)}$. 在本题中, 按式 (8.159), $\langle jm|H'|j'm'\rangle$ 不为零的条件是 $\Delta j=\pm1$, $\Delta m=0$. 所以

$$
\langle jm|H'|j'm'\rangle\langle j'm'|H'|jn\rangle
\tag{8.162}
$$

不为零的条件是 $\Delta j=\pm1$, $m=m'=n$.

由此可见 A 已经是在 j 子空间对角化的, 因此可以使用非简并态微扰论. 微扰后简并没有完全消除, 即 j 值相同而 m 值相反的那些态仍是简并的.

题 8.16 讨论类氢原子的 $n=2$ 能级在 $H'=xyf(r)$ 微扰下的能级分裂, 其中 $f(r)$ 无奇异性质.

提示 在不考虑自旋时, $n=2$ 时氢原子为四重简并 (不考虑自旋), H' 的选择定则为 $\Delta m=\pm2$.

解答 根据氢原子定态结果, 不计及微扰时, 类氢原子 $n=2$ 能级为 4 重简并 (不考虑自旋), 相应状态为

$$
\begin{aligned}
&\psi_{200}=R_{20}(r)\mathrm{Y}_{00}, \quad \psi_{211}=R_{21}(r)\mathrm{Y}_{11} \\
&\psi_{210}=R_{21}(r)\mathrm{Y}_{10}, \quad \psi_{21-1}=R_{21}(r)\mathrm{Y}_{1-1}
\end{aligned}
\tag{8.163}
$$

其中 R_{20}, R_{21} 为氢原子归一化径向波函数, 各 Y_{lm} 为氢原子归一化径向波函数,

①参见张永德, 量子力学 (第三版)[M], 北京: 科学出版社, 2015, PP.208-210.

即球谐函数, 如下给出

$$
\begin{aligned}
&\mathrm{Y}_{00}=\frac{1}{\sqrt{4\pi}},\\
&\mathrm{Y}_{1,\pm1}=\mp\sqrt{\frac{3}{8\pi}}\sin\theta\mathrm{e}^{\pm\mathrm{i}\varphi}=\mp\sqrt{\frac{3}{8\pi}}\sin\theta(\cos\varphi\pm\mathrm{i}\sin\varphi)=\mp\sqrt{\frac{3}{8\pi}}\frac{x\pm\mathrm{i}y}{r},\\
&\mathrm{Y}_{1,0}=\sqrt{\frac{3}{4\pi}}\cos\theta=\sqrt{\frac{3}{4\pi}}\frac{z}{r}
\end{aligned}
$$

在式 (8.163) 四个简并态构成的子空间中, 由波函数和 H' 的对称性容易看出(只要检查关于 x、y、z 的积分即可), H' 的所有对角矩阵元全部为零; H' 对于 ψ_{200} 以及其他任何一个 ψ_{2lm} 的矩阵元均为零, H' 对于 ψ_{210} 以及其他任何一个 ψ_{2lm} 的矩阵元也是如此. 因此, 在该子空间中, 不等于零只可能是 H' 对于 ψ_{211} 以及 ψ_{21-1} 的矩阵元

$$
\begin{aligned}
H'_{211,21-1}&=\int\psi^*_{211}H'\psi_{21-1}\mathrm{d}^3\boldsymbol{x}\\
&=-\int|R_{21}(r)|^2f(r)r^2\frac{3}{8\pi}\frac{xy}{r^2}\frac{1}{r^2}(x-\mathrm{i}y)^2\,\mathrm{d}^3\boldsymbol{x}\\
&=\int|R_{21}(r)|^2f(r)r^2\frac{3\mathrm{i}}{4\pi}\frac{x^2y^2}{r^4}\mathrm{d}^3\boldsymbol{x}
\end{aligned}
$$

上面最后一个等号利用了被积函数的奇偶性. 若令 $A=\dfrac{1}{5}\displaystyle\int_0^\infty[R_{21}(r)]^2f(r)r^4\mathrm{d}r$, 因 $f(r)$ 无奇异性质, 而且 R_{21} 为束缚定态的径向波函数, A 应为一有限的实数量. 这样

$$
\begin{aligned}
H'_{211,21-1}&=\int_0^\infty|R_{21}(r)|^2f(r)r^4\mathrm{d}r\int\frac{3\mathrm{i}}{4\pi}\sin^4\theta\sin^2\varphi\cos^2\varphi\mathrm{d}^2\Omega\\
&=\frac{15\mathrm{i}}{4\pi}A\int_0^\pi\sin^5\theta\mathrm{d}\theta\int_0^{2\pi}\sin^2\varphi\cos^2\varphi\mathrm{d}\varphi\\
&=\frac{15\mathrm{i}}{4\pi}A\int_0^{\pi/2}\left(\sin^5\theta+\cos^5\theta\right)\mathrm{d}\theta\times\frac{\pi}{4}\\
&=\frac{15\mathrm{i}}{16}A\times2\times\frac{4!!}{5!!}=A\mathrm{i}
\end{aligned}
$$

上面最后一个等号用到了积分公式 (16′). 上面计算给出 $H'_{211,21-1}=A\mathrm{i}$, 再利用 H' 的 Hermite 性, 知 $H'_{21-1,211}=H'^*_{211,21-1}=-A\mathrm{i}$. 如上所述, 除了这两个矩阵元不为零以外的, 在 $n=2$ 能级的子空间中, H' 的矩阵元均为零. 因此在该子空间中, 在一级微扰近似下, ψ_{200} 与 ψ_{210} 不和其他态发生耦合, 相应能级也不变.

根据上述计算, 在 $\{\psi_{211},\psi_{21-1}\}$ 子空间中, H' 的矩阵表示为

$$
H'=\begin{pmatrix}0&\mathrm{i}A\\-\mathrm{i}A&0\end{pmatrix}=-A\sigma_y \tag{8.164}
$$

其中 σ_y 为 Pauli 矩阵的 y 分量. 按照简并微扰论, 根据 σ_y 的本征值和本征态的结果, 我们可以直接写下能级修正一阶修正为

$$E_2^{(1)} = A, \quad -A \tag{8.165}$$

而相应的本征态 (合适的零级波函数) 分别为

$$\psi^{(0)} = \frac{1}{\sqrt{2}}(\psi_{211} - \mathrm{i}\psi_{21-1}), \quad \psi^{(0)} = \frac{1}{\sqrt{2}}(\psi_{211} + \mathrm{i}\psi_{21-1})$$

综上, 在微扰一阶近似下, 能级 $E_2^{(0)}$ 分裂为三条等距离的能级, 即

$$E_2^{(0)}, \quad \left(E_2^{(0)} + A\right), \quad \left(E_2^{(0)} - A\right) \tag{8.166}$$

$E_2^{(0)}$ 为二重简并, 对应 ψ_{210} 与 ψ_{200}. 而 $\left(E_2^{(0)} + A\right)$ 和 $\left(E_2^{(0)} - A\right)$ 分别对应 $\frac{1}{\sqrt{2}}(\psi_{211} - \mathrm{i}\psi_{21-1})$ 与 $\frac{1}{\sqrt{2}}(\psi_{211} + \mathrm{i}\psi_{21-1})$.

题 8.17 设在 H_0 的表象中, H 的矩阵表示为

$$H = \begin{pmatrix} E_1^{(0)} & 0 & a \\ 0 & E_2^{(0)} & b \\ a^* & b^* & E_3^{(0)} \end{pmatrix}$$

其中 $E_1^{(0)} < E_2^{(0)} < E_3^{(0)}$, 且 $|a|$, $|b|$ 比 $|E_i^{(0)} - E_j^{(0)}|$ $(i \neq j)$ 小得多, 用微扰论求能量的二阶修正.

解答 Hamilton 量记为 $H = H_0 + H'$, 其中

$$H_0 = \begin{pmatrix} E_1^{(0)} & 0 & 0 \\ 0 & E_2^{(0)} & 0 \\ 0 & 0 & E_3^{(0)} \end{pmatrix}, \quad H' = \begin{pmatrix} 0 & 0 & a \\ 0 & 0 & b \\ a^* & b^* & 0 \end{pmatrix} \tag{8.167}$$

按照非简并微扰论公式

$$E_n = E_n^{(0)} + H'_{nn} + \sum_{m \neq n} \frac{|H'_{mn}|^2}{E_n^{(0)} - E_m^{(0)}}, \quad (m, n = 1, 2, 3) \tag{8.168}$$

将式 (8.167) 所给各 H'_{mn} 矩阵元代入式 (8.168) 得

$$E_1 = E_1^{(0)} + H'_{11} + \frac{|H'_{21}|^2}{E_1^{(0)} - E_2^{(0)}} + \frac{|H'_{31}|^2}{E_1^{(0)} - E_3^{(0)}} = E_1^{(0)} + \frac{|a|^2}{E_1^{(0)} - E_3^{(0)}}$$

$$E_2 = E_2^{(0)} + H'_{22} + \frac{|H'_{12}|^2}{E_2^{(0)} - E_1^{(0)}} + \frac{|H'_{32}|^2}{E_2^{(0)} - E_3^{(0)}} = E_2^{(0)} + \frac{|b|^2}{E_2^{(0)} - E_3^{(0)}}$$

$$\begin{aligned}E_3 &= E_3^{(0)} + H'_{33} + \frac{|H'_{13}|^2}{E_3^{(0)} - E_1^{(0)}} + \frac{|H'_{23}|^2}{E_3^{(0)} - E_2^{(0)}} \\ &= E_3^{(0)} + \frac{|a|^2}{E_3^{(0)} - E_1^{(0)}} + \frac{|b|^2}{E_3^{(0)} - E_2^{(0)}}\end{aligned}$$

若 $E_i^{(0)}(i=1,2,3)$ 中有相等的情况, 则需采用简并微扰的做法 [参见题 8.18].

题 8.18　一个体系无微扰时, 在 H_0 表象中

$$H_0 = \begin{pmatrix} E_1^{(0)} & 0 & 0 \\ 0 & E_1^{(0)} & 0 \\ 0 & 0 & E_2^{(0)} \end{pmatrix} \tag{8.169}$$

其中 $E_2^{(0)} > E_1^{(0)}$. H_0 有两条能级, 其中一条是二重简并的. 在加入微扰后, Hamilton 量表示为

$$H = \begin{pmatrix} E_1^{(0)} & 0 & a \\ 0 & E_1^{(0)} & b \\ a^* & b^* & E_2^{(0)} \end{pmatrix} \tag{8.170}$$

(1) 用微扰论求 H 本征值, 准到二级近似;

(2) 把 H 严格对角化, 求 H 的精确的本征值, 然后进行比较.

解答　(1) 根据题设的式 (8.169,8.170), 写出 Hamilton 量微扰项

$$H' = \begin{pmatrix} 0 & 0 & a \\ 0 & 0 & b \\ a^* & b^* & 0 \end{pmatrix} \tag{8.171}$$

以 $\psi_{1\alpha}^{(0)} \equiv \psi_\alpha$、$\psi_{1\beta}^{(0)} \equiv \psi_\beta$ 以及 $\psi_2^{(0)}$ 表示 H_0 的正交归一化本征函数, 前二者相应于能级 $E_1^{(0)}$, 后者相应于 $E_2^{(0)}$. 根据式 (8.171) 可知微扰矩阵元为

$$\begin{aligned}&H'_{\alpha\alpha} = H'_{\beta\beta} = H'_{\alpha\beta} = 0 \\ &H'_{\alpha 2} = H'^*_{2\alpha} = a,\ H'_{\beta 2} = H'^*_{2\beta} = b\end{aligned} \tag{8.172}$$

能级 $E_2^{(0)}$ 无简并, 可按非简并态微扰论计算, 利用题 8.17 结果直接写出

$$E_2 = E_2^{(0)} + \frac{a^2 + b^2}{E_2^{(0)} - E_1^{(0)}} \tag{8.173}$$

能级 $E_1^{(0)}$ 为 2 重简并. 按简并微扰论, 一般情况下在简并子空间通过将 H' 对角化确定能级一级修正以及确定合适的零级波函数. 根据式 (8.172), 在该简并子空

间, H' 为零矩阵, 因而该能级一级修正为零, 零级波函数尚不能确定. 设该能级准确到二级近似的能量为

$$E_1 = E_1^{(0)} + E_1^{(1)} + E_1^{(2)}, \quad (E_1^{(1)} = 0) \tag{8.174}$$

H 的相应本征态为

$$\psi_1 = \psi^{(0)} + \psi^{(1)} + \psi^{(2)} \tag{8.175}$$

零级波函数

$$\psi^{(0)} = C_\alpha \psi_\alpha + C_\beta \psi_\beta \tag{8.176}$$

由于在简并子空间, H' 为零矩阵, 在作合适的相位约定以后, 波函数一级修正 $\psi^{(1)}$、二级修正 $\psi^{(2)}$ 中只含有 $E_2^{(0)}$ 能级的 $\psi_2^{(0)}$ 成分, 按照非简并微扰论写出

$$\begin{aligned}\psi^{(1)} &= \frac{1}{E_1^{(0)} - E_2^{(0)}} \langle \psi_2^{(0)} | H' | \psi^{(0)} \rangle \psi_2^{(0)} = \frac{H'_{2\alpha} C_\alpha + H'_{2\beta} C_\beta}{E_1^{(0)} - E_2^{(0)}} \psi_2^{(0)} \\ &= \frac{a C_\alpha + b C_\beta}{E_1^{(0)} - E_2^{(0)}} \psi_2^{(0)} = C_1 \psi_2^{(0)}\end{aligned} \tag{8.177}$$

关于 ψ_1 的 Schrödinger 方程的二阶方程给出

$$\left[H_0 - E_1^{(0)}\right] \psi^{(2)} = \left[E_1^{(1)} - H'\right] \psi^{(1)} + E_1^{(2)} \psi^{(0)} \tag{8.178}$$

上式分别对于态 ψ_α 以及 ψ_β 取内积, 利用它们与 $\psi^{(1)}$、$\psi^{(2)}$ 的正交性以及式 (8.177) 得到,

$$\left[\frac{|a|^2}{E_1^{(0)} - E_2^{(0)}} - E_1^{(2)}\right] C_\alpha + \frac{a b^*}{E_1^{(0)} - E_2^{(0)}} C_\beta = 0 \tag{8.179a}$$

$$\frac{b a^*}{E_1^{(0)} - E_2^{(0)}} C_\alpha + \left[\frac{|b|^2}{E_1^{(0)} - E_2^{(0)}} - E_1^{(2)}\right] C_\beta = 0 \tag{8.179b}$$

上述关于 C_α、C_β 的方程组存在非零解的条件为

$$\begin{vmatrix} \dfrac{|a|^2}{E_1^{(0)} - E_2^{(0)}} - E_1^{(2)} & \dfrac{a b^*}{E_1^{(0)} - E_2^{(0)}} \\ \dfrac{b a^*}{E_1^{(0)} - E_2^{(0)}} & \dfrac{|b|^2}{E_1^{(0)} - E_2^{(0)}} - E_1^{(2)} \end{vmatrix} = 0 \tag{8.180}$$

由上式解得

$$E_1^{(2)} = 0, \ \frac{|a|^2 + |b|^2}{E_1^{(0)} - E_2^{(0)}} \tag{8.181}$$

精确到二级微扰, 二重简并能级变为

$$E_1 = E_1^{(0)},\ E_1^{(0)} + \frac{|a|^2 + |b|^2}{E_1^{(0)} - E_2^{(0)}} \tag{8.182}$$

二重简并能级 $E_1^{(0)}$ 分裂为 2. 若将式 (8.181) 给出的 $E_1^{(2)}$ 代入式 (8.179), 即可以确定 2 个零级波函数 $\psi^{(0)}$. 在本题的情况下, 简并子空间微扰矩阵元全都是零, 需作进一步的近似考虑简并子空间之外的矩阵元的影响, 这时零级简并能级的零级波函数是和能量二级修正同时确定的 ①.

(2) H 的精确本征值由下式决定

$$\det(H-\lambda) = \begin{vmatrix} E_1^{(0)}-\lambda & 0 & a \\ 0 & E_1^{(0)}-\lambda & b \\ a^* & b^* & E_2^{(0)}-\lambda \end{vmatrix} = 0 \tag{8.183}$$

上述行列式按照第一行展开得

$$\left(E_1^{(0)}-\lambda\right)^2\left(E_2^{(0)}-\lambda\right) - \left(|a|^2+|b|^2\right)\left(E_1^{(0)}-\lambda\right) = 0$$

也就是

$$\left(\lambda - E_1^{(0)}\right)\left[\lambda^2 - \left(E_1^{(0)}+E_2^{(0)}\right)\lambda + E_1^{(0)}E_2^{(0)} - |a|^2 - |b|^2\right] = 0$$

这样求得 H 的三个本征值分别为

$$\lambda_1 = E_1^{(0)}, \quad \lambda_\pm = \frac{1}{2}(E_1^{(0)}+E_2^{(0)}) \pm \frac{1}{2}(E_1^{(0)}-E_2^{(0)})\left[1+\frac{4(|a|^2+|b|^2)}{(E_1^{(0)}-E_2^{(0)})^2}\right]^{1/2}$$

对于 $\lambda_\pm$ 作展开, 保留到 a、b 的二次项, 即得

$$\lambda_1 = E_1^{(0)}, \quad \lambda_+ = E_1^{(0)} + \frac{|a|^2+|b|^2}{E_1^{(0)}-E_2^{(0)}}, \quad \lambda_- = E_2^{(0)} + \frac{|a|^2+|b|^2}{E_1^{(0)}-E_2^{(0)}}$$

上式结果和微扰论相应结果式 (8.173,8.182) 一致.

题 8.19　氢原子处于一个沿 z 轴的电场 $\boldsymbol{\mathcal{E}}$ 和沿 x 轴的磁场 $\boldsymbol{B}$ 中. 这两个场在能级上的效应是可比较的. 若氢原子处于主量子数 $n=2$ 的态, 试求一阶微扰能量修正 (为简明, 不考虑自旋).

①本题的简并微扰须考虑涉及简并子空间之外态矢量的矩阵元的影响, 可如题 8.13 那样直接采用教材作法 [参见张永德, 量子力学 (第三版)[M], 北京: 科学出版社, 2015, PP.208-210] 求解. 另关于 2 重简并能级的微扰修正的一般讨论, 可见钱伯初, 曾谨言, 量子力学习题精选与剖析 [M], 第三版, 科学出版社, 2008, PP.290-295.

解答 由题意可知, 微扰 Hamilton 量为

$$H' = \frac{eB}{2mc}L_x + e\mathcal{E}z \tag{8.184}$$

对 $n=2$, E_n 四重简并. 简并态为 $|200\rangle$, $|210\rangle$, $|211\rangle$, $|21-1\rangle$. 由公式

$$(L_x \pm \mathrm{i}L_y)\,|l,m\rangle = \sqrt{(l \mp m)(l \pm m+1)}\hbar|l,m\pm 1\rangle$$

可知

$$L_x|l,m\rangle = \frac{1}{2}\sqrt{(l-m)(l+m+1)}\hbar|l,m+1\rangle + \frac{1}{2}\sqrt{(l+m)(l-m+1)}\hbar|l,m-1\rangle$$

即有

$$L_x|0,0\rangle = 0 \tag{8.185}$$

$$L_x|1,1\rangle = L_x|1,-1\rangle = \frac{\sqrt{2}}{2}\hbar|1,0\rangle \tag{8.186}$$

$$L_x|1,0\rangle = L_x|1,-1\rangle = \frac{\sqrt{2}}{2}\hbar\,(|1,1\rangle + |1,-1\rangle) \tag{8.187}$$

又因为

$$\cos\theta|l,m\rangle = a_{lm}|l+1,m\rangle + a_{l-1,m}|l-1,m\rangle \tag{8.188}$$

其中 $a_{lm} = \left[\frac{(l+1)^2-m^2}{(2l+1)(2l+3)}\right]^{1/2}$. 再利用氢原子径向波函数 R_{20} 与 R_{21} 的如下表达式:

$$R_{20} = \frac{1}{(2a_0)^{3/2}}\left(2-\frac{r}{a_0}\right)\mathrm{e}^{-\frac{r}{2a_0}},\quad R_{21} = \frac{1}{(2a_0)^{3/2}}\frac{r}{\sqrt{3}a_0}\mathrm{e}^{-\frac{r}{2a_0}} \tag{8.189}$$

其中 a_0 为 Bohr 半径. 所以有

$$\begin{aligned}\langle 210|r\cos\theta|200\rangle &= \int \mathrm{Y}_{00}\mathrm{Y}_{10}\cos\theta\mathrm{d}\Omega\int_0^\infty R_{20}R_{21}r^3\mathrm{d}r\\ &= \int \mathrm{Y}_{10}\mathrm{Y}_{10}\frac{1}{\sqrt{3}}\mathrm{d}\Omega\int_0^\infty \frac{1}{(2a_0)^3}\left(2-\frac{r}{a_0}\right)\frac{r}{\sqrt{3}a_0}\mathrm{e}^{-\frac{r}{a_0}}r^3\mathrm{d}r\\ &= a_0\frac{1}{24}\int_0^\infty\left(2x^4-x^5\right)\mathrm{e}^{-x}\mathrm{d}x = a_0\frac{1}{24}\left(2\times 4!-5!\right)\\ &= -3a_0\end{aligned} \tag{8.190}$$

而 $\langle 200|r\cos\theta|210\rangle = \langle 210|r\cos\theta|200\rangle^* = -3a_0$. 而 $z = r\cos\theta$ 的其余矩阵元为零.

综上, H' 在 $\{|200\rangle, |210\rangle, |211\rangle, |21-1\rangle\}$ 子空间中的矩阵为

$$H' = \begin{pmatrix} 0 & -3e\mathcal{E}a_0 & 0 & 0 \\ -3e\mathcal{E}a_0 & 0 & \dfrac{\sqrt{2}eB\hbar}{4mc} & \dfrac{\sqrt{2}eB\hbar}{4mc} \\ 0 & \dfrac{\sqrt{2}eB\hbar}{4mc} & 0 & 0 \\ 0 & \dfrac{\sqrt{2}eB\hbar}{4mc} & 0 & 0 \end{pmatrix} \tag{8.191}$$

令 $\alpha = -3e\mathcal{E}a_0$, $\beta = \dfrac{\sqrt{2}eB\hbar}{4mc}$, 可知久期方程可表示为

$$\begin{vmatrix} -E^{(1)} & \alpha & 0 & 0 \\ \alpha & -E^{(1)} & \beta & \beta \\ 0 & \beta & -E^{(1)} & 0 \\ 0 & \beta & 0 & -E^{(1)} \end{vmatrix} = 0 \tag{8.192}$$

上述方程的根为 $E^{(1)} = 0$(两重根), 及 $E^{(1)} = \pm\sqrt{2\beta^2 + \alpha^2}$, 此即所求的一阶微扰能量修正.

题 8.20 两个非全同粒子, 每个质量都为 m, 被禁闭在长为 L 的一维不可穿透的盒中.

(1) 系统三个最低能态的波函数和能级是什么?

(2) 若加入一个 $V_{12} = \lambda\delta(x_1 - x_2)$ 形式的相互作用势, 计算这三个态的能量到 λ 的第一阶及它们的波函数到 λ 的零阶.

解答 两个粒子非全同, 故系统最低三个能态和相应的能级分别为

$$E_{11} = \frac{\hbar^2\pi^2}{mL^2}, \quad \psi_{11} = \frac{2}{L}\sin\frac{\pi x_1}{L}\sin\frac{\pi x_2}{L} \tag{8.193}$$

$$E_{12} = \frac{5\hbar^2\pi^2}{2mL^2}, \quad \psi_{12} = \frac{2}{L}\sin\frac{\pi x_1}{L}\sin\frac{2\pi x_2}{L} \tag{8.194}$$

$$E_{21} = \frac{5\hbar^2\pi^2}{2mL^2}, \quad \psi_{21} = \frac{2}{L}\sin\frac{2\pi x_1}{L}\sin\frac{\pi x_2}{L} \tag{8.195}$$

ψ_{12}, ψ_{21} 表示有一个粒子处于基态, 另一个粒子处于第一激发态. 当两个粒子都处于基态 (系统的基态) 时, 能量一阶修正为

$$E^{(1)} = \langle\psi_{11}|V_{12}|\psi_{11}\rangle = \frac{4\lambda}{L^2}\int_0^L \sin^4\left(\frac{\pi x_1}{L}\right)\mathrm{d}x_1 = \frac{3\lambda}{2L} \tag{8.196}$$

到 λ 的零阶波函数仍为 ψ_{11}.

当有一个粒子处于激发态时, 能级是两重简并的. 简并子空间各微扰矩阵元为

$$\langle\psi_{12}^*|V_{12}|\psi_{12}\rangle=\langle\psi_{21}^*|V_{12}|\psi_{21}\rangle=\iint\psi_{12}^*V_{12}\psi_{12}\mathrm{d}x_1\mathrm{d}x_2$$
$$=\frac{4\lambda}{L^2}\int_0^L\sin^2\frac{\pi x_1}{L}\sin^2\frac{2\pi x_1}{L}\mathrm{d}x_1=\frac{\lambda}{L} \tag{8.197}$$

$$\langle\psi_{12}^*|V_{12}|\psi_{21}\rangle=\langle\psi_{12}^*|V_{12}|\psi_{21}\rangle=\iint\psi_{21}V_{12}\psi_{12}\mathrm{d}x_1\mathrm{d}x_2=\frac{\lambda}{L} \tag{8.198}$$

故相应久期方程为

$$\begin{vmatrix}\dfrac{\lambda}{L}-E^{(1)} & \dfrac{\lambda}{L}\\ \dfrac{\lambda}{L} & \dfrac{\lambda}{L}-E^{(1)}\end{vmatrix}=0 \tag{8.199}$$

解得, $E_+^{(1)}=\dfrac{2\lambda}{L}$, $E_-^{(1)}=0$. 相应的零级波函数为

$$\phi_\pm=\frac{1}{2}(\psi_{12}\pm\psi_{21}) \tag{8.200}$$

题 8.21 考虑由下列 Hamilton 量描述的三能级系统: $H=H_0+\lambda H'$. H_0 的本征态为 $|1\rangle$、$|2\rangle$、$|3\rangle$, 相应的本征值分别为 $0, \Delta, \Delta$.

(1) 在 H_0 表象写出 H' 的 3×3 矩阵表示 (λ 为实数);

(2) 用微扰论计算 H 的能谱时, 发现准确到 λ 的最低级近似时, H 的本征态为

$$|1\rangle,\quad |\pm\rangle=\frac{1}{\sqrt{2}}(|2\rangle\pm|3\rangle) \tag{8.201}$$

相应的本征值为

$$E_1=-\frac{\lambda^2}{\Delta}+O(\lambda^3),\quad E_+=\Delta+\lambda+\frac{\lambda^2}{\Delta}+O(\lambda^3),\quad E_-=\Delta-\lambda+O(\lambda^3) \tag{8.202}$$

请尽可能多地确定 (1) 中 H' 的矩阵元.

解答 (1) 因 λ 为实数, H' 为 Hermite 算符, 所以 H' 的以 $|1\rangle$、$|2\rangle$、$|3\rangle$ 为基矢的矩阵元可一般地写为

$$H'=\begin{pmatrix}a & d & e\\ d^* & b & f\\ e^* & f^* & c\end{pmatrix} \tag{8.203}$$

其中 a、b、c 为实数.

(2) 因为 $|2\rangle$、$|3\rangle$ 是简并态, 根据简并微扰论可知, 相应的能量一级修正值, 正好是 H' 在 合适的零级波函数下 (使 Hamilton 量微扰项对角化) 的期望值 (也即本征值), 故通过观察题给 E_+、E_- 的一级项有

$$\langle -|H'|-\rangle = -1, \quad \langle -|H'|-\rangle = -1 \tag{8.204}$$

因为 $|2\rangle$、$|3\rangle$ 是简并态, 故应转换到使 Hamilton 量微扰项对角化解除简并后由式 (8.201) 所给的基矢 $|+\rangle$、$|-\rangle$ 表象. 从 $|1\rangle$、$|2\rangle$、$|3\rangle$ 表象转入 $|1\rangle$、$|+\rangle$、$|-\rangle$ 表象

$$\begin{pmatrix} 1 & 0 & 0 \\ 0 & 1/\sqrt{2} & 1/\sqrt{2} \\ 0 & 1/\sqrt{2} & -1/\sqrt{2} \end{pmatrix}\begin{pmatrix} a & d & e \\ d^* & b & f \\ e^* & f^* & c \end{pmatrix}\begin{pmatrix} 1 & 0 & 0 \\ 0 & 1/\sqrt{2} & 1/\sqrt{2} \\ 0 & 1/\sqrt{2} & -1/\sqrt{2} \end{pmatrix}$$
$$= \begin{pmatrix} a & \dfrac{d+e}{\sqrt{2}} & \dfrac{d-e}{\sqrt{2}} \\ \dfrac{d^*+e^*}{\sqrt{2}} & \dfrac{b+f+f^*+c}{2} & \dfrac{b-f+f^*-c}{2} \\ \dfrac{d^*-e^*}{\sqrt{2}} & \dfrac{b+f-f^*-c}{2} & \dfrac{b-f-f^*+c}{2} \end{pmatrix}$$

在 $|1\rangle$、$|+\rangle$、$|-\rangle$ 表象中, Hamilton 量微扰项在简并子空间已对角化, 应有

$$\begin{pmatrix} a & \dfrac{d+e}{\sqrt{2}} & \dfrac{d-e}{\sqrt{2}} \\ \dfrac{d^*+e^*}{\sqrt{2}} & \dfrac{b+f+f^*+c}{2} & \dfrac{b-f+f^*-c}{2} \\ \dfrac{d^*-e^*}{\sqrt{2}} & \dfrac{b+f-f^*-c}{2} & \dfrac{b-f-f^*+c}{2} \end{pmatrix} = \begin{pmatrix} a & \dfrac{d+e}{\sqrt{2}} & \dfrac{d-e}{\sqrt{2}} \\ \dfrac{d^*+e^*}{\sqrt{2}} & 1 & 0 \\ \dfrac{d^*-e^*}{\sqrt{2}} & 0 & -1 \end{pmatrix} \tag{8.205}$$

求解上式简并子空间矩阵元相等的四个方程给出

$$b = c = 0, \quad f = f^* = 1 \tag{8.206}$$

对非简并能级准确到二级微扰的能量为

$$E_n = E_n^{(0)} + \lambda H'_{nn} + \lambda^2 \sum_{m\neq n} \frac{|H'_{mn}|^2}{E_n^{(0)} - E_m^{(0)}} + O(\lambda^3) \tag{8.207}$$

考虑到包括二级微扰修正后的能量应为

$$\begin{aligned} E_1 &= \lambda a + \frac{\lambda^2 |d+e|^2}{2(0-\Delta)} + \frac{\lambda^2 |d-e|^2}{2(0-\Delta)} + O(\lambda^3) \\ &= \lambda a - \lambda^2 \frac{|d+e|^2 + |d-e|^2}{2\Delta} + O(\lambda^3) \end{aligned} \tag{8.208}$$

$$E_+ = \Delta + \lambda + \frac{\lambda^2 |d+e|^2}{2\Delta} + O(\lambda^3) \tag{8.209}$$

$$E_- = \Delta - \lambda + \frac{\lambda^2 |d-e|^2}{2\Delta} + O(\lambda^3) \tag{8.210}$$

与题给条件 (8.202) 比较, λ 的系数给出 $a=0$, 而 λ^2 的系数给出

$$|d+e|^2 + |d-e|^2 = 2$$
$$|d+e|^2 = 2$$
$$|d-e|^2 = 0$$

上式给出

$$d-e=0, \quad d+e=\sqrt{2}\mathrm{e}^{\mathrm{i}\delta} \tag{8.211}$$

其中相位 δ 可以为任意实数.

综上, 在 $|1\rangle$、$|2\rangle$、$|3\rangle$ 表象中 H' 的矩阵为

$$H_1 = \begin{pmatrix} 0 & \frac{1}{\sqrt{2}}\mathrm{e}^{\mathrm{i}\delta} & \frac{1}{\sqrt{2}}\mathrm{e}^{\mathrm{i}\delta} \\ \frac{1}{\sqrt{2}}\mathrm{e}^{-\mathrm{i}\delta} & 0 & 1 \\ \frac{1}{\sqrt{2}}\mathrm{e}^{-\mathrm{i}\delta} & 1 & 0 \end{pmatrix} \tag{8.212}$$

题 8.22 应用变分法研究简谐振子问题. 设取试探波函数为一等腰三角形, 底边长为 a, 高为 1, 如图 8.1 所示. (注意这是最接近谐振子基态波函数的简单图形.)

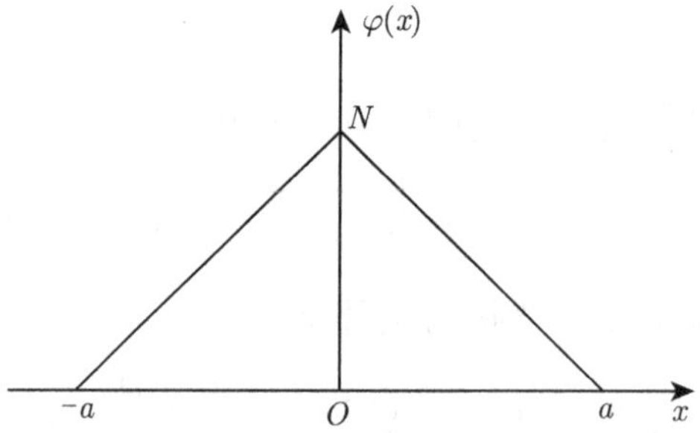

图 8.1 最接近谐振子基态波函数的简单图形

解答 按题意, 基态试探波函数为

$$\psi = \begin{cases} N\left(1-\dfrac{|x|}{a}\right), & |x|<a \\ 0, & |x|>a \end{cases} \tag{8.213}$$

首先可将上面试探波函数归一化, 即要求 $\langle\psi\,|\psi\rangle = 1$, 也就是

$$1 = \int_{-\infty}^{\infty} |\psi|^2\,\mathrm{d}x = |N|^2 \int_{-a}^{a} \left(1 - \frac{|x|}{a}\right)^2 \mathrm{d}x$$
$$= 2\,|N|^2\,a \int_0^1 (1-\xi)^2 \mathrm{d}\xi = \frac{2}{3}\,|N|^2\,a$$

由上式知归一化常数可以取为

$$N = \sqrt{\frac{3}{2a}} \tag{8.214}$$

在试探波函数 $\psi(x)$ 下体系的能量期望值为

$$\overline{H}(a) = \int \mathrm{d}x\psi^*(x)H\psi(x) = \int \mathrm{d}x\psi^*(x)\,(T+V)\,\psi(x) = \langle T\rangle + \langle V\rangle \tag{8.215}$$

即动能与势能的期望值之和. 其中势能的期望值为

$$\langle V\rangle = \int_{-\infty}^{\infty} \psi^*(x)V(x)\psi(x)\mathrm{d}x = \frac{1}{2}\int_{-\infty}^{\infty} x^2\psi^2\mathrm{d}x = N^2a^3\int_0^1 \xi^2(1-\xi)^2\mathrm{d}\xi$$
$$= N^2\frac{a^3}{30} = \frac{a^2}{20} \tag{8.216}$$

而动能期望值为 (取自然单位制)

$$\langle T\rangle = -\frac{1}{2}\int_{-\infty}^{\infty} \psi\frac{\mathrm{d}^2\psi}{\mathrm{d}x^2}\mathrm{d}x \tag{8.217}$$

根据题给的波函数

$$\frac{\mathrm{d}\psi}{\mathrm{d}x} = \begin{cases} 0, & |x| > a \\ N/a, & -a < x < 0 \\ -N/a, & 0 < x < a \end{cases} \tag{8.218}$$

进而

$$\frac{\mathrm{d}^2\psi}{\mathrm{d}x^2} = \frac{N}{a}\delta(x+a) - \frac{2N}{a}\delta(x) + \frac{N}{a}\delta(x-a) \tag{8.219}$$

代入式 (8.217), 即得①

$$\langle T\rangle = -\frac{N}{2a}\psi(-a) + \frac{N}{a}\psi(0) - \frac{N}{2a}\psi(a) = \frac{N^2}{a} = \frac{3}{2a^2} \tag{8.220}$$

①从式 (8.217) 出发, 利用 p 的 Hermite 性, $\langle T\rangle$ 也可如下计算

$$\langle T\rangle = \frac{1}{2}\int_{-\infty}^{\infty}\left|\frac{\mathrm{d}\psi}{\mathrm{d}x}\right|^2\mathrm{d}x = \frac{1}{2}\int_{-\infty}^{\infty}\left|\frac{\mathrm{d}\psi}{\mathrm{d}x}\right|^2\mathrm{d}x$$
$$= \frac{1}{2}\left(\frac{N}{2}\right)^2\int_{-a}^{a}\mathrm{d}x = \frac{N^2}{a} = \frac{3}{2a^2}$$

这与式 (8.220) 结果相同.

式 (8.216) 与式 (8.220) 代入式 (8.215), 即得

$$\overline{H}(a) = \langle T+V\rangle = \frac{3}{2a^2} + \frac{a^2}{20} \tag{8.221}$$

按照 Ritz 变分法, 对 $\overline{H}(a)$ 求极值

$$0 = \frac{\mathrm{d}}{\mathrm{d}a}\overline{H}(a) = -\frac{3}{a^3} + \frac{a}{10}$$

求得 a 的最佳值为

$$a = (30)^{1/4} \tag{8.222}$$

代入式 (8.221) 即得

$$E = \frac{3}{2\sqrt{30}} + \frac{\sqrt{30}}{20} = \frac{\sqrt{30}}{10} = 0.5477 \tag{8.223}$$

上式为根据题给试探波函数计算得到的基态能量 E_0 的上限, 与精确值 $E_0 = 1/2$ 相比, 误差达 9.54%.

说明 谐振子位势函数处处连续, 没有无限大的不连续点, 因而波函数导数应处处连续. 而由式 (8.218) 知, 试探波函数的导数却有 3 处不连续. 根据一维束缚态的节点定理, 基态没有节点. 然而试探波函数却是在 $|x| \geqslant a$ 处均为零, 违背节点定理. 此外由式 (8.219) 知, 试探波函数满足的方程与谐振子满足的 Schrödinger 方程偏离较大. 这些是所得结果误差大的原因.

题 8.23 一质量为 m 的粒子被势 $V(r) = -V_0\mathrm{e}^{-r/a}$ 所束缚. 其中 $mV_0a^2 - 4\hbar^2/3$. 试用变分法并取试探波函数 $\mathrm{e}^{-\lambda r}$, 求出最低能量本征值的一个好的上限.

解答 s 态离心势为零, 则根据 Hellmann-Feynman 定理可知最低能量本征态必为 s 态. 题给试探波函数为

$$\psi(\lambda, \boldsymbol{x}) = N\mathrm{e}^{-\lambda r} \tag{8.224}$$

其中 N 取为正实数, 为归一化常数. 利用式 (8)

$$1 = \int \psi^*(\lambda, \boldsymbol{x})\psi(\lambda, \boldsymbol{x})\mathrm{d}\boldsymbol{x} = 4\pi N^2 \int_0^\infty \mathrm{e}^{-2\lambda r} r^2 \mathrm{d}r = \frac{\pi N^2}{\lambda^3}$$

由此

$$N = \sqrt{\frac{\lambda^3}{\pi}} \tag{8.225}$$

体系的 Hamilton 量为

$$H = -\frac{\hbar^2}{2\mu}\nabla^2 - V_0\mathrm{e}^{-r/a} = T + V \tag{8.226}$$

其中 $T = -\dfrac{\hbar^2}{2m}\nabla^2$, $V = -V_0\mathrm{e}^{-r/a}$. 按照式 (8.224,8.225), 体系能量期望值

$$\overline{H} = \frac{\lambda^3}{\pi}\iiint \mathrm{d}^3\boldsymbol{x}\mathrm{e}^{-\lambda r}(T+V)\mathrm{e}^{-\lambda r} = \overline{T} + \overline{V} \tag{8.227}$$

下面分别计算 $\overline{T}$ 和 $\overline{V}$. 势能期望值为

$$
\begin{aligned}
\overline{V} &= \frac{\lambda^3}{\pi}\iiint \mathrm{d}^3\boldsymbol{x}\mathrm{e}^{-\lambda r}\left(-V_0\mathrm{e}^{-r/a}\right)\mathrm{e}^{-\lambda r} \\
&= -\frac{\lambda^3}{\pi}\times 4\pi V_0\times\int_0^{+\infty}\mathrm{d}r r^2\mathrm{e}^{-\left(2\lambda+\frac{1}{a}\right)r} \\
&= -\frac{\lambda^3}{\pi}\times 4\pi V_0\times\frac{2}{\left(2\lambda+\frac{1}{a}\right)^3} = -\left(\frac{2\lambda a}{2\lambda a+1}\right)^3 V_0
\end{aligned}
\tag{8.228}
$$

由于 $T=\dfrac{\boldsymbol{p}^2}{2\mu}=\dfrac{1}{2\mu}\left(p_r^2+\dfrac{1}{r^2}\boldsymbol{L}^2\right)$ 以及 $p_r^2=-\hbar^2\left(\dfrac{\partial}{\partial r}+\dfrac{1}{r}\right)^2=-\hbar^2\dfrac{1}{r}\dfrac{\partial^2}{\partial r^2}r$, 得动能期望值为

$$
\begin{aligned}
\overline{T} &= \frac{\lambda^3}{\pi}\iiint \mathrm{d}^3\boldsymbol{x}\mathrm{e}^{-\lambda r}\frac{1}{2m}\left(p_r^2+\frac{1}{r^2}\boldsymbol{L}^2\right)\mathrm{e}^{-\lambda r} \\
&= \frac{\lambda^3}{\pi}\iiint \mathrm{d}^3\boldsymbol{x}\mathrm{e}^{-\lambda r}p_r^2\mathrm{e}^{-\lambda r} = \frac{\lambda^3}{\pi}\iiint \mathrm{d}^3\boldsymbol{x}\mathrm{e}^{-\lambda r}\left(-\hbar^2\frac{1}{r}\frac{\partial^2}{\partial r^2}r\right)\mathrm{e}^{-\lambda r} \\
&= -\frac{1}{2\mu}\frac{\lambda^3}{\pi}\times 4\pi\hbar^2\times\int_0^{+\infty}\mathrm{d}r r\mathrm{e}^{-\lambda r}\frac{\partial^2}{\partial r^2}r\mathrm{e}^{-\lambda r} \\
&= \frac{1}{2\mu}\frac{\lambda^3}{\pi}\times 4\pi\hbar^2\times\int_0^{+\infty}\mathrm{d}r\left[\frac{\partial}{\partial r}r\mathrm{e}^{-\lambda r}\right]^2 \\
&= \frac{1}{2\mu}\frac{\lambda^3}{\pi}\times 4\pi\hbar^2\times\int_0^{+\infty}\mathrm{d}r\left[1-2\lambda+\lambda^2r^2\right]\mathrm{e}^{-2\lambda r}
\end{aligned}
$$

上面倒数第二个等号作了分部积分. 从上面结果再利用附录积分公式 (6,7) 与 (8), 直接写出

$$
\overline{T}=\frac{1}{2m}\frac{\lambda^3}{\pi}\times 4\pi\hbar^2\times\left[\frac{1}{2\lambda}-2\lambda\left(\frac{1}{2\lambda}\right)^2+\lambda^2\times 2\left(\frac{1}{2\lambda}\right)^3\right]=\frac{\lambda^2\hbar^2}{2m}
\tag{8.229}
$$

由式 (8.227, 8.228) 与 (8.229) 得

$$
\overline{H}(\lambda)=-\left(\frac{2\lambda a}{2\lambda a+1}\right)^3V_0+\frac{\lambda^2\hbar^2}{2m}
\tag{8.230}
$$

按 Ritz 变分法, 对 $\overline{H}$ 求极值,

$$
0=\frac{\mathrm{d}}{\mathrm{d}\lambda}\overline{H}=-\frac{24\lambda^2V_0a^3}{(2\lambda a+1)^4}+\frac{\lambda\hbar^2}{m}
\tag{8.231}
$$

考虑题设条件 $mV_0a^2 = 4\hbar^2/3$, 则由上式知

$$\frac{32\lambda a}{(2\lambda a+1)^4} = 1 \tag{8.232}$$

令 $2\lambda a = x$, 上式变为

$$\frac{16x}{(x+1)^4} = 1 \tag{8.233}$$

上式有一个明显的根, 即 $x_1 = 1$. 当 $x_1 = 1$ 时, 即 $\lambda a = \frac{1}{2}$, 代入式 (8.230), 得

$$E = -\frac{1}{32}V_0 \tag{8.234}$$

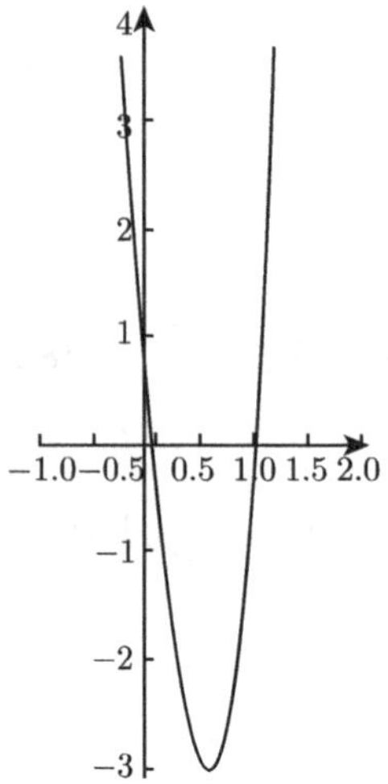

图 8.2　图示变分法极值点位置

由式 (8.233) 的根 $x_1 = 1$ 将该式化为

$$(x-1)\left(x^3+5x^2+11x-1\right) = 0 \tag{8.235}$$

令 $f(x) = x^3+5x^2+11x-1$. 因为 $f(0) = -1, f(1) = 16$, 且由 $f'(x) = 3x^2+10x+11 = 3\left(x-\frac{5}{3}\right)^2+\frac{8}{3} > 0$ 恒正, 可知 $f(x)$ 与 x 轴有且只有一个交点, 且该交点为正实根, 参见对式 (8.235) 图示法求根的图 8.2. 用三次方程的求根公式或者数值迭代法易计算该根约为 $x_2 \approx 0.087$. 当 $x_2 = 0.087$ 时, 由式 (8.230) 计算得 $E = 2\times10^{-4}V_0 > 0$, 与题设的束缚态条件矛盾, 应舍去. 式 (8.235) 的其余两根为复根①, 与题意不符, 也应舍去. 这样求得最低能量本征值的一个上限, 如式 (8.234) 所给.

题 8.24　用 WKB 近似计算, 能量为 E 的 s 态粒子从下述中心势束缚下逃出的概率是多大?

$$V(r) = \begin{cases} -V_0, & r < a \\ \dfrac{\beta}{r}, & r > a \end{cases}$$

解答　我们知道有心力场中运动的粒子, 其 $(H, \boldsymbol{l}^2, l_z)$ 共同本征态为 ψ_{nlm}. 求解 ψ_{nlm} 的径向波函数 R_{nl} 满足的方程可归结为一维问题, 只要令 $\chi = rR_{nl}$, 边界条件为 $\chi(0) = \chi(\infty) = 0$, 位势则是

$$V_{\text{eff}} = V(r) + \frac{l(l+1)\hbar^2}{r^2} \tag{8.236}$$

①用 Mathematica 可求得式 (8.235) 的四个根如下

$$-2.54369-2.23029\text{i}, \quad -2.54369+2.23029\text{i}, \quad 0.087378, \quad 1$$

对于 s 态, $V_{\text{eff}}=V(r)$. 现考虑处于 s 态的粒子对 Coulomb 势垒的穿透. Wentzel-Kramers-Brillouin (WKB) 近似是求解 Schrödinger 方程的一种准经典近似方法, 近似到一阶. 对于一维势垒的散射, 若势函数 $V(x)$ 变化比较缓慢, 而且入射粒子能量 E 不太靠近 $V(x)$ 的峰值, 经典转折点 x_1 与 x_2 也不太靠近势垒顶部, 则可采用 WKB 近似. 考虑经典允许区和经典禁区在经典转折点附近的连接条件, 可得质量为 m 的粒子透射系数的计算公式①为

$$P\approx\exp[-G],\quad G=\frac{2\sqrt{2\mu}}{\hbar}\int_R^b\sqrt{V(r)-E}\mathrm{d}r \tag{8.237}$$

其中 m 为粒子约化质量, E 为 α 粒子逸出核外时的动能, 即实验室中测得的 α 粒子动能, 而 b 对应经典转折点, 满足

$$E=V(b)=\frac{c}{b},\quad 或b=\frac{c}{E} \tag{8.238}$$

为求式 (8.237) 中的积分, 作变换

$$\sin\theta=\sqrt{r/b},\quad r=b\sin^2\theta \tag{8.239}$$

这样式 (8.237) 中的 G 为

$$\begin{aligned}G&=\frac{2\sqrt{2m}}{\hbar}\int_R^b\sqrt{\frac{\beta}{r}-E}\mathrm{d}r=\frac{2\sqrt{2mc}}{\hbar}\int_R^b\sqrt{\frac{1}{r}-\frac{1}{b}}\mathrm{d}r\\&=\frac{2\sqrt{2mbc}}{\hbar}\int_{\theta_0}^{\pi/2}(1+\cos2\theta)\mathrm{d}\theta=\frac{2\sqrt{mbc}}{\hbar}\left[\left(\frac{\pi}{2}-\theta_0\right)-\sin\theta_0\cos\theta_0\right]\end{aligned}$$

其中

$$\begin{aligned}&\sin\theta_0=\sqrt{R/b},\quad \cos\theta_0=\sqrt{1-R/b}\\&\frac{\pi}{2}-\theta_0=\arccos\sqrt{R/b}\end{aligned}$$

注意式 (8.238) 得

$$G=\frac{2\sqrt{2\mu b\beta}}{\hbar}\left[\arccos\sqrt{\frac{ER}{c}}-\sqrt{\frac{ER}{c}\left(1-\frac{ER}{c}\right)}\right] \tag{8.240}$$

代入式 (8.237) 即得

$$P=\exp\left\{-\frac{2c}{\hbar}\sqrt{\frac{2m}{E}}\left[\arccos\sqrt{\frac{ER}{c}}-\sqrt{\frac{ER}{c}\left(1-\frac{ER}{c}\right)}\right]\right\} \tag{8.241}$$

说明 本题是原子核 α 衰变的理论模型. 可以估算, α 衰变需要克服的 Coulomb 势垒高度为 20MeV 以上. 而 α 衰变放出的 α 粒子能量一般不超过 10MeV, 因而势垒较好的符合 WKB 近似的条件.

①张永德, 量子力学 (第三版)[M], 北京: 科学出版社, 2015, 230.

设 α 粒子在核内 $(r < R)$ 的速度为 v, 则单位时间内撞击 Coulomb 势垒的次数为 $f = \dfrac{v}{2R}$, 此即单位时间内在核内的来回次数. 因此衰变常数为

$$\lambda = fP \approx \frac{v}{2R}P \tag{8.242}$$

半衰期为

$$T_{1/2} = \frac{\ln 2}{\lambda} = 2\ln 2\frac{R}{vP} \tag{8.243}$$

原子核中核子的平均动能约为 20MeV, 相当于 $v = 0.2c < c$ (c 为光速), 可认为 α 粒子在原子核中的速度与此大体相当. 式中"核半径" R 可以按照经验公式

$$R \approx A^{1/3} \times r_0 \tag{8.244}$$

由上可做核素 α 衰变寿命的估算. 若由式 (8.241, 8.242) 作进一步近似, 可得到 α 衰变半衰期与放出的 α 粒子能量的关系

$$\ln T_{1/2} = C_1 E^{-1/2} + C_2$$

其中 C_1、C_2 为常数. 这与人们发现的实验规律 (Geiger-Nutall 定律) 一致①.

题 8.25 WKB 方法甚至能给出微分方程解的渐近行为. 比如, 抛物型柱方程

$$y'' = \left(\frac{1}{4}x^2 - \nu - \frac{1}{2}\right)y$$

求其解在 $x \to \infty$ 时的行为.

提示 这时 $\varepsilon = 1$. 用物理光学近似. 由 $Q(x) = \left(\dfrac{1}{4}x^2 - \nu - \dfrac{1}{2}\right)$ 得

$$\begin{cases} S_0 \sim \pm\left[\dfrac{x^2}{4} - \left(\nu + \dfrac{1}{2}\right)\ln x\right], \\ S_1 \sim -\dfrac{1}{4}\ln\left(\dfrac{1}{4}x^2\right), \end{cases} \quad x \to \infty$$

以及

$$y(x) \sim \begin{cases} c_+ x^{-\nu-1}\mathrm{e}^{x^2/4} \\ c_- x^{\nu}\mathrm{e}^{-x^2/4} \end{cases} \quad x \to \infty$$

解答 WKB 方法物理光学近似即在 WKB 级数中取头两项. 题给

$$Q(x) = \left(\frac{1}{4}x^2 - \nu - \frac{1}{2}\right) \tag{8.245}$$

则有

①参见杨福家, 原子物理学, 北京: 高等教育出版社 (第四版), 2008 年, 345-347; 许咨宗, 核与粒子物理导论, 合肥: 中国科学技术大学出版社, 2009, 321-322.

$$S_0=\pm\int^x\sqrt{Q(x')}\mathrm{d}x'=\pm\int^x\sqrt{\frac{1}{4}x'^2-\nu-\frac{1}{2}}\mathrm{d}x'=\pm\frac{1}{2}\int^x\sqrt{x'^2-4\nu-2}\mathrm{d}x'$$
$$=\pm\frac{1}{2}\left[\frac{x}{2}\sqrt{x^2-4\nu-2}-(2\nu+1)\ln\left|x+\sqrt{x^2-4\nu-2}\right|\right] \tag{8.246}$$

以及

$$S_1(x)=-\frac{1}{4}\ln Q(x)$$
$$=-\frac{1}{4}\ln\left(\frac{1}{4}x^2-\nu-\frac{1}{2}\right) \tag{8.247}$$

物理光学近似解 (这里取 $\varepsilon=1$)

$$y(x)\sim Q(x)^{-1/4}\left\{c_+\exp\left[\frac{1}{\varepsilon}\int_a^x\sqrt{Q(x')}\mathrm{d}x'\right]+c_-\exp\left[-\frac{1}{\varepsilon}\int_a^x\sqrt{Q(x')}\mathrm{d}x'\right]\right\}$$
$$\sim Q(x)^{-1/4}\left\{c_+\mathrm{e}^{S_{0+}}+c_-\mathrm{e}^{S_{0-}}\right\} \tag{8.248}$$

可见当 $x\to\infty$ 时

$$S_0\sim\pm\left[\frac{x^2}{4}-\left(\nu+\frac{1}{2}\right)\ln x\right] \tag{8.249}$$

$$S_1\sim-\frac{1}{4}\ln\left(\frac{1}{4}x^2\right) \tag{8.250}$$

以及

$$y(x)\sim\begin{cases}c_+x^{-\nu-1}\mathrm{e}^{x^2/4}\\ c_-x^{\nu}\mathrm{e}^{-x^2/4}\end{cases} \tag{8.251}$$

题 8.26　讨论和计算氢原子基态的 Stark 效应.

解答　取外电场 $\boldsymbol{\mathcal{E}}$ 沿 z 轴方向, 则

$$H'=e\mathcal{E}z \tag{8.252}$$

由于氢原子基态非简并, 所以

$$E_1^{(1)}=\langle 100|H'|100\rangle=0 \tag{8.253}$$

这是由于 H' 为奇宇称算符. 而

$$E_1^{(2)}=e^2\mathcal{E}^2\sum_{n\neq1}\sum_{l,m}\frac{|\langle 100|z|nlm\rangle|^2}{E_1^{(0)}-E_n^{(0)}}=\frac{1}{\sqrt{3}}e^2\mathcal{E}^2\sum_{n\neq1}\frac{A_n^2}{E_1^{(0)}-E_n^{(0)}} \tag{8.254}$$

其中

$$A_n=\int_0^\infty R_{10}^*R_{n1}r^3\mathrm{d}r$$

而

$$E_n^{(0)}=-\frac{e^2}{2a}\frac{1}{n^2},\quad n=1,2,3,\cdots \tag{8.255}$$

由于基态能级的二阶微扰修正一定为负, $E_1^{(2)}<0$, 也就是加入电场后氢原子的能级降低.

第 9 章　电磁作用分析和重要应用

题 9.1　质量为 m, 电荷为 q 的非相对论粒子在电磁场中运动时, Hamilton 量算符为

$$H=\frac{1}{2m}\left(\boldsymbol{p}-\frac{q}{c}\boldsymbol{A}\right)^2+q\varphi$$

其中 $\boldsymbol{A}(\boldsymbol{r},t)$、$\varphi(\boldsymbol{r},t)$ 是电磁场的矢势和标势, $\boldsymbol{p}=-\mathrm{i}\hbar\nabla$ 是正则动量算符, 定义速度算符

$$\boldsymbol{v}=\frac{\mathrm{d}\boldsymbol{r}}{\mathrm{d}t}=\frac{1}{\mathrm{i}\hbar}[\boldsymbol{r},H]$$

求 $\boldsymbol{v}$ 的具体表示式以及它的各分量之间的对易关系.

解答　按题设

$$\boldsymbol{v}=\frac{\mathrm{d}\boldsymbol{r}}{\mathrm{d}t}=\frac{1}{\mathrm{i}\hbar}[\boldsymbol{r},H]=\frac{1}{2\mathrm{i}\hbar m}\left[\boldsymbol{r},\left(\boldsymbol{p}-\frac{q}{c}\boldsymbol{A}\right)^2\right]\tag{9.1}$$

注意到 $\boldsymbol{r}$ 与 $\boldsymbol{A}(\boldsymbol{r},t)$ 对易, 且 $[x_\alpha,p_\beta]=\mathrm{i}\hbar\delta_{\alpha\beta}$, 有

$$\boldsymbol{v}=\frac{\mathrm{i}\hbar}{2m\mathrm{i}\hbar}\times 2\left(\boldsymbol{p}-\frac{q}{c}\boldsymbol{A}\right)=\frac{1}{m}\left(\boldsymbol{p}-\frac{q}{c}\boldsymbol{A}\right)\tag{9.2}$$

利用

$$[\boldsymbol{p},\ F(\boldsymbol{r})]=-\mathrm{i}\hbar\nabla F(\boldsymbol{r})$$

可得

$$\begin{aligned}[v_\alpha,v_\beta]&=-\frac{q}{m^2c}\left([p_\alpha,A_\beta]+[A_\alpha,p_\beta]\right)=\frac{\mathrm{i}\hbar q}{m^2c}\left(\frac{\partial A_\beta}{\partial x_\alpha}-\frac{\partial A_\alpha}{\partial x_\beta}\right)\\&=\frac{\mathrm{i}\hbar q}{m^2c}\varepsilon_{\alpha\beta\gamma}\left(\nabla\times\boldsymbol{A}\right)_\gamma=\frac{\mathrm{i}\hbar q}{m^2c}\varepsilon_{\alpha\beta\gamma}B_\gamma\end{aligned}$$

可见速度算符各分量的对易关系可表示为

$$[v_\alpha,v_\beta]=\frac{\mathrm{i}\hbar q}{m^2c}\varepsilon_{\alpha\beta\gamma}B_\gamma\tag{9.3}$$

或者

$$\boldsymbol{v}\times\boldsymbol{v}=\mathrm{i}\hbar\frac{q}{m^2c}\boldsymbol{B}\tag{9.4}$$

说明　利用上面式 (9.2) 以及式 (9.4), 容易证明

$$\left[\boldsymbol{v},v^2\right]=\mathrm{i}\hbar\frac{q}{m^2c}\left(\boldsymbol{v}\times\boldsymbol{B}-\boldsymbol{B}\times\boldsymbol{v}\right)\tag{9.5}$$

$$[v_\alpha,x_\beta]=-\frac{\mathrm{i}\hbar}{m}\delta_{\alpha\beta}\tag{9.6}$$

例如

$$
\begin{aligned}
\left[v_i, \boldsymbol{v}^2\right] &= [v_i, v_j v_j] = v_j [v_i, v_j] + [v_i, v_j] v_j = v_j \frac{\mathrm{i}\hbar q}{m^2 c} \varepsilon_{ijk} B_k + \frac{\mathrm{i}\hbar q}{m^2 c} \varepsilon_{ijk} B_k v_j \\
&= \frac{\mathrm{i}\hbar q}{m^2 c} (\varepsilon_{ijk} v_j B_k + \varepsilon_{ijk} B_k v_j) = \frac{\mathrm{i}\hbar q}{m^2 c} (\boldsymbol{v} \times \boldsymbol{B} - \boldsymbol{B} \times \boldsymbol{v})_i
\end{aligned}
$$

即有 $\left[\boldsymbol{v}, \boldsymbol{v}^2\right] = \dfrac{\mathrm{i}\hbar q}{m^2 c} (\boldsymbol{v} \times \boldsymbol{B} - \boldsymbol{B} \times \boldsymbol{v})$, 此即式 (9.5).

题 9.2　质量为 m, 电荷为 q 的非相对论粒子在电磁场 $\boldsymbol{B} = \nabla \times \boldsymbol{A}$ 中运动, 定义机械角动量算符

$$
\boldsymbol{L} = \frac{1}{2} (\boldsymbol{r} \times m\boldsymbol{v} - m\boldsymbol{v} \times \boldsymbol{r})
$$

$\boldsymbol{v}$ 为 (机械) 速度算符, 求 $\dfrac{\mathrm{d}\boldsymbol{v}}{\mathrm{d}t}$、$\dfrac{\mathrm{d}\boldsymbol{L}}{\mathrm{d}t}$.

解答　Hamilton 量算符可写为

$$
H = \frac{1}{2m} \left(\boldsymbol{p} - \frac{q}{c}\boldsymbol{A}\right)^2 = \frac{1}{2} m\boldsymbol{v}^2 \tag{9.7}
$$

利用题 9.1中 $\boldsymbol{v}$ 与 $\boldsymbol{v}^2$ 的对易关系 (9.5), 有

$$
\frac{\mathrm{d}\boldsymbol{v}}{\mathrm{d}t} = \frac{1}{\mathrm{i}\hbar} [\boldsymbol{v}, H] = \frac{q}{2mc} (\boldsymbol{v} \times \boldsymbol{B} - \boldsymbol{B} \times \boldsymbol{v}) \tag{9.8}
$$

因为

$$
\boldsymbol{L} = \frac{1}{2} (\boldsymbol{r} \times m\boldsymbol{v} - m\boldsymbol{v} \times \boldsymbol{r}) \tag{9.9}
$$

所以

$$
\frac{\mathrm{d}\boldsymbol{L}}{\mathrm{d}t} = \frac{m}{2} \left(\frac{\mathrm{d}\boldsymbol{r}}{\mathrm{d}t} \times \boldsymbol{v} + \boldsymbol{r} \times \frac{\mathrm{d}\boldsymbol{v}}{\mathrm{d}t} - \frac{\mathrm{d}\boldsymbol{v}}{\mathrm{d}t} \times \boldsymbol{r} - \boldsymbol{v} \times \frac{\mathrm{d}\boldsymbol{r}}{\mathrm{d}t}\right) \tag{9.10}
$$

利用式 (9.8) 和 $\dfrac{\mathrm{d}\boldsymbol{r}}{\mathrm{d}t} = \boldsymbol{v}$, 有

$$
\frac{\mathrm{d}\boldsymbol{L}}{\mathrm{d}t} = \frac{q}{4c} [\boldsymbol{r} \times (\boldsymbol{v} \times \boldsymbol{B}) - \boldsymbol{r} \times (\boldsymbol{B} \times \boldsymbol{v}) - (\boldsymbol{v} \times \boldsymbol{B}) \times \boldsymbol{r} + (\boldsymbol{B} \times \boldsymbol{v}) \times \boldsymbol{r}] \tag{9.11}
$$

如本章末式 (9.166) 令 $\boldsymbol{F} = \dfrac{q}{2c} (\boldsymbol{v} \times \boldsymbol{B} - \boldsymbol{B} \times \boldsymbol{v})$, 则有

$$
\frac{\mathrm{d}\boldsymbol{L}}{\mathrm{d}t} = \frac{1}{2} [\boldsymbol{r} \times \boldsymbol{F} - \boldsymbol{F} \times \boldsymbol{r}] \tag{9.12}
$$

题 9.3　在非相对论情况下, 自由电子的磁矩为 $\boldsymbol{\mu}$, 处于恒定均匀外磁场中. 问

(1) 系统的 Hamilton 量形式如何 (设磁场为 B_z);

(2) 如果在 y 轴方向再加一个常磁场 B_y, 则系统的 Hamilton 量形式又如何;

(3) 设为一般磁场, 确定算符 $\mathrm{d}\boldsymbol{\mu}/\mathrm{d}t$ 的形式.

解答 (1) 系统的 Hamilton 量可写为

$$H=\frac{1}{2m}\left(\boldsymbol{p}-\frac{q}{c}\boldsymbol{A}\right)^2-\boldsymbol{\mu}\cdot\boldsymbol{B} \tag{9.13}$$

其中 $q=-e$, 而

$$\boldsymbol{\mu}=-\frac{e\hbar}{2mc}\boldsymbol{\sigma}=-\frac{e}{mc}\boldsymbol{s}$$

因为 $B=\nabla\times\boldsymbol{A}=B_z\boldsymbol{e}_z$, 可取 $\boldsymbol{A}=-B_zy\boldsymbol{e}_x$, 则有

$$H=\frac{1}{2m}\left(p_x-\frac{e}{c}B_zy\right)^2+\frac{1}{2m}p_y^2+\frac{1}{2m}p_z^2+\frac{e\hbar}{2mc}B_z\sigma_z \tag{9.14}$$

(2) 在 y 轴方向再加一个常磁场 B_y, 我们可取 $\boldsymbol{A}=-(B_zy\boldsymbol{e}_x+B_yx\boldsymbol{e}_z)$, 这相应

$$\boldsymbol{B}=\nabla\times\boldsymbol{A}=B_y\boldsymbol{e}_y+B_z\boldsymbol{e}_z \tag{9.15}$$

这样

$$H=\frac{1}{2m}\left(p_x-\frac{e}{c}B_zy\right)^2+\frac{1}{2m}p_y^2+\frac{1}{2m}\left(p_z-\frac{e}{c}B_yx\right)^2+\frac{e\hbar}{2mc}(B_y\sigma_y+B_z\sigma_z) \tag{9.16}$$

(3) 一般情况下

$$H=\frac{1}{2m}\left(\boldsymbol{p}-\frac{q}{c}\boldsymbol{A}\right)^2-\boldsymbol{\mu}\cdot\boldsymbol{B} \tag{9.17}$$

因而

$$\begin{aligned}\frac{\mathrm{d}\boldsymbol{\mu}}{\mathrm{d}t}&=\frac{1}{\mathrm{i}\hbar}[\boldsymbol{\mu},H]=-\frac{1}{\mathrm{i}\hbar}\left(\frac{e\hbar}{2mc}\right)^2[\sigma_\alpha\boldsymbol{e}_\alpha,\sigma_\beta B_\beta]\\&=-\frac{1}{\mathrm{i}\hbar}\left(\frac{e\hbar}{2mc}\right)^2\boldsymbol{e}_\alpha B_\beta[\sigma_\alpha,\sigma_\beta]=-\frac{1}{\mathrm{i}\hbar}\left(\frac{e\hbar}{2mc}\right)^2\times 2\mathrm{i}\varepsilon_{\alpha\beta\gamma}\boldsymbol{e}_\alpha B_\beta\sigma_\gamma\\&=\frac{e}{mc}\boldsymbol{B}\times\boldsymbol{\mu}=-\boldsymbol{\mu}\times\boldsymbol{\omega}\end{aligned}$$

或者

$$\frac{\mathrm{d}\boldsymbol{\mu}}{\mathrm{d}t}=\frac{e}{mc}\boldsymbol{B}\times\boldsymbol{\mu}=-\boldsymbol{\mu}\times\boldsymbol{\omega} \tag{9.18}$$

其中 $\boldsymbol{\omega}=\dfrac{e}{mc}\boldsymbol{B}$, 其方向沿 $\boldsymbol{B}$, 大小为电子在该磁场中的廻转频率, 或者 2 倍 Lamor 频率. 上式表示 $\boldsymbol{\mu}$ 绕 $\boldsymbol{B}$ 反方向以廻转频率进动.

题 9.4 质量为 μ、电荷为 q 的粒子, 在沿 z 轴方向的均匀磁场作用下在 x、y 平面上运动, 定义轨道中心算符 $x_0=x+\dfrac{1}{\omega}v_y$, $y_0=y-\dfrac{1}{\omega}v_x$, 其中 $\omega=qB/(\mu c)$, 说明 x_0, y_0 的经典力学的意义, 并证明它们是运动常数.

解答 在经典力学中, 粒子受 Lorentz 力的作用, 将作匀速圆周运动, 如图 9.1 所示 $(q>0)$. 设 $\boldsymbol{r}_0(x_0,y_0)$ 为轨道中心, 则 粒子相对于轨道中心的位移为 $\boldsymbol{r}-\boldsymbol{r}_0$, 角速度和速度分别为

$$\boldsymbol{\omega}=(0,0,-\omega),\quad \boldsymbol{v}=\boldsymbol{\omega}\times(\boldsymbol{r}-\boldsymbol{r}_0)$$

因此

$$v_x = \omega_y (\boldsymbol{r} - \boldsymbol{r}_0)_z - \omega_z (\boldsymbol{r} - \boldsymbol{r}_0)_y = \omega (y - y_0)$$

$$v_y = \omega_z (\boldsymbol{r} - \boldsymbol{r}_0)_x - \omega_x (\boldsymbol{r} - \boldsymbol{r}_0)_y = -\omega (x - x_0)$$

也即

$$x_0 = x + \frac{1}{\omega} v_y, \quad y_0 = y - \frac{1}{\omega} v_x \tag{9.19}$$

将 $\boldsymbol{v}$ 换成算符, 即得轨道中心算符 $x_0 = x + \frac{1}{\omega} v_y, y_0 = y - \frac{1}{\omega} v_x$.

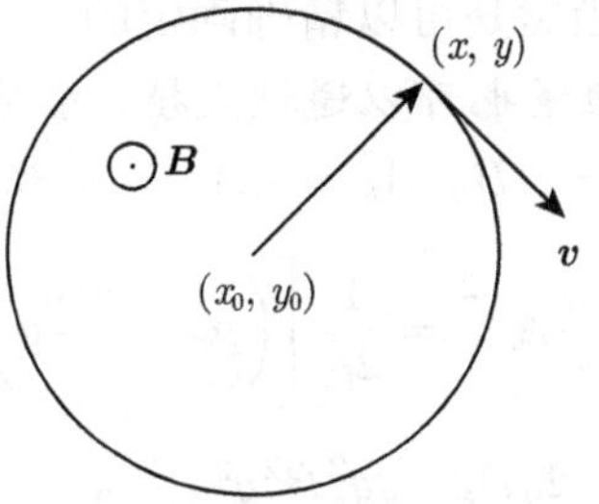

图 9.1　带电粒子在均匀恒定磁场中的经典轨道运动

根据题 9.1 和题 9.2 的结果有:

$$[x, v_x] = \left[x, \frac{1}{\mu} \left(p_x - \frac{q}{c} A_x \right) \right] = \frac{1}{\mu} [x, p_x] = \frac{\mathrm{i}\hbar}{\mu} \tag{9.20}$$

$$[y, v_y] = \frac{\mathrm{i}\hbar}{\mu} \tag{9.21}$$

$$[x, v_y] = [y, v_x] = 0 \tag{9.22}$$

$$[v_x, v_y] = \mathrm{i}\hbar \frac{q}{\mu^2 c} B_z = \frac{\mathrm{i}\hbar}{\mu} \frac{qB}{\mu} = \frac{\mathrm{i}\hbar\omega}{\mu} \tag{9.23}$$

$$\frac{\mathrm{d}\boldsymbol{v}}{\mathrm{d}t} = \frac{1}{\mathrm{i}\hbar} [\boldsymbol{v}, H] = \frac{q}{2\mu c} (\boldsymbol{v} \times \boldsymbol{B} - \boldsymbol{B} \times \boldsymbol{v}) \tag{9.24}$$

因此

$$\frac{\mathrm{d}x_0}{\mathrm{d}t} = \frac{\mathrm{d}x}{\mathrm{d}t} + \frac{1}{\omega} \frac{\mathrm{d}v_y}{\mathrm{d}t} = v_x + \frac{q}{2\mu c\omega} \left[(\boldsymbol{v} \times \boldsymbol{B})_y - (\boldsymbol{B} \times \boldsymbol{v})_y \right]$$

$$= v_x + \frac{1}{2B} [\boldsymbol{v} \times \boldsymbol{B} - \boldsymbol{B} \times \boldsymbol{v}]_y = v_x - v_x = 0 \tag{9.25}$$

$$\frac{\mathrm{d}y_0}{\mathrm{d}t} = \frac{\mathrm{d}y}{\mathrm{d}t} - \frac{1}{\omega} \frac{\mathrm{d}}{\mathrm{d}t} v_x = v_y - \frac{1}{2B} [\boldsymbol{v} \times \boldsymbol{B} - \boldsymbol{B} \times \boldsymbol{v}]_x = v_y - v_y = 0 \tag{9.26}$$

并有

$$[x_0, y_0] = \frac{1}{\omega}[v_y, y] - \frac{1}{\omega}[x, v_x] - \frac{1}{\omega^2}[v_y, v_x] = -\frac{\mathrm{i}\hbar}{\mu\omega} \tag{9.27}$$

由以上式 (9.25), (9.26) 可知: 轨道中心算符 x_0, y_0 为运动常数 (守恒量), 这与经典力学一致. 由式 (9.27) 可知, x_0 和 y_0 不对易的, 它们一般不能同时取确定值. 由不确定性关系

$$\Delta A \cdot \Delta B \geqslant \frac{1}{2}\left|\overline{[A, B]}\right|$$

可知

$$\Delta x_0 \cdot \Delta y_0 \geqslant \frac{\hbar}{2\mu\omega} = \frac{\hbar c}{2qB} \tag{9.28}$$

而在经典力学中, 轨道中心当然是可以精确确定的.

说明 1 x_0、y_0 为守恒量也可以通过直接检查它们与 H 的对易子为零来证明, 例如取不对称规范: $A_x = -By, A_y = -A_z = 0$, 粒子的 Hamilton 量为

$$H = \frac{1}{2\mu}\left(\boldsymbol{p} - \frac{q}{c}\boldsymbol{A}\right)^2 = \frac{1}{2\mu}\left[\left(p_x - \frac{qB}{c}y\right)^2 + p_y^2 + p_z^2\right]$$

$$= \frac{1}{2\mu}\left[p_x^2 + \frac{2qBy}{c} + \frac{q^2B^2y^2}{c^2} + p_y^2 + p_z^2\right]$$

因而

$$[x_0, H] = \frac{1}{2\mu}\left[\frac{cp_y}{qB} + x, p_x^2 + \frac{2qBy}{c}p_x + \frac{q^2B^2y^2}{c^2} + p_y^2 + p_z^2\right]$$

$$= \frac{1}{\mu}[p_y, y]p_x + \frac{qB}{2\mu c}\left[p_y, y^2\right] + \frac{qBy}{\mu c}[x, p_x] + \frac{1}{2\mu}\left[x, p_x^2\right]$$

$$= \frac{\mathrm{i}\hbar}{\mu}p_x - \frac{\mathrm{i}\hbar qBy}{\mu c} + \frac{\mathrm{i}\hbar qBy}{\mu c} + \frac{\mathrm{i}\hbar}{\mu}p_x = 0$$

同样 $[y_0, H] = 0$

说明 2 本题中 x_0、y_0 这两个守恒量不对易, 其对易子如式 (9.27) 所给为常量. 这意味着体系每一个能级都具有无穷大的简并度, 这是 Landau 能级的特点. 有关讨论可参见曾谨言, 量子力学: 卷 I [M]. 5 版. 北京: 科学出版社, 2013, P.162-163, P.255-256.

题 9.5 已知质量为 m, 电荷为 q 的粒子处于态 $\psi(\boldsymbol{r})$ 时, 其电荷密度和电流密度分别为

$$\rho(\boldsymbol{r}) = q\psi^*(\boldsymbol{r})\psi(\boldsymbol{r}), \quad \boldsymbol{j}(\boldsymbol{r}) = -\frac{\mathrm{i}\hbar q}{2m}\left[\psi^*\nabla\psi - \psi\nabla\psi^*\right]$$

问如何引入电荷密度和电流密度算符? 解释这两个算符的物理意义, 并证明它们的平均值就是这里的表达式.

解答　在量子力学中, “带电粒子”是当作点电荷对待的, 因此, 当粒子位置是 $\boldsymbol{r}$ 时, $\boldsymbol{r}'$ 处的电荷密度为

$$\hat{\rho}(\boldsymbol{r}') = q\delta(\boldsymbol{r}-\boldsymbol{r}') \tag{9.29}$$

此即定义为电荷密度算符. 若粒子处于 $\psi(\boldsymbol{r})$ 所描述的状态, 则粒子在 $\boldsymbol{r}$ 附近 $\mathrm{d}\tau$ 体积元中出现的概率为 $\psi^*(\boldsymbol{r})\psi(\boldsymbol{r})\mathrm{d}\tau$, 由此 $\boldsymbol{r}'$ 处的平均电荷密度为

$$\langle\hat{\rho}(\boldsymbol{r}')\rangle = \int\psi^*(\boldsymbol{r})q\delta(\boldsymbol{r}-\boldsymbol{r}')\psi(\boldsymbol{r})\mathrm{d}\tau = q\psi^*(\boldsymbol{r}')\psi(\boldsymbol{r}') = \rho(\boldsymbol{r}')$$

在经典物理学中, 电流密度 $\boldsymbol{j}$ 为

$$\boldsymbol{j} = \rho\boldsymbol{v} = \frac{1}{m}\rho\boldsymbol{p}$$

换成量子力学算符, 并使其成为 Hermite 算符, 即得

$$\boldsymbol{j} = \frac{1}{2m}(\rho\boldsymbol{p}+\boldsymbol{p}\rho) = \frac{q}{2m}[\delta(\boldsymbol{r}-\boldsymbol{r}')\boldsymbol{p}+\boldsymbol{p}\delta(\boldsymbol{r}-\boldsymbol{r}')]$$

当粒子处于 $\psi(\boldsymbol{r})$ 状态, $\boldsymbol{r}'$ 处的平均电流密度为

$$\begin{aligned}\langle\boldsymbol{j}(\boldsymbol{r}')\rangle &= \frac{q}{2m}\int\psi^*(\boldsymbol{r})[\delta(\boldsymbol{r}-\boldsymbol{r}')\boldsymbol{p}+\boldsymbol{p}\delta(\boldsymbol{r}-\boldsymbol{r}')]\psi(\boldsymbol{r})\mathrm{d}\tau \\ &= -\frac{\mathrm{i}\hbar q}{2m}\int\psi^*(\boldsymbol{r})[\delta(\boldsymbol{r}-\boldsymbol{r}')\nabla+\nabla\delta(\boldsymbol{r}-\boldsymbol{r}')]\psi(\boldsymbol{r})\mathrm{d}\tau \\ &= -\frac{\mathrm{i}\hbar q}{2m}[\psi^*(\boldsymbol{r}')\nabla'\psi(\boldsymbol{r}')-\psi(\boldsymbol{r}')\nabla'\psi^*(\boldsymbol{r}')]\end{aligned}$$

题 9.6　一个带电粒子自旋角动量 $\boldsymbol{S}^2 = s(s+1)\hbar^2$, 其中 $s=1/2$, 设该粒子的磁矩为 $\boldsymbol{M} = c\boldsymbol{S}$, c 为常数, 该粒子的量子态可以用自旋空间来描述, 其坐标基矢可以取 S_z 的两个本征态 $|\uparrow\rangle$、$|\downarrow\rangle$, 且当 $t=0$ 时, 体系状态 $|\psi(0)\rangle = |\uparrow\rangle$, 该粒子沿 y 轴运动, 通过一个沿 y 轴的均匀磁场 $\boldsymbol{B} = B_0\boldsymbol{e}_y$. 求:

(1) $|\psi(t)\rangle$ 的表达式;

(2) 自旋算符的三个分量的平均值作为时间函数的表达式.

解答　(1) 此粒子的 Hamilton 量可以写为

$$H = -\boldsymbol{M}\cdot\boldsymbol{B} = -cB_0S_y = -\hbar\omega\sigma_y,\quad \omega = \frac{cB_0}{2} \tag{9.30}$$

则 $|\psi(t)\rangle$ 可写为

$$|\psi(t)\rangle = \mathrm{e}^{-\frac{\mathrm{i}}{\hbar}Ht}|\psi(0)\rangle = \mathrm{e}^{\mathrm{i}\omega t\sigma_y}|\uparrow\rangle \tag{9.31}$$

由公式

$$\mathrm{e}^{\mathrm{i}\theta\sigma_y} = \cos\theta + \mathrm{i}\sin\theta\sigma_y$$

且注意到 $\sigma_y|\uparrow\rangle = \mathrm{i}|\downarrow\rangle$, 则 $|\psi(t)\rangle$ 的表达式为

$$|\psi(t)\rangle = \cos(\omega t)|\downarrow\rangle - \sin(\omega t)|\downarrow\rangle \tag{9.32}$$

(2) 自旋的三个分量作为时间函数的表达式可写为

$$\langle S_x\rangle_t = \frac{\hbar}{2}\langle\sigma_x\rangle_t = \frac{\hbar}{2}\langle\psi(t)|\sigma_x|\psi(t)\rangle = -\frac{\hbar}{2}\sin(2\omega t) = -\frac{\hbar}{2}\sin(cB_0 t) \tag{9.33}$$

计算时, 可以利用 $\sigma_x|\uparrow\rangle = |\downarrow\rangle$ 和 $\sigma_x|\downarrow\rangle = |\uparrow\rangle$.

$$\langle S_y\rangle_t = 0;\quad \langle S_z\rangle_t = \frac{\hbar}{2}\cos(cB_0 t) \tag{9.34}$$

题 9.7 设带电粒子在相互垂直的均匀电场 $\boldsymbol{\mathcal{E}}$ 和均匀磁场 $\boldsymbol{B}$ 中运动, 求能谱及其波函数 (取磁场方向为 z 轴方向, 电场方向为 x 轴方向).

解答 选择矢势 $\boldsymbol{A}$ 使 $A_x = 0, A_y = Bx, A_z = 0$, 满足 $\nabla\times\boldsymbol{A} = \boldsymbol{B}$. 设电场 $\boldsymbol{\mathcal{E}}$ 沿着x轴, 而其大小是 $\mathcal{E}$. 我们可取标势 $V(\boldsymbol{x}) = -\mathcal{E}x$, 它满足 $-\dfrac{\mathrm{d}V}{\mathrm{d}x} = \mathcal{E}$. 设粒子质量为 μ, 这样粒子 Hamilton 量为

$$\begin{aligned} H &= \frac{1}{2\mu}\left\{p_x^2 + \left(p_y - \frac{q}{c}Bx\right)^2 + p_z^2\right\} - \mathcal{E}qx \\ &= \frac{1}{2\mu}\left\{p_x^2 + p_y^2 - \frac{2qB}{c}p_y x + \left(\frac{q}{c}B\right)^2 x^2 + p_z^2\right\} - \mathcal{E}qx \end{aligned} \tag{9.35}$$

H 中不出现 y 和 z, 因此

$$[H, p_y] = 0,\quad [H, p_z] = 0$$

这样可选 CSCO 为 (H, p_y, p_z), 而取分离变量形式的能量本征函数为

$$\psi(x,y,z) = \mathrm{e}^{\mathrm{i}(p_y y + p_z z)/\hbar}X(x) \tag{9.36}$$

代入能量本征方程得

$$\frac{\partial^2\psi}{\partial x^2} + \frac{\partial^2\psi}{\partial y^2} + \frac{\partial^2\psi}{\partial z^2} - \frac{2\mathrm{i}qB}{c\hbar}\frac{\partial}{\partial y}x\psi + \left[\frac{2\mu q\mathcal{E}}{\hbar^2}x - \left(\frac{qB}{c\hbar}\right)^2 x^2\right]\psi = -\frac{2\mu E}{\hbar^2}\psi$$

整理, 并约去因子 $\mathrm{e}^{\mathrm{i}(p_y y + p_z z)/\hbar}$ 后, 得到关于 $X(x)$ 的本征方程

$$\left\{-\frac{\hbar^2}{2\mu}\frac{\partial^2}{\partial x^2} + \frac{1}{2\mu}\left[\frac{q^2B^2}{c^2}x^2 - 2\left(\frac{qBp_y}{c} + \mu\mathcal{E}q\right)x + p_y^2 + p_z^2\right]\right\}X(x) = EX(x)$$

令 $\omega \equiv \dfrac{qB}{c\mu}, x_0 = \dfrac{cp_y}{qB} + \dfrac{\mu q\mathcal{E}c^2}{B^2}$, 而 $E_0 = \dfrac{p_y^2 + p_z^2}{2\mu} - \dfrac{1}{2\mu}\left(p_y + \dfrac{\mu\mathcal{E}c}{B}\right)^2$. 上式可以化为

$$\left\{-\frac{\hbar^2}{2\mu}\frac{\partial^2}{\partial x^2} + \frac{\mu}{2}\omega^2(x - x_0)^2\right\}X(x) = E_1 X(x) \tag{9.37}$$

其中 $E_1 = E - E_0$. 式 (9.37) 是一维谐振子的定态方程, 振子频率是 ω, 振动原点在 $x = x_0$. 令 $\alpha = \sqrt{\mu\omega/\hbar}$, 由一维谐振子结果直接写下

$$E_1 = \left(n + \frac{1}{2}\right)\hbar\omega = \left(n + \frac{1}{2}\right)\frac{\hbar qB}{\mu c} \tag{9.38}$$

以及相应本征函数

$$X(x) = N_n \mathrm{e}^{-\frac{1}{2}\alpha^2(x-x_0)^2}\mathrm{H}_n\left[\alpha\left(x - x_0\right)\right] \tag{9.39}$$

其中 H_n 为 Hermite 多项式, 归一化系数 $N_n = \sqrt{\alpha/\sqrt{\pi}2^n n!}$. 带电粒子的总能量 $E = E_0 + E_1$ 是

$$\begin{aligned} E_{n,p_y,p_z} &= \frac{p_y^2 + p_z^2}{2\mu} - \frac{1}{2\mu}\left(p_y + \frac{\mu\mathcal{E}c}{B}\right)^2 + \left(n + \frac{1}{2}\right)\frac{\hbar qB}{\mu c} \\ &= \frac{p_z^2}{2\mu} - \frac{\mu\mathcal{E}cp_y}{B} - \frac{\mu\mathcal{E}^2c^2}{B^2} + \left(n + \frac{1}{2}\right)\frac{\hbar qB}{\mu c} \end{aligned} \tag{9.40}$$

其中 $-\infty < p_y, p_z < +\infty$ 可连续取值, 而 $n = 0, 1, 2, \cdots$, 由于其中含有 p_z, p_y, 因此能级无穷简并. 相应的波函数为

$$\psi_{n,p_y,p_z}(x, y, z) = C_n \mathrm{e}^{\mathrm{i}(p_y y + p_z z)/\hbar}\mathrm{e}^{-\frac{1}{2}\frac{\mu\omega}{\hbar}(x-x_0)^2}\mathrm{H}_n\left[\sqrt{\frac{\mu\omega}{\hbar}}\left(x - x_0\right)\right]$$

题 9.8　设带电粒子在均匀磁场 $\boldsymbol{B}$ 及三维各向同性谐振子场 $V(r) = \dfrac{1}{2}\mu\omega_0^2 r^2$ 中运动, 求能谱公式.

解答　在直角坐标系中求解, 不妨取 $\boldsymbol{B}$ 沿 z 轴 $\boldsymbol{B} = B\boldsymbol{e}_z$, 磁场矢势取为

$$\boldsymbol{A} = \frac{1}{2}\boldsymbol{B} \times \boldsymbol{r} = \frac{1}{2}\left(Bx\boldsymbol{e}_y - By\boldsymbol{e}_x\right) \tag{9.41}$$

为对称规范. 则体系的 Hamilton 算符为

$$\begin{aligned} H &= \frac{1}{2\mu}\left[\left(p_x + \frac{qB}{2c}y\right)^2 + \left(p_y - \frac{qB}{2c}x\right)^2 + p_z^2\right] + \frac{1}{2}\mu\omega_0^2 x^2 \\ &= \frac{\boldsymbol{p}^2}{2\mu} - \frac{qB}{2\mu c}L_z + \frac{q^2B^2}{8\mu c^2}\left(x^2 + y^2\right) + \frac{1}{2}\mu\omega^2 r^2 \\ &= H_1 + H_2 - \omega L_z \end{aligned} \tag{9.42}$$

其中

$$H_1 = \frac{p_z^2}{2\mu} + \frac{1}{2}\mu\omega^2 z^2; \quad H_2 = \frac{1}{2\mu}\left(p_x^2 + p_y^2\right) + \frac{1}{2\mu}\left(\omega^2 + \omega_0^2\right)\left(x^2 + y^2\right) \tag{9.43}$$

而 $\omega = \dfrac{qB}{2\mu c}$. 上式中 L_z 的本征值为 $m\hbar$, $m = 0, \pm 1, \pm 2, \cdots$. H_1 为沿 z 轴方向运动

的一维谐振子的 Hamilton 量, 其本征值为

$$E_k = \left(k + \frac{1}{2}\right)\hbar\omega_0, \quad k = 0, 1, 2, \cdots$$

H_2 为 x-y 平面上的二维各向同性谐振子的 Hamilton 量, 其本征值为①

$$E_{n,m} = (2n_\rho + |m| + 1)\,\hbar\omega'$$

其中 $\omega' = \left(\omega^2 + \omega_0^2\right)^{1/2}$, 而 $n = 0, 1, 2, \cdots$, $m = 0, \pm1, \pm2, \cdots$.

由于 $\{H_1, H_2, L_z\}$ 相互独立, 相互对易, 它们构成了体系的一个力学量完全集, 故体系能谱为

$$E_{k,n,m} = (2n + |m| + 1)\,\hbar\omega + m\hbar\omega_L + \left(k + \frac{1}{2}\right)\hbar\omega_0 \tag{9.44}$$

题 9.9 一个处于磁场 $\boldsymbol{B} = \nabla \times \boldsymbol{A}$ 中的无自旋带电粒子的 Hamilton 量为

$$H = \frac{1}{2m}\left[\boldsymbol{p} - \frac{e}{c}\boldsymbol{A}(\boldsymbol{r})\right]^2$$

其中 $\boldsymbol{p} = (p_x, p_y, p_z)$ 是粒子位置 $\boldsymbol{r}$ 的共轭动量. 设 $\boldsymbol{A} = -B_0 y \boldsymbol{e}_x$, 对应着一个均匀磁场 $\boldsymbol{B} = B_0 \boldsymbol{e}_z$.

(1) 证明 p_x 和 p_z 是运动恒量;

(2) 求该体系的能级.

解答 (1) 体系的 Hamilton 量为

$$H = \frac{1}{2m}\left(p_x + \frac{eB_0}{c}y\right)^2 + \frac{1}{2m}p_y^2 + \frac{1}{2m}p_z^2 \tag{9.45}$$

由于 H 中不显含 x 和 z, 根据量子力学基本对易关系

$$[x_i,\ p_j] = \mathrm{i}\hbar\delta_{ij}, \quad [p_i,\ p_j] = 0 \tag{9.46}$$

容易看出

$$[p_x, H] = 0, [p_z, H] = 0 \tag{9.47}$$

所以 p_x 和 p_z 是守恒量.

(2) 根据第 (1) 小题, 可以取 $\{H, p_x, p_z\}$ 作为力学量完全集, 相应的本征函数可表成 (注意此处及下面的 p_x, p_y 已是常数而非算符)

$$\psi(x, y, z) = \mathrm{e}^{\mathrm{i}(p_x x + p_z z)/\hbar}\phi(y) \tag{9.48}$$

①其求解可参见张鹏飞, 阮图南, 朱栋培, 吴强, 量子力学学习指导, 中国科学技术大学出版社 (2008). P148-150.

其中 $\phi(y)$ 满足方程

$$\frac{1}{2m}\left[\left(p_+\frac{eB_0}{c}y\right)^2-\hbar^2\frac{\mathrm{d}^2}{\mathrm{d}y^2}+p_z^2\right]\phi(y)=E\phi(y) \tag{9.49}$$

也就是

$$-\frac{\hbar^2}{2m}\frac{\mathrm{d}^2\phi}{\mathrm{d}y^2}+\frac{m}{2}\left(\frac{eB_0}{mc}\right)^2\left(y+\frac{cp_x}{eB_0}\right)^2\phi=\left(E-\frac{p_z^2}{2m}\right)\phi \tag{9.50}$$

这是平衡点位于 $y_0=-cp_x/eB_0$, 自然频率为 $\omega=eB_0/mc$ 的一维谐振子所满足的能量本征方程. 根据谐振子的结果, 可知能量本征值由下式确定:

$$E-\frac{p_z^2}{2m}=\left(n+\frac{1}{2}\right)\hbar\frac{eB_0}{mc}\quad(n=0,1,2,\cdots) \tag{9.51}$$

于是, 该体系能级为

$$E_n=\frac{p_z^2}{2m}+\left(n+\frac{1}{2}\right)\hbar\frac{eB_0}{mc}\quad(n=0,1,2,\cdots) \tag{9.52}$$

题 9.10　在一次经典的台面试验中, 一单色中子束 ($\lambda=1.4445\text{Å}$) 在干涉仪的 A 点发生 Bragg 衍射相干分成两束, 然后 (经过另一次衍射) 又交汇于 D 点. 其中一束穿过一磁感应强度为 $\boldsymbol{B}$ 的横向磁场区域, 经过的距离为 l(如图 9.2).

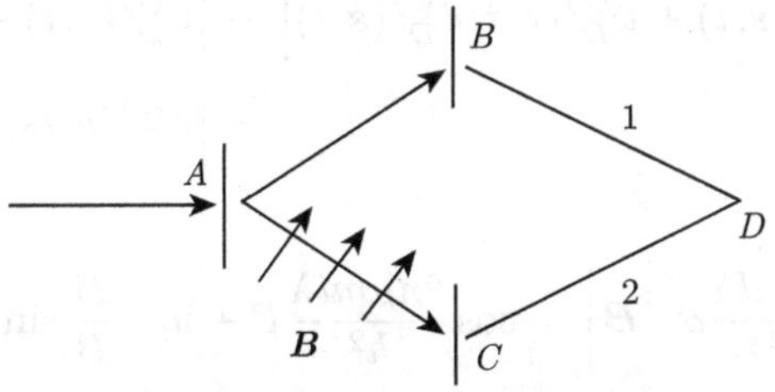

图 9.2　中子干涉仪原理图

假定从 A 到 D 的两条路径除有无磁场外完全一样. 在中子极化方向平行或反平行与磁场的情况下, 找出 D 点强度依赖于 $\boldsymbol{B}$, l 及中子波长的明显表达式.

解答　此题属于旋量干涉问题, 在磁场区域内, 对于不带电荷的中子, 有

$$\left(-\frac{\hbar^2}{2m}\nabla^2-\mu\boldsymbol{\sigma}\cdot\boldsymbol{B}\right)\psi=E\psi \tag{9.53}$$

设 $\boldsymbol{B}$ 为均匀恒定磁场, 则有

$$\psi(t_1)=\exp\left[-\mathrm{i}\frac{H(t_1-t_0)}{\hbar}\right]\psi(t_0) \tag{9.54}$$

其中 t_0 为进入磁场时刻, t_1 为出磁场时刻设 $\psi(t)\equiv\psi(\boldsymbol{r},t)\psi(\boldsymbol{s},t)$, $\psi(\boldsymbol{r},t)$、$\psi(\boldsymbol{s},t)$ 分别表示 ψ 空间部分和自旋部分, 则有空间部分波函数

$$\psi(\boldsymbol{r},t_1)=\exp\left[-\frac{\mathrm{i}}{\hbar}\left(-\frac{\hbar^2}{2m}\nabla^2\right)(t_1-t_0)\right]\psi(\boldsymbol{r},t_0) \tag{9.55}$$

即为自由粒子波函数. 而自旋部分波函数

$$\psi(\boldsymbol{s},t_1)=\exp\left[\frac{\mathrm{i}}{\hbar}\mu\boldsymbol{\sigma}\cdot\boldsymbol{B}(t_1-t_0)\right]\psi(\boldsymbol{s},t) \tag{9.56}$$

干涉是由于磁场使自旋波函数改变引起的.

由 $\psi(\boldsymbol{r},t)$ 为自由粒子波函数, 可得

$$t_1-t_0=\frac{l}{v}=\frac{ml}{\hbar k} \tag{9.57}$$

因而

$$\begin{aligned}\psi(\boldsymbol{s},t_1)&=\exp\left[\frac{\mathrm{i}}{\hbar}\mu\boldsymbol{\sigma}\cdot\boldsymbol{B}\frac{ml}{\hbar k}\right]\psi(\boldsymbol{s},t_0)\\&=\exp\left[\mathrm{i}\frac{2\pi\mu ml\lambda}{h^2}\boldsymbol{\sigma}\cdot\boldsymbol{B}\right]\psi(\boldsymbol{s},t_0)\end{aligned} \tag{9.58}$$

所以在 D 点产生的干涉强度正比与

$$\begin{aligned}\left|\psi_D^{(1)}(\boldsymbol{r},t)\psi_D^{(1)}(\boldsymbol{s},t)+\psi_D^{(2)}(\boldsymbol{r},t)\psi_D^{(2)}(\boldsymbol{s},t)\right|^2&\propto\left|\psi_D^{(1)}(\boldsymbol{s},t)+\psi_D^{(2)}(\boldsymbol{s},t)\right|^2\\&=\left|\psi_D^{(2)}(\boldsymbol{s},t_0)+\psi_D^{(2)}(\boldsymbol{s},t_1)\right|^2\end{aligned} \tag{9.59}$$

这样由

$$\exp\left[\mathrm{i}\frac{2\pi\mu ml\lambda}{h^2}\boldsymbol{\sigma}\cdot\boldsymbol{B}\right]=\cos\frac{2\pi\mu ml\lambda}{h^2}B+\mathrm{i}\boldsymbol{\sigma}\cdot\frac{\boldsymbol{B}}{B}\sin\frac{2\pi\mu ml\lambda}{h^2}B \tag{9.60}$$

及 $\boldsymbol{\sigma}$ 与 $\boldsymbol{B}$ 同向或反向假定, 有

$$\left|\psi_D^{(2)}(\boldsymbol{s},t_0)+\psi_D^{(2)}(\boldsymbol{s},t_1)\right|^2=\left(1+\cos\frac{2\pi\mu ml\lambda}{h^2}B\right)^2+\sin^2\frac{2\pi\mu ml\lambda}{h^2}B=4\cos^2\frac{\pi\mu ml\lambda B}{h^2} \tag{9.61}$$

所以 D 点干涉强度 $\propto\cos^2\dfrac{\pi\mu ml\lambda B}{h^2}$, μ 为中子内禀磁矩的数值, $\mu=-1.91\mu_{\mathrm{N}}$, 而 $\mu_{\mathrm{N}}=e\hbar/2m_{\mathrm{p}}c$ 为核磁子.

题 9.11 考虑一个无限长的螺线管, 其中通有电流 I, 结果在螺线管内产生了一个均匀恒定的磁场. 假定在螺线管外的区域中, 电荷为 e, 质量为 m 的粒子的运动可以用 Schrödinger 方程描述. 假定对于 $I\equiv0$, 方程的解由下式给出

$$\psi_0(\boldsymbol{x},t)=\mathrm{e}^{-\mathrm{i}E_0t}\psi_0(\boldsymbol{x})$$

(1) 对 $I \neq 0$ 情况给出并求解螺线管外区域中的 Schrödinger 方程;

(2) 考虑一个为上述粒子准备的双缝衍射实验 (如图 9.3), 假定两缝间距 d 远大于螺线管直径. 计算由于 $I \neq 0$ 的螺线管的存在而使衍射图像在屏上产生的移动 ΔS、假定 $l \gg \Delta S$(l 为双缝到屏的距离).

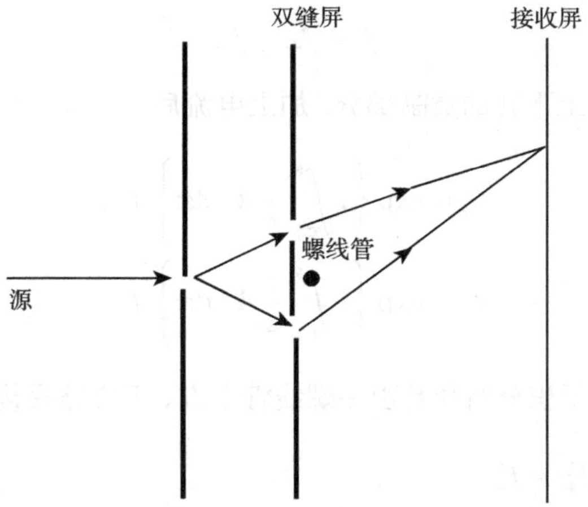

图 9.3　通电螺线管对带电粒子双缝衍射的影响

提示　$\psi(\boldsymbol{x},t)=\psi_0(\boldsymbol{x},t)\psi_A(\boldsymbol{x})$, 其中 $\left(\nabla-\mathrm{i}\dfrac{e}{c}\boldsymbol{A}(\boldsymbol{x})\right)\cdot\psi_A(\boldsymbol{x})=0$, 取 $\hbar=1$.

解答　(1) 无电磁场情况下的 Schrödinger 方程为

$$\mathrm{i}\frac{\partial}{\partial t}\psi_0(\boldsymbol{x},t)=\left[\frac{1}{2m}\boldsymbol{p}^2+V(\boldsymbol{x})\right]\psi_0(\boldsymbol{x},t) \tag{9.62}$$

式中已取 $\hbar=1$. 作替换 $\boldsymbol{p}\to\boldsymbol{p}-\dfrac{e}{c}\boldsymbol{A}$, 即可由上式得到有电磁场存在的 Schrödinger 方程 (最小电磁耦合原理)

$$\mathrm{i}\frac{\partial}{\partial t}\psi(\boldsymbol{x},t)=\left[\frac{1}{2m}\left(-\mathrm{i}\nabla-\frac{e}{c}\boldsymbol{A}\right)^2+V(\boldsymbol{x})\right]\psi(\boldsymbol{x},t) \tag{9.63}$$

其中电磁量用 Gauss 制, 而 $\boldsymbol{B}=\nabla\times\boldsymbol{A}=0$. 作变换, 令

$$\psi(\boldsymbol{x},t)=\psi_1(\boldsymbol{x},t)\exp\left\{\mathrm{i}\int_{\boldsymbol{x}_0}^{\boldsymbol{x}}\frac{e}{c}\boldsymbol{A}\cdot\mathrm{d}\boldsymbol{x}\right\} \tag{9.64}$$

由式 (9.63) 则有

$$\mathrm{i}\frac{\partial}{\partial t}\psi_1(\boldsymbol{x},t)=\left[\frac{1}{2m}\boldsymbol{p}^2+V(\boldsymbol{x})\right]\psi_1(\boldsymbol{x},t) \tag{9.65}$$

由题意可知

$$\psi_1(\boldsymbol{x},t)=\psi_0(\boldsymbol{x},t)=\mathrm{e}^{-\mathrm{i}E_0t}\psi_0(\boldsymbol{x}) \tag{9.66}$$

因而

$$\psi(\boldsymbol{x},t)=\mathrm{e}^{-\mathrm{i}E_0t}\psi(\boldsymbol{x})\exp\left\{\mathrm{i}\int_{\boldsymbol{x}_0}^{\boldsymbol{x}}\frac{e}{c}\boldsymbol{A}\cdot\mathrm{d}\boldsymbol{x}\right\} \tag{9.67}$$

(2) 由题设条件可知属于 Bohm-Aharonov 效应问题. 未加电流时对屏上任一点, 其概率振幅 f 为

$$f=f_++f_- \tag{9.68}$$

其中 f_+, f_- 分别为上下孔的贡献部分. 加上电流后

$$f'_+=\exp\left\{\mathrm{i}\int_{c_+}^{\boldsymbol{x}}\frac{e}{c}\boldsymbol{A}\cdot\mathrm{d}\boldsymbol{x}\right\}f_+, \tag{9.69}$$

$$f'_-=\exp\left\{\mathrm{i}\int_{c_-}^{\boldsymbol{x}}\frac{e}{c}\boldsymbol{A}\cdot\mathrm{d}\boldsymbol{x}\right\}f_- \tag{9.70}$$

其中 c_+, c_- 分别表示积分路径是由在螺线管上方、下方路径构成. 所以

$$\begin{aligned}f'&=f'_++f'_-\\&=\exp\left\{\mathrm{i}\int_{c_+}^{\boldsymbol{x}}\frac{e}{c}\boldsymbol{A}\cdot\mathrm{d}\boldsymbol{x}\right\}f_++\exp\left\{\mathrm{i}\int_{c_-}^{\boldsymbol{x}}\frac{e}{c}\boldsymbol{A}\cdot\mathrm{d}\boldsymbol{x}\right\}f_-\\&\sim\exp\left\{\mathrm{i}\oint\frac{e}{c}\boldsymbol{A}\cdot\mathrm{d}\boldsymbol{x}\right\}f_-+f_+\end{aligned} \tag{9.71}$$

以上两项已抽出一公共的相位常数, 这不影响对干涉图形的讨论, 故已在式中略去. 其中 $\oint\frac{e}{c}\boldsymbol{A}\cdot\mathrm{d}\boldsymbol{x}$ 是沿任一包围螺线管的回路的环积分 (沿逆时针方向)

$$\oint\frac{e}{c}\boldsymbol{A}\cdot\mathrm{d}\boldsymbol{x}=e\Phi \tag{9.72}$$

其中 Φ 是磁通量. 所以引入通电螺线管后相当于下孔对于屏上一点的概率振幅贡献一个相位因子 $e\Phi$.

比较式 (9.68) 与式 (9.71), 仿光学中 Young 干涉公式推导, 可得衍射图像移动 ΔS, 由 $l\gg d, l\gg\Delta S$, 有

$$\Delta S\cdot\frac{d}{l}\cdot k=\frac{e}{c}\Phi \tag{9.73}$$

其中 k 为中子波数, 这样

$$\Delta S=\frac{el\Phi}{cdk}=\frac{el\Phi}{cd\sqrt{2m_{\mathrm{n}}E_0}} \tag{9.74}$$

如前式中已取 $\hbar=1$. 上式为非相对论的, m_{n} 为中子质量.

题 9.12　两个自旋为 1/2, 带等量但异号电荷的体系, 设粒子的自旋算符为 $\boldsymbol{s}_1$, $\boldsymbol{s}_2$, 自旋–自旋耦合为 ΔE_{SS}, 将其放在均匀磁场 $\boldsymbol{B}=B\boldsymbol{e}_z$ 中, 此时的 Hamilton 量为

$$H=\frac{\Delta E_{SS}}{4}\left(\boldsymbol{\sigma}_1\cdot\boldsymbol{\sigma}_2\right)-\left(\boldsymbol{\mu}_1+\boldsymbol{\mu}_2\right)\cdot\boldsymbol{B} \tag{9.75}$$

其中 $\boldsymbol{\mu}_i=g_i\mu_0\boldsymbol{s}_i$ 是第 i 个粒子的磁矩. 若用 Pauli 算符的二分量本征态来表示体系的四个状态, 其自旋波函数为:

$$\psi_1=\alpha_1\alpha_2;\quad \psi_2=A_+\alpha_1\beta_2+A_-\beta_1\alpha_2;\quad \psi_3=A_+\beta_1\alpha_2-A_-\alpha_1\beta_2;\quad \psi_4=\beta_1\beta_2 \tag{9.76}$$

其中 α_i 为 $(\sigma_z)_i$ 的本征值为 $+1$ 的态函数, β_i 为 $(\sigma_z)_i$ 的本征值为 -1 的态函数, 而

$$A_\pm=\frac{1}{2}\left[1\pm\frac{\chi}{(1+\chi^2)^{1/2}}\right]^{1/2},\quad \chi=\frac{\mu_0B\,(g_2-g_1)}{\Delta E_{SS}} \tag{9.77}$$

(1) 求每个波函数 ψ_i 相应的能量本征值;

(2) 若初态 $\psi(0)$ 中粒子 1 沿 z 轴方向极化, 而粒子 2 在 z 方向是非极化的, 求粒子 1 的极化对时间的依赖关系 $P_{1z}(t)=\langle\psi(t)|\sigma_{1z}|\psi(t)\rangle$;

(3) 分别讨论 $\mu_0B/\Delta E_{SS}\gg1$ 及 $\mu_0B/\Delta E_{SS}\ll1$ 两种情况.

解答　(1) 系统的 Hamilton 量为

$$\begin{aligned}H&=\frac{\Delta E_{SS}}{4}\left(\boldsymbol{\sigma}_1\cdot\boldsymbol{\sigma}_2\right)-\left(\boldsymbol{\mu}_1+\boldsymbol{\mu}_2\right)\cdot\boldsymbol{B}\\&=\frac{\Delta E_{SS}}{4}\left(\sigma_{1x}\sigma_{2x}+\sigma_{1y}\sigma_{2y}+\sigma_{1z}\sigma_{2z}\right)-\frac{\mu_0B}{2}\left(g_1\sigma_{1z}+g_2\sigma_{2z}\right)\end{aligned} \tag{9.78}$$

注意到

$$\sigma_x\alpha=\beta;\quad \sigma_x\beta=\alpha;\quad \sigma_y\alpha=\mathrm{i}\beta;\quad \sigma_y\beta=-\mathrm{i}\alpha \tag{9.79}$$

则有

$$\begin{aligned}H\psi_1&=\frac{\Delta E_{SS}}{4}\left(\beta_1\beta_2-\beta_1\beta_2+\alpha_1\alpha_2\right)-\frac{1}{2}\mu_0B\left(g_1+g_2\right)\cdot\alpha_1\alpha_2\\&=\left(\frac{\Delta E_{SS}}{4}-\frac{g_1+g_2}{2}\mu_0B\right)\alpha_1\alpha_2=\left(\frac{\Delta E_{SS}}{4}-\frac{g_1+g_2}{2}\cdot\mu_0B\right)\psi_1\end{aligned} \tag{9.80}$$

可见 ψ_1 为 H 的本征态, 相应本征值为

$$E_1=\frac{\Delta E_{SS}}{4}-\frac{g_1+g_2}{2}\cdot\mu_0B$$

同理

$$
\begin{aligned}
H\psi_2 =& \frac{\Delta E_{SS}}{4}\left[A_+\left(\beta_1\alpha_2+\beta_1\alpha_2-\alpha_1\beta_2\right)+A_-\left(\alpha_1\beta_2+\alpha_1\beta_2-\beta_1\alpha_2\right)\right] \\
&-\frac{1}{2}\left(g_1-g_2\right)\mu_0 B\left(A_+\alpha_1\beta_2-A_-\beta_1\alpha_2\right) \\
=&\left[\frac{\Delta E_{SS}}{4}\left(2A_--A_+\right)+\frac{\Delta E_{SS}}{2}\chi A_+\right]\alpha_1\beta_2 \\
&+\left[\frac{\Delta E_{SS}}{4}\left(2A_+-A_-\right)-\frac{\Delta E_{SS}}{2}\chi A_-\right]\beta_1\alpha_2 \\
=&\frac{\Delta E_{SS}}{4}\left(\frac{2A_-}{A_+}+2\chi-1\right)A_+\alpha_1\beta_2+\frac{\Delta E_{SS}}{4}\left(\frac{2A_+}{A_-}-2\chi-1\right)A_-\beta_1\alpha_2
\end{aligned} \tag{9.81}
$$

因为

$$
\frac{2A_+}{A_-}-2\chi=\frac{2A_-}{A_+}+2\chi=2\left(1+\chi^2\right)^{1/2}
$$

所以

$$
H\psi_2=\frac{\Delta E_{SS}}{4}\left(2\sqrt{1+\chi^2}-1\right)\psi_2
$$

可见 ψ_2 为 H 的本征态, 相应本征值为

$$
E_2=\frac{\Delta E_{SS}}{4}\left(2\sqrt{1+\chi^2}-1\right) \tag{9.82}
$$

类似地, 可以验证 ψ_3 与 ψ_4 均为 H 的本征态, 相应本征值分别为

$$
E_3=-\frac{\Delta E_{SS}}{4}\left(2\sqrt{1+\chi^2}+1\right) \tag{9.83}
$$

$$
E_4=\frac{\Delta E_{SS}}{4}+\frac{g_1+g_2}{2}\cdot\mu_0 B \tag{9.84}
$$

由于

$$
A_+^2+A_-^2=\frac{1}{2}\left(1+\frac{\chi}{\sqrt{1+\chi^2}}\right)+\frac{1}{2}\left(1-\frac{\chi}{\sqrt{1+\chi^2}}\right)=1
$$

可知题给的 ψ_1、ψ_2、ψ_3 与 ψ_4 均已经归一化, 它们构成体系的正交归一基矢, 非耦合表象基矢由它们展开的表达式为

$$
\alpha_1\alpha_2=\psi_1;\quad \alpha_1\beta_2=A_+\psi_2-A_-\psi_3;\quad \beta_1\alpha_2=A_+\psi_3+A_-\psi_2;\quad \beta_1\beta_2=\psi_4 \tag{9.85}
$$

(2) 因粒子 2 未极化, 处于自旋分别沿正负 z 轴①的两个态 α_2、β_2 的各自具有 1/2 概率非相干叠加的混合态.

对于粒子 2 自旋沿正 z 轴的情况. 初始时刻 $t=0$ 时, 体系波函数为

$$
\psi_I(0)=\alpha_1\alpha_2=\psi_1 \tag{9.86}
$$

①或者等效的, 沿正负 x 轴或其他方向.

是体系能量本征态, 因此 t 时刻体系波函数为

$$\psi_I(t) = \mathrm{e}^{-\frac{\mathrm{i}}{\hbar}E_1 t}\psi_1 \tag{9.87}$$

体系处于定态. 这样 计算 $\boldsymbol{P}_1(t) = \langle\psi(t)|\boldsymbol{\sigma}_1|\psi(t)\rangle$ 的各分量如下

$$P_{I,1z}(t) = 1, \quad P_{I,1x}(t) = 0, \quad P_{I,1y}(t) = 0$$

也就是

$$\boldsymbol{P}_{I,1}(t) = \boldsymbol{e}_z \tag{9.88}$$

对于粒子 2 自旋沿负 z 轴的情况. 初始时刻 $t=0$ 时, 体系波函数为

$$\psi_{II}(0) = \alpha_1\beta_2 = A_+\psi_2 - A_-\psi_3 \tag{9.89}$$

其中 ψ_2 与 ψ_3 是体系能量本征态, 故 t 时刻体系波函数为

$$\psi_{II}(t) = A_+\mathrm{e}^{-\frac{\mathrm{i}}{\hbar}E_2 t}\psi_2 - A_-\mathrm{e}^{-\frac{\mathrm{i}}{\hbar}E_3 t}\psi_3 \tag{9.90}$$

体系处于定态叠加态. 仍用非耦合基矢表示则为

$$\begin{aligned}\psi_{II}(t) =& A_+\mathrm{e}^{-\frac{\mathrm{i}}{\hbar}E_2 t}(A_+\alpha_1\beta_2 + A_-\beta_1\alpha_2) - A_-\mathrm{e}^{-\frac{\mathrm{i}}{\hbar}E_3 t}(A_+\beta_1\alpha_2 - A_-\alpha_1\beta_2)\\ =& \mathrm{e}^{-\frac{\mathrm{i}}{\hbar}E_2 t}\left[A_+^2 + A_-^2\mathrm{e}^{-\frac{\mathrm{i}}{\hbar}(E_2-E_3)t}\right]\alpha_1\beta_2\\ &+\mathrm{e}^{-\frac{\mathrm{i}}{\hbar}E_2 t}\left[1 - \mathrm{e}^{-\frac{\mathrm{i}}{\hbar}(E_2-E_3)t}\right]A_+A_-\beta_1\alpha_2\end{aligned} \tag{9.91}$$

这样计算 $\boldsymbol{P}_{II,1}(t) = \langle\psi(t)|\boldsymbol{\sigma}_1|\psi(t)\rangle$ 的各分量如下

$$\begin{aligned}P_{II,1z}(t) =& \left|A_+^2 + A_-^2\mathrm{e}^{-\frac{\mathrm{i}}{\hbar}(E_2-E_3)t}\right|^2 - \left|\left[1 - \mathrm{e}^{-\frac{\mathrm{i}}{\hbar}(E_2-E_3)t}\right]A_+A_-\right|^2\\ =& (A_+^2 - A_-^2)^2 + 4A_+^2A_-^2\cos\frac{(E_2-E_3)t}{\hbar}\\ =& \frac{1}{(1+\chi^2)}\left[\chi^2 + \cos\left(\sqrt{1+\chi^2}\frac{\Delta E_{SS}t}{\hbar}\right)\right]\\ P_{II,1x}(t) =& P_{II,1y}(t) = 0\end{aligned}$$

也就是

$$\boldsymbol{P}_{II,1}(t) = \frac{1}{(1+\chi^2)}\left[\chi^2 + \cos\left(\sqrt{1+\chi^2}\frac{\Delta E_{SS}t}{\hbar}\right)\right]\boldsymbol{e}_z \tag{9.92}$$

如前所指出的, 粒子 2 自旋非极化, 则其自旋沿正、负 z 轴的概率各占 1/2, 由此得到粒子 1 的极化与时间的依赖关系

$$\begin{aligned}\boldsymbol{P}_1(t) =& \frac{1}{2}\boldsymbol{P}_{I,1}(t) + \frac{1}{2}\boldsymbol{P}_{II,1}(t)\\ =& \frac{1}{2}\boldsymbol{e}_z + \frac{1}{2(1+\chi^2)}\left[\chi^2 + \cos\left(\sqrt{1+\chi^2}\frac{\Delta E_{SS}t}{\hbar}\right)\right]\boldsymbol{e}_z\\ =& \left[1 - \frac{1}{1+\chi^2}\sin^2\left(\sqrt{1+\chi^2}\frac{\Delta E_{SS}t}{2\hbar}\right)\right]\boldsymbol{e}_z\end{aligned} \tag{9.93}$$

(3) 在极限情况下 $\mu_0 B/\Delta E_{SS} \gg 1$, 则 $\chi \gg 1$, 所以

$$E_1 = \frac{\Delta E_{SS}}{4} - \frac{g_1+g_2}{2}\mu_0 B \sim -\frac{g_1+g_2}{2}\mu_0 B \tag{9.94}$$

$$E_2 = \frac{\Delta E_{SS}}{4}\left(2\sqrt{1+\chi^2}-1\right) \sim \frac{\Delta E_{SS}}{4}\times 2\chi = \frac{1}{2}\left(g_2-g_1\right)\mu_0 B \tag{9.95}$$

$$E_3 = -\frac{\Delta E_{SS}}{4}\left(1+2\sqrt{1+\chi^2}\right) \sim -\frac{1}{2}(g_2-g_1)\mu_0 B \tag{9.96}$$

$$E_4 = \frac{\Delta E_{SS}}{4} + \frac{g_1+g_2}{2}\mu_0 B \sim \frac{1}{2}\left(g_1+g_2\right)\mu_0 B \tag{9.97}$$

以及

$$P_{1z}(t) \sim 1 \tag{9.98}$$

若 $\mu_0 B/\Delta E_{SS} \ll 1$, 则 $\chi \ll 1$, 所以

$$E_1, E_4 \sim \frac{\Delta E_{SS}}{4} \tag{9.99}$$

$$E_2 = \frac{\Delta E_{SS}}{4}\left(2\sqrt{1+\chi^2}-1\right) \sim \frac{\Delta E_{SS}}{4} \tag{9.100}$$

$$E_3 \sim -\frac{3\Delta E_{SS}}{4} \tag{9.101}$$

$$P_{1z}(t) \sim 1-\sin^2\left(\frac{\Delta E_{SS} t}{2\hbar}\right) \tag{9.102}$$

说明 关于第 (1) 小题个本征态和本征值的求解过程, 可参考张鹏飞, 阮图南, 朱栋培, 吴强, 量子力学习题解答与剖析, 科学出版社, 2011, PP.213-214.

题 9.13 在一类核磁共振试验中采用：一个自旋为 1/2, 磁矩为 μ 的粒子处于磁场 $\boldsymbol{B} = B_1\cos(\omega t)\boldsymbol{e}_x - B_1\sin(\omega t)\boldsymbol{e}_y + B_0\boldsymbol{e}_z$ 中, 若 $t=0$ 时粒子的自旋沿 z 轴向上, 求出 $t>0$ 时粒子自旋沿 z 轴向下的概率.

解答 体系的 Hamilton 量为

$$H = -\mu\boldsymbol{\sigma}\cdot\boldsymbol{B} \tag{9.103}$$

令 $\omega_0 = +\mu B_0/\hbar$, $\omega_1 = +\mu B_1/\hbar$, 则

$$H = -\hbar\omega_0\sigma_z - \hbar\omega_1\begin{pmatrix} 0 & \mathrm{e}^{\mathrm{i}\omega t} \\ \mathrm{e}^{-\mathrm{i}\omega t} & 0 \end{pmatrix} \tag{9.104}$$

而体系的波函数为

$$|t\rangle = \begin{pmatrix} a(t) \\ b(t) \end{pmatrix} \tag{9.105}$$

由 Schrödinger 方程 $\mathrm{i}\hbar\dfrac{\partial}{\partial t}|t\rangle = H|t\rangle$, 可导出 a、b 的方程

$$\left\{\begin{array}{l}\dot{a} = +\mathrm{i}\omega_0 a + \mathrm{i}\omega_1 \mathrm{e}^{+\mathrm{i}\omega t} b \\ \dot{b} = -\mathrm{i}\omega_0 b + \mathrm{i}\omega_1 \mathrm{e}^{-\mathrm{i}\omega t} a\end{array}\right. \tag{9.106}$$

现在令

$$\left\{\begin{array}{l}a = \alpha \mathrm{e}^{+\mathrm{i}\omega_0 t} \\ b = \beta \mathrm{e}^{-\mathrm{i}\omega_0 t}\end{array}\right. \tag{9.107}$$

则式 (9.106) 可以写为

$$\left\{\begin{array}{l}\alpha = \mathrm{i}\omega_1 \mathrm{e}^{\mathrm{i}(-2\omega_0+\omega)t} \beta \\ \beta = \mathrm{i}\omega_1 \mathrm{e}^{-\mathrm{i}(-2\omega_0+\omega)t} \alpha\end{array}\right. \tag{9.108}$$

假设 α, β 具有如下形式

$$\left\{\begin{array}{l}\alpha = A_1 \mathrm{e}^{\mathrm{i}(-2\omega_0+\omega+\Omega)t} \\ \beta = A_2 \mathrm{e}^{\mathrm{i}\Omega t}\end{array}\right. \tag{9.109}$$

其中 A_1, A_2 为常数, 则

$$\left\{\begin{array}{l}(-2\omega_0 + \omega + \Omega) A_1 - \omega_1 A_2 = 0 \\ -\omega_1 A_1 + \Omega A_2 = 0\end{array}\right. \tag{9.110}$$

上式有非零解的充要条件是系数行列式为零, 从而解出 Ω,

$$\Omega_{\pm} = -\left(-\omega_0 + \frac{\omega}{2}\right) \pm \sqrt{(-\omega_0 + \omega/2)^2 + \omega_1^2} \tag{9.111}$$

所以 β 的一般形式为

$$\beta = A_{2+} \exp(\mathrm{i}\Omega_+ t) + A_{2-} \exp(\mathrm{i}\Omega_- t) \tag{9.112}$$

利用式 (9.106) 可得

$$\alpha = \frac{1}{\omega_1} \exp[\mathrm{i}(-2\omega_0 + \omega) t] [\Omega_+ A_{2+} \exp(\mathrm{i}\Omega_+ t) + \Omega_- A_{2-} \exp(\mathrm{i}\Omega_- t)] \tag{9.113}$$

代入初始条件

$$|t=0\rangle = \begin{pmatrix} 1 \\ 0 \end{pmatrix} = \begin{pmatrix} a(0) \\ b(0) \end{pmatrix} = \begin{pmatrix} \alpha(0) \\ \beta(0) \end{pmatrix} \tag{9.114}$$

可得

$$\begin{array}{l}\dfrac{1}{\omega_1}(\Omega_+ A_{2+} + \Omega_- A_{2-}) = 1 \\ A_{2+} + A_{2-} = 0\end{array} \tag{9.115}$$

所以

$$A_{2+} = -A_{2-} = \frac{\omega_1}{(\Omega_+ - \Omega_-)} = \frac{\omega_1}{2\sqrt{(\omega_0 - \omega/2)^2 + \omega_1^2}} \tag{9.116}$$

因而

$$\begin{aligned} b(t) &= \exp(-\mathrm{i}\omega_0 t)\beta(t) = \exp(-\mathrm{i}\omega_0 t)A_{2+}\left[\exp(\mathrm{i}\Omega_+ t) - \exp(\mathrm{i}\Omega_- t)\right] \\ &= \exp(-\mathrm{i}\omega t/2)2\mathrm{i}A_{2+}\cdot\sin(t\sqrt{(\omega_0 - \omega/2)^2 + \omega_1^2}) \\ &= \frac{\mathrm{i}\omega_1 \exp\left[-\mathrm{i}(\omega/2)t\right]}{\sqrt{(\omega_0 - \omega/2)^2 + \omega_1^2}}\sin(t\sqrt{(\omega_0 - \omega/2)^2 + \omega_1^2}) \end{aligned} \tag{9.117}$$

所求概率为

$$P = \left|\langle\sigma_z \downarrow|t\rangle\right|^2 \tag{9.118}$$

所以

$$P = \left|b(t)\right|^2 = \frac{\omega_1^2 \sin^2(t\sqrt{(\omega_0 - \omega/2)^2 + \omega_1^2})}{\sqrt{(\omega_0 - \omega/2)^2 + \omega_1^2}} \tag{9.119}$$

题 9.14 一个无自旋粒子 (质量为 m, 带电为 q) 被束缚在半径为 R 的圆周上运动, 对以下每种情况 分别求其允许的能级 (可以有一个公共的附加常数).

(1) 粒子的运动是非相对论的;

(2) 在与圆面垂直的方向上有一均匀的磁场 $\boldsymbol{B}$;

(3) 同样的磁通穿过圆面, 但是它现在被包在一半径为 $b(b > R)$ 的螺线管中;

(4) 在圆面内有一极强的电场 $\boldsymbol{\mathcal{E}}$ 存在 $(q\left|\boldsymbol{\mathcal{E}}\right| \gg \hbar^2/\left(mR^2\right))$;

(5) 没有 $\boldsymbol{\mathcal{E}}$ 及 $\boldsymbol{B}$, 但粒子的运动是极端相对论的;

(6) 圆现在被一等周长但一半面积的椭圆所代替.

解答 (1) 此时体系的 Hamilton 量可写为

$$H = \frac{L_z^2}{2m} = \frac{-\hbar^2}{2MR^2}\frac{\partial^2}{\partial\theta^2}$$

由本征方程在周期边界条件下解出本征态为

$$\psi_n(\theta) = \frac{1}{\sqrt{2\pi}}\mathrm{e}^{\mathrm{i}n\theta} \tag{9.120}$$

其中 $n = 0, \pm1, \pm2, \cdots$, 相应的本征值

$$E_n = \frac{n^2\hbar^2}{2mR^2} \tag{9.121}$$

(2) 在直角坐标系中求解, 取 $\boldsymbol{B} = B\boldsymbol{e}_z$ 和 $\boldsymbol{A} = \frac{1}{2}\boldsymbol{B}\times\boldsymbol{r} = -\frac{1}{2}By\boldsymbol{e}_x + \frac{1}{2}B_x\boldsymbol{e}_y$,

粒子态可表示为 $\psi(\theta)$, 则有

$$\begin{aligned}H\psi(\theta)&=\frac{1}{2m}\left(\boldsymbol{p}-\frac{q}{c}\boldsymbol{A}\right)^2\psi(\theta)=\left[\frac{1}{2m}\boldsymbol{p}^2-\frac{qB}{2mc}L_z+\frac{q^2B^2}{8mc^2}r^2\right]\psi(\theta)\\&=\left[\frac{1}{2mR^2}L_z^2-\frac{qB}{2mc}L_z+\frac{q^2B^2}{8mc^2}R^2\right]\psi(\theta)\\&=\frac{1}{2mR^2}\left(L_z-\frac{qBR^2}{2c}\right)^2\psi(\theta)\end{aligned}$$

相应能量本征方程 (定态方程) 为

$$\frac{1}{2mR^2}\left(L_z-\frac{qBR^2}{2c}\right)^2\psi(\theta)=E\psi(\theta)\tag{9.122}$$

结合周期性边界条件, 求得相应的本征态为

$$\psi_n(\theta)=\frac{1}{\sqrt{2\pi}}\mathrm{e}^{\mathrm{i}n\theta}\tag{9.123}$$

其中 $n=0,\pm1,\pm2,\cdots$, 而相应能量本征值为

$$E_n=\frac{1}{2mR^2}\left(n\hbar-\frac{q}{2c}BR^2\right)^2=\frac{1}{2mR^2}\left(n\hbar-\frac{\Phi}{2\pi}\right)^2\tag{9.124}$$

其中 $\Phi=\pi BR^2$ 为通过圆周回路面积的磁通量.

(3) 磁场被限制在螺线管内, 在管外 (包括粒子运动的圆环上) 磁场为零, 但矢势 $\boldsymbol{A}$ 不为零, $\boldsymbol{A}$ 可取为

$$A_\theta=\frac{\Phi}{2\pi R},\quad A_\rho=0,\quad A_z=0$$

体系的 Hamilton 量对束缚圆周上运动粒子的态的作用可写为

$$\begin{aligned}H\psi(\theta)&=\frac{1}{2m}\left(\boldsymbol{p}-\frac{q}{c}\boldsymbol{A}\right)^2=\frac{1}{2m}\left(P_\theta-\frac{q}{c}A_\theta\right)^2\psi(\theta)\\&=\frac{1}{2mR^2}\left(-\mathrm{i}\hbar\frac{\partial}{\partial\theta}-\frac{q}{c}A_\theta R\right)^2\psi(\theta)=-\frac{\hbar^2}{2mR^2}\left(\frac{\partial}{\partial\theta}-\frac{\mathrm{i}q\Phi}{2\pi\hbar c}\right)^2\psi(\theta)\end{aligned}$$

能量本征态方程为

$$-\frac{\hbar^2}{2mR^2}\left(\frac{\partial}{\partial\theta}-\frac{\mathrm{i}q\Phi}{2\pi\hbar c}\right)^2\psi(\theta)=E\psi(\theta)\tag{9.125}$$

其解为 $\psi(\theta)=c\mathrm{e}^{\mathrm{i}n\theta}$, 由周期性条件 $\psi(\theta+2\pi)=\psi(\theta)$, 可得 $n=0,\pm1,\pm2,\cdots$. 而相应能量本征值为

$$E_n=\frac{1}{2mR^2}\left(n\hbar-\frac{q}{2c}BR^2\right)^2=\frac{1}{2mR^2}\left(n\hbar-\frac{\Phi}{2\pi c}\right)^2\tag{9.126}$$

其中 $\Phi=\pi BR^2$ 为通过圆周回路面积的磁通量. 与第 (2) 小题相比, 能级不变.

(4) 在静电场作用下, 定态 Schrödinger 方程为

$$\left[-\frac{\hbar^2}{2mR^2}\frac{\mathrm{d}^2}{\mathrm{d}\theta^2}-qR\mathcal{E}\cos\theta\right]\psi=E\psi \tag{9.127}$$

若电场很强, $\psi(\theta)$ 只有在 θ 很小处不为零, 故可做近似 $\cos\theta=1-\frac{1}{2}\theta^2$, 代入上式, 从而得到定态 Schrödinger 方程为

$$\left[-\frac{\hbar^2}{2mR^2}\frac{\mathrm{d}^2}{\mathrm{d}\theta^2}+\frac{1}{2}qR\mathcal{E}\theta^2\right]\psi=(E+qR\mathcal{E})\,\psi \tag{9.128}$$

与我们所熟知的谐振子本征值问题相比, 可得

$$E_n=\left(n+\frac{1}{2}\right)\hbar\omega-q\mathcal{E}R,\quad \omega=\left(\frac{q\mathcal{E}}{mR}\right)^{1/2} \tag{9.129}$$

(5) 由于动量很大, 可用 WKB 近似, 或者由量子化条件,

$$p\cdot 2\pi R=nh \tag{9.130}$$

其中 $n=1,2,\cdots$(由于动量很大, 不取 $n=0$), 也就有

$$p=\frac{n\hbar}{R} \tag{9.131}$$

极端相对论情况, 粒子能量

$$E=pc=\frac{n\hbar}{R} \tag{9.132}$$

(6) 仍利用量子化条件,

$$p\cdot 2\pi R=nh \tag{9.133}$$

其中 $n=1,2,\cdots$(由于动量很大, 不取 $n=0$), 也就有

$$p=\frac{n\hbar}{R} \tag{9.134}$$

极端相对论情况,

$$E=pc=\frac{n\hbar c}{R} \tag{9.135}$$

关于第 (2,3) 小题另解 (2) 粒子在圆周上运动, 可取 $\boldsymbol{A}=\frac{Br}{2}\boldsymbol{e}_\theta$, 则体系的 Schrödinger 方程为

$$\frac{1}{2m}\left(\boldsymbol{p}-\frac{q}{c}\boldsymbol{A}\right)^2\psi=E\psi$$

作规范变换

$$\psi = \psi' \exp\left[\mathrm{i}\frac{q}{\hbar}\int_{\boldsymbol{x}_0}^{\boldsymbol{x}} \boldsymbol{A}\cdot \mathrm{d}\boldsymbol{x}\right]$$

可有

$$\frac{\boldsymbol{p}^2}{2m}\psi' = E\psi'$$

由于粒子被束缚在 $r=R$ 的圆上, 所以

$$\psi(\theta) = \psi'(\theta)\exp\left[\mathrm{i}\frac{q}{\hbar}\int_{r=R}\boldsymbol{A}\cdot\mathrm{d}\boldsymbol{x}\right] \propto \psi'(\theta)\exp\left[\mathrm{i}\frac{q}{\hbar}RA(R)\theta\right]$$

采用柱坐标系, 有

$$\frac{1}{2m}\left(-\frac{\mathrm{i}\hbar}{R}\frac{\mathrm{d}}{\mathrm{d}\theta}\right)^2\psi'(\theta) = E\psi'(\theta)$$

所以

$$\psi'(\theta) \sim \mathrm{e}^{\mathrm{i}c_1\theta}$$

c_1 为常数. 因而

$$\psi(\theta) \sim \exp\left\{\mathrm{i}\left[c_1 + \frac{q}{\hbar}RA(R)\right]\theta\right\}$$

而能量本征值为

$$E = \frac{\hbar^2}{2mR^2}c_1^2$$

由周期性条件 $\psi(\theta) = \psi(\theta+2\pi)$, 可得

$$\left[c_1 + \frac{q}{\hbar}RA(R)\right]\times 2\pi = 2n\pi$$

其中 n 为整数, $n = 0, \pm 1, \pm 2, \cdots$. 所以

$$c_1 = n - \frac{qR}{\hbar}A(R) = n - \frac{qR}{\hbar}\frac{BR}{2} = n - \frac{qBR^2}{2\hbar}$$

而能量本征值为

$$E_n = \frac{1}{2mR^2}\left(n\hbar - \frac{q}{2c}BR^2\right)^2 = \frac{1}{2mR^2}\left(n\hbar - \frac{\Phi}{2\pi}\right)^2$$

其中 Φ 为穿过粒子圆周轨道面内的磁通量.

(3) 同前得到能量本征态方程

$$-\frac{\hbar^2}{2mR^2}\left(\frac{\partial}{\partial\theta} - \frac{\mathrm{i}q\Phi}{2\pi\hbar}\right)^2\psi(\theta) = E\psi(\theta)$$

作规范变换 $\psi(\theta) \to \Psi(\theta)$, 使得

$$\Psi(\theta) = \psi(\theta)\mathrm{e}^{-\frac{\mathrm{i}}{\hbar}q\chi(\theta)} = \psi(\theta)\mathrm{e}^{-\frac{\mathrm{i}}{2\pi\hbar}q\Phi\theta}$$

其中 $x(\theta)=\dfrac{\Phi\theta}{2\pi}$. 则 $\Psi(\theta)$ 满足下列方程

$$-\frac{\hbar^2}{2mR^2}\frac{\partial^2}{\partial\theta^2}\Psi(\theta)=E\Psi(\theta)$$

其解为

$$\Psi(\theta)\sim \mathrm{e}^{\mathrm{i}n'\theta}$$

相应能量本征值为

$$E=\frac{n'^2\hbar^2}{2mR^2}$$

按上面结果

$$\psi(\theta)=\frac{1}{2\pi}\exp\left(\mathrm{i}n'\theta+\mathrm{i}\frac{q\Phi\theta}{2\pi\hbar}\right)$$

由周期性条件 $\psi(\theta+2\pi)=\psi(\theta)$, 可得

$$n'+\frac{q\varphi}{2\pi\hbar}=n=0,\pm1,\pm2,\cdots$$

因此

$$E_n=\frac{n'^2\hbar^2}{2mR^2}=\frac{\hbar^2}{2mR^2}\left(n-\frac{\Phi}{2\pi\hbar}\right)^2$$

其中 $n=0,\pm1,\pm2,\cdots$.

题 9.15 自旋为 $\hbar/2$, 磁矩为 μ_0 的粒子, 在空间分布均匀但随时间变化的磁场 $\boldsymbol{B}(t)$ 中运动, 证明粒子的波函数可以表示成空间波函数和自旋波函数的积, 写出它们满足的波动方程.

证明 考虑自旋自由度, 内禀磁矩导致 Hamilton 量的附加项, 因而总 Hamilton 量

$$H=H_0+H_\mathrm{s} \tag{9.136}$$

H_0 与自旋无关, 不妨称轨道运动 Hamilton 量; H_s 与空间坐标无关, 不妨称自旋运动 Hamilton 量. 而 H_0 与 H_s 分别如下给出

$$H_0=\frac{1}{2\mu}\left(\boldsymbol{p}-\frac{q}{c}\boldsymbol{A}\right)^2+q\varphi,\quad H_\mathrm{s}=-\mu_0\boldsymbol{\sigma}\cdot\boldsymbol{B}(t) \tag{9.137}$$

Schrödinger 方程为

$$\mathrm{i}\hbar\frac{\partial}{\partial t}\Psi(x,y,z,s_z,t)=H\Psi(x,y,z,s_z,t) \tag{9.138}$$

取如下轨道、自旋变量分离形式的波函数

$$\Psi(x,y,z,s_z,t)=\psi(x,y,z,t)\chi(s_z,t) \tag{9.139}$$

其中

$$\chi(s_z,t)=\begin{pmatrix} a(t)\\ b(t)\end{pmatrix} \tag{9.140}$$

代入 Schrödinger 方程 (9.138) 得

$$\mathrm{i}\hbar\frac{\partial\psi}{\partial t}\chi+\mathrm{i}\hbar\psi\frac{\partial\chi}{\partial t}=(H_0\psi)\,\chi+\psi H_{\mathrm{s}}\chi$$

或者

$$\frac{1}{\psi}\left(\mathrm{i}\hbar\frac{\partial\psi}{\partial t}-H_0\psi\right)\chi=-\left(\mathrm{i}\hbar\frac{\partial\chi}{\partial t}-H_{\mathrm{s}}\chi\right)$$

上面方程右边不含有空间变量, 这要求

$$\frac{1}{\psi}\left(\mathrm{i}\hbar\frac{\partial\psi}{\partial t}-H_0\psi\right)=C$$

C 是常数 (可能是时间的函数). 由此得

$$\mathrm{i}\hbar\frac{\partial}{\partial t}\psi=(H_0+C)\,\psi$$

$$\mathrm{i}\hbar\frac{\partial}{\partial t}\chi(s_z,t)=(H_{\mathrm{s}}-C)\,\chi(s_z,t)$$

对轨道、自旋波函数同时作相位变换

$$\psi=\psi_1\exp\left\{-\frac{\mathrm{i}}{\hbar}\int_{t_0}^{t}C(t')\mathrm{d}t'\right\},\quad \chi=\chi_1\exp\left\{\frac{\mathrm{i}}{\hbar}\int_{t_0}^{t}C(t')\mathrm{d}t'\right\}$$

代入上式, 可知新的轨道、自旋波函数满足的方程为

$$\mathrm{i}\hbar\frac{\partial}{\partial t}\psi_1=H_0\psi_1 \tag{9.141}$$

$$\mathrm{i}\hbar\frac{\partial}{\partial t}\chi_1(s_z,t)=H_{\mathrm{s}}\chi_1(s_z,t) \tag{9.142}$$

因为 $\psi_1\chi_1=\psi\chi$, 式 (9.138) 中的 $\varPsi$ 可写为 $\varPsi=\psi_1\chi_1$, 即可以写成空间函数与自旋函数之积, 而二者分别满足上面的方程, 其演化分别由 H_0 与 H_{s} 决定.

说明　体系一般的态为式 (9.138) 空间函数与自旋函数之积形式的态的叠加, 故一般形式的态不一定可写为空间函数与自旋函数之积也就是空间、自旋分离的形式.

题 9.16　同上题, 设磁场 $\boldsymbol{B}$ 沿z轴方向, 在 $t=0$ 时, 自旋波函数为

$$\begin{pmatrix} a(0)\\ b(0)\end{pmatrix}=\begin{pmatrix} \mathrm{e}^{-\mathrm{i}\alpha}\sin\delta\\ \mathrm{e}^{\mathrm{i}\alpha}\cos\delta\end{pmatrix}$$

求 t 时刻的波函数 , 它是自旋沿沿何方向的本征态? 在此时自旋分量的平均值 $\langle s_x\rangle$, $\langle s_y\rangle$, $\langle s_z\rangle$ 各为多少?

解答 按照上题式 (9.142), 自旋态满足的方程为

$$\mathrm{i}\hbar\frac{\partial}{\partial t}\chi(s_z,t)=H_{\mathrm{s}}\chi(s_z,t) \tag{9.143}$$

其中 χ 如上题式 (9.140) 所给. 按题设, 上式中 $H_{\mathrm{s}}=-\mu_0\boldsymbol{\sigma}\cdot\boldsymbol{B}(t)=-\mu_0B(t)\sigma_z$. 这样式 (9.143) 可表示为

$$\frac{\partial}{\partial t}\begin{pmatrix}a(t)\\b(t)\end{pmatrix}=\mathrm{i}\frac{\mu_0B(t)}{\hbar}\begin{pmatrix}a(t)\\-b(t)\end{pmatrix} \tag{9.144}$$

上面式 (9.144) 为关于 $a(t)$, $b(t)$ 的两个独立的一阶微分方程, 积分并代以题给的 $t=0$ 时的初始条件 $a(0)$, $b(0)$, 解得 $a(t)$, $b(t)$, 这样得

$$\begin{pmatrix}a(t)\\b(t)\end{pmatrix}=\begin{pmatrix}\cos\delta\exp\left(\mathrm{i}\dfrac{\mu_0}{\hbar}\displaystyle\int_0^t B\mathrm{d}t-\mathrm{i}\alpha\right)\\\sin\delta\exp\left(-\mathrm{i}\dfrac{\mu_0}{\hbar}\displaystyle\int_0^t B\mathrm{d}t+\mathrm{i}\alpha\right)\end{pmatrix}$$

与题 8.2 式 (7.30) 比较, 上式可如下表示为自旋沿 (θ,φ) 方向的归一化本征态

$$\begin{pmatrix}a(t)\\b(t)\end{pmatrix}=\begin{pmatrix}\cos\dfrac{\theta}{2}\mathrm{e}^{\frac{\mathrm{i}\varphi}{2}}\\\sin\dfrac{\theta}{2}\mathrm{e}^{-\frac{\mathrm{i}\varphi}{2}}\end{pmatrix} \tag{9.145}$$

其中 $\theta=2\delta$, $\varphi=2\left(\alpha-\dfrac{\mu_0}{\hbar}\displaystyle\int_0^t B\mathrm{d}t\right)$.

由式 (9.145), 再根据题 8.4 结果得该态下 $\langle\boldsymbol{\sigma}\rangle=\boldsymbol{n}$, 而 $\boldsymbol{n}$ 为沿 (θ,φ) 方向的单位矢量. 因而自旋三个分量 $\left(s_i=\dfrac{\hbar}{2}\sigma_i\right)$ 的平均值为 $\langle s_i\rangle=\dfrac{\hbar}{2}\langle\sigma_i\rangle=\dfrac{\hbar}{2}n_i$, 即

$$\begin{aligned}\langle s_x\rangle&=\frac{\hbar}{2}\sin\theta\cos\varphi\\\langle s_y\rangle&=\frac{\hbar}{2}\sin\theta\sin\varphi\\\langle s_z\rangle&=\frac{\hbar}{2}\cos\theta\end{aligned} \tag{9.146}$$

题 9.17 质量为 m、电荷为 q 的粒子受到均匀电场的作用.

(1) 写出这个系统的含时 Schrödinger 方程;

(2) 证明当粒子处于任意态时, 坐标算符的期望值满足 Newton 第二定律;

(3) 证明这一结果在还有一个均匀静磁场时也是正确的. 这一结论在质谱仪, 粒子加速器的设计中有用吗? 试解释之.

解答　(1) 系统的含时 Schrödinger 方程为

$$\mathrm{i}\hbar\frac{\partial\psi}{\partial t}=H\psi \tag{9.147}$$

其中 Hamilton 量 H 为

$$H=-\frac{\hbar^2}{2m}\nabla^2-q\boldsymbol{\mathcal{E}}\cdot\boldsymbol{r} \tag{9.148}$$

(2) 因为

$$\frac{\mathrm{d}\langle\boldsymbol{r}\rangle}{\mathrm{d}t}=\frac{1}{\mathrm{i}\hbar}\overline{[\boldsymbol{r},H]}=\frac{1}{\mathrm{i}\hbar}\overline{\left[\boldsymbol{r},\frac{\boldsymbol{p}^2}{2m}-q\boldsymbol{\mathcal{E}}\cdot\boldsymbol{r}\right]}=\frac{\langle\boldsymbol{p}\rangle}{m} \tag{9.149}$$

$$\frac{\mathrm{d}\langle\boldsymbol{p}\rangle}{\mathrm{d}t}=\frac{1}{\mathrm{i}\hbar}\overline{[\boldsymbol{p},H]}=\nabla\left(q\boldsymbol{\mathcal{E}}\cdot\boldsymbol{r}\right)=q\boldsymbol{\mathcal{E}} \tag{9.150}$$

所以

$$\frac{\mathrm{d}^2\langle\boldsymbol{r}\rangle}{\mathrm{d}t^2}=q\boldsymbol{\mathcal{E}} \tag{9.151}$$

(3) 若还存在一个静磁场时, 粒子运动 Hamilton 量为

$$H=\frac{1}{2m}\left(\boldsymbol{p}-\frac{q}{c}\boldsymbol{A}\right)^2-q\boldsymbol{\mathcal{E}}\cdot\boldsymbol{r} \tag{9.152}$$

此时

$$\begin{aligned}\frac{\mathrm{d}\langle\boldsymbol{r}\rangle}{\mathrm{d}t}=\langle\boldsymbol{v}\rangle&=\frac{1}{\mathrm{i}\hbar}\overline{[\boldsymbol{r},H]}=\frac{1}{\mathrm{i}\hbar}\overline{\left[\boldsymbol{r},\frac{1}{2m}\left(\boldsymbol{p}-\frac{q}{c}\boldsymbol{A}\right)^2-q\boldsymbol{\mathcal{E}}\cdot\boldsymbol{r}\right]}\\&=\frac{1}{m}\left\langle\boldsymbol{p}-\frac{q}{c}\boldsymbol{A}\right\rangle\end{aligned} \tag{9.153}$$

进而

$$\begin{aligned}m\frac{\mathrm{d}\langle\boldsymbol{v}\rangle}{\mathrm{d}t}&=\frac{1}{\mathrm{i}\hbar}\overline{\left[\boldsymbol{p}-\frac{q}{c}\boldsymbol{A},H\right]}=\frac{1}{\mathrm{i}\hbar}\overline{\left[\boldsymbol{p}-\frac{q}{c}\boldsymbol{A},\frac{1}{2m}\left(\boldsymbol{p}-\frac{q}{c}\boldsymbol{A}\right)^2-q\boldsymbol{\mathcal{E}}\cdot\boldsymbol{r}\right]}\\&=\frac{1}{\mathrm{i}\hbar}\overline{\left[\boldsymbol{p}-\frac{q}{c}\boldsymbol{A},\frac{1}{2m}\left(\boldsymbol{p}-\frac{q}{c}\boldsymbol{A}\right)^2\right]}-\frac{1}{\mathrm{i}\hbar}\overline{\left[\boldsymbol{p}-\frac{q}{c}\boldsymbol{A},q\boldsymbol{\mathcal{E}}\cdot\boldsymbol{r}\right]}\\&=q\boldsymbol{\mathcal{E}}+\frac{q}{2}\overline{(\boldsymbol{v}\times\boldsymbol{B}-\boldsymbol{B}\times\boldsymbol{v})}\end{aligned} \tag{9.154}$$

上面用了题 9.1 的结果. 对于均匀磁场, $\boldsymbol{B}\times\boldsymbol{v}=-\boldsymbol{v}\times\boldsymbol{B}$, 因而

$$m\frac{\mathrm{d}\langle\boldsymbol{v}\rangle}{\mathrm{d}t}=q\boldsymbol{\mathcal{E}}+q\frac{\langle\boldsymbol{v}\rangle}{c}\times\boldsymbol{B} \tag{9.155}$$

这一结果使我们在观测仪器中带电粒子的运动轨迹时, 可以直接用经典力学加以处理.

题 9.18　设带电粒子在相互垂直的均匀电场 $\boldsymbol{\mathcal{E}}$ 和均匀磁场 $\boldsymbol{B}$ 中运动, 求能谱及其波函数 (取磁场方向为 z 轴方向, 电场方向为 x 轴方向). 质量为 m 电荷为 q 的粒子在恒定的相互垂直的电场 $\boldsymbol{\mathcal{E}}=\mathcal{E}_0\boldsymbol{e}_x$ 和磁场 $\boldsymbol{B}=B_0\boldsymbol{e}_z$ 中运动, 求 (1) 系统的能谱; (2) 在零动量状态中速度 $\boldsymbol{v}$ 的期望值.

解答 (1) 选择矢势 $\boldsymbol{A}$ 使 $A_x=0, A_y=Bx, A_z=0$, 满足 $\nabla\times\boldsymbol{A}=\boldsymbol{B}$. 设电场 $\boldsymbol{\mathcal{E}}$ 沿着x轴, 而其大小是 $\mathcal{E}$. 我们可取标势 $V(\boldsymbol{x})=-\mathcal{E}x$, 它满足 $-\dfrac{\mathrm{d}V}{\mathrm{d}x}=\mathcal{E}$. 设粒子质量为 μ, 这样粒子 Hamilton 量为

$$\begin{aligned}H&=\frac{1}{2\mu}\left\{p_x^2+\left(p_y-\frac{q}{c}Bx\right)^2+p_z^2\right\}-\mathcal{E}qx\\&=\frac{1}{2\mu}\left\{p_x^2+p_y^2-\frac{2qB}{c}p_yx+\left(\frac{q}{c}B\right)^2x^2+p_z^2\right\}-\mathcal{E}qx\end{aligned}\tag{9.156}$$

H 中不出现 y 和 z, 因此

$$[H,p_y]=0,\quad [H,p_z]=0$$

这样可选 CSCO 为 (H,p_y,p_z), 而取分离变量形式的能量本征函数为

$$\psi(x,y,z)=\mathrm{e}^{\mathrm{i}(p_yy+p_zz)/\hbar}X(x)\tag{9.157}$$

代入能量本征方程得

$$\frac{\partial^2\psi}{\partial x^2}+\frac{\partial^2\psi}{\partial y^2}+\frac{\partial^2\psi}{\partial z^2}-\frac{2\mathrm{i}qB}{c\hbar}\frac{\partial}{\partial y}x\psi+\left[\frac{2\mu q\mathcal{E}}{\hbar^2}x-\left(\frac{qB}{c\hbar}\right)^2x^2\right]\psi=-\frac{2\mu E}{\hbar^2}\psi$$

整理, 并约去因子 $\mathrm{e}^{\mathrm{i}(p_yy+p_zz)/\hbar}$ 后, 得到关于 $X(x)$ 的本征方程

$$\left\{-\frac{\hbar^2}{2\mu}\frac{\partial^2}{\partial x^2}+\frac{1}{2\mu}\left[\frac{q^2B^2}{c^2}x^2-2\left(\frac{qBp_y}{c}+\mu\mathcal{E}q\right)x+p_y^2+p_z^2\right]\right\}X(x)=EX(x)$$

令 $\omega\equiv\dfrac{qB}{c\mu}$, $x_0=\dfrac{cp_y}{Bq}+\dfrac{\mu q\mathcal{E}}{qB^2}$, 上式可以化为

$$\left\{-\frac{\hbar^2}{2\mu}\frac{\partial^2}{\partial x^2}+\frac{\mu}{2}\omega^2(x-x_0)^2\right\}X(x)=E_1X(x)\tag{9.158}$$

其中 $E_1=E-E_0$, 而 $E_0=\dfrac{p_y^2+p_z^2}{2\mu}-\dfrac{1}{2\mu}\left(p_y+\dfrac{\mu\mathcal{E}c}{B}\right)^2$.

式 (9.158) 是一维谐振子的定态方程, 振子频率是 ω, 振动原点在 $x=x_0$. 令 $\alpha=\sqrt{\mu\omega/\hbar}$, 由一维谐振子结果直接写下

$$E_1=\left(n+\frac{1}{2}\right)\hbar\omega=\left(n+\frac{1}{2}\right)\frac{\hbar qB}{\mu c}\tag{9.159}$$

以及相应本征函数

$$X(x)=N_n\mathrm{e}^{-\frac{1}{2}\alpha^2(x-x_0)^2}\mathrm{H}_n\left[\alpha(x-x_0)\right]\tag{9.160}$$

其中 H_n 为 Hermite 多项式, 归一化系数 $N_n = \sqrt{\alpha/\sqrt{\pi}2^n n!}$. 带电粒子的总能量 $E = E_0 + E_1$ 是

$$E_{n,p_y,p_z} = \frac{p_y^2 + p_z^2}{2\mu} - \frac{1}{2\mu}\left(p_y + \frac{\mu\mathcal{E}c}{B}\right)^2 + \left(n + \frac{1}{2}\right)\frac{\hbar qB}{\mu c} \tag{9.161}$$

其中 $-\infty < p_y, p_z < +\infty$ 可连续取值, 而 $n = 0, 1, 2, \cdots$, 因此简并度是无穷的. 相应的波函数为

$$\psi_{n,p_y,p_z}(x,y,z) = C_n \mathrm{e}^{\mathrm{i}(p_y y + p_z z)/\hbar} \mathrm{e}^{-\frac{1}{2}\frac{\mu\omega}{\hbar}(x-x_0)^2} \mathrm{H}_n\left[\sqrt{\frac{\mu\omega}{\hbar}}(x - x_0)\right]$$

(2) 按题意, 零状态动量是指 P_y 和 P_z 的本征值为零, 而 P_x 的平均值为零的状态. 速度的定义为

$$\boldsymbol{v} = \frac{1}{m}\boldsymbol{P}_{\text{机械}} = \frac{1}{m}\left(\boldsymbol{P} - \frac{q}{c}\boldsymbol{A}\right)$$

所以 $\boldsymbol{v}$ 的期望值为

$$\begin{aligned}
\langle \boldsymbol{v} \rangle &= \left\langle \boldsymbol{P} - \frac{q}{c}\boldsymbol{A} \right\rangle = -\frac{q}{mc}\langle \boldsymbol{A} \rangle = -\frac{qB_0}{mc}\langle x \rangle \boldsymbol{e}_y \\
&= -\frac{qB_0}{mc}\left(\frac{c\langle P_y \rangle}{qB_0} + \frac{mc^2 E_0}{qB_0^2} + \langle \xi \rangle\right)\boldsymbol{e}_y \\
&= -\frac{cE_0}{B_0}\boldsymbol{e}_y
\end{aligned}$$

其中注意到对于谐振子本征态 $\langle \xi \rangle = 0$.

题 9.19　计算对易子

$$\boldsymbol{F} = \mu\dot{\boldsymbol{v}} = \frac{1}{\mathrm{i}\hbar}\left[\left(\boldsymbol{p} - \frac{q}{c}\boldsymbol{A}\right), H\right] = \frac{1}{2\mu\mathrm{i}\hbar}\left[\left(\boldsymbol{p} - \frac{q}{c}\boldsymbol{A}\right), \left(\boldsymbol{p} - \frac{q}{c}\boldsymbol{A}\right)\cdot\left(\boldsymbol{p} - \frac{q}{c}\boldsymbol{A}\right)\right]$$

求证磁场中量子 Lorentz 力算符为

$$\boldsymbol{F} = \frac{q}{2c}(\boldsymbol{v} \times \boldsymbol{B} - \boldsymbol{B} \times \boldsymbol{v})$$

解答　由题 9.1 式 (9.2)

$$\boldsymbol{v} = \frac{1}{\mu}\left(\boldsymbol{p} - \frac{q}{c}\boldsymbol{A}\right)$$

所求的对易子中第 i 分量方程为 (重复指标求和)

$$\begin{aligned}
\mu\dot{v}_i &= \frac{1}{2\mu\mathrm{i}\hbar}\left[p_i - \frac{q}{c}A_i, \left(p_j - \frac{q}{c}A_j\right)\left(p_j - \frac{q}{c}A_j\right)\right] \\
&= \frac{1}{2\mu\mathrm{i}\hbar}\left\{\left[\left(p_i - \frac{q}{c}A_i\right), \left(p_j - \frac{q}{c}A_j\right)\right]\left(p_j - \frac{q}{c}A_j\right)\right. \\
&\quad \left. + \left(p_j - \frac{q}{c}A_j\right)\left[\left(p_i - \frac{q}{c}A_i\right), \left(p_j - \frac{q}{c}A_j\right)\right]\right\}
\end{aligned} \tag{9.162}$$

其中

$$\left[p_i - \frac{q}{c}A_i, p_j - \frac{q}{c}A_j\right] = -\frac{q}{c}(-\mathrm{i}\hbar)(\partial_i A_j) + \frac{q}{c}(-\mathrm{i}\hbar)(\partial_j A_i)$$
$$= \frac{q}{c}(\mathrm{i}\hbar)\{(\partial_i A_j) - (\partial_j A_i)\} = \frac{q}{c}(\mathrm{i}\hbar)\varepsilon_{ijk}B_k \tag{9.163}$$

这样

$$\mu\dot{v}_i = \frac{1}{2\mu\mathrm{i}\hbar}\left\{\frac{q}{c}\mathrm{i}\hbar\varepsilon_{ijk}B_k\left(p_j - \frac{q}{c}A_j\right) + \frac{q}{c}\mathrm{i}\hbar\varepsilon_{ijk}\left(p_j - \frac{q}{c}A_j\right)B_k\right\}$$
$$= \frac{q}{2\mu c}\left\{-\varepsilon_{ikj}B_k\left(p_j - \frac{q}{c}A_j\right) + \varepsilon_{ijk}\left(p_j - \frac{q}{c}A_j\right)B_k\right\} \tag{9.164}$$

最后得

$$\mu\dot{\boldsymbol{v}} = \frac{q}{2\mu c}\left\{-\boldsymbol{B}\times\boldsymbol{p} + \frac{q}{c}\boldsymbol{B}\times\boldsymbol{A} + \boldsymbol{p}\times\boldsymbol{B} - \frac{q}{c}\boldsymbol{A}\times\boldsymbol{B}\right\}$$
$$= \frac{q}{2\mu c}\left\{\left(\boldsymbol{p} - \frac{q}{c}\boldsymbol{A}\right)\times\boldsymbol{B} - \boldsymbol{B}\times\left(\boldsymbol{p} - \frac{q}{c}\boldsymbol{A}\right)\right\} \tag{9.165}$$

也就是

$$\boldsymbol{F} = \frac{q}{2c}(\boldsymbol{v}\times\boldsymbol{B} - \boldsymbol{B}\times\boldsymbol{v}) \tag{9.166}$$

说明 本题若通过速度算符 $\boldsymbol{v}$, 利用式 (9.3)

$$[v_\alpha, v_\beta] = \frac{\mathrm{i}\hbar q}{\mu^2}\varepsilon_{\alpha\beta\gamma}B_\gamma$$

则演算更为直接.

题 9.20 另有一些对 Lamb 移动中电子位置平方平均的粗略估算:

(1) 将电子看作均匀带电小球, 其经典半径为 $r_0 = r_\mathrm{e} = \dfrac{e^2}{\mu c^2}$, 小球在外静电场中获得势能

$$U(r) = V(r) + \frac{1}{6}r_0^2\nabla^2 V(r) + \cdots \tag{9.167}$$

其中 r 为小球球心位置, $V(r) = -\dfrac{e^2}{r}$. 如果把 r_0^2 项看作微扰, 计算 Lamb 移动的数值;

(2) 如果将 r_0 换成电子的 Compton 波长 $\lambdabar = \dfrac{\hbar}{\mu c}$, 计算结果;

(3) 如果像 Bogoliubov 那样, 将 r_0 换作两者的几何平均值, 即令 $r_0^2 \to \langle\delta^2\rangle = r_0\lambdabar$, 再计算结果.

解答 (1)根据式 (9.167), 电子为均匀带电小球在原子核 Coulomb 势场中运动的 Hamilton 量为

$$H = \frac{\boldsymbol{p}^2}{2\mu} + U(r) = \frac{\boldsymbol{p}^2}{2\mu} + V(r) + \frac{1}{6}r_\mathrm{e}^2\nabla^2 V(r) \tag{9.168}$$

记 $H'=\dfrac{1}{6}r_{\mathrm{e}}^2\nabla^2V(r)$ 为 Hamilton 量微扰项. 将 $V(r)=-e^2/r$ 代入, 由于

$$\nabla^2\frac{1}{r}=-4\pi\delta(\boldsymbol{r})$$

即得

$$H'=\frac{2\pi}{3}e^2r_{\mathrm{e}}^2\delta(\boldsymbol{r}) \tag{9.169}$$

1s 能级为氢原子基态, 若不计自旋, 非简并. 按照定态微扰论, 能级的一级微扰修正等于 H' 的期望值, 即

$$E^{(1)}=\int\psi^*H'\psi\mathrm{d}^3\boldsymbol{r}=\frac{2\pi}{3}e^2r_{\mathrm{e}}^2\left|\psi\left(0\right)\right|^2 \tag{9.170}$$

对于 1s 态 (即 $\psi_{1\mathrm{s}}=\psi_{100}$),

$$\left|\psi_{1\mathrm{s}}(0)\right|^2=\frac{1}{\pi a_0^3}=\frac{1}{\pi}\left(\frac{m_{\mathrm{e}}e^2}{\hbar^2}\right)^3$$

因此

$$E_{1\mathrm{s}}^{(1)}=\frac{2}{3}\frac{e^2r_{\mathrm{e}}^2}{a_0^3}=\frac{2}{3}\alpha^6m_{\mathrm{e}}c^2\approx 5.1\times10^{-8}\mathrm{eV} \tag{9.171}$$

其中 $\alpha=e^2/\hbar c\approx 1/137$ 为精细结构常数.

2s, 2p 态为氢原子第一激发态, 若不计自旋, 为 4 重简并. 在由这 4 个简并态

$$\{\psi_{200}=\psi_1,\ \psi_{2,1,-1}=\psi_2,\ \psi_{210}=\psi_3,\ \psi_{211}=\psi_4\}$$

组成的简并子空间中, 微扰矩阵元为

$$H'_{ij}=\int\psi_i^*H'\psi_j\mathrm{d}^3\boldsymbol{r}=\frac{2\pi}{3}e^2r_{\mathrm{e}}^2\psi_i^*(0)\psi_j(0) \tag{9.172}$$

因 $\psi_{21m}(0)=0$, 故 $i=j=1$ 除外

$$H'_{ij}\equiv 0,(i=j=1\text{除外}) \tag{9.173}$$

可见在微扰作用下, 2s, 2p 态简并能级的 4 个简并态已经是合适的零级波函数, 而且对于 2p 态, 能级一级修正为零. 对于 2s 态, 在式 (9.172) 中取 $i=j=1$, 即有

$$H'_{11}=\frac{2\pi}{3}e^2r_{\mathrm{e}}^2|\psi_{200}(0)|^2 \tag{9.174}$$

对于 2s 态 (即 $\psi_{2\mathrm{s}}=\psi_{200}$),

$$\left|\psi_{200}(0)\right|^2=\frac{1}{8\pi a_0^3}=\frac{1}{8\pi}\left(\frac{m_{\mathrm{e}}e^2}{\hbar^2}\right)^3$$

因此

$$H'_{11}=\frac{1}{12}\frac{e^2r_{\mathrm{e}}^2}{a_0^3}=\frac{1}{12}\alpha^6m_{\mathrm{e}}c^2\approx 6.4\times10^{-9}\mathrm{eV} \tag{9.175}$$

因而

$$E_{2\mathrm{s}}^{(1)}\approx 6.4\times10^{-9}\mathrm{eV},\quad E_{2\mathrm{p}}^{(1)}=0 \tag{9.176}$$

可见, 在题给微扰作用下, 2s 能级与 2p 能级发生分裂, 2s 能级要高于 2p 能级.

(2) 将 $\lambda\!\!\!^{-2}$ 替换上式中的 r_0^2, 可得

$$E_{2\mathrm{s}}^{(1)}=\frac{1}{12}\frac{e^2\hbar^2}{a_0^3m_{\mathrm{e}}^2c^2}=\frac{1}{12}\alpha^4m_{\mathrm{e}}c^2\approx 1.2\times10^{-4}\mathrm{eV}$$

(3) 用 $r_0\lambda\!\!\!^{-}$ 代替 r_0^2, 可得

$$E_{2\mathrm{s}}^{(1)}=\frac{1}{12}\frac{e^2r_0\lambda\!\!\!^{-}}{a_0^3}=\frac{1}{12}\alpha^5m_{\mathrm{e}}c^2\approx 8.8\times10^{-7}\mathrm{eV}$$

说明 氢原子 Bohr 半径为 $a_0=\hbar^2/(m_{\mathrm{e}}e^2)\approx 0.529\text{Å}$, 电子 Compton 波长为 $\lambda_{\mathrm{c}}=\hbar/(m_{\mathrm{e}}c)\approx 3.861\times10^{-13}\mathrm{m}$, 电子经典半径为 $r_{\mathrm{e}}=e^2/(m_{\mathrm{e}}c^2)\approx 2.818\mathrm{fm}$, 它们满足等比关系 $a:\lambda_{\mathrm{c}}:r_{\mathrm{e}}=1:\alpha:\alpha^2$, 上面式 (9.171, 9.175) 用到了这一等比关系.

Lamb 移位指的是氢原子 2s 能级与 2p 能级的差异 (若根据 Dirac 相对论量子力学, 这两个能级应重合), 它来源于电子与量子电动力学真空的相互作用. 虽然本题第 (1) 小题定性结论是正确的, 但根据本题模型所得定量结果与 Lamb 移位的实验结果或者量子电动力学计算结果①相比, 量级上差一个精细结构常数 α 倒数, 即量级相差百倍. 原因可以追溯到电子与量子电动力学真空的相互作用所导致的电子位置涨落 $\sqrt{(\delta\boldsymbol{r})^2}$ 要比经典电子半径 r_{e} 要大 $1/\sqrt{\alpha}$ 的量级. 像第 (3) 小题 Bogoliubov 那样, 将 r_0 换作 r_0 与电子 Compton 波长的几何平均值, 则给出的结果与量子电动力学计算结果一致.

①参见: Willis E. Lamb and Robert C. Retherford, *Fine Structure of the Hydrogen Atom by a Microwave Method*, Phys. Rev., **72**, 241-243 (1947); H. A. Bethe, *The Electromagnetic Shift of Energy Levels*, Phys. Rev., **72**, 339-341 (1947) 等文献, 其中给出 Lamb 移位的结果 $\propto\alpha^5$, 在 μeV 量级 (转换到频率则为 GHz 量级), 而非本题第 (1) 小题计算所得 $\propto\alpha^6$.

第 10 章　势散射理论

题 10.1　质量为 μ 的粒子被中心势 $V(r)=\dfrac{\alpha}{r^2}(\alpha>0)$ 散射

(1) 求各分波的相移 δ_l;

(2) 设作用势较弱, $8\mu\alpha/\hbar^2\ll 1$, 求相移、散射振幅和截面的表达式;

(3) 用 Born 近似计算散射振幅和截面, 并与第 (2) 小题结果比较.

解答　(1) 定态 Schrödinger 方程为

$$\nabla^2\psi+\left[k^2-\frac{2\mu}{\hbar^2}V(r)\right]\psi=0 \tag{10.1}$$

其中 $k=\dfrac{\sqrt{2\mu E}}{\hbar}>0$. 考虑到入射波的形式 $\psi_i=\mathrm{e}^{\mathrm{i}kz}$, 将 ψ 如下按 $\boldsymbol{L}^2$、L_z 的共同本征态展开

$$\psi=\sum_l R_l(r)\mathrm{Y}_{lm}(\theta)=\frac{1}{\sqrt{4\pi}}\sum_l\sqrt{2l+1}R_l(r)\mathrm{P}_l(\cos\theta) \tag{10.2}$$

代入式 (10.1), 可知 R_l 满足径向方程

$$\frac{\mathrm{d}^2}{\mathrm{d}r^2}R_l+\frac{2}{r}\frac{\mathrm{d}}{\mathrm{d}r}R_l+\left[k^2-\frac{l(l+1)}{r^2}-\frac{2\mu\alpha}{\hbar^2r^2}\right]R_l=0 \tag{10.3}$$

取 $\alpha=0$, 这相当于势场为 0, 粒子作自由运动. 此时方程 (10.3) 为 l 阶球 Bessel 方程, 2 个独立解分别为 l 阶球 Bessel 函数 j_l 与 l 阶球 Neuman 函数 n_l; n_l 在 $r\to 0$ 处发散, 故舍去. 因此方程 (10.3) 在 $\alpha=0$ 时的解为

$$R_l^{(0)}(r)=\mathrm{j}_l(kr)=\sqrt{\frac{\pi}{2kr}}\mathrm{J}_{l+1/2}(kr) \tag{10.4}$$

$r\to\infty$ 处, 渐近表示为

$$R_l^{(0)}(r)=\mathrm{j}_l(kr)\xrightarrow{r\to\infty}\frac{1}{kr}\sin\left(kr-\frac{l\pi}{2}\right) \tag{10.5}$$

现在对于 $\alpha\neq 0$ 情况, 令

$$l(l+1)+2\mu\alpha/\hbar^2=\nu(\nu+1) \tag{10.6}$$

也就是

$$\nu=\left[(l+1/2)^2+\frac{2\mu\alpha}{\hbar^2}\right]^{1/2}-\frac{1}{2}\quad(\nu>l\geqslant 0) \tag{10.6'}$$

则式 (10.3) 可以写成

$$\frac{\mathrm{d}^2}{\mathrm{d}r^2}R_l+\frac{2}{r}\frac{\mathrm{d}}{\mathrm{d}r}R_l+\left[k^2-\frac{\nu(\nu+1)}{r^2}\right]R_l=0 \tag{10.3$'$}$$

此为 ν 阶球 Bessel 方程, 2 个独立解分别为 ν 阶球 Bessel 函数 j_ν 与 ν 阶球 Neuman 函数 n_ν; n_ν 在原点发散, 故舍去. 因此方程 (10.3′) 的解为

$$R_\nu^{(0)}(r)=\mathrm{j}_\nu(kr)=\sqrt{\frac{\pi}{2kr}}\mathrm{J}_{\nu+1/2}(kr) \tag{10.7}$$

式 (10.7) 与式 (10.4) 的差别仅在于 l 换成了 ν. $r\to\infty$ 处, 式 (10.7) 的渐近表示为

$$R_\nu^{(0)}(r)=\mathrm{j}_\nu(kr)\xrightarrow{r\to\infty}\frac{1}{kr}\sin\left(kr-\frac{\nu\pi}{2}\right) \tag{10.8}$$

按照散射理论分波法, R 的渐近表示为 (略去常数因子)

$$R_l(r)\xrightarrow{r\to\infty}\frac{1}{kr}\sin\left(kr-\frac{l\pi}{2}+\delta_l\right) \tag{10.9}$$

比较式 (10.8,10.9), 即得 l 分波的相移公式

$$\delta_l=-\frac{\pi}{2}(\nu-l)=-\frac{\pi}{2}\left[\sqrt{\left(l+\frac{1}{2}\right)^2+\frac{2\mu\alpha}{\hbar^2}}-\left(l+\frac{1}{2}\right)\right] \tag{10.10}$$

题给 $\alpha\geqslant 0$, 故上式可见, 相移 $\delta_l<0$, 并且与入射能量 $(E=\hbar^2k^2/2\mu)$ 无关. 根据分波法结果, 散射振幅为

$$f(\theta)=\frac{1}{k}\sum_l(2l+1)\mathrm{e}^{\mathrm{i}\delta_l}\sin\delta_l\mathrm{P}_l(\cos\theta) \tag{10.11}$$

可见 $f(\theta)\propto 1/k$, 因此散射微分截面 $\sigma(\theta)=|f(\theta)|^2\propto 1/E$.

(2) 若作用势较弱, $8\mu\alpha/\hbar^2\ll 1$, 则式 (10.10) 按小量 $8\mu\alpha/\hbar^2$ 展开得

$$\delta_l=-\frac{\pi}{2}\left(l+\frac{1}{2}\right)\left[\sqrt{1+\frac{2\mu\alpha}{\hbar^2\left(l+1/2\right)^2}}-1\right]\approx-\frac{\pi\mu\alpha}{(2l+1)\,\hbar^2} \tag{10.12}$$

可见 $\delta_l\ll 1$, 因而在式 (10.11) 可取 $\mathrm{e}^{\mathrm{i}\delta_l}\approx 1$, $\sin\delta_l\approx\delta_l$, 这样得到

$$\begin{aligned}f(\theta)&\approx\frac{1}{k}\sum_l(2l+1)\delta_l\mathrm{P}_l(\cos\theta)\\&=-\frac{\pi\mu\alpha}{\hbar^2k}\sum_{l=0}^{\infty}\mathrm{P}_l(\cos\theta)=-\frac{\pi\mu\alpha}{2\hbar^2k\sin\dfrac{\theta}{2}}\end{aligned} \tag{10.13}$$

最后一个等号利用了

$$2\sum_{l=0}^{\infty}\mathrm{P}_l(\cos\theta)=\frac{1}{\sin\dfrac{\theta}{2}} \tag{10.14}$$

上式只需在球谐函数的如下母函数公式

$$\left(1+z^2-2xz\right)^{-1/2}=\sum_l z^l\mathrm{P}_l(x)$$

中, 取 $z=1$, $x=\cos\theta$ 即可得到 [见本题附录]. 而散射微分截面为

$$\sigma(\theta)=|f(\theta)|^2=\frac{\pi^2\mu^2\alpha^2}{4\hbar^4k^2\sin^2\dfrac{\theta}{2}} \tag{10.15}$$

由于 $\theta\to 0$ 处 $\sigma(\theta)\propto 1/\theta^2$, 总截面是发散的.

(3) 按照 Born 近似的作法, 对题给势函数 散射振幅为

$$\begin{aligned}f(\theta)&=\frac{-2\mu}{\hbar^2q}\int_0^{\infty}r\frac{\alpha}{r^2}\sin qr\mathrm{d}r=\frac{-2\mu\alpha}{\hbar^2q}\int_0^{\infty}\frac{\sin qr}{r}\mathrm{d}r\\&=\frac{-\mu\alpha}{\hbar^2q}\int_{-\infty}^{+\infty}\frac{\sin x}{x}\mathrm{d}x=\frac{-\pi\mu\alpha}{\hbar^2q}\end{aligned}$$

代入 $q=2k\sin\dfrac{\theta}{2}$, 即知与分波法对于作用势较弱 ($8\mu\alpha/\hbar^2\ll 1$) 时的结果式 (10.13) 相同. 因而 Born 近似计算的截面也如式 (10.15) 所给.

说明 1　即使条件 $8\mu\alpha/\hbar^2\ll 1$ 不成立, 对于足够大的 l, 式 (10.12) 仍可成立, 因此 $\theta\to 0$ 处 $f(\theta)$ 和 $\sigma(\theta)$ 的奇异性仍如式 (10.13) 和 (10.15) 所示, 总截面仍是发散的. 发散是由角动量 l 很大的分波造成, 亦即来自小角度散射. 这是长程力散射的固有特点.

说明 2　[式 (10.14) 的证明] 在球谐函数的如下母函数公式

$$\left(1+z^2-2xz\right)^{-1/2}=\sum_l z^l\mathrm{P}_l(x)$$

中, 取 $z=1$, 即得

$$(2-2x)^{-1/2}=\sum_l\mathrm{P}_l(x)$$

再令 $x=\cos\theta$ 即得式 (10.14).

题 10.2　粒子被势场 $V(r)=\alpha/r^4(\alpha>0)$ 散射, 求低能极限下 (只考虑 s 波) 散射的散射长度、相移、散射振幅和截面.

提示　引进无量纲变量 $\xi=\hbar r/\sqrt{2\mu\alpha}$.

解答 低能散射可采用分波法, 此时 s 波 ($l=0$) 占主导. 设粒子质量为 μ, 入射动能为 E. s 波的波函数是球对称的, 设为

$$\psi(r)=\frac{u(r)}{r} \tag{10.16}$$

代入定态 Schrödinger 方程, 在 $E\to 0$ 得如下径向方程

$$\frac{\mathrm{d}^2u}{\mathrm{d}r^2}+k^2u(r)=\frac{2\mu}{\hbar^2}V(r)u=\frac{2\mu\alpha}{\hbar^2}\frac{u}{r^4} \tag{10.17}$$

按题给提示, 引进无量纲变量 $\xi=\hbar r/\sqrt{2\mu\alpha}$, 式 (10.17) 变成

$$\frac{\mathrm{d}^2}{\mathrm{d}\xi^2}u-\frac{u}{\xi^4}=0 \tag{10.18}$$

容易验证, 上式满足 $u(r)|_{r=0}$ 的解为

$$u=\xi\mathrm{e}^{-\frac{1}{\xi}} \tag{10.19}$$

当 $r\to\infty$, $1/\xi\to 0$, 此时 $u(r)$ 的渐近表示为

$$\begin{aligned}u(r)\quad&\approx\xi\left(1-\frac{1}{\xi}\right)=\xi-1\\&=-\left(1-\frac{\hbar}{\sqrt{2\mu\alpha}}r\right)\end{aligned} \tag{10.20}$$

把式 (10.20) 和本题附录式 (10.27) 比较, 即得散射长度

$$a_0=\sqrt{2\mu\alpha}/\hbar \tag{10.21}$$

按本题附录式 (10.34)、(10.27), 可得相移

$$\delta_0=-ka_0=-\frac{k}{\hbar}\sqrt{2\mu\alpha}=-\frac{2\mu}{\hbar^2}\sqrt{\alpha E} \tag{10.22}$$

以及散射振幅

$$f=-a_0=\sqrt{2\mu\alpha}/\hbar \tag{10.23}$$

从而总截面为

$$\sigma_{\mathrm{t}}=4\pi|f|^2=8\pi\mu\alpha/\hbar^2$$

附录 (关于极低能粒子的短程中心势散射的散射长度、相移、散射振幅和截面) 设势函数为 $V(r)$, 由于是短程作用势, 当 r 大于某个值 (“作用球”半径 a), $V(r)$ 即迅速趋于 0(快于 $1/r^3$). 设入射粒子质量为 μ, 能量为 E, 低能粒子散射 s 波占主导, s 波 ($l=0$) 的波函数可以记为

$$\psi=\frac{1}{\sqrt{4\pi}}R_0(r)=\frac{u(r)}{r} \tag{10.24}$$

它满足径向方程

$$\frac{\mathrm{d}^2}{\mathrm{d}r^2}u+\left[k^2-\frac{2\mu}{\hbar^2}V(r)\right]u=0 \tag{10.25}$$

其中 $k=\sqrt{2\mu E}$.

方程 (10.25) 中当 $r>a$ 时 $V(r)$ 可以略去; 如再取低能极限, 即 $k\to 0$, 则方程 (10.25) 成为

$$\frac{\mathrm{d}^2}{\mathrm{d}r^2}u\approx 0\quad (r>a,k\to 0) \tag{10.26}$$

其解为

$$u(r)\approx C\left(1-\frac{r}{a_0}\right) \tag{10.27}$$

其中 C 为归一化常数, a_0 称为散射长度.

另一方面, 在作用球外 $(r>a)$, $V(r)\to 0$, 方程 (10.25) 的一般解可以表示为

$$u(r)\approx A\sin(kr+\delta_0)=A\sin\delta_0\,(\cos kr+\cot\delta_0\sin kr) \tag{10.28}$$

δ_0 为 s 波相移, 对上式同样取低能极限 $k\to 0$, 则 $\cos kr\to 1$ 以及 $\sin kr\to kr$, 因而

$$u(r)\approx A\sin\delta_0(1+kr\cot\delta_0) \tag{10.29}$$

比较式 (10.27,10.29), 即得相移和散射长度的关系

$$k\cot\delta_0=-\frac{1}{a_0}\quad (k\to 0) \tag{10.30}$$

在低能极限, 散射 s 波占主导, 散射振幅可以只计 s 波振幅, 即得

$$f=\frac{1}{k}\mathrm{e}^{\mathrm{i}\delta_0}\sin\delta_0=\frac{1}{k\cot\delta_0-\mathrm{i}k} \tag{10.31}$$

为各向同性. 将式 (10.30) 代入式 (10.31), 即得

$$f=-\frac{a_0}{1+\mathrm{i}ka_0}\quad (k\to 0) \tag{10.32}$$

总截面为

$$\sigma_0=4\pi|f|^2=\frac{4\pi a_0^2}{1+(ka_0)^2} \tag{10.33}$$

如散射长度 a_0 取有限值, 则在低能极限 $k\to 0$, $k|a_0|\ll 1$, 式 (10.32) 和 (10.33) 分母上的 ka_0 可以略去, 从而得到

$$f=-a_0,\quad \sigma_0=4\pi a_0^2\quad (k\to 0) \tag{10.34}$$

而式 (10.30) 则给出

$$-ka_0=\tan\delta_0\approx\delta_0\quad (k\to 0) \tag{10.35}$$

这种情况下势场 $V(r)$ 的散射效果相当于半径为 a_0 的刚球.

如散射长度 $a_0 \to \infty$, 就出现共振散射, 这时式 (10.30) 给出

$$k\cot\delta_0 \to 0, \quad \delta_0 = \frac{\pi}{2}\text{或} -\frac{\pi}{2} \tag{10.36}$$

因而此时式 (10.31,10.33) 给出

$$f = \frac{\mathrm{i}}{k}, \quad \sigma_0 = 4\pi|f|^2 = \frac{4\pi}{k^2} = \frac{2\pi\hbar^2}{\mu E} \tag{10.37}$$

散射截面和入射动能 E 成反比, 当 $E \to 0$, $\sigma_0 \to \infty$.

题 10.3 对吸引的球方势阱

$$V(r) = \begin{cases} -V_0, & (r \leqslant a), \\ 0, & (r > a) \end{cases}$$

求出正能量下 $l = 0$ 的相移 δ_0 的能量依赖关系. 由此证明, 高能时 $\delta(k) \to \dfrac{maV_0}{\hbar^2 k}$, 并从 Born 近似得出这个结果.

解答 设 $\chi = rR$, 则 $l = 0$ 分波势阱内外分区间 Schrödinger 方程给出

$$\chi'' + k'^2\chi = 0, \quad k'^2 = k^2\left(1 + \frac{V_0}{E}\right) \qquad (r < a) \tag{10.38}$$

$$\chi'' + k^2\chi = 0, \quad k^2 = \frac{2mE}{\hbar^2} \qquad (r > a) \tag{10.39}$$

分别求解给出

$$\chi = \begin{cases} \sin k'r, & r < a \\ A\sin(kr + \delta_0), & r > a \end{cases} \tag{10.40}$$

波函数连接条件

$$(\ln\chi)'|_{r=a^-} = (\ln\chi)'|_{r=a^+} \tag{10.41}$$

给出决定 δ_0 的方程

$$k'\cot k'a = k\cot(ka + \delta_0) \tag{10.42}$$

相应于高能情形令 $k \to \infty$, 此时 $k'/k \to 1$, 式 (10.42) 给出

$$\cot k'a \approx \cot(ka + \delta_0)$$

由此给出

$$\delta_0 \to (k' - k)a = k\frac{V_0}{2E}a = \frac{maV_0}{\hbar^2 k} \tag{10.43}$$

即为所证.

另一方面, 从 Born 近似和分波法相比较①得

$$\begin{aligned}\delta_0 &\approx -\frac{2mk}{\hbar^2}\int_0^\infty V(r)\mathrm{j}_0^2(kr)r^2\mathrm{d}r = \frac{2mk_0V_0}{\hbar^2}\int_0^a \frac{\sin^2 kr}{k^2}\mathrm{d}r\\ &= \frac{2mV_0}{\hbar^2k^2}\int_0^{ka}\sin^2 t\mathrm{d}t = \frac{mV_0}{\hbar^2k^2}\left(ka-\frac{1}{2}\sin 2ka\right)\end{aligned} \tag{10.44}$$

当 $k\to\infty$ 时, $\delta_0 \to \dfrac{maV_0}{\hbar^2 k}$, 这与前面分波法相应结果式 (10.43) 一致.

题 10.4　质量为 m 的粒子被球壳势场 $V(r)=\gamma\delta(r-a)$ 散射, 在高能情况下, 用 Born 近似计算散射截面、微分截面、总截面, 并讨论 $\theta=0$ 的微分截面.

解答　Born 近似散射振幅如下给出

$$f(\theta,\varphi) = -\frac{m}{2\pi\hbar^2}\iiint \mathrm{d}^3\boldsymbol{r}\mathrm{e}^{-\mathrm{i}\boldsymbol{q}\cdot\boldsymbol{r}}V(\boldsymbol{r}) \tag{10.45}$$

弹性散射, 散射粒子与入射粒子波数矢量差

$$\boldsymbol{k}_f - \boldsymbol{k}_i = \boldsymbol{q},\quad q = q(\theta) = 2k\sin\frac{\theta}{2} \tag{10.46}$$

$\hbar\boldsymbol{q}$ 是散射导致的动量转移. 微分截面

$$\sigma(\theta,\varphi) = |f(\theta,\varphi)|^2 \tag{10.47}$$

对于中心势 $V(r)$, 散射振幅与 φ 无关. 此时散射振幅用下述一维定积分计算

$$f(\theta) = \frac{-2m}{\hbar^2 q}\int_0^\infty rV(r)\sin qr\mathrm{d}r \tag{10.48}$$

将题给球壳势场代入计算

$$\begin{aligned}f(\theta) &= \frac{-2m}{\hbar^2 q}\int_0^\infty rV(r)\sin qr\mathrm{d}r = \frac{-2m}{\hbar^2 q}\int_0^\infty r\gamma\delta(r-a)\sin qr\mathrm{d}r\\ &= \frac{-2m\gamma}{\hbar^2 q}a\sin qa\end{aligned}$$

其中动量转移的大小 $q = 2k\sin(\theta/2)$, 故

$$f(\theta) = -\frac{2m\gamma a^2}{\hbar^2}\frac{\sin\left(2ak\sin\dfrac{\theta}{2}\right)}{2ak\sin\dfrac{\theta}{2}} \tag{10.49}$$

①参见, 曾谨言, 量子力学 (第五版卷 I)[M], 北京: 科学出版社, 2013, P435.

这样得微分散射截面为

$$\sigma(\theta)=|f(\theta)|^2=\frac{4m^2a^2\gamma^2}{\hbar^4q^2}\sin^2 qa=\frac{4m^2a^2\gamma^2}{\hbar^4}\frac{\sin^2\left(2ak\sin\dfrac{\theta}{2}\right)}{\left(2ak\sin\dfrac{\theta}{2}\right)^2}\tag{10.50}$$

在高能条件 ($ka \gg 1$) 下, 对于一般的散射角 θ, 有 $ka\theta \gg 1$, 上式中 $\sin\left(2ak\sin\dfrac{\theta}{2}\right)$ 随 θ 变化而快速振荡, 因而其平方可以取其平均值 1/2, 此时微分散射截面可表示为

$$\sigma(\theta)\approx\frac{m^2a^2\gamma^2}{2\hbar^4k^2\sin^2\dfrac{\theta}{2}},\quad ka\theta\gg 1\tag{10.51}$$

对于 $\theta\to 0$, 式 (10.51) 不适用. 根据式 (10.49),

$$f(0)=-\frac{2m\gamma a^2}{\hbar^2}\tag{10.52}$$

故 $\theta\to 0$ 时微分散射截面为

$$\sigma(0)=|f(0)|^2=\frac{4m^2a^4\gamma^2}{\hbar^4}\tag{10.53}$$

总截面为

$$\sigma_{\mathrm{t}}=\int\sigma(\theta)\mathrm{d}\Omega=2\pi\int_0^{\pi}\sigma(\theta)\sin\theta\mathrm{d}\theta$$

当 $\theta>1/ka$, $\sigma(\theta)$ 即远小于 $\sigma(0)$, 因此 σ_t 的值主要来自角范围 $\theta\leqslant 1/ka$, 由此可得

$$\begin{aligned}\sigma_{\mathrm{t}}&\sim 2\pi\sigma(0)\int_0^{1/ka}\sin\theta\mathrm{d}\theta\sim\pi\sigma(0)k^2a^2\\&\sim\frac{4\pi m^2V_0^2a^2}{k^2\hbar^4}=\frac{2\pi mV_0^2a^2}{\hbar^2E}\end{aligned}\tag{10.54}$$

附录 (在低能情况下的分波法计算)设粒子能量为 E. 定态 Schrödinger 方程为

$$\nabla^2\psi+\left[k^2-\frac{2\mu}{\hbar^2}V(r)\right]\psi=0\tag{10.55}$$

入射波取为 $\psi_i=\mathrm{e}^{\mathrm{i}kz}$, 其中 $k=\sqrt{2\mu E}$. 将 ψ 如下按 $\boldsymbol{L}^2$、L_z 的共同本征态展开

$$\psi=\sum_l R_l(r)\mathrm{Y}_{lm}(\theta)=\frac{1}{\sqrt{4\pi}}\sum_l\sqrt{2l+1}R_l(r)\mathrm{P}_l(\cos\theta)\tag{10.56}$$

R_l 为第 l 分波的径向波函数, 按照分波法一般结果它具有下列渐近性质

$$R_l(r)\xrightarrow{kr\to\infty}\frac{1}{kr}\sin\left(kr-\frac{l\pi}{2}+\delta_l\right)\tag{10.57}$$

式 (10.56) 代入式 (10.55), 可知 R_l 满足径向方程

$$\frac{\mathrm{d}^2}{\mathrm{d}r^2}R_l+\frac{2}{r}\frac{\mathrm{d}}{\mathrm{d}r}R_l+\left[k^2-\frac{l(l+1)}{r^2}-\frac{2\mu}{\hbar^2}\gamma\delta(r-a)\right]R_l=0 \tag{10.58}$$

对势函数引进无量纲参数 Ω, 令

$$\gamma=\frac{\hbar^2}{2\mu a}\Omega \tag{10.59}$$

并令 $kr=\rho$, 方程式 (10.58) 可以写成

$$\frac{\mathrm{d}^2R_l}{\mathrm{d}\rho^2}+\frac{2}{\rho}\frac{\mathrm{d}R_l}{\mathrm{d}\rho}+\left[1-\frac{l(l+1)}{\rho^2}\right]R_l-\frac{\Omega}{ka}\delta(\rho-ka)R_l=0 \tag{10.60}$$

当 $\rho\neq ka$, 式 (10.60) 即球 Bessel 方程, 在 $\rho<ka$ 区域, 该式在 $\rho\to 0$ 处有限的解为

$$R_l=C\mathrm{j}_l(\rho),\quad \rho<ka \tag{10.61}$$

在 $\rho>ka$ 区域, 式 (10.60) 具有渐近性质 (10.57) 的解为

$$R_l=\mathrm{j}_l(\rho)\cos\delta_l-\mathrm{n}_l(\rho)\sin\delta_l,\quad \rho>ka \tag{10.62}$$

j_l 为球 Bessel 函数, n_l 为球 Neumann 函数.

在 $\rho\neq ka$ 处, 波函数连续性条件给出

$$C\mathrm{j}_l(ka)-\mathrm{j}_l(ka)\cos\delta_l+\mathrm{n}_l(ka)\sin\delta_l=0 \tag{10.63}$$

方程 (10.60) 在 $\rho=ka$ 的邻域作积分: $\int_{ka-0^+}^{ka+0^+}\mathrm{d}\rho$, 即得

$$R_l'(ka+0^+)-R_l'(ka-0^+)=\frac{\Omega}{ka}R_l(ka) \tag{10.64}$$

代入波函数表达式 (10.61,10.62), 即得

$$\mathrm{j}_l'(ka)\cos\delta_1-\mathrm{n}_l'(ka)\sin\delta_l-\mathrm{j}_l'(ka)=\frac{\Omega}{ka}C\mathrm{j}_l(ka) \tag{10.65}$$

式 (10.63) 乘 j_l' 并与式 (10.65) 乘 j_l 相加消去 C, 并利用公式

$$\mathrm{j}_l(\rho)\mathrm{n}_l'(\rho)-\mathrm{n}_l'(\rho)\mathrm{j}_l'(\rho)=\frac{1}{\rho^2}$$

即得

$$\tan\delta_l=\frac{ka\Omega[\mathrm{j}_l(ka)]^2}{ka\Omega\mathrm{j}_l(ka)\mathrm{n}_l(ka)-1} \tag{10.66}$$

由此式即可确定 δ_l.

当 $\Omega \gg 1$, 则式 (10.66) 分母中可以略去 (-1), 得到

$$\tan\delta_l \approx \frac{\mathrm{j}_l(ka)}{\mathrm{n}_l(ka)}$$

与刚球 (半径 a) 的散射相移公式①相同.

对于低能散射, $ka \ll 1$, 式 (10.66) 分母中 $ka\Omega$ 项可以略去 (低能极限), 则得

$$\delta_l \approx \tan\delta_l \approx -ka\Omega\left[\mathrm{j}_l(ka)\right]^2 \approx -\Omega\frac{(ka)^{2l+1}}{\left[(2l+1)!!\right]^2}$$

δ_l 和作用强度 Ω 以及 $(ka)^{2l+1}$ 成正比, 与球方势垒 (阱) 低能散射结果 类似. 引进无量纲参数 Ω, 令 $\gamma = \frac{\hbar^2}{2\mu a}\Omega$, 则

$$\tan\delta_l = \frac{ka\Omega[\mathrm{j}_l(ka)]^2}{ka\Omega\mathrm{j}_l(ka)\mathrm{n}_l(ka) - 1}$$

当 $\Omega \gg 1$, 则

$$\tan\delta_l \approx \frac{\mathrm{j}_l(ka)}{\mathrm{n}_l(ka)}$$

与刚球 (半径 a) 的散射相移公式相同. 对于低能散射, $ka \ll 1$,

$$\tan\delta_l \approx \frac{\mathrm{j}_l(ka)}{\mathrm{n}_l(ka)}\delta_l \approx \tan\delta_l \approx -ka\Omega\left[\mathrm{j}_l(ka)\right]^2 \approx -\Omega\frac{(ka)^{2l-1}}{\left[(2l+1)!!\right]^2}$$

与球方势垒 (阱) 低能散射结果类似.

题 10.5 推导半径为 R 的刚球散射 s 分波 $(l=0)$ 截面的表达式, 并讨论高能近似和低能近似下的总截面.

解答 刚球的作用相当于位势

$$V(r) = \begin{cases} \infty, & (r \leqslant R), \\ 0, & (r > R) \end{cases} \tag{10.67}$$

令 s 分波的径向波函数 $R_0(r) = \chi_0(r)/r$, 则

$$\begin{aligned} &\chi_0''(r) + k^2\chi_0(r) = 0 \quad (r > R) \\ &\chi_0(r) = 0 \qquad\qquad\quad\ \ (r < R) \end{aligned} \tag{10.68}$$

解 $r > R$ 的方程, 得

$$\chi_0(r) = A\sin(kr + \delta_0) \quad (r > R) \tag{10.69}$$

① 参见, 曾谨言, 量子力学 (第五版卷 I)[M], 北京: 科学出版社, 2013, P.438-439.

利用 $r=R$ 时波函数的连接条件, 得

$$A\sin(kr+\delta_0)=0 \tag{10.70}$$

所以

$$\delta_0=n\pi-kR,\quad \sin\delta_0=(-1)^{n+1}\sin kR \tag{10.71}$$

$n=0,1,2,3,\cdots$, 于是 s 分波的总截面为

$$\sigma_{\rm t}=\frac{4\pi}{k^2}\sin^2\delta_0=\frac{4\pi}{k^2}\sin^2 kR \tag{10.72}$$

低能情况下, $k\to 0$, $\sigma_{\rm t}=4\pi R^2$; 高能情况下, $k\to\infty$, $\sigma_{\rm t}=0$.

题 10.6　在 Born 近似下计算一个质量为 m 的粒子被 δ-函数势 $V(r)=V_0\delta^{(3)}(\boldsymbol{r})$ 散射的微分截面及总截面. 截面有何特点? 并与低能粒子的散射截面及 Coulomb 势的散射截面的特点比较.

解答　根据式 (10.45) 得散射振幅为

$$f(\theta,\varphi)=-\frac{\mu}{2\pi\hbar^2}\iiint {\rm d}^3\boldsymbol{r}{\rm e}^{-{\rm i}\boldsymbol{q}\cdot\boldsymbol{r}}\gamma\delta^{(3)}(\boldsymbol{r})=-\frac{\mu\gamma}{2\pi\hbar^2} \tag{10.73}$$

可见散射振幅各向同性. 根据式 (10.47), 得微分散射截面为

$$\sigma(\theta,\varphi)=\frac{\mu^2V_0^2}{4\pi^2\hbar^4}$$

各向同性, 而且与粒子能量无关. 散射总截面为

$$\sigma_t=\frac{\mu^2V_0^2}{\pi\hbar^4}$$

低能粒子的刚球散射或者球方势阱散射也有同样的特点, 即散射振幅各向同性并且与粒子能量无关. 其实这种特点对于低能粒子的散射具有一定普遍性, 设短程相互作用势函数为 $V(\boldsymbol{r})$ 局限在空间有限区域, 相互作用力程量级为 r_0. 若 Born 近似适用①, 则根据式 (10.45) 得散射振幅为

$$f(\theta,\varphi)=-\frac{\mu}{2\pi\hbar^2}\iiint {\rm d}^3\boldsymbol{r}{\rm e}^{-{\rm i}\boldsymbol{q}\cdot\boldsymbol{r}}V(\boldsymbol{r}) \tag{10.74}$$

若粒子能量足够低, 粒子波数 k 足够小 (粒子运动 de Broglie 波波长足够长), 使得 $kr_0\ll 1$, 此时上面积分式中 ${\rm e}^{-{\rm i}\boldsymbol{q}\cdot\boldsymbol{r}}$ 可以取为 1, 这样

$$f(\theta,\varphi)\approx-\frac{\mu}{2\pi\hbar^2}\iiint {\rm d}^3\boldsymbol{r}V(\boldsymbol{r})=-\frac{\mu A}{2\pi\hbar^2} \tag{10.75}$$

①关于 Born 近似适用条件的分析可参见, 张永德, 量子力学 (第三版)[M], 北京: 科学出版社, 2015, P269-270.

其中 $A=\iiint \mathrm{d}^3\boldsymbol{r}V(\boldsymbol{r})$ 为一实的常数量.

可见相互作用力程有限的势场对于能量足够低的粒子的散射，与 δ 势的散射相同. 我们也可以说 δ 势是一个理想的, 作用力程极小的相互作用势, 作用力程要远小于碰撞粒子的相对运动的 de Broglie 波波长. 作为例子, δ 势用来形式地描述足够慢的中子受原子核的散射.

与此不同, Coulomb 势散射的特点则是：(a) 主要集中在小角度 ($\theta\approx 0$ 附近)；(b) 截面与入射粒子能量平方成反比. 导致这种不同的主要原因是, Coulomb 力是长程力.

题 10.7 一个质量为 m 的粒子, 在排斥势

$$V=A\mathrm{e}^{-r^2/a^2}$$

中运动, 用 Born 近似求出微分散射截面, 确定到一个相乘的常数.

解答 对于中心势 $V(r)$, 散射振幅计算公式为

$$f(\theta)=\frac{-2\mu}{\hbar^2 q}\int_0^\infty rV(r)\sin qr\mathrm{d}r \tag{10.76}$$

其中 $q=q(\theta)=2k\sin\dfrac{\theta}{2}$, 而 $\hbar k$ 为入射粒了动量大小. 令 $\alpha=1/a^2$, 题给势函数记为 $V(r)=A\mathrm{e}^{-\alpha r^2}$ $(\alpha>0)$, 根据式 (10.76) 得散射振幅为

$$\begin{aligned}
f(\theta)&=\frac{-2\mu}{\hbar^2 q}\int_0^\infty rA\mathrm{e}^{-\alpha r^2}\sin qr\mathrm{d}r=\frac{\mu A}{\hbar^2 q\alpha}\int_0^\infty \sin qr\mathrm{d}\mathrm{e}^{-\alpha r^2}\\
&=\frac{\mu A}{\hbar^2\alpha}\int_0^\infty \mathrm{e}^{-\alpha r^2}\cos qr\mathrm{d}r=\frac{\mu A}{2\hbar^2\alpha}\int_{-\infty}^\infty \mathrm{e}^{-\alpha r^2}\cos qr\mathrm{d}r\\
&=\frac{\mu A}{4\hbar^2\alpha}\int_{-\infty}^\infty\left(\mathrm{e}^{-\alpha r^2+\mathrm{i}qr}+\mathrm{e}^{-\alpha r^2-\mathrm{i}qr}\right)\mathrm{d}r\\
&=\frac{\mu A}{4\hbar^2\alpha}\sqrt{\frac{\pi}{\alpha}}\left(\mathrm{e}^{-\frac{q^2}{4\alpha}}+\mathrm{e}^{-\frac{q^2}{4\alpha}}\right)=\frac{\sqrt{\pi}\mu A}{2\hbar^2\alpha^{\frac{3}{2}}}\mathrm{e}^{-\frac{q^2}{4\alpha}}
\end{aligned}$$

或者

$$f(\theta)=\frac{\sqrt{\pi}\mu A a^3}{2\hbar^2}\mathrm{e}^{-\frac{q^2a^2}{4}} \tag{10.77}$$

上面用到了广义 Gauss 积分公式 (5). 这样得微分散射截面为

$$\sigma(\theta)=\frac{\pi\mu^2A^2a^6}{4\hbar^4}\mathrm{e}^{-\frac{q^2a^2}{2}} \tag{10.78}$$

题 10.8　质量为 m 粒子受到中心势

$$V(r)=-\frac{\hbar^2}{ma^2}\frac{1}{\cosh^2(r/a)}$$

散射, 其中 a 为常数. 已知方程

$$\frac{\mathrm{d}^2y}{\mathrm{d}x^2}+k^2y+\frac{2}{\cosh^2x}y=0$$

的解为 $y=\mathrm{e}^{\pm\mathrm{i}kr(\tanh x\pm\mathrm{i}k)}$. 计算能量 E 时, s 分波对总散射截面的贡献.

解法一　低能散射可采用分波法, 此时 s 波 ($l=0$) 占主导. 设粒子入射动能为 E. s 波的波函数是球对称的, 设为

$$\psi(r)=\frac{u(r)}{r} \tag{10.79}$$

代入定态 Schrödinger 方程得

$$u''(r)+k^2u(r)=-\frac{2}{a^2\cosh^2(r/a)}u(r) \tag{10.80}$$

其中 $k=\sqrt{2\mu E}/\hbar$.

按题给提示, 或者可直接验证, 式 (10.80) 的二阶常微分方程的解为

$$u(r)=\alpha\,(\tanh(r/a)-\mathrm{i}k)\,\mathrm{e}^{\mathrm{i}kr}+\beta\,(\tanh(r/a)+\mathrm{i}k)\,\mathrm{e}^{-\mathrm{i}kr} \tag{10.81}$$

其中 α、β 为积分常数. 在原点波函数有界, 因而 $u(0)=r\psi(r)|_{r=0}=0$, 因而

$$u(r)|_{r\to0}=\alpha(0-\mathrm{i}ka)+\beta(0+\mathrm{i}ka)=0$$

所以 $\alpha=\beta$, 这样 s 波波函数为

$$\psi(r)=\frac{\alpha}{r}\left[(\tanh(r/a)-\mathrm{i}ka)\,\mathrm{e}^{\mathrm{i}kr}+(\tanh(r/a)+\mathrm{i}ka)\,\mathrm{e}^{-\mathrm{i}kr}\right] \tag{10.82}$$

$r\to\infty$ 时, $\tanh(r/a)=\dfrac{\mathrm{e}^{r/a}+\mathrm{e}^{-r/a}}{\mathrm{e}^{r/a}-\mathrm{e}^{-r/a}}\to1$, 因而

$$\begin{aligned}\psi(r)&\xrightarrow{r\to\infty}\frac{\alpha}{r}\left[(1-\mathrm{i}ka)\mathrm{e}^{\mathrm{i}kr}+(1+\mathrm{i}ka)\mathrm{e}^{-\mathrm{i}kr}\right]\\&=\frac{\alpha}{r}\sqrt{1+k^2a^2}\left[\mathrm{c}^{\mathrm{i}kr-\mathrm{i}\alpha_1}+\mathrm{e}^{-\mathrm{i}kr+\mathrm{i}\alpha_1}\right]=\frac{\alpha}{r}\sqrt{1+k^2a^2}\cdot2\cos(kr-\alpha_1)\\&=\frac{2\alpha}{r}\sqrt{1+k^2a^2}\sin\left(kr+\frac{\pi}{2}-\alpha_1\right)\end{aligned} \tag{10.83}$$

式中

$$\alpha_1=\arctan ka \tag{10.84}$$

所以 s 分波相移为

$$\delta_0 = \frac{\pi}{2} - \alpha_1 \tag{10.85}$$

因而散射总截面为

$$\sigma_t = \frac{4\pi}{k^2}\sin^2\delta_0 = \frac{4\pi}{k^2}\cos^2\alpha_1 \tag{10.86}$$

当 $E \to 0$ 时, $k \to 0, \alpha_1 \to 0$, 有

$$\sigma_t = \frac{4\pi}{k^2} = \frac{4\pi}{2mE/\hbar^2} = \frac{4\pi\hbar^2}{2mE} = \frac{2\pi\hbar^2}{mE}$$

这里也看到, 散射截面和入射动能 E 成反比, 当 $E \to 0$, $\sigma_0 \to \infty$.

解法二 本题所给的势函数是短程势, 当 $r \to \infty$ 时, 以负指数方式趋于零. 在极低能情形下, 式 (10.82) 给出

$$u(r) = r\psi(r) = 2\alpha\lambda\tanh\lambda r \xrightarrow{r\to\infty} 2\alpha\lambda$$

与题 10.2附录比较, 可知散射长度 $a_0 = \infty$, 因而在极低能情形下出现共振散射. 因此, 根据题 10.2附录的结果, 散射振幅和散射截面分别为

$$f = \frac{\mathrm{i}}{k} = \frac{\mathrm{i}\hbar}{\sqrt{2mE}}$$

$$\sigma_0 = 4\pi|f|^2 = \frac{4\pi}{k^2} = \frac{2\pi\hbar^2}{mE}$$

题 10.9 一个电荷为 q 的粒子被一个核荷为 Q 的原子散射, 作用势为 $V = q\dfrac{Q}{r}\mathrm{e}^{-\alpha r}$, 其中 α^{-1} 表示原子中电子的屏蔽长度, (1) 用 Born 近似计算散射截面. (2) 结果怎样依赖于核荷 Z?

解答 (1) 设粒子质量是 m, 势函数是 $V(\boldsymbol{r})$. 入射粒子波数 $\boldsymbol{k}_i = (0,0,k)$, 散射粒子波数 $\boldsymbol{k}_f$. 因是弹性散射, 散射前后波数大小不变 $k_f = k_i = k$ 不变, 它与粒子能量 E 的关系是 $k^2 = 2mE/\hbar^2$. 散射粒子与入射粒子波数矢量差

$$\boldsymbol{k}_f - \boldsymbol{k}_i = \boldsymbol{q}', \quad q' = q'(\theta) = 2k\sin\frac{\theta}{2} \tag{10.87}$$

$\hbar\boldsymbol{q}'$ 是散射导致的动量转移. 散射振幅如下给出

$$f(\theta,\varphi) = -\frac{m}{2\pi\hbar^2}\iiint \mathrm{d}^3\boldsymbol{r}\mathrm{e}^{-\mathrm{i}\boldsymbol{q}'\cdot\boldsymbol{r}}V(\boldsymbol{r}) \tag{10.88}$$

此为 Born 散射振幅公式, 一般适用于高能粒子散射. 对于中心势 $V(r)$, 散射振幅与 φ 无关. 此时散射振幅用下述一维定积分计算

$$f(\theta) = \frac{-2m}{\hbar^2 q'}\int_0^\infty rV(r)\sin q'r\mathrm{d}r \tag{10.89}$$

微分截面

$$\sigma(\theta)=|f(\theta)|^2. \tag{10.90}$$

对于题给势函数, 根据式 (10.89) 得散射振幅为

$$f(\theta)=\frac{-2m}{\hbar^2 q'}\int_0^\infty r\left(qQ\frac{\mathrm{e}^{-\alpha r}}{r}\right)\sin q'r\mathrm{d}r=\frac{-2mqQ}{\hbar^2 q'}\int_0^\infty \mathrm{e}^{-\alpha r}\sin q'r\mathrm{d}r \tag{10.91}$$

式中出现的积分 $I=\int_0^\infty \mathrm{e}^{-\alpha r}\sin q'r\mathrm{d}r$ 可以直接利用式 (14) 或者如下计算

$$\begin{aligned}I&=\int_0^\infty \mathrm{e}^{-\alpha r}\sin q'r\mathrm{d}r=\frac{1}{-\alpha}\int_0^\infty \sin q'r\mathrm{d}\mathrm{e}^{-\alpha r}\\&=0-\frac{q'}{-\alpha}\int_0^\infty \mathrm{e}^{-\alpha r}\cos q'r\mathrm{d}r=-\frac{q'}{\alpha^2}\int_0^\infty \cos q'r\mathrm{d}\mathrm{e}^{-\alpha r}\\&=-\frac{q'}{\alpha^2}\left(\cos q'r\mathrm{e}^{-\alpha r}\Big|_0^\infty-q'\int_0^\infty -\sin q'r\mathrm{e}^{-\alpha r}\mathrm{d}r\right)=\frac{q'}{\alpha^2}-\frac{q'^2}{\alpha^2}I\end{aligned}$$

即有 $I=\frac{q'}{\alpha^2}-\frac{q'^2}{\alpha^2}I$, 可见 $I=\frac{q'}{\alpha^2}\Big/\left(1+\frac{q'^2}{\alpha^2}\right)=\frac{q'}{\alpha^2+q'^2}$. 将此积分结果代入式 (10.91) 得到散射振幅为

$$f(\theta)=\frac{-2m\kappa}{\hbar^2 q'}\times\frac{q'}{\alpha^2+q'^2}=\frac{-2mqQ}{\hbar^2\left(\alpha^2+4k^2\sin^2\dfrac{\theta}{2}\right)} \tag{10.92}$$

根据式 (10.90), 得微分散射截面为

$$\sigma(\theta)=\frac{4m^2q^2Q^2}{\hbar^4\left(\alpha^2+4k^2\sin^2\dfrac{\theta}{2}\right)^2} \tag{10.93}$$

(2) 下面求 α 的表达式. 由 Thomas-Fermi 近似, 当 Z 较大时, 在原子内静电场 $\phi(r)$ 变化不大的范围内已有足够多的电子, 这些电子可看成自由的 Fermi 气体.

电子束缚在原子内, 故其能量不大于无穷远处能量值 $E(\infty)$, 于是 r 处可能的最大动量 $p_{\max}$ 满足

$$\frac{1}{2m}p_{\max}^2(r)-e\phi(r)=0$$

而 r 处的 Fermi 动量

$$p_f(r)=p_{\max}(r)=[2me\phi(r)]^{1/2} \tag{10.94}$$

又对于自由电子 Fermi 气体有

$$p_f=\hbar(3\pi^2 n)^{1/3} \tag{10.95}$$

其中 n 为电子密度.

联立式 (10.94) 和式 (10.95), 得

$$
\begin{aligned}
n(r) &= \frac{1}{3\pi^2\hbar^3}[2me\phi(r)]^{3/2} \\
&= \frac{1}{3\pi^2\hbar^3}\left(2mZe^2\frac{1}{r}e^{-\alpha r}\right)^{3/2}
\end{aligned} \tag{10.96}
$$

因而

$$
\begin{aligned}
Z &= \int ndV = 4\pi\int_0^{\infty} n(r)r^2dr \\
&= \frac{4}{3\pi\hbar^2}\left(2mZe^2\right)^{3/2}\int_0^{\infty} \mathrm{e}^{-\frac{3}{2}\alpha r}r^{1/2}\mathrm{d}r \\
&= \frac{2}{3\sqrt{\pi}\hbar^2}\left(\frac{4me^2}{3}\right)^{3/2}\frac{Z^{3/2}}{\alpha^{3/2}}
\end{aligned} \tag{10.97}
$$

所以

$$
\alpha = \frac{4me^2}{3\hbar^2}\left(\frac{4}{9\pi}\right)^{1/3}Z^{1/3} = \frac{4}{3}\left(\frac{4}{9\pi}\right)^{1/3}\frac{1}{a_0}Z^{1/3} \tag{10.98}
$$

其中$a_0 = \dfrac{\hbar^2}{me^2}$ 为 Bohr 半径. 散射截面式 (10.93) 与 α 有关, 上式看到 α 与 $Z^{1/3}$ 成正比, 从而散射截面与 Z 有关.

题 10.10 一个自旋为 1/2, 质量为 m, 能量为 $E = \dfrac{\hbar^2k^2}{2m}$ 的粒子与无限重的自旋为 1/2 靶粒子散射, 相互作用的 Hamilton 量为

$$
H_{\text{int}} = A\boldsymbol{\sigma}_1\cdot\boldsymbol{\sigma}_2\frac{\mathrm{e}^{-\mu r}}{r}, \quad (\mu > 0)
$$

其中 $\boldsymbol{\sigma}_1$ 和 $\boldsymbol{\sigma}_2$ 是入射粒子及靶粒子自旋的 Pauli 算符. 在一阶 Born 近似下求微分散射截面 $\mathrm{d}\sigma/\mathrm{d}\Omega$. 其中, 对自旋初态求平均, 对自旋末态求和.

解法一 由相互作用势 V 的形式可知, 总自旋 $\boldsymbol{S}^2$ 和 S_z 是守恒量. 故在 16 个分道中, 仅存如下 4 个分道截面不为零: $S=0$ 单态, $S=1$ 三重态.

对 $S=0$, $\boldsymbol{\sigma}_1\cdot\boldsymbol{\sigma}_2 = -3$, 此时 $V_0 = -3A\dfrac{\mathrm{e}^{-\mu r}}{r}$. 由题 (10.9) 结果知散射振幅为

$$
f_0 = \frac{6Am}{\mu^2+q^2} \tag{10.99}
$$

散射截面

$$
\sigma_0 = \frac{36m^2A^2}{\hbar^4\left[\mu^2+4k^2\sin^2\dfrac{\theta}{2}\right]^2} \tag{10.100}
$$

而对 $S=1$, $\boldsymbol{\sigma}_1\cdot\boldsymbol{\sigma}_2=1$, 此时有 $V_1=A\dfrac{\mathrm{e}^{-\mu r}}{r}$, 同样由题 (10.9) 结果给出散射振幅为

$$f_1=\frac{2Am}{\mu^2+q^2} \tag{10.101}$$

散射截面

$$\sigma_1=\frac{4m^2A^2}{\hbar^4\left[\mu^2+4k^2\sin^2\dfrac{\theta}{2}\right]^2} \tag{10.102}$$

由于是非极化情况, 对自旋初态求平均, 自旋末态求和, 有微分散射截面

$$\frac{\mathrm{d}\sigma}{\mathrm{d}\Omega}=\frac{1}{4}\sigma_0+\frac{3}{4}\sigma_1=\frac{12m^2A^2}{\hbar^4\left[\mu^2+4k^2\sin^2\dfrac{\theta}{2}\right]^2} \tag{10.103}$$

解法二　设粒子沿 z 方向入射, 即 $\boldsymbol{k}_0=k\boldsymbol{e}_z$. 在一阶 Born 近似下, 散射振幅为

$$\begin{aligned}f(\theta)&=-\frac{m}{2\pi\hbar^2}\int \mathrm{e}^{\mathrm{i}(\boldsymbol{k}_0-\boldsymbol{k})\cdot\boldsymbol{r}}\left\langle\chi_f\left|A\boldsymbol{\sigma}_1\cdot\boldsymbol{\sigma}_2\right|\chi_i\right\rangle\frac{\mathrm{e}^{-\mu r'}}{r'}\mathrm{d}^3\boldsymbol{r}'\\&=\frac{-m}{2\pi\hbar^2}\int \mathrm{e}^{\mathrm{i}\boldsymbol{q}\cdot\boldsymbol{r}}\left\langle\chi_f\left|A\boldsymbol{\sigma}_1\cdot\boldsymbol{\sigma}_2\right|\chi_i\right\rangle\frac{\mathrm{e}^{-\mu r'}}{r'}\mathrm{d}^3\boldsymbol{r}'\\&=-\frac{2m}{\hbar^2}\left\langle\chi_f\left|A\boldsymbol{\sigma}_1\cdot\boldsymbol{\sigma}_2\right|\chi_i\right\rangle\frac{1}{\mu^2+q^2}\end{aligned} \tag{10.104}$$

其中

$$\boldsymbol{q}=\boldsymbol{k}_0-\boldsymbol{k},\quad q=2k\sin\frac{\theta}{2}$$

$|\chi_i\rangle$, $|\chi_f\rangle$ 分别为散射初态与散射末态的自旋态. 对系统总自旋 $S=0$ 态, 解法一式 (10.99) 与 (10.100) 给出散射振幅与截面. 对系统总自旋 $S=1$ 态, 解法一式 (10.101) 与 (10.102) 给出相应的散射振幅与截面.

设入射粒子自旋初态为 $\begin{pmatrix}1\\0\end{pmatrix}^{\mathrm{P}}=\alpha_{\mathrm{p}}$, 靶核自旋初态为 $\begin{pmatrix}1\\0\end{pmatrix}^{\mathrm{T}}=\alpha_{\mathrm{T}}$, 则体系的自旋初态为 $\Theta_{11}=\alpha_{\mathrm{p}}\alpha_{\mathrm{T}}$, 此时的散射波函数为 $f_1(\theta)\dfrac{\mathrm{e}^{\mathrm{i}kr}}{r}\Theta_{11}$, 而相应的极化微分散射截面为

$$\frac{\mathrm{d}\sigma}{\mathrm{d}\Omega}\left(\frac{1}{2}\frac{1}{2};\frac{1}{2}\frac{1}{2}\right)=|f_1(\theta)|^3$$

$$\frac{\mathrm{d}\sigma}{\mathrm{d}\Omega}\left(\frac{1}{2}\frac{1}{2};\frac{1}{2},-\frac{1}{2}\right)=\frac{\mathrm{d}\sigma}{\mathrm{d}\Omega}\left(\frac{1}{2}\frac{1}{2};-\frac{1}{2},\frac{1}{2}\right)=\frac{\mathrm{d}\sigma}{\mathrm{d}\Omega}\left(\frac{1}{2}\frac{1}{2};-\frac{1}{2},-\frac{1}{2}\right)=0$$

同样的方法, 注意体系的自旋三态为

$$\Theta_{11}=\alpha_{\rm p}\alpha_{\rm T},\quad \Theta_{1,-1}=\beta_{\rm p}\beta_{\rm T},\quad \Theta_{10}=\frac{1}{\sqrt{2}}\left(\alpha_{\rm p}\beta_{\rm T}+\beta_{\rm p}\alpha_{\rm T}\right)$$

自旋单态为$\Theta_{00}=\frac{1}{\sqrt{2}}\left(\alpha_{\rm p}\beta_{\rm T}-\beta_{\rm p}\alpha_{\rm T}\right)$, 并且 $\alpha_{\rm p}\beta_{\rm T}=\frac{1}{\sqrt{2}}\left(\Theta_{10}+\Theta_{00}\right)$ 等, 可求得其他的极化微分散射截面为

$$\frac{{\rm d}\sigma}{{\rm d}\Omega}\left(\frac{1}{2}-\frac{1}{2};\frac{1}{2}-\frac{1}{2}\right)=\frac{1}{4}|f_1(\theta)-f_0(\theta)|^2$$

$$\frac{{\rm d}\sigma}{{\rm d}\Omega}\left(\frac{1}{2}-\frac{1}{2};-\frac{1}{2}\frac{1}{2}\right)=\frac{1}{4}\left|f_1(\theta)-f_0(\theta)\right|^2$$

$$\frac{{\rm d}\sigma}{{\rm d}\Omega}\left(\frac{1}{2}-\frac{1}{2};\frac{1}{2}\frac{1}{2}\right)=\frac{{\rm d}\sigma}{{\rm d}\Omega}\left(\frac{1}{2}-\frac{1}{2};-\frac{1}{2}-\frac{1}{2}\right)=0$$

$$\frac{{\rm d}\sigma}{{\rm d}\Omega}\left(-\frac{1}{2}\frac{1}{2};\frac{1}{2}-\frac{1}{2}\right)=\frac{1}{4}\left|f_1(\theta)-f_0(\theta)\right|^2$$

$$\frac{{\rm d}\sigma}{{\rm d}\Omega}\left(-\frac{1}{2}\frac{1}{2};-\frac{1}{2}\frac{1}{2}\right)=\frac{1}{4}\left|f_1(\theta)+f_0(\theta)\right|^2$$

$$\frac{{\rm d}\sigma}{{\rm d}\Omega}\left(-\frac{1}{2}\frac{1}{2};\frac{1}{2}\frac{1}{2}\right)=\frac{{\rm d}\sigma}{{\rm d}\Omega}\left(-\frac{1}{2}\frac{1}{2};-\frac{1}{2}-\frac{1}{2}\right)=0$$

$$\frac{{\rm d}\sigma}{{\rm d}\Omega}\left(-\frac{1}{2}-\frac{1}{2};-\frac{1}{2}-\frac{1}{2}\right)=\left|f_1(\theta)\right|^2$$

$$\frac{{\rm d}\sigma}{{\rm d}\Omega}\left(-\frac{1}{2}-\frac{1}{2};\frac{1}{2}\frac{1}{2}\right)=\frac{{\rm d}\sigma}{{\rm d}\Omega}\left(-\frac{1}{2}-\frac{1}{2};-\frac{1}{2}\frac{1}{2}\right)=\frac{{\rm d}\sigma}{{\rm d}\Omega}\left(-\frac{1}{2}-\frac{1}{2};\frac{1}{2}-\frac{1}{2}\right)=0$$

对自旋初态 (i) 求平均, 对自旋末态 (f) 求和, 得

$$\begin{aligned}\frac{{\rm d}\sigma}{{\rm d}\Omega}&=\frac{1}{4}\sum_{s_{{\rm p}z}^{(i)},s_{{\rm T}z}^{(i)},s_{{\rm p}z}^{(f)},s_{{\rm T}z}^{(f)}}\frac{{\rm d}\sigma}{{\rm d}\Omega}\left(s_{{\rm p}z}^{(i)},s_{{\rm T}z}^{(i)};s_{{\rm p}z}^{(f)},s_{{\rm T}z}^{(f)}\right)\\&=\frac{1}{4}\left[3f_1^2(\theta)+f^2(\theta)\right]=\frac{12m^2A^2}{\hbar^4\left[\mu^2+4k^2\sin^2\dfrac{\theta}{2}\right]^2}\end{aligned}\tag{10.105}$$

说明 此题后半部分作自旋统计时, 可有如解法一的一些十分简便的办法. 但这里的遍举法较具体详尽.

题 10.11 粒子被势 $V(\boldsymbol{r})$ 散射, 求散射振幅的 Born 一级和二级修正.

解答 具有一定能量 E 的入射粒子 (设其质量为 μ) 在势场的作用下发生散射, 它的波函数满足如下定态 Schrödinger 方程

$$\left(\nabla^2+k^2\right)\psi=\frac{2\mu}{\hbar^2}V(\boldsymbol{r})\psi,\quad k=\sqrt{2\mu E}/\hbar\tag{10.106}$$

入射粒子可用平面波来描述

$$\psi_i = \mathrm{e}^{\mathrm{i}kz} = \mathrm{e}^{\mathrm{i}\boldsymbol{k}_0\cdot\boldsymbol{x}} \tag{10.107}$$

其中 $\boldsymbol{k}_0 = (0,0,k)$ 为相应的波矢量. 总的波函数为

$$\psi = \psi_i + \psi_{\mathrm{sc}} = \mathrm{e}^{\mathrm{i}kz} + \psi_{\mathrm{sc}} \tag{10.108}$$

其中 ψ_{sc} 为散射波. 散射边界条件为

$$\psi = \mathrm{e}^{\mathrm{i}kz} + \psi_{\mathrm{sc}} \xrightarrow{r\to\infty} \mathrm{e}^{\mathrm{i}kz} + \frac{1}{r}f(\theta,\varphi)\,\mathrm{e}^{\mathrm{i}kr} \tag{10.109}$$

其中的 $f(\theta,\varphi)$ 为粒子散射到 (θ,φ) 方向的散射振幅.

根据 Schrödinger 方程 (10.106), 可知散射问题的波函数满足积分方程

$$\psi(\boldsymbol{x}) = \mathrm{e}^{\mathrm{i}\boldsymbol{k}_0\cdot\boldsymbol{x}} + \frac{2\mu}{\hbar^2}\int \mathrm{d}^3\boldsymbol{x}' G(\boldsymbol{x},\boldsymbol{x}')\,V(\boldsymbol{x}')\,\psi(\boldsymbol{x}'), \tag{10.110}$$

此式称为 Lippman-Schwinger 方程. 式中 Green 函数为

$$G(\boldsymbol{x},\boldsymbol{x}') = \frac{1}{(2\pi)^3}\int \frac{1}{k^2-k'^2}\mathrm{e}^{\mathrm{i}\boldsymbol{k}'\cdot(\boldsymbol{x}-\boldsymbol{x}')}\mathrm{d}^3\boldsymbol{k}' \tag{10.111}$$

满足

$$\left(\nabla^2 + k^2\right)G(\boldsymbol{x},\boldsymbol{x}') = \delta^{(3)}(\boldsymbol{x}-\boldsymbol{x}') \tag{10.112}$$

表达式 (10.111) 中包含一个奇异函数积分. 根据散射边界条件, 式中 Green 函数应取

$$G(\boldsymbol{x},\boldsymbol{x}') = G(\boldsymbol{x}-\boldsymbol{x}') = -\frac{1}{4\pi|\boldsymbol{x}-\boldsymbol{x}'|}\mathrm{e}^{\mathrm{i}k|\boldsymbol{x}-\boldsymbol{x}'|} \tag{10.113}$$

这相当于在式 (10.111) 中, 令①

$$k \to k + \mathrm{i}0^+ \tag{10.114}$$

在 Born 近似中, 以 ψ_i 作为 ψ 的零级近似, ψ 的逐级展开为

$$\psi = \psi^{(0)} + \psi^{(1)} + \psi^{(2)} + \cdots, \quad \psi^{(0)} = \psi_i \tag{10.115}$$

与式 (10.108) 比较, 也就是

$$\psi_{\mathrm{sc}} = \psi^{(1)} + \psi^{(2)} + \cdots$$

①若是令 $k \to k - \mathrm{i}0^+$, 则给出

$$G(\boldsymbol{x},\boldsymbol{x}') = -\frac{1}{4\pi|\boldsymbol{x}-\boldsymbol{x}'|}\mathrm{e}^{-\mathrm{i}k|\boldsymbol{x}-\boldsymbol{x}'|}$$

不符合散射边界条件, 应舍去. 式 (10.112) 作为二阶微分方程, 其独立解只有两个. 由此知因散射边界条件的要求, Green 函数只有式 (10.111) 所给的一个解.

按散射边界条件,

$$\psi^{(1)} \xrightarrow{r\to\infty} f^{(1)}(\theta,\varphi)\frac{\mathrm{e}^{\mathrm{i}kr}}{r}, \quad \psi^{(2)} \xrightarrow{r\to\infty} f^{(2)}(\theta,\varphi)\frac{\mathrm{e}^{\mathrm{i}kr}}{r} \tag{10.116}$$

也就有

$$\psi_{\mathrm{sc}} \xrightarrow{r\to\infty} \left[f^{(1)}+f^{(2)}+\cdots\right]\frac{\mathrm{e}^{\mathrm{i}kr}}{r} = f(\theta,\varphi)\frac{\mathrm{e}^{\mathrm{i}kr}}{r} \tag{10.117}$$

上式看出 $f^{(1)}$, $f^{(2)}$ 为散射振幅 $f(\theta,\varphi)$ 的一阶近似和二阶修正.

现在将 ψ 的逐级展开式 (10.115) 代入①Lippman-Schwinger 方程 (10.110) 中, 将势场 V 视为微扰, 比较同级项②, 给出一阶和二阶方程如下

$$\psi^{(1)}(\boldsymbol{x}) = \frac{2\mu}{\hbar^2}\int G(\boldsymbol{x},\boldsymbol{x}')V(\boldsymbol{x}')\psi^{(0)}(\boldsymbol{x}')\mathrm{d}^3\boldsymbol{x}' \tag{10.118}$$

$$\psi^{(2)}(\boldsymbol{x}) = \frac{2\mu}{\hbar^2}\int G(\boldsymbol{x},\boldsymbol{x}')V(\boldsymbol{x}')\psi^{(1)}(\boldsymbol{x}')\mathrm{d}^3\boldsymbol{x}' \tag{10.119}$$

在式 (10.118) 中, $\psi^{(0)}(\boldsymbol{x}') = \mathrm{e}^{\mathrm{i}\boldsymbol{k}_0\cdot\boldsymbol{x}'}$, 再代入 Green 函数的表达式 (10.113)

$$\psi^{(1)}(\boldsymbol{x}) = -\frac{\mu}{2\pi\hbar^2}\int \frac{\mathrm{e}^{\mathrm{i}k|\boldsymbol{x}-\boldsymbol{x}'|}}{|\boldsymbol{x}-\boldsymbol{x}'|}V(\boldsymbol{x}')\mathrm{e}^{\mathrm{i}\boldsymbol{k}_0\cdot\boldsymbol{x}'}\mathrm{d}^3\boldsymbol{x}' \tag{10.120}$$

一般情况下, 位势 V 基本上局限于空间有限区域. 在远离散射中心处, 当 $r\to\infty$ 时, $r \gg r'$, 因而可取近似 [参看图 10.1(a)]

$$|\boldsymbol{x}-\boldsymbol{x}'| = \sqrt{r^2 - 2\boldsymbol{x}'\cdot\boldsymbol{x}} \approx r - \boldsymbol{x}'\cdot\frac{\boldsymbol{x}}{r}$$

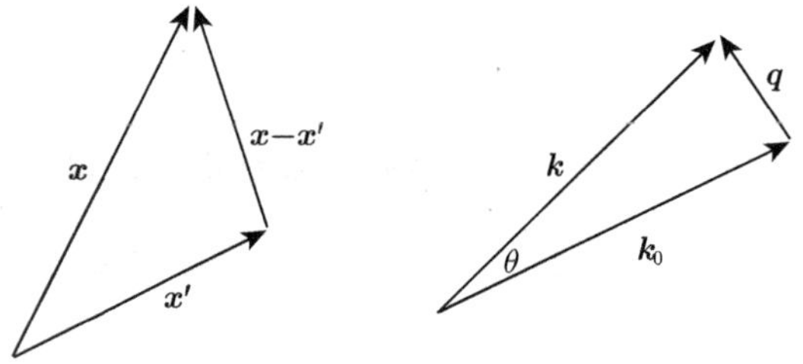

图 10.1 题 10.11 图

①也可将式 (10.115) 代入式 (10.106), 得到 ψ 的展开式各级项满足的方程, 由此利用 Green 函数写出下面式 (10.118)、式 (10.119) 等.

②作为一种技巧, 也可以对微扰 V 引进小量 λ, 使得 $V=\lambda W$; 再将式 (10.115) 表示为按 λ 的级数展开式 $\psi = \psi^{(0)} + \lambda\psi^{(1)} + \lambda^2\psi^{(2)} + \cdots$ 代入 Lippman-Schwinger 方程后比较 λ 的同次幂项.

式 (10.120) 的被积函数中, 分母 $|\boldsymbol{x}-\boldsymbol{x}'|$ 是一个光滑的缓变函数, 当 $r\to\infty$ 时, 可以直接用 r 代替, 但分子是一个随 $\boldsymbol{r}'$ 迅速振荡的函数, 其中

$$\begin{aligned}\mathrm{e}^{\mathrm{i}k|\boldsymbol{x}-\boldsymbol{x}'|} &\approx \mathrm{e}^{\mathrm{i}k\left(r-\boldsymbol{x}'\cdot\frac{\boldsymbol{x}}{r}\right)}\\ &=\mathrm{e}^{\mathrm{i}\left(kr-\boldsymbol{k}_f\cdot\boldsymbol{x}'\right)}\end{aligned}\tag{10.121}$$

其中$\boldsymbol{k}=k\dfrac{\boldsymbol{x}}{r}$, $\hbar\boldsymbol{k}$ 是出射粒子动量. 由于是弹性散射, $|\boldsymbol{k}|=|\boldsymbol{k}_0|=k$. 这样式 (10.120) 给出

$$\psi^{(1)}\xrightarrow{r\to\infty}-\frac{\mu}{2\pi\hbar^2}\frac{\mathrm{e}^{\mathrm{i}kr}}{r}\int V(\boldsymbol{x}')\mathrm{e}^{-\mathrm{i}(\boldsymbol{k}_f-\boldsymbol{k})\cdot\boldsymbol{x}'}\mathrm{d}^3\boldsymbol{x}'\tag{10.122}$$

我们可令

$$\boldsymbol{q}=\boldsymbol{k}-\boldsymbol{k}_0\tag{10.123}$$

大小为 $q=2k\sin\dfrac{\theta}{2}$, 而 θ 为散射角 [参看图 10.1(b)]. 将 $\hbar$ 乘 $\boldsymbol{q}$, $\hbar\boldsymbol{q}=\hbar\boldsymbol{k}-\hbar\boldsymbol{k}_0$ 为末动量与初始动量的矢量差, 即动量转移. 再令

$$V\left(\boldsymbol{k}_f-\boldsymbol{k}\right)=\int V(\boldsymbol{x}')\mathrm{e}^{-\mathrm{i}(\boldsymbol{k}_f-\boldsymbol{k})\cdot\boldsymbol{x}'}\mathrm{d}^3\boldsymbol{x}'\tag{10.124}$$

式 (10.122) 可以表示为①

$$\psi^{(1)}\xrightarrow{r\to\infty}-\frac{\mu}{2\pi\hbar^2}\frac{\mathrm{e}^{\mathrm{i}kr}}{r}V\left(\boldsymbol{k}_f-\boldsymbol{k}\right)\tag{10.122$'$}$$

与式 (10.116) 比较, 即得散射振幅的一级近似

$$f^{(1)}(\theta,\varphi)=-\frac{\mu}{2\pi\hbar^2}V\left(\boldsymbol{k}_f-\boldsymbol{k}\right)\tag{10.125}$$

可见一阶散射振幅形式上正好为势函数的 Fourier 变换, 或者说它是动量空间的作用势.

将式 (10.118) 代入式 (10.119), 并将式 (10.119) 中积分变数 $\boldsymbol{x}'$ 改写为 $\boldsymbol{x}''$, 得到

$$\psi^{(2)}(\boldsymbol{x})=\left(\frac{2\mu}{\hbar^2}\right)^2\iint G(\boldsymbol{x},\boldsymbol{x}'')V(\boldsymbol{x}'')G(\boldsymbol{x}'',\boldsymbol{x}')V(\boldsymbol{x}')\mathrm{e}^{\mathrm{i}\boldsymbol{k}_0\cdot\boldsymbol{x}'}\mathrm{d}^3\boldsymbol{x}'\mathrm{d}^3\boldsymbol{x}''\tag{10.126}$$

考察散射行为. 当 $r\to\infty$ 时, $r\gg r''$, 对 $G(\boldsymbol{x},\boldsymbol{x}'')$ 可作类似于式 (10.121) 的近似处理, 即

$$G(\boldsymbol{x},\boldsymbol{x}'')=-\frac{1}{4\pi}\frac{\mathrm{e}^{-\mathrm{i}k|\boldsymbol{x}-\boldsymbol{x}''|}}{|\boldsymbol{x}-\boldsymbol{x}''|}\xrightarrow{r\to\infty}-\frac{\mathrm{e}^{-\mathrm{i}kr}}{4\pi r}\mathrm{e}^{-\mathrm{i}\boldsymbol{k}'\cdot\boldsymbol{x}''}\tag{10.127}$$

①注意, 式 (10.122) 和式 (10.122$'$) 仅适用于 $r\gg r'$ 处, 式 (10.120) 则对任何 r 值均成立.

观察所要证明的形式, 式 (10.126) 中 $G(\boldsymbol{x}'',\boldsymbol{x}')$ 取式 (10.111) 代入, 可得当 $r\to\infty$ 时,

$$\begin{aligned}
&\psi^{(2)}(\boldsymbol{x})\\
&=-\left(\frac{2\mu}{\hbar^2}\right)^2\frac{1}{(2\pi)^3}\frac{1}{4\pi}\frac{\mathrm{e}^{\mathrm{i}kr}}{r}\iiint\frac{V(\boldsymbol{x}'')}{k'^2-k^2}\mathrm{e}^{\mathrm{i}\boldsymbol{k}'\cdot(\boldsymbol{x}''-\boldsymbol{x}')}V(\boldsymbol{x}')\mathrm{e}^{-\mathrm{i}\left(\boldsymbol{k}'-\boldsymbol{k}_0\right)\cdot\boldsymbol{x}'}\mathrm{d}^3\boldsymbol{k}'\mathrm{d}^3\boldsymbol{x}'\mathrm{d}^3\boldsymbol{x}''\\
&=\left(\frac{2\mu}{\hbar^2}\right)^2\frac{1}{32\pi^4}\frac{\mathrm{e}^{\mathrm{i}kr}}{r}\int\frac{1}{k'^2-k^2}V\left(\boldsymbol{k}-\boldsymbol{k}'\right)V\left(\boldsymbol{k}'-\boldsymbol{k}_0\right)\mathrm{d}^3\boldsymbol{k}'
\end{aligned}\tag{10.128}$$

与式 (10.116) 比较, 即得散射振幅的二级近似

$$f^{(2)}(\theta,\varphi)=\left(\frac{2m}{\hbar^2}\right)^2\frac{1}{4\pi}\frac{1}{(2\pi)^3}\iiint\mathrm{d}^3\boldsymbol{k}'\frac{V(\boldsymbol{k}-\boldsymbol{k}')V(\boldsymbol{k}'-\boldsymbol{k}_0)}{\boldsymbol{k}'^2-\boldsymbol{k}^2}\tag{10.129}$$

得证.

说明 1 式 (10.128,10.129) 中, k^2 均应根据散射边界条件要求, 理解成 $(k+\mathrm{i}0^+)^2$.

说明 2 从量子跃迁观点来看, 散射过程相当于从初态 $\mathrm{e}^{\mathrm{i}\boldsymbol{k}_0\cdot\boldsymbol{x}}$ 向终态 $\mathrm{e}^{\mathrm{i}\boldsymbol{k}\cdot\boldsymbol{x}}$ 的跃迁, $V(\boldsymbol{k}-\boldsymbol{k}_0)$ 相当于跃迁矩阵元. 式 (10.122) 相当于微扰论一级近似. 式 (10.128) 相当于二阶微扰修正, 即二级跃迁: 先由 $\boldsymbol{k}_0$ 变到中间态 $\boldsymbol{k}'$, 再由中间态 $\boldsymbol{k}'$ 变到终态 $\boldsymbol{k}$, V 的两个矩阵元清楚地表明了这一点.

题 10.12 质量为 m、自旋为 1/2、能量为 E 的两个未极化全同粒子, 相对入射产生弹性散射, 相互作用势为 $V(r)=\dfrac{\beta}{r}\mathrm{e}^{-r/a}$, 其中 $a>0$.

(1) 设入射粒子能量 E 很大 ($ka\gg1$), 求微分散射截面;

(2) 设 θ 及 $\pi-\theta$ 方向测得两个出射粒子, 求它们的总自旋为 1 的概率, 以及两个粒子自旋都指向入射方向 (z 轴) 的概率;

(3) 在 (1) 中作近似, 对能量 E 有何要求?

(4) 如果 $E\to0$, 散射后两个粒子总自旋为 1 的概率是多少?

解答 本题的实验室坐标系就是质心系, 总动能 $E_c=2E$, 约化质量 $\mu=m/2$. 令

$$k=\frac{\sqrt{2\mu E_c}}{\hbar}=\frac{\sqrt{2mE}}{\hbar}\tag{10.130}$$

(1) 对于高能情况 ($ka\gg1$), 采用一阶 Born 近似, 对题给的屏蔽势, 由题 10.9 结果知散射振幅为

$$f(\theta)=-\frac{2\mu\beta a^2}{\hbar^2}\frac{1}{1+4k^2a^2\sin^2\dfrac{\theta}{2}}\tag{10.131}$$

由于 $ka \gg 1$, 故除 $\theta \to 0$ 外, 可取近似

$$f(\theta) \approx \frac{2\mu\beta}{4\hbar^2 k^2 \sin^2\dfrac{\theta}{2}} = -\frac{\beta}{8E}\frac{1}{\sin^2\dfrac{\theta}{2}} \tag{10.132}$$

由于粒子自旋为 1/2, 为 Fermi 子, 二粒子体系的总波函数应该是交换反对称的, 如入射波为自旋单态 ($S=0$), 空间波函数必为对称态, 微分散射截面为

$$\sigma_s(\theta) = |f(\theta)+f(\pi-\theta)|^2 = \frac{\beta^2}{64E^2}\left(\frac{1}{\sin^2\dfrac{\theta}{2}}+\frac{1}{\cos^2\dfrac{\theta}{2}}\right)^2 = \frac{\beta^2}{4E^2}\frac{1}{\sin^4\theta} \tag{10.133}$$

如入射波为自旋三重态 ($S=1$), 空间波函数必为反对称态, 微分散射截面为

$$\sigma_{\mathrm{a}}(\theta) = |f(\theta)+f(\pi-\theta)|^2 = \frac{\beta^2}{4E^2}\frac{\cos^2\theta}{\sin^4\theta} \tag{10.134}$$

由于入射粒子自旋取向是混乱的, 构成自旋单态的概率为 1/4, 构成三重态的概率为 3/4, 故微分散射截面的有效值是

$$\sigma(\theta) = \frac{1}{4}\sigma_{\mathrm{s}}(\theta) + \frac{3}{4}\sigma_{\mathrm{a}}(\theta) = \frac{\beta^2\left(1+3\cos^2\theta\right)}{16E^2\sin^4\theta} \tag{10.135}$$

(2) 在 θ 及 $\pi-\theta$ 方向测得出射粒子的概率和微分散射截面成正比, 两个出射粒子总自旋 $S=0$ 和 1 的概率显然为

$$P(S=0) = \frac{\dfrac{1}{4}\sigma_{\mathrm{s}}(\theta)}{\sigma(\theta)} = \frac{1}{1+3\cos^2\theta} \tag{10.136}$$

$$P(S=1) = \frac{\dfrac{1}{4}\sigma_a(\theta)}{\sigma(\theta)} = \frac{3\cos^2\theta}{1+3\cos^2\theta} \tag{10.137}$$

$S=1$ 共有三种状态, 即

$$\chi_{1,1} = \begin{pmatrix}1\\0\end{pmatrix}_1\begin{pmatrix}1\\0\end{pmatrix}_2,\quad \chi_{1,-1} = \begin{pmatrix}0\\1\end{pmatrix}_1\begin{pmatrix}0\\1\end{pmatrix}_2,$$

$$\chi_{10} = \frac{1}{\sqrt{2}}\left[\begin{pmatrix}1\\0\end{pmatrix}_1\begin{pmatrix}0\\1\end{pmatrix}_2+\begin{pmatrix}0\\1\end{pmatrix}_1\begin{pmatrix}1\\0\end{pmatrix}_2\right]$$

两个粒子自旋均指向入射方向, 即状态 χ_{11}, 另外两种状态并不包含此种成分, 可见, 散射后两粒子自旋指向入射方向的概率为

$$P(\uparrow\uparrow) = \frac{1}{3}P(S=1) = \frac{\cos^2\theta}{1+3\cos^2\theta} \tag{10.138}$$

(3) Born 近似成立的条件相当于微扰论成立的条件. 式 (10.131) 来源于散射后波函数的渐近表示式

$$\psi(\boldsymbol{x}) \approx \mathrm{e}^{\mathrm{i}kz} - \frac{\mu}{2\pi\hbar^2}\int \frac{\mathrm{e}^{\mathrm{i}k|\boldsymbol{x}-\boldsymbol{x}'|}}{|\boldsymbol{x}-\boldsymbol{x}'|}V(\boldsymbol{x}')\mathrm{e}^{\mathrm{i}\boldsymbol{k}_0\cdot\boldsymbol{x}'}\mathrm{d}^3\boldsymbol{x}' \tag{10.139}$$

按照微扰论的观点, 上式即

$$\psi \approx \psi^{(0)} + \psi^{(1)} \tag{10.140}$$

微扰论成立的条件为 $\left|\psi^{(1)}\right| \ll \left|\psi^{(0)}\right|$, 即在 $V(r)$ 的有效范围内

$$-\frac{\mu}{2\pi\hbar^2}\left|\int \frac{\mathrm{e}^{\mathrm{i}k|\boldsymbol{x}-\boldsymbol{x}'|}}{|\boldsymbol{x}-\boldsymbol{x}'|}\frac{\beta}{r'}\mathrm{e}^{-r'/a}\mathrm{e}^{\mathrm{i}\boldsymbol{k}_0\cdot\boldsymbol{x}'}\mathrm{d}^3\boldsymbol{x}'\right| \ll 1 \tag{10.141}$$

积分的主要贡献来自 r' 的变化范围 $\Delta r' \sim 1/k$, 作为数量级估计, 可取

$$|\boldsymbol{x}-\boldsymbol{x}'| \sim r', \quad \mathrm{d}^3\boldsymbol{x}' \sim 4\pi r'^2\Delta r' \sim 4\pi r'^2/k, \quad \int \cdots \mathrm{d}^3\boldsymbol{x}' \sim 4\pi\beta/k \tag{10.142}$$

故条件 (10.141) 相当于

$$\frac{2\mu\beta}{\hbar^2 k} \ll 1, \quad E \gg \frac{m\beta^2}{2\hbar^2} \tag{10.143}$$

在此条件下, 式 (10.131) 成立.

式 (10.132) 成立的条件是 $ka \gg 1$, 即 $E \gg \hbar^2/2ma^2$.

(4) 如 $E \to 0$, 仅 s 波 ($l=0$) 对散射截面有贡献, 这时散射振幅 $f(\theta)$ 为常量, $f(\theta) = f(\pi-\theta)$, 所以 $\sigma_a = 0$, 只有自旋单态对散射截面有贡献. 因此散射后两个出射粒子必然处于总自旋 $S=0$ 的状态, 而 $S=1$ 的概率为 0.

题 10.13 求中子–中子低能散射 ($E \to 0$)s 分波的散射截面. 设两个中子之间的作用势为

$$V(r) = \begin{cases} V_0\boldsymbol{\sigma}_1\cdot\boldsymbol{\sigma}_2, & (r \leqslant a) \\ 0, & (r > a) \end{cases}$$

其中 $V_0 > 0$, $\boldsymbol{\sigma}_1$、$\boldsymbol{\sigma}_2$ 为中子的 Pauli 自旋算符, $\boldsymbol{r} = \boldsymbol{r}_1 - \boldsymbol{r}_2$. 入射中子和靶中子都是未极化的.

解答 自旋 1/2 全同粒子交换反对称. 对于 s 态 ($l=0$), 空间波函数对称, 这要求自旋波函数反对称, 两粒子自旋只能是单态 (χ_{00} 态, $S=0$). 在自旋单态下 $\boldsymbol{\sigma}_1\cdot\boldsymbol{\sigma}_2 = -3$ ($\boldsymbol{\sigma}_1\cdot\boldsymbol{\sigma}_2\chi_{00} = -3\chi_{00}$). 这样两粒子的相互作用为

$$V(r) = \begin{cases} -3V_0, & (r \leqslant a) \\ 0, & (r > a) \end{cases}$$

这是低能粒子的球方势阱散射问题. 设粒子能量为 E, 令

$$k = \frac{\sqrt{2\mu E}}{\hbar}, \quad k_0 = \frac{\sqrt{6\mu V_0}}{\hbar}, \quad k_1 = \sqrt{k_0^2 + k^2} \tag{10.144}$$

当 $r < a$ 时, 方势阱内波函数满足的定态 Schrödinger 方程可为

$$\frac{\mathrm{d}^2}{\mathrm{d}r^2}u + k_1^2 u = 0$$

其中 $u = r\psi$. 上式满足 $r = 0$ 处自然边界条件的解为

$$u(r) = A \sin k_1 r \tag{10.145}$$

当 $r < a$ 时, 有

$$\frac{\mathrm{d}^2}{\mathrm{d}r^2}u + k^2 u = 0$$

其解为

$$u(r) = \sin(kr + \delta_0) \tag{10.146}$$

其中 δ_0 为 s 波相移.

利用 $r = a$ 处波函数 ψ(从而 u) 及其一阶导数连续, 有

$$k_1 \cot k_1 a = k \cot(ka + \delta_0) \tag{10.147}$$

令 $k \to 0$ 可知 s 波相移 δ_0 由下式给出①

$$\tan\delta_0 = \frac{k \tan k_1 a - k_1 \tan ka}{k_1 + k \tan k_1 a \tan ka} \approx ka\left(\frac{\tan k_0 a}{k_0 a} - 1\right), \quad (ka \ll 1, k \ll k_0) \tag{10.148}$$

而散射振幅为

$$f(\theta) = \frac{1}{k}\mathrm{e}^{\mathrm{i}\delta_0}\sin\delta_0 \tag{10.149}$$

考虑粒子的全同性后散射振幅为

$$f(\theta) + f(\pi - \theta) = 2f(\theta) = 2 \times \frac{1}{k}\mathrm{e}^{\mathrm{i}\delta_0}\sin\delta_0$$

故得微分散射截面为

$$\sigma = |f(\theta) + f(\pi - \theta)|^2 = \frac{4}{k^2}\sin^2\delta_0 \approx \frac{4}{k^2}\tan^2\delta_0 \approx 4a^2\left(\frac{\tan k_0 a}{k_0 a} - 1\right)^2 \tag{10.150}$$

满足各向同性. 总截面为 $\sigma_{\mathrm{t}} = 4\pi\sigma$.

①也可根据球方势阱散射问题的已知结果直接写下, 例如参见, 曾谨言, 量子力学 (第五版卷 I)[M], 北京: 科学出版社, 2013, P438-439.

由于入射粒子和靶粒子均未极化，自旋取向随机分布，两粒子自旋形成单态(χ_{00} 态, $S=0$) 的概率是 1/4, 而形成三重态 (χ_{1s_z} 态, $S=1$) 的概率是 3/4, 而后者对于 s 波散射无贡献. 因此有效的总截面为

$$\sigma_{\text{eff}} = \frac{1}{4}\sigma_{\text{t}} = \pi\sigma \approx 4\pi a^2 \left(\frac{\tan k_0 a}{k_0 a} - 1\right)^2 \tag{10.151}$$

在不发生共振散射的条件下, 散射振幅和散射截面均和入射能量无关, 这是低能散射的特点. 如果 V_0 足够大, 使得式 (10.144) 定义的 k_0 满足

$$k_0 a = \frac{\pi}{2}n, \quad n = 1, 3, 5, 7, \cdots \tag{10.152}$$

此时发生共振散射 (这也是势阱口具有束缚态的条件). 式 (10.148) 表明, 这相应于 $\delta_0 = \pm\pi/2$. 此时式 (10.150) 与 (10.151) 分别为

$$\sigma = \frac{4}{k^2}\sin^2\delta_0 = \frac{4}{k^2} = \frac{2\hbar}{\mu E} \tag{10.153}$$

$$\sigma_{\text{eff}} = \frac{1}{4}\sigma_{\text{t}} = \pi\sigma = \frac{4\pi}{k^2} = \frac{2\pi\hbar}{\mu E} \tag{10.154}$$

题 10.14 质量为 m 的粒子被很重的靶粒子散射, 两粒子的自旋均为 1/2. 设相互作用势为

$$V = A\boldsymbol{s}_1 \cdot \boldsymbol{s}_2 \delta(\boldsymbol{r}), \quad \boldsymbol{r} = \boldsymbol{r}_1 - \boldsymbol{r}_2 \tag{10.155}$$

A 是很小的常量, 因此可以用 Born 一级近似来处理. 设入射粒子的自旋“向上”, 靶粒子的自旋取无规分布. 求散射总截面以及散射后粒子自旋仍然保持“向上”的概率.

解法一 由于靶粒子很重, 可视为固定的散射中心, 质心系和实验室系就是同一的, 所以系统的相对运动方程为

$$\left(-\frac{\hbar^2}{2m}\nabla_r^2 + A\boldsymbol{s}_1 \cdot \boldsymbol{s}_2 \delta(\boldsymbol{r})\right)\psi(\boldsymbol{r}) = E\psi(\boldsymbol{r}) \tag{10.156}$$

按题意, A 是很小的常量, 所以可用 Born 近似, 在考虑自旋角动量的情况下有

$$\begin{aligned} f(\theta,\varphi) &= -\frac{m}{2\pi\hbar^2}\int \mathrm{d}^3\boldsymbol{r}' \mathrm{e}^{\mathrm{i}\boldsymbol{q}\cdot\boldsymbol{r}'}\langle\omega_f|A\boldsymbol{s}_1\cdot\boldsymbol{s}_2\delta(\boldsymbol{r}')|\omega_i\rangle \\ &= -\frac{mA}{2\pi\hbar^2}\langle\omega_f|\boldsymbol{s}_1\cdot\boldsymbol{s}_2|\omega_i\rangle \\ &= -\frac{mA}{4\pi\hbar^2}\langle\omega_f|\boldsymbol{S}^2 - \boldsymbol{s}_1^2 - \boldsymbol{s}_2^2|\omega_i\rangle \end{aligned} \tag{10.157}$$

由题意可知，入射粒子自旋“向上”，靶粒子非极化，故入射双粒子自旋态为 $\begin{pmatrix}1\\0\end{pmatrix}_1\begin{pmatrix}0\\1\end{pmatrix}_2$ 与 $\begin{pmatrix}1\\0\end{pmatrix}_1\begin{pmatrix}1\\0\end{pmatrix}_2$ 的等概率混态，用耦合表象基表示，即

$\frac{1}{\sqrt{2}}\left(|\chi_{10}\rangle+|\chi_{00}\rangle\right)$ 和 $|\chi_{11}\rangle$ 的等概率混合. 考虑到相互作用势的特点, $\boldsymbol{L}^2$, L_z, $\boldsymbol{S}^2$ 以及 $\boldsymbol{S}_z$ 守恒, 故散射态中不可能出现 $|\chi_{1-1}\rangle$ 态, 考虑所有不为零的散射通道有

$$f_1=-\frac{mA}{4\pi\hbar^2}\langle\chi_{11}|\boldsymbol{S}^2-\boldsymbol{s}_1^2-\boldsymbol{s}_2^2|\chi_{11}\rangle=-\frac{mA}{8\pi}$$

$$f_2=-\frac{mA}{4\pi\hbar^2}\frac{1}{\sqrt{2}}\left(\langle\chi_{10}|+\rangle\chi_{00}|\right)|\boldsymbol{S}^2-\boldsymbol{s}_1^2-\boldsymbol{s}_2^2|\frac{1}{\sqrt{2}}\left(|\chi_{10}\rangle+|\chi_{00}\rangle\right)\rangle=\frac{mA}{8\pi}$$

$$f_3=-\frac{mA}{4\pi\hbar^2}\frac{1}{\sqrt{2}}\left(\langle\chi_{10}|-\rangle\chi_{00}|\right)|\boldsymbol{S}^2-\boldsymbol{s}_1^2-\boldsymbol{s}_2^2|\frac{1}{\sqrt{2}}\left(|\chi_{10}\rangle-|\chi_{00}\rangle\right)\rangle=-\frac{mA}{4\pi}$$

对初态求平均, 对末态求和, 可得总散射截面为

$$\sigma_{\mathrm{t}}=\frac{1}{2}|f_1|^2+\frac{1}{2}\left(|f_2|^2+|f_3|^2\right)=\frac{3m^2|A|^2}{64\pi^2}$$

由于 f_3 表示散射态为 $\begin{pmatrix}1\\0\end{pmatrix}_1\begin{pmatrix}0\\1\end{pmatrix}_2$ 与 $\begin{pmatrix}1\\0\end{pmatrix}_1\begin{pmatrix}1\\0\end{pmatrix}_2$, 即散射粒子自旋“向下”. 所以散射后, 散射粒子自旋向上的概率应为

$$P=\frac{\sigma_{\mathrm{t}}-\frac{1}{2}|f_3|^2}{\sigma_{\mathrm{t}}}=\frac{\frac{m^2|A|^2}{64\pi^2}}{\frac{3m^2|A|^2}{64\pi^2}}=\frac{1}{3}$$

解法二　由于靶粒子很重, 可视为固定的散射中心, 质心系和实验室系就是同一的, 所以系统的相对运动方程为

$$\left(-\frac{\hbar^2}{2m}\nabla_r^2+A\boldsymbol{s}_1\cdot\boldsymbol{s}_2\delta(\boldsymbol{r})\right)\psi(\boldsymbol{r})=E\psi(\boldsymbol{r})\tag{10.158}$$

可见虽然由于靶粒子很重, 可以不考虑其空间运动, 但其自旋状态显然与散射过程有关, 应该包括在入射波和散射波的波函数中加以分析. 考虑到相互作用势的特点, $\boldsymbol{L}^2$, L_z, $\boldsymbol{S}^2$ 以及 $\boldsymbol{S}_z$ 守恒, 其中 $\boldsymbol{S}$ 为两粒子的总自旋算符

$$\boldsymbol{S}=\boldsymbol{s}_1+\boldsymbol{s}_2\tag{10.159}$$

由于 $\boldsymbol{S}^2$ 守恒, $\boldsymbol{S}^2$ 本征态 (自旋单态或者三重态) 的本征态属性在散射过程中不变. 对于自旋单态, 散射过程可以表示成

$$\chi_{00}\mathrm{e}^{\mathrm{i}kz}\to\chi_{00}f_1\left(\theta,\varphi\right)\frac{1}{r}\mathrm{e}^{\mathrm{i}kr}\tag{10.160}$$

$f_1\left(\theta,\varphi\right)$ 为自旋单态散射振幅. 对于自旋三重态, 散射过程可以表示成

$$\chi_{1M}\mathrm{e}^{\mathrm{i}kz}\to\chi_{1M}f_3\left(\theta,\varphi\right)\frac{1}{r}\mathrm{e}^{\mathrm{i}kr},\quad(M=-1,0,1)\tag{10.161}$$

$f_3(\theta,\varphi)$ 为自旋三重态散射振幅.

按题意, 作用势很弱 (A 很小), 因而 $f_1(\theta,\varphi)$, $f_3(\theta,\varphi)$ 可用 Born 近似公式计算

$$f(\theta,\varphi)=-\frac{m}{2\pi\hbar^2}\int V(\boldsymbol{r}')\mathrm{e}^{\mathrm{i}\boldsymbol{q}\cdot\boldsymbol{r}'}\mathrm{d}^3\boldsymbol{r}' \tag{10.162}$$

对于入射粒子–靶粒子体系的自旋单态 ($S=0$) 和三重态 ($S=1$), 式 (10.155) 中 $\boldsymbol{s}_1\cdot\boldsymbol{s}_2$ 分别等于 $-3\hbar^2/4$ 和 $\hbar^2/4$, 作用势分别为

$$V_1=-\frac{3}{4}A\hbar^2\delta(\boldsymbol{r}),\quad V_3=\frac{1}{4}A\hbar^2\delta(\boldsymbol{r}) \tag{10.163}$$

代入式 (10.162), 给出自旋单态或者三重态的散射振幅

$$f_1=\frac{3}{8\pi}mA,\quad f_3=-\frac{1}{8\pi}mA \tag{10.164}$$

二者均和方位角 (θ,φ) 无关, 散射是各向同性的. 上式可见 $f_1=-3f_3$. 由此得到自旋单态或者三重态散射的总截面为

$$\sigma_1=4\pi f_1^2,\quad \sigma_3=4\pi f_3^2 \tag{10.165}$$

本题入射粒子的自旋“向上”, 靶粒子的自旋非极化. 若用 α、β 表示粒子的自旋“向上”、“向下”的状态. 入射粒子自旋态为 α, 靶粒子自旋态为 α 及 β 的概率各为 1/2. 下面分别予以分析.

(a) 靶粒子自旋“向上”, 则入射波波函数

$$\Psi_{\mathrm{i}}=\alpha(1)\alpha(2)\mathrm{e}^{\mathrm{i}kz}=\chi_{11}\mathrm{e}^{\mathrm{i}kz} \tag{10.166}$$

为三重态, 总截面为 σ_3. 按照式 (10.161), 散射波应该是

$$\psi_{\mathrm{sc}}\xrightarrow{r\to\infty}\chi_{11}f_3(\theta,\varphi)\frac{1}{r}\mathrm{e}^{\mathrm{i}kr} \tag{10.167}$$

入射粒子的自旋指向在散射过程中保持不变, 仍为“向上”.

出现这种情况的概率为 1/2, 故对总截面的贡献为 $\frac{1}{2}\sigma_3$.

(b) 靶粒子自旋“向下”, 则入射波波函数

$$\Psi_{\mathrm{i}}=\alpha(1)\beta(2)\mathrm{e}^{\mathrm{i}kz}=\frac{1}{\sqrt{2}}(\chi_{10}+\chi_{00})\mathrm{e}^{\mathrm{i}kz} \tag{10.168}$$

按照式 (10.160,10.161), 散射波应该是

$$\begin{aligned}\psi_{\mathrm{sc}}&\xrightarrow{r\to\infty}\frac{1}{\sqrt{2}}(f_3\chi_{10}+f_1\chi_{00})\frac{1}{r}\mathrm{e}^{\mathrm{i}kr}\\&=\left[\frac{1}{2}(f_3+f_1)\alpha(1)\beta(2)+\frac{1}{2}(f_3-f_1)\beta(1)\alpha(2)\right]\end{aligned} \tag{10.169}$$

相应的总截面为

$$\sigma = 4\pi\left|\frac{1}{\sqrt{2}}(f_3\chi_{10}+f_1\chi_{00})\right|^2 = 2\pi\left(f_3^2+f_1^2\right) \tag{10.170}$$

上面用到了自旋态 χ_{10}、χ_{00} 的正交归一性.

出现这种情况的概率亦为 1/2, 故对总截面的贡献为

$$\pi\left(f_3^2+f_1^2\right) = \frac{1}{4}(\sigma_3+\sigma_1)$$

综合 (a), (b) 两种情况, 可知有效的总截面为

$$\begin{aligned}\sigma_{\mathrm{t}} &= \frac{1}{2}\sigma_3 + \frac{1}{4}(\sigma_3+\sigma_1)\\ &= \frac{3}{4}\sigma_3 + \frac{1}{4}\sigma_1 = \frac{3}{16\pi}m^2A^2\end{aligned}$$

只有 (b) 的式 (10.169) 中第二项相当于入射粒子经过散射后自旋方向“向下”, 按照散射截面的意义, 易知相应的概率为

$$P_{\mathrm{flip}} = \frac{1}{\sigma_{\mathrm{t}}}\times\frac{1}{2}\times 4\pi\left(\frac{f_3-f_1}{2}\right)^2 = \frac{(f_3-f_1)^2}{3f_3^2+f_1^2} = \frac{2}{3}$$

散射后粒子自旋仍然保持“向上”的概率为 $P_{\mathrm{nflip}} = 1-2/3 = 1/3$.

解法三　(较形式的处理) 设入射波波函数为

$$\Psi_{\mathrm{i}} = \chi \mathrm{e}^{\mathrm{i}kz} \tag{10.171}$$

其中 χ 为入射波两粒子的归一化自旋态. 我们可以将入射波波函数 (10.171) 按照 $\boldsymbol{S}^2$ 的本征态即自旋单态与三重态展开. 利用自旋单态与三重态投影算符

$$\hat{P}_1 = \frac{1}{4}\left(1-\boldsymbol{\sigma}_1\cdot\boldsymbol{\sigma}_2\right),\quad \hat{P}_3 = \frac{1}{4}\left(1+\boldsymbol{\sigma}_1\cdot\boldsymbol{\sigma}_2\right) \tag{10.172}$$

式 (10.171) 自旋态 χ 可展开为 $\chi = \hat{P}_1\chi + \hat{P}_3\chi$, $\hat{P}_1\chi$ 与 $\hat{P}_3\chi$ 分别为自旋单态与三重态, 相应的入射波波函数 (10.171) 展开为

$$\hat{P}_1\chi\mathrm{e}^{\mathrm{i}kz},\quad \hat{P}_3\chi\mathrm{e}^{\mathrm{i}kz} \tag{10.173}$$

散射过程中自旋态 $\hat{P}_1\chi$ 与 $\hat{P}_3\chi$ 不改变, 相应的散射态为

$$\hat{P}_1\chi f_1(\theta,\varphi)\frac{1}{r}\mathrm{e}^{\mathrm{i}kr},\quad \hat{P}_3\chi f_3(\theta,\varphi)\frac{1}{r}\mathrm{e}^{\mathrm{i}kr} \tag{10.174}$$

总的散射态为上式二者之和, 即

$$\left[f_1(\theta,\varphi)\hat{P}_1 + f_3(\theta,\varphi)\hat{P}_3\right]\chi\frac{1}{r}\mathrm{e}^{\mathrm{i}kr} \tag{10.175}$$

相应于入射波波函数 (10.171) 的散射态可写为

$$\begin{aligned}\Psi_{\rm sc} &\xrightarrow{r\to\infty} \phi(\theta,\varphi)\frac{1}{r}{\rm e}^{{\rm i}kr}\\ &=\left[f_1(\theta,\varphi)\hat{P}_1+f_3(\theta,\varphi)\hat{P}_3\right]\chi\frac{1}{r}{\rm e}^{{\rm i}kr}\end{aligned} \tag{10.176}$$

其中 $\phi(\theta,\varphi)$ 是 (θ,φ) 方向散射波的自旋态.

引进“散射振幅算符”

$$\begin{aligned}\hat{f}&=f_1(\theta,\varphi)\hat{P}_1+f_3(\theta,\varphi)\hat{P}_3\\ &=\frac{1}{4}(f_1+3f_3)+\frac{1}{4}(f_3-f_1)\boldsymbol{\sigma}_1\cdot\boldsymbol{\sigma}_2\end{aligned} \tag{10.177}$$

则 (θ,φ) 方向散射波的自旋态 $\phi(\theta,\varphi)$ 可表示为

$$\phi=\hat{f}\chi=f_1(\theta,\varphi)\hat{P}_1\chi+f_3(\theta,\varphi)\hat{P}_3\chi \tag{10.178}$$

而散射截面可表示为

$$\sigma(\theta,\varphi)=\phi^\dagger\phi=\chi^\dagger\hat{f}^\dagger\hat{f}\chi=\chi^\dagger\hat{f}^2\chi \tag{10.179}$$

也即“散射振幅算符”平方在入射波自旋态下的期望值.

更一般的, 若入射波的自旋态是混合态, 用密度算符 $\rho_{\rm i}=\sum\limits_\alpha p_\alpha\chi_\alpha\chi_\alpha^\dagger$ 描述, 则散射波的自旋密度算符为

$$\rho_{\rm sc}=\sum_\alpha p_\alpha\phi_\alpha\phi_\alpha^\dagger=\hat{f}\sum_\alpha p_\alpha\chi_\alpha\chi_\alpha^\dagger\hat{f}^\dagger=\hat{f}\rho_i\hat{f}, \tag{10.180}$$

而散射截面可表示为

$$\begin{aligned}\sigma(\theta,\varphi)&=\sum_\alpha p_\alpha{\rm tr}\phi_\alpha\phi_\alpha^\dagger={\rm tr}\sum_\alpha p_\alpha\phi_\alpha\phi_\alpha^\dagger\\ &={\rm tr}\rho_{\rm sc}={\rm tr}\hat{f}\rho_i\hat{f}={\rm tr}\hat{f}^2\rho_i\end{aligned} \tag{10.181}$$

为“散射振幅算符”平方与入射波自旋态密度矩阵相乘以后求迹, 也即“散射振幅算符”平方在入射波自旋态下的期望值.

对于本题, 根据式 (10.164), “散射振幅算符”为

$$\hat{f}=\lambda\boldsymbol{\sigma}_1\cdot\boldsymbol{\sigma}_2,\quad \lambda=f_3=-\frac{1}{8\pi}mA \tag{10.182}$$

利用 Pauli 算符的代数关系, $\sigma_i\sigma_j=\delta_{ij}+{\rm i}\varepsilon_{ijk}\sigma_k$, “散射振幅算符”平方为

$$\hat{f}^2=\lambda^2(3-2\boldsymbol{\sigma}_1\cdot\boldsymbol{\sigma}_2) \tag{10.183}$$

本题入射粒子的自旋“向上”, 靶粒子的自旋非极化. 则自旋态可用如下密度矩阵表示

$$\rho_{\rm i}=\alpha(1)\alpha(1)^{\dagger}\otimes\frac{1}{2}\boldsymbol{I}_2=\frac{1}{4}\left(1+\sigma_{1z}\right)\otimes\boldsymbol{I}_2$$

$\hat{f}^2$ 中第 2 个粒子的自旋算符 $\boldsymbol{\sigma}_2$ 对于非极化态求平均给出零, 这样得到 $\hat{f}^2$ 在入射波自旋态下的期望值为

$$\sigma\left(\theta,\varphi\right)={\rm tr}\rho_{\rm sc}={\rm tr}\hat{f}^2\rho_{\rm i}=3\lambda^2=\frac{3m^2A^2}{64\pi^2}$$

与空间方位角 (θ,φ) 无关, 这样总截面为 $\dfrac{3m^2A^2}{16\pi}$.

散射后粒子自旋仍然保持“向上”的可能态有 $\alpha(1)\alpha(2)$ 与 $\alpha(1)\beta(2)$, 可以分别用如下密度算符表示

$$\rho_1=\alpha(1)\alpha(1)^{\dagger}\otimes\alpha(2)\alpha(2)^{\dagger}=\frac{1}{4}\left(1+\sigma_{1z}\right)\otimes\left(1+\sigma_{2z}\right) \tag{10.184a}$$

$$\rho_2=\alpha(1)\alpha(1)^{\dagger}\otimes\beta(2)\beta(2)^{\dagger}=\frac{1}{4}\left(1+\sigma_{1z}\right)\otimes\left(1-\sigma_{2z}\right) \tag{10.184b}$$

利用散射波的自旋密度算符 $\rho_{\rm sc}$, 按照对末态求和, 知粒子自旋仍然保持“向上”的概率为

$$\begin{aligned}P_{\rm nflip}&=\frac{{\rm tr}\rho_{\rm sc}\rho_1}{{\rm tr}\rho_{\rm sc}}+\frac{{\rm tr}\rho_{\rm sc}\rho_2}{{\rm tr}\rho_{\rm sc}}=\frac{{\rm tr}\rho_{\rm sc}\left(\rho_1+\rho_2\right)}{{\rm tr}\rho_{\rm sc}}=\frac{1}{3\lambda^2}{\rm tr}\hat{f}\rho_i\hat{f}\left(\rho_1+\rho_2\right)\\&=\frac{1}{3}\times\frac{1}{8}{\rm tr}\boldsymbol{\sigma}_1\cdot\boldsymbol{\sigma}_2\left(1+\sigma_{1z}\right)\otimes\boldsymbol{I}_2\boldsymbol{\sigma}_1\cdot\boldsymbol{\sigma}_2\left(1+\sigma_{1z}\right)\otimes\boldsymbol{I}_2\\&=\frac{1}{3}\times\frac{1}{4}{\rm tr}\sigma_{1i}\left(1+\sigma_{1z}\right)\sigma_{1i}\left(1+\sigma_{1z}\right)\end{aligned}$$

上面最后一个等号用到了 Pauli 算符的代数关系, 并通过对第二个粒子自旋态空间求迹得到. 重复指标 i 表示求和. 对 $i=x,y$, 由于 Pauli 算符不同分量的反对易性, 求迹均给出零只有 $i=z$ 给出不为零的结果, 这样所求的概率为

$$\begin{aligned}P_{\rm nflip}&=\frac{1}{12}{\rm tr}\sigma_{1z}\left(1+\sigma_{1z}\right)\sigma_{1z}\left(1+\sigma_{1z}\right)\\&=\frac{1}{12}{\rm tr}\left(1+\sigma_{1z}\right)^2=\frac{1}{12}{\rm tr}\left(2+2\sigma_{1z}\right)=\frac{1}{3}\end{aligned} \tag{10.185}$$

上面看到, 三种解法所得结果完全一致.

题 10.15　设中性原子的电荷分布为球对称, 密度 $\rho(r)$ 具有如下性质: $r\to\infty$, $\rho(r)$ 迅速趋于 0, 并有 $\int\rho(r){\rm d}^3\boldsymbol{x}=0$, 但 $\int\rho(r)r^2{\rm d}^3\boldsymbol{x}=A\neq0$(正负电荷分布不均匀). 今有质量为 m, 荷电 e 粒子沿z轴方向入射, 受到此电荷分布所产生静电场的散射. 试用 Born 近似计算向前散射 $(\theta=0)$ 的微分截面.

解答　对于非相对论粒子, 忽略磁场作用, 入射带电粒子受到的静电作用势为

$$V(r)=e\int\frac{\rho(r')}{|\boldsymbol{x}-\boldsymbol{x}'|}\mathrm{d}^3\boldsymbol{x}' \tag{10.186}$$

按题意采用 Born 近似计算粒子受该势场的散射截面. 设入射粒子的能量为 E, 入射波波矢为 $\boldsymbol{k}_0=(0,0,k)$, 被散射到 (θ,φ) 方向粒子的波矢量记为 $\boldsymbol{k}$. 由于弹性散射, $|\boldsymbol{k}|=|\boldsymbol{k}_0|=k$. 势函数球对称, 散射振幅与 φ 无关, 按照 Born 一级近似, 散射振幅为

$$f(\theta)=-\frac{m}{2\pi\hbar^2}\int V(r)\,\mathrm{e}^{\mathrm{i}(\boldsymbol{k}_0-\boldsymbol{k})\cdot\boldsymbol{x}}\mathrm{d}^3\boldsymbol{x} \tag{10.187}$$

对于前向散射 $(\theta=0)$, $\boldsymbol{k}=\boldsymbol{k}_0$, 散射振幅为

$$f(0)=-\frac{m}{2\pi\hbar^2}\int V(r)\,\mathrm{d}^3\boldsymbol{x} \tag{10.188}$$

将式 (10.186) 代入得

$$f(0)=-\frac{me}{2\pi\hbar^2}\iint\frac{\rho(r')}{|\boldsymbol{x}-\boldsymbol{x}'|}\mathrm{d}^3\boldsymbol{x}'\mathrm{d}^3\boldsymbol{x}=-\frac{me}{2\pi\hbar^2}\int\rho(r')\int\frac{1}{|\boldsymbol{x}-\boldsymbol{x}'|}\mathrm{d}^3\boldsymbol{x}\mathrm{d}^3\boldsymbol{x}' \tag{10.189}$$

其中 $\int\frac{1}{|\boldsymbol{x}-\boldsymbol{x}'|}\mathrm{d}^3\boldsymbol{x}$ 可以直接进行积分, 也可以如下借用静电场模型进行计算. 假设空间均匀分布单位电荷密度, 则该积分为这种均匀分布电荷在 $\boldsymbol{x}'$ 处的总电势. 按电势迭加原理, 把空间分为以原点为球心, 以原点到 $\boldsymbol{x}'$ 的距离为半径的球内部分和球外两部分. 按照对称性和静电场 Gauss 定理, 球内部分电荷在 $\boldsymbol{x}'$ 激发的电场与所有电荷集中在原点给出的电场完全相同, 因而这部分电荷在 $\boldsymbol{x}'$ 激发的电势 (采用 Gauss 单位制, 下同) 为

$$\frac{4\pi}{3}r'^3\frac{1}{r'}=\frac{4\pi}{3}r'^2$$

球外部分以原点为球心, 分为一系列厚度为 $\mathrm{d}r$ 的薄球壳. 按照对称性和静电场 Gauss 定理, 对于某一 r 到 $r+\mathrm{d}r$ 的薄球壳上的电荷, 在其薄球壳内激发的电场为零, 而其外的电场与电荷集中在原点相同. 因而薄球壳上的电荷在 $\boldsymbol{x}'$ 处产生的电势与在薄球壳上产生的相等, 为

$$4\pi r^2\mathrm{d}r\frac{1}{r}=4\pi r\mathrm{d}r$$

根据以上分析和电势迭加原理,

$$\int\frac{1}{|\boldsymbol{x}-\boldsymbol{x}'|}\mathrm{d}^3\boldsymbol{x}=\frac{4\pi}{3}r'^2+\int_{r'}^{\infty}4\pi r\mathrm{d}r=2\pi R^2-\frac{2\pi}{3}r'^2,\quad R\to\infty \tag{10.190}$$

把上式代入式 (10.189), 即得

$$f(0)=\frac{me}{\hbar^2}\lim_{R\to\infty}\int\rho(r')\left(\frac{1}{3}r'^2-R^2\right)\mathrm{d}^3\boldsymbol{x}' \tag{10.191}$$

代入题设结果 $\int\rho(r)\mathrm{d}^3\boldsymbol{x}=0$, 以及 $\int\rho(r)r^2\mathrm{d}^3\boldsymbol{x}=A$ 即得

$$f(0)=\frac{meA}{3\hbar^2} \tag{10.192}$$

因而向前散射 ($\theta=0$) 的微分截面为

$$\sigma(0)=|f(0)|^2=\frac{m^2e^2A^2}{9\hbar^4} \tag{10.193}$$

第 11 章　含时问题与量子跃迁

题 11.1　电荷为 q, 质量为 μ 的粒子, 在其平衡位置附近做一维简谐运动 (振动频率为 ω_0), 在光的照射下发生跃迁. 入射光能量密度为 $\rho(\omega)$, 波长较长.

(1) 试求跃迁选择定则;

(2) 设粒子原来处于基态, 试求它每秒跃迁到第一激发态的概率.

解答　非相对论带电粒子受光的照射, 所受的磁场力远小于电场力, 只需要考虑入射光的电场作用, 如果入射光波长远大于该粒子运动范围, 则对于该粒子来说电场可以视为均匀电场. 因而, 入射光对于该粒子的作用可表示为①

$$H' = -q\boldsymbol{\mathcal{E}}_0 \cdot \boldsymbol{r} \cos\omega t \tag{11.1}$$

这是周期微扰. 设入射光为非偏振自然光, 由一阶含时微扰论, 该粒子的跃迁速率如下给出

$$w_{k'k} = \frac{4\pi^2 q^2}{3\hbar^2} \left|\boldsymbol{r}_{k'k}\right|^2 \rho(\omega_{k'k}) \tag{11.2}$$

式中 ρ 为光强度, $\left|\boldsymbol{r}_{k'k}\right|^2$ 为粒子坐标矢量算符矩阵元的平方和. 在一维谐振子情形, $\left|\boldsymbol{r}_{k'k}\right|^2$ 仅有一项 $\left|x_{k'k}\right|^2$, 这样

$$w_{k'k} = \frac{4\pi^2 q^2}{3\hbar^2} \left|x_{k'k}\right|^2 \rho(\omega_{k'k}) \tag{11.3}$$

其中 $\omega_{k'k}$ 满足 $\hbar\omega_{k'k} = E_{k'} - E_k$, 而

$$x_{k'k} = \int_{-\infty}^{\infty} \psi_{k'}^{(0)*} x \psi_k^{(0)} \mathrm{d}x \tag{11.4}$$

式中 $\psi_k^{(0)}(x) = \sqrt{\dfrac{\alpha}{\sqrt{\pi}k!2^k}} \mathrm{e}^{-\frac{1}{2}\alpha^2 x^2} \mathrm{H}_k(\alpha x)$ 为未微扰前谐振子的能量本征函数; 而 $\alpha = \sqrt{\mu\omega_0/\hbar}$.

将谐振子定态波函数的递推公式

$$x\psi_k^{(0)} = \frac{1}{\alpha}\left\{\sqrt{\frac{k}{2}}\psi_{k-1}^{(0)} + \sqrt{\frac{k+1}{2}}\psi_{k+1}^{(0)}\right\} \tag{11.5}$$

①参见, 曾谨言, 量子力学 (第五版卷 I)[M], 北京: 科学出版社, 2013, P402-409.

代入式 (11.4), 并利用波函数的正交归一性 $\int \psi_m^{(0)*}\psi_n^{(0)}\mathrm{d}x = \delta_{mn}$ 得

$$\begin{aligned}x_{k'k} &= \int_{-\infty}^{\infty} \psi_{k'}^{(0)*} \times \frac{1}{\alpha}\left\{\sqrt{\frac{k}{2}}\psi_{k-1}^{(0)} + \sqrt{\frac{k+1}{2}}\psi_{k+1}^{(0)}\right\}\mathrm{d}x \\ &= \frac{1}{\alpha}\sqrt{\frac{k}{2}}\delta_{k',k-1} + \frac{1}{\alpha}\sqrt{\frac{k+1}{2}}\delta_{k',k+1}\end{aligned} \tag{11.6}$$

由此知道, 对指定的初态 k 来说, 要使矢径矩阵元不为零, 末态 k' 和初态 k 的关系必须是下面二者之一：

(a) $k' = k-1$, 这时

$$x_{k'k} = x_{k-1,k} = \frac{1}{\alpha}\sqrt{\frac{k}{2}} \tag{11.7}$$

(b) $k' = k+1$, 这时

$$x_{k'k} = x_{k+1,k} = \frac{1}{\alpha}\sqrt{\frac{k+1}{2}} \tag{11.8}$$

以上给出一维谐振子跃迁的选择定则：初态末态的量子数相差 1.

由式 (11.3,11.8) 得到粒子每秒钟从基态 $k=0$ 跃迁到第一激发态的概率为

$$w_{10} = \frac{4\pi^2 q^2}{3\hbar^2}\left(\frac{1}{\alpha}\sqrt{\frac{1}{2}}\right)^2 \rho(\omega_{10}) = \frac{2\pi^2 q^2}{3\hbar\mu\omega}\rho(\omega_0)$$

题 11.2　一维运动的体系, 从 $|m\rangle$ 态跃迁到 $|n\rangle$ 态所对应的振子强度定义为

$$f_{nm} = \frac{2\mu\omega_{nm}}{\hbar}\left|\langle n|\,x\,|m\rangle\right|^2$$

μ 为粒子质量. 求证

$$\sum_n f_{nm} = 1$$

$\sum\limits_n$ 指对一切能量本征态求和, 上式称 Thomas-Reich-Kuhn 求和规则.

证法一　题 5.16 式 (5.66) 证明了求和规则

$$\sum_n (E_n - E_m)|x_{nm}|^2 = \frac{\hbar^2}{2\mu}$$

那里是对于多维情况而言的, 对于一维体系上式当然也成立. 上式可化为

$$\sum_n \frac{E_n - E_m}{\hbar}\frac{2\mu}{\hbar}\left|\langle n|\,x\,|m\rangle\right|^2 = 1$$

根据题给定义, 上式即

$$\sum_n f_{nm} = 1$$

证法二 (直接验算) $|m\rangle$ 与 $|n\rangle$ 均为 Hamilton 量的本征态, 即

$$H|m\rangle = E_m|m\rangle, \quad H|n\rangle = E_n|n\rangle$$

一维体系 Hamilton 量为

$$H = \frac{p^2}{2\mu} + V(x)$$

这样

$$\begin{aligned}
\sum_n f_{nm} &= \sum_n \frac{2\mu\omega_{nm}}{\hbar}|\langle n|x|m\rangle|^2 \\
&= \frac{2\mu}{\hbar^2}\sum_n \{E_n\langle m|x|n\rangle\langle n|x|m\rangle - E_m\langle m|x|n\rangle\langle n|x|m\rangle\} \\
&= \frac{2\mu}{\hbar^2}\sum_n \{\langle m|xE_n|n\rangle\langle n|x|m\rangle - \langle m|E_m x|n\rangle\langle n|x|m\rangle\} \\
&= \frac{2\mu}{\hbar^2}\sum_n \{\langle m|xH|n\rangle\langle n|x|m\rangle - \langle m|Hx|n\rangle\langle n|x|m\rangle\} \\
&= \frac{2\mu}{\hbar^2}\{\langle m|xHx|m\rangle - \langle m|Hx^2|m\rangle\}
\end{aligned}$$

上面用到了完备性关系 $\sum_n |n\rangle\langle n| = 1$. 再由于

$$[x, H] = \left[x, \frac{p^2}{2\mu} + V(x)\right] = \frac{1}{2\mu}[x, p^2] = \frac{\mathrm{i}\hbar p}{\mu}$$

这样

$$\begin{aligned}
\sum_n f_{nm} &= \frac{2\mu}{\hbar^2}\langle m|[x,H]x|m\rangle = \frac{2\mathrm{i}}{\hbar}\langle m|px|m\rangle \\
&= \frac{\mathrm{i}}{\hbar}\langle m|[p,x]|m\rangle + \frac{\mathrm{i}}{\hbar}\langle m|px + xp|m\rangle \\
&= \langle m|\,m\rangle + \frac{\mathrm{i}}{\hbar}\langle m|px + xp|m\rangle
\end{aligned}$$

也就有

$$\sum_n f_{nm} = 1 + \frac{\mathrm{i}}{\hbar}\langle m|px + xp|m\rangle$$

由于 $px + xp$ 为一 Hermite 算符, 它在 $|m\rangle$ 下的期望值一定是实数, 但上式左边为实数, 必有 $\frac{\mathrm{i}}{\hbar}\langle m|px + xp|m\rangle = 0$. 因而 $\sum_n f_{nm} = 1$.

题 11.3 一个处于第一激发态 (2p) 的氢原子位于一空腔中, 当空腔的温度等于多少时, 自发跃迁概率和受激跃迁概率相等?

解答 空腔中氢原子受到处于热平衡状态的腔电磁场的作用而引起的受激跃迁概率为

$$\omega_{12}=\frac{4\pi^2 e^2}{3\hbar^2}\left|\boldsymbol{r}_{12}\right|^2\rho(\omega_{21}) \tag{11.9}$$

自发跃迁概率为

$$A_{12}=\frac{4e^2\omega_{21}^3}{3\hbar c^3}\left|\boldsymbol{r}_{12}\right|^2 \tag{11.10}$$

要求两者相等, 故得

$$\frac{\pi^2}{\hbar}\rho(\omega_{21})=\frac{\omega_{21}^3}{c^3} \tag{11.11}$$

用 Planck 黑体辐射公式

$$\rho(\omega)=\frac{\hbar\omega^3}{\pi^2c^3}\frac{1}{\exp(\hbar\omega/kT)-1} \tag{11.12}$$

可以得到

$$\exp\left(\hbar\omega_{21}/kT\right)=2$$

这样

$$T=\frac{\hbar\omega_{21}}{k\ln 2}=1.76\times 10^5\mathrm{K}$$

题 11.4 一个电荷为 e 的粒子被禁闭在各边为 $2b$ 的立方盒子中, 给定一个电场

$$\boldsymbol{E}=\begin{cases}0, & t<0\\ \boldsymbol{E}_0\mathrm{e}^{-\alpha t}, & t>0\end{cases}$$

$\boldsymbol{E}_0$ 垂直于盒子的某一面. $t=0$ 时, 带电粒子处于基态, 求 $t=\infty$ 时粒子处于第一激发态的概率.

解答 取势如下

$$V(x,y,z)=\begin{cases}0, & 0<x<2b,\ 0<y<2b,\ 0<z<2b\\ \infty, & \text{其他}\end{cases} \tag{11.13}$$

零级波函数为 (在盒子内)

$$\psi_{lmn}(x,y,z)=\sqrt{\frac{1}{b^3}}\sin\frac{l\pi x}{2b}\sin\frac{m\pi y}{2b}\sin\frac{n\pi z}{2b} \tag{11.14}$$

零级能量本征值为

$$E_{lmn}=\frac{\hbar^2\pi^2}{8\mu b^2}\left(l^2+m^2+n^2\right) \tag{11.15}$$

基态为 $|1,1,1\rangle$, 第一激发态为 $|2,1,1\rangle$, $|1,2,1\rangle$, $|1,1,2\rangle$.

设 $\boldsymbol{E}_0 = E_0\boldsymbol{e}_x$, 则 $H' = -eE_0 x\mathrm{e}^{-at}$. 于是

$$\langle 111|\, x\, |211\rangle = \frac{1}{b}\int_0^{2b} x\sin\frac{\pi x}{2b}\sin\frac{\pi x}{b}\mathrm{d}x = -\frac{32b}{9\pi^2} \tag{11.16}$$

$$\langle 111|\, x\, |121\rangle = \langle 111|\, x\, |112\rangle = 0 \tag{11.17}$$

所以跃迁矩阵元

$$\langle 111|\, H'\, |211\rangle = \frac{1}{b}\int_0^{2b} x\sin\frac{\pi x}{2b}\sin\frac{\pi x}{b}\mathrm{d}x = eE_0\frac{32b}{9\pi^2}\mathrm{e}^{-at} \tag{11.18}$$

$$\langle 111|\, H'\, |121\rangle = \langle 111|\, H'\, |112\rangle = 0 \tag{11.19}$$

这样

$$P = \frac{1}{\hbar^2}\left|\int_0^{\infty}\langle 211|\, H'\, |111\rangle \exp\left(\frac{\mathrm{i}\Delta Et}{\hbar}\right)\mathrm{d}t\right|^2 \tag{11.20}$$

其中

$$\Delta E = \frac{3\pi^2\hbar^2}{8mb^2}$$

代入计算得

$$\begin{aligned} P &= \left(\frac{32beE_0}{9\hbar\pi^2}\right)^2\left|\int_0^{\infty}\exp\left(-\alpha t + \mathrm{i}\frac{\Delta Et}{\hbar}\right)\mathrm{d}t\right|^2 \\ &= \left(\frac{32beE_0}{9\hbar\pi^2}\right)^2\frac{\hbar^2}{\alpha^2\hbar^2 + \Delta E^2} \end{aligned} \tag{11.21}$$

题 11.5 一个氢原子放入一个与时间有关的均匀电场$\varepsilon(t) = \dfrac{B\tau}{e\pi}\dfrac{1}{t^2+\tau^2}$ 中, 式中 B 和 τ 为常数, 如果在 $t=-\infty$ 时原子处于基态, 计算在 $t=\infty$ 时原子处于 2p 态的概率.

解答 取外电场方向为 z 轴, 则

$$H'(t) = e\varepsilon(t) r\cos\theta \tag{11.22}$$

$$\omega_{21} = \omega = \frac{E_2 - E_1}{\hbar} = \frac{3me^4}{8\hbar^2} \tag{11.23}$$

因为 $\langle nlm|r\cos\theta|100\rangle$ 不为零的矩阵元满足如下条件

$$m=0,\quad l=1 \tag{11.24}$$

所以由 $|100\rangle$ 态到 2p 态惟一可能的跃迁对应于矩阵元

$$\begin{aligned} \langle 210|r\cos\theta|100\rangle &= \frac{1}{4\sqrt{2}}\frac{1}{\pi a^3}\times\int\frac{r}{a}\mathrm{e}^{-\frac{r}{2a}}\cos\theta(r\cos\theta)\mathrm{e}^{-\frac{r}{2a}}\mathrm{d}^3\boldsymbol{r} \\ &= \frac{2^7\sqrt{2}a}{3^5} \end{aligned} \tag{11.25}$$

故基态向 2p 态的跃迁速率

$$w=\frac{1}{\hbar^2}\left|\int_{-\infty}^{\infty}\langle 210|r\cos\theta|100\rangle \mathrm{e}^{\mathrm{i}\omega t}\mathrm{d}t\right|^2=\frac{2^{15}B^2\tau^2a^2}{3^{10}\hbar^2\pi^2}\left|\int_{-\infty}^{\infty}\frac{\mathrm{e}^{\mathrm{i}\omega t}}{\tau^2+t^2}\mathrm{d}t\right|^2 \tag{11.26}$$

利用积分公式 A.22, 上式即给出,

$$w=\frac{2^{15}B^2a^2}{3^{10}\hbar^2}\mathrm{e}^{-2\omega\tau} \tag{11.27}$$

题 11.6　当一个带电为 Ze 的重粒子在原子附近通过时, 原子的电子将在其影响下从 m 态跃迁到 n 态, 设 v 是重粒子的运动速度, D 为在 $t=0$ 时重粒子离原子最近的距离. 计算这一个过程的概率.

提示　仅讨论重粒子与电子相互作用势展开后的前两项.

解答　既然是重粒子, 我们假定其运动不会由于与原子的任何相互作用而改变, 同时假定原子核保持静止. 选取坐标系, 原点在原子核处, x 轴平行于粒子的运动方向. 令 v 是粒子的 (恒定) 速度, $\boldsymbol{R}\equiv(vt,D,0)$ 是粒子在 t 时刻位矢, D 是 $t=0$ 时刻离原子最近的距离. 如果 $\boldsymbol{r}\equiv(x,y,z)$ 是电子的位矢, 则粒子–电子相互作用势能由下式给出:

$$W(t)=-\frac{Ze^2}{|\boldsymbol{R}-\boldsymbol{r}|}=-\frac{Ze^2}{R}-\frac{Ze^2(xvt+Dy)}{R^3}+\cdots \tag{11.28}$$

式中 $R=\left[(vt)^2+D^2\right]^{1/2}$, 而 Ze 为粒子的电荷, 既然 $x,y\ll R$, 在式 (11.28) 中可以仅限于讨论前两项, 于是有

$$\langle n|W(t)|m\rangle=-\frac{Ze^2}{R^3}\left(x_{nm}vt+Dy_{nm}\right) \tag{11.29}$$

式中 x_{nm} 和 y_{nm} 是电子坐标 x 和 y 的矩阵元.

将式 (11.29) 代入跃迁速率公式中, 我们得到原子从 m 态跃迁到 n 态的跃迁速率

$$w_{nm}=\frac{Z^2e^2}{\hbar^2}\left|\int_{-\infty}^{\infty}\frac{x_{nm}vt+Dy_{nm}}{\left[(vt)^2+D^2\right]^{3/2}}\mathrm{e}^{\mathrm{i}\omega_{nm}t}\mathrm{d}t\right|^2 \tag{11.30}$$

被积函数随 R 很快减小, 可以说, 粒子和原子间相互作用或"碰撞"的有效持续时间具有 Dv 的量级.

注意　如果绝热条件 $(\omega_{nm}D)/v\ll 1$, 可令式 (11.30) 中的指数函数等于 1, 而积分化为

$$\int_{-\infty}^{\infty}\frac{x_{nm}vt+Dy_{nm}}{\left[(vt)^2+D^2\right]^{3/2}}\mathrm{d}t=\int_{-\infty}^{\infty}\frac{Dy_{nm}}{\left[(vt)^2+D^2\right]^{3/2}}\mathrm{d}t=\frac{2y_{nm}}{vD} \tag{11.31}$$

最后有

$$w_{nm}=\frac{4Z^2e^2\left|y_{nm}\right|^2}{\hbar^2D^2v^2} \tag{11.32}$$

题 11.7 若在 $t=0$ 时, 电荷为 e 质量为 m 的线型谐振子处于基态, 在 $t>0$ 时, 附加一个与谐振子振动方向相同的恒定外电场 $\boldsymbol{\mathcal{E}}$, 求谐振子处于任意态的概率.

解答 加了均匀电场 $\boldsymbol{\mathcal{E}}=(\mathcal{E},0,0)$ 之后, 带电量为 e 的谐振子的势能为

$$V(x)=\frac{1}{2}m\omega^2x^2+e\varepsilon x=\frac{m\omega^2}{2}\left(x-x_0\right)^2-\frac{(e\mathcal{E})^2}{2m\omega^2} \tag{11.33}$$

其中 $x_0=\dfrac{e\mathcal{E}}{m\omega^2}$.

由于微扰后的势能仍为谐振子势 (只是平衡位置移动 x_0), 所以受微扰后振子的定态波函数为

$$\psi_k(x-x_0)=\left(\frac{m\omega}{\pi\hbar}\right)^{1/4}\frac{1}{\sqrt{2^nn!}}\mathrm{e}^{-\frac{m\omega}{2\hbar}(x-x_0)^2}\mathrm{H}_n\left((x-x_0)\sqrt{\frac{m\omega}{\hbar}}\right) \tag{11.34}$$

其中 H_n 为 n 阶 Hermite 多项式. $t=0$ 时初态波函数是未受微扰时的谐振子基态波函数 $\psi_0(x)$, 即

$$\psi_0(x)=\left(\frac{m\omega}{\hbar\pi}\right)^{1/4}\mathrm{e}^{-\frac{m\omega}{2\hbar}x^2} \tag{11.35}$$

它可用新 Hamilton 量本征态展开

$$\psi_0(x)=\sum_n a_n\psi_n(x-x_0) \tag{11.36}$$

在新 Hamilton 量作用下, t 时刻的态矢为

$$\psi_0(x,t)=\sum_n a_n\psi_n(x-x_0)\mathrm{e}^{-\mathrm{i}\hbar E_nt} \tag{11.37}$$

t 时刻体系处于波函数 $\psi_n(x-x_0)$ 态的概率振幅为

$$a_n=\alpha\mathrm{e}^{-\mathrm{i}\hbar E_nt}\int_{-\infty}^{\infty}\psi_k^*(x-x_0)\psi_0(x)\mathrm{d}x \tag{11.38}$$

$$=\alpha\mathrm{e}^{-\mathrm{i}\hbar E_nt}\frac{(-1)^k}{\sqrt{2^kk!\pi}}\mathrm{e}^{-\xi_0^2/2}\int_{-\infty}^{\infty}\mathrm{e}^{-\xi\xi_0}\frac{\mathrm{d}^k}{\mathrm{d}\xi^k}\mathrm{e}^{-\xi^2+2\xi\xi_0}\mathrm{d}\xi \tag{11.39}$$

上式中 $\xi=x\sqrt{m\omega/\hbar}$, $\xi_0=x_0\sqrt{m\omega/\hbar}$, 并考虑到了 n 阶 Hermite 多项式的如下表达式

$$\mathrm{H}_n(\xi)=(-1)^n\mathrm{e}^{\xi^2}\frac{\mathrm{d}^n}{\mathrm{d}\xi^n}\mathrm{e}^{-\xi^2}$$

式 (11.39) 经过 k 次分步积分后然后利用 Poisson 积分公式积分式变为

$$\xi_0^k \int_{-\infty}^{\infty} \mathrm{e}^{-\xi^2+\xi\xi_0}\mathrm{d}\xi = \xi_0^k\sqrt{\pi}\mathrm{e}^{\xi_0^2/4} \tag{11.40}$$

上面用到了广义 Gauss 几分公式 (5). 上式代入式 (11.39) 给出

$$a_n = \frac{\alpha(-1)^k}{\sqrt{2^k k!}}\xi_0^n \mathrm{e}^{-\xi_0^2/4}\mathrm{e}^{-\mathrm{i}\hbar E_n t} \tag{11.41}$$

谐振子从基态到激发态 n 的跃迁概率为

$$W_n = |a_n|^2 = \frac{\alpha^2}{2^k k!}\xi_0^{2n}\mathrm{e}^{-\xi_0^2/2} \tag{11.42}$$

说明　在 $\mathcal{E}$ 较大时, 本题计算结果依然适用.

题 11.8　若在 $t=0$ 时, 电荷 e 质量为 m 的线型谐振子处于基态, 在 $t>0$ 时, 附加一个外场 $\boldsymbol{\mathcal{E}} = \boldsymbol{\mathcal{E}}_0\mathrm{e}^{-t/\tau}$, 求谐振子处于激发态的概率.

解答　设电场沿 x 轴方向, 则 Hamilton 量微扰项为

$$H' = -ex\mathcal{E}(t) \tag{11.43}$$

因为跃迁矩阵元

$$H'_{n0} = -e\mathcal{E}(t)\sqrt{\frac{\hbar}{2m\omega}}\delta_{n,1} \tag{11.44}$$

所以只有基态 $|0\rangle$ 向第一激发态的跃迁是允许的. 其跃迁振幅

$$\begin{aligned} a_{01}(t) &= \frac{1}{\mathrm{i}\hbar}\int_0^{\infty} H'_{1,0}(t)\mathrm{e}^{\mathrm{i}\omega_{10}t}\mathrm{d}t \\ &= \mathrm{i}\mathcal{E}_0 e\left(\frac{1}{2m\omega\hbar}\right)^{1/2}\int_0^{\infty}\mathrm{e}^{-t/\tau+\mathrm{i}\omega t}\mathrm{d}t \\ &= \mathrm{i}\mathcal{E}_0 e\left(\frac{1}{2m\omega\hbar}\right)^{1/2}\frac{1}{1/\tau-\mathrm{i}\omega} \end{aligned} \tag{11.45}$$

因此所求跃迁概率为

$$P_{01} = \frac{e^2\mathcal{E}_0^2\tau^2}{2\hbar m\omega(1+\omega^2\tau^2)} \tag{11.46}$$

题 11.9　若在 $t=0$ 时, 氢原子处于基态, 以后受到周期均匀电场 $\varepsilon\sin\omega t$ 的作用而电离, 设电离后电子的波函数为平面波, 求该周期场最小频率和电子跃迁到电离态的概率.

解答　氢原子处在题给交变电场 $\mathcal{E} = \mathcal{E}_0\left[\exp(\mathrm{i}\omega t)+\exp(-\mathrm{i}\omega t)\right]$ 中被电离, 电场的作用视为微扰. 在原子尺度, 电场可视为空间均匀电场, 相应的微扰 Hamilton 量可表示为

$$H'(t) = e\boldsymbol{\mathcal{E}}_0\cdot\boldsymbol{r}\left(\mathrm{e}^{\mathrm{i}\omega t}+\mathrm{e}^{-\mathrm{i}\omega t}\right) = H'\left(\mathrm{e}^{\mathrm{i}\omega t}+\mathrm{e}^{-\mathrm{i}\omega t}\right), \quad H' = e\boldsymbol{\mathcal{E}}_0\cdot\boldsymbol{r} \tag{11.47}$$

这是周期微扰. 对于电离过程电子末态能量高于初态能量, 故这种过程上式中 $e^{-i\omega t}$ 项不起作用. 使电子由基态 E_1 电离, 所需最小能量为 $-E_1$, 所以电离所需的最小频率为

$$\omega_{\min}=\frac{-E_1}{\hbar}=\frac{\mu e^4}{2\hbar^3} \tag{11.48}$$

对于式 (11.47) 所给的周期微扰, 由一阶含时微扰论, 可知在较长的时间以后, 电子由初始所处的基态 (1s 态, 用 i 标志) 跃迁到电离态 (用 f 标志) 的跃迁速率为①

$$w_{\mathrm{i}\to\mathrm{f}}=\frac{\mathrm{d}}{\mathrm{d}t}P_{i\to f}=\frac{\pi}{2\hbar}\left|H'_{fi}\right|^2\delta\left(E_f-E_i-\hbar\omega\right) \tag{11.49}$$

其中 $H'_{\mathrm{fi}}=\langle f|\,H'\,|i\rangle$. 初态 i 为氢原子基态, 能量和归一化波函数分别为

$$E_1=-\frac{e^2}{2a_0},\quad \psi_{100}=\frac{1}{\sqrt{\pi a_0^3}}\mathrm{e}^{-\frac{r}{a_0}} \tag{11.50}$$

其中 $a_0=\hbar^2/(\mu e^2)$ 为氢原子 Bohr 半径. 末态 f 电离态, 能量 $E>0$, 波函数可以选为平面波. 设其波矢为 $\boldsymbol{k}$, 为便于有限归一, 我们取箱归一化 [假设氢原子所处空间为一足够大的 $L\times L\times L$ 的正方体], 这样电离态的能量和归一化波函数分别为

$$E_k=\frac{\hbar^2k^2}{2\mu},\quad \psi_{\boldsymbol{k}}(\boldsymbol{x})=\frac{1}{\sqrt{L^3}}\mathrm{e}^{\mathrm{i}\boldsymbol{k}\cdot\boldsymbol{x}}=\frac{1}{\sqrt{L^3}}\mathrm{e}^{\mathrm{i}\boldsymbol{p}\cdot\boldsymbol{x}/\hbar} \tag{11.51}$$

式中 $\boldsymbol{p}=(p_x,p_y,p_z)$, $p_x=\dfrac{2\pi}{L}n_x, p_y=\dfrac{2\pi}{L}n_y, p_z=\dfrac{2\pi}{L}n_z$, 而 n_x, n_y, n_z=0, ±1, ±2, $\cdots$, 如此式 (11.49) 中的跃迁矩阵元为

$$H'_{\mathrm{fi}}=\langle\mathrm{f}|\,H'\,|\mathrm{i}\rangle=\iiint\frac{1}{\sqrt{L^3}}\mathrm{e}^{-\mathrm{i}\boldsymbol{k}\cdot\boldsymbol{x}}\left[e\boldsymbol{\mathcal{E}}_0\cdot\boldsymbol{r}\right]\frac{1}{\sqrt{\pi a_0^3}}\mathrm{e}^{-\frac{r}{a_0}}\mathrm{d}^3\boldsymbol{x} \tag{11.52}$$

为完成上式的积分, 不妨取 z 轴沿 $\boldsymbol{k}$ 的方向, 再根据对称性考虑

$$\begin{aligned}H'_{\mathrm{fi}}&=\iiint\frac{1}{\sqrt{L^3}}\mathrm{e}^{-\mathrm{i}kz}\left[e\mathcal{E}_{0x}x+e\mathcal{E}_{0y}y+e\mathcal{E}_{0z}z\right]\frac{1}{\sqrt{\pi a_0^3}}\mathrm{e}^{-\frac{r}{a_0}}\mathrm{d}^3\boldsymbol{x}\\&=\frac{e\mathcal{E}_{0z}}{\sqrt{\pi L^3a_0^3}}\iiint\mathrm{e}^{-\mathrm{i}kz}z\mathrm{e}^{-\frac{r}{a_0}}\mathrm{d}^3\boldsymbol{x}\end{aligned}$$

①参见教材: 张永德, 量子力学 (第三版)[M], 北京: 科学出版社, 2015, P299-300.

对上式再采用球坐标计算

$$
\begin{aligned}
H'_{\rm fi} &= \frac{e\mathcal{E}_{0z}}{\sqrt{\pi L^3 a_0^3}}\int_0^\infty r^3 \mathrm{e}^{-\frac{r}{a_0}}\int_0^\pi \mathrm{e}^{-\mathrm{i}kr\cos\theta}\cos\theta\sin\theta\mathrm{d}\theta\int_0^{2\pi}\mathrm{d}\varphi\mathrm{d}r \\
&= \frac{2\pi e\mathcal{E}_{0z}}{\sqrt{\pi L^3 a_0^3}}\int_0^\infty r^3 \mathrm{e}^{-\frac{r}{a_0}}\frac{1}{\mathrm{i}kr}\int_0^\pi \cos\theta\mathrm{d}\mathrm{e}^{-\mathrm{i}kr\cos\theta}\mathrm{d}r \\
&= \frac{2\pi e\mathcal{E}_{0z}}{\mathrm{i}k\sqrt{\pi L^3 a_0^3}}\int_0^\infty r^2 \mathrm{e}^{-\frac{r}{a_0}}\left\{\cos\theta\mathrm{e}^{-\mathrm{i}kr\cos\theta}\Big|_0^\pi - \int_0^\pi \mathrm{e}^{-\mathrm{i}kr\cos\theta}\mathrm{d}\cos\theta\right\}\mathrm{d}r \\
&= \frac{2\pi e\mathcal{E}_{0z}}{\mathrm{i}k\sqrt{\pi L^3 a_0^3}}\int_0^\infty r^2 \mathrm{e}^{-\frac{r}{a_0}}\left\{-\mathrm{e}^{\mathrm{i}kr} - \mathrm{e}^{-\mathrm{i}kr} + \frac{1}{\mathrm{i}kr}\mathrm{e}^{-\mathrm{i}kr\cos\theta}\Big|_0^\pi\right\}\mathrm{d}r \\
&= \frac{2\pi e\mathcal{E}_{0z}a_0}{\mathrm{i}k\sqrt{\pi L^3 a_0^3}}\int_0^\infty \left\{\frac{a_0}{\mathrm{i}k}\left[\mathrm{e}^{-(1-\mathrm{i}ka_0)x} - \mathrm{e}^{-(1+\mathrm{i}ka_0)x}\right]x\right. \\
&\quad \left. -a_0^2\left[\mathrm{e}^{-(1-\mathrm{i}ka_0)x} + \mathrm{e}^{-(1+\mathrm{i}ka_0)x}\right]x^2\right\}\mathrm{d}x
\end{aligned}
$$

最后一步作了变量代换 $x = \dfrac{r}{a_0}$. 再利用积分公式 (7,8), 即得

$$
\begin{aligned}
H'_{\rm fi} &= \frac{2\pi e\mathcal{E}_{0z}a_0}{\sqrt{\pi L^3 a_0^3}}\left\{-\frac{a_0}{k^2}\left[\frac{1}{(1-\mathrm{i}ka_0)^2} - \frac{1}{(1+\mathrm{i}ka_0)^2}\right]\right. \\
&\quad \left. -\frac{a_0^2}{\mathrm{i}k}\left[\frac{2}{(1-\mathrm{i}ka_0)^3} + \frac{2}{(1+\mathrm{i}ka_0)^3}\right]\right\} \\
&= \frac{-32\mathrm{i}a_0^5 e\mathcal{E}_{0z}k}{\sqrt{\pi a_0^3 L^3}\left(1+a_0^2k^2\right)^3}
\end{aligned}
$$

至此我们求得了电子电离的跃迁矩阵元, 它与平面波末态波矢 $\boldsymbol{k}$ 方向的电场分量大小 $\mathcal{E}_{0z}$ 成正比. 由于上面计算取 z 轴沿 $\boldsymbol{k}$ 的方向, 结果又可表示为

$$
H'_{\rm fi} = \frac{-32\mathrm{i}a_0^5 e\boldsymbol{E}_0\cdot\boldsymbol{k}}{\sqrt{\pi a_0^3 L^3}\left(1+a_0^2k^2\right)^3} \tag{11.53}
$$

将上式代入式 (11.49) 得在较长的时间以后, 电子由初始所处的基态跃迁到平面波末态 (波矢为 $\boldsymbol{k}$) 的跃迁速率 (单位时间的跃迁概率) 为

$$
w_{\mathrm{i}\to\boldsymbol{k}} = \frac{2^9 a_0^7 e^2\left(\boldsymbol{k}\cdot\boldsymbol{E}_0\right)^2}{\hbar L^3\left(1+a_0^2k^2\right)^6}\delta\left(E_k - E_1 - \hbar\omega\right) \tag{11.54}
$$

由于末态是电离态, $\boldsymbol{k}$ 不同的各种平面波态都可能会出现, 所以单位时间的跃迁概率需要对各种可能的末态求和, 也就是需要对各种可能的波数 (动量) 求和. 当箱归一化态参量 $L\to\infty$, $\boldsymbol{k}$ 将连续变化, 这时对各种可能的波数 (动量) 求和可表示为

$$
\frac{L^3}{h^3}\iiint \mathrm{d}p_x\mathrm{d}p_y\mathrm{d}p_z \tag{11.55}
$$

上式可理解为相空间 h^3 的体积元相当于有一个量子态. 采用球坐标, 动量空间体积元可以表示为

$$\mathrm{d}p_x\mathrm{d}p_y\mathrm{d}p_z = p^2\mathrm{d}p\mathrm{d}^2\Omega = 2\mu E_k\mathrm{d}\sqrt{2\mu E_k}\mathrm{d}^2\Omega = \frac{1}{2}(2\mu)^{3/2}\sqrt{E_k}\mathrm{d}E_k\mathrm{d}^2\Omega \tag{11.56}$$

因此将式 (11.54) 对各种可能的末动量 (波数) 按照式 (11.55) 求和, 并利用式 (11.56), 得氢原子的每秒电离的概率

$$\begin{aligned}
w_t &= \frac{L^3}{h^3}\iiint w_{i\to\boldsymbol{k}}\mathrm{d}p_x\mathrm{d}p_y\mathrm{d}p_z = \frac{L^3}{h^3}\iiint w_{i\to\boldsymbol{k}}\mu\sqrt{2\mu}\sqrt{E_k}\mathrm{d}E_k\mathrm{d}^2\Omega \\
&= \frac{L^3}{h^3}\iiint \frac{2^9 a_0^{10}e^2\left(\boldsymbol{k}\cdot\boldsymbol{E}_0\right)^2}{\hbar a_0^3 L^3\left(1+a_0^2k^2\right)^6}\delta\left(E_k - E_1 - \hbar\omega\right)\mu\sqrt{2\mu}\sqrt{E_k}\mathrm{d}E_k\mathrm{d}^2\Omega \\
&= \int_0^\infty \frac{2^6 a_0^7 e^2 k^2 \mathcal{E}_0^2}{\hbar^4\pi^2\left(1+a_0^2k^2\right)^6}(2\mu)^{3/2}\delta\left(E_k - E_1 - \hbar\omega\right)\sqrt{E_k}\mathrm{d}E_k\int_0^\pi \cos^2\theta\sin\theta\mathrm{d}\theta \\
&= \frac{2^8 a_0^7 e^2\mathcal{E}_0^2\mu k^3}{3\hbar^3\pi^2\left(1+a_0^2k^2\right)^6}
\end{aligned}$$

上面积分过程中, 球坐标的 z 轴选为沿电场 $\boldsymbol{E}_0$ 方向, 这样 $\boldsymbol{k}\cdot\boldsymbol{E}_0 = k\mathcal{E}_0\cos\theta$. 上面得到了所求的氢原子每秒电离的概率

$$w_t = \frac{2^8 a_0^7 e^2\mathcal{E}_0^2\mu k^3}{3\hbar^3\pi^2\left(1+a_0^2k^2\right)^6} \tag{11.57}$$

其中 a_0 是 Bohr 半径, 而 $k=\sqrt{2\mu E_k}$, E_k 是末态自由电子的能量.

题 11.10 将处于基态的氢原子放在一个平行板电容器的电场中, 取平行板的法线方向 z 轴方向, 则电场沿 z 轴方向可以看作均匀电场, 若电容器突然充电, 而后放电, 则电场随时间的变化为

$$\mathcal{E}(t) = \begin{cases} 0, & t<0 \\ \mathcal{E}_0\exp(-t/\tau), & t>0 \end{cases}$$

其中 τ 为常数, 求时间足够长后, 氢原子跃迁到 2s 态和 2p 态的概率.

解答 根据氢原子定态结果, 不考虑自旋, 氢原子基态波函数

$$\psi_{100} = \frac{1}{\sqrt{\pi a_0^3}}\mathrm{e}^{-\frac{r}{a_0}} \tag{11.58}$$

其中 $a_0=\hbar^2/(\mu e^2)$ 为 Bohr 半径. 而 2s 态及 2p 态波函数

$$\begin{aligned}
&\psi_{200} = R_{20}(r)\mathrm{Y}_{00}, \quad \psi_{211} = R_{21}(r)\mathrm{Y}_{11} \\
&\psi_{210} = R_{21}(r)\mathrm{Y}_{10}, \quad \psi_{21-1} = R_{21}(r)\mathrm{Y}_{1-1}
\end{aligned} \tag{11.59}$$

其中 R_{20}、R_{21} 为氢原子归一化径向波函数, 而各 Y_{lm} 为氢原子归一化角向波函数, 即球谐函数. R_{20}、R_{21} 如下给出

$$R_{20}=\frac{1}{\sqrt{2}a_0^{3/2}}\left(1-\frac{r}{2a_0}\right)\mathrm{e}^{-\frac{r}{2a_0}},\quad R_{21}=\frac{1}{2\sqrt{6}a_0^{3/2}}\frac{r}{a_0}\mathrm{e}^{-\frac{r}{2a_0}} \tag{11.60}$$

有关的球谐函数 Y_{lm} 如下给出

$$\mathrm{Y}_{00}=\frac{1}{\sqrt{4\pi}}, \tag{11.61}$$

$$\mathrm{Y}_{1,\pm1}=\mp\sqrt{\frac{3}{8\pi}}\sin\theta\mathrm{e}^{\pm\mathrm{i}\varphi}=\mp\sqrt{\frac{3}{8\pi}}\frac{x\pm\mathrm{i}y}{r}, \tag{11.62}$$

$$\mathrm{Y}_{1,0}=\sqrt{\frac{3}{4\pi}}\cos\theta=\sqrt{\frac{3}{4\pi}}\frac{z}{r} \tag{11.63}$$

由题设, 电场 E 沿 z 轴方向, 微扰可写为

$$H'=e\mathcal{E}_0 z\mathrm{e}^{-\frac{t}{\tau}}\theta(t)=e\mathcal{E}_0 r\cos\theta\mathrm{e}^{-\frac{t}{\tau}}\theta(t)=F(\boldsymbol{x})\mathrm{e}^{-\frac{t}{\tau}}\theta(t) \tag{11.64}$$

其中定义了

$$F(\boldsymbol{x})=e\mathcal{E}_0 z=e\mathcal{E}_0 r\cos\theta \tag{11.65}$$

采用一阶含时微扰论计算, 在 t 时刻跃迁到 ψ_n 的跃迁振幅为

$$C_{0\to n}(t)=\frac{1}{\mathrm{i}\hbar}\int_0^t\langle\psi_n|\,H'\,|0\rangle\,\mathrm{e}^{\mathrm{i}\omega_{n0}t'}\mathrm{d}t' \tag{11.66}$$

其中 $\omega_{n0}=\dfrac{E_n-E_0}{\hbar}$, 代入 微扰 H' 的表达式 (11.64)

$$\begin{aligned}C_{0\to n}(t)&=\frac{1}{\mathrm{i}\hbar}\int_0^t\langle\psi_n|\,F\,|0\rangle\,\mathrm{e}^{-\frac{t'}{\tau}}\theta(t')\mathrm{e}^{\mathrm{i}\omega_{n0}t'}\mathrm{d}t'\\&=\frac{1}{\mathrm{i}\hbar}\langle\psi_n|\,W'\,|0\rangle\int_0^t\mathrm{e}^{-\frac{t'}{\tau}}\mathrm{e}^{\mathrm{i}\omega_{n0}t'}\mathrm{d}t'=\frac{1}{\mathrm{i}\hbar}\langle\psi_n|\,F\,|0\rangle\,\frac{1-\mathrm{e}^{-\frac{t}{\tau}}\mathrm{e}^{\mathrm{i}\omega_{n0}t}}{\frac{1}{\tau}-\mathrm{i}\omega_{n0}}\end{aligned} \tag{11.67}$$

因而 t 时刻跃迁到 ψ_n 的概率为

$$P_{0\to n}(t)=\frac{|\langle\psi_n|\,F\,|0\rangle|^2}{\hbar^2}\left|\frac{1-\mathrm{e}^{-\frac{t}{\tau}}\mathrm{e}^{\mathrm{i}\omega_{n0}t}}{\frac{1}{\tau}-\mathrm{i}\omega_{n0}}\right|^2 \tag{11.68}$$

注意到上式中的指数衰减因子, 时间充分长以后 $(t\gg\tau)$ 氢原子由基态 1s 向用 f 标志的末态的跃迁概率为

$$P_{1\mathrm{s}\to\mathrm{f}}=\frac{\tau^2}{\hbar^2}\frac{|\langle\psi_f|\,F\,|1\mathrm{s}\rangle|^2}{\left(1+\tau^2\omega_{f1}^2\right)} \tag{11.69}$$

式中 ω_{f1} 由 $\hbar\omega_{\mathrm{f1}} = E_{\mathrm{f}} - E_1$ 确定, 上式成立条件为 $P_{1\mathrm{s}\to\mathrm{f}} \ll 1$. 可见所要求的跃迁概率归结为计算矩阵元 $\langle\psi_f| F |1\mathrm{s}\rangle$.

考虑 1s→2s 可能的跃迁, 此时末态 f=2s. 根据式 (11.58,11.59,11.60) 与 (11.61), ψ_{100}、ψ_{200} 都是偶宇称态, 而 z 是奇宇称算符. 由此可见 $\psi_{200}^*z\psi_{100}$ 具有奇宇称的性质, 在全空间积分的结果为零. 这给出 $\langle 2\mathrm{s}| F |1\mathrm{s}\rangle = 0$, 故根据式 (11.69), 1s→2s 的跃迁概率为零.

再考虑 1s→2p 可能的跃迁, 此时末态 f = 2p. 2p 有三种不同状态, 它们的波函数分别为 ψ_{211}, ψ_{21-1} 和 ψ_{210}. 根据式 (11.58,11.59,11.60) 与 (11.61,11.62,11.63), 对于 z 方向的反演 $(z \to -z)$, ψ_{100} 以及 $\psi_{21,\pm1}$ 都不变, 而 z 反号. 由此可见 $\psi_{21,\pm1}^*z\psi_{100}$ 对于 z 方向的反演改变正负性, 从而它对于 z 从 $-\infty$ 到 $+\infty$ 积分的结果为零. 这给出 $\langle 21,\pm1| F |1\mathrm{s}\rangle = 0$, 故根据式 (11.69), 1s→ $\psi_{21,\pm1}$ 的跃迁概率为零. 利用式 (11.58,11.59,11.60,11.61) 以及式 (11.65) 的结果, 不为零的矩阵元 $\langle 210| F |1\mathrm{s}\rangle$ 的计算如下

$$
\begin{aligned}
\langle 210| F |1\mathrm{s}\rangle &= \iiint \left[\frac{1}{\sqrt{32\pi a_0^3}}\frac{r}{a_0}\mathrm{e}^{-\frac{r}{2a_0}}\cos\theta\right][e\mathcal{E}_0 r\cos\theta]\left[\frac{1}{\sqrt{\pi a_0^3}}\mathrm{e}^{-\frac{r}{a_0}}\right]\cdot r^2\sin\theta\mathrm{d}r\mathrm{d}\theta\mathrm{d}\varphi \\
&= \frac{e\mathcal{E}_0}{\sqrt{32}\pi a_0^4}\int_0^\infty r^4\mathrm{e}^{-\frac{3r}{2a_0}}\mathrm{d}\,r\cdot\int_0^\pi\cos^2\theta\sin\theta\mathrm{d}\theta\int_0^{2\pi}\mathrm{d}\varphi \\
&= \frac{e\mathcal{E}_0}{\sqrt{32}\pi a_0^4}\cdot 4!\cdot\left(\frac{-2a_0}{3}\right)^5\cdot\left(-\frac{1}{3}\cos^3\theta\right)\Big|_0^\pi 2\pi = \frac{2^{15/2}}{3^5}e\mathcal{E}_0 a_0
\end{aligned}
$$

也就是

$$
\langle 210| F |1\mathrm{s}\rangle = \frac{2^{15/2}}{3^5}e\mathcal{E}_0 a_0 \tag{11.70}
$$

将上式结果代入式 (11.69), 并利用氢原子能级公式 $E_1 = -\dfrac{e^2}{2a_0}$, $E_2 = -\dfrac{e^2}{8a_0}$, 可知

$$
\begin{aligned}
P_{(1\mathrm{s}\to2\mathrm{p})} &= \frac{\tau^2}{\hbar^2}\frac{1}{\left(1+\tau^2\omega_{f1}^2\right)}\left[|\langle 210| F |1\mathrm{s}\rangle|^2 + |\langle 211| F |1\mathrm{s}\rangle|^2 + |\langle 21-1| F |1\mathrm{s}\rangle|^2\right] \\
&= \frac{\tau^2}{\left[\hbar^2+\tau^2(E_2-E_1)^2\right]}\left[|\langle 210| F |1\mathrm{s}\rangle|^2 + 0 + 0\right] \\
&= \frac{2^{15}}{3^{10}}\cdot\frac{e^2\mathcal{E}_0^2 a_0^2\tau^2}{\left[1+\left(\dfrac{3e^2\tau}{8a_0\hbar}\right)^2\right]\hbar^2}
\end{aligned}
$$

通常情况下, $e^2\mathcal{E}_0^2 a_0^2\tau^2 \ll \hbar^2$, $P_{(1\mathrm{s}\to2\mathrm{p})} \ll 1$, 故以上微扰计算适用.

综上所述, 所求的氢原子跃迁到 2s 态及 2p 态的概率分别为

$$P_{(1s\to 2s)} = 0 \tag{11.71}$$

$$P_{(1s\to 2p)} = \frac{2^{15}}{3^{10}} \cdot \frac{e^2 \mathcal{E}_0^2 a_0^2 \tau^2}{\left[1+\left(\dfrac{3e^2\tau}{8a_0\hbar}\right)^2\right]\hbar^2} \tag{11.72}$$

其中 $a_0 = \hbar^2/(\mu e^2)$ 为氢原子 Bohr 半径.

题 11.11 处于基态的氢原子受到脉冲电场 $\boldsymbol{\mathcal{E}}(t) = \boldsymbol{\mathcal{E}}_0\delta(t)$ 作用, $\boldsymbol{\mathcal{E}}_0$ 为常数, 用微扰论计算电子跃迁到各激发态的概率以及仍然停留在基态的概率 (取 $\boldsymbol{\mathcal{E}}_0$ 沿z轴方向来计算).

解答 自由氢原子的 Hamilton 量为

$$H_0 = -\frac{\hbar^2}{2\mu}\nabla^2 - \frac{e^2}{r} \tag{11.73}$$

设能级记为 E_n, 正交归一化的能量本征态记为 ψ_n(n 统记自由氢原子态的量子数, 例如具有量子数 100 的基态记为 $n=1$; ψ_n 也包括归一到 δ-函数的非束缚态), 满足本征方程

$$H_0\psi_n = E_n\psi_n \tag{11.74}$$

对氢原子基态而言, 因为各向同性, 结果应与电场方向无关, 不妨取 $\mathcal{E}_0$ 沿z轴方向, Hamilton 量的微扰项表示为

$$H' = e\boldsymbol{\mathcal{E}}(t)\cdot\boldsymbol{r} = e\mathcal{E}_0 z\delta(t) \tag{11.75}$$

Schrödinger 方程

$$\mathrm{i}\hbar\frac{\partial}{\partial t}\psi(\boldsymbol{r},t) = (H_0 + H')\psi(\boldsymbol{r},t) = H_0\psi + H'\psi \tag{11.76}$$

题给初始条件为

$$\psi|_{t=0^-} = \psi_{100}(\boldsymbol{r}) = \psi_1 \tag{11.77}$$

现在令

$$\psi(\boldsymbol{r},t) = \sum_n C_n(t)\psi_n(\boldsymbol{r})\,\mathrm{e}^{-\mathrm{i}E_n t/\hbar} \tag{11.78}$$

初始条件 (11.77) 式亦即

$$C_n(0^-) = \delta_{n1} \tag{11.77'}$$

将 (11.78) 式代入 (11.76) 式, 但其中微扰项 $H'\psi$ 的 ψ 取初始态即基态 $\psi_1$①, 这样可得

$$\sum_n \mathrm{i}\hbar\psi_n(\boldsymbol{r})\frac{\mathrm{d}C_n(t)}{\mathrm{d}t}\mathrm{e}^{-\mathrm{i}E_n t/\hbar} = H'\psi_1 = e\mathcal{E}_0 z\delta(t)\psi_1 \tag{11.79}$$

上式两边左乘 ψ_n^*, 并对全空间积分, 利用 ψ_n 的正交归一性得

$$\mathrm{i}\hbar\frac{\mathrm{d}C_n(t)}{\mathrm{d}t} = e\mathcal{E}_0 z_{n1}\delta(t)\mathrm{e}^{\mathrm{i}E_n t/\hbar} \tag{11.80}$$

其中

$$z_{n1} = \langle\psi_n|z|\psi_1\rangle \tag{11.81}$$

为 z 对于态 ψ_n、ψ_1 的矩阵元.

现在在初条件 $C_n(0^-) = \delta_{n1}$ 下求解方程式 (11.80). 对 t 积分, 由 $t = 0^- \to t > 0$, 即得

$$C_n(t) = \frac{e\mathcal{E}_0}{\mathrm{i}\hbar}z_{n1}, \quad (n \neq 1) \tag{11.82}$$

因此 $t > 0$ 时 (即脉冲电场作用过后) 电子已经跃迁到 ψ_n 态的概率为

$$P_n = |C_n(t)|^2 = \frac{e^2\mathcal{E}_0^2}{\hbar^2}|z_{n1}|^2 \tag{11.83}$$

矩阵元 z_{n1} 见式 (11.81), 它给出选择定则 $\Delta l = 1$, $\Delta m = 0$, 这样终态量子数必须是

$$(nlm) = (n10)$$

即电子只跃迁到各np 态 $(l = 1)$, 而且磁量子数 $m = 0$.

跃迁到各激发态的概率总和为

$$\sum_n{}' P_n = \frac{e^2\mathcal{E}_0^2}{\hbar^2}\sum_n{}'|z_{n1}|^2 = \frac{e^2\mathcal{E}_0^2}{\hbar^2}\left(\sum_n |z_{n1}|^2 - |z_{11}|^2\right)$$

其中 $z_{11} = \langle\psi_1|z|\psi_1\rangle = 0$, 而

$$\sum_n |z_{n1}|^2 = \sum_n \langle\psi_1|z|\psi_n\rangle\langle\psi_n|z|\psi_1\rangle = \langle\psi_1|z^2|\psi_1\rangle = \frac{1}{3}\langle\psi_1|r^2|\psi_1\rangle = a_0^2$$

其中 a_0 为 Bohr 半径. 这样电子跃迁到各激发态的概率总和为

$$\sum_n{}' P_n = \frac{e^2\mathcal{E}_0^2 a_0^2}{\hbar^2}$$

①这是微扰论的实质性要点!

而电子仍然处于基态的概率为

$$1-\sum_{n}{}' P_n = 1-(e\mathcal{E}_0 a_0/\hbar)^2 \tag{11.84}$$

讨论　(精确求解) 对氢原子基态而言, 因为各向同性, 结果应与电场方向无关, 不妨取 $\mathcal{E}_0$ 沿z轴方向. 根据 Hamilton 量

$$H = H_0 + H' = -\frac{\hbar^2}{2\mu}\nabla^2 - \frac{e^2}{r} + e\mathcal{E}_0 z\delta(t) \tag{11.85}$$

我们写下 Schrödinger 方程

$$\mathrm{i}\hbar\frac{\partial}{\partial t}\psi(\boldsymbol{r},t) = (H_0+H')\psi(\boldsymbol{r},t) = \left[-\frac{\hbar^2}{2\mu}\nabla^2 - \frac{e^2}{r} + e\mathcal{E}_0 z\delta(t)\right]\psi(\boldsymbol{r},t) \tag{11.86}$$

初始条件为

$$\psi|_{t=0^-} = \psi_{100}(\boldsymbol{r}) \tag{11.87}$$

为了在上面初始条件下求解式 (11.86), 两边除以 $\psi(\boldsymbol{r},t)$ 得

$$\mathrm{i}\hbar\frac{\partial}{\partial t}\ln\psi(\boldsymbol{r},t) = \frac{1}{\psi(\boldsymbol{r},t)}\left(-\frac{\hbar^2}{2\mu}\nabla^2 - \frac{e^2}{r}\right)\psi(\boldsymbol{r},t) + e\mathcal{E}_0 z\delta(t) \tag{11.88}$$

现两边对时间 t 从 0^- 到 0^+ 积分,

$$\mathrm{i}\hbar\int_{0^-}^{0^+}\mathrm{d}t\frac{\partial}{\partial t}\ln\psi(\boldsymbol{r},t) = \int_{0^-}^{0^+}\mathrm{d}t\frac{1}{\psi(\boldsymbol{r},t)}\left(-\frac{\hbar^2}{2\mu}\nabla^2 - \frac{e^2}{r}\right)\psi(\boldsymbol{r},t) + \int_{0^-}^{0^+}\mathrm{d}te\mathcal{E}_0 z\delta(t)$$

即得

$$\mathrm{i}\hbar\left[\ln\psi\left(\boldsymbol{r},0^+\right) - \ln\psi\left(\boldsymbol{r},0^-\right)\right] = 0 + e\mathcal{E}_0 z$$

令 $e\mathcal{E}_0/\hbar = \kappa$, 并代入初始条件式 (11.87) 可得

$$\ln\psi\left(\boldsymbol{r},0^+\right) - \ln\psi_{100}(\boldsymbol{r}) = -\mathrm{i}\kappa z$$

即有

$$\psi\left(\boldsymbol{r},0^+\right) = \mathrm{e}^{-\mathrm{i}\kappa z}\psi_{100}(\boldsymbol{r}) \tag{11.89}$$

当 $t \geqslant 0$ 时, Hamilton 量为 H_0, 这样

$$\psi(\boldsymbol{r},t) = \langle\boldsymbol{r}|t\rangle = \mathrm{e}^{\mathrm{i}H_0 t}\psi\left(\boldsymbol{r},0^+\right) = \mathrm{e}^{\mathrm{i}H_0 t}\mathrm{e}^{-\mathrm{i}\kappa z}\psi_{100}(\boldsymbol{r}) \tag{11.90}$$

跃迁到某激发态 ψ_n 的振幅为

$$\langle\psi_n|t\rangle = \langle\psi_n|\mathrm{e}^{\mathrm{i}H_0 t}\mathrm{e}^{-\mathrm{i}\kappa z}\psi_{100}\rangle \tag{11.91}$$

跃迁概率为

$$|\langle\psi_n|t\rangle|^2=\left|\langle\psi_n|\mathrm{e}^{-\mathrm{i}\kappa z}\psi_{100}\rangle\right|^2 \tag{11.92}$$

如果将上面两式中的 $\mathrm{e}^{-\mathrm{i}\kappa z}$ 对 z 展开且只取到 z 的一次项, 则结果与前面微扰法得到的结果式 (11.83) 一致.

该原子仍然处于基态的振幅为

$$\langle\psi_{100}|t\rangle=\langle\psi_{100}|\mathrm{e}^{\mathrm{i}H_0t}\mathrm{e}^{-\mathrm{i}\kappa z}\psi_{100}\rangle=\mathrm{e}^{-\mathrm{i}E_0t}\langle\psi_{100}|\mathrm{e}^{-\mathrm{i}\kappa z}\psi_{100}\rangle \tag{11.93}$$

下面计算式中矩阵元 $\langle\psi_{100}|\mathrm{e}^{-\mathrm{i}\kappa z}\psi_{100}\rangle$. 坐标表象下氢原子归一化的基态波函数写为

$$\psi(r,\theta,\varphi)=\frac{1}{\sqrt{\pi}a_0^{3/2}}\mathrm{e}^{-\frac{r}{a_0}} \tag{11.94}$$

其中 $a_0\equiv\dfrac{\hbar^2}{\mu e^2}$ 是 Bohr 半径. 这样

$$\begin{aligned}\langle\psi_{100}|\mathrm{e}^{-\mathrm{i}\kappa z}\psi_{100}\rangle&=\iiint\psi^*(\boldsymbol{r})\mathrm{e}^{-\mathrm{i}\kappa z}\psi(\boldsymbol{r})\mathrm{d}^3\boldsymbol{r}\\&=\frac{1}{\pi a_0^3}\iiint\mathrm{e}^{-\frac{2r}{a_0}}\mathrm{e}^{-\mathrm{i}\kappa r\cos\theta}\cdot r^2\sin\theta\mathrm{d}r\mathrm{d}\theta\mathrm{d}\varphi\\&=\frac{2}{\mathrm{i}\kappa a_0^3}\int_0^{+\infty}\mathrm{d}r\mathrm{e}^{-\frac{2r}{a_0}}r\left(\mathrm{e}^{\mathrm{i}\kappa r}-\mathrm{e}^{-\mathrm{i}\kappa r}\right)\\&=\frac{2}{\mathrm{i}\kappa a_0^3}\left[\int_0^{+\infty}\mathrm{d}r\mathrm{e}^{-\left(\frac{2}{a_0}-\mathrm{i}\kappa\right)r}r-\int_0^{+\infty}\mathrm{d}r\mathrm{e}^{-\left(\frac{2}{a_0}+\mathrm{i}\kappa\right)r}r\right]\\&=\frac{2}{\mathrm{i}\kappa a_0^3}\left[\frac{1}{(2/a_0+\mathrm{i}\kappa)^2}-\frac{1}{(2/a_0-\mathrm{i}\kappa)^2}\right]=-\frac{16}{(4+\kappa^2a_0^2)^2}\end{aligned} \tag{11.95}$$

其中 $\displaystyle\int_0^{+\infty}\mathrm{d}r\mathrm{e}^{-\beta r}r$ 型的积分参见式 (7). 将式 (11.95) 代入式 (11.93) 可得该原子仍然处于基态的振幅为

$$\langle\psi_{100}|t\rangle=\mathrm{e}^{-\mathrm{i}E_0t}\langle\psi_{100}|\mathrm{e}^{-\mathrm{i}\kappa z}\psi_{100}\rangle=-\frac{1}{\left(1+\frac{1}{4}\kappa^2a_0^2\right)^2}\mathrm{e}^{-\mathrm{i}E_0t} \tag{11.96}$$

而概率为

$$P=|\langle\psi_{100}|t\rangle|^2=\left|\mathrm{e}^{-\mathrm{i}E_0t}\langle\psi_{100}|\mathrm{e}^{-\mathrm{i}\kappa z}\psi_{100}\rangle\right|^2=\frac{256}{(4+\kappa^2a_0^2)^4} \tag{11.97}$$

如果电场较弱, $\kappa a_0\ll1$, 则上式给出

$$P=1-\kappa^2a_0^2=1-(e\mathcal{E}_0a_0/\hbar)^2 \tag{11.98}$$

这与前面用微扰法计算得到的结果式 (11.84) 也完全一致.

题 11.12 有一个自旋为 1/2, 磁矩为 μ, 电荷为 0 的粒子, 置于一个磁场中. $t=0$ 时, 磁场为 $\boldsymbol{B}_0=(0,0,B_0)$, 粒子处于 σ_z 的本征态 $\begin{pmatrix}0\\1\end{pmatrix}$, 即 $\sigma_z=-1$, 在 $t>0$ 时, 再加上沿 x 轴的弱磁场 $\boldsymbol{B}_1=(B_1,0,0)$, 求 $t>0$ 时本征态的自旋态, 以及测到自旋向上 $\sigma_z=1$ 的概率.

解答 粒子的磁矩算符可以表示成

$$\boldsymbol{\mu}=\mu\boldsymbol{\sigma} \tag{11.99}$$

$\boldsymbol{\sigma}$ 为 Pauli 自旋算符. 磁场对粒子的作用势为

$$H=-\boldsymbol{B}\cdot\boldsymbol{\mu}=-\mu(B_1\sigma_x+B_0\sigma_z) \tag{11.100}$$

在 σ_z 的表象中, H 的矩阵表示为

$$H=-\mu B_1\begin{pmatrix}0&1\\1&0\end{pmatrix}-\mu B_0\begin{pmatrix}1&0\\0&-1\end{pmatrix}=-\mu\begin{pmatrix}B_0&B_1\\B_1&-B_0\end{pmatrix} \tag{11.101}$$

以下求 H 的本征值和本征函数. 设本征函数为

$$\psi=C_1\begin{pmatrix}1\\0\end{pmatrix}+C_2\begin{pmatrix}0\\1\end{pmatrix}=\begin{pmatrix}C_1\\C_2\end{pmatrix} \tag{11.102}$$

本征方程为 $H\psi=E\psi$, 即

$$-\mu\begin{pmatrix}B_0&B_1\\B_1&-B_0\end{pmatrix}\begin{pmatrix}C_1\\C_2\end{pmatrix}=E\begin{pmatrix}C_1\\C_2\end{pmatrix} \tag{11.103}$$

能级方程为

$$\det(E-H)=\begin{vmatrix}E+\mu B_0&\mu B_1\\\mu B_1&E-\mu B_0\end{vmatrix}=0 \tag{11.104}$$

我们令

$$\mu B_0=\hbar\omega_0,\quad \mu B_1=\hbar\omega_1,\quad \sqrt{\omega_0^2+\omega_1^2}=\omega \tag{11.105}$$

由式 (11.104) 容易解出

$$E=\pm\hbar\omega \tag{11.106}$$

将 E 的值代回本征方程式 (11.103), 即可求出如下本征函数. 对于 $E=\hbar\omega$, 式 (11.103) 给出 $C_1/C_2=-\omega_1/(\omega+\omega_0)$, 从而

$$\psi_+=\begin{pmatrix}-\omega_1\\\omega+\omega_0\end{pmatrix} \tag{11.107}$$

同样对于 $E=-\hbar\omega$, 式 (11.103) 给出 $C_1/C_2=\omega_1/(\omega-\omega_0)$, 从而

$$\psi_-=\begin{pmatrix}\omega_1\\ \omega-\omega_0\end{pmatrix} \tag{11.108}$$

为了书写简便, 式 (11.107) 与 (11.108) 这两个本征函数并未归一化.

将 $t=0$ 时初始波函数按能量本征函数展开

$$\psi(t=0)=\begin{pmatrix}0\\ 1\end{pmatrix}=\frac{1}{2\omega}(\psi_++\psi_-) \tag{11.109}$$

因此, $t>0$ 时, 波函数

$$\begin{aligned}\psi(t)&=\frac{1}{2\omega}\left(\psi_+\mathrm{e}^{-\mathrm{i}\omega t}+\psi_-\mathrm{e}^{\mathrm{i}\omega t}\right)\\ &=\mathrm{i}\frac{\omega_1}{\omega}\sin\omega_t\begin{pmatrix}1\\ 0\end{pmatrix}+\left(\cos\omega t-\mathrm{i}\frac{\omega_0}{\omega}\sin\omega t\right)\begin{pmatrix}0\\ 1\end{pmatrix}\end{aligned} \tag{11.110}$$

注意因 $\psi(0)$ 是归一化的, 因演化的幺正性, $\psi(t)$ 也满足归一化条件. 从而在 $t>0$ 时刻, 测得粒子自旋“向上”($\sigma_z=1$) 的概率为

$$\begin{aligned}P(\sigma_z=1)&=\left|\mathrm{i}\frac{\omega_1}{\omega}\sin\omega_t\right|^2=\frac{\omega_1^2}{\omega^2}\sin^2\omega_t\\ &=\frac{B_1^2}{B_0^2+B_1^2}\left[\sin\left(\frac{\mu}{\hbar}t\sqrt{B_0^2+B_1^2}\right)\right]^2\end{aligned} \tag{11.111}$$

题 11.13 设含时系统 $H(t)$ 作绝热演化初态为对应 $E(0)$ 的定态 $|\varphi(0)\rangle$. 由于演化无限缓慢, 这时有 $|\varphi(t)\rangle$ 存在, 使得下面准定态方程成立:

$$H(t)|\varphi(t)\rangle=E(t)|\varphi(t)\rangle \tag{11.112}$$

(1) 证明此时初态 $|\varphi(0)\rangle$ 的含时 Schrödinger 方程

$$\mathrm{i}\hbar\frac{\partial}{\partial t}|\psi(t)\rangle=H(t)|\psi(t)\rangle \tag{11.113}$$

的解 $|\psi(t)\rangle$ 可以表示为

$$|\psi(t)\rangle=\exp\left\{-\frac{\mathrm{i}}{\hbar}\int_0^t E(\tau)\mathrm{d}\tau\right\}\exp\{\mathrm{i}\gamma(t)\}|\varphi(t)\rangle \tag{11.114}$$

求出 $\gamma(t)$ 的表达式;

(2) 这里相位 $\gamma(t)$ 包括两种情况. 平庸情况: $\gamma(t)$ 表达式是可积单值的, 系统绝热演化一周返回 $|\varphi(0)\rangle$ 时, $\gamma(\tau)=0$; 非平庸情况: $\gamma(t)$ 表达式是不可积的, 多值的, $\gamma(T)\neq 0$, 这便是著名的 Berry 相位. 试分析平庸的 $\gamma(t)$ 是否总是恒为零.

解答　(1) 将式 (11.114) 代入式 (11.113), 有

$$
\begin{aligned}
\mathrm{i}\hbar\frac{\partial\left|\psi(t)\right\rangle}{\partial t}=&\mathrm{i}\hbar\left\{-\frac{\mathrm{i}}{\hbar}E(t)\exp\left\{-\frac{\mathrm{i}}{\hbar}\int_0^t E(\tau)\mathrm{d}\tau\right\}\exp\{\mathrm{i}\gamma(t)\}\left|\varphi(t)\right\rangle\right.\\
&+\exp\left\{-\frac{\mathrm{i}}{\hbar}\int_0^t E(\tau)\mathrm{d}\tau\right\}\cdot\mathrm{i}\frac{\partial\gamma(t)}{\partial t}\exp(\mathrm{i}\gamma(t))\left|\varphi(t)\right\rangle\\
&\left.+\exp\left\{-\frac{\mathrm{i}}{\hbar}\int_0^t E(\tau)\mathrm{d}\tau\right\}\exp(\mathrm{i}\gamma(t))\frac{\partial\left|\varphi(t)\right\rangle}{\partial t}\right\}\\
=&H(t)\left|\psi(t)\right\rangle
\end{aligned}
\tag{11.115}
$$

考虑到式 (11.112), 上式左边的第一项同右边的一项可以消去, 故而有

$$
\mathrm{i}\frac{\partial\gamma(t)}{\partial t}\left|\varphi(t)\right\rangle=-\frac{\partial}{\partial t}\left|\varphi(t)\right\rangle \tag{11.116}
$$

用 $|\varphi(t)\rangle$ 左乘上式两边, 考虑到 $|\varphi(t)\rangle$ 的归一性, 可得

$$
\frac{\partial\gamma(t)}{\partial t}=\mathrm{i}\left\langle\varphi(t)\left|\frac{\partial}{\partial t}\right|\varphi(t)\right\rangle \tag{11.117}
$$

对上式积分有

$$
\gamma(t)=\mathrm{i}\int_0^t\left\langle\varphi(\tau)\left|\frac{\partial}{\partial\tau}\right|\varphi(\tau)\right\rangle\mathrm{d}\tau \tag{11.118}
$$

(2) 因为 $\langle\varphi(t)|\varphi(t)\rangle=1$ 为常数, 所以有

$$
\frac{\partial}{\partial\tau}\left\langle\varphi(\tau)\right|\varphi(\tau)\rangle=\left[\frac{\partial}{\partial\tau}\left\langle\varphi(\tau)\right|\right]\left|\varphi(\tau)\right\rangle+\left\langle\varphi(\tau)\left|\frac{\partial}{\partial\tau}\right|\varphi(\tau)\right\rangle=0 \tag{11.119}
$$

在一维情况下, 定态波函数总可以表示为实函数, 所以上式左边两项相等, 故而有

$$
\left\langle\varphi(\tau)\right|\frac{\partial}{\partial\tau}\left|\varphi(0)\right\rangle=0 \tag{11.120}
$$

由于式 (11.118) 中的被积函数为零, 故 $\gamma(t)$ 恒为零.

题 11.14　证明自由电子不能吸收和发射光子.

证明　令 ψ_1 和 ψ_2 是电子的初态和末态波函数, 如果电子是自由的, 则 ψ_1 和 ψ_2 可以写成平面波的形式

$$
\psi_1=\left(\frac{1}{2\pi\hbar}\right)^{3/2}\mathrm{e}^{\frac{\mathrm{i}}{\hbar}\boldsymbol{p}_1\cdot\boldsymbol{r}},\quad \psi_2=\left(\frac{1}{2\pi\hbar}\right)^{3/2}\mathrm{e}^{\frac{\mathrm{i}}{\hbar}\boldsymbol{p}_2\cdot\boldsymbol{r}} \tag{11.121}
$$

设光与电子作用的 Hamilton 量为

$$
H'=-\frac{e}{2m}\boldsymbol{A}\cdot\boldsymbol{P}=\lambda\mathrm{e}^{-\mathrm{i}\boldsymbol{k}_\lambda\cdot\boldsymbol{r}}\boldsymbol{A}_0\cdot\boldsymbol{P} \tag{11.122}
$$

其中

$$\lambda = -\frac{e}{2m}, \quad \boldsymbol{A} = \boldsymbol{A}_0 \mathrm{e}^{-\mathrm{i}\boldsymbol{k}_\lambda \cdot \boldsymbol{r}}$$

这时跃迁矩阵元为

$$\begin{aligned}\langle \psi_1 | \mathrm{e}^{-\mathrm{i}\boldsymbol{k}_\lambda \cdot \boldsymbol{r}} (\boldsymbol{A}_0 \cdot \boldsymbol{p}) \psi_2 \rangle &= \left(\frac{1}{2\pi\hbar}\right)^3 \int \mathrm{e}^{-\frac{\mathrm{i}}{\hbar}(\boldsymbol{p}_1 + \hbar \boldsymbol{k}_\lambda)\cdot \boldsymbol{r}} \left(\frac{\hbar}{\mathrm{i}} \lambda \boldsymbol{A}_0 \cdot \nabla\right) \mathrm{e}^{\frac{\mathrm{i}}{\hbar}\boldsymbol{p}_2 \cdot \boldsymbol{r}} \mathrm{d}\boldsymbol{r} \\ &= \left(\frac{1}{2\pi\hbar}\right)^3 \lambda \boldsymbol{A}_0 \cdot \boldsymbol{p}_2 \int \mathrm{e}^{-\frac{\mathrm{i}}{\hbar}(\boldsymbol{p}_1 + \hbar \boldsymbol{k}_\lambda - \boldsymbol{p}_2)\cdot \boldsymbol{r}} \end{aligned} \tag{11.123}$$

由于

$$\left(\frac{1}{2\pi\hbar}\right)^{3/2} \int_{-\infty}^{\infty} \mathrm{e}^{\mathrm{i}\boldsymbol{k}\cdot \boldsymbol{r}} \mathrm{d}\boldsymbol{r} = \delta(\boldsymbol{k})$$

所以由式 (11.123) 可得

$$\langle \psi_1 | \mathrm{e}^{-\mathrm{i}\boldsymbol{k}_\lambda \cdot \boldsymbol{r}} (\boldsymbol{A}_0 \cdot \boldsymbol{p}) \psi_2 \rangle \sim \delta(\boldsymbol{p}_2 - \boldsymbol{p}_1 - \hbar \boldsymbol{k}_\lambda) \tag{11.124}$$

对于自由电子发射一个光子情况, 式 (11.124) 表示动量守恒定律

$$\boldsymbol{p}_2 = \boldsymbol{p}_1 + \hbar \boldsymbol{k} \tag{11.125}$$

能量守恒定律要求

$$E_2 = E_1 + \hbar\omega \tag{11.126}$$

两个守恒定律不相容, 所以电子至少还与其他粒子发生作用.

题 11.15 证明在量子理论 (以及经典理论) 中, 一个带电线性谐振子只能吸收和发射等于它自身的经典振动频率的辐射.

解答 在一阶近似下谐振子电偶极跃迁的选择定则为, $\Delta n = \pm 1$, 所以, 对于谐振子只有邻近能级才发生跃迁, 所以发射和吸收的辐射频率总是等于振子的经典频率 (已作了单光子近似).

题 11.16 证明氢原子由 $|21m\rangle \to |100\rangle$ 的自发衰变寿命与磁量子数 m 无关.

提示 证明自发衰变速率式 (11.58) 的 $A_{\mathrm{f}\leftarrow\mathrm{i}}$ 中的 $|\langle 100| \boldsymbol{x} |21m\rangle|^2$ 与磁量子数 m 无关.

证法一 一般来说, 在任意角动量矩阵元 $\langle l'm'| \boldsymbol{x} |lm\rangle$ 中, 插入绕 z 轴转 α 角的幺正转动算符 $U(\alpha \boldsymbol{e}_z) = \exp(\alpha \partial/\partial\varphi)$, 注意 $U(\alpha \boldsymbol{e}_z)|lm\rangle = \mathrm{e}^{\mathrm{i}m\alpha}|lm\rangle$, 可得

$$\begin{aligned}\langle l'm'| \boldsymbol{x} |lm\rangle &= \langle l'm'| U^{-1}(\alpha \boldsymbol{e}_z) U(\alpha \boldsymbol{e}_z) \boldsymbol{x} U^{-1}(\alpha \boldsymbol{e}_z) U(\alpha \boldsymbol{e}_z) |lm\rangle \\ &= \mathrm{e}^{\mathrm{i}(m-m')\alpha} \langle l'm'| U(\alpha \boldsymbol{e}_z) \boldsymbol{x} U^{-1}(\alpha \boldsymbol{e}_z) |lm\rangle \\ &= \mathrm{e}^{\mathrm{i}(m-m')\alpha} \begin{pmatrix} \cos\alpha & \sin\alpha & 0 \\ -\sin\alpha & \cos\alpha & 0 \\ 0 & 0 & 1 \end{pmatrix} \cdot \begin{pmatrix} \langle l'm'| x |1m\rangle \\ \langle l'm'| y |1m\rangle \\ \langle l'm'| z |1m\rangle \end{pmatrix} \end{aligned}$$

也就是

$$\langle l'm'|\,\boldsymbol{x}\,|lm\rangle = \mathrm{e}^{\mathrm{i}(m-m')\alpha} R(\alpha \boldsymbol{e}_z)\,\langle l'm'|\,\boldsymbol{x}\,|lm\rangle \tag{11.127}$$

其中

$$R(\alpha \boldsymbol{e}_z) = \begin{pmatrix} \cos\alpha & \sin\alpha & 0 \\ -\sin\alpha & \cos\alpha & 0 \\ 0 & 0 & 1 \end{pmatrix} \tag{11.128}$$

由此可知, 模平方 $|\langle l'm'|\,\boldsymbol{x}\,|lm\rangle|^2 = \langle l'm'|\,\boldsymbol{x}\,|lm\rangle\,\langle lm|\,\boldsymbol{x}\,|l'm'\rangle$ 是转动不变的. 插入 π 角的转动算符 $R(\pi \boldsymbol{e}_z) = \exp(\pi\partial/\partial\varphi)$ 即知①

$$\begin{aligned} \langle 00|\,\{x,y,z\}\,|1,0\rangle &= \langle 00|\,\{0,0,z\}\,|1,0\rangle \\ \langle 00|\,\{x,y,z\}\,|1,1\rangle &= \langle 00|\,\{x,y,0\}\,|1,1\rangle \\ \langle 00|\,\{x,y,z\}\,|1,\bar{1}\rangle &= \langle 00|\,\{x,y,0\}\,|1,\bar{1}\rangle \end{aligned} \tag{11.129}$$

也即

$$|\boldsymbol{x}_{00,10}|^2 = |z_{00,10}|^2,\, |\boldsymbol{x}_{00,11}|^2 = |x_{00,11}|^2 + |y_{00,11}|^2,\, |\boldsymbol{x}_{00,1\bar{1}}|^2 = |x_{00,1\bar{1}}|^2 + |y_{00,1\bar{1}}|^2 \tag{11.130}$$

考虑到波函数 $\mathrm{Y}_{1,1}(\theta,\varphi)$, $\mathrm{Y}_{1,\bar{1}}(\theta,\varphi)$, $\mathrm{Y}_{1,0}(\theta,\varphi)$ 的如下形式

$$\mathrm{Y}_{1,\pm 1} = \mp\sqrt{\frac{3}{8\pi}}\sin\theta \mathrm{e}^{\pm\mathrm{i}\varphi}, \quad \mathrm{Y}_{1,0} = \sqrt{\frac{3}{4\pi}}\cos\theta$$

即有

$$|z_{00,10}|^2 = 2\,|x_{00,11}|^2, \quad |x_{00,11}|^2 = |y_{00,11}|^2 = |x_{00,1\bar{1}}|^2 = |y_{00,1\bar{1}}|^2 \tag{11.131}$$

由此得

$$|\langle 00|\,\boldsymbol{x}\,|1,0\rangle|^2 = |\langle 00|\,\boldsymbol{x}\,|1,1\rangle|^2 = |\langle 00|\,\boldsymbol{x}\,|1,\bar{1}\rangle|^2$$

这也就是

$$A_{100\leftarrow 211} = A_{100\leftarrow 21\bar{1}} = A_{100\leftarrow 210} \tag{11.132}$$

证法二　自发跃迁速率为

$$A_{\mathrm{f}\leftarrow\mathrm{i}} = \frac{4e^2\omega^3}{3\hbar c^3}|\langle \mathrm{f}|\,\boldsymbol{x}\,|\mathrm{i}\rangle|^2 \tag{11.133}$$

其中 $|\mathrm{f}\rangle = |100\rangle$, $|\mathrm{i}\rangle = |210\rangle, |211\rangle, |21\bar{1}\rangle$；由宇称考虑 $|200\rangle$ 向 $|100\rangle$ 跃迁矩阵元为零. 由于空间各向同性, $\boldsymbol{x}$ 跃迁矩阵元模平方应与初态的磁量子数 m 无关, 即

$$|\langle 100|\,\boldsymbol{x}\,|210\rangle|^2 = |\langle 100|\,\boldsymbol{x}\,|211\rangle|^2 = |\langle 100|\,\boldsymbol{x}\,|21\bar{1}\rangle|^2 \tag{11.134}$$

①为了书写方便, 本题下面一些地方用 $\bar{1}$ 表示 -1.

下面将对此给出严格推导. 由此, 第一激发态三个态的自发跃迁速率相等, 即式 (11.132) 成立.

下面证明, 跃迁矩阵元与初态的磁量子数 m 无关, 即式 (11.134). 由于式 (11.134) 中三者对径向的积分相同, 只需比较角向部分积分. 而

$$\begin{aligned}\langle 100|\boldsymbol{x}L_+|210\rangle &= \langle 100|\boldsymbol{x}\sqrt{2}|211\rangle = \sqrt{2}\langle 100|\boldsymbol{x}|211\rangle \\ &= \sqrt{2}\boldsymbol{e}_x\langle 100|x|211\rangle + \sqrt{2}\boldsymbol{e}_y\langle 100|y|211\rangle\end{aligned} \tag{11.135}$$

另一方面

$$\begin{aligned}\langle 100|\boldsymbol{x}L_+|210\rangle &= \langle 100|L_+\boldsymbol{x} + [\boldsymbol{x}, L_+]|210\rangle \\ &= \langle 100|[\boldsymbol{x}, L_+]|210\rangle = \langle 100|[\boldsymbol{x}, L_x + \mathrm{i}L_y]|210\rangle \\ &= \langle 100| - z\boldsymbol{e}_x - \mathrm{i}z\boldsymbol{e}_y + (x + \mathrm{i}y)\boldsymbol{e}_z|210\rangle \\ &= -(\boldsymbol{e}_x + \mathrm{i}\boldsymbol{e}_y)\langle 100|z|210\rangle\end{aligned} \tag{11.136}$$

式 (11.135,11.136) 联立, 给出

$$\sqrt{2}\boldsymbol{e}_x\langle 100|x|211\rangle + \sqrt{2}\boldsymbol{e}_y\langle 100|y|211\rangle = -(\boldsymbol{e}_x + \mathrm{i}\boldsymbol{e}_y)\langle 100|z|210\rangle \tag{11.137}$$

因而

$$\langle 100|z|210\rangle = -\sqrt{2}\langle 100|x|211\rangle = \mathrm{i}\sqrt{2}\langle 100|y|211\rangle \tag{11.138}$$

再结合 $\langle 100|x|210\rangle = \langle 100|y|210\rangle = 0$, $\langle 100|z|211\rangle = 0$①可得

$$|\langle 100|\boldsymbol{x}|210\rangle|^2 = |\langle 100|\boldsymbol{x}|211\rangle|^2 \tag{11.139}$$

同样考虑 $\langle 100|\boldsymbol{x}L_-|210\rangle$ 给出

$$\sqrt{2}\boldsymbol{e}_x\langle 100|x|21\bar{1}\rangle + \sqrt{2}\boldsymbol{e}_y\langle 100|y|21\bar{1}\rangle = (\boldsymbol{e}_x - \mathrm{i}\boldsymbol{e}_y)\langle 100|z|210\rangle \tag{11.140}$$

给出

$$|\langle 100|\boldsymbol{x}|210\rangle|^2 = |\langle 100|\boldsymbol{x}|21\bar{1}\rangle|^2 \tag{11.141}$$

以上证明了式 (11.134).

题 11.17 证明激发原子每单位时间的自发发射的总概率具有 $\omega/(137)^3$ 的量级.

解答 每单位时间从第一激发态到基态自发辐射的概率为

$$P_{12} = \frac{4\omega^3}{3\hbar c^3}|\boldsymbol{d}_{12}|^2 \tag{11.142}$$

①由球谐函数 Y_{00}, Y_{10}, Y_{11} 的函数形式所给出的.

其中 $\boldsymbol{d}=e\boldsymbol{r}$, 这样

$$P_{12}=\frac{4}{3}\alpha\left(\frac{|\boldsymbol{r}_{12}|}{c}\right)^2\omega^3 \tag{11.143}$$

其中 $\alpha=\dfrac{e^2}{\hbar c}=\dfrac{1}{137}$. 我们取 $|\boldsymbol{r}_{12}|\sim a$, 这里 a 是原子半径, 对氢原子取为 Bohr 半径,

$$a_0=\frac{\hbar^2}{me^2}\sim\frac{e^2}{\hbar\omega} \tag{11.144}$$

这样每单位时间从第一激发态到基态的自发跃迁概率为

$$P_{12}\sim\alpha\omega\left(\frac{a\omega}{c}\right)^2\sim\frac{\omega}{(137)^3} \tag{11.145}$$

第12章　量子信息论的物理基础

题 12.1　任何两维纯态 $|\Psi\rangle$ 必定对应于单位球面上的某一点, 因为它的密度矩阵总可以表示为 $\rho=|\Psi\rangle\langle\Psi|=\frac{1}{2}(1+\boldsymbol{n}\cdot\boldsymbol{\sigma})$, 这里 $\boldsymbol{n}$ 是单位球面上某一点的矢径; 任何两维混态必定对应于单位球面内的某一点, 因为它的密度矩阵总可以写为 $\rho=\frac{1}{2}(1+\boldsymbol{p}\cdot\boldsymbol{\sigma})$, 这里 $|\boldsymbol{p}|<1$(由于 $\det\rho=\frac{1}{4}\left(1-|\boldsymbol{p}|^2\right)$), 根据 ρ 的本征值非负的要求, 必有 $|\boldsymbol{p}|<1$). 这便是二维量子态的 Bloch 球表示. 现在要求在 Bloch 球上表示下述态

$$|\psi\rangle=\sin\frac{\theta}{2}|0\rangle+\cos\frac{\theta}{2}\mathrm{e}^{\mathrm{i}\varphi}|1\rangle \tag{12.1}$$

$$\rho=\frac{1}{2}\left[|0\rangle\langle 0|+|1\rangle\langle 1|+(x+\mathrm{i}y)|0\rangle\langle 1|+(x-\mathrm{i}y)|1\rangle\langle 0|\right] \tag{12.2}$$

解答　式 (12.1) 是纯态的情况, 由于

$$|0\rangle\langle 0|=\frac{1-\sigma_3}{2},\quad |1\rangle\langle 1|=\frac{1+\sigma_3}{2}$$

$$|0\rangle\langle 1|=\frac{\sigma_1-\mathrm{i}\sigma_2}{2},\quad |1\rangle\langle 0|=\frac{\sigma_1+\mathrm{i}\sigma_2}{2}$$

故有

$$\begin{aligned}\rho=&|\psi\rangle\langle\psi|=\left(\sin\frac{\theta}{2}|0\rangle+\cos\frac{\theta}{2}\mathrm{e}^{\mathrm{i}\varphi}|1\rangle\right)\left(\sin\frac{\theta}{2}\langle 0|+\cos\frac{\theta}{2}\mathrm{e}^{-\mathrm{i}\varphi}\langle 1|\right)\\ =&\sin^2\frac{\theta}{2}|0\rangle\langle 0|+\sin\frac{\theta}{2}\cos\frac{\theta}{2}\mathrm{e}^{\mathrm{i}\varphi}|1\rangle\langle 0|+\sin\frac{\theta}{2}\cos\frac{\theta}{2}\mathrm{e}^{-\mathrm{i}\varphi}|0\rangle\langle 1|+\cos^2\frac{\theta}{2}|1\rangle\langle 1|\\ =&\sin^2\frac{\theta}{2}\frac{1-\sigma_3}{2}+\sin\frac{\theta}{2}\cos\frac{\theta}{2}\mathrm{e}^{\mathrm{i}\varphi}\frac{\sigma_1+\mathrm{i}\sigma_2}{2}+\sin\frac{\theta}{2}\cos\frac{\theta}{2}\mathrm{e}^{-\mathrm{i}\varphi}\frac{\sigma_1-\mathrm{i}\sigma_2}{2}+\cos^2\frac{\theta}{2}\frac{1+\sigma_3}{2}\\ =&\frac{1}{2}(1+\sin\theta\cos\varphi\sigma_1-\sin\theta\sin\varphi\sigma_2+\cos\theta\sigma_3)=\frac{1}{2}(1+\boldsymbol{n}\cdot\boldsymbol{\sigma})\end{aligned} \tag{12.3}$$

其中 $\boldsymbol{n}=(\sin\theta\cos\varphi,-\sin\theta\sin\varphi,\cos\theta)$, 为方位角为 $(\theta,\ -\varphi)$ 方向的单位矢量.

式 (12.2) 是混态的情况

$$\begin{aligned}\rho=&\frac{1}{2}\left[|0\rangle\langle 0|+|1\rangle\langle 1|+(x+\mathrm{i}y)|0\rangle\langle 1|+(x-\mathrm{i}y)|1\rangle\langle 0|\right]\\ =&\frac{1}{2}\left[\frac{1-\sigma_3}{2}+\frac{1+\sigma_3}{2}+(x+\mathrm{i}y)\frac{\sigma_1-\mathrm{i}\sigma_2}{2}+(x-\mathrm{i}y)\frac{\sigma_1+\mathrm{i}\sigma_2}{2}\right]\\ =&\frac{1}{2}(1+\sigma_1x+\sigma_2y)\end{aligned} \tag{12.4}$$

所以, $\boldsymbol{p}=(x,y,0)$.

讨论　也可以利用下述公式:

$$\begin{aligned}\boldsymbol{n}&=\langle\Psi|\boldsymbol{\sigma}|\Psi\rangle=(\sin\theta\cos\varphi,\ -\sin\theta\sin\varphi,\ \cos\theta)\\ \rho&=\frac{1}{2}(1+\boldsymbol{n}\cdot\boldsymbol{\sigma})\\ \boldsymbol{p}&=\mathrm{tr}(\rho\boldsymbol{\sigma})\end{aligned}$$

题 12.2　利用 Bloch 球如图 12.1 所示, 证明

(1) 任何二维混态 ρ 总可以表示为两个纯态的如下凸性和

$$\rho=\lambda\rho_{\mathrm{A}}+(1-\lambda)\,\rho_{\mathrm{B}}$$

这里 $\rho_{\mathrm{A}}=|A\rangle\langle A|$, $\rho_{\mathrm{B}}=|B\rangle\langle B|$ 是两个纯态, λ 是小于 1 的正数.

(2) 给出极化矢量的相应分解表达式.

(3) 这种表示方法不是唯一的. 说明混态的纯态系综表示是含混的.

解答　(1) ρ 的本征分解

$$\rho=\lambda_1|\phi_1\rangle\langle\phi_1|+\lambda_2|\phi_2\rangle\langle\phi_2| \tag{12.5}$$

给出了形如

$$\lambda\rho_{\mathrm{A}}+(1-\lambda)\rho_{\mathrm{B}}$$

的凸组合 $(\lambda_1+\lambda_2=1)$.

(2) $\boldsymbol{p}=\lambda_1\boldsymbol{n}_1+\lambda_2\boldsymbol{n}_2$, 其中

$$\rho=\frac{1+\boldsymbol{p}\cdot\boldsymbol{\sigma}}{2},\quad |\phi_i\rangle\langle\phi_i|=\frac{1+\boldsymbol{n}_i\cdot\boldsymbol{\sigma}}{2}$$

(3) 对于任意单位矢量 $\boldsymbol{m}$, 定义

$$\boldsymbol{n}=\boldsymbol{p}+\frac{1-|\boldsymbol{p}|^2}{|\boldsymbol{m}-\boldsymbol{p}|^2}(\boldsymbol{p}-\boldsymbol{m}) \tag{12.6}$$

则 $|\boldsymbol{n}|^2=1$, 且

$$\boldsymbol{p}=\lambda\boldsymbol{m}+(1-\lambda)\boldsymbol{n}, \tag{12.7}$$

如图 12.1, 其中 $\lambda=\dfrac{1-|\boldsymbol{p}|^2}{2(1-\boldsymbol{m}\cdot\boldsymbol{p})}$, 满足 $0\leqslant\lambda\leqslant1$. 于是

$$\rho=\lambda\,|\phi_m\rangle\langle\phi_m|+(1-\lambda)\,|\phi_n\rangle\langle\phi_n| \tag{12.8}$$

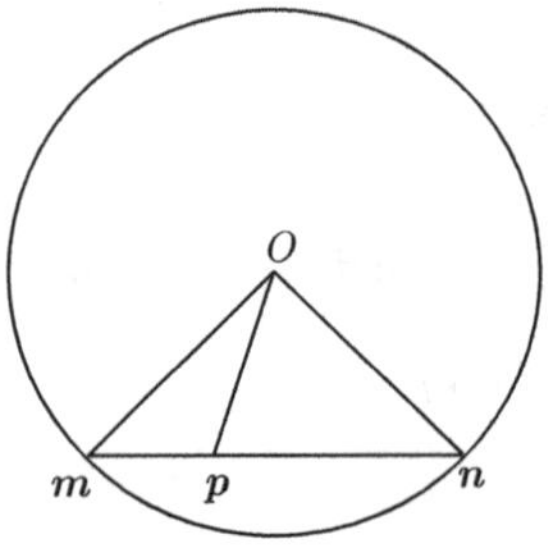

图 12.1　题 12.2 图

其中

$$|\phi_m\rangle\langle\phi_m| = \frac{1+\boldsymbol{m}\cdot\boldsymbol{\sigma}}{2}, \quad |\phi_n\rangle\langle\phi_n| = \frac{1+\boldsymbol{n}\cdot\boldsymbol{\sigma}}{2} \tag{12.9}$$

题 12.3　假如 $\rho_{\mathrm{A}} = \dfrac{1+\boldsymbol{n}_{\mathrm{A}}\cdot\boldsymbol{\sigma}}{2}$ 和 $\rho_{\mathrm{B}} = \dfrac{1+\boldsymbol{n}_{\mathrm{B}}\cdot\boldsymbol{\sigma}}{2}$, 证明

$$\mathrm{tr}\,(\rho_{\mathrm{A}}\rho_{\mathrm{B}}) = \frac{1}{2}(1+\boldsymbol{n}_{\mathrm{A}}\cdot\boldsymbol{n}_{\mathrm{B}})$$

证明　按题设

$$\begin{aligned}\rho_{\mathrm{A}}\rho_{\mathrm{B}} &= \frac{1}{2}(1+\boldsymbol{n}_{\mathrm{A}}\cdot\boldsymbol{\sigma})\frac{1}{2}(1+\boldsymbol{n}_{\mathrm{B}}\cdot\boldsymbol{\sigma}) \\ &= \frac{1}{4}[1+\boldsymbol{n}_{\mathrm{A}}\cdot\boldsymbol{\sigma}+\boldsymbol{n}_{\mathrm{B}}\cdot\boldsymbol{\sigma}+(\boldsymbol{n}_{\mathrm{A}}\cdot\boldsymbol{\sigma})(\boldsymbol{n}_{\mathrm{B}}\cdot\boldsymbol{\sigma})]\end{aligned} \tag{12.10}$$

对上式两边取迹, 利用 $\mathrm{tr}\sigma_i = 0$ 得

$$\begin{aligned}\mathrm{tr}\,(\rho_{\mathrm{A}}\rho_{\mathrm{B}}) &= \frac{1}{2}+\frac{1}{4}\mathrm{tr}\,(\boldsymbol{n}_{\mathrm{A}}\cdot\boldsymbol{\sigma})(\boldsymbol{n}_{\mathrm{B}}\cdot\boldsymbol{\sigma}) \\ &= \frac{1}{2}+\frac{1}{4}\mathrm{tr}\,[\boldsymbol{n}_{\mathrm{A}}\cdot\boldsymbol{n}_{\mathrm{B}}+\mathrm{i}\,(\boldsymbol{n}_{\mathrm{A}}\times\boldsymbol{n}_{\mathrm{B}})\cdot\boldsymbol{\sigma}] \\ &= \frac{1}{2}+\frac{1}{2}\boldsymbol{n}_{\mathrm{A}}\cdot\boldsymbol{n}_{\mathrm{B}} = \frac{1}{2}(1+\boldsymbol{n}_{\mathrm{A}}\cdot\boldsymbol{n}_{\mathrm{B}})\end{aligned} \tag{12.11}$$

即为所证.

题 12.4　给定系统 A 的一个混态 ρ_{A}, 证明它能够作为两体系统 A 和 B 的 Hilbert 空间中某个纯态的约化密度矩阵来得到.

证明　假设 ρ_{A} 的谱表示为

$$\rho_{\mathrm{A}} = \sum_i \lambda_i |\psi_i\rangle_{\mathrm{A}\,\mathrm{A}}\langle\psi_i| \tag{12.12}$$

同时假定 Hilbert 空间 B 的基为 $|\mu_j\rangle_{\mathrm{B}}$ 我们取 AB 两体系统的纯态为

$$|\psi\rangle_{\mathrm{AB}} = \sum_i \sqrt{\lambda_i}\,|\psi_i\rangle_{\mathrm{A}}\,|\mu_i\rangle_{\mathrm{B}} \tag{12.13}$$

对 ρ_{AB} 取部分迹则

$$\begin{aligned}\rho_{\mathrm{A}} &= \mathrm{tr}_{\mathrm{B}}(\rho_{\mathrm{AB}}) = \sum_k {}_{\mathrm{B}}\langle\mu_k|\sum_{ij}\sqrt{\lambda_i}\,|\psi_i\rangle_{\mathrm{A}}\,|\mu_i\rangle_{\mathrm{B}}\,\sqrt{\lambda_j}{}_{\mathrm{A}}\,\langle\psi_j|_{\mathrm{B}}\,\langle\mu_j|\mu_k\rangle_{\mathrm{B}} \\ &= \sum_i \lambda_i\,|\psi_i\rangle_{\mathrm{A}\,\mathrm{A}}\,\langle\psi_i|\end{aligned} \tag{12.14}$$

题 12.5　已知两体系统的一个态为

$$|\varPhi\rangle_{\mathrm{AB}} = \frac{1}{\sqrt{2}}\,|\uparrow\rangle_{\mathrm{A}}\left(\frac{1}{2}\,|\uparrow\rangle_{\mathrm{B}} + \frac{\sqrt{3}}{2}\,|\downarrow\rangle_{\mathrm{B}}\right) + \frac{1}{\sqrt{2}}\,|\downarrow\rangle_{\mathrm{A}}\left(\frac{\sqrt{3}}{2}\,|\uparrow\rangle_{\mathrm{B}} + \frac{1}{2}\,|\downarrow\rangle_{\mathrm{B}}\right)$$

(1) 计算 $\rho_{\mathrm{A}} = \mathrm{tr}_{\mathrm{B}}|\varPhi\rangle\langle\varPhi|$ 和 $\rho_{\mathrm{B}} = \mathrm{tr}_{\mathrm{A}}|\varPhi\rangle\langle\varPhi|$;

(2) 寻找 Schmidt 分解.

解答　(1) 按题给条件, 约化密度矩阵 ρ_{A}

$$\begin{aligned}\rho_{\mathrm{A}} &= \mathrm{tr}_{\mathrm{B}}(\rho_{\mathrm{AB}}) = {}_{\mathrm{B}}\langle\uparrow|\varPhi\rangle\langle\varPhi|\uparrow\rangle_{\mathrm{B}} + {}_{\mathrm{B}}\langle\downarrow|\varPhi\rangle\langle\varPhi|\downarrow\rangle_{\mathrm{B}} \\ &= \frac{1}{8}\left[\left(|\uparrow\rangle_{\mathrm{A}} + \sqrt{3}\,|\downarrow\rangle_{\mathrm{A}}\right)\left({}_{\mathrm{A}}\langle\uparrow| + \sqrt{3}{}_{\mathrm{A}}\,\langle\downarrow|\right) + \left(\sqrt{3}\,|\uparrow\rangle_{\mathrm{A}} + |\downarrow\rangle_{\mathrm{A}}\right)\left(\sqrt{3}{}_{\mathrm{A}}\,\langle\uparrow| + {}_{\mathrm{A}}\langle\downarrow|\right)\right] \\ &= \frac{1}{2}|\uparrow\rangle_{\mathrm{A}}\langle\uparrow| + \frac{1}{2}|\downarrow\rangle_{\mathrm{A}}\langle\downarrow| + \frac{\sqrt{3}}{4}|\uparrow\rangle_{\mathrm{A}}\langle\downarrow| + \frac{\sqrt{3}}{4}|\downarrow\rangle_{\mathrm{A}}\langle\uparrow|\end{aligned} \tag{12.15}$$

$\rho_{\mathrm{AB}} = |\varPhi\rangle\langle\varPhi|$ 关于指标 A, B 对称, 因而约化密度矩阵 ρ_{B} 的形式与 ρ_{A} 相同, 为

$$\begin{aligned}\rho_{\mathrm{B}} &= \mathrm{tr}_{\mathrm{A}}(\rho_{\mathrm{AB}}) = {}_{\mathrm{A}}\langle\uparrow|\varPhi\rangle\langle\varPhi|\uparrow\rangle_{\mathrm{A}} + {}_{\mathrm{A}}\langle\downarrow|\varPhi\rangle\langle\varPhi|\downarrow\rangle_{\mathrm{A}} \\ &= \frac{1}{2}|\uparrow\rangle_{\mathrm{B}}\langle\uparrow| + \frac{1}{2}|\downarrow\rangle_{\mathrm{B}}\langle\downarrow| + \frac{\sqrt{3}}{4}|\uparrow\rangle_{\mathrm{B}}\langle\downarrow| + \frac{\sqrt{3}}{4}|\downarrow\rangle_{\mathrm{B}}\langle\uparrow|\end{aligned} \tag{12.16}$$

但 ρ_{A} 与 ρ_{B} 此时不是对角的. 可将之对角化. ρ_{A} 矩阵如下给出

$$\rho_{\mathrm{A}} = \frac{1}{4}\begin{pmatrix} 2 & \sqrt{3} \\ \sqrt{3} & 2 \end{pmatrix} \tag{12.17}$$

由其久期方程解得本征值为

$$\lambda_{1,2} = \frac{1}{4}\left(2 \pm \sqrt{3}\right) \tag{12.18}$$

相应的本征矢量为

$$|\lambda_1\rangle_{\mathrm{A}} = \frac{1}{\sqrt{2}}\begin{pmatrix} 1 \\ 1 \end{pmatrix}_{\mathrm{A}} = \frac{1}{\sqrt{2}}\left(|\uparrow\rangle_{\mathrm{A}} + |\downarrow\rangle_{\mathrm{A}}\right), \tag{12.19}$$

$$|\lambda_2\rangle_{\mathrm{A}} = \frac{1}{\sqrt{2}}\begin{pmatrix} 1 \\ -1 \end{pmatrix}_{\mathrm{A}} = \frac{1}{\sqrt{2}}\left(|\uparrow\rangle_{\mathrm{A}} - |\downarrow\rangle_{\mathrm{A}}\right) \tag{12.20}$$

其反展开为

$$|\uparrow\rangle_{\rm A}=\frac{1}{\sqrt{2}}\left(|\lambda_1\rangle_{\rm A}+|\lambda_2\rangle_{\rm A}\right),\quad |\downarrow\rangle_{\rm A}=\frac{1}{\sqrt{2}}\left(|\lambda_1\rangle_{\rm A}-|\lambda_2\rangle_{\rm A}\right) \tag{12.21}$$

代入上面 $\rho_{\rm A}$ 表达式, 得

$$\rho_{\rm A}=\frac{2+\sqrt{3}}{4}|\lambda_1\rangle_{\rm A\,A}\langle\lambda_1|+\frac{2-\sqrt{3}}{4}|\lambda_2\rangle_{\rm A\,A}\langle\lambda_2| \tag{12.22}$$

$\rho_{\rm B}$ 的结果类似.

(2) 于是 Schmidt 分解为

$$|\varPhi\rangle_{\rm AB}=\sqrt{\frac{2+\sqrt{3}}{4}}|\lambda_1\rangle_{\rm A}|\lambda_1\rangle_{\rm B}-\sqrt{\frac{2-\sqrt{3}}{4}}|\lambda_2\rangle_{\rm A}|\lambda_2\rangle_{\rm B} \tag{12.23}$$

说明 可以验证, 若此处第二项取正根, 则对应态为 (与 $|\varPhi\rangle_{\rm AB}$ 对照)

$$|\varPhi'\rangle_{\rm AB}=\frac{1}{\sqrt{2}}|\uparrow\rangle_{\rm A}\left(\frac{\sqrt{3}}{2}|\uparrow\rangle_{\rm B}+\frac{1}{2}|\downarrow\rangle_{\rm B}\right)+\frac{1}{\sqrt{2}}|\downarrow\rangle_{\rm A}\left(\frac{1}{2}|\uparrow\rangle_{\rm B}+\frac{\sqrt{3}}{2}|\downarrow\rangle_{\rm B}\right)$$

题 12.6 已知双量子位系统的一个量子态

$$\rho_{\rm AB}=\frac{1}{8}I+\frac{1}{2}|\psi^-\rangle\langle\psi^-|$$

(1) 求 $\rho_{\rm AB}$ 的谱表示; (2) 沿 $\boldsymbol{n}$ 测 $\boldsymbol{\sigma}_{\rm A}$, 沿 $\boldsymbol{m}$ 测 $\boldsymbol{\sigma}_{\rm B}$, 这里 $\boldsymbol{n}\cdot\boldsymbol{m}=\cos\theta$, 求它们都沿各自相应轴朝上的概率.

解答 (1) $\rho_{\rm AB}$ 的矩阵表示为

$$\begin{pmatrix}1/8 & 0 & 0 & 0\\ 0 & 3/8 & -1/4 & 0\\ 0 & -1/4 & 3/8 & 0\\ 0 & 0 & 0 & 1/8\end{pmatrix} \tag{12.24}$$

由久期方程解出其本征值为

$$\lambda_{1,2,3}=\frac{1}{8},\quad \lambda_4=\frac{5}{8} \tag{12.25}$$

进而求得相应的本征态为 $|\phi^+\rangle$, $|\phi^-\rangle$,$|\psi^+\rangle$ 与 $|\psi^-\rangle$. 于是 $\rho_{\rm AB}$ 可以写成,

$$\begin{aligned}\rho_{\rm AB}&=\frac{1}{8}\left(|\phi^+\rangle\langle\phi^+|+|\phi^-\rangle\langle\phi^-|+|\psi^+\rangle\langle\psi^+|\right)+\frac{5}{8}|\psi^-\rangle\langle\psi^-|\\&=\frac{1}{8}I+\frac{1}{2}|\psi^-\rangle\langle\psi^-|\end{aligned} \tag{12.26}$$

(2) 由投影算子 $\pi_\lambda = |\lambda\rangle\langle\lambda| = \frac{1}{2}(1+\boldsymbol{p}_\lambda\cdot\boldsymbol{\sigma})$ 可知,

$$\begin{aligned}P &= \mathrm{tr}\left[\frac{1}{2}(1+\boldsymbol{n}\cdot\boldsymbol{\sigma}_\mathrm{A})\frac{1}{2}(1+\boldsymbol{m}\cdot\boldsymbol{\sigma}_\mathrm{B})\rho_\mathrm{AB}\right]\\ &= \mathrm{tr}\left[\frac{1}{2}(1+\boldsymbol{n}\cdot\boldsymbol{\sigma}_\mathrm{A})\frac{1}{2}(1+\boldsymbol{m}\cdot\boldsymbol{\sigma}_\mathrm{B})\frac{1}{8}\right]\\ &\quad+\mathrm{tr}\left[\frac{1}{2}(1+\boldsymbol{n}\cdot\boldsymbol{\sigma}_\mathrm{A})\frac{1}{2}(1+\boldsymbol{m}\cdot\boldsymbol{\sigma}_\mathrm{B})\frac{1}{2}\left|\psi^-\right\rangle\left\langle\psi^-\right|\right]\end{aligned}\tag{12.27}$$

由于

$$\begin{aligned}&\sigma_\mathrm{A1}\left|\psi^-\right\rangle = \left|\phi^-\right\rangle,\quad \sigma_\mathrm{A2}\left|\psi^-\right\rangle = -\mathrm{i}\left|\psi^+\right\rangle,\quad \sigma_\mathrm{A3}\left|\psi^-\right\rangle = -\left|\phi^+\right\rangle,\\ &\boldsymbol{\sigma}_\mathrm{A}\left|\psi^-\right\rangle_\mathrm{AB} = -\boldsymbol{\sigma}_\mathrm{B}\left|\psi^-\right\rangle_\mathrm{AB}\end{aligned}$$

从而得到

$$\begin{cases}\mathrm{tr}\left(\left|\psi^-\right\rangle\left\langle\psi^-\right|\right) = 1\\ \mathrm{tr}\left(\boldsymbol{n}\cdot\boldsymbol{\sigma}_\mathrm{A}\left|\psi^-\right\rangle\left\langle\psi^-\right|\right) = \mathrm{tr}\left(\boldsymbol{m}\cdot\boldsymbol{\sigma}_\mathrm{B}\left|\psi^-\right\rangle\left\langle\psi^-\right|\right) = 0\\ \mathrm{tr}\left[(\boldsymbol{n}\cdot\boldsymbol{\sigma}_\mathrm{A})(\boldsymbol{m}\cdot\boldsymbol{\sigma}_\mathrm{B})\left|\psi^-\right\rangle\left\langle\psi^-\right|\right] = -n_i m_j\left\langle\psi^-\right|\sigma_\mathrm{Ai}\sigma_\mathrm{Aj}\left|\psi^-\right\rangle\\ \qquad = -n_i m_j\left\langle\psi^-\right|\delta_{ij}+\mathrm{i}\varepsilon_{ijk}\sigma_k\left|\psi^-\right\rangle = -\boldsymbol{n}\cdot\boldsymbol{m}\end{cases}$$

所以

$$P = \frac{1}{8}+\frac{1}{8}-\frac{1}{8}\boldsymbol{n}\cdot\boldsymbol{m} = \frac{1}{4}-\frac{1}{8}\boldsymbol{n}\cdot\boldsymbol{m}\tag{12.28}$$

题 12.7　给定完全非极化态$\rho = \frac{1}{2}(|0\rangle\langle 0|+|1\rangle\langle 1|)$, 按照算子 $\sigma_{\boldsymbol{n}_\mathrm{A}}, \sigma_{\boldsymbol{n}_\mathrm{B}}$ 和 $\sigma_{\boldsymbol{n}_\mathrm{C}}$ 执行一系列过滤操作. 计算下列结果的概率:

(1) 测量 $\sigma_{\boldsymbol{n}_\mathrm{A}}$ 并得到 $+1$, 接着测 $\sigma_{\boldsymbol{n}_\mathrm{B}}$ 得到 $+1$, 再测 $\sigma_{\boldsymbol{n}_\mathrm{C}}$ 得到 $+1$;

(2) 测量 $\sigma_{\boldsymbol{n}_\mathrm{A}}$ 并得到 $+1$, 接着测 $\sigma_{\boldsymbol{n}_\mathrm{B}}$ 得到 $+1$ 或 -1, 再测 $\sigma_{\boldsymbol{n}_\mathrm{C}}$ 得到 $+1$;

(3) 测量 $\sigma_{\boldsymbol{n}_\mathrm{A}}$ 并得到 $+1$, 测 $\sigma_{\boldsymbol{n}_\mathrm{C}}$ 得到 $+1$.

解答　(1) 初始时 $\rho = \frac{I}{2}$, 测量 $\sigma_{\boldsymbol{n}_\mathrm{A}}$ 并得到 $+1$ 的概率为

$$P_1 = \mathrm{tr}\left[\frac{1}{2}(1+\boldsymbol{n}_\mathrm{A}\cdot\boldsymbol{\sigma})\rho\right] = \frac{1}{2}\tag{12.29}$$

测量后系统坍缩到$\rho_1 = \frac{1}{2}(1+\boldsymbol{n}_\mathrm{A}\cdot\boldsymbol{\sigma})$ 描述的态. 于是再测量 $\sigma_{\boldsymbol{n}_\mathrm{B}}$ 得到 $+1$ 的概率为

$$P_2 = \mathrm{tr}\left[\frac{1}{2}(1+\boldsymbol{n}_\mathrm{A}\cdot\boldsymbol{\sigma})\frac{1}{2}(1+\boldsymbol{n}_\mathrm{B}\cdot\boldsymbol{\sigma})\right] = \frac{1}{2}(1+\boldsymbol{n}_\mathrm{A}\cdot\boldsymbol{n}_\mathrm{B})\tag{12.30}$$

测量后系统又坍缩到$\rho_2=\dfrac{1}{2}(1+\boldsymbol{n}_{\mathrm{B}}\cdot\boldsymbol{\sigma})$, 与上面相似的计算可得, 在此密度矩阵下, 测量 $\sigma_{\boldsymbol{n}_{\mathrm{C}}}$ 得到 $+1$ 的概率是

$$P_3=\frac{1}{2}(1+\boldsymbol{n}_{\mathrm{B}}\cdot\boldsymbol{n}_{\mathrm{C}}) \tag{12.31}$$

测量 $\sigma_{\boldsymbol{n}_{\mathrm{A}}}$、$\sigma_{\boldsymbol{n}_{\mathrm{B}}}$、$\sigma_{\boldsymbol{n}_{\mathrm{C}}}$ 所得结果都为 $+1$ 的总概率为,

$$P_{\text{total}}=\frac{1}{2}(1+\boldsymbol{n}_{\mathrm{A}}\cdot\boldsymbol{n}_{\mathrm{B}})(1+\boldsymbol{n}_{\mathrm{B}}\cdot\boldsymbol{n}_{\mathrm{C}}) \tag{12.32}$$

(2) 测量 $\sigma_{\boldsymbol{n}_{\mathrm{A}}}$ 并得到 $+1$, 接着测 $\sigma_{\boldsymbol{n}_{\mathrm{B}}}$ 得到 $+1$ 或 -1, 再测 $\sigma_{\boldsymbol{n}_{\mathrm{C}}}$ 得到 $+1$ 的概率

$$\begin{aligned}P_{\text{total}}&=\frac{1}{2}(1+\boldsymbol{n}_{\mathrm{A}}\cdot\boldsymbol{n}_{\mathrm{B}})(1+\boldsymbol{n}_{\mathrm{B}}\cdot\boldsymbol{n}_{\mathrm{C}})+\frac{1}{2}(1-\boldsymbol{n}_{\mathrm{A}}\cdot\boldsymbol{n}_{\mathrm{B}})(1-\boldsymbol{n}_{\mathrm{B}}\cdot\boldsymbol{n}_{\mathrm{C}})\\&=\frac{1}{4}[1+(\boldsymbol{n}_{\mathrm{A}}\cdot\boldsymbol{n}_{\mathrm{B}})(\boldsymbol{n}_{\mathrm{B}}\cdot\boldsymbol{n}_{\mathrm{C}})]\end{aligned} \tag{12.33}$$

(3) 测量 $\sigma_{\boldsymbol{n}_{\mathrm{A}}}$ 并得到 $+1$, 测 $\sigma_{\boldsymbol{n}_{\mathrm{C}}}$ 得到 $+1$ 的概率

$$P=\frac{1}{4}(1+\boldsymbol{n}_{\mathrm{A}}\cdot\boldsymbol{n}_{\mathrm{C}})$$

题 12.8 考虑下述粒子数 $N\gg1$ 的五个量子系综:

(1) S_1 由在态 $|0\rangle$ 和 $|1\rangle$ 中随机分布的粒子所组成;

(2) S_2 由在态 $\dfrac{1}{2}(|0\rangle+|1\rangle)$ 和 $\dfrac{1}{2}(|0\rangle-|1\rangle)$ 中随机分布的粒子所组成;

(3) S_3 由在态 $\dfrac{1}{2}(|0\rangle-\mathrm{i}|1\rangle)$ 和 $\dfrac{1}{2}(|0\rangle+\mathrm{i}|1\rangle)$ 中随机分布的粒子所组成;

(4) S_4 由在态 $\sin\theta|0\rangle+\cos\theta\mathrm{e}^{\mathrm{i}\varphi}|1\rangle$ 的粒子所组成, 这里 θ 和 φ 是两个常数分布的随机变数;

(5) S_5 由在态 $\sin\theta|0\rangle+\cos\theta|1\rangle$ 的粒子所组成, 这里 θ 是一个常数分布的随机变数. 试问有可能去设计一些测量来区分粒子是哪组的吗?

解答 对于 (1), (2), (3) 的情形, 通过简单计算得

$$\rho=\frac{1}{2}(|0\rangle\langle0|+|1\rangle\langle1|)$$

(4) 此情形的密度矩阵

$$\begin{aligned}
\rho =& \frac{1}{4\pi}\int \rho(\theta,\varphi)\mathrm{d}\Omega \\
=& \frac{1}{4\pi}\int \sin\theta\mathrm{d}\theta\mathrm{d}\varphi\left(\sin\theta|0\rangle+\cos\theta\mathrm{e}^{\mathrm{i}\varphi}|1\rangle\right)\left(\sin\theta\langle 0|+\cos\theta\mathrm{e}^{-\mathrm{i}\varphi}\langle 1|\right) \\
=& \frac{1}{4\pi}\int \sin\theta\mathrm{d}\theta\mathrm{d}\varphi\left(\sin^2\frac{\theta}{2}|0\rangle\langle 0|+\cos^2\frac{\theta}{2}|1\rangle\langle 1|\right. \\
&\left.+\cos\frac{\theta}{2}\sin\frac{\theta}{2}\mathrm{e}^{\mathrm{i}\varphi}|1\rangle\langle 0|+\cos\frac{\theta}{2}\sin\frac{\theta}{2}\mathrm{e}^{-\mathrm{i}\varphi}|0\rangle\langle 1|\right) \\
=& \frac{1}{2}\left(|0\rangle\langle 0|+|1\rangle\langle 1|\right)
\end{aligned}$$

(5) 此情形的密度矩阵

$$\begin{aligned}
\rho =& \frac{1}{2\pi}\int \sin\theta\mathrm{d}\theta\left(\sin^2\frac{\theta}{2}|0\rangle\langle 0|+\cos^2\frac{\theta}{2}|1\rangle\langle 1|+\cos\frac{\theta}{2}\sin\frac{\theta}{2}|1\rangle\langle 0|+\cos\frac{\theta}{2}\sin\frac{\theta}{2}|0\rangle\langle 1|\right) \\
=& \frac{1}{2}\left(|0\rangle\langle 0|+|1\rangle\langle 1|\right)
\end{aligned}$$

上面可见这五个量子系综的密度矩阵都相同, 故实验上不可区分.

题 12.9　考虑一个初始在 $|0\rangle$ 态上的粒子. 我们执行 N 次关于算符 $\sigma_k\equiv \boldsymbol{n}_k\cdot\boldsymbol{\sigma}$ 的过滤测量, 这里 $\boldsymbol{n}_k=\left[\sin\left(\dfrac{k\pi}{2N}\right),\ 0,\ \cos\left(\dfrac{k\pi}{2N}\right)\right]$, 其中 $(k=1,2,\cdots,N)$. 计算全部测量结果都是 $+1$ 的概率. 当 $N\to\infty$ 时出现什么?

解答　第一次测量 $\sigma_1\equiv\boldsymbol{n}_1\cdot\boldsymbol{\sigma}$, 结果为 $+1$ 的概率为

$$P_1=\mathrm{tr}\left[\frac{1}{2}\left(\boldsymbol{n}_1\cdot\boldsymbol{\sigma}\right)|0\rangle\langle 0|\right]=\mathrm{tr}\left(\frac{1}{2}|0\rangle\langle 0|\right)+\frac{1}{2}\mathrm{tr}\left(\boldsymbol{n}_1\cdot\langle 0|\boldsymbol{\sigma}|0\rangle\right) \tag{12.34}$$

因为

$$\langle 0|\sigma_1|0\rangle=\langle 0|\sigma_2|0\rangle=0,\quad \langle 0|\sigma_3|0\rangle=-1$$

则有

$$P_1=\frac{1}{2}\left(1-n_{1_3}\right)=\frac{1}{2}\left(1-\cos\frac{\pi}{2N}\right) \tag{12.35}$$

其中 n_{13} 为 $\boldsymbol{n}_1$ 的第三分量. 第 k 次之后, 第 $k+1$ 次测量的概率为

$$\begin{aligned}
P_{k+1}=&\mathrm{tr}\left[\frac{1}{2}\left(1+\boldsymbol{n}_k\cdot\boldsymbol{\sigma}\right)\frac{1}{2}\left(1+\boldsymbol{n}_{k+1}\cdot\boldsymbol{\sigma}\right)\right] \\
=&\frac{1}{2}\left(1+\boldsymbol{n}_k\cdot\boldsymbol{n}_{k+1}\right)=\frac{1}{2}\left(1+\cos\frac{\pi}{2N}\right)
\end{aligned} \tag{12.36}$$

这样 N 次过滤测量全部测量结果都是 $+1$ 的概率

$$P=\frac{1}{2}\left(1-\cos\frac{\pi}{2N}\right)\frac{1}{2^{N-1}}\left(1+\cos\frac{\pi}{2N}\right)^{N-1}\to 0 \tag{12.37}$$

当 $N \to \infty$, $P \to 1$.

若改初态为 $|1\rangle$, 则

$$P = \frac{1}{2^N}\left(1+\cos\frac{\pi}{2N}\right)^N = \frac{1}{2^N}\left[2-\frac{1}{2}\left(\frac{\pi}{2N}\right)^2\right]^N$$
$$= \left[1-\left(\frac{\pi}{4N}\right)^2\right]^N \tag{12.38}$$

当 $N \to \infty$, $P \to 1$.

题 12.10 在 Ramsey 谱学中一个有兴趣的问题是测量如下 Hamilton 量中的频率 Δ

$$H = -\frac{\Delta}{2}\sigma_z$$

为此, 制备一个两能级系统在 $\frac{1}{\sqrt{2}}(|0\rangle + |1\rangle)$ 态上, 并让它按这个 H 演化一个固定的时间 T. 在 T 之后测量算符 σ_x.

(1) 计算得到 $+1$ 的概率;

(2) 如果重复 N 次实验, 计算得到 n 次为 $+1$ 的概率;

(3) 计算得到 $+1$ 结果的平均次数, 以及它的均方差;

(4) 证明 Δ 的测量误差是 $\delta\Delta = \dfrac{1}{T\sqrt{N}}$.

解答 (1) 在 $H = -\frac{\Delta}{2}\sigma_z$ 作用下有

$$|\Psi(t)\rangle = \mathrm{e}^{-\mathrm{i}Ht/\hbar}|\Psi(0)\rangle = \mathrm{e}^{-\mathrm{i}\Delta\sigma_z t/2\hbar}|\Psi(0)\rangle \tag{12.39}$$

将 $|\Psi(0)\rangle = \frac{1}{\sqrt{2}}(|0\rangle + |1\rangle)$ 代入上式, 得到

$$|\Psi(T)\rangle = \frac{1}{\sqrt{2}}\mathrm{e}^{\frac{\mathrm{i}\Delta T}{2\hbar}}|0\rangle + \frac{1}{\sqrt{2}}\mathrm{e}^{-\frac{\mathrm{i}\Delta T}{2\hbar}}|1\rangle \tag{12.40}$$

这时测 σ_x, 结果为 $+1$ 的概率为

$$P = \left|\frac{1}{\sqrt{2}}(\langle 0| + \langle 1|)|\Psi(T)\rangle\right|^2 = \frac{1}{2}\left(\mathrm{e}^{\frac{\mathrm{i}\Delta T}{2\hbar}} + \mathrm{e}^{-\frac{\mathrm{i}\Delta T}{2\hbar}}\right)^2 = \cos^2\left(\frac{\Delta T}{2\hbar}\right) \tag{12.41}$$

其中 $\frac{1}{\sqrt{2}}(|0\rangle + |1\rangle)$ 为 σ_x 本征值为 $+1$ 的本征态. 于是

$$\Delta = \frac{2\hbar}{T}\arccos\sqrt{P} \tag{12.42}$$

(2) 重复 N 次实验, 结果得到 n 次为 $+1$ 的概率服从二项式分布, 即

$$P_n = C_N^n p^n (1-p)^{N-n} = C_N^n \cos^{2n}\left(\frac{\Delta T}{2\hbar}\right)\sin^2(N-n)\left(\frac{\Delta T}{2\hbar}\right) \tag{12.43}$$

其中 $C_N^n = \dfrac{N!}{n!(N-n)!}$, p 为一次测量 σ_x 取 $+1$ 的概率. 设重复 N 次实验结果为

$$\underbrace{A\bar{A}A\bar{A}A\bar{A}AA\bar{A}\bar{A}\cdots A} \tag{12.44}$$

其中 A 表示结果为 $+1$, $\bar{A}$ 表示结果为 -1, 上面结果中有 n 个 A, $N-n$ 个 $\bar{A}$. 显然, 此结果的概率为 $p^n(1-p)^{N-n}$. 而类似的结果 (即有 n 次为 $+1$ 的) 有 C_N^n 种 (即从 N 个物件中取出 n 个的组合数), 这些事件都是相互独立的, 故总概率相加得到二项式分布.

(3) 设"测量结果为 $+1$"这一事件, 用"1"代表; "测量结果为 -1"的事件用"0"代表. 则测量结果为 $+1$ 的平均次数变为求所有数之和的平均值. 由概率论可知

$$\bar{n} = Np + N\times 0\times(1-p) = Np = N\cos^2\left(\frac{\Delta T}{2\hbar}\right) \tag{12.45}$$

同样由概率论可知均方差 Δn 为

$$\Delta n = \sqrt{\overline{n^2} - \bar{n}^2} = \sqrt{nP(1-P)} = \sqrt{N}\cos\frac{\Delta T}{2\hbar}\sin\frac{\Delta T}{2\hbar} \tag{12.46}$$

(4) 令 $\delta\bar{n} = \Delta n$, 则有

$$2N\cos\frac{\Delta T}{2\hbar}\sin\frac{\Delta T}{2\hbar}\frac{T}{2\hbar}\delta\Delta = \sqrt{N}\cos\frac{\Delta T}{2\hbar}\sin\frac{\Delta T}{2\hbar} \tag{12.47}$$

化简后, 得

$$\delta\Delta = \frac{1}{T\sqrt{N}} \tag{12.48}$$

即为所证.

题 12.11 对于存在退相干的情况, 考虑上面问题. 假设在 T 期间退相干将密度算符的非对角项 $|0\rangle\langle 1|$ 和 $|1\rangle\langle 0|$ 衰减一个因子 $\mathrm{e}^{-\gamma T}$. 计算 Δ 测量中的误差.

解答 (1) 用密度矩阵表示同时有退相干情况下系统量子态

$$\rho(T) = \frac{1}{2}\left(|0\rangle\langle 0| + |1\rangle\langle 1| + \mathrm{e}^{-\mathrm{i}\frac{\Delta T}{\hbar}}\mathrm{e}^{-\gamma T}|0\rangle\langle 1| + \mathrm{e}^{\mathrm{i}\frac{\Delta T}{\hbar}}\mathrm{e}^{-\gamma T}|1\rangle\langle 0|\right)$$

$\dfrac{1}{\sqrt{2}}(|0\rangle + |1\rangle)$ 为 σ_x 本征值为 $+1$ 的本征态. 于是这时测 σ_x, 结果为 $+1$ 的概率为

$$P = \frac{1}{\sqrt{2}}(\langle 0| + \langle 1|)\rho(T)\frac{1}{\sqrt{2}}(|0\rangle + |1\rangle) = \frac{1}{2}\left[1 + \mathrm{e}^{-\gamma T}\cos\left(\frac{\Delta T}{\hbar}\right)\right] \tag{12.49}$$

(2) 由二项式分解, 可得

$$P_n = C_N^n \left\{\frac{1}{2}\left[1+\mathrm{e}^{-\gamma T}\cos\left(\frac{\Delta T}{\hbar}\right)\right]\right\}^n \left\{\frac{1}{2}\left[1-\mathrm{e}^{-\gamma T}\cos\left(\frac{\Delta T}{\hbar}\right)\right]\right\}^{N-n} \tag{12.50}$$

(3) 同题 12.10, 有

$$\bar{n} = \frac{N}{2}\left[1-\mathrm{e}^{-\gamma T}\cos\left(\frac{\Delta T}{\hbar}\right)\right] \tag{12.51}$$

$$\Delta n = \sqrt{Np(1-p)} = \sqrt{\frac{N}{4}\left[1-\mathrm{e}^{-2\gamma T}\cos^2\left(\frac{\Delta T}{\hbar}\right)\right]} \tag{12.52}$$

(4) 由 $\delta\bar{n} = \Delta n$, 可得

$$\frac{N}{2}\mathrm{e}^{-\gamma T}\sin\left(\frac{\Delta T}{\hbar}\right)\frac{T}{\hbar}\delta\Delta = \sqrt{\frac{N}{4}\left[1-\mathrm{e}^{-2\gamma T}\cos^2\left(\frac{\Delta T}{\hbar}\right)\right]} \tag{12.53}$$

即有

$$\delta\Delta = \frac{\sqrt{1-\mathrm{e}^{-2\gamma T}\cos^2\left(\frac{\Delta T}{\hbar}\right)}}{\sqrt{N}\mathrm{e}^{-\gamma T}\sin\left(\frac{\Delta T}{\hbar}\right)\frac{T}{\hbar}} \tag{12.54}$$

题 12.12 考虑 n 个两能级系统, 它们每一个都由 Hamilton 量 $H = -\frac{\Delta}{2}\sigma_z$ 所描述并执行如下 Ramsey 类型的实验 N 次制备高纠缠态

$$|\psi^+\rangle = \frac{1}{2}(|00\cdots00\rangle + |11\cdots11\rangle)$$

让它演化 T 时间, 接着执行态 $|\Psi^{\pm}\rangle$ 的测量

$$|\psi^{\pm}\rangle = \frac{1}{2}(|00\cdots00\rangle \pm |11\cdots11\rangle)$$

如果执行 N 次这样的测量, 计算 Δ 的测量误差. 将这里的结果和上面 Ramsey 谱学的标准测量办法相比较.

解答 (1) 初态 $|\Psi\rangle$ 经过时间 T 演化后的态为

$$\begin{aligned}|\psi(T)\rangle &= \mathrm{e}^{\frac{\mathrm{i}}{\hbar}\left(\sum\limits_{i=1}^{n}\frac{\Delta\sigma_{zi}}{2}\right)T}|\psi\rangle \\ &= \frac{1}{\sqrt{2}}\left(\mathrm{e}^{\frac{-\mathrm{i}\Delta Tn}{2\hbar}}|00\cdots0\rangle + \mathrm{e}^{\frac{\mathrm{i}\Delta Tn}{2\hbar}}|11\cdots1\rangle\right)\end{aligned} \tag{12.55}$$

执行 $|\Psi^+\rangle$ 测量, 概率为

$$P_+ = \left|\langle\psi^+|\psi(T)\rangle\right|^2 = \cos^2\frac{\Delta Tn}{2\hbar} \tag{12.56}$$

执行 $|\Psi^-\rangle$ 测量, 概率为

$$P_- = \left|\left\langle\psi^-\right|\psi(T)\rangle\right|^2 = \sin^2\frac{\Delta Tn}{2\hbar} \tag{12.57}$$

(2) 作 N 次重复的实验, 测得结果为 $|\Psi^+\rangle$ 的平均次数为

$$\bar{n} = N\cos^2\frac{\Delta Tn}{2\hbar} \tag{12.58}$$

均方根为

$$\Delta n = \sqrt{N\cos^2\frac{\Delta Tn}{2\hbar}\sin^2\frac{\Delta Tn}{2\hbar}} = \sqrt{N}\cos\frac{\Delta Tn}{2\hbar}\sin\frac{\Delta Tn}{2\hbar} \tag{12.59}$$

(3) 令 $\delta\bar{n} = \Delta n$, 则有

$$2N\cos\frac{\Delta Tn}{2\hbar}\sin\frac{\Delta Tn}{2\hbar}\frac{Tn}{2\hbar}\delta\Delta = \sqrt{N}\cos\frac{\Delta Tn}{2\hbar}\sin\frac{\Delta Tn}{2\hbar} \tag{12.60}$$

亦即有

$$\delta n = \frac{\hbar}{\sqrt{N}Tn} \tag{12.61}$$

当 n 越大时, 测量误差越小.

题 12.13　确定使下述态成为不可分离的 F 数值:

$$\rho_1 = (1-F)\left|\psi^-\right\rangle\left\langle\psi^-\right| + F\left|11\right\rangle\left\langle 11\right|$$

$$\rho_2 = F\left|\psi^-\right\rangle\left\langle\psi^-\right| + \frac{1-F}{3}\left|\psi^+\right\rangle\left\langle\psi^+\right| + \frac{1-F}{3}\left|\phi^-\right\rangle\left\langle\phi^-\right| + \frac{1-F}{3}\left|\phi^+\right\rangle\left\langle\phi^+\right|$$

解答　(1) 由可分离态的判据可知, 一个给定的两体二能级系统的密度矩阵 ρ_{AB}, 只有在作部分转置操作后, 仍然是正定的 (即无负本征值), 这时 ρ_{AB} 是可分离的. 为此我们先对 ρ_1 作部分转置然后求本征值.

$$\begin{aligned}\rho_1 &= (1-F)\left|\psi^-\right\rangle\left\langle\psi^-\right| + F\left|11\right\rangle\left\langle 11\right| \\ &= (1-F)\frac{1}{2}\left(\left|01\right\rangle - \left|10\right\rangle\right)\left(\left\langle 01\right| - \left\langle 10\right|\right) + F\left|11\right\rangle\left\langle 11\right| \\ &= (1-F)\frac{1}{2}\left(\left|01\right\rangle\left\langle 01\right| + \left|10\right\rangle\left\langle 10\right| - \left|01\right\rangle\left\langle 10\right| - \left|10\right\rangle\left\langle 01\right|\right) + F\left|11\right\rangle\left\langle 11\right|\end{aligned} \tag{12.62}$$

对第二位作部分转置, 得到

$$\rho_1^{\mathrm{T}_2} = (1-F)\frac{1}{2}\left(\left|01\right\rangle\left\langle 01\right| + \left|10\right\rangle\left\langle 10\right| - \left|00\right\rangle\left\langle 11\right| - \left|11\right\rangle\left\langle 00\right|\right) + F\left|11\right\rangle\left\langle 11\right| \tag{12.63}$$

写成矩阵形式, 有

$$\rho_1^{\mathrm{T}_2}=\begin{pmatrix}\frac{1-F}{2} & 0 & 0 & 0\\ 0 & \frac{1-F}{2} & 0 & 0\\ 0 & 0 & 0 & \frac{1-F}{2}\\ 0 & 0 & \frac{1-F}{2} & F\end{pmatrix}\tag{12.64}$$

易求出其本征值为

$$\lambda_{1,2}=\frac{1-F}{2},\quad \lambda_{3,4}=\frac{F\pm\sqrt{F^2+(F-1)^2}}{2}\tag{12.65}$$

当 $F<1$ 时, 由于

$$\lambda_4=\frac{F\pm\sqrt{F^2+(F-1)^2}}{2}<0\tag{12.66}$$

故 ρ_{T} 非正定, 即 ρ_1 不可分离. 当 $F=1$ 时, $\lambda_4=0$, ρ_1 便可分离了.

(2) 另一态 ρ_2 的情况

$$\begin{aligned}\rho_2&=F\left|\psi^-\right\rangle\left\langle\psi^-\right|+\frac{1-F}{3}\left|\psi^+\right\rangle\left\langle\psi^+\right|+\frac{1-F}{3}\left|\phi^-\right\rangle\left\langle\phi^-\right|+\frac{1-F}{3}\left|\phi^+\right\rangle\left\langle\phi^+\right|\\&=\frac{4F-1}{3}\left|\psi^-\right\rangle\left\langle\psi^-\right|+\frac{1-F}{3}I_{\mathrm{AB}}\end{aligned}\tag{12.67}$$

部分转置后, 得

$$\begin{aligned}\rho_2^{\mathrm{T}_2}=&\frac{2F+1}{6}\left(|01\rangle\langle01|+|10\rangle\langle10|\right)+\frac{1-F}{3}\left(|00\rangle\langle00|-|11\rangle\langle11|\right)\\&-\frac{4F-1}{6}\left(|00\rangle\langle11|+|11\rangle\langle00|\right)\end{aligned}\tag{12.68}$$

矩阵形式为

$$\rho_2^{\mathrm{T}_2}=\begin{pmatrix}\frac{2F+1}{6} & 0 & 0 & 0\\ 0 & \frac{2F+1}{6} & 0 & 0\\ 0 & 0 & \frac{1-F}{3} & \frac{4F-1}{6}\\ 0 & 0 & \frac{4F-1}{6} & \frac{1-F}{3}\end{pmatrix}\tag{12.69}$$

其本征值为

$$\lambda_{1,2,3}=\frac{2F+1}{6},\quad \lambda_4=\frac{1}{2}-F\tag{12.70}$$

因为当 $0<F<1$ 时, $\lambda_{1,2,3}>0$, 所以当 $F\leqslant\dfrac{1}{2}$ 时 $\lambda_4\geqslant0$, ρ_2 可分离.

题 12.14　寻找变换

$$|\psi\rangle_{\rm A}|0\rangle_{\rm B} \to |\psi'\rangle_{\rm AB}$$

它们能执行将一个两能级系统 A 的一个态“良好”的拷贝到另一个两能级系统上. 所谓变换能“良好”的拷贝是指可信度

$$F = {\rm tr_A}\left[{}_{\rm B}\langle\psi\,|\psi'\rangle_{\rm AB\,AB}\langle\psi'\,|\psi\rangle_{\rm B}\right]$$

对所有可能的态 $|\psi\rangle_{\rm A}$ 都必须是尽可能的大.

解答　令 $\hat{X} = \sum\limits_{m,n}|m\rangle_{\rm A}|n\rangle_{\rm B\,B}\langle n|_{\rm A}\langle m|$, 它显然与 $|\psi\rangle$ 无关. 并且有

$$|\varPsi\rangle_{\rm AB} = \hat{X}|\varPsi\rangle_{\rm A}|0\rangle_{\rm B} = |0\rangle_{\rm A}|\varPsi\rangle_{\rm B} \tag{12.71}$$

以及

$$F ={}_{\rm B}\langle\varPsi|\left({\rm tr_A}|\varPsi'\rangle_{\rm AB\,AB}\langle\varPsi'|\right)|\varPsi\rangle_{\rm B} = 1 \tag{12.72}$$

题 12.15　对于单量子位 A 如下一个 POVM:

$$F_\alpha = \frac{2}{3}|\boldsymbol{n}_\alpha\rangle\langle\boldsymbol{n}_\alpha|,\quad \alpha = 1,2,3,\quad \boldsymbol{n}_1+\boldsymbol{n}_2+\boldsymbol{n}_3 = 0$$

也可用张量积的方式实现. 办法是再添一个量子位 B, 并且在 $\rm H_A\otimes H_B$ 空间中选择态矢

$$\begin{cases} |\phi_\alpha\rangle = \sqrt{\dfrac{2}{3}}|n_\alpha\rangle_{\rm A}|0\rangle_{\rm B} + \sqrt{\dfrac{1}{3}}|0\rangle_{\rm A}|1\rangle_{\rm B}, \quad \alpha = 1,2,3 \\ |\phi_0\rangle = |1\rangle_{\rm A}|1\rangle_{\rm B} \end{cases}$$

设初态为 $\rho_{\rm AB} = \rho_{\rm A}\otimes|0\rangle_{\rm BB}\langle 0|$, 验证

(1) 这四个态是正交归一的, 可以看作是相应某组力学量的一个表象;

(2) 在 $\rm H_A\otimes H_B$ 执行向它们投影的正交测量, 在 $\rm H_A$ 上就实现了给定的 POVM.

解答　(1) 由 $\boldsymbol{n}_1+\boldsymbol{n}_2+\boldsymbol{n}_3 = 0$ 得对于任意 $i\neq j$, 有 $(\boldsymbol{n}_i+\boldsymbol{n}_j)^2 = 1$ 即 $\boldsymbol{n}_i\cdot\boldsymbol{n}_j = -1$. 题给

$$|\phi_\alpha\rangle = \sqrt{\frac{2}{3}}|\boldsymbol{n}_\alpha\rangle_{\rm A}|0\rangle_{\rm B} + \sqrt{\frac{1}{3}}|0\rangle_{\rm A}|1\rangle_{\rm B} \tag{12.73}$$

这里

$$\langle\boldsymbol{n}_\alpha|\,\boldsymbol{n}_\beta\rangle = |\langle\boldsymbol{n}_\alpha|\,\boldsymbol{n}_\beta\rangle|\,{\rm e}^{{\rm i}\phi_{\alpha\beta}} = \sqrt{\frac{1+\boldsymbol{n}_\alpha\cdot\boldsymbol{n}_\beta}{2}}{\rm e}^{{\rm i}\phi_{\alpha\beta}} = \frac{1}{2}{\rm e}^{{\rm i}\phi_{\alpha\beta}} \tag{12.74}$$

当 $\alpha\neq\beta$ 时

$$\langle\boldsymbol{n}_\alpha|\,\boldsymbol{n}_\beta\rangle = -\frac{1}{2} \tag{12.75}$$

由上述关系易验证题中所给出的四个态正交

$$\langle\phi_\alpha|\,\phi_\beta\rangle=\frac{2}{3}\langle\boldsymbol{n}_\alpha|\,\boldsymbol{n}_\beta\rangle+\frac{1}{3}=\frac{2}{3}\left(-\frac{1}{2}\right)+\frac{1}{3}=0 \tag{12.76}$$

(2) 设系统处于 $\rho_{\mathrm{AB}}=\rho_{\mathrm{A}}\otimes|0\rangle_{\mathrm{BB}}\langle 0|$ 描述的态中. 对系统作正交投影测量, 有

$$\begin{aligned}\langle\phi_\alpha|\,\rho_{\mathrm{AB}}\,|\phi_\alpha\rangle&=\frac{2}{3}\langle\boldsymbol{n}_\alpha|\,\rho_{\mathrm{A}}\,|\boldsymbol{n}_\beta\rangle\\&=\mathrm{tr}\left(\frac{2}{3}|\boldsymbol{n}_\alpha\rangle\langle\boldsymbol{n}_\alpha|\,\rho_{\mathrm{A}}\right)=\mathrm{tr}(F_\alpha\rho_{\mathrm{A}})\end{aligned} \tag{12.77}$$

题 12.16 证明上题的 POVM 也能以直和的办法, 在一个三能级系统上的正交测量中实现.

解答 在 $\{|0\rangle,\ |1\rangle,\ |2\rangle\}$ 中定义正交归一基

$$|u_\alpha\rangle=\sqrt{\frac{2}{3}}\,|\boldsymbol{n}_\alpha\rangle+\sqrt{\frac{1}{3}}\,|\boldsymbol{n}_\beta\rangle \tag{12.78}$$

其中 $|\boldsymbol{n}_\alpha\rangle$ 定义在三维 Hilbert 空间里一个由 $|0\rangle, |1\rangle$ 张成的子空间上. 则系统 A 在扩大的三维直和空间的密度矩阵为

$$\rho_3=\begin{pmatrix}\rho_{\mathrm{A}} & 0\\ 0 & 0\end{pmatrix} \tag{12.79}$$

其中 ρ_{A} 为系统在二维空间中的密度矩阵. 三维空间中的正交投影测量可得

$$\begin{aligned}\langle u_\alpha|\,\rho_{\mathrm{AB}}\,|u_\alpha\rangle&=\frac{2}{3}\langle\boldsymbol{n}_\alpha|\,\rho_{\mathrm{A}}\,|\boldsymbol{n}_\beta\rangle\\&=\mathrm{tr}\left(\frac{2}{3}|\boldsymbol{n}_\alpha\rangle\langle\boldsymbol{n}_\alpha|\,\rho_{\mathrm{A}}\right)=\mathrm{tr}(F_\alpha\rho_{\mathrm{A}})\end{aligned} \tag{12.80}$$

题 12.17 给定如下一组正算符

$$p_1=\frac{1}{2}|+\boldsymbol{e}_z\rangle\langle+\boldsymbol{e}_z|,\quad p_2=\frac{1}{2}|-\boldsymbol{e}_z\rangle\langle-\boldsymbol{e}_z|$$
$$p_3=\frac{1}{2}|+\boldsymbol{e}_x\rangle\langle+\boldsymbol{e}_x|,\quad p_4=\frac{1}{2}|-\boldsymbol{e}_x\rangle\langle-\boldsymbol{e}_x|$$

证明: (1) 它们组成一个 POVM;

(2) 在引入另一个量子位之后, 它怎样可以作为双量子位的态空间中一个正交测量来实现.

证明 (1) 因为

$$\begin{aligned}p_1+p_2+p_3+p_4=&\frac{1}{2}\left(|+\boldsymbol{e}_z\rangle\langle+\boldsymbol{e}_z|+|-\boldsymbol{e}_z\rangle\langle-\boldsymbol{e}_z|\right)\\&+\frac{1}{2}\left(|+\boldsymbol{e}_x\rangle\langle+\boldsymbol{e}_x|+|-\boldsymbol{e}_x\rangle\langle-\boldsymbol{e}_x|\right)=I\end{aligned}$$

所以 $\{p_i|i=1,2,3,4\}$ 具有完备性. 另外容易看出, $p_i^\dagger=p_i$. 最后有

$$\langle\psi|p_1|\psi\rangle=|\langle \boldsymbol{e}_z|\psi\rangle|^2\geqslant 0$$

类似有

$$\langle\psi|p_i|\psi\rangle\geqslant 0\quad(i=2,3,4)$$

综上所述, $\{p_i\}$ 满足完备、Hermite、正定, 故构成一组 POVM.

(2) 先构成 2-qubit 的四维 H 空间, 其四个正交归一基矢为

$$\begin{cases}|u_1\rangle=|+\boldsymbol{e}_z\rangle_{\mathrm{A}}|+\boldsymbol{e}_z\rangle_{\mathrm{B}}, & |u_2\rangle=|-\boldsymbol{e}_z\rangle_{\mathrm{A}}|+\boldsymbol{e}_z\rangle_{\mathrm{B}}\\ |u_3\rangle=|+\boldsymbol{e}_x\rangle_{\mathrm{A}}|-\boldsymbol{e}_z\rangle_{\mathrm{B}}, & |u_4\rangle=|-\boldsymbol{e}_x\rangle_{\mathrm{A}}|-\boldsymbol{e}_z\rangle_{\mathrm{B}}\end{cases}\tag{12.81}$$

设四维空间的密度矩阵为

$$\rho_4=\rho_{\mathrm{A}}\otimes\frac{1}{2}\left(|\boldsymbol{e}_z\rangle_{\mathrm{B}\,\mathrm{B}}\langle\boldsymbol{e}_z|+|-\boldsymbol{e}_z\rangle_{\mathrm{B}\,\mathrm{B}}\langle-\boldsymbol{e}_z|\right)\tag{12.82}$$

四维空间作正交投影测量, 则有

$$\begin{aligned}\langle u_1|\,\rho_4\,|u_1\rangle&={}_{\mathrm{B}}\langle\boldsymbol{e}_z|_{\mathrm{A}}\langle\boldsymbol{e}_z|\,\rho_{\mathrm{A}}\otimes\frac{1}{2}\left(|\boldsymbol{e}_z\rangle_{\mathrm{B}\,\mathrm{B}}\langle\boldsymbol{e}_z|+|-\boldsymbol{e}_z\rangle_{\mathrm{B}\,\mathrm{B}}\langle-\boldsymbol{e}_z|\right)|\boldsymbol{e}_z\rangle_{\mathrm{A}}|+\boldsymbol{e}_z\rangle_{\mathrm{B}}\\&={}_{\mathrm{A}}\langle\boldsymbol{e}_z|\,\frac{1}{2}\rho_{\mathrm{A}}\,|\boldsymbol{e}_z\rangle_{\mathrm{A}}=\mathrm{tr}\left(\frac{1}{2}\,|\boldsymbol{e}_z\rangle_{\mathrm{A}\,\mathrm{A}}\langle\boldsymbol{e}_z|\,\rho_{\mathrm{A}}\right)=\mathrm{tr}\left(p_1\rho_{\mathrm{A}}\right)\end{aligned}\tag{12.83}$$

同理

$$\langle u_i|\,\rho_4\,|u_i\rangle=\mathrm{tr}\left(p_i\rho_A\right)\quad(i=2,3,4)\tag{12.84}$$

题 12.18　如果将一般的超算符 $\$:\rho\to\rho'$ 用参数来表示, 需用多少各实参数? 这里 ρ 是 d 维 Hilbert 空间中的一个密度矩阵.

解答　设 $\$(\rho_{\mathrm{A}})=\rho'_{\mathrm{A}}$ 是 N 维 Hilbert 空间 $\mathrm{H_A}$ 中的任意一个超算符. 可以证明, $\mathrm{H_A}$ 中的超算符和扩展 Hilbert 空间 $\mathrm{H_A}\otimes\mathrm{H_B}$ 中的满足条件

$$\mathrm{tr}_{\mathrm{A}}\rho_{\mathrm{AB}}=I_{\mathrm{B}}/d\tag{12.85}$$

的密度矩阵 ρ_{AB} 是一一对应的. 而满足式的 ρ_{AB} 的自由度为 N^4-N^2, 即 ρ_{AB} 中有 N^4-N^2 个实参数.

下面证明 $\$$ 与 ρ_{AB} 的一一对应. 若 $\mathrm{H_A}\otimes\mathrm{H_B}$ 中上述 ρ_{AB} 给定, 则可以通过如下方式将它对应为一个密度矩阵 ρ_{AB}

$$\rho_{\mathrm{AB}}=\$\otimes I_{\mathrm{B}}\left(|\varPhi\rangle\langle\varPhi|\right)\tag{12.86}$$

其中 $|\varPhi\rangle=\dfrac{1}{\sqrt{d}}\sum_i|i\rangle_{\mathrm{A}}|i'\rangle_{\mathrm{B}}$. 由于 $\$\left(|i\rangle\langle j|\right)=\delta_{ij}$, 因此有

$$\mathrm{tr}_{\mathrm{A}}\rho_{\mathrm{AB}}=\mathrm{tr}_{\mathrm{A}}\$\otimes I_{\mathrm{B}}\left(|\varPhi\rangle\langle\varPhi|\right)=\frac{I_{\mathrm{B}}}{d}\sum_{ij}\left[\mathrm{tr}_{\mathrm{A}}\$\left(|i\rangle\langle j|\right)\right]|i\rangle\langle j|=\frac{I_{\mathrm{B}}}{d}$$

反之, 若给定满足 $\mathrm{tr}_{\mathrm{A}}\rho_{\mathrm{AB}} = I_{\mathrm{B}}/d$ 的密度矩阵 ρ_{AB}, 设其谱分解为

$$\rho_{\mathrm{AB}} = \sum_i p_i |\Psi_i\rangle\langle\Psi_i| \tag{12.87}$$

$|\Psi_i\rangle = \sum_{mn} C^i_{mn} |m\rangle_{\mathrm{A}} |n\rangle_{\mathrm{B}}$可以写为 $|\Psi_i\rangle = C_i \otimes I_{\mathrm{B}} |\Phi\rangle$, 其中 C_i 为 $\mathrm{H_A}$ 中的算符, 由下式定义

$$_{A}\langle m| C_i |n\rangle_{\mathrm{A}} = \sqrt{d} C^i_{mn} \tag{12.88}$$

于是我们得到

$$\rho_{\mathrm{AB}} = \sum_i p_i C_i \otimes I_{\mathrm{B}} |\Phi\rangle\langle\Phi| C_i^\dagger \otimes I_{\mathrm{B}} \equiv \$ \otimes I_{\mathrm{B}} (|\Phi\rangle\langle\Phi|) \tag{12.89}$$

其中, 线性映射 \$定义如下

$$\$(\rho) = \sum_i p_i C_i \rho C_i^\dagger = \mathrm{tr}_{\mathrm{B}}(\rho^{\mathrm{T}} \rho_{\mathrm{AB}}) \tag{12.90}$$

式中 ρ 是定义在 $\mathrm{H_B}$ 空间中的密度矩阵. 既然 ρ_{AB} 是正算符, 可看出由上式定义的 \$是一个完全正算符 (超算符). 由于 $\mathrm{tr}_{\mathrm{A}}\rho_{\mathrm{AB}} = I_{\mathrm{B}}/d$, 因此

$$\mathrm{tr}_{\mathrm{A}} \left(\sum_i p_i C_i^\dagger C_i \otimes I_{\mathrm{B}} |\Phi\rangle\langle\Phi| \right) = \frac{I_{\mathrm{B}}}{d} \tag{12.91}$$

但是, 由于对于任意算符 X, 有 $X \otimes I |\Phi\rangle = I \otimes X^{\mathrm{T}} |\Phi\rangle$, 因此易见上面式子左边为

$$\frac{1}{d}\left(\sum_i p_i C_i^\dagger C_i \right)^{\mathrm{T}}$$

于是得到

$$\sum_i p_i C_i^\dagger C_i = I \tag{12.92}$$

以及

$$\begin{aligned}
\mathrm{tr}_{\mathrm{A}}\rho_{\mathrm{AB}} &= \mathrm{tr}_{\mathrm{A}} \sum_i p_i C_i \otimes I_{\mathrm{B}} |\Phi\rangle\langle\Phi| C_i^\dagger \otimes I_{\mathrm{B}} = \frac{1}{d}\sum_{mn} |n\rangle_{\mathrm{B}\,\mathrm{B}}\langle m|\,_{\mathrm{A}}\langle m| \sum_i p_i C_i^\dagger C_i |n\rangle_{\mathrm{A}} \\
&= \frac{1}{d}\sum_{mn} |n\rangle_{\mathrm{B}\,\mathrm{B}}\langle m|\,_{\mathrm{A}}\langle m|\, n\rangle_{\mathrm{A}} \\
&= \frac{1}{d}\sum_{n} |n\rangle_{\mathrm{B}\,\mathrm{B}}\langle n| = \frac{I_{\mathrm{B}}}{d}
\end{aligned} \tag{12.93}$$

题 12.19 证明 Fock 空间中的算符 Ω: $|n\rangle \to |n+1\rangle$, $n = 0, 1, 2, \cdots$ 是一个等距算子. 就是说, 它满足 $\Omega^\dagger\Omega = \boldsymbol{I}$, $\Omega\Omega^\dagger \neq \boldsymbol{I}$. 求出第二个表达式等于什么.

证明　见题 5.32.

题 12.20　证明超算符为幺正算符 (或可逆算符) 的充分必要条件有如下两种等价的提法:

(1) $M_\mu M_\nu^\dagger=$ 常数$C_{\mu\nu}$, 且 $\mathrm{tr}C=1$;

(2) M_μ 中只有一个是线性独立的, 且超算符有逆算符存在.

证明　(1) 先证条件的充分性. 设 $\$=M_\mu$ 为满足题给条件的超算符,

$$\$(\rho)=\sum_\mu M_\mu\rho M_\mu^\dagger,\quad \sum_\mu M_\mu^\dagger M_\mu=1 \tag{12.94}$$

则有

$$\begin{aligned}\left(C^2\right)_{\mu\nu}&=\sum_\lambda C_{\mu\lambda}C_{\lambda\nu}=\sum_\lambda M_\mu M_\lambda M_\lambda M_\nu\\&=M_\mu\left(\sum_\lambda M_\lambda M_\lambda\right)M_\nu=M_\mu M_\nu=C_{\mu\nu}\end{aligned}$$

即 $C^2-C=0$. 说明矩阵 C 的本征值只为 0 和 1. 但考虑到 $\mathrm{tr}C^2=\mathrm{tr}C=1$, 所以 C 的非零本征值 (为 1) 只有一个, 其余均为 0. 这就是说, C 的秩为 1. 可知它的各行 (列) 线性相关. 即存在常数 $\alpha_{\mu\nu},\beta_{\mu\nu}$. 使得

$$\alpha_{\mu\nu}\left(C_{\mu1},\ C_{\mu2},\ \cdots,\ C_{\mu n}\right)+\beta_{\mu\nu}\left(C_{\nu1},\ C_{\nu2},\ \cdots,\ C_{\nu n}\right)=0 \tag{12.95}$$

也就是

$$\left(\alpha_{\mu\nu}M_\mu+\beta_{\mu\nu}M_\nu\right)\left(M_1^\dagger,\ M_2^\dagger,\cdots,M_n^\dagger\right)=0 \tag{12.96}$$

但 $\left\{M_n^\dagger u\right\}$ 不可能全为零, 所以

$$\alpha_{\mu\nu}M_\mu+\beta_{\mu\nu}M_\nu=0$$

这就是说 $\{M_\mu\}$ 以及 $\{M_\mu^\dagger\}$ 中只有一个是线性独立的. 其余均和它线性相关. 这也可从下面的论证中得到.

由于 C 为 Hermite 矩阵, 总可找到一个幺正矩阵 U 将其对角化. 于是

$$U\begin{pmatrix}M_1\\\vdots\\M_\mu\\\vdots\\M_n\end{pmatrix}\left(M_1^\dagger,\cdots,M_\mu^\dagger,\cdots,M_n^\dagger\right)U^{-1}=U\begin{pmatrix}C_{11}&C_{12}&\cdots&C_{1n}\\C_{21}&C_{22}&\cdots&C_{2n}\\\vdots&\vdots&\ddots&\vdots\\C_{n1}&C_{n2}&\cdots&C_{nn}\end{pmatrix}U^{-1}$$

$$= \begin{pmatrix} 1 & 0 & 0 & 0 \\ 0 & 0 & 0 & 0 \\ 0 & 0 & \ddots & 0 \\ 0 & 0 & 0 & 0 \end{pmatrix}$$

令 $N_\mu = \sum\limits_\lambda U_{\mu\lambda} M_\lambda$. 即得 (令 $N^\dagger = (N_1^\dagger, \cdots, N_n^\dagger)$)

$$NN^\dagger = \begin{pmatrix} 1 & 0 & 0 & 0 \\ 0 & 0 & 0 & 0 \\ 0 & 0 & \ddots & 0 \\ 0 & 0 & 0 & 0 \end{pmatrix}$$

或者

$$N_1 N_1^\dagger = 1 \tag{12.97}$$

由于其余的 $N_\mu N_\mu^\dagger = 0$(当 μ 或者 $\nu \neq 1$ 时). 于是可得当 $\mu \neq 1$ 时 $N_\mu = 0$. 注意这时有

$$\$(\rho) = \sum_\mu M_\mu \rho M_\mu^\dagger = \sum_{\mu\lambda\delta} \left(U^{-1}\right)_{\mu\lambda} N_\lambda \rho N_\delta U_{\delta\mu} = \sum_\lambda N_\lambda \rho N_\lambda = N_1 \rho N_1 \tag{12.98}$$

同时由于 $\$(\rho)$ 是超算符, 所以又有

$$N_1^\dagger N_1 = 1 \tag{12.99}$$

由式 (12.97) 和 (12.99) 知, N_1 是幺正算符. 所以 $\$(\rho)$ 是幺正映射.

再证条件的必要性. 如果一个超算符 $\$ = \{M_\mu\}$ 是幺正的 (可逆的). 它将把任意纯态映射为纯态, 然而这在算符 M_μ 中只有一个是线性独立时才有可能 (见教材中 12.3.5), 即应当有

$$\$(\rho) = M\rho M^\dagger, \quad M^\dagger M = 1 \tag{12.100}$$

这时它的逆映射必为

$$\$(\rho)^\dagger = M\rho M^\dagger, \quad M^\dagger M = 1 \tag{12.101}$$

因为

$$\$^\dagger\left(\$(\rho)\right) = M^\dagger \left(M\rho M^\dagger\right) M = \rho \tag{12.102}$$

注意已设 \$逆映射存在, 故又有 $\$\$^\dagger(\rho) = \rho$, 即 $\$^\dagger$ 也是超算符, 有

$$MM^\dagger = 1 \tag{12.103}$$

所以幺正算符 M 满足题设的条件.

(2) 由上面证 (1) 借鉴可以得到, 不在此赘述.

题 12.21　定义如果 H_A 上一个算符 Ω_A 没有出现负本征值, 就称其为正算符; 如果将它推广成任何张量积 $\Omega \otimes I_B$ 的形式, 也都不出现负本征值, 就称它是完全正的算符. 这里 I_B 是某一任意 B 系统状态空间中的单位算符. 证明 H_A 上的转置算符 $T_A : \rho_A \to \rho_A^T$ 是个正算符, 但不是一个完全正的算符.

证明　设 H_A 和 H_B 的维数都为 N, $|\Phi\rangle_{AB}$ 为 $H_A \otimes H_B$ 空间的态矢.

$$|\Phi\rangle_{AB} = \frac{1}{\sqrt{N}} \sum_{i=1}^{N} |i\rangle_A \otimes |i'\rangle_B \tag{12.104}$$

此态矢为最大纠缠态, 满足 $\mathrm{tr}_B |\Phi\rangle_{AB\,AB}\langle\Phi| = I_A$. 设

$$\rho_{AB} = |\Phi\rangle_{AB\,AB}\langle\Phi| = \frac{1}{N} \sum_{ij} |i\rangle_{A\,A}\langle j| \otimes |i'\rangle_{B\,B}\langle j'| \tag{12.105}$$

用 $T_A \otimes I_B$ 作用到 ρ_{AB} 上后, 得

$$\rho'_{AB} = T_A \otimes I_B \rho_{AB} = |\Phi\rangle_{AB\,AB}\langle\Phi| = \frac{1}{N} \sum_{ij} |j\rangle_{A\,A}\langle i| \otimes |i'\rangle_{B\,B}\langle j'| \tag{12.106}$$

表明作用后的 $\rho'_{AB} = T_A \otimes I_B \rho_{AB}$ 具有特性: $N\rho'_{AB}$ 是将 A 态和 B 态交换的交换算符. 它有正负两个本征值, 对应于交换为对称和反对称的两种态. 设

$$N\rho'_{AB} = \sum_{ij} |j\rangle_{A\,A}\langle i| \otimes |i'\rangle_{B\,B}\langle j'| \tag{12.107}$$

可称为交换算符. 因为, 若设有两个态

$$\begin{cases} |\psi\rangle = \sum_i \alpha_i |i\rangle \\ |\varphi\rangle = \sum_j \beta_j |j'\rangle \end{cases} \tag{12.108}$$

则有

$$\begin{aligned} N\rho'_{AB} |\psi\rangle_A |\varphi\rangle_B &= N\rho'_{AB} \sum_i \alpha_i |i\rangle_A \otimes \sum_j \beta_j |j'\rangle_B \\ &= \left[\sum_{ij} |j\rangle_{A\,A}\langle i| \otimes |i'\rangle_{B\,B}\langle j'|\right] \left[\sum_{ij} \alpha_i |i\rangle_A \otimes \beta_j |j'\rangle_B\right] \\ &= \sum_i \alpha_i |i'\rangle_B \otimes \sum_j \beta_j |j\rangle_A = |\psi\rangle_B |\varphi\rangle_A \end{aligned} \tag{12.109}$$

即交换算符使两个粒子交换波函数, 各自基矢不变. 显然交换两次后, 状态还原, 故有 $(N\rho'_{AB})^2 = I_{AB}$. 即 $N\rho'_{AB}$ 本征值为 ± 1, 对应 -1 本征值的本征态形如

$$\frac{1}{\sqrt{2}} (|i\rangle_A |j\rangle_B - |j\rangle_A |i\rangle_B) \quad (i \neq j) \tag{12.110}$$

故 $N\rho'_{\mathrm{AB}}$ 非完全正定.

题 12.22 证明 Kraus 定理.

证明 设 $\mathrm{H_A}$ 中任一态 $|\psi\rangle_{\mathrm{A}}=\sum\limits_i\alpha_i|i\rangle_{\mathrm{A}}$, 则在 $\mathrm{H_B}$ 中可找到一个对应的态 $|\varphi^*\rangle_{\mathrm{B}}=\sum\limits_i\alpha_i^*|i'\rangle_{\mathrm{B}}$, 于是我们称 $|\psi\rangle_{\mathrm{A}}$ 为"亲属态". $|\varphi^*\rangle_{\mathrm{B}}$ 为"指标态". 并且设 $|\Phi\rangle_{\mathrm{AB}}=\sum\limits_{i=1}^N|i\rangle_{\mathrm{A}}|i'\rangle_{\mathrm{B}}$. 则显然有

$$|\psi\rangle_{\mathrm{A}}={}_{\mathrm{B}}\langle\varphi^*|\Phi\rangle_{\mathrm{AB}} \tag{12.111}$$

即在 $\mathrm{H_A}\otimes\mathrm{H_B}$ 中测量 $|\varphi^*\rangle_{\mathrm{B}}$ 可以制备 $|\psi\rangle_{\mathrm{A}}$ 态. 设 M_{A} 是 $\mathrm{H_A}$ 中的一个算符, 则 $M_{\mathrm{A}}\otimes I_{\mathrm{B}}$ 是 $\mathrm{H_A}\otimes\mathrm{H_B}$ 中的一个算符, 其中 I_{B} 为 $\mathrm{H_B}$ 中的恒等算符. 作用到 $|\Phi\rangle_{\mathrm{AB}}$ 态上, 显然有

$$M_{\mathrm{A}}\otimes I_{\mathrm{B}}|\Phi\rangle_{\mathrm{AB}}=\sum_{i=1}^N M_{\mathrm{A}}|i\rangle_{\mathrm{A}}|i'\rangle_{\mathrm{B}} \tag{12.112}$$

进而 ${}_{\mathrm{B}}\langle\varphi^*|$ 左乘等式两边, 可得

$${}_{\mathrm{B}}\langle\varphi^*|M_{\mathrm{A}}\otimes I_{\mathrm{B}}|\Phi\rangle_{\mathrm{AB}}=M_{\mathrm{A}}|\phi\rangle_{\mathrm{A}}=M_{\mathrm{A}}\,{}_{\mathrm{B}}\langle\varphi^*\mid\Phi\rangle_{\mathrm{AB}} \tag{12.113}$$

由上式可知, 先用 $M_{\mathrm{A}}\otimes I_{\mathrm{B}}$ 对 $|\Phi\rangle_{\mathrm{AB}}$ 作用, 再同 ${}_{\mathrm{B}}\langle\varphi^*|$ 取内积, 等价于先与 ${}_{\mathrm{B}}\langle\varphi^*|$ 求内积, 再用 M_{A} 作用.

下面证明 Kraus 定理.

因为 \$是完全正的, 所以$\$_{\mathrm{A}}\otimes I_{\mathrm{B}}$ 在 $\mathrm{H_A}\otimes\mathrm{H_B}$ 中也是完全正的, 这时 $\$_{\mathrm{A}}\otimes I_{\mathrm{B}}\left(|\Phi\rangle_{\mathrm{AB}}\,{}_{\mathrm{AB}}\langle\Phi|\right)$ 可视为 $\mathrm{H_A}\otimes\mathrm{H_B}$ 中的某一密度算符 ρ'_{AB}, 将它用 $\mathrm{H_A}\otimes\mathrm{H_B}$ 中的完备基矢 $\left\{|\Phi_\mu\rangle_{\mathrm{AB}}\right\}$ 展开有

$$\rho'_{\mathrm{AB}}=\$_{\mathrm{A}}\otimes I_{\mathrm{B}}\left(|\Psi\rangle_{\mathrm{AB}\,\mathrm{AB}}\langle\Psi|\right)=\sum_\mu q_\mu|\Phi_\mu\rangle\langle\Phi_\mu|$$

这里的 ${}_{\mathrm{AB}}\langle\Phi_\mu|\,\Phi_\mu\rangle_{\mathrm{AB}}=N$, $\sum\limits_\mu q_\mu=1$, $q_\mu\geqslant0$. 由亲属态方法可知

$$\$_{\mathrm{A}}\left\{|\Psi\rangle_{\mathrm{A}\,\mathrm{A}}\langle\Psi|\right\}=\$_{\mathrm{A}}\left\{{}_{\mathrm{B}}\langle\varphi^*|\Phi\rangle_{\mathrm{AB}\,\mathrm{AB}}\langle\Phi|\varphi^*\rangle_B\right\} \tag{12.114}$$

由式 (12.113) 可见, 上式右边 $|\Phi\rangle_{\mathrm{AB}}$ 先与 ${}_{\mathrm{B}}\langle\varphi^*|$ 求内积, 再受 $\$_{\mathrm{A}}$ 作用与先用 $\$_{\mathrm{A}}\otimes I_{\mathrm{B}}$ 作用, 再与 ${}_{\mathrm{B}}\langle\varphi^*|$ 内积等价, 故有

$$\begin{aligned}\$_{\mathrm{A}}\left\{|\Psi\rangle_{\mathrm{A}\,\mathrm{A}}\langle\Psi|\right\}&={}_{\mathrm{B}}\langle\varphi^*|\left\{\$_{\mathrm{A}}\otimes I_{\mathrm{B}}\left(|\Psi\rangle_{\mathrm{AB}\,\mathrm{AB}}\langle\Psi|\right)\right\}|\varphi^*\rangle_{\mathrm{B}}\\&={}_{\mathrm{B}}\langle\varphi^*|\left\{\sum_\mu q_\mu|\Phi_\mu\rangle\langle\Phi_\mu|\right\}|\varphi^*\rangle_{\mathrm{B}}\\&\equiv\sum_\mu M_\mu|\psi\rangle_{\mathrm{A}\,\mathrm{A}}\langle\psi|M_\mu^\dagger\end{aligned} \tag{12.115}$$

上式即为超算符的求和表示, Kraus 定理得证. 其中 $M_\mu\left|\psi\right\rangle_{\mathrm{A}}$ 定义为

$$\sqrt{q_\mu}{}_{\mathrm{B}}\langle\varphi^*|\,\psi_\mu\rangle_{\mathrm{AB}} \tag{12.116}$$

题 12.23　任何量子过程都可以用超算符来实现, 量子态超空间传送也不例外, 试用超算符实现量子态的超空间传送. 即找出描述量子态超空间传送

$$\$\left(|\psi\rangle_{23}\,{}_{23}\langle\psi|\otimes|\phi\rangle_{1}\,{}_{1}\langle\phi|\right)=|\phi\rangle_{3}\,{}_{3}\langle\phi|\otimes\frac{I_{12}}{4}$$

的超算符 \$的和表示. (这里 $d=4$ 是粒子 1, 2 的维数和, 其中 $|\psi\rangle_{23}$ 是某个最大纠缠态, $|\phi\rangle_1$ 是任意态). 也即找出 $\{L_\mu\}$, 使得 $\sum\limits_\mu L_\mu L_\mu^\dagger=1$. 且

$$\sum_\mu L_\mu\left(|\psi\rangle_{23}\,{}_{23}\langle\psi|\otimes|\phi\rangle_{1}\,{}_{1}\langle\phi|\right)L_\mu^\dagger=|\phi\rangle_{3}\,{}_{3}\langle\phi|\otimes\frac{I_{12}}{4}$$

解答　我们设

$$|\phi\rangle_1=\alpha\left|0\right\rangle_1+\beta\left|1\right\rangle_1 \tag{12.117}$$

不失一般性, 假设 2, 3 粒子处于纠缠态

$$\left|\psi^-\right\rangle_{23}=\frac{1}{\sqrt{2}}\left(|0\rangle_2\,|1\rangle_3-|1\rangle_2\,|0\rangle_3\right) \tag{12.118}$$

则将 $|\phi\rangle_1\left|\psi^-\right\rangle_{23}$ 按照 $|\varPhi_\mu\rangle_{12}$ 展开有

$$|\phi\rangle_1\left|\psi^-\right\rangle_{23}=\sum_\mu|\varPhi_\mu\rangle_{12}\,u_\mu\,|\phi\rangle_3 \tag{12.119}$$

其中

$$u_0=-1,\quad u_1=\sigma_1,\quad u_2=\mathrm{i}\sigma_2,\quad u_3=\sigma_3 \tag{12.120}$$

以及

$$\begin{cases}|\varPhi_0\rangle_{12}=\dfrac{1}{\sqrt{2}}\left(|0\rangle_1\,|1\rangle_2-|1\rangle_1\,|0\rangle_2\right)\\|\varPhi_1\rangle_{12}=\dfrac{1}{\sqrt{2}}\left(|0\rangle_1\,|0\rangle_2-|1\rangle_1\,|1\rangle_2\right)\\|\varPhi_0\rangle_{12}=\dfrac{1}{\sqrt{2}}\left(|0\rangle_1\,|0\rangle_2+|1\rangle_1\,|1\rangle_2\right)\\|\varPhi_0\rangle_{12}=\dfrac{1}{\sqrt{2}}\left(|0\rangle_1\,|1\rangle_2+|1\rangle_1\,|0\rangle_2\right)\end{cases} \tag{12.121}$$

定义 $L_\mu=u_\mu^\dagger\otimes|\varPhi_\mu\rangle_{12}\,{}_{12}\langle\varPhi_\mu|$, 则

$$\sum_\mu L_\mu\left(|\psi\rangle_{23}\,{}_{23}\langle\psi|\otimes|\phi\rangle_{1}\,{}_{1}\langle\phi|\right)L_\mu^\dagger=|\phi\rangle_{3}\,{}_{3}\langle\phi|\otimes\frac{I_{12}}{4} \tag{12.122}$$

若 $|\psi\rangle_{23}$ 为其他最大纠缠态, 则相应的 u_μ 将有所变化.

附录　几个积分和级数公式

(Ⅰ) 由 Gauss 积分公式衍生的一组积分公式 (其中 α 是复数, 要求被积函数满足可积条件)

$$I_{a,0}(\alpha)=\int_{-\infty}^{+\infty}\mathrm{d}x\mathrm{e}^{-\alpha x^2}=\sqrt{\frac{\pi}{\alpha}}, \tag{1}$$

$$I_{a,2}(\alpha)=\int_{-\infty}^{+\infty}\mathrm{d}x\mathrm{e}^{-\alpha x^2}x^2=-\frac{\partial}{\partial\alpha}I_{a,0}(\alpha)=\frac{\sqrt{\pi}}{2\alpha^{\frac{3}{2}}}, \tag{2}$$

$$I_{a,4}(\alpha)=\int_{-\infty}^{+\infty}\mathrm{d}x\mathrm{e}^{-\alpha x^2}x^4=\left(-\frac{\partial}{\partial\alpha}\right)^2 I_{a,0}(\alpha)=\frac{3\sqrt{\pi}}{4\alpha^{\frac{5}{2}}}, \tag{3}$$

$$\cdots\cdots$$

$$I_{a,2n}(\alpha)=\int_{-\infty}^{+\infty}\mathrm{d}x\mathrm{e}^{-\alpha x^2}x^{2n}=\left(-\frac{\partial}{\partial\alpha}\right)^n I_{a,0}(\alpha)=\frac{(2n-1)!!\sqrt{\pi}}{2^n\alpha^{\frac{2n+1}{2}}} \tag{4}$$

式 (1) 可通过二重积分化为极坐标积分后进行. 而由此可得到式 (2–4). 由式 (1), 通过配方法又可得到下述广义 Gauss 积分公式

$$I_{a1,0}(\alpha,\beta)=\int_{-\infty}^{+\infty}\mathrm{d}x\mathrm{e}^{-\alpha x^2+\beta x}=\sqrt{\frac{\pi}{\alpha}}\mathrm{e}^{\frac{\beta^2}{4\alpha}} \tag{5}$$

(Ⅱ) 由指数函数积分衍生的一组积分公式 (其中 α 是复数, 要求被积函数满足可积条件)

$$I_{b,0}(\alpha)=\int_{0}^{+\infty}\mathrm{d}x\mathrm{e}^{-\alpha x}=\frac{1}{\alpha}, \tag{6}$$

$$I_{b,1}(\alpha)=\int_{0}^{+\infty}\mathrm{d}x\mathrm{e}^{-\alpha x}x=-\frac{\partial}{\partial\alpha}I_{b,0}(\alpha)=\frac{1}{\alpha^2}, \tag{7}$$

$$I_{b,2}(\alpha)=\int_{0}^{+\infty}\mathrm{d}x\mathrm{e}^{-\alpha x}x^2=\left(-\frac{\partial}{\partial\alpha}\right)^2 I_{b,0}(\alpha)=\frac{2}{\alpha^3}, \tag{8}$$

$$\cdots\cdots$$

$$I_{b,n}(\alpha)=\int_{0}^{+\infty}\mathrm{d}x\mathrm{e}^{-\alpha x}x^n=\left(-\frac{\partial}{\partial\alpha}\right)^n I_{b,0}(\alpha)=\frac{\Gamma(n+1)}{\alpha^{n+1}} \tag{9}$$

由式 (9) 以及式 (4) 可得

$$I_{a1,n}(\alpha)=\int_{0}^{+\infty}\mathrm{d}x\mathrm{e}^{-\alpha x^2}x^n=\frac{(n-1)!!}{2(2\alpha)^{n/2}}\sqrt{\frac{\pi}{\alpha}} \tag{4'}$$

注意上式中积分上下限分别为 0、$+\infty$.

其实量子力学、量子场论路径 (泛函) 积分真正常用的可积的积分公式并不多, R.P. Feynman 和 A.R. Hibbs 的 Quantum mechanics and path integrals(New York: McGraw-Hill, 1965) 一书在其附录 A(P357) 只列了 10 个常用定积分公式.

(III) 被积函数是幂函数与三角函数的乘积的不定积分 (省略积分常数 C)

$$\int x\cos px\mathrm{d}x=\frac{x}{p}\sin px+\frac{1}{p^2}\cos px, \tag{10}$$

$$\int x^2\cos px\mathrm{d}x=\left(\frac{x^2}{p}-\frac{2}{p^3}\right)\sin px+\frac{2x}{p^2}\cos px, \tag{11}$$

$$\int x\sin px\mathrm{d}x=-\frac{x}{p}\cos px+\frac{1}{p^2}\sin px, \tag{12}$$

$$\int x^2\sin px\mathrm{d}x=\left(\frac{2}{p^3}-\frac{x^2}{p}\right)\cos px+\frac{2x}{p^2}\sin px \tag{13}$$

这四个不定积分均可通过分部积分法得到.

(IV) 被积函数是三角函数与指数函数的乘积的不定积分 (省略积分常数 C)

$$\int \mathrm{e}^{ax}\sin bx\mathrm{d}x=\frac{1}{a^2+b^2}\mathrm{e}^{ax}\left(a\sin bx-b\cos bx\right) \tag{14}$$

$$\int \mathrm{e}^{ax}\cos bx\mathrm{d}x=\frac{1}{a^2+b^2}\mathrm{e}^{ax}\left(a\cos bx+b\sin bx\right) \tag{15}$$

(V) 一个较为常用的三角函数定积分

$$\int_0^{\pi/2}\sin^\alpha\theta\mathrm{d}\theta=\int_0^{\pi/2}\cos^\alpha\theta\mathrm{d}\theta=\frac{\sqrt{\pi}\Gamma\left(\frac{\alpha+1}{2}\right)}{2\Gamma\left(1+\frac{\alpha}{2}\right)} \tag{16}$$

其中 $\alpha>-1$ 为实数, 上面结果用 Γ 函数表示. 如 α 为正奇数 $\alpha=2n+1$, 则

$$\int_0^{\pi/2}\sin^{2n+1}\theta\mathrm{d}\theta=\int_0^{\pi/2}\cos^{2n+1}\theta\mathrm{d}\theta=\frac{(2n)!!}{(2n+1)!!} \tag{16$'$}$$

如 α 为正偶数 $\alpha=2n$, 则

$$\int_0^{\pi/2}\sin^{2n}\theta\mathrm{d}\theta=\int_0^{\pi/2}\cos^{2n}\theta\mathrm{d}\theta=\frac{(2n-1)!!}{(2n)!!}\frac{\pi}{2} \tag{16$''$}$$

(VI) 一个奇异积分

$$I(\lambda)=\int_{-\infty}^{+\infty}\frac{1}{k^2-\lambda^2}\mathrm{e}^{\mathrm{i}kx}\mathrm{d}k \tag{17}$$

这个积分在本书的一些题目中要用到. 在非齐次四维波动方程的 Green 函数以及坐标表象 Feynman 传播子等的计算中也都会涉及这个积分. 该积分的被积函数在

$k=\pm\lambda$ 处有两个一阶奇点. 若延拓到 k 的复平面积分, 相对于极点选取不同的积分路径, 就得到不同的积分结果. 我们对积分路径按如下方式选取

$$I_r(\lambda)=\int_{-\infty}^{+\infty}\frac{1}{(k+\mathrm{i}0^+)^2-\lambda^2}\mathrm{e}^{\mathrm{i}kx}\mathrm{d}k \tag{18}$$

其中 0^+ 表示正的小量. 当 $x>0$ 时,

$$I_r(\lambda)=\int_{-\infty}^{\infty}\frac{1}{(k+\mathrm{i}0^+)^2-\lambda^2}\mathrm{e}^{\mathrm{i}kx}\mathrm{d}k=\oint_{C_\mathrm{r}}\frac{1}{k^2-\lambda^2}\mathrm{e}^{\mathrm{i}kx}\mathrm{d}k$$

其中围道 C_r 由 $(k=-\infty+\mathrm{i}0^+\to\infty+\mathrm{i}0^+)$ 直线与无穷远处上半平面的半圆组成, 在上半平面闭合, 且不包含奇点, 故所求得积分为零. 当 $x<0$ 时,

$$I_r(\lambda)=\int_{-\infty}^{\infty}\frac{1}{(k+\mathrm{i}0^+)^2-\lambda^2}\mathrm{e}^{\mathrm{i}kx}\mathrm{d}k=\oint_{C_\mathrm{r}}\frac{1}{k^2-\lambda^2}\mathrm{e}^{\mathrm{i}kx}\mathrm{d}k$$

其中围道 C_r 由 $(k=-\infty+\mathrm{i}0^+\to\infty+\mathrm{i}0^+)$ 直线与无穷远处下半平面的半圆组成, 在下半平面闭合, 包含两个奇点 $k=\pm\lambda$, 根据留数定理得

$$\begin{aligned}I_r(\lambda)&=\oint_{C_\mathrm{r}}\frac{1}{k^2-\lambda^2}\mathrm{e}^{\mathrm{i}kx}\mathrm{d}k=-2\pi\mathrm{i}\mathrm{Res}\left[\frac{1}{k^2-\lambda^2}\mathrm{e}^{\mathrm{i}kx}\right]\\&=\frac{\mathrm{i}\pi}{\lambda}(\mathrm{e}^{-\mathrm{i}\lambda x}-\mathrm{e}^{\mathrm{i}\lambda x})=\frac{2\pi}{\lambda}\sin\lambda x\end{aligned}$$

因而

$$I_r(\lambda)=\begin{cases}0, & x>0\\ \dfrac{\mathrm{i}\pi}{\lambda}(\mathrm{e}^{-\mathrm{i}\lambda x}-\mathrm{e}^{\mathrm{i}\lambda x})=\dfrac{2\pi}{\lambda}\sin\lambda x, & x<0\end{cases} \tag{19}$$

利用阶跃函数 $\theta(x)$, 上式又可表示为

$$I_r(\lambda)=\theta(-x)\frac{2\pi}{\lambda}\sin\lambda x \tag{19$'$}$$

与式 (18) 不同, 若对式 (17) 的积分路径按如下方式选取

$$I_a(\lambda)=\int_{-\infty}^{+\infty}\frac{1}{(k-\mathrm{i}0^+)^2-\lambda^2}\mathrm{e}^{\mathrm{i}kx}\mathrm{d}k \tag{20}$$

则可以求得

$$I_a(\lambda)=\theta(x)\frac{2\pi}{\lambda}\sin\lambda x \tag{21}$$

若对式 (17) 采用其他的积分路径, 则结果总可以表示为上面式 (19,21) 的 I_r 与 I_a 的组合.

若对式 (17) 作一变化, 被积函数的分母 $k^2-\lambda^2$ 改为 $k^2+\lambda^2$, 则被积函数不再有奇异性. 若延拓到 k 的复平面积分, 则在虚轴上有奇点 $k=\pm\mathrm{i}\lambda$, 采用留数定理可得

$$\begin{aligned}I_{\mathrm{d}}(\lambda)&=\int_{-\infty}^{+\infty}\frac{1}{k^2+\lambda^2}\mathrm{e}^{\mathrm{i}kx}\mathrm{d}k=\oint_{C_d}\frac{1}{k^2+\lambda^2}\mathrm{e}^{\mathrm{i}kx}\mathrm{d}k=-2\pi\mathrm{i}\mathrm{Res}\left[\frac{1}{k^2+\lambda^2}\mathrm{e}^{\mathrm{i}kx}\right]\\&=\frac{\pi}{\lambda}\mathrm{e}^{-\lambda|x|}\end{aligned}\tag{22}$$

其中围道 C_{d} 由 $(k=-\infty\to\infty)$ 直线与无穷远处的半圆组成, $x>0$ 是上半平面的半圆, $x<0$ 是下半平面的半圆.

关于积分公式, 读者还可查阅: 龚昇、阮图南顾问, 金玉明主编,《实用积分表》, 合肥: 中国科学技术大学出版社, 2006 年 1 月;《常用积分表》, 合肥: 中国科学技术大学出版社, 2009 年 7 月.

(Ⅶ) 级数的部分和

$$\sum_{k=1}^{n}k=1+2+3+\cdots+n=\frac{1}{2}n(n+1),\tag{23}$$

$$\sum_{k=1}^{n}k^2=1^2+2^2+3^2+\cdots+n^2=\frac{1}{6}n(n+1)(2n+1),\tag{24}$$

$$\sum_{k=1}^{n}k^3=1^3+2^3+3^3+\cdots+n^3=\frac{1}{4}n^2(n+1)^2,\tag{25}$$

$$\sum_{k=1}^{n}k^4=1^4+2^4+3^4+\cdots+n^4=\frac{1}{30}n(n+1)(2n+1)(3n^2+3n-1)\tag{26}$$

上述求和公式可以如下统一给出, 由于

$$\sum_{k=1}^{n}\mathrm{e}^{k\lambda}=\frac{1-\mathrm{e}^{(n+1)\lambda}}{1-\mathrm{e}^{\lambda}}$$

则有例如

$$\sum_{k=1}^{n}k=\left[\frac{\mathrm{d}}{\mathrm{d}\lambda}\sum_{k=1}^{n}\mathrm{e}^{k\lambda}\right]_{\lambda=0}=\left[\frac{\mathrm{d}}{\mathrm{d}\lambda}\frac{1-\mathrm{e}^{(n+1)\lambda}}{1-\mathrm{e}^{\lambda}}\right]_{\lambda=0}=\frac{1}{2}n(n+1)$$

(Ⅷ) 无穷级数求和

$$\sum_{n=1}^{\infty}\frac{1}{n^2}=\frac{\pi^2}{6}\,,\quad\sum_{n=1}^{\infty}\frac{1}{n^4}=\frac{\pi^4}{90}\,,\quad\sum_{n=1}^{\infty}\frac{1}{n^6}=\frac{\pi^6}{945},\tag{27}$$

$$\sum_{n=1}^{\infty}\frac{(-1)^{n+1}}{n}=\ln 2\,,\quad\sum_{n=1}^{\infty}\frac{(-1)^{n+1}}{n^2}=\frac{\pi^2}{12},\tag{28}$$

$$\sum_{n=1}^{\infty}\frac{1}{(2n-1)^2}=\frac{\pi^2}{8},\quad \sum_{n=1}^{\infty}\frac{1}{(2n-1)^4}=\frac{\pi^4}{96}, \tag{29}$$

$$\sum_{n=1}^{\infty}\frac{(-1)^{n+1}}{(2n-1)^3}=\frac{\pi^3}{32},\quad \sum_{n=1}^{\infty}\frac{1}{4n^2-1}=\frac{1}{2} \tag{30}$$

以上各式可见 GRADSHTEYN I S, RYZHIK I M, Table of Integrals, Series, and Products[M]. 6th ed. Elsevier (Singapore) Pte Ltd., 2004. 北京：世界图书出版公司重印, 2004: PP. 8-9, P.1035. 函数的 Fourier 级数是计算无穷级数和的一种方法. 例如取

$$y(x)=x^2(3\pi-2|x|)=\frac{\pi^3}{2}-\frac{48}{\pi}\sum_{k=1}^{\infty}\frac{\cos(2k-1)x}{(2k-1)^4},\quad (-\pi<x<\pi).$$

上式中令 $x=0$ 立得

$$\sum_{k=1}^{\infty}\frac{1}{(2k-1)^4}=1+\frac{1}{3^4}+\frac{1}{5^4}+\frac{1}{7^4}\cdots\cdots=\frac{\pi^4}{96}$$

再如

$$x=\frac{4l}{\pi^2}\sum_{k=1}^{\infty}\frac{(-1)^{k-1}}{(2k-1)^2}\sin\frac{(2k-1)\pi x}{l},\quad \left(-\frac{l}{2}<x<\frac{l}{2}\right)$$

式中取 $l=1$, 代入 $x=\frac{1}{2}$ 得

$$\frac{\pi^2}{8}=\sum_{k=1}^{\infty}\frac{(-1)^{k-1}}{(2k-1)^2}\sin\frac{(2k-1)\pi}{2}=\sum_{k=1}^{\infty}\frac{1}{(2k-1)^2}$$

后　　记

张永德教授在他准备出他的《量子力学》第三版时，邀请我对此教材的配套习题解答《量子力学习题精解》进行修订，计划出它的第二版．他与原第一版作者吴强、柳盛典两位教授进行了沟通，两位教授表示同意和支持．原第一版第一作者吴强教授曾与我合作写过另外两本书，我们在那以后几次见面时都讨论过关于此书的修订．在本书修订过程中，张永德教授和我就部分题目进行了一些讨论，我也得到了科学出版社以及吴盛俊教授的帮助．

我在学生阶段学过张老师讲授的《量子场论》．几年前，在我的导师阮图南老师因病去世以后，张永德老师对我业务成长非常关心，他毫无保留地帮助我、启发我、激励我，我倍受感动，开始与他一起搭档讲授本科生量子力学、研究生高等量子理论，到现在已经有好几轮了，我都充当配角，并在这过程中学到了很多，也感觉提高很多．每一轮搭档，他与我要么讲要么听，我们每次都按时到课 (除了出差)．每次他让我讲课，课前他会与我讨论讲课要点，上课时他在下面听，课后又给我很多改进意见．张老师对学生一向要求很高，对我要求也很高，期待我将来把量子力学讲得更好．课间课后我和助教们随他为学生答疑，每周 6 课时的课，每周排两次，每次 3 课时，正好都安排在上午．中午下课了，张老师还继续在教室为学生答疑，经常到一两点钟．我陪着张老师，张老师则多次赶我，让我先走，他说我要带小孩．他则一直陪学生到大家离开．

因此当张老师邀请我对本书作修订时，我自是欣然．我断断续续地做书稿的编写．新版教材新增的题目一道一道解；原有的题目在学习、欣赏或者改正错漏的基础上基本全部重新作了解答；我本人做过写过的题目也大多重新作了解答，经历了自我改进，或是改进了叙述，或是增加了新的解法，或是增加了讨论和说明．尽管我从事量子力学的研究与教学已有多年，学校 60/80/120 学时三种层次的量子力学每一种我都至少单独主讲过 2 轮以上，书中的题目这样一道一道解下来，一道一道编下来，对于我仍然是一种修炼．李政道教授直到近年还在不断发表研究论文．一些年前我也听说杨振宁教授还在经常做量子力学习题．或许对于从事理论物理研究的大物理学家来说，做量子力学习题本身也是一种娱乐．

本书融汇我们多年来量子力学教学的经验与体会，我们力求解答详尽，叙述清晰．编写过程中我们始终注意两点：(1) 贴近学生．书主要是给学生用的，应当根据学生的特点，在内容组织、编排上多从利于学生学习的角度考虑；(2) 知识与方法并重．注重启发，激发学生学习主动性．积极引导学生活学活用，引导学生思考以深入发掘物理内涵.

张永德老师所著教材第三版中习题的编排顺序在本书中保持不变, 同时为了照顾教材以往版本的读者, 在教材以往版本中出现的而在第三版删除的习题也在本书中保留, 如“量子信息论的物理基础/量子态描述与调控”整章的习题仍保留, 其余各章这样的习题在本书中也相应放在教材第三版各章习题的后面.

量子力学习题, 只要你用心揣摩, 往往会发现有多种解法, 即所谓解无定法, “不管白猫黑猫, 能抓到老鼠的都是好猫”. 对本书中一些题存在的多种解法, 我们并不试图列出全部, 而是尽量选取其中较有启发性的. 若解法有繁有简, 除少数特别巧妙的列出外, 我们往往还有意给出较繁的解法, 这样做主要是为了利于大多数同学学习. 同学懂了以后, 自己会给出他最简单的解法. 书中有若干题巧妙的甚至是我们原先意想不到的解法来源于历年选课同学的作业或者与我们的讨论. 对于本书, 我们仍然期望, 同学们在自己用心做一些题以后, 会发现乐趣, 同时会给出一些更好的解法. 假若同学们发现了更多更好的解法, 本书也就起到了抛砖引玉的作用, 这正是我们最希望看到的. 我们特别欢迎学生们对本书的批评和改进意见.

e 时代信息的获取、知识的交流比以往便捷而迅速, 给学习在很多方面的便捷是空前的. 但就学习而言, 很多“费力”的事情仍需要踏踏实实地做, 不可懈怠, 不可偷巧. 量子力学有些问题需要悉心揣摩, 有些问题需要像把玩珍宝一样反复玩味, 有些则需要花牛鼻子劲经过足够长时间的思考讨论演算才能达到一定的结果. 量子力学学习一些环节一定是需要花功夫的, 做习题是其中之一. 青年学生求学过程中勤奋、方法并重, 多学、多思、勤做的同时要注重方法, 讲究效率. 对本书的使用而言, 按照张永德老师在前言里所说的, 兼顾踏实和效率, 按他说的“三步曲”过程, 则相信本书能够为同学们在量子力学学习中真正有所助益, 那是我们所衷心期盼的.

我衷心感谢多年来帮助我关心我成长的师长以及友好共事的同事, 感谢同行们的交流, 感谢历年来助教们的付出, 感谢历年来学生们与我富有启发性的讨论.

最后, 我们一如既往, 诚挚欢迎读者通过下列联系方式

Email: zhpf@ustc.edu.cn, Tel: 0551-63600630

向我们提出宝贵的批评和建议.

张鹏飞

2015 年 10 月 28 日